· 국제학술회의 (인하대 한국학연구소) 논문집 ·

한국불교의
보편성과 특수성

• 국제학술회의 (인하대 한국학연구소) 논문집 •

한국불교의 보편성과 특수성

| 김영호 엮음 |

박노자
김영호
John Jorgensen
정영근
강동균
최병헌
심재룡
Henrik H. Sørensen
강우방
오강남
박성배
Pankaj N. Mohan

한국학술정보㈜

차 례

서 문

김영호
서영대

불교사상이 한국사상사에서 큰 몫을 차지하고 있음은 주지의 사실이다. 서양사상과 구분된 전통한국사상은 불교사상과 더불어 유교사상, 도교사상, 한국고유사상(神敎라고도 한다)을 포함한다. 여러 가지 연유로 오늘날 문헌적 토대가 크게 남아 있지 않아 다소 가설적으로 보일 수도 있는 고유사상을 접어둔다면, 불교는 어느 사상보다 더 오랜 역사와 체계적인 사상을 담지하고 있다고 할 수 있다. 특히 삼국시대와 통일신라시대를 거쳐서 고려시대에 이르는 천 년 동안은 거의 독보적으로 어느 사상보다 중요한 역할을 수행하고 민족문화의 큰 주춧돌이 되었다.

그러나 불교는 원래 유교와 도교처럼 중국에서 건너온 외래사상으로 출발하였다. 중국불교라고 따로 불릴 만큼 중국적인 요소가 깔려 있었음은 물론이다. 4세기에 적어도 고구려, 백제에 전래된 형태의 불교만 받아들인 것이 아니고 이후에도 중국에서 계속 발전되고 체계화한 불교가 그때그때 도입되어 한국불교의 모습을 변형시켰다. 더구나 유교, 도교와 달리 불교는 인도에서 발생한 전통인 까닭에 한층 더 복잡한 중층 구조를 지닌 사상체계를 갖고 있다. 그러므로 한국인이 오늘날 접하고 있는 불교전통은 인도불교, 중국불교, 한국불교의 세 겹으로 된 구조물이다. 한국사상을 기술할 때 불교를 빼놓을 수 없는 만큼 만약 한국사상의 독특성을 논할 때 한국불교의 독특성을 말하지 않으면 무의미할 것이다.

이러한 점에서 한국불교의 특수성을 찾는 과제가 다루어져야 할 필요성이 제기된다. 과거의 한국불교 연구는 역사적, 지역적 삼층 구조를 엄밀하게 분석해 내지 못한 채 그 위대성만 무근거하게 주장, 반추하는 모습을 보여주었다. 심지어 전문가 아닌 일반 신자나 독자에게는 모든 불교의 심오한 교리가 한국불교사상가들의 사상에서 나온 것처럼 이해하는 결과를 가져다주었다. 이제는 심층적인 비교분석을 토대로 위대성보다는 독특성을 내세울 단계에 왔다. 인도불교나 중국불교, 일본불교가 아닌 한국불교라고 했다면 단순히 한국 사람이 믿고 의탁했다는 것만이 아니고 당연히 한국불교로서의 특이성이 따로 있음 직하지 않는가. 마치 한국말이 인도 말, 중국 말과 다른 것처럼 크지는 않더라도 분명히 다른 바가 있을 것임에 틀림없다고 가정된다. 불교라는 공통성 위에 어떤 구조가 더 얹어졌을까? 여기에 보편성과 특수성의 문제가 제기된다.

이것은 불교만이 아니고 그 정도는 다르지만 한국사상사의 대종을 이루는 유불선(도) 삼교에 모두 해당한다. 한국사상이라고 주장하는 어떤 부분이 중국과 인도의 전통과 겹치는 부분이고 어떤 부분이 우리만의 것인가. 仁荷大 韓國學硏究所는 이러한 점에 관심을 갖고 '韓國思想의 普遍性과 特殊性'이라는 전체 주제 아래 연차적으로 하나하나 짚어갈 계획을 세우고 그 첫 부분으로 불교를 주제로 1997년 11월에 국제학술회의를 열었다. 종파 구분을 중심으로 하여 국내외 전문학자들이 주제를 다루고 발표하여 며칠 동안 뜨거운 토론의 장을 가졌다. 토론에는 많은 다른 학자들도 참여하였다. 철학, 종교학, 불교학은 물론 역사학, 미술사학 등 여러 관련 분야들 전문가들이 동원되었다. 이 책은 여기서 발표한 것을 필자들이 보완하고 토론내용도 그대로 덧붙여 현장감 있게 함께 묶은 것이다. 다음에 이 논문들의 주지(主旨)를 하나하나 간략하게 요약하고 그 의의를 밝혀 보고자 한다.

오강남 교수는 「한국불교사상 기술의 문제」에서 주제에 대한 전반적인 문제를 짚어 보고 있다. 한국불교사를 다루면서 한 번쯤 진지하게 생각해 본 학자라면 수긍할 만한 근본적인 것들에 해당한다. 예를 들면 중국불교에 나름대로 공헌하고 중국에서 일생을 마친 고구려 출신 僧朗과 신라 출신 圓測, 고려 출신 諦觀을 전적으로 한국불교사상에 편입, 취급하는 것이 당연한가 그것이다. 이에 대한 응답으로서 원측에 대해서는 우회적이지만 정영근교수가 신라유식사상을 기술하면서 원측을 한국인으로 전제하고 있는 셈이다. 원측의 경우에는 단순히 출신이라는 것보다는 그의 사상을 중심으로 한 신라유식학파가 형성된 결과로 이끌게 된 원측의 영향과 공헌을 계산한다면 당연한 해석일 터이다. 더구나 玄奘과 窺基 그리고 주변에서 원측이 받았다는 차별을 고려하면 그를 한국인으로 삼아야 할 이유가 더 분명해진다. 승랑의 경우는 원측과는 달리 애매하다. 승랑이 일찌감치 중국에 건너가 중국불교사의 일부로서의 三論思想을 형성하는 데 지대한 공헌을 한 것이 분명하지만 어떻게 삼국불교에 전달되어 한국불교형성에 영향을 미쳤는지 알 수 없다. 아마 직접적인 영향은 없었을지도 모른다. 그렇다면 한국불교가 중국불교의 재판이라면 몰라도 승랑의 자리매김은 모호해질 수밖에 없다. 그러나 어떻든 승랑 같은 승려가 한국출신으로서 중국불교의 발전에 공헌한 학자로 평가받을 수는 있을 것이다. 이런 식으로 분석될 수 있는 문제점을 오 교수가 지목 열거하고 있는데, 이것들은 이 분야 학자들이 앞으로 풀어가야 할 과제들이다. 제관의 경우는 원측이나 승랑의 경우와는 또 다른 위치에 속한다. 중국에서 활약하지 않았으면서, 잘 알려져 있듯이 그의 저술(天台四敎儀)이 중국에서 단절된 天台宗 전통을 복원하는 데 큰 공헌을 했다는 점에서 제관은 중국불교를 통해서 그 연장선상에 있는 한국불교에 영향을 미쳤다고 볼 수 있다.

그의 저술이 독창적이라기보다는 어디까지나 중국의 천태종 교리를 충실하게 요약하고 있다고 평가되고 있기 때문이다.

그 밖에도 오 교수는 다른 몇 가지 중요한 점을 지적해 준다. 특수성을 강조하기에 앞서 보편적인 불교사상 전반에 대한 이해가 있어서 결국 보편성과 특수성의 양면을 균형 있게 접근해야 함을 말한다. 나아가서 한국불교사상은 불교사 전체와 세계종교사 일반의 맥락에서 파악되어야 한다는 것이다. 한국불교의 특성으로 꼽아온 회통사상, 원효의 화쟁사상, 지눌의 돈오점수론 등이 이미 중국불교에서 형성된 것들과 어떻게 미세한 차이라도 갖고 있는가 밝혀져야 한다고 강조하고, 이런 작업 없이 한국불교의 특수성이 맹목적으로 과대 포장되어 민족주의의 시녀로 삼는 일부 경향을 경계한다. 아울러 한국불교연구자들이 한국불교 자체의 선양에 그치기보다는 세계인을 향한 자세로 보편성과 특수성을 찾아나가면서 종교다원주의 맥락에서 종교 간의 대화를 위한 접촉점이나 도구의 발견에 유의하기를 당부한다.

이와 같은 전제와 조건들을 염두에 두면서 다른 논문들을 하나하나 살펴보자. 게재순서는 가능한 한 시대별로 배열하였다. 인물이 주제가 된 경우 동시대 인물들(원측, 원효, 의상)은 탄생연도로 배열했다. 한 인물중심이 아니고 여러 시대에 걸친 통시적인 주제들은 최초출발 시점과 관련 인물을 기준으로 삼았다. 이 회의에 참여한 학자들은 불교철학과 불교사학 및 불교미술사 등 조금씩 다른 인접분야들이 섞여 있지만, 불교사상사의 기술이라는 공동목표에서 만나고 있다. 별개의 접근방식이라기보다는 보완적인 관계 속에서 한국불교사상을 입체적으로 그려내는 데 도움이 된다고 할 수 있을 것이다.

'新羅唯識과 中國唯識'을 논한 정영근 교수는 圓測(612~696)을 기점으로 太賢에 이르러 꽃피운 신라유식학의 특성을 玄奘-窺基 계통의 중국유식종과 구분하여 기술하고 있다. 도당 유학승 원측이 시작한 西明派 유식전통은 '한국적 사유방식의 전형적인 한 형태를 명확하게 보여준다'는 주장을 펼친다. 중국유식의 답습이나 아류가 아니고 '진일보한 사유체계를 확립'했다고 본다. 이것은 다시 말해서 원측이 한국불교에 편입될 수 있음을 말해주는 것이기도 하다. 구체적으로, 학문적이고 논리적 지향성이 지나치게 강한 中國法相宗學에 비해서 신라 유식학은 종교적 지향성을 시종일관 생생하게 지니고 있다고 분석한다. 전자가 거의 무시하고 있는 三性論 중심의 입장을 원측이 취하고 있는바, 이는 삼성설이 이론적 측면과 '깨달음으로의 실천적 전환이라는 측면을 전체적으로 포괄하고 있기 때문이다.' 원측은 中觀과 唯識의 두 전통을 대립적으로 보지 않고 상호보완적인 관계로 본 최초의 이론가로 평가된다. 두 가지 다른 측면을 포괄하고 회통시키는 경향은 원효와 태현에게서도 뚜렷이 부각되는 모습이다. 이들은 인도불교의 두 큰 흐름, 즉 소승전통의 有宗과 대승의 空宗, 또한 대승 내의 두 큰 교리를 대표하는 空觀과 唯識의 관계를 보완적이고 방편설적인 시각에서 회통시킨다. 佛性論, 修行論, 교판론에서도 원측, 원효, 태현이 모두 비슷하게 접근하고 있음이 드러난다. 평등성과 방편성, 보편성이 강조되는 모습이다. 이들은 또한 특정한 종파의 입장에서 경론을 해석하지 않는 無宗派性을 공통적으로 보여준다. 敎判에 대해서 절대성을 부여하지 않고 파벌의식에 사로잡혀 있지 않다는 것이다. 이처럼 회통성이 한국불교의 특성을 구성한다는 주장을 뒷받침하는 구체적인 증거가 여기서 드러나고 있는 것이다.

「華嚴一乘法界圖의 原作者 문제와 文化的 母體」(요르겐센)는 법계도에 대한 단순한 저작 문제에 그치지 않고 의상에 대한 그동안의 논의와 평가들을 수렴, 종합하고 있다. 서지학적, 역사적인 접근이 주류이지만 연구결과와 결론은 당연히 사상사에 연장, 연관된다. 역사적 접근과 철학적 접근이 분리될 수 없는 보완적인 관계에 있음을 나타내 주고 있다. 이 논문은 거의 모든 학자들이 법계도의 저자를 의상으로 삼는 데 동의해 왔으나 최근 중국학자 야오 창슈가 제기한 반론을 놓고 그 타당성을 검증하는 형식으로 구성되었다. 야오는 법계도는 의상의 스승인 智儼이 짓고 주석은 의상이 썼다고 주장한다. 房山 雲居寺에서 발견된 石經에 기록된 내용을 한 가지 근거로 든다. 본문 자체에 저자 이름이 없다는 점, 상충하는 起源說들도 근거가 된다. 방산본은 법계도 본문만 있고 의상이 지었다는 주석은 첨부되지 않았다. 그러나 1118년과 1196년 사이에 판각된 방산본의 내용은 다른 중국문헌에 언급되지 않고 있다. 이미 永明延壽도 법계도를 의상의 저술로 다루었다. 방산본은 고려에서 온 자료에 근거한 것으로 추정된다. 『원상록』이 그것인데 이것은 실은 한국자료일 가능성이 높다. 한국자료들은 지엄과 의상의 긴밀한 관계 속에서 법계도가 구성된 과정을 기술하고 있다. 지엄의 원래 아이디어에서 말미암은 것이지만 결과적으로 의상이 완성한 것이라 할 수 있다. 어떻든지 간에 법계도는 보편적인 화엄철학, 관음신앙, 밀교 무드라 및 다라니 圖印, 『화엄경』의 神衆신앙 등이 어우러진 작품으로 의상의 誓願과 시대적 환경이 잘 반영되어 있다. 요르겐센 교수는 법계도가 중국에서는 별로 유통된 것 같지는 않으므로 법계도 자체가 한국불교의 특성이 되었다고 결론짓고 있다. 이 논문은 의상이 화엄의 4법계 중 하나인 事事無礙의 원리를 한국의 상황에서 실천하였을뿐더러 理理無礙의 새 차원도 제창하고 있다는 점에서 의상의 한국화엄이 그가 지엄을 통해서 전수받은 중국화엄과 공통기반 위에서 보편성을 공유하면서 나름대로 특수성을 지니고 있음을 밝혀 주고 있다.

「신라정토사상의 성립과 전개」(강동균)는 동아시아 대승불교전통에서 민중신앙의 근간을 이루어 온 정토사상의 연원을 밝히면서 신라정토사상이 교학적 그리고 신앙적으로 어떻게 전개되었는가를 추적하고 있다. 신라불교가 정토신앙화되었는데 여기에는 원효의 공헌이 누구보다 컸음을 지적한다. 원효가 추구한 정토는 眞實本願의 세계인 極樂이랄 수 있지만 生死와 涅槃, 淨土와 穢土의 상대성을 넘어선 一心으로 귀결된다. 『三國遺事』에 기록된 정토신앙의 사례들에서 나타난 특징을 보자면, 중국과 달리 미타와 미륵 신앙의 대립이 없고, 귀족, 노비를 포함한 구제대상의 포괄성, 현세와 신라가 곧 극락정토라는 신앙이 지배적이었다는 것이다. 더 구체적으로 신라정토사상이 중국인의 정토신앙 및 교학과 어떻게 다른가, 신라만이 아니고 고구려, 백제의 정토신앙과 교학이 어떻게 다르거나 같게 전개되었는가, 미륵신앙과 미타신앙의 관계 같은 문제들은 앞으로 더 탐색되어야 할 과제로 남는 셈이다.

한국불교에서 가장 논의의 대상으로 등장한 인물은 단연 원효라고 할 수 있다. 다른 누구보다 원효의 참모습 속에 한국불교의 그림자가 비칠 수 있다. 원효는 한국불교의 건립자이면서 그 거울일 수 있다. 원효 연구는 그의 다양한 저술만큼 다면적이고 종합적인 것이어야 한다. 「원효사상의 독특성 찾기」(김영호)는 원효 연구의 문제점을 짚어 보고 그의 독특성 여부를 검증해야 할 필요성을 제기한다. 한국불교의 다른 사상이나 인물과 마찬가지로 원효사상은 인도불교와 중국불교에서 상대되는 사상과의 대조를 통해서 그 독특성이 드러날 수 있다. 원래 발표한 논문에서는 원효사상의 핵심 개념으로 지목되어 온 두 가지 개념, 즉 一心과 和諍을 집중적으로 분석했다. 일심은 원효가 창안한 개념(造語)이 아니지만 그 의미와 내용이 인도, 중국불가와 얼마든지 다를 수 있다. 그럼에도 일심에 대한 중국불가의 이해와 논저들의 기술을 크게 벗어나지 않는다. 다만 원효에게서 상대적인 重視와 유다른 강조가 보인다. 일심을 원효의 핵심 개념으로 삼는 데는 상대성과 한계가 있음이 분석되었다. 이에 비해서 게재된 논문의 주제인 '和諍'은 그의 造語에 가까운 개념으로 화쟁론 자체뿐만 아니고 그의 저술 전체에 흐르는 논리와 목표로 삼을 수 있는 감목이 된다고 판단된다. 중국불가에게서도 그러한 사상이 보이지만 원효처럼 체계적으로 일관되게 나타나지는 않고 宗派의식이 깔려 있다. 인도대승사상을 '廻諍'(용수)으로 잡고 중국불교사상의 한 측면을 '無諍'으로 삼을 수도 있다면 和諍은 두 전통에 대조될 만한 사상일 듯하다. 이에 대한 더 세밀한 분석이 과제로 남는다.

다른 차원에서 정토신앙에 못지않게 중요한 사상전통은 禪佛敎이다. 전통 속에서만 아니고 현대사회에서 서양에까지 미치고 있는 선불교의 광범위한 보급과 영향은 中國禪, 日本禪 전통과 관련하여 韓國禪佛敎의 자리매김을 요청하고 있다. 「한국 선불교의 특수성과 보편성」

(심재룡)은 이 쉽지 않은 작업을 범형(paradigm) 변화에 초점을 맞추고 풀어 가려 한다. 한국불교는 세 단계의 범형 변화를 겪었다. 제1단계는 삼국시대와 고려시대를 지배한 것으로 삼국시대는 화랑의 세속오계가 상징하듯 現世肯定的이고 求福的인 불교로 나타난 誣佛褶合期였고 고려시대에는 불교가 이 경향을 더욱 강화하면서 민족국가적 이념으로 자리 잡고 독자성을 확보한 시기였다. 고려시대에는 특히 한국 선불교의 모태가 된 지눌의 禪敎一致的 會通佛敎가 확립되어 중국불교의 이식이 아닌 독자적인 범형과 제반 양태가 완성되게 된다. 두 번째의 범형 변화는 조선시대에 일어났다. 이 시기에 불도들은 排佛崇儒정책 밑에서 한편으로 儒佛一致 내지 三敎一致의 구실 밑에 유교와의 공존을 모색하면서(함허같이) 다른 한편으로는 저항하거나(김시습같이) 아니면 대부분이 은둔했다. 억불정책과 종파통합정책에 의해 敎學, 禪宗, 淨土宗이 그 독자성을 잃고 無定型한 '회통불교'로 혼합되었다. 제3의 범형 변화는 일제에 의한 일본불교의 간섭에서 조계종의 분쟁과 분종을 겪으며 서양사조가 풍미하는 현재에 이르기까지 진행되고 있다. 불교인구는 세 가지 사회집단, 즉 정교유착해 온 호국불교의 전통에 연연해하는 보수파 인사들, 기복신앙을 일삼는 여성신도들, '민중불교'를 주창하는 극소수의 개혁파 지식인들로 나누어져 있다(민중불교는 내세워야 할 새로운 불교전통이라기보다는 외형적, 조직적, 교리적 전통의 맥락과 달리 사회 밑바닥에서 연면히 내려오는 민중신앙을 가리키는 것으로 봐야 한다는 점이 지적되면 좋을 듯하다). 조계종이 대표하는 선불교 전통은 스승 없이 독학하여 깨우친(無師獨悟) 지눌이 세운 교학 및 수행체계에서 벗어나지 않았다는 점에서 한국 선불교의 독특성이 있다고 할 수 있다고 분석한다.

신라 중심으로 다루어진 삼국시대를 지나 고려시대에 넘어와서 세 가지 주제가 탐색되었다. 그 하나로 「高麗時代의 佛敎儀禮: 한국불교전통의 평가」(소렌센)는 한국불교사와 동아시아 불교사 기술에 있어서 그 실제 비중만큼 다루어지지 못했던 밀교와 의례에 대해서 그 중요성을 일깨워 준다. 『高麗史』를 중심으로 고려조에서 시행된 각종 불교의례를 특히 밀교적인 측면에서 하나하나 그 기능을 분석, 호국불교 및 민간불교에 연관된 한국불교의 특성을 탐색한다. 기록된 75종 이상의 의례 중에서 燃燈會, 仁王道場, 消災道場, 八關會, 神衆道場, 佛頂道場, 帝釋道場, 五星道場, 祈雨道場, 菩薩戒道場 등의 내용과 배경을 밝히고 나서 고려조정에서 의례의 집행에서 밀교가 극히 중요하고 의미 역할을 수행했음을 드러냈다고 평가한다. 집행에 왕들이 깊이 관여하였고 외침과 천재가 많이 발생할수록 의례의 빈도수도 많아졌다. 이는 중국 宋代보다 더 중요하고 일본의 平安시대 후기에만큼 중요한 역할을 수행한 듯하다. 여기서 저자가 주장하는 한 가지 중요한 사항은 신라시대와 고려시대에 밀교가 독립적인 종파로 존재하지 않았다는 것이다. 『三國遺事』는 두 밀교계 종파, 즉 總持宗과 神印宗을 언급하고 있지만 『삼국유사』를 신빙할 수 없고 이것을 증빙할 만한 자료도 따로 없다(『삼국유사』에 대한 저자의 부정적인 관점은 학술회의 발표 강평과 토론에서 국내학자들의 의견과는 다른 것으로 한 쟁점이 되었다). 두 密宗은 12세기에 처음 등장했다. 조선조 초기에 神印宗과 總持宗은 각각 禪宗과 敎宗으로 통합되었다. 어떻든 밀교는 고려조에서 가장 주요한 의식으로 자리 잡았다는 사실이 분명하게 드러났다고 저자는 맺는다.

학술회의에서 발표한 열 개의 논문 이외에도 이 책의 뒷부분에 주제와 관련된 두 가지 논문이 추가되었다. 박성배 교수(「한국문화의 거인, 원효」)는 원효의 화쟁이 대표하는 회통적 사유방법의 현대적인 의의를 세계문화의 맥락에서 설명해 준다. 원효는 '지구촌 문화의 새벽을 연 사람'이라는 것이다. 이것은 원효에 관한 다른 논문(김영호)의 연장선상에서 읽을거리를 제공한다. 박 교수는 원래 「원효의 화쟁 논리」를 발표하였고 토론에도 참여하였으나 그 논문은 이전에 다른 곳에 실린 바 있어, 이 논문으로 대체하게 된 것이다. 하지만 이 두 논문 사이에 연관성이 없는 것도 아니다. 여전히 언급되는 부분이 있다. 이 논문은 원효의 특유한 화쟁과 부정의 논리를 쉬운 몸의 비유(몸과 몸짓)로 해명한다. '몸과 몸짓의 논리'이다. 원효의 '둘 아님'(不二)의 논리는 누구나 경험하는 몸과 몸짓의 '둘 아님'에서 그 전형을 볼 수 있다. 성속을 넘나들며 무애자재한 원효의 실천을 박 교수는 독특하게 '風狂불교'로 말한다. 원효가 지향한 경지는 '말 길이 끊어지고 생각 길이 끊어진'(離言絶慮) 경지를 가리킨다는 점에서도 원효는 선불교를 미리 실천했다고 보기도 한다.

한국불교의 특수성과 관련하여 대개 불교학자들과 사학자들은 호국불교를 주요 특성의 한 가지로 들어왔다. 바로 이 관점을 판카즈 모한 교수는 (「한국불교의 '호국'전통의 신화—비판」) 예리하게 파헤치고 있다. 요컨대 일제가 조작한 설이다. 또한 호국전통은 한국만의 특수한 경우가 아닌 '신화'이다. 이는 인도의 아쇼카 대왕에까지 거슬러 올라간다. 그가 불교로 개종하고 스리랑카에 선교사를 파견하면서 불교와 국가 간의 공생 시대를 열었다. 한국불교가 초기에 왕권의 비호 아래 발전하고 서로 혜택을 가져다준 것은 사실이지만, 일반적으로 호국불교 개념이 한국불교가 지배자의 뜻과 다른 이념적이고 제도적인 독자성을 지니지 못했다고 하는 관점은 불교가 한국인의 사유와 윤리를 형성시킨 도덕적 권위를 격하시키는 셈이다. 또한 왕권과 불교 간의 비대칭성과 긴장을 무시한 해석이 된다. 논자는 호국불교의 관점의 시발을 일본 식민시대의 역사적 맥락에서 찾았다. 호국불교는 일본지배자들이 한국인들의 문화민족주의의 세력을 희석시킬 목적으로 만들었고, 한국과 일본의 문화 동근설(同根說)을 공고히 하기 위한 수단으로 사용했다. 여기에 권상로 같은 친일불교인들이 맞장구를 쳤던 것이다. 이것은 해방 후에 와서도 박정희 정권에 의해서 반체제 세력을 꺾기 위하여 이용되었다. 이 주제는 전두환 정권시대에도 자주 연구되었다. 호국사상은 해방 후 한국불교의 자기 정체성과 맞물려 진작되었다. 이 문제는 현대에 와서 민중운동과 더불어 민중사학이 대두되면서 진보적 불교계일각에서 재평가되었다('호국불교'는 실제로 '호왕권(護王權)'불교의 가면이었다는 평가다. 해방 후에는 '호정권(護政權)'불교로 바뀌었다). 김철준, 이기백 등 사학자들은 불교가 신라왕권의 강화를 위해서 사용되었음을 추적했다. 이 사실을 놓치지 않고 언급한 모한 교수는 호국불교의 근거가 되는 신라가 불국토라는 신화가 이미 신라 당시에 형성되었다는 사실과 일본식민정책의 산물로 보는 그의 관점을 조화시키는 문제를 안고 있을지도 모른다. 어떻든 그의 주장은 주제에 대한 전혀 새로운 시각으로 주목할 가치가 있다.   (김영호)

Tikhonov 교수의 「6~7세기 신라 지배층의 選民意識」은 신라 중고기 지배층의 정신세계를 살핀 논문이다. 이에 의하면 신라 중고기의 중앙귀족은 선민의식을 가지고 있었으며, 그것은 상고기의 단순한 왕권신수설이 불교와 만나면서 새로운 전개를 보인 것이라 한다. 나아가 신라의 지배층은 선민의식에 입각하여 고구려·백제와의 전쟁을 聖戰으로 규정했고, 신라가 반도를 통일할 수 있었던 요인도 여기에 있다고 했다.

이러한 견해는 신라의 반도 통일의 원동력을 신라 지배층의 정치이념에서 찾았다는 점에서 참신한 점이 있다. 뿐만 아니라 선민의식을 매개로 한국고대사상사의 보편성과 특수성을 새롭게 조명할 수 있는 기준을 제시했다는 점에서도 의의가 크다.

崔柄憲 교수의 「大覺國師 義天의 天台宗 創立과 宋의 天台宗」은 의천의 천태종 창립 동기를 고찰한 논문이다. 이에 의하면 의천의 천태종 창립은 화엄종과 법상종 및 선종으로 이루어진 불교계를 재편하고 敎觀을 幷修한다는, 당시 고려불교계의 사상사적 과제를 해결하기 위한 것이라 한다. 때문에 의천이 주목한 것은 중국 천태종의 두 흐름, 즉 천태 교의의 순수성을 지키려 했던 山家派와 천태종의 입장에서 화엄 교학을 흡수하려 한 山外派 가운데 후자임을 밝혔다.

이 연구에서 의천의 천태종 창립을 중국불교의 단순한 수용이 아닌, 고려 사상계의 당면 과제를 해결하기 위한 것이었다고 한 점은 중요한 지적이라 할 수 있다. 뿐만 아니라 중국 천태종에 대한 폭넓은 이해를 바탕으로 논지를 전개해 나간 점도 돋보이는 부분이다.

姜友邦 관장의 「佛敎美術에 나타난 華嚴思想」은 8세기 신라 불교미술의 사상적 기반이 화엄사상에 있음을 밝힌 논문이다. 즉 성덕대왕신종·불국사의 건축 구조·석굴암의 비례는 모두 화엄사상에 기초하여 조형되었다는 것이다.

이 연구는 불교미술이 불교사상 자체를 표현할 수 있다는 전제에서 출발한다. 나아가 불교사상사 및 불교신앙사의 완벽한 복원을 위해서는 문헌과 불교미술과의 상호보완적 연구의 필요성을 역설하고 있다. 기왕의 사상사 연구가 문헌중심이었고, 문헌중심의 연구에 한계가 있음을 생각할 때, 이러한 접근은 새로운 것일 뿐만 아니라, 의욕적인 것이라 하지 않을 수 없다.

(서영대)

1. 6~7세기의 신라 지배층의 '選民意識'

티호노프(V. M. Tikhonov 박노자, 慶熙大)

I. 머리말

　選民意識(philosophy of 'the elect')이란 東西의 고대·중세의 국가의 성립과 발전을 수반하는 지배층의 하나의 政治的 理念이다. 대부분의 지배 이데올로기들은 治者의 被治者에 대한 통치와 收取 자체만 합리화하는 데 비하여, 選民意識은 當該 지배 집단의 지배 영역의 비약적인 擴大를 재촉·합당화하는 攻勢의 이념이다. 선민의식은 고대·중세의 보편적인 지배 이데올로기인 國家·國王의 神聖性 槪念의 延長으로서 처음 발생되었으리라 믿어진다. 그러나 자기의 母體인 國家·國王의 神聖性 槪念과 달리, 선민의식은 기성의 지배체제의 유지와 안전을 보장할 뿐만 아니라, 거국적·거족적 통합·총동원에 의한 當該 지배체제의 영향권의 도약적인 확장도 加速化시킨다.

　계층 간의 갈등 등의 사회·정치적 모순을 초월하는 거족적인 총동원은 일반적으로 종교적인 기반 위에서만 가능하다. 그래서 대부분의 경우에는 선민의식은 종교적 또는 이데올로기적 등의 似而非종교적(quasi-religious) 성격을 띤다. 특히 어느 민족에게도 적용될 수 있는 보편적이고 絶對的인 眞理를 표방하는 所謂 '高等 宗敎'는 발생이나 受容·土着化 과정에서 선민의식을 배태시키는 일이 많다. 왜냐하면 特定 民族이 아닌 全人類를 상대로 할 수 있는 '高等 宗敎'야 어떤 민족(국가, 信徒의 집단)이 全人類를 '救齊'(즉, 支配)해야 된다는 사상을 발생시킬 수 있기 때문이다. 기존의 사회·정치적 利害關係에 얽매여 있지 않은 新興 高等 宗敎나 公認 직후의 外來 高等 宗敎는, 선민의식의 교리적 기초(doctrinal basis)를 이루는 경우가 비일비재하다. 물론, '高等 宗敎'에 의한 선민의식의 발생은, 이 종교의 지도층과 국가의 지배층의 不可分의 관계가 수립되는 것을 전제조건으로 한다.

當該 사회의 내부적 모순들을 초월하는 종교는 신도들에게 無限한 優越心과 自負心, 강철과 같은 집단의식, 그리고 이에 의한 용기와 膽力을 줌으로써 성공적인 '聖戰(sacred war)'을 가능케 한다. 이러한 '聖戰'의 결과로, 當該 사회의 지배층의 지배체제도 한층 더 높은 수준으로 발전되고 지배 영역도 확장되며 문화수준도 향상된다.

종교적인 선민의식에 의한 성공적인 '성전'의 事例로, 古代이집트 第18王朝의 近東 經略, 유태족의 팔레스티나 점령, 초기 이슬람敎의 近東·中東·北아프리카 점령, 스페인·포르투갈系 천주교도의 中·南美洲 점령 등을 들 수 있다. 극동이나 동남아의 사회·경제적 여건과 정치적 전통은 근동이나 유럽의 그것과 사뭇 다르지만, 중국의 天命·天子·中華·華夷 개념과, 佛敎·印度敎에 의해서 발생된 동남아 諸國의 聖王 개념—예컨대 앙코르帝國의 devaraja 개념, 마자파히트의 devaprabhu 개념—등은, '聖王'을 위주로 한 지배 집단의 지배 영역의 확대를 합법화하는 데 선민의식과 공통점이 있어 보인다.[1]

종교적(또는 사이비 종교적) 선민의식은 대개 '我族'/'我敎'(자신의 민족/종교)를 '聖(sanctity)'으로, 그리고 '他族'/'他敎'(남의 민족/종교)를 '俗(profane)'으로 看做, '我族'의 領袖를 위주로 하는 지배 집단의 권력을 절대시·신성시하면서, 領袖·지배 집단의 지도를 받

---

1) 古代 이집트의 神聖 王國 思想, '神助에 의한 占領'의 개념 등에 대해서: D. Brendan Nagle, 『The Ancient World』, 1989, pp.23-27, 42-48, A. Moret, 『The Nile and Egyptian Civilization』, 1996, pp.60-100.

古代 中東 歷史에 있어서의 神聖 帝國 思想, '神聖 征伐' 등의 개념에 대해서: M.Liverani, 『The deeds of Ancient Mesopotamian Kings』, 『Civilizations of the Ancient Near East』, 1995, V. Ⅳ, pp.2353-2367; M. Liverani, 『Model and Actualization: The Kings of Accad in the Historical Tradition』, 『Accad, the First World Empire』, 1993.

古代 東南亞에서의 神聖 王國 思想, '王者 神通力에 의한 國威 提高' 등의 개념에 대해서: 『The Cambridge History of SouthEast Asia』, 1992, V. 1, pp.322-330.

猶太敎의 選民意識에 대해서: 『The Encyclopedia of Judaism』, 1989, pp.161-163.

이슬람敎의 選民意識, 聖戰 등의 개념에 대해서: A. Rippin, 『Muslims』, 1991, V. 1, pp.47-73, B. Lewis, 『The political language of Islam』, 1988, pp.71-91.

改新敎의 豫定說 속에서의 選民意識에 대해서: 『The Oxford Encyclopedia of the Reformation』, 1996, V. 3, pp.332-338, 364-369.

中國의 傳統的 王權神授說에 대해서: M. Weber, 『The Religion of China』, 1964, pp.30-33 等 參照.

는 '我族'(我教)의 '使命(mission)'을 강조한다. 이러한 '使命'은 '我教'의 布教 '我族'의 理想
社會의 건설 등의 세계·사회의 聖化(sanctification) 사업으로 인식되지만, 사실상 當該 사회
의 지배층의 권력의 강화·확대를 의미한다. 이러한 '聖化 事業'은 '理想 社會 建設'의 슬로건
밑의 체제 개혁과 같은 평화적인 형태로 나타날 수도 있지만, 일반적으로는 '聖戰'과 같은 폭
력적인 사회적 행위(social action)로 구체화된다. 北美洲를 改新教徒에게, 中·南美洲를 天主
教徒에게, 中·近東을 回回教徒에게 넘겨 준 이 '聖戰'들은 세계 地圖를 크게 변화시켰다 해
도 과언이 아니다.

그러면 한반도 南端의 약소국인 斯盧를 중앙집권적 고대 왕국인 新羅로 만든 뒤에 백제·
고구려를 패배시킨 신라 지배층의 國家觀 乃至 世界觀은, 비슷한 규모의 偉業을 이룬 다른
민족의 選民意識과 통하는 요소를 포함하지 않았는가? 나아가서 6~7세기(法興王의 體制 改
革 以後 統一 以前)의 신라 지배층의 國家觀·世界觀 자체를 일종의 選民意識으로 볼 수 있
지 않는가? 물론 演繹的 推理式으로 기성의 개념을 일정한 사회의 역사에 전적으로 適用하
는 것은 그 사회의 特殊性, 그리고 그 사회의 이념체제의 複合性을 무시해 버리는 등의 위험
을 초래한다. 그런데 신라의 중앙 귀족의 정신세계를 '選民' 개념의 시각에서 분석해 보는 것
은 신라사―나아가 한국사―의 普遍性을 浮刻시키는 장점을 가진다. 또한 『聖經』등의 외
국 문헌에서 나오는 '選民'이라는 용어를 한국사 연구에서 사용하는 것이 과연 타당한가에
대하여 의문이 발생될 수도 있다. 그런데 필자는 6~7세기의 신라 지배층의 이념체제를 '選
民意識'으로 규정하기보다는 이 이념체제와 세계사에 보이는 選民意識을 비교함으로써 신라
왕권의 정신적인 기반을 보다 다각적으로 규명하려고 한다.

전형적인 '選民意識'들과 공통의 요소가 보이는 다음과 같은 6~7세기의 신라의 精神的 複
合體(spiritual complexes)들을 들 수 있다.

II. 選民意識의 諸要素

1) 佛國土思想. 安弘·慈藏 등의 6~7세기의 高僧들은, 신라를 前·現世의 佛·菩薩(迦葉,
釋迦 等)들이 說法하였던 佛國으로, 또는 四天王이 護持하는 世界 中心(須彌山, 忉利天)으로
인식하였다[2]. 신라는 西天竺인 印度와 비견할 만한 東天竺으로 인식된 기반 위에, 皇龍寺 丈

---

2) 新羅의 佛國土思想에 대해서는, 金煐泰, 「新羅 佛國土思想」, 『三國遺事所傳의 新羅佛教思想研究』,

六尊像과 阿育(無憂)王을 연결시키는 설화가 발생되었다3). 蛇福설화에서 신라의 茅根下에 蓮華藏世界, 즉 盧舍那佛의 淨土가 있다는 新羅 本位의 現實佛國土觀이 엿보인다.4) 신라의 五臺山이 文殊菩薩의 靈場으로 理解되기도 하고,5) 신라에서 現身 成佛의 경우가 있었다는 설화도 나온다.6) 迦葉, 釋迦, 文殊 等의 佛·菩薩 그리고 阿育과 같은 正法의 王者와 因緣이 있는 신라의 王族이, 釋迦도 속하였던 剎帝利種(ksatria)임을 표방하여 불교식 王名을 가지는 것도 당연하게 받아들여졌을 것이다. 한마디로, 부처의 나라인 東竺國이 眞種에 의해서 正法으로 다스려진다는 것은 당대 신라 지배층의 신념이었다. 여기다 彌勒信仰이 加味되어, 신라의 王은 상카와 같은 轉輪聖王으로, 그리고 신라는 미륵이 下生할 만한 理想國家가 될 나라로 인식되었다.7) 6~7세기의 신라의 이념체제의 특징인 佛國土思想·轉輪聖王思想의 融合을 考慮에 두면, 九層塔의 建塔에 의해서 九韓이 來貢하겠다는 皇龍寺九層塔創塔說話도 지극히 당연하게 보인다.8) 九韓의 명칭 중에서 中國, 日本 등이 나와 있는 것으로 미루어 보면, 前世(迦葉)·現世(釋迦)·未來(彌勒)의 佛의 有緣國인 新羅가 한반도뿐만 아니라 온 天下를 敎化·統一해야 한다는 대담한 抱負는, 이 설화에 깔려 있는 것이다.9)

1979, 新興出版社; 金煐泰, 「新羅 불교의 信仰的 特殊性」, 『新羅文化祭學術發表會論文集 5, 新羅 宗教의 新研究』; 金東華 外, 「佛教思想이 新羅의 三國統一에 미친 影響」, 『東國大論文集』 12, 1973; 鄭柄朝 「慈藏과 文殊信行」, 『新羅文化』 3·4 合輯, 1987; 辛種遠, 『新羅初期佛教史研究』, 民族社, 1992, 243~248, 272~277쪽 등의 논문들이 있다.

3) 『三國遺事』 卷3 塔像4 皇龍寺丈六條 이 설화의 연구로는, 金相鉉, 「新羅三寶의 成立과 그 意義」, 『東國史學』 14, 1980; 金理那, 「皇龍寺의 丈六尊像과 新羅의 阿育王像系 佛像」, 『震檀學報』 46, 47, 1979; 辛種遠, 앞 책, 274~277쪽 등을 들 수 있다.

4) 『三國遺事』 卷4 義解5 蛇福不言條 이에 대한 연구로는, 金煐泰, 「三國遺事에 보이는 華嚴思想」, 『韓國華嚴思想研究』, 1982 등을 들 수 있다.

5) 『三國遺事』 卷3 塔像4 臺山五萬眞身條 및 臺山月精寺五類聖衆條 이에 대한 연구로는, 辛種遠, 「新羅五臺山事蹟과 聖德王의 即位背景」, 『崔永禧先生華甲記念 韓國史學論叢』, 1981 등을 들 수 있다.

6) 『三國遺事』 卷3 塔像4 南白月二聖努肹夫得怛怛朴朴條 신라의 現身成佛思想에 관해서는, 金煐泰, 「新羅佛教의 現身成佛觀」, 『新羅文化』 創刊號 등의 논문이 있다.

7) 신라에 彌勒思想이 盛하였음을 입증해 주는 史料로, 『三國遺事』 卷2 紀異2 孝昭王代竹旨郎條; 卷3 塔像4 生義寺石彌勒條, 彌勒仙花未尸郎眞慈師條; 卷5 感通7 月明師 兜率歌條 등이 있다. 新羅彌勒信仰에 관한 논문으로, 金煐泰, 「彌勒仙花攷」, 『佛教學報』 3·4 合輯, 1966; 金煐泰, 「新羅의 彌勒思想」, 『東大論文集』 14, 1975; 金庠基, 「花郎과 彌勒信仰에 대하여」, 『李弘稙華甲記念韓國史學論叢』, 1969; 金相鉉, 「끝 없는 未來世 그 희망, 彌勒」, 『佛教思想』, 1984, 4月號 등이 있다.

8) 『三國遺事』 卷3 塔像4, 皇龍寺九層塔條 이에 대한 연구로, 金相鉉, 「新羅의 歷史와 思想」, 『韓國思想史大系』 2, 1991, 106~108쪽 등이 있다.

9) '九族'은 '모든 親戚'을, '九夷'는 '모든 오랑캐'를 그리고 '九州'는 '온 천하'를 의미하듯이 '九韓'은 '한반도와 隣接한 모든 나라들'을 의미할 수도 있다. 그런데 九韓의 명칭 중에서 '日本'(이 國號는 670년

護國과 護法을, 그리고 종교적인 使命(轉輪聖王 治下의 國家의 建設)과 국가적인 使命(國土의 擴張)을 同一視하는 이러한 개념은 전형적인 종교적 選民意識과 사뭇 통한다. 兩者의 경우에는, '我族', '我土' 그리고 '我國'의 統治者가 神聖視되고, '我國'의 國力伸張과 國土擴張은 종교적인 '淨化事業'으로 인식되고, '我族'의 天下掌握의 當爲性이 표방된다. 다만 동양적인 '因緣' 개념과 聖經的 '選擇' 개념의 차이를 간과하면 안 된다.

2) 新羅 中心의 天下觀. 羅·唐聯盟, 新羅 高僧의 西學, 新羅의 중국의 文物制度 受容 등의 사실을 인정해도, 신라 지배층이 中華 中心의 天下觀을 가졌다고 볼 수 없다. 實은 6∼7세기의 신라의 지배층은 隋·唐의 정치적 비중과 문화 發展度를 인식하여 중국의 선진문물을 수용하면서도, 新羅 本位의 天下觀을 固守하였던 것처럼 보인다.

이를 입증하는 자료로, 신라왕족을 '皇', '帝', 즉 天下의 統治者로 稱하는 『三國遺事』의 史料를 들 수 있다. 대부분의 경우에는 이 사료의 典據가 확실치 않으나 新羅의 最古의 『國史』가 찬술된[10] 中古의 天下觀과 無關하지 않다고 볼 수 있다. 『三國遺事』에서 新羅 王族이 天下의 皇帝임을 암시하는 事例로:

ㄱ) 新羅始祖赫居世條에서 赫居世의 誕生을 '今天子已降'으로

ㄴ) 第二南解王條에서 南解·弩禮·脫解 三王을 '三皇'으로

ㄷ) 桃花女鼻荊郞條에서 眞智王을 '萬乘'의 君主(天子)로, 그리고 그의 魂을 '聖帝魂'으로

ㄹ) 天賜玉帶條에서 眞平王을 '辟雍'(중앙에 있는 大學, 즉 天子)으로

ㅁ) 太宗春秋公條에서 신라의 統一을 '六合(天地와 四方, 즉 天下)의 幷呑'으로 부르는 等의 글귀들이 보인다. 또한 金石文學的 資料의 경우에는, 中古가 아닌 下古의 것이지만, 『聖德王神鐘銘』의 '尋之帝鄕始制鼓延', 그리고 『高仙寺誓幢和上塔碑銘』의 '長辭帝闕'[11]과 같은 글귀의 '帝' 字는 신라의 王者를 의미한다고 볼 수도 있다. 위와 같은 史料에서 自國의 王者를 天下를 다스릴 만한 '皇帝'로 봤던 당대 신라 지배층의 自主的 世界觀의 흔적이 보인다고 생각된다. 中古의 獨自的 年號의 사용이나 太宗 같은 廟號의 채택, 그리고 蘇定方에 대한 金庾信의 獨立的이고 自主的인 태도[12] 等은 결국 이러한 新羅 本位의 天下觀과 무관하지 않은

이후에야 한국·중국 측 문헌에서 등장하기 시작하였음), '女眞', '丹國' 등의 후대의 국호들이 보이는 것으로 미루어 보면, 관계 사료에 후대의 加筆이 적지 않음을 알 수 있다. 辛種遠, 앞의 책, 238∼242쪽 參照.

10) 『三國史記』, 新羅本紀 卷4, 眞興王 6年 7月條 參照.

11) 『朝鮮金石總覽』 上亞細亞文化社, 1976, 38, 43쪽 參照.

12) 『三國遺事』 卷1 紀異1 太宗春秋公條 및 『三國史記』 新羅本紀 卷5, 太宗武烈王 7年 7月條 參照.

것처럼 보인다. 이와 같은 '我國' 中心의 世界觀이 古今의 選民 이데올로기들의 중요한 특징임은 주지의 사실이다. 이러한 世界觀은 '他國'에 대한 '我國'의 征服 活動을 합법적인 '征伐'(즉, '他國'의 '罪目'에 대한 軍事的 膺懲)로 合當化한다.

3) 護國龍 信仰. 護國神으로서 숭배를 받는 土着神이 몇몇 있었는데, 그중에서 龍神(특히 東海의 龍)이 각별한 숭배의 대상이 되었다. 始祖 赫居世의 妃인 閼英이 鷄龍의 女로, 脫解王이 龍王의 王子로, 萬波息笛이 龍의 선물로, 處容이 龍의 아들로, 明朗의 文豆婁 秘法이 龍의 가르침으로 각각 인식되었다.[13] 死後에 龍으로 되고자 하였던 文武王의 意圖도, 이 護國龍 信仰의 맥락에서 이해해야 하겠다.

당대 신라인들은 우주의 모든 '물'(바다, 비, 호수 등)을 다스리는 龍에 의해서 지켜지는 新羅야말로 특수하고 예외적인 위치에 처해 있었다고 생각했을 것이라고 보인다. 龍의 庇護가 신라의 社稷의 保全과 繁榮의 擔保라고 생각되었을 것이다.

4) 英雄 說話. 『三國史記』, 『三國遺事』 그리고 『日本書紀』에서 보이는 朴堤上, 昔于老 그리고 勿稽子 등의 說話들이 3~5세기를 배경으로 한다.[14] 그런데 『三國史記』·『三國遺事』에 수록되어 있는 朴堤上, 昔于老, 勿稽子의 傳記는 표현의 특색 等으로 미루어 보면, 高麗時代의 史書에 실리기 전에 新羅 中古 乃至 下古의 史筆에 의해서 일정한 修正이 加해진 것으로 보인다.[15] 그래서 이들 傳記에 담은 思想을 中古·統一戰爭期의 신라 지배층의 理念과 關聯된 것

---

13) 『三國遺事』 卷1 紀異1 新羅始祖赫居世王條 및 第四代脫解王條, 卷2 紀異2 萬波息笛 및 處容郞望海寺條, 卷5 神呪6 明朗神印條 等 參照.

14) 『三國遺事』 卷1 紀異1 奈勿王金(朴)堤上條 및 卷5 避隱8 勿稽子條; 『三國史記』 卷45 列傳5 昔于老傳 및 朴堤上傳, 卷48 列傳8 勿稽子傳; 『日本書紀』 神功 攝政 五年條 等 參照.

15) 예를 들면, 『三國遺事』 卷5 避隱8 勿稽子條의 '仕君之道 見危致命 臨難忘身' 같은 표현은 『論語』 19 子張의 '士見危致命 見得思義'를 變形·踏襲한 것임에 틀림없다. 그런데 신라에서의 儒敎思想의 普及·受容이 本格化된 中古 時代에나 以後에야 이러한 經典의 引用을 가능케 한 유교에 대한 지식의 蓄積이 이루어졌다. 8세기 말~9세기 초에 執筆된 『金庾信行錄』에 의해서 이루어진 「金庾信傳」(『三國史記』 卷41 列傳1 金庾信 上)에서도 '見危致命 臨難忘身者 烈士之志也' 같은 글귀가 보이는 것으로 미루어 보면, 勿稽子條의 根幹을 이룬 口碑 傳承은 金庾信의 活躍 時期(7세기 전반)에나 『金庾信行錄』의 執筆 時期(8세기 말~9세기 초)에 成文化되었으리라고 짐작된다. 마찬가지로 『三國遺事』 卷1 紀異1 奈勿王金(朴)堤上條의 '主憂臣辱 主辱臣死' 같은 儒敎的인 표현도 堤上의 活躍 時期와 無關한, 이 傳承의 成文化 過程에서 加筆된 後代的인 것으로 생각된다. 그리고 이 奈勿王金(朴)堤上條에서 高句麗王이 使臣을 보내는 것을 '來朝'로 표현하는 점, '百濟之罪'를 언급하는 점, 新羅王을 '神聖'으로 稱하는 점 等을 考慮에 두면, 이 成文化 過程은 麗·濟를 쳤을 무렵, 그리고 新羅王의 權力이 專制化되었을 무렵, 즉 統一戰爭期에 이루어졌으리라고 짐작된다. 이처럼 新羅의 英雄說話의 기초를 이룬 傳承 자체는 2~3세기에까지 遡及되지만 이 傳承의 成文化 過程은 훨씬 뒤인 中古 時代나 以後에 이루어졌을 것으로 보인다.

으로 보아도 무방한 것 같다. 朴堤上과 그의 妻, 昔于老와 그의 妻, 그리고 勿稽子는 각각 中古·統一戰爭期의 신라의 理想人格者의 여러 面을 반영한다. 朴堤上·昔于老 등의 설화의 登場人物들의 성격으로 미루어 보면, 中古·統一戰爭時期에 理想視되는 人格은, 국가와 國王에 대한 無限한 忠誠心, 國事에 대한 무거운 責任感, 國事를 위하여 자기 자신을 언제든지 희생시킬 수 있는 투철한 犧牲 精神, 그리고 이러한 自己 犧牲에 필요한 勇氣를 포함하였던 것으로 보인다. 신라의 理想的 臣下는 자신의 고통과 죽음을 생각 않고 國王과 同心協力하여 王事에만 專念한다. 신라인의 自我 意識은 定型되지도 않은 채 集團(國家)意識 속에서 남김없이 溶解되어 버렸다. 國家·國事·國王의 神聖性에 대한 확실한 신념이 존재하지 않은 한, 國家 意識도 이 정도로 포괄적이고 절대적인 형태로 발전되지는 못하였을 것이고, 自我 意識도 忠臣 槪念으로 전적으로 代替되지는 못하였을 것이다. 그런데 위에서 말했듯이 古代·中世의 支配 이데올로기 중에서 특히 國家(國敎)·國王의 권력의 神授說과 이에 의한 國家·國王에 대한 忠誠心 개념은 자주 選民意識이 발생될 수 있는 바탕이 된다. 또한 이들 朴堤上·昔于老 등의 傳記에서, 理想人格者인 신라인과 忠誠스럽지 못한 高句麗人[16]이나 포악한 倭는,[17] 분명한 對照를 이룬다. 이처럼 人間의 常情인 自我 集中을 극복한 고상한 人格을 理想으로 삼았던 6~7세기의 신라인들은 적어도 自國의 例外性·特殊性을 깊이 인식했으리라고 믿어진다.

5) 新羅는 곧 儒敎的 理想社會('君子國'). 中古初期에 古代國家官僚體制의 성립과 같이 수용한 儒敎는 統治 개념으로서 널리 사용하게 되었다[18]. 7세기 중엽의 신라의 통치자들은 이미 自國을 佛敎的 理想社會('轉輪聖王 治下의 나라')뿐만 아니라 儒敎的 理想社會('君子國')로도 인식하였다[19]. 『三國史記』 卷42 列傳2 金庾信 中에서 저자는 이러한 개념을 다음과 같

---

16) 『三國遺事』 卷1 紀異1 奈勿王金(朴)堤上條: "然寶海在句麗 常施恩於左右 故其軍士憫傷之 皆拔箭鏃而射之 遂免而歸."

17) 앞의 책, 同條: "(倭)王怒 命屠剝堤上脚下之皮 刈蒹葭 使趨其上"

18) 郭信煥, 「儒敎思想의 展開樣相과 生活世界」, 『韓國思想史大系』 2, 388~393쪽 參照.

19) 『三國史記』 卷41 列傳1 金庾信 上: "太宗皇帝曰 聞爾國庾信之名 其爲人也如何 對曰 庾信 雖少有才智 若不藉天威 豈易除鄰患 帝曰 誠君子之國也" 여기에서 新羅人인 原資料의 著者는 新羅 支配層의 '新羅는 곧 君子國' 개념을 唐의 皇帝들에게 假託하여 표현한 것 같다. 그런데 주변의 諸 민족 중에서 고대 韓人을 특별히 중요시하여 그들의 高度의 문화발전을 높이 평가한 唐人도 8~9세기에 가서 신라를 '君子國'으로 불렀다.
　　『三國史記』 卷9 新羅本紀 第9 孝成王 2年 2月條: "帝謂璹曰 新羅號爲君子之國 頗知書記 有類中國", 『唐書』 東夷傳, 「新羅」: "二十五年,(興光)死, 帝尤悼之 贈太子太保 命邢璹以鴻臚少卿弔祭 子承慶襲王 詔璹曰 新羅號君子國 知詩書 以卿悼儒 故持節往 宜演經誼 使知大國之盛"
　　唐人도 認定한 높은 문화수준을 바탕으로, 신라 識者層 속에서 8~9세기에 접어들어 '東人意識'(즉, 海東에 있는 仁의 本鄕인 신라의 臣民으로서의 우월감과 긍지)이라는 사상적 동향까지 擡頭되었다. 崔致

은 형태로 蘇定方에게 假託하였다. "신라는 인군이 어질고 백성을 사랑하여 그 신하는 충성으로 나라를 섬기고 아랫사람들이 윗사람을 섬기기를 부형과 같이 하니, 비록 '나라는' 작지만 圖謀할 수 없다."20) 같은 『三國史記』 卷42 列傳2 金庾信 中에서 金庾信 자신도 고구려 諜者에게 비슷한 개념을 이야기하였다고 한다. "우리 국왕은 위로 하늘의 뜻을 어기지 않고 아래로 인심을 잃지 않으매, 백성들이 기뻐하여 모두 자기 생업을 즐기고 있다."21) 『三國遺事』 卷1 紀異1 太宗春秋公條에서 當代人들이 當代를 가리켜 '聖代'라고 일컬었다고22) 한 것도 같은 '理想國家 개념'을 반영한 것 같다. 當代 신라인의 시각에서는 理想國家가 된 신라와, 사악한 淵蓋蘇文23)에 의해서 다스려지는 고구려나 酒色에 빠졌다고 한24) 義慈王이 다스리는 백제는 분명한 對照를 이루는 것처럼 보였을 것이다. 신라를 儒敎的 理想社會로 보는 이 '君子國' 관념도 신라의 特殊性·例外性의 개념의 構成部分이었다.

결국 신라를 천하의 중심이 되는 龍의 庇護下 佛有緣國이자 君子國으로, 신라의 王者를 神聖한 聖王으로 그리고 신라인들을 용맹 과감한 忠臣으로 보는 것은 6~7세기의 신라 지배층의 國家觀·世界觀의 根幹이었다. 이러한 意識의 起源에 대한 고찰을 다음 기회에 미루고, 여기에서는 다만 이러한 自矜心이 中古 時代의 신라의 飛躍的 사회·정치 발전과 무관하지 않다는 점과, 佛有緣國·君子國 개념은 각각 불교·유교의 土着化 과정에서 이들 외래사상·종교와 토착신앙·사회제도의 共感帶를 摸索하는 결과로서 발생되었을지도 모른다는 점과, 신라의 英雄說話는 倭의 侵入을 비롯한 무수한 外侵을 擊退한 新羅民의 集團意識의 중요한 要素이었다는 점 등을 강조하고 싶다.

遠의 저서에서 많이 반영된 이 '東人意識'은 統一戰爭期의 '選民意識'을 繼承·發展한 것 같다. 崔英成, 『韓國儒學思想史』亞細亞文化社, 1994, 137~146쪽 참조. 또 한편으로 崔致遠은 이러한 '東人意識'을 鼓舞함으로써 기울어가는 羅末의 國運을 다시 復興시키려 하였던 것 같다.

20) 原文: "新羅其君仁而愛民 其臣忠以事國 下之人事其上如父兄 雖小不可謀也."

21) 原文: "吾國王上不違天意 下不失人心 百姓欣然 皆樂其業." 신라에 中古 時代부터 벌써 天意·天道 개념이 있었다는 사실은 眞興王의 磨雲嶺碑의 銘文에 의해서 입증된다. 이 銘文 중에서 다음과 같은 문장이 보인다. "然朕歷數當躬 仰紹太祖之基 纂承王位 兢身自愼 恐違乾道 又蒙天恩."
『三國史記』의 '不違天意'와 磨雲嶺碑銘의 '恐違乾道'는 같은 思想을 나타내는 것으로 보인다. 崔信浩, 「漢文學의 導入과 定着」, 『韓國思想史大系』 2, 662~665쪽 參照.

22) "城中市價 布一疋租三十碩 或五十碩 民謂之聖代."

23) 『三國史記』 卷49 列傳9 淵蓋蘇文傳 參照.

24) 『三國史記』 卷28 百濟本紀6, 義慈王 16年 3月條: "王與宮人淫荒耽樂 飲酒不止"
『三國遺事』 卷1 紀異1 太宗春秋公條: "(義慈王)身瑤酒色 政荒國危."

Ⅲ. 選民意識의 展開의 諸段階

이상에서 新羅 王室의 統治理念의 形態였던 選民意識의 여러 要素를 언급한 다음, 이 選民意識의 形成·成長의 段階들을 시기별로 나누어 簡略하나마 設定하고자 한다. 결론부터 이야기하자면, 選民意識의 成長·複合化는 王權의 强化, 그리고 王室의 必要에 따른 佛·儒敎의 導入과 軌를 같이하였다.

1) 上古의 國家 意識이나 統治 理念은 결국 하나의 貴族血緣集團이었던 王室의 血緣·祖上意識의 범위를 벗어날 수 없었다. 上古의 王室은, 其他 貴族家門들과의 거의 동등한 從前의 관계를 아직까지 淸算하지 못하면서도[25] 王權의 威信을 높이고 자신의 權力을 正當化하는 길을 모색할 수밖에 없었다. 現在가 過去의 延長으로 인식되는, 그리고 後孫의 位置가 祖上의 身分에 따라서 자리매김되는 古代社會에서는 王室權力의 正當化는 王室始祖의 神性化를 통해서만 가능하였다. 그리하여 上古의 王位를 차지하였던 朴·昔·金 三姓은 각각 그 始祖들의 神聖性을 입증하는 始祖神話를 가지지 않을 수 없었다. 朴赫居世의 誕生神話의 경우에는, 그의 誕生地는 '楊山下蘿井傍'로 되어 있고, 그의 '父母'로서 天馬가 등장하는 등으로 미루어 보면 그를 山神(楊山), 水神(蘿井), 天神(天馬) 등의 주요 自然神들과 연결시키는 것을 알 수 있다. 龍神과 연결되어 있었던 王妃 閼英은 神聖王者로서의 赫居世의 기능을 '보완'하는 것으로 보인다.[26] 마찬가지로 昔脫解는 龍神, 東岳神, 鳥神(昔氏라는 姓은 鵲字로부터 발생되었다는 연기설화와 탈해신화에서의 '까치'의 역할을 참고하기를 바람), 그리고 金閼智는 樹神과 鳥神(金閼智神話에서 白鷄가 등장함)과 각각 연결되어 있었으므로 그들의 후손들은 '神으로부터 물려받은 權力'을 과시할 수 있었다. 그런데 그 당시의 六部의 部族長들은 다 한결같이 자신의 先祖들이 하늘에서 내려온 인물(즉, 天神의 '分身')이라 주장하였기 때문에[27] 이러한 三姓의 始祖神話가 그 三姓의 權力基盤을 실제적으로 어느 정도 확대시키고 一般貴族 가운데서 그 三姓을 어느 정도 부각시켰는지 잘 알 수 없다. 여하튼 三姓始祖神話에서 보이는 아직까지 상당히 단순한 王權 神授說은 후대의 王室의 選民意識의 바탕이 되었음

---

25) 新羅初期의 王室과 其他貴族의 거의 동등한 관계는 脫解神話 속의 '龍城國'의 政治現實의 描寫에서도 반영된 것 같다. 즉, "/……/龍城國/……/常有二十八龍王/……/繼登王位/……/而有八品姓骨 然無揀擇 皆登大位"라고 하는 것은 결국 上古의 政治狀況은 神話的 王國에 假託된 것이 아닌가 싶다. 『三國遺事』卷1 紀異1 脫解王條.

26) 『三國遺事』卷1 紀異1 新羅始祖赫居世王條.

27) 『三國遺事』卷1 紀異1 同條.

에 틀림없다.

2) 中古를 新羅王室의 選民意識의 形成의 本格化의 段階로 봐야 되는 것 같다. 먼저 法興王代(514~540)에 王者의 尊號가 기존의 '寐錦'(中原高句麗碑, 449? 480?), '王'(『三國史記』, 503)에서 '大王'(蔚州川前里書石 甲寅題記, 534), '太王'(蔚州川前里書石 乙未銘, 539)으로 바뀐 것과 法興王을 지칭하여 '聖法興大王'(蔚州川前理書石 乙卯題記, 535)이라 부른 것은 佛敎 導入과 긴밀한 관계를 갖는 王權 神聖化 過程을 반영한다.

그다음에 眞興王代(540~576)에 行政體制整備·領土膨脹의 象徵인 巡狩碑들이 세워졌는데, 이들 碑文의 내용으로 미루어 보면, 王道와 天道를 동일시하여 王을 三才(天, 地, 人)를 결합시키는 宇宙의 中心으로 보는 中國의 傳統的인 聖王論은 그때야 비로소 新羅의 統治理念이 되었으리라 믿어진다.[28] 이 외에 566年에 완성된 皇龍寺의 佛殿의 後面에 迦葉佛의 宴坐石(前佛時伽藍之墟)이 있었다고 한 것은[29] 新羅卽佛有緣國說(佛國土說의 중요한 一部分)의 嚆矢였으리라 믿어진다. 이 佛有緣國說과 관련된 또 하나의 중요한 부분은, 印度의 阿育王이 '인연이 있는 나라로' 보냈다고 한 쇠와 黃金으로 皇龍寺丈六尊像을 만들고(574年), 그 金을 실은 배가 도착했다는 곳에서 東竺寺를 創建하였다는 설화다.[30] 佛國土로서의 新羅('東竺')와 印度('西竺'), 崇佛王者이자 轉輪聖王으로서의 眞興王과 阿育王을 연결시키는 이 설화는 新羅의 佛國土說의 本格化를 뜻하였다. 또한 572年에 戰歿士卒을 위한 八關筵會를 열었다는 기록은[31] 對外戰爭을 '聖化事業'(聖戰)으로 인식하기 시작한 것을 의미하는 것 같다. 그리고 上記한 皇龍寺丈六緣起說話를 통해서 자신과 轉輪聖王의 典刑인 아육왕을 연결시킨 바 있는 眞興王은 王子들에게 金輪, 銅輪과 같은 이름을 지어 줌으로써 轉輪聖王思想을 전적으로 受容한 것을 선언한다.

결국 眞興王代를, 中國의 道化의 主體로서의 王('王化')의 槪念, 印度의 轉輪聖王思想 등의 본격적인 受容, 公式理念化와 獨步的인 佛國土說의 적극적인 발전 등에 의한 神聖王論, 王族의 選民意識의 發展의 段階로 봐야 한다.

眞平王代(579~632)에 骨品制度의 完成[32]과 中央集權的官僚制의 整備 등은 國家의 理念的 基盤의 强化를 필요케 하였다. 當代의 眞骨貴族들이 子息의 이름을 지어줄 때 古代·當代 中

---

28) "/······/競身自愼恐違乾道 又蒙天恩開示運記冥感神祇應符合筭"(568, 利原 巡狩碑).

29) 『三國遺事』卷3 塔像4 迦葉佛宴坐石條

30) 『三國遺事』卷3, 塔像4 皇龍寺丈六條

31) 『三國史記』卷4 新羅本紀4 眞興王 33年條.

32) 木村誠, 「6世紀新羅における骨品制の成立」, 『歷史學硏究』, 428, 1976.

國思想·神話와 관련된 이름을 상당히 選好했던 것으로 미루어 보면[33] 그들은 自國을 이미 中國과 어느 정도 동등한 小華로 인식하기 시작했으리라 짐작된다. 또한 仙桃山母神話에서 보이듯이 眞平王代에 朴赫居世·閼英(즉, 신라의 王室)의 '聖母'로 숭배받아 왔던 新羅의 土着神인 慶州 仙桃山(西鳶山)의 女山神을 '中國 皇室의 女'라 潤色함으로써 新羅 王室과 中國 皇室의 聯關性을 隱然中에 주장하기도 하였다[34]. 이러한 小華論과 관련된 또 하나의 說話는 眞平王이 '上帝'로부터 新羅의 三寶 중에서 두 번째 國寶인 '天賜玉帶'를 받았다는 이야기였다.[35] 이 說話도 新羅의 王者에게 中國 皇帝만의 '天子'의 名分도 附與될 수 있음을 暗示하는 것이 아닌가 싶다. 이러한 小華論을 가능케 만든 것은, 中原을 統一한 隋의 본을 받아 海東의 三韓을 統一하려는 眞平王의 政治的 意志일뿐더러 金后稷傳이나 大世·仇柒[36] 이야기에서 확인되는 新羅에서의 儒·道敎의 急速한 發展이었을 것이다. 또한 佛敎의 분야에서, 大道署의 設置(624年)는[37] 敎壇에 대한 國家의 統制力을 더욱 강화시켰고, 安弘法師(579?~640?)의 活動에 의해서 新羅即佛國土說은 한층 더 구체화되었고, 眞智王代(576~579)의 眞慈의 '大聖(彌勒)化作花郎'의 發願[38]이나 金庾信의 龍華香徒의 存在[39]에서 확인되듯이 彌勒思想(理想社會建設思想)과 花郎徒의 連結은 본격화되었다. 小華論·佛國土說·土着化된 彌勒思想 등을 新羅의 選民意識의 構成要素로 생각한다면, 眞平王代를 이 選民意識의 具體化·多邊化·强化의 段階로 봐야 되지 않을까 싶다.

善德(632~647)·眞德(647~654) 兩女王代에 비극적인 大耶之役(642年) 이후에 羅·唐聯盟이 본격화되고, 一統三韓을 목표로 하는 對麗·濟戰爭이 加一層 激化되고, 實權을 장악해가는 春秋·庾信一派에 의해서 總動員의 雰圍氣가 擧國化된다. 이러한 死活鬪爭의 상황 속에서 前代에 이미 상당한 수준까지 發展된 選民意識은 일단 完成되어 統一戰爭의 이데올로기

---

33) 金后稷(『三國史記』 卷45 列傳5 金后稷)은 周의 先祖의 이름을, 金庾信(595~673)은 北周의 저명한 詩人·官僚인 庾信(512~580)의 이름을, 金春秋(604~661)는 孔子의 勞作의 名稱을, 安弘法師의 祖父인 金詩賦(『海東高僧傳』 卷2, 安弘傳)은 中國 詩文學의 장르의 名稱을, 義湘(625~702)의 父, 金韓信(『三國遺事』 卷4 義解5 義湘傳敎條)은 漢의 將臣의 이름 등을 각각 본떠서 자기 이름으로 사용하였다.

34) 『三國遺事』 卷5 感通7 仙桃聖母隨喜佛事條

35) 『三國遺事』 卷1 紀異1 天賜玉帶條

36) 『三國史記』 卷4 新羅本紀4 眞平王 9年 秋 7月條

37) 『三國史記』 卷38 雜志7 職官上 大道署條

38) 『三國遺事』 卷3 塔像4 彌勒仙花未尸郎眞慈師條

39) 『三國史記』 卷41 列傳1 金庾信傳 上

가 되었다. 佛國土說을 集大成한 慈藏에 의해서 創建된 皇龍寺九層塔(645年)은 眞種에 의해서 다스려지고 九韓을 아우를 使命을 띤 佛有緣國이자 世界中心地인 새 新羅의 雄壯한 象徵이었다. 이전부터 土着宗敎의 聖地('福地')로서 崇拜를 받아왔던 慶州 狼山은[40] 선덕여왕 대에 와서 四天王을 거느리는 帝釋의 住處인 須彌山의 忉利天—즉 우주의 중심—으로 認識되기 시작한 것도[41] 분명히 이 佛國土說과 무관하지 않았다. 또한 善德王代에 庾信의 協力者인 듯한 術僧 密本이 大力神·天神들을 마음대로 부렸다는 이야기도[42] 新羅의 國威를 提高하는 역할을 하였을 것이다. 이 외에는 新羅 貴族의 唐 國學 入學의 申請(640年), 唐服 着用(649年), 太平頌 作成(650年) 등도 中國과 어느 정도 對等한 文明國家로서의 新羅의 모습을 보여 주었다. 결국, 中古의 末期에 주로 小華論, 佛國土說 그리고 彌勒思想으로 구성된 新羅 支配層의 選民意識은 完成된 것으로 생각해야 하는 것 같다. 祖上崇拜·土着信仰의 기반 위에 성립된 이 선민의식의 主軸을 이룬 것은 역시 儒·道敎思想보다 巫佛習合에 입각한 불국토설이었을 것이다. 이는 中古의 歷代의 王者의 佛名, 圓光이나 慈藏의 政治的 役割, 金庾信, 金良圖 같은 重臣들의 信佛의 形態 등을 봐도 거의 자명한 것이다.

3) 下古를 統治理念의 儒敎化의 시기, 選民意識의 常識化의 시기 또는 支配層의 自我認識으로서의 小華論·新羅卽君子國論이 佛國土說을 壓倒한 段階로 봐야 될 것 같다. 주로 慈藏의 노력에 의해서 前代에 完成된 新羅卽佛國土說은 下古에 접어들며 하나의 독립적인 文化意識보다는 新羅 支配層의 意識世界의 底邊에 깔려 있는 일종의 文化常識이 된 듯하다. 즉, 바로 佛有緣國인 新羅를 佛·菩薩이 陰助한다는 佛國土說이야말로 戰勝에 대한 金庾信의 잦은 祈禱, 明朗의 文豆婁道場에 의한 唐兵退治(671年?), 金仁問의 歸國을 促進하기 위한 仁容寺 觀音道場[43] 등의 護國佛事의 前提條件이었다. 그런데 皇龍寺의 丈六像·九層塔 같은 佛國土의 莊嚴한 象徵들은 더 이상 建立되지 않았고, 王者들이 더 이상 佛名을 가지지 않은 점으로 미루어 보면, 眞種說도 그 중요성을 어느 정도 잃었던 것 같다. 그 대신 新羅 儒學의 力量蓄積, 빈번해진 對唐交流 등에 의하여 小華論·新羅卽君子國論은 急速히 발전하여 그 비중이 커져 나간다. 가령 '金山寶蓋'의 化身으로 일컬어진 義湘은 文武王에게 儒敎的 王道思想에 입각한 諫言을 드리기도 하고[44], '芬皇寺의 陳那로 불린 元曉의 아들 薛聰은 儒學者가

---

40) 『三國史記』 卷3 新羅本紀3 實聖尼師今 12年 8月條
41) 『三國遺事』 卷1 紀異1 善德王 知幾三事條
42) 『三國遺事』 卷5 神呪6 密本摧邪條
43) 『三國遺事』 卷2 紀異2 文武王法敏條
44) 『三國遺事』 卷2 紀異2 文武王法敏條

되기도 하였다[45]. 儒敎는 佛僧들도 이를 무시 못 할 만큼 큰 비중을 차지하게 되었고, 國家統治理念으로서의 儒敎의 새 役割의 象徵은 682年에 세워진 國學이었다. 唐과 동등한 儒敎式 理想國家를 건설하려는 專制王權時代의 王者들은 혹은 父王에게 '太宗'의 諡號를 내리기도 하고, 혹은 堯舜禹의 制度의 본을 받아 全國을 九州로 나누어 固有地名을 대폭 漢式으로 거치기도 하였다(757年). 儒敎國民으로서의 新羅人의 優秀性·特殊性을 전제조건으로 한 이러한 정책은 역시 一種의 儒敎的 選民意識에 立脚한 것으로 생각되지만 이러한 選民意識과 前代의 佛國土思想이 사뭇 다르다는 것은 명백히 보인다. 또한 花郎徒의 敎育에는, 儒敎的 要素의 비중이 커짐에 彌勒信仰의 役割이 상대적으로 축소된 것처럼 보인다. 그런데도 竹旨郎에 대한 彌勒化身說[46] 耆婆郎의 弟子로 보이는 忠談師의 彌勒世尊崇拜[47]의 사실 등에서 확인되듯이 花郎徒와 彌勒信仰의 관계는 지속되었다. 下古의 選民意識의 複合的인 모습은 萬波息笛 說話에서 여실히 나타난다. 신라의 王이 만파식적을 불면서 天下를 和平하게 만들 수 있다는[48] 말이 新羅의 王室에 中國 皇室 특유의 '平天下'의 名分을 부여함으로써 新羅 王室과 中國 皇室의 本來的 同等함, 新羅의 優秀함, 例外性을 강조하는 신라의 選民意識의 表現이었음에 틀림없다. 이 說話의 思想的인 要素 중에서는 土着信仰(護國龍·天神信仰: 呪物로서의 樂器에 대한 崇拜), 護國佛敎(倭兵退治를 위해서 創建된 感恩寺) 그리고 儒·佛敎에서 찾을 수 있는 '以聲理天下'의 槪念 등이 나타나는데, 이 설화의 思想的인 軸을 이루는 것이 역시 父王인 文武王에 대한 神文王의 崇拜—즉 王朝의 祖上의 崇拜—이었을 것이다.

  上·中·下古를 통틀어 新羅 支配層(사실, 이 支配層의 중심을 이루었던 王室)의 選民意識의 歷史的 展開에 대한 결론을 내리면, 國初부터 羅末까지 이 選民意識의 基盤을 이루었던 것이 土着信仰(天神, 龍神 등의 自然神의 崇拜)에 입각한 王權神授說이었다는 것을 먼저 강조해야 된다. 始祖神話에서 가장 현저하게 나타나는 이 王權神授說은 天神·山神을 王室의 '父母'로, 龍神을 王室의 保護神으로 각각 設定하고 王과 그의 祖上의 精靈의 呪術的 機能을 강조함으로써 一般貴族에 비해서 王族의 權威를 높였다. 그런데 中古에 접어들어 佛敎를 主軸으로 한 當代 東亞文明에 편입하려는, 그리고 三國統一의 名分을 찾으려는 新羅의 王室은 中國으로부터 轉輪聖王思想을 받아들여 土着的인 聖地論과 佛敎의 佛國論을 融合시켜 독자적인 佛國土

---

45) 『三國史記』卷46 列傳6 薛聰傳.

46) 『三國遺事』卷2 紀異2 孝昭王代竹旨郎條.

47) 『三國遺事』卷2 紀異2 景德王·忠談師·表訓大德條.

48) 『三國遺事』卷2 紀異2 萬波息笛條.

說·佛有緣國說 등을 개발하였다. 이와 동시에 中國의 王化論 등의 統治理念과 理想國家建設 理念으로서의 彌勒思想이 받아들여져 庾信·春秋一派를 중심으로 한 眞骨貴族의 統一意志를 북돋우었다. 그런데 統一戰爭 終熄 이후에 對內外的인 安定을 찾은 專制王權은 佛國土說보다 儒敎에 입각한 王化論·小中華論·新羅卽君子國說 등을 優位에 두어 儒敎的 先進 國家로서의 面貌를 誇示하였다. 그러나 그때도 萬波息笛 說話에서 보이듯이 選民意識의 底邊에 깔려 있었던 것은 역시 國初부터 綿綿히 내려온 土着信仰(龍神·王朝祖上精靈의 崇拜)이었다.

Ⅳ. 맺음말

이상과 같은 國家觀·世界觀에서는, 세계사에서 보이는 選民意識과 構造的인 共通點이 제법 많이 보인다. 결과적으로, 猶太族의 종교적 선민의식은 古代猶太王國을, 그리고 아랍族의 回回敎的 선민의식은 아랍카리피트를 각각 정신적으로 胚胎시켰듯이, 신라 지배층의 이러한 일종의 '선민의식'도 半島統一의 하나의 原動力이 되었다. 왜냐하면 同類의 '선민의식'을 가진 다른 민족들과 마찬가지로 신라 지배층도 자신의 支配領域擴張을 위한 전쟁을 일종의 '聖戰'으로 인식하였기 때문이다. "'理想國家'인 신라가 無道無禮한 濟·麗를 膺懲하여, 濟·麗의 인민의 怨恨을 풀어 주는 것은 하늘이 내려 준 使命이다"라는 개념은, 當代 신라 지배층─ 그중에서 특히 庾信·春秋 兩金派─의 확고한 신념이었다. 金庾信이 백제의 災變怪異를 亡兆로 삼아 太宗武烈王에게 "백제가 무도하여 그 罪가 桀·紂보다 더하니, 참으로 하늘의 뜻에 따라 백성을 弔問하고 罪를 칠 때이다"[49]라고 告한 것은 바로 이러한 신념을 말해 주는 것이다. 庾信이 濟·麗를 치기 위하여 天官과 신비스러운 老翁의 도움을 받았다는 이야기[50]와 백제의 패배를 天幸(즉, 天意)으로 여긴다는 그의 말은[51] 다 고구려·백제와의 전쟁을 하늘의 뜻에 따른 '聖戰'으로 보는 이 신념과 무관하지 않다.[52] 金庾信이 고구려 諜者를 위로하여 돌려보냈다는 이야기[53]나 그가 백제 포로를 다 풀어 주었다는 이야기는[54] 金庾信이

---

49) 『三國史記』 卷42 列傳2 金庾信 中: "百濟無道 其罪過於桀紂 此誠順天弔民伐罪之秋也."

50) 『三國史記』 卷41 列傳1 金庾信 上 參照.

51) 『三國史記』 卷41 列傳1 金庾信 上: "此皆天幸所致也 君何力焉."

52) 『高仙寺誓幢和上塔碑銘』의 "文武大王之理國也早應天成家邦" 같은 표현도 統一戰爭의 神聖性을 강조한다. 『朝鮮金石總覽』 上, 41쪽 參照.

53) 『三國史記』 卷42 列傳2 金庾信 中: "庾信嘗以中秋夜 領子弟立大門外 忽有人從西來 庾信知高句麗諜

혹시 이 전쟁을 '聖戰'뿐만 아니라 일종의 '解放戰爭'으로 宣傳하고 싶지 않았을까 하는 의심까지 불러일으킬 수도 있다. 그리고 戰勢가 불리할 때마다 金庾信이 神佛의 陰助를 얻었다는 설화들은[55] 呪術師로서의 그의 기능뿐만 아니라 백제·고구려와의 전쟁에 대한 '聖戰' 개념의 존재도 증명해 준다.

그러면 濟·麗와의 戰爭에서의 신라의 승리의 原因은 唐兵의 援助보다도 이러한 '選民意識·'使命意識'과 관련된 '聖戰意識'의 利用에 의한 擧族的 總動員이 아니었나 싶다. 결과적으로, 고구려나 백제보다 여러모로 후진적이고 落後한 반도 南端의 신라는 물질적인 부족함을 정신적인 優越意識으로 보충하여 強敵을 이길 수 있었다. 신라 지배층은 자기 나라를 佛·菩薩·神靈·龍神이 보호해 주는 理想國家로 그리고 征服戰爭을 하늘의 뜻에 따른 '聖戰'으로 인식하지 않았으면, 고구려·백제와 같은 東亞의 강대국을 패배시키지도 못했을 것이고 東亞의 覇者이었던 唐의 세력을 逐出하여 唐의 東漸을 停止시키지도 못하였을 것이다. 결론적으로 말하면 신라와 濟·麗의 大決戰을 연구하는 데 있어서, 신라의 사회·정치적 '武器'인 강력한 中央集權的 官僚體制와 신라의 외교적 '武器'인 羅·唐聯盟 등을 고찰하는 것도 중요하지만, 신라의 정신적인 '武器'인 '選民' 意識과 '聖戰' 개념을 간과하면 안 된다고 생각한다.

그런데 이 結論에 부연하여 필자의 한 가지 의견을 간단하게 서술하고자 한다. 우리는 토인비(A. Toynbee)와 같이 역사를 인간과 絶對者의 대화로 생각하면 종교를 이 대화의 언어로 생각해야 하겠다. 그렇다면 종교를 絶對眞理의 탐구의 도구로 볼 수 있다. 그러한 탈속세적이며 절대적인 가치의 종교가 政治的인 목적의 달성을 위하여 사용되었다는 것은, 그것이 역사적인 면에서 보편적인 현상이라고 하더라도 순수한 종교정신에서 볼 때는 문제가 될 수도 있지 않을까 싶다.

이상으로 본다면 新羅 佛國土說 등에 의해서 발생된 신라인들의 '選民' 意識은 정치인에 의해서 국가정책을 추진하는 데 사용되었음을 알 수가 있다. 세계사에서 볼 수 있듯이 中世西歐의 統治者들이 사랑을 기본 정신으로 하는 기독교를 정치적인 세력 확장의 구실로 이용하였던 경우가 非一非再하였음을 본다면, 이 사실이 극히 자연스러운 현상으로 여겨질 수도

者(……) 遂慰送之"

54) 『三國史記』 卷42 列傳42 金庾信 中: "還路見百濟佐平正福與卒一千人來降 皆放之 任共所往"

55) 『三國史記』 卷42 列傳2 金庾信 中: "初庾信聞賊圍城曰 人力旣竭 陰助可資 詣佛寺設壇祈禱 會有天變 皆謂至誠所感也"

『三國遺事』 卷1 紀異1 太宗春秋條: "庾信馳奏曰 事急也 人力不可及 唯神術可求 乃於星浮山 設壇修神術 忽有光耀如大甕 從壇上而出 乃星飛而北去."

있다. 그러나 종교가 인간의 정신을 절대적 차원으로 향상시켜 영혼을 구제한다는 종교 윤리적 측면에서 본다면, 역사상의 종교의 정치적 차원이 좀 더 다른 시각에서 해석될 수도 있는 것이다.

　그러므로 이 문제에 대한 확실한 평가는, 현대보다 더욱 객관적인 시각을 가질 수 있는 후세인들의 판단에 맡길 수밖에 없는 것이다.

논평 및 토론

6~7세기의 신라 지배층의 선민의식

사회: 서영대

약정토론: 김두진

☞ **사 회**

　김두진 선생님께서는 토론 요지를 준비해 주셨으니, 가능하면 약정토론이 20분 내에 끝나고, 그다음에 일반토론으로 또 한 20분 시간을 할애했으면 좋겠습니다. 김두진 선생님, 부탁 올리겠습니다.

☞ **김두진**

　발표 요지만 보고 Tikhonov 교수의 우리말 성함이 있는지 몰랐습니다. 가능하다면 우리말 성함을 쓰도록 하겠습니다. 그리고 처음 우리말 표현이 좋지 않다고 하셨는데, 매우 발음이 좋고 오히려 이전에 발표 요지를 읽었던 것보다 더 잘 이해되었습니다. 선생님의 발표에 대한 준비된 토론 요지를 쭉 읽어 가도록 하겠습니다.

　6·7세기 신라 지배층의 선민의식을 폭넓게 추적한 박노자 교수의 발표를 감명 깊게 들었으며, 그 내용은 많은 시사를 주는 것이었습니다. 동서의 고대나 중세 국가의 성립과 발전을 수반하는 정치이념인 선민의식을 신라에서 추적하고 있습니다. 다만 박노자 교수의 연구는 신라사회의 특수성이나 또는 그가 다룬 사료가 신라사회의 분위기에서 어떤 의미를 가지는가에 대해서는 보다 더 추구되어야 한다고 생각합니다. 그런 뜻에서 몇 가지 질문을 드리겠습니다. 첫째로 선민의식의 제 요소인 불국토사상이나 호국룡 신앙·유교적 이상사회 이념 등을 수용하는 신라 지배층을 동일한 집단으로 생각할 수 있는지요? 저의 생각으로는 그러한 여러 신앙이나 사상을 수용한 계층이 다양했다고 보기 때문입니다. 실제로 불국토사상은

신라 中古시대에 왕실이나 진골귀족에게 포용되었다면, 유교적 이상사회 이념은 주로 육두품 귀족에게 수용되었습니다. 영웅설화나 호국룡 신앙은 그 자체가 다양하게 전개되어 여러 형 태의 설화를 남겼으며, 아마 그 여러 형태의 각각이 수용되었던 계층이 달랐다고 생각합니다. 이렇듯 다양한 계층이 존재했다면 신라 지배층이 수용한 선민의식의 구체적 모습은 이들의 이해와 연고시켜 파악한 연후에 그들 사이의 공통적 공감대를 추구해야 할 것입니다.

둘째로 박노자 교수는 선민의식의 저변에 신라의 토착신앙이 깔려 있었으며, 그것은 국초 는 물론, 하고시대에도 마찬가지라고 했습니다만, 그렇게 일률적으로 생각할 수 있는지요? 시대에 따라 또는 신라사회를 움직이는 계층이나 세력집단의 성격에 따라 토착신앙은 신장 되는가 하면 거부될 수도 있기 때문에, 유교적 이상사회 이념 등을 반드시 토착신앙과 연결 시킬 필요가 있는지요? 오히려 이러한 문제는 각 시대 지배세력 간의 역학관계에서 이해할 필요가 있을 것 같습니다. 동륜계(銅輪系)왕실이 지배해 가던 신라 中古시대에 불국토신앙 등이 강조되었는데 그 속에는 토착신앙이 자리했습니다만, 신라 중대에는 사륜계(舍輪系)왕 실이 득세하였습니다. 이때에 그들은 동륜계 진골귀족 세력을 억압하면서 전제주의를 강화하 려다 보니 진골귀족 세력이 포용한 토착신앙을 거부하는 한편, 중국의 제도나 문물을 도입하 여 그것을 모델로 한 제도개혁을 단행했습니다. 중대 왕실의 이러한 한화(漢化)정책이 추진 되는 가운데 육두품귀족 세력을 중심으로 유교가 널리 포용되었습니다. 그러므로 진골귀족이 포용한 토착신앙과 대조되었던 유교적 이상사회 이념이 토착신앙을 저변에 깔고 성립된 것 같지는 않습니다.

셋째로 신라중심의 천하관은 삼국을 통일한 결과론적 입장에서 이끌어 낸 결론이며, 신라 만이 아니라 백제, 특히 고구려는 자국중심의 천하관을 가진 것은 아닌지요? 이미 고구려의 경우 그들의 천하관이 연구된 바 있으며, 중원 고구려비에서는 신라왕을 '동이매금(東夷寐 錦)'이라 했습니다. 이 경우 고구려는 신라를 동이로 표현하면서, 자국중심의 천하관을 가진 것이 분명합니다. 그러나 신라의 천하관으로 박노자 교수께서 든 사례는 설득력이 약합니다. 삼황(三皇)·만승(萬乘)·피옹(辟雍) 등은 왕을 부르는 범칭(凡稱)에 불과하며, '천자'의 강 림설화 역시 건국신화의 일반적인 모습입니다. 특히 신라의 정복활동을 '아벌(我伐)'이라는 것도 삼국사기의 기술이 무통(無統)에 근거해서 기술된 데 지나지 않는 것입니다. 이렇게 생 각하면 오히려 중원 고구려비에서 고구려의 천하관이 더 뚜렷하게 나타납니다.

마지막으로 보편성을 추구하는 방법면에서 질문을 드리고자 합니다. 신라사의 보편성을 추 구하기 위해서는 오히려 신라사회의 특수성을 아울러 고려해야 되는 것은 아닌지요? 박노자 교수는 동서의 보편적인 선민의식을 신라사회에서 추출해내면 신라사의 보편성이 추구된다는 관점에서 이 연구를 진행시켰습니다. 그리하여 이 연구에서는 신라사회의 특수성이 고려되지 않았습니다. 그런데 보편성과 특수성은 분리될 수 없는 것으로 생각됩니다. 신라사회의 특수한 신앙이나 의식이 인류가 보편적으로 느끼는 보편성의 관점, 곧 객관적인 진리를 이끌어 내는 방향에서 추구될 때에, 그것의 보편적인 성격이 드러날 것으로 생각합니다. 그러므로 동서양에서 추출된 보편적인 개념을 신라사회에 적용하기보다는, 오히려 그 반대인 신라사회의 특수한 면을 집중적으로 분석하여 인류가 공통으로 느낄 수 있는 객관적인 진리를 이끌어낼 때에 신라사의 보편적 성격이 드러날 것입니다. 그리하여 연구된 결과는 역으로 세계사에 보편적인 법칙이나 개념을 제공해 주리라 생각합니다.

박노자 교수는 러시아에서 한국문화를 전공했으면서도 신라사에 관한 우리 측 자료를 섭렵하였습니다. 그의 연구가 신라문화를 통관하면서, 고대에서부터 우리 민족이 역동적으로 커 나갈 수 있던 바탕을 제시해 주셨습니다. 이런 점 참으로 감사하며, 자연 저의 질문은 그의 노고에 조그만 부분을 문제 삼은 데 불과함을 밝혀 둡니다.

☞ 사　회

그럼 중간 과정 없이 박노자 선생님께서 답변을 해 주시겠습니다. 가능하면 좀 짧게 해 주시면 고맙겠습니다.

☞ 박노자

무엇보다도 논문을 읽어 주시고 중요한 지적을 해 주셔서 감사를 드리고 싶고요, 여러 가지 미비점이 많은 논문이 됐을 것이라고 생각했는데 어느 정도 호의적인 호평을 해 주셔서 또 대단히 감사를 드리고 싶습니다. 근데 교수님께서 여러 지적 중에서 제가 배울 만한 게 대단히 많고, 이 지적 중에서 제가 대단히 동의하고 싶은 것이 대부분입니다. 무엇보다는 제가 동의하고자 하는 거는 아까 교수님께서 말씀하신 것처럼 신라의 특수성을 파헤쳐서 거기서는 어떤 시기적 보편성을 찾는 게 그래도 논리적, 순리적이고 일단은 시기적인 어떠한 보편적인 개념들을 무조건 신라사회에 그런 식으로 적용하는 게 굉장히 무리의 여지가 없을 수는 없는 것도 사실이고, 지적을 해 주셔서 또 대단히 감사합니다.

근데 제가 조금 더 구체적으로 얘기 드리고자 하는 거는요, 두 번째로 말씀하신, 즉 신라사회의 여러 계층들, 그리고 신라사회의 여러 신분층들은 그 이데올로기가 각각 다르고, 그 선민, 뭐 선민의식이라곤 꼭 안 불러도 좋고, 그 어떠한 우월의식, 그 의식의 형태도 각각 다르다는 것에 대해서 말씀을 해 주셨습니다. 즉 예를 들면 동륜계로 대표되는 신라의 구귀족들, 그러니까 진평왕 양 여왕을 모셔 왔던 그 구진골귀족들은 아까 말씀하신 대로 그 토착신앙을 좀 모시고 그쪽이 좀 강했는데 일단 이들 구귀족들을 압도하고 그다음에는 역사의 무대에 등장한 그 사륜계, 무엇보다는 유신, 춘추일파, 그쪽은 좀 유교적인 개념들이 좀 더 강했고, 그다음에 전제왕권이 일단 성립되고 신라가 통일된 다음에 또 유교적인 개념들이 상당히 또 강하였다. 그런 지적을 해주셨는데 이에 대해서는 대단히 고맙게 생각하는데 제가 한 가지 말씀드리고자 하는 것은, 구진골귀족, 동륜계라든가 사륜계 그리고 그다음에 전제왕권 시대의 신라의 왕실은 물론 각각 의식세계가 상당히 다르고 또 정치적인 필요성이 다르니까 이 필요성에 사는 한은 이데올로기의 형태도 다를 수밖에 없다는 사실입니다. 그러면서도 각기 처는 그래도 여러 가지 이데올로기를 동시에 동본해서 동시에 사용했다는 것으로 제가 지금 느끼고 있습니다. 예를 들면—좀 더 구체적으로 얘기 드리자면—진평대왕 그리고 진덕왕, 선덕여왕 그 시대에는 아까 교수님께서 말씀하신 것처럼 물론 토착신앙이 어느 정도 우위에 있었던 듯한 느낌이 있고 다음 불국토설이 바로 그때 집대성된 것도 사실입니다. 그런데 그러면서도 진덕여왕의 경우에는 당나라 황제에게 태평가 등을 보낸 거는 벌써 어느 정도 유교적인 개념들이 일단 들어와 있기 때문에 그게 가능하지 않았을까, 그러한 생각이 있고요, 그래서 일단은 꼭 불국토설이나 토착신앙이 그때 우위에 있었다고 해서 유교적인 개념들이 구귀족, 구진골귀족에 의해서 이행되지 않았다고 말할 수 없는 것 같습니다.

그리고 그다음에는 사륜계, 즉 춘추 그리고 춘추하고 동맹을 열어 온 유신, 그 일파에 대해서 말씀드리자면 물론 거기에는 유교적인 이데올로기적 요소들이 제일 강한 게 사실인 것 같습니다. 김유신전에 보면 비담의 난이 있지 않았습니까. 그때 유신이 제문을 썼는데 거기에는 유교적인 통치이념이 확실히 현저하게 나타납니다. 하늘의 도에는, 위에는 왕이 있고 밑에는 신하가 있고, 위에 있는 것을 범하면 안 된다. 그 유교적인 이념들이 유신에 의해서 주장되었던 게 물론 사실이고 그러면서도 사륜계도 불국토설이나 토착신앙을 이데올로기적으로 많이 사용하지 않았을까 싶습니다. 예를 들면 황룡사 9층탑 창건의 경우에는 주로 김경순, 그 춘추 아버지에 의해서 추진되어 왔던 사업이고, 유신, 김유신의 경우에는 그는 유교적인 개념을 모셔오면서도 토착신앙에 호소한 게 한두 번이 아니었습니다. 그 김유신전에 보면 뭐, 신당 불단을 만들고 기도드림으로써 전쟁에서 승리하기도 하고, 그 수련과정을 보면 토착적인 도교적인 요소들이 다분히 많이 나오고, 그러니까 여러 이데올로기적인 방편들을 동시에 많이 사용한 것 아닌가 싶습니다.

그리고 그다음에 전제왕권의 시대에 들어가면 문관의 견해는 유교적인 개념들을 거의 절대시하고 이를 무엇보다도 주장했던 거는 사실이면서도, 문관들이 그 문두도량을 만들어서 당쟁을 퇴치시켰다는 이야기를 보면, 그거는 유교적인 의식입니다마는 신라의 복지, 손지. 일곱 가지 복지가 있지 않았습니까. 그중에서 하나의 신유림이 아니었습니까. 그 사천왕사라든가 문두도량이 바로 그 신유림에서 세워지지 않았습니까. 그러니까 신유림이란 신라의 토착적인 성질에 대한 신화는 문무관에 의해서 공식화된 게 아닌가, 그런 생각입니다. 즉 유교적인 전제왕권이 토착신앙을 이용하고, 그리고 토착신앙에 중점을 둔 구진골귀족의 왕권은 유교를 모셔오기도 하고, 그렇기 때문에 상당히 복합적인 관계가 아니었나 싶고, 그리고 또 의식적으로 이해하는 게 조금 더 무리가 있지 않을까, 그러한 생각이고, 그리고 또 제가 무엇보다도 생각했던 거는 신라왕권에게는 모든 이데올로기적 요소들이 아마도 방편수준으로 이해되었을 거고, 그 주목적은 일단 신라 국력신장과 국위선양이 아니었나 싶습니다. 그 국위선양이나 국력신장을 위해서 유교, 불교, 토착종교 무엇이든 다 사용하고 주목적은 일단 종교적이지 않고 정치적인 목적이 아니었나, 그런 생각이고, 일단은 정치적인 목적하에서 동시에 여러 종교적 요소를 일단 이용한 게 아닌가, 그리고 꼭 여러 계층들이 그 종교적 의식들하고 긴밀한 관계에 있다는 거보다는 그냥 이용가치 있다, 없다 그렇게 인정한 게 아닌가, 그런 생각입니다.

또 아까 말씀하신 것처럼 선민의식이란 그 단어 자체를 학문적인 용어로 사용할 수 있는가? 그거 저도 사실 좀 회의를 많이 느낍니다. 근데 이것을 좀 이론화시키고 개념화시킨 저서 중에는 우리나라 후밀로브 박사가 선민의식, 세계사 속의 선민의식이란 책을 쓰시고 이에 대한 이론적인 접근을 시도해 본 바가 있습니다. 그건 물론 영어로 번역됐지만 한글로 번역이 안 돼서 인용하기가 곤란합니다마는 거기서는 왕권신수설은 고대 왕국의 왕권성립단계하고 이른바 선민의식의 고대, 즉 제국, 대제국의 성립단계하고 연결시키고, 신수설은 일단 왕권이 기타 귀족보다 우수하고 위에 있다 하는 것을 보여주는 거고, 선민의식이란 거는 대제국의, 대제국당시에 들어와서 영토팽창사업을 정당화시키는 것으로 주로 이해하는 것입니다.

고구려의 경우에는 광개토왕 단계에 들어와서 그게 벌써 선민의식이 아니었나 싶습니다. 일단 대제국을 건설하여 일단은 영토팽창사업에 착수한 게 벌써 신수설, 단순한 신수설보다는 벌써 어느 정도 선민의식의 요소가 들어 있지 않을까 싶습니다. 후밀로브 박사는 고구려 역사에 대해서 좀 언급한 게 있었는데, 거기에는 고구려국초의 의식을 일단은 왕권신수설로 보고, 대왕에 대한 신화라든가 그거는 단순한 왕권신수설로 보고, 자국의 왕권은 타국의 왕권보다 우위에 있다는 것까지는 일단 왕권신수설의 맥락 안에서 의식하고, 소수림왕이라든가, 그리고 그다음에는 광개토대왕, 장수왕대의 주로 광개토왕 비문이나 그 고구려비, 거기에 보이는 의식을 일단 대제국의 단계이고 영토팽창사업이 본격화된 단계이기 때문에 이것을 주로 선민의식으로 보고 글을 썼습니다. 아유, 너무 장황하게 말씀을 드려서 죄송합니다.

☞ 사 회

예, 감사합니다. 김 선생님, 더 보충하실 말씀 없으십니까? 예, 이제 발표자 분과 약정토론자 분의 이야기는 대충 끝난 거 같습니다. 그럼 이어서 다른 발표자 분들이나 또 토론자 분들, 기타 참석자들께서 질문하실 내용이 있으시면 기탄없이 말씀을 해 주시면 고맙겠습니다. 예, 오강남 선생님께서 말씀해 주시겠습니다. 마이크를 사용해 주시면 고맙겠습니다.

☞ 오강남

정말 한국말 이렇게 잘하는 분 내 처음 본 거 같아요. 정말 불국토에 오셔서 대단히 감사합니다. (웃음) 그런데 이 호국불교라는 게, 한 가지만 물어보는데, 호국불교 그럴 때 호, 무엇을 호하는지 여기 불국토설이라면 땅을 보호하는 거 아니에요? 백성을 보호하는 거 하고 땅을 보호하는 거 하고, 그런 것에 대해서 좀 잠깐만 얘기해 주면 고맙겠습니다.

☞ 박노자

호국불교, 근데 호국불교 그 사상을 누가 이용하느냐, 그러니까 어느 정권 어느 교육 층에 의해서 그게 이용되느냐, 이에 따라서 그 개념도 다를 수밖에 없지 않을까 싶고요. 현대 한국정권들이 이용하면 하나의 개념이 되고, 고대적 신라왕권이 그것을 이용하면 또 다른 개념이 되지 않을까 싶은데, 이런 그 진평왕대나 진덕여왕, 선덕여왕 그때에는 황룡사 9층탑 창건이라든가 그런 것으로 보면 주로 신라의 전제화되어 가는 왕권을 옹호하는 방향으로 조금 발전되지 않았을까 싶은데, 그리고 과거 그때에는 그 개념이 그렇게 이용되었다는 얘기가 아닙니까. 근데 원래는 불경을 봐도 그렇고 중국에서의 불국토설을 봐도 그렇지마는 이 불국토설은 다른 방향으로 발전될 수도 있고 백성을 옹호하는 차원에서도 발전될 수 있고 땅을 보호하는 차원에서도 발전될 수 있는데 저의 관심사는 바로 그 신라시대의 불국토사상, 거기에는 주로 전제화되어 가는 왕권 쪽이 그래도 많이 좀 집중돼 있을 것 같습니다.

☞ 오강남

근데 그게 저도 그런 생각인데 결국 우리나라 역사적 호국이라는 것은 왕권을 위한 이데올로기로 결국 쓰이는 것이 주죠. 그러니까, 백성을 위한다든가 뭐, 이런 그 국가를 위한 게 아니라 왕권을, 고려시대도 그렇지 않나요?

☞ 박노자

그런데 고대나 중세 문화에서는 왕권과 국가를 분리시킬 수 있는가 하는 이론적인 문제가 제기될 수밖에 없겠습니다. 왜냐하면 고대, 중세 인식세계에는 왕실과 국가가 동일시되었습니다. 러시아의 역사도 그렇고 한국 역사도 그렇겠지만 왕은 일단 국가의 대표자이자 국가를 상징한 인물이었습니다. 왕의 몸과 국가가 거의 동일시되었습니다. 즉 왕권과 국가를 달리 보는 것도 좀 그런 것 같고, 일단 우리가 인제는 정권과 백성을 다르게 볼 수 있잖아요, 현대인 입장에서는 그렇지만, 고대인 입장에서는 그 왕의 옥체하고 국토하고는 거의 동일한 개념이 아니었나 싶습니다.

☞ 오강남

아, 아주 감사합니다. 아주 명쾌하게. 제가 오늘 처음으로 그거를 분명히 알았는데 한 가지만 더하면 이 비슷한 거라고 해서 서양적인 선민사상을 몇 번 얘기했는데 이 뚜렷한 그 예가, 물론 보편적이니까 어디에나 다 있겠지만 중국이나 일본의 경우는 어떻게 되는지 조금만 설명해 주십시오.

☞ 박노자

(웃음) 제가 중국사나 일본사 전공하는 사람이 아니기 때문에 과감하게 감히 대답 드리는 것도 좀 뭣합니다마는 중국의 경우에는 춘추, 일단 주나라시대부터는 중화사상이라든가 화이사상, 그런 것이 발전되어 그건 공자나 맹자 책에도 현저하게 나타나지 않습니까. 중국의 경우에는 자국, 즉 중화를 세계중심으로 튼튼히 보고 이민족에 대해서는 일단 '화이'니까 오랑캐라기보다는 중국화가 일단 더욱 돼야 할 그런 중국적 문명이 없는 민족으로 간주되고, 그러니까 중국을 일단 세계의 중심으로, 타 국가들을 세계의 주변으로 보는 거하고 또 천자를 천하를 평정할 인물이 아닙니까. 그러니까 천하평정이란 게 결국에는 천하의 모든 영토를 천자의 것으로, 지금은 불가능하지마는 가능하면 천자는 온 천하를 다스려야 된다는 그런 사상이 깔려 있지 않을까 싶습니다. 잘 아시겠지만 청나라시대 때 18세기 영국에서 중국으로 사절이 오지 않았습니까. 그거는 영국 오랑캐들이 청나라에 조공을 바친다는 식으로 청사에 기록되지 않습니까. 그건 뭐, 일단 중국의 경우엔 그건 아주 명확하게 보이지 않을까 싶고요, 또 일본의 견해는 제가 전공이 아니라서 답변을 드리기가 뭣합니다마는 그 일본서기에서는

단계가 있지 않습니까. 8세기 초에 일본서기 구성을 보면 거기서 일본을 하나의 천황국으로 보고, 중국하고 최소한 동등한 위치에 놓으려는 의도가 보이는 것 같습니다. 또한 임나일본부설이 있지 않습니까. 그것도 결국에는 일본 측 왕국설의 일부가 아닌가 싶고, 일단 중국이 원래 한반도에 대한, 그러한 뭐랄까, 한반도로부터 조공을 받은 나라이기 때문에 일본도 중국하고 이제 동등하니까 한반도로부터 조공을 받았다는 것을 꼭 입증하고 싶은 그런 의도가 보입니다.

☞ 이충희

요거는 그저 동양하고 서양하고가 개념상의 차이를 구별하기 위해서 말씀드리는데요. 왕권신수설, 신성불가침, 그 등등을 서양에서 일어났던 신에 대한 해석이, 또 정치가, 신의 화신이 내려와서 즉 신의 아들이 직접 내려와서 정치했다는 개념에서 신성불가침이란 말이 나온 걸로 생각됩니다. 그런데 동양의 중국을 비롯한 동북아시아지역에서는 그런 신성불가침이란 말, 또는 왕권신수설이란 말이 성립될까 난 의심됩니다. 왜 그러냐 하면 우리가 처음에는 그 천명선양으로 해서 덕이 있는 사람, 예를 들면 순임금과 우임금이 받았어요. 근데 쭉 내려가다가 말이죠, 이것이 좀 불순한 군권이 나타났을 때는 유덕선양설로 바뀝니다. 유덕선양설이란 것은 혁명입니다. 방벌해서 없애버리고 유덕, 덕이 있는 사람을 왕으로 삼는다. 그러니까 정권교체, 역성혁명에 의한 정권교체를 요구하는 사상이 동양에 있어서의 유덕선양, 그 유덕의 기준은 뭐냐, 민에게, 민에게 역시 덕을 베푼 사람을 뽑는다는 겁니다. 그렇다면 신의 개념을 동양의 천이라 그러는데 천은 인민을 볼 적에 적자와 중자, 적자란 건 장잡니다. 중자로 나눠서 신에 대한 의무가 군주건 인민이건 다 공통적으로 있다는 겁니다. 그렇다면 신권설, 신수설이라는 것은 또는 신성불가침이라는 것은 동양에서 성립될 수 없다고 나는 생각하는데 선생님께서는 어떻게 생각하는지요?

☞ 박노자

참 좋은 말씀을 해 주셔서 감사합니다. 근데 저희들은 뭐랄까, 그 중국의 주나라시대 때 일단 성립되었던 천자사상, 그러니까 일단 중국의 위정자를 천자, 천자라고 보는 그 사상들은 보편적으로 일단은 고대 아시리아 제국이라든가 바빌론 제국이라든가 또는 페르시아 또는 로마제국의 신성불가침한 위정자, 그 사상하고는 어느 정도 그래도 통하고 있다는 것이 아주 일찍부터 인정되어 왔습니다. 그래서 물론 나름대로 동서양의 차이점도 있고 또 물론 중국특유의, 또 중국의 특수성도 물론 고려돼야 되는데 근데 중국에서도 천자는 물론 민에 대한 책임, 애민사상, 그런 것도 물론 있어 왔지마는 무엇보다도 천자의 명분이 그래도 천자라는 게 결국에는 신의 아들은 아니지만 또 그거하고 통하는 개념 아닙니까? 그 천자의 명분이 제일 강하지 않았을까 그런 생각이 있습니다.

☞ 이충희

정권을 이어받는 것과 정권을, 저 정치를 베푸는 건 좀 다른데, 뭐냐 하면 동양의 왕들은 죽은 다음에도 역시 등급을 매겼어요, 시호라고. 그 시호에 들어가지 않은 우리나라의 왕도 몇 명 있어요. 또 나쁜 시호를 받은 사람도 있어요. 그러니까 이것은 왕이 죽은 후에 비판을 받는다는 얘기거든요. 그러면 신성불가침이라 한다면 절대 시호가 있을 수가 없죠.

☞ 박노자

그런데 뭐랄까, 죽은 왕에 대한 후임자의 비판이란 게 세계사에서 보편적으로 또 나타나기도 하는 게 아닌가 싶은데, 그 예로는 로마제국의 칼리프에 대한 후대의 평가라든가, 네로에 대한 후대의 평가도 들 수 있지 않을까 싶습니다. 거긴 시호의 제도가 없어서 물론 그렇지마는 그래도 그 후대의 역사가들도 그렇고, 그 아우렐리우스 황제의 경우에는 네로나 칼리프를 상당히 비판하고, 자신의 정치는 이거하고 다르겠다는 선언을 하기도 하고 그랬었습니다. 그래서 전임자에 대한 비판은 아마 정치사에 보편적으로 있을 수 있지 않을까 생각합니다.

☞ 이충희

나쁜 왕에 대해서는 조금 저 네로 같은 사람들은, 좋은 왕 정도는 오현제라고 팩스로마나 시대에 현제로 말해 주긴 하죠. 근데 나쁜 걸 그렇게 모르질 않았어요, 서양사에서는.

☞ 박노자

동서양사의 차이점에 대해서 지적을 해 주셔서 대단히 감사합니다.

☞ 서종범

중요한 학술회의 같아서 방청을 잠시 하고 가려 했는데 이렇게 자리도 마련해 주시고 해서 송구스럽고 죄송스럽습니다. 근데 발표 중에 꼭 한 말씀드리려고 하는 충동을 느낀 것은, 호국불교 이야기를 하셔서, 호국불교 성격이 기존 불교학계에서 생각하는 성격하고 사학계에서 생각하는 성격이 좀 다른데 선생님께서도 역시 사학계의 견해를 가지고 말씀하신 거 같아서 그렇지 않은 의견도 강하게 있다는 거를 좀 말씀드리고 싶어서 기회를 얻었습니다. 지금 선생님 말씀 중에 호국불교의 성격은 영토팽창주의에 불교가 이바지한다든지, 왕권강화에 이바지한다든지, 이런 식으로 말씀을 하셨는데, 근데 이 호국불교라고 하는 게 왕권강화라든지 국토수호라든지 또 백성의 민복을 도모한다든지, 이 세 가지 성격이 다 있고 그런 것이지, 왕권강화에 초점을 맞춰서 호국불교를 이해를 하게 되면, 스님이라고 그러면 호국불교의 주체가 국사나 왕사인데, 국사나 왕사는 민중의 복전으로, 민중의 복 밭으로 이해가 되고 복국우세가 아주 왕사에게 붙여지는 관칭이거든요. 그렇게 되면 백성들의 안녕과 백성들의 귀의처가 됐을 때 그 국사의 역할이나 왕사의 역할을 할 수 있고 또 그렇게 됐을 때 호국불교가 유지되는 것이지, 단순히 그 국토, 왕권, 백성, 세 부류 중에 왕권에만 이바지하는 것으로서 호국불교가 그렇게 오늘날까지 전해질 수는 없었을 겁니다. 그런데 그 발표 중에서는 그 국토팽창이라든지 왕권강화에 좀 치우친 감이 있는 거 같아서 저희들이 볼 때는 그런 건 아니었고, 만약에 그렇다면 역대 고승들을 좀 비하하는 결과를 초래하게 되니까 이런 건 좀 제 의견하고는 매우 다르다 하는 생각이 있어서 말씀을 드렸습니다.

☞ **박노자**

아, 좋으신 말씀을 해 주셔서 대단히 감사를 드리고요, 그리고 저 그동안 조금 자기 입장을 그렇게 내세우게 돼서 또 좀 아집을 많이 보여서 죄송스럽게 생각합니다. (웃음) 그건 불교적으로 봐도 그렇고 윤리적으로 봐도 그런 게 아니니까, 예, 죄송스럽게 생각하지만 아, 그런데 고대나 중세 사회에 있어서는 왕과 민 그거는 '불이'라고 생각하지 않았을까 싶습니다. 둘이 아닌 하나로 생각하지 않았을까 싶습니다. 한국도 그랬을 거고 중세나 고대는 어디든지 아마 그랬을 건데 왕과 백성은 되도록이면 둘이 아닌 하나다. 그렇게 생각하고 일단은 민이 백성수호와 왕업에 대한 도움 그 두 가지를 거의 하나로 인식하지 않았을까, 그 두 가지 사이에 어떤 차이가 구체적으로 있었을까, 좀 그런 것에 대해서는 좀 생각해 봐야 되지 않을까 싶고요.

또 한 가지는 고대사회나 중세사회는 민, 백성이란 게 역사의 주체가 아니었던 것도 사실이 아닌가 싶습니다. 그때 역사의 주체는 일단 왕권이었고, 또 불교 수용의 주체도 결국 왕권이 아니었나 싶습니다. 민간 속에서도 전래되고 많이 행해졌습니다마는 결과적으로는 불교가 공인이 되고나서야 거의 국교 위치에 놓이게 된 게 아닌가 싶고, 일단은 그때 국가사업의 주체는 왕실, 무엇보다는 왕실과 귀족이었고 귀족보다도 왕실이 더 적극적이었고 민이란 거는 유교사상에서도 뭐, 임금이 바람이고 민은 뿌리라는, 그러니까 '바람이 불면 뿌리가 뽑힌다' 그런 사상이 있듯이, 고대나 중세 사회에서는 뭐 북한사학에서 다르게 보지만 사실은 그 주체는 대중이 아닌 지배층, 지배층 중에서도 무엇보다는 왕실이 아니었나 싶고, 물론 표방하는 거는 왕권, 백성, 국토 그 세 가지에 대한 수호였지만 표방은 그렇게 했었지만 실질적으로 역사의 주체도, 국가사업의 주체도 왕권이었고 주로 불국토사상이라든가 호국불교는 주로 왕권에 의해서 이용당할 수밖에 없었던 게 아닌가, 그런 생각입니다.

일단 그 당시 사회도 그렇게 돼 있었고, 그리고 그거는 저희들 입장에서는 어떻게 가치판단하지도 않고 가치평가하지도 않습니다. 그건 그 당시 역사가 그렇게 돼 있었다. 그런 어떠한 비하시키거나 그런 건 전혀 아닙니다. 그런데 역대 고승들 중에는 왕권의도와 아주 왕권하고 결탁의 정도가 상당히 높은 분들이 계셨다는 것도 사실이 아닌가 싶고, 그것도 어떤 가치판단하진 않습니다마는 그 고승 분들의 정치적 역할을 그래도 좀 연구하고 고려해야 되지 않을까. 일단 고승, 그러니까 옛날의 중이라고 해서 그거는 순수한 종교인으로만 보기가 좀 힘들다고 그런 생각입니다. 그건 비하하곤 상당히 다릅니다.

☞ 사 회

오전 발표를 일정상 이쯤으로 끝내야 될 것 같습니다. 감사합니다.

2. 元曉 和諍 思想의 獨特性
—廻諍(인도) 및 無諍(중국)과의 대조—

김 영 호(인하대)

I. 머리말

　신라시대의 원효(607~676)가 한국불교사상사에서 차지하는 비중은 거의 다른 누구에게도 뒤지지 않는다. 그만큼 국내학자의 연구와 저술도 어느 주제보다 많다.[1] 나아가서 불교울타리를 넘어 한국사상사에서 차지하는 불교의 몫을 감안하면 원효의 비중이 어느 사상가 못지않게 클 수밖에 없다. 많은 저작에도 불구하고 원효는 아직도 더 캐 내야 할 매장량을 가진 광맥이다. 같은 소재라도 다양한 시각과 관점에서 볼 수 있다는 점에서도 그렇다. 그리고 아마 원효 같은 광맥이 또 따로 뚜렷이 있지 않다는 이유도 깔려 있음 직하다. 또한 지금까지의 연구가 대개 개론적인 것이 많았다고 할 수 있기 때문에 이제는 심층적인 분석과 나아가서 응용적인 실천론 연구가 뒤따라와야 할 단계로 접어들었다. 많은 연구들이 전기적인 기사나 원효의 독창성과 위대성에 대한 선언적인 주장에 그친 감이 있었다. 여기서 원효사상의 내용이 불교의 두 근원지인 인도와 특히 중국에서 이미 전개된 전통과 어떻게 다른가가 제기된다. 지리적, 역사적으로 불교가 인도에서 중국으로, 다시 한반도로 東漸하는 과정 속에서 어떤 사상의 독특성이 규명되어야 한다는 것은 당연하다. 특히 발전단계의 뒷부분은 앞부분

---

1) 한 가지 증거로 『원효연구론선집』(중앙승가대학 불교사학연구소) 1권을 들 수 있다.

과의 대조를 통해서 그 차이나 독특성이 드러날 만하다. 앞선 전통의 켜를 벗겨 내고 남는 것이 새로운 요소일 것이다. 원효의 경우, 인도불교와 중국불교의 두 누적된 전통의 층을 갈라내고서야 독특성이 드러날 것이다. 이것은 원효가 적지 않은 몫을 차지하고 있는 한국사상 전체에도 해당된다.

그러면 이 목표에 도달하기 위해서 구체적으로 어떻게 접근할 것인가. 여러 개념이나 저술 전체보다는 일단 한 가지 개념이나 측면으로 범위를 좁혀서 접근하는 것이 현실적으로 더 바람직할 듯하다. 그렇다면 어떤 것이 가장 적합한 것인가? 원효의 사상을 말할 때 그것을 대표하는 개념으로 일반적으로 和諍을 드는 경우가 많다. 지금까지 축적된 연구결과는 이것을 뒷받침하고 있는 것 같다. 우선 다른 개념들과는 달리 이 말은 원효가 새로 만든 말에 가깝다고 할 만큼 원효가 전용하고 있다. '一心'이나 '一乘' 같은 말도 원효가 애용하지만 이 말들은 이미 인도불가와 중국불가에서 발전되고 사용된 것들에 속한다. 개념을 공유한다고 해서 자기 사상이 표출되지 않는다고 말할 수는 없다. 실제로 이 개념들에도 원효 나름대로의 사유가 담겨있는 것이 사실이다. 원효의 사유가 체계적인 모습을 지녔다면 어느 개념에도 침투되어 있을 것이다. 하지만 화쟁 개념이 여러 가지 점에서 우선적인 분석대상으로 삼을 만하게 보인다. 우선 일찍이 고려시대 義天이 임금에게 요청하여 원효에게 화쟁국사의 시호를 내리게 한 사실이 화쟁사상의 의의를 천명하는 外證이 된다. 그러나 지금까지의 연구에서 화쟁이 표현상으로나 내용상으로 중요성을 지닌 것으로 대략 표명, 분석되어 왔지만 불교사 전체 전통의 맥락에서 비교와 대조를 통해서 세밀하고 극명하게 드러내지 못한 점이 있었다.

화쟁이라는 한 가지 사항을 놓고 문제에 접근한다 할 때 유의해야 할 것은 화쟁사상이나 그 정신이 다른 전통에는 전혀 없었는가에 대해서 그렇다고는 말할 수 없다는 것이다. 그렇게 단정하는 것은 오래고 깊은 인도와 중국의 전통을 과소평가하는 셈이다. 두 전통에는 복합적인 요소와 측면이 있다. 거대한 두 사상의 산맥 속에 화쟁이 표방하는 정신이 어딘가에 들어 있지 않을 수 없다. 다만 그 보편성과 철저성에 있어서 정도의 차이가 있다고 말하는 것이 안전할 것이다.

그런데도 이 연구의 주제를 인도불교사상을 대표하는 개념으로 廻諍을, 중국불교사상을 대표하는 것으로 無諍을 일단 내세워 보았다. 이 개념이 두 전통에 각기 등장하고 중요하게 취급되고 있는 것이 사실이다. 인도불교의 경우, 대승불교 교리의 기초가 되는 공관의 체계를 세운 용수가 『廻諍論』을 썼고, 중국의 경우, 무쟁 개념이 산발적이지만 우연찮게 여기저기 등장하고 있는 것을 본다. 이들이 그렇다고 화쟁과 완전히 대조, 대치되는 개념이라고 단정하는 것은 아니다. 세 개념이 취지와 지향점에서 공유하거나 겹치는 부분이 있을 수 있다. 그럼에도 표현상의 차이만큼 사유방식과 인식 방법론의 차이를 상징하는 말로 일단 삼아 볼 수 있다. 하나의 시험적인 가설로 설정하고 화쟁의 배경 거울로 삼아 보자는 것이다. 분석의 결과는 표현의 차이만큼 엄밀하게 구분할 수 없다는 식으로 다소 달라질 수도 있다.

II. 화쟁의 구조

　먼저 논의의 토대와 출발점으로서 원효가 내세운 화쟁의 구조는 어떤 것인가가 새롭게 정리되어야 할 필요가 있을 것이다. 이를 위한 가장 적절한 자료는 화쟁을 본격적으로 다룬 논저인 『十門和諍論』일 것임은 당연하다. 그러나 불행히도 이 논저는 오늘날 일부 殘簡만 남아 있을 뿐이다. 그나마 다행스럽게 남아 있는 부분을 기초로 이 논저를 걸게나마 재구성하려는 시도가 있어 왔고 그 추정된 내용은 원문과 유사하든지 원문의 일부일 가능성이 있다. 재구성된 일부 내용은 다른 남아 있는 저술에서 찾아낸 것들로 이루어져 있다. 이것은 화쟁이 그만큼 원효의 중심사상이기 때문에 그의 저술 전반에 걸쳐서 저변을 이루고 있다는 점을 확인시켜 준다. 실제로 원효의 저술을 어느 것이라도 일별하여 보면 거의가 한 가지 사항을 놓고 등장한 여러 쟁론들의 조화를 지향하는 論法과 語法으로 온통 넘쳐나고 있는 것을 금방 알 수 있다. 화쟁이 원효의 모든 저술과 사상을 관류, 지배하는 주요 원리와 정신으로 배어 있는 것이 분명하다. 과연 화쟁국사, 화쟁논사라 할 만하다.

　원효의 글 속에서 자주 마주치는 화쟁지향의 표현형식을 정리하면 이렇게 종합할 수 있다. "由是(此)道理/由是義故(皆)(理)不相違(背)/不違道理 故無過失 故無取捨." 이보다 적극적인 표현을 써서 '皆(俱)道理'로 끝맺는 경우도 많다. 화쟁의 대상은 경우에 따라 두 가지(二說, 二義, 二師所說), 세 가지(三義) 또는 여러 가지(諸難, 諸師所說) 주장, 개념 또는 意趣(義意)이다. 특히 주장들의 뜻[義]이 화쟁의 매개체가 된다. 뜻은 쟁론을 끝내는 요소이다(絶諍之義).[2] 단적으로 말해서 모든 주장들은 따지고 보면 다 나름대로 이치[道理]를 갖고 있어서 화쟁의 대상이 된다(百家之諍無所不和也).[3] 어떤 주제나 개념을 두고 다른 경전들이나 논사들의 주장, 해석이 맞서거나 서로 상충된다는 지적에 대해서 원효는 그렇지 않다는 입장

---

2) 『金剛三昧經論』, 韓國佛教全書(이하 韓佛全) 1: 621下.
3) 『起信論別記』, 韓佛全 1:680上.

을 일관되게 내세운다. 다른 경론들이 의도하는 바 뜻이나 관점이 서로 다를 뿐이라고 분석한다. 상호 모순되게 보이는 것들은 그 뜻과 취지를 살펴보면 '會通' 또는 '和會'될 수 있다. 여러 주장이 다 이치에 닿는 것은 뜻을 따라 세워서 다 마땅함이 있기 때문이다(如是三義皆有道理 隨義建立無不宜故).4) 회통, 화쟁의 근거로 자주 제시되는 道理는 인식방법(量)으로 말해서 주로 추리(比量)와 깨달은 성인의 증언(聖言量), 즉 경전[聖典] 자체 속에 담겨 있다. 또한 겉으로 나타나지는 않지만 원효의 일관된 논리와 주장은 그 자신의 진리와 실상에 대한 직접지각(現量)이 뒷받침되어 있을 것으로 추리할 수 있다. 여러 법사들의 말한 바 가운데 어떤 것이 진실된 것이냐에 대한 질의에 대하여 원효는 이렇게 답한다. "여러 법사들이 설한 바가 다 진실된 것이다. 그렇다고 하는 이유는 모두가 다 聖典에 어긋나지 않기 때문이다. 여러 법들의 實相은 여러 戲論을 여읜 것이다. 그러한 바도 없고 그렇지 않은 것도 모두 없기 때문이다(諸師說皆實 所以然者皆是聖典不相違故 諸法實相絶諸戲論 都無所然無不然故)."5)

다른 견해들이 상충되지 않고 화쟁될 수 있는 이유는 도리만이 아니고 情的인 요소(情, 欲)도 성립한다. 가령 있다는 견해(有見)와 비었다는 견해(空見)를 두고 서로 논쟁할(相諍) 때, 이렇게 판정한다. "'두 소견이' 다르지 않으므로 그 情에 어긋나지 않는다. 같지 않으므로 도리에 어긋나지 않는다. 情에서 그리고 理에서 서로 마주 대해도 어긋나지 않는다(由非異故 不違彼情 由非同故 不違道理 於情於理 相望不違)."6) 이는 금강삼매경의, "여러 가지 정도의 욕심과 지혜를 가진 모든 사람들을 一切智(sarvajna)의 바다로 흘러들도록 이끈다(引諸情智 流入薩般若海)"라는 본문을 주석한 글의 일부인데 원효의 포괄적 해석이 여기에 나타난다.7)

화쟁의 대상은 두 가지 내지 몇 가지에 그치지 않고 '여러 가지'(모든, 諸), 더 나아가서 '無量한' 법문들이다. "법문은 무량하여 한 길만이 있는 것이 아니어서 법문이 세워지는 바에 따라 다 도리가 갖추어 있다(法門無量 非唯一途 故隨所施設 皆有道理)."8) 달리 말해서, 무량한 경론과 법문은 오직 한 가지 맛(一味)만을 지니고 있기 때문이다(諸經唯一味, 諸門一味).9)

---

4) 『中邊分別論疏』, 韓佛全 1:820下.

5) 『大慧度經宗要』, 韓佛全 1:481上

6) 『金剛三昧經論』, 韓佛全 1:638上

7) Robert E. Buswell, Jr.는 The Formation of Ch'an Ideology in China and Korea: the Vajrasamadhi -Sutra, a Buddhist Apocryphon(Princeton: Princeton University Press, 1989), 210쪽에서 '情智'를 한 단어처럼 'affective knowledge'로 해석하고 있는데, 원효가 분리해서 해석하는 것, 그리고 추상명사로서가 아니고, '다양한 정감(욕구, '情欲')과 지혜를 가진 사람들'의 뜻으로 새기고 있는 것과 대조된다.

8) 『起信論疏記會本』, 韓佛全 1: 773中.

그것은 마치 수많은 냇물이 큰 바다로 들어가서 한 가지 맛이 되는 것과 같다(如百川流同入 大海 大海深廣同一味故).10)

　바닷물이 상징하듯 화쟁은 會通의 원리에 근원을 둔다.11) 회통은 會와 通의 두 과정으로 분석된다. 경전내용의 분석에서, 어떤 부분의 記述이 먼저 다양한 방편적인 가르침들을 모아서 (會權教) 그다음에 모두가 다 이치[實理, 道理]에 통함을 밝힌다고 해석한다(先會權教 後通實理, 此是會教 次通道理).12) 가르침과 이치가 회통하여 어긋나지 않는다(會通教理不違).13) 가르침과 이치 대신에 글[文]과 뜻[義]을 대입시키는 경우, 순서가 바뀌어 글이 通의 대상이고 會의 대상은 뜻이 된다(初通文異 後會義同).14) 佛性과 같은 주제를 두고 왜 두 經文의 주장이 다른가에 대하여 원효는 서로 가리키는 측면이 서로 다르기 때문이라고 하면서 그런 이치로 서로 어긋나지 않는다(由是道理故不相違也)고 해답한다.15) 글 자체는 서로 어긋나지만 (원효가) 제시한 기준에 비춰 보면 통할 수 있다(餘文相違准此可通).16) 여러 경전은 글은 다르지만 趣旨는 같다(諸經異文同旨).17) 다음에, 뜻이 같이 모인다(會義同)는 근거는 "같은 類의 뜻인데도 다른 문구가 있고, 뜻의 동류성으로 인하여 여러 문구의 만남이 있기 때문이다(次會義同者 於同類義有異文句 以義類而會諸文)."18) 화쟁의 경우처럼, 이치[道理]와 뜻[義]이 회통의 근거 또는 매개체가 된다.

　또 다른 예로, 二障과 관련하여 두 법사가 각기 주장하는 특정한 이치[道理]가 다르지만 둘 다 이치를 갖고 있으므로(初/後師所說亦有道理) 글이 서로 어긋나더라도 다 잘 통함이 있다(二種理門 諸文相違皆得善通). 두 가지 道理는 別門麤相道理와 通門巨細道理로서 別과 通, 麤와 細의 두 요소를 가리킨다. 가리키는 바가 다르므로 相違하지 않지만, 만약 이것을 혼동하여 다른 영역이나 차원까지 적용을 고집한다면 이치에 맞지 않고(不應道理) 또한 過失을 가지며(亦有過失) 성인의 말씀에도 어긋난다(亦乖聖言). 두 법사의 말한 바는 이와 같

---

9)『涅槃宗要』, 韓佛全 1: 545上下.

10)『金剛三昧經論』, 韓佛全 1: 638中.

11) 申賢淑,『元曉의 認識과 論理』(民族社, 1988), 59쪽.

12)『本業經疏』, 韓佛全 1: 511下, 512上.

13) 위 책, 511中.

14)『涅槃宗要』, 韓佛全 1: 543下, 申賢淑, 앞 책, 28쪽.

15) 위 책, 543下 이하.

16) 위 책, 544中.

17)『涅槃宗要』, 韓佛全 1: 545上.

18) 위 책, 544下.

지는 않으므로 두 주장이 다 이치에 닿는다(二說皆有道理).[19]

원효가 계속 강조하는 것은 모든 주장은 주장으로써 성립된 것이라면 나름대로 이치가 있다는 점이다. 그러나 자기주장의 특수성을 위의 경우에서처럼 보편적인 것으로 착각하는 고집을 갖는다면, 그 論者한테 過失이 있다는 것과 주장 자체의 타당성에 문제가 있음을 나타내는 것이다. 두 논사가 만약 어떤 쟁점을 두고, 가령 여래[法身]의 영원성(常住)과 有生(有限)한 법의 無常함을 놓고 有無의 상대논리로 어느 한쪽만 고집한다면(執常, 執無常) 다 過失이 있게 된다(若決定執一邊皆有過失). 고집스럽게 일변만 취하는 것은 이치에 맞지 않는다(定取一邊不當道理).(定取一邊二說皆失 1: 533上 1) 부처는 常도 아니고 무상도 아닌 것을 말했다(佛言非常非無常).[20] 그러나 그렇게 고집하지 않고 어느 한 이치를 세운다면 다 타당성을 얻는다(由是道理二說皆得). 만약 두 쟁론에서 한쪽만 옳다고 일변만 고집한다면 둘 다 타당성을 잃지만, 그렇지 않고 분수를 따르려 하고 그럴 뜻이 없다면 두 주장이 다 옳다(若就隨分無其義者 二說俱得).[21] 원효가 경계하는 것은 '偏執', '局執'이다. 그런 맥락에서, 法執, 人執도 배격한다.[22] 空의 내용인 法空(法無我), 人空(人無我)에 어긋나기 때문이다.

원효의 주석과 논저에서 쟁론의 상대가 둘(二師)인 경우가 대부분이지만, 많게는 여섯까지 등장하여 화쟁의 백미를 보인다. 『涅槃宗要』에서 원효는 佛性의 뜻[義]에 대한 여태까지의 百家의 해석을 여섯 종류로 종합하고 대표적인 六師의 說을 요약하고 是非를 가린다. 하나하나의 說源에 대해서 이를 뒷받침하는 경전을 인용한다. 원효는 말한다. "이들 법사들의 주장이 다 옳고도 그르다. 그렇다는 소이는 佛性이 그러면서 그렇지 않기 때문이다. 그렇지 않으므로 여러 주장은 모두 그렇지 않다. 그렇지 않은 것이 아니므로 여러 가지로 새긴 뜻은 모두 옳다(此諸師說皆是非 所以然者 佛性非然非不然故 以非然故諸說悉非 非不然故諸說悉是)."[23] 이러한 논법은 불성을 존재론적으로 이야기할 때도 적용된다. 즉, 불성은 있지도 없지도 않고, 있기도 하고 없기도 하다(佛性非有非無.亦有亦無).[24] 불성의 體는 바로 一心인데, 일심의 바탕은 諸邊을 멀리 벗어난다. 그러므로 들어맞는 데가 없다. 들어맞는 데가 없으므로 안 들어맞는 데도 없다(佛性之體正是一心 一心之性遠離諸邊 遠離諸邊故都無所當 無所當故無所不當).[25]

---

19) 『二障義』, 韓佛全 1: 792下 24~792上 9.

20) 『涅槃宗要』, 韓佛全 1: 537中.

21) 『涅槃宗要』, 韓佛全 1: 547上.

22) 『二障義』, 韓佛全 1: 791~792.

23) 『涅槃宗要』, 韓佛全 1: 538中.

24) 『涅槃宗要』, 韓佛全 1: 542下.

대승불교, 특히 반야경 교리에 특유한 패러독스 논법과 같다. 부정을 통한 대긍정, 절대긍정에 이르는 사유방식이다. 원효의 이러한 사유과정은 전형적으로 이렇게 표현된다. 그러므로 이렇게 종합하여 말한다. "여러 가지로 내세워진 비판들은 다 이치를 갖는다. 이치가 있으므로 다 허락되지 않은 것이 없다. 허락되지 않은 것이 없으므로 통하지 않는 데가 없다(故通曰所設諸難 皆有道理 有道理故悉無不許 無不許故無所不通)."[26]

불성에 대한 六師의 주장은 모두 불성의 실체를 드러내는 데는 미진하지만 입장에 따라 설한 것이므로 각각 그 뜻을 얻은 바가 있다. 그것은 장님이 각기 코끼리를 말할 때 코끼리의 실체는 얻지 못했을망정 코끼리를 말하지 않은 것도 아닌 것과 같다(雖不得實非不說象).[27] 적어도 부분적인 진리를 말한 것이 된다. 이 점은 화쟁이 단순히 논쟁들의 화해에만 목표를 두지 않고 인식론적인 含意를 갖고 있음을 가리킨다. 즉 진리인식의 방법론이 화쟁 속에 내포되어 있다고 보인다. 원효가 중국유학을 시도하면서 체험한 깨침을 가진 후에 그의 생애를 지배해 온 사고유형이 다름 아닌 화쟁에 의해서 상징된다면 이 개념이 깨침을 향한 과정과 방식을 함축하고 있다고 할만도 하다.

위에서 원효의 저술에 거의 일관되게 흐르고 있는 화쟁 정신의 징표로 볼 수 있는 어법과 논법들을 살펴보았다. 원효는 거의 모든 경전의 주석을 화쟁논리의 자료로 삼았다고 볼 수 있다. 그 한 가지 명시적인 증거로 두 가지 경론의 주석 서문에서 원효가 요약한 내용을 들 수 있다. 『涅槃經疏』에서 열반경을 "여러 경전의 부분을 한데 묶고 만 가지 흐름의 한 맛을 귀납시키며 부처님의 뜻의 지극히 공정함을 열어 주고 백가의 다른 쟁론을 조화시켜 준다(統衆典之部分 歸萬流之一味 開佛意之至公 和百家之異諍)"고 평가한다. 또한 원효가 거의 가장 중시한 경론으로 치는 『대승기신론』에 대해서 그 「별기」에서 "여러 논저의 祖宗이며 뭇 쟁론의 評價主體"(諸論之祖宗 群諍之評主)라고 판정한다. 그러므로 화쟁이 원효의 지배적인 사유원리로 모든 저술의 근간이 되어 있는 만큼 그 구조와 의미를 충분히 도출해 낼 수 있다고 보면 주제를 소재로 한 논저가 보존되지 못했다 해도 주제의 이해에 큰 지장은 없다. 또한 원효가 알려진 어느 학자보다도 많은 100종에 가까운 다양한 경론을 疏, 宗要, 論, 別記, 章 등 각종 형식을 동원하여 주석하거나 저술했다는 사실 자체가 和諍會通 정신의 발로라고 할 수 있을 것이다.[28]

---

25) 『涅槃宗要』, 韓佛全 1: 538中~下.

26) 『二障義』, 韓佛全 1: 814上.

27) 『涅槃宗要』, 韓佛全 1: 539上.

그러면 『십문화쟁론』의 내용과 구조는 어떠한가 살펴보자. 남아 있는 일부만 가지고 전체를 미루어 보는 수밖에 없음은 물론이다. 그러나 저술 전체에서 도출된 내용과 크게 다르지 않을지 모른다. '十門'은 하나의 상징적인 숫자일 뿐이므로 화쟁의 대상을 열 가지로 한정하는 것은 화쟁사상을 그만큼 한정시키는 셈이 될 것이다. 그렇더라도 원효의 눈에 비친 불교사와 경론 속에서 가장 중요한 열 가지 쟁점사항들은 무엇인가 궁금하다. 열 가지 화쟁문은, 이에 대해서 연구한 학자들이 동의하는 空/有異執, 佛性有/無, 人(我)/法二執, 佛身異義, 三性異義, 佛性異義, 二障異義, 三乘/一乘 등 여덟 가지다. 涅槃異義와 五性成佛義를 포함시키거나[29] 報/化二身과 眞/俗異執을[30] 추가시켜 이루어진다. 이 가운데 몇 가지는 다른 저술들의 분석 과정에서 단편적으로 다루어진 셈이다. 여기서는 다른 저술 속에 흩어져 있는 자료 말고 論의 원래 殘簡에 남아 있는 항목들(空/有, 佛性, 人/法)을 살펴보자.

序述에서 원효는 화쟁론 저술 동기를 밝히고 있다. (여래 열반 이후에) 수많은 이론이 나타나 자기는 옳고(是, 然) 남은 그르다는(不是, 不然) 주장이 분분해져 큰 강물처럼 넘쳐나고, 空에만 빠진 나머지 有를 버리는 것은 마치 숲만 보고 나무를 보지 못하는 것과 같음을 지적한다. 靑藍이 共體이고 氷水가 同源임과 거울이 만 가지 형상을 받아들인다(鏡納萬形)는 비유를 들어서 偏執과 局執을 경계하고자 하는 내용을 암시한다. 남아 있는 서술의 일부에도 화쟁의 걸개가 나타나고 있다.

有/空의 문제에 있어서 전체 맥락이 통하지는 않지만 남아 있는 부분이 가리키는 취지는 요컨대 有와 空 두 개념이 四謗, 즉 增益謗(有), 損減謗(無), 相違謗(有亦無), 戱論謗(非有亦非無)에 떨어지지 않는다는 것이다. 有가 어떤 경우에 허용되더라도 空과 다르지 않으므로 증익이 아니고, 有에 떨어지지 않는 것도 아니므로 손감도 성립하지 않는다. 비슷한 관점에서 또한 둘(有/空) 다 허용되더라도 상위하지 않고(俱許而不相違), 반대로 둘 다 허용되지 않더라도 근본취지를 잃지 않는다(雖俱不許而亦不失本宗). 그러므로 다시 말해서, 네 가지 사유형식이 立立해도 여러 過失을 벗어난다는(是故四句立立而離諸過失也) 결론이다.[31] 보살 정신 속에서 여러 주장이 이치와 회통하고 실제와 和會(如理會通 如實和會)한다.[32] (반야) 경이 일체의 법이 모두 존재하지 않는다고 하는 것이 아니고 제법의 이른바 自性이 모두 없

---

28) 李晩鎔, 『元曉의 思想』(展望社, 1983), 84~85쪽.

29) 李鍾益, 「元曉의 『十門和諍論』 硏究」, 『元曉硏究論選集』 9: 283쪽.

30) 李晩鎔, 앞 책, 85쪽.

31) 『十門和諍論』, 韓佛全 1: 838上

32) 위 책, 1: 838下.

다는 것을 말할 뿐이라(此經不說一切諸法都無所有 但說諸法所言自性都無所有)고 명쾌한 해석을 내리고 있다.

다음에 佛性有無 논쟁에 대한 부분은 그 내용이 비교적 충실하게 남아 있어서 화쟁론의 전형적인 구조를 들여다 볼 수 있다. 만약 한 사람이나 경전이 "반드시 불성이 없는 중생이 있다(定有無性)"는 주장과 반대로, "반드시 모두 불성을 갖는다(定皆有性)"는 두 입장을 견지한다거나, 또 어떤 사람이나 經이 첫째 입장(定有無性)과 "반드시 불성이 없는 중생이 없다(定無無性)"는 주장을 내세운다면, 둘 다, "결정적인 모순 과실"(決定相違過失)을 범한 셈이 된다. 그러나 그 주장의 趣意를 잘 살펴보면 모순, 과실은 없다. 왜냐하면 불성보편론(定皆有性, 定無無性)은 원리적인 측면이지, 이미 깨침을 얻은 자(已得菩提者)를 제외하고는 꼭 현실적으로 당장에 불성이 발휘, 실현되었다는 것이 아니기 때문이다(是就理性非說行性也).[33] 깨침을 앞으로 얻을[當得] 중생을 겨냥하기도 한다. 그와 같은 맥락에서 사용된(一切當得常樂我淨) 一切란 말은 부분적인 일체를 가리키지 절대적 의미의 일체는 아니다(是約少分一切 非說一切一切). 이와 같은 표현을 한 여러 가지 글은 모두 잘 회통함을 얻는다(如是諸文皆得善通). 그러한 맥락이 없이 보편론을 문자 그대로만 해석한다면 해탈해야 할 중생이 다 사라져 버리는(衆生有盡) 모순된 결과가 나타난다. 또 만약 衆生이 꼭 다 없어진다면 마지막 成佛할 사람은 教化와 利他行의 대상이 없어져 버릴 터이니 이치에 맞지 않을 것이다. 만약 일체 중생이 다 끝까지 성불하기로 되어 있다고 말하면서 중생이 영원히 끝나지 않는다고 한다면 자기주장 자체 모순의 잘못을 범하게 될 것이다(又若說一切盡當作佛 而言衆生無永盡者 則爲自語相違過失).[34] 그러므로 이 보편론은, "불성이 없는 중생도 있다(定有無性)"는 주장과는 언뜻 결정적인 모순을 갖는 것처럼 보이지만 실은 그러한 과실이 성립하지 않는다(是似決定相違 而實不成相違過失). 불성보편론자(皆有性論者)의 의도는 본래부터 불성이 없다는(先來無性)의 집착을 타파하기 위한 것으로 본래 다 불성이 있다는(本來有性) 의미를 가진 주장을 폈던 것이다. 불성이 없는 존재가 있다는 입장은 대승을 구하는 마음을 일으키기 위한 것이다(又彼敎意立無性者 爲欲廻轉不求大乘之心). 이러한 숨은 의도 때문에 두 가지 주장은 모순이 없다(由是密意不相違).[35] 이러한 점에서 당연히 받아들여야 할 입장은, "일체 중

---

33) 위 책, 1: 839中.

34) 위 책, 1: 839下.

35) 李鍾益, 「元曉의 根本思想—『十門和諍論』研究」 『元曉研究論選集』 9권(東方思想研究院, 1977), 350쪽 참조. 해석과 번역에서 필자와 차이가 있다. 화쟁 논리에 부합하지 않는 誤譯과 誤解로 볼 수 있는 부분이 발견된다.

56

생이 다 성불하기로 되어 있으며 중생은 가없는 고로 끝내 없어지지 않는다(則應信受一切衆生皆當成佛 而衆生無邊故無終盡)." 주장의 배후에 깔려 있는 동기와 숨은 뜻을 고려한다면, 성격이 다른 이 두 명제를 한데 종합하는 것은 자기주장의 모순이 성립되지 않는다(無自語相違過者).36) 이처럼 불성의 주제에서 원효의 화쟁 논리의 틀이 선명하게 모습을 드러내고 있다.37)

殘簡의 세 번째 주제인 人/法二執和諍門은 남은 분량이 적고 그나마 원문 글자의 마모로 독해가 힘들다. 복원 시도된 내용을 훑어보면 위에서 분석한 화쟁의 기본 틀이 깔려 있음을 알 수 있다. 즉 "통틀어 말한다. 내세운 여러 가지 문제점은 다 이치가 있다. 이치가 있으므로 모두 허용하지 않음이 없다. 허용하지 않음이 없으므로 통하지 않은 것이 없다(通曰 所設諸難皆有道理 有道理故悉無不許 無不許故無所不通)."

이와 같이 일정한 道理를 근거로 모든 주장과 비판이 이중부정을 통해서 절대긍정으로 귀결되는 것이 화쟁의 전형적인 논리 구조가 된다. 이것은 원효가 즐겨 쓰는 다른 표현과도 통한다. 예를 들면 融二而不一 不一而融二같은 것이다. 佐藤繁樹는 최근의 연구에서 이 같은 맥락에서 화쟁의 논리를 『金剛三昧經』의 핵심으로 보고 이것이 無二而不守一 사상으로 표현되었다고 분석한다.38) 화쟁이 원효사상의 핵심이라는 사실이 여기서 다시 확인된다.

Ⅲ. 용수의 廻諍論과 和諍論

화쟁사상의 독특성 여부는 大乘佛敎 敎理史의 맥락에서 밝혀질 수 있을 것이다. 대승불교 교리의 초석은 무엇보다 空(中)觀思想이다. 이것을 세운 인도의 龍樹(Nagarjuna, 2세기)의 저술인 『中論頌』(Madhyamaka-karikas)이 기본 論書로 존중되어 왔다. 그 밖에도 다수의 저술이 있는데 중국에 도입, 번역된 저술도 『十二門論』,『大智度論』,『廻諍論』 등 여러 가지이다. 이 가운데서 특히 『회쟁론』에 주목하고자 하는 것은 우선 화쟁과 대조, 대칭되는 주제로 보이기 때문이다. 과연 그 주제만큼 용수와 원효의 사상체계는 차이가 있는 것인가.

『회쟁론』은 71 偈頌으로 구성된 비교적 간단한 논저이다. 이 저술의 내용과 논리가 독립적

---

36) 위 책, 1: 840上
37) 이와 달리 李晩鎔의 앞 책, 113쪽에서는 이 점에서 비관적인 관찰을 하고 있다.
38) 佐藤繁樹, 『元曉의 和諍論理』(民族社, 1996), 380쪽.

인 것이라기보다는『中論』과 유사하거나 보완한 것으로 볼 수 있다. 실제로『회쟁론』은, 찬드라키르티(Candrakirti)가 지적했듯이,『중론』의 한 절(제1장 3절)을 더 세밀하게 확대, 분석한 것으로[39]『중론』의 부록과 같다. 용수의 인식론, 존재론 및 救濟論을 대표하는 개념으로 空을 말할 수 있다면 회쟁은 이를 토대로 한 비판과 논쟁의 방식을 나타낸다.『중론』의 中은 부처의 中道와 연결시켜 주는 고리 역할을 한다면, 회쟁은 잘못된 주장, 諍論(vigraha)을 바르게 뒤바꿔주자(廻轉, 除去 vyavartani, reversal)는[40] 의미를 갖는다. 둘 다 空을 도구로 부정적인 접근법, 즉 歸謬法(prasanga)을 사용하여 잘못된 견해(邪見)를 論破한다는 점에서 목적과 방법에 있어서 차이가 없다. 따라서 분석의 초점을 꼭『회쟁론』자체에만 맞출 필요는 없어진다. 그러나 어떻든『회쟁론』을 중심으로, 중론을 참고하면서 분석해 보자.

『中論』을 비롯한 용수의 저작들에 일관된 논리는 명쾌하고 간단하다. 제 현상(諸法, dharmas)이 독립적인 자기 성품(自性, svabhava)이 없으므로(nihsvabhava) 다 空(sunya)하다는 것이다. 실재론자들의 實有性 주장을 논박하기 위한 것이다. 실재론자들이 구체적으로 누구인가에 대해서는 약간 다른 견해들이 있지만, 대체로 外敎 쪽으로 正理(Nyaya)학파(Naiyayikas)이기보다는 불교 내의 실재론자인 說一切有部(Sarvastivadins)와 아비달마학파(Abhidharmikas)로 보는 것이 우세하다.[41] 불교를 외교의 비판과 공격에서 보호할 필요성도 없지 않았지만 불교 안에서 불법이 오해, 왜곡되어 가고 있는 당면한 현실을 바로 세우자는 취지가 더 강했을 것으로 보인다. 물론 정리학파에서 내세운 인식론적인 도구들(量 pramana)을 용어로 사용할 만 했을 것이다. 어쨌든 一刀兩斷의 효과는 있었음 직하다. 이러한 맥락에서 보면『회쟁론』자체는 정리학파가 논박의 대상이 된다고 볼 부분이 없는 것도 아니다.[42]

『회쟁론』의 내용을 살펴보기에 앞서 먼저 공관사상을 통해서 나타난 형식상의 단순한 비판을 넘어 용수의 공관이 구체적으로 의미하는 바가 어떤 것인지, 그리고 이를 통해서 종교적으로 지향하는 바가 무엇인지 전체적인 구도를 들여다 볼 필요가 있다. 모든 불교 수행의 궁극적인 목표를 윤회를 벗어나는 것(解脫) 또는 열반에 두고 깨친 자가 되는 것에 용수가

---

39) Chr. Lindtner, *Nagajuniana – Studies in the Writings and Philosophy of Nagarjuna*(Delhi: Motilal Banarsidass, 1987), 70쪽, 각주 70.

40) 梵和大辭典(東京: 講談社, 1986), 1204, 1297쪽; Franklin Edgerton, Buddhist Hybrid Sanskrit Dictionary(New Heaven: Yale University Press, 1953), 518쪽.

41) Chr. Lindtner, 앞 책, 27쪽(각주 81), 70~71쪽(각주 110).

42) Kamaleswar Bhattacharya, *The Dialectical Method of Nagarjuna(Vigrahavyavartani)*(Delhi: Motilal Banarsidass, 1978), 1쪽; 楊惠南,「龍樹『廻諍論』中 '量'之理論的硏究」,『中華佛學學報』, 第二期(1988), 111~142쪽.

58

동의하면서 공관이 의미하고 지향하는 바를 몇 가지 측면에서 해석할 수 있다. 존재론적으로 말하면, 일체의 법(dharma)은 自性(svabhava)이 없기 때문에 비어 있고(sunya), 경험적으로 그리고 논리적으로 말해서 緣起 속에서만 성립될 뿐이다. 인식론적으로 말해서, 궁극적 진리 또는 實相(tattva)은 대상이 없는 인식의 대상(不二知)이다. 심리적으로 말하면, 공관의 목표는 모든 번뇌(klesa), 특히 三毒, 즉 貪, 瞋, 痴를 없애는 것이다. 윤리적으로는, 業(karma)의 고리에서 벗어나지만 慈悲의 利他的인 요청에 응하는 것을 의미한다.43) 이것이 용수의 空사상이 지향하는 바라고 할 수 있다.

『회쟁론』의 첫 20節(偈頌)은 용수의 諸法이 다 空하다는 원래 명제에 대해서, 反論者는 만약 모든 것을 부정하는 의미라면 용수의 그러한 주장 자체도 공하다고 비판한다. 용수의 명제 도출을 가능하게 한 인식수단(量, pramana), 즉 現量, 比量, 阿含, 譬喩를 인정하지 않는다면 자기모순을 나타내는 셈이다. 용수의 입장은 아비달마 논사들의 권위를 부정하는 쪽이 되고 傳承(阿含, agama)과 갈등을 일으킬 것이다. 절대적으로 自性이 없다면 무엇이 자성이 없다고 할 것인가, 즉 자성이 없는 주체는 무엇인가. 안 그렇다면 자성이란 것은 완전히 對象을 초월한 것이 될 것이다. 만약 인식(取), 인식대상(所取), 인식자(能取)가 존재하지 않는다면, 否定(遮), 부정대상(所遮), 부정자(能遮)도 존재하지 않을 것이다. 그러므로 부정의 부정을 통해서 一切의 法과 그 자성의 체(自體)가 성립된다.(15~16절) 一切의 法이 자성이 없기 때문에 공하다고 하는 주장은 용수가 주장하다시피 부정되어야 할 자체가 없기 때문에 증명될 수 없다.(17~18절) 그리고 세간의 사물처럼 자기주장에 대한 이유(因, hetu))가 있어야 하는데, 있다고 하면 그 반대의 이유도 인정되어야 하고, 그럴 때는 또한 자체의 존재함을 받아들여 자기모순을 나타내게 될 것이다.(19절) '인과관계 속에서' 부정(遮)이 부정대상(所遮)을 先行한다든지 後行한다는 주장은 이치에 맞지 않다. 그러므로 자성의 체가 존재한다.(20절)

반론자의 이러한 주장에 대하여 용수는 나머지 부분(21~70절)에서 응답한다. 나의 말이 '반론자가 주장하듯' 원인, 조건 등과 관련이 없다는 것은 諸法 속에 자성이 없기 때문에 공하다는 뜻이 성립되는 것 아닌가? 제법처럼 나의 주장도 자성이 없기 때문에 모순된다는 주장은 맞지 않는다. 나는 어떤 명제를 내세우지 않기 때문에 자신의 명제에 모순된다는 것은 성립되지 않는다. 논리적인 過失을 범하지 않는다.(29절) 반론자의 말과 내세우는 실례도 환상과 같이 자성, 자체가 없는 것이다. 인식수단(量)도 자성이 없으므로 허용될 수 없다. 한

---

43) Lindtner, 앞 책, 19쪽.

인식수단이 다른 인식수단에 의해서 또는 그와 무관하게, 또는 자체로 증명되지 않는다. 그것은 인식대상에 의해서도 정립될 수 없다. 그렇다고 무인연으로 성립되는 것도 아니다.(量非自能成 非是自他成 非是異量成 非無因緣成)44) 언급된 대상만이 아니라 그것을 언급하고 있는 말도 자성을 갖지 않는다. 존재하지 않는 이름을 말하는 것은 부조리하다. 다른 것과 같이 이름들은 空하다. 반론자가 부정은 부정되는 존재대상을 전제로 한다고 했는데, 이것은 그가 사물의 空性을 받아들인 것이다. 용수는 어떤 것이라도 다 부정하지는 않는다. 다만 자성이 없음을 지적하려고 할 뿐이다. 부정되어야 할 자성도 존재하지 않는다. 그러므로 용수의 '부정'은 항상 타당하다. 요컨대 공은 논리적인 요청과 불교수행(신앙)의 요청과 부합하는 원리인 것이다.45)

『회쟁론』에 나타난 공의 논리와 내용은 특수한 것이 아니고 용수의 사상체계와 여타 저술을 충분히 대표하고 있다고 할 수 있다. 그러면 인도에서 발전된 대승불교를 가장 대표한다는 이러한 사상체계에 비추어 화쟁이 대표하는 원효의 사상을 어떻게 자리매김할 수 있을까? 위의 요약과 그리고 익히 알려진 『中論』 등의 저술내용이 제시하는 것은 대략적으로도 상당한 차이가 있음을 느낄 수 있을 것이다. 우선, 용수의 空觀은 부정의 논리를 바탕으로 한다. 철저한 나머지 공관 자체의 자기부정까지 나아간다. 그리고 논쟁적이고 비판적이다. 『중론』에서는 아비달마 개념만 아니고 대승의 열반, 여래 같은 개념들을 비판 대상으로 삼고 있다. 회쟁은 논쟁을 회피하거나 단순히 '초월'하자는46) 것이 아니고, 과오를 올바르게 바꾸어 놓자는 의미를 지닌다. 용수는 반론자의 논리를 때로는 반론자의 논리 위에서 분석하면서 그 오류됨(過失)을 서슴없이 지적한다('汝汝諍有二失', '如是汝諍失').47)

원효의 화쟁은 이에 비해서 그 말이 가리키는 것처럼 分別是非를 가리되 諍論들을 和會시키자는 지향점을 갖는다. 가끔 모순적인 오류(相違過失)를 언급하기도 하지만 결론은 대개 어떤 주장이 과실이 없다는 쪽으로 끌고 가는 스타일이다. 다만 자기주장만 옳다든지 전체를 대표한다고 생각하는 고집(局執, 偏執)이 아닌 것을 조건으로 한다. 철저한 부정이 아니고 거의 철저에 가까운 긍정 쪽이라고 할 수 있다. 그러한 모습의 극치는 세간적 사유의 전형인 네 가지 판단 유형(四句分別), 즉 긍정(有), 부정(無), 긍정+부정(亦有亦無), 비긍정+비부정

---

44) 大正藏 32권: 14下.

45) Lindtner, 앞 책, 72~75쪽, Frederick J. Streng, *Emptiness—A Study in Religious Meaning* (Nashville: Abingdon Press, 1967), 221~227쪽, 大正藏 32권: 13~15.

46) 東峰 엮음, 『대승불교의 아버지 용수』(진영출판사, 1984), 21쪽.

47) 大正藏 32권: 15上.

(非有非無)의 긍정적 수용에서 찾을 수 있다. 바로 有와 空을 논하는 자리에서 사구가 병립해도 過失이 없음을 선언하고 있는 것이다.(838上)

용수의 공관은 『중론』의 첫머리에서 밝힌 八不의 中道에 나타난 양극단의 배제, 나아가서 네 가지 범주를 초월하는 관점을 가리킨다. 『중론』의 주제들은 사구판단의 맥락에서 다루어지고 있다. 예를 들면,(25품) 이러한 상대적 사유형식은 戲論으로 취급된다. 그런데 원효는 이와는 전혀 다른 길을 취하고 있는 것이다. 용수가 八不偈에서 不一亦不異를 말하는데 원효는 不一而融二, 融二而不一을 이야기한다. 물론 주제가 각각 一切法과 眞/俗(二諦)으로 다르긴 하지만 이 논리 구조는 두 사상체계를 관통하는 요소이다. 원효도 兩否定을 표현하지만, "無法而無不法 非門而非不門也, 即無所入故無所不入也"처럼48) 절대긍정, 대긍정에 이르기 위한 방식이다. 그는 八不中道에 머물지 않는다.49)

물론 시대적 임무가 약간 다르다고 할 수는 있다. 용수는 소승 부파불교를 대상으로 한 破邪의 필요성에 충실하였고 원효는 용수 이래 전개된 대승불교의 각종 교리들과 경론을 다 수용하는 원리를 창출할 필요성을 체감하고 있었다. 물론 이것은 원효만이 아니라 중국불가에서도 동감하고 있는 바였다. 그러한 배경 속에서 예를 들면 教判사상이 등장하게 된 것이다. 원효도 교판의 비교적 초기의 유형을 제시했다. 이러한 불교발전사적 상황이 원효와 용수의 접근방식을 다르게 만든 요인이었을 것이다. 용수에게는 비불교적 요소의 비판과 혁신, 원효에게는 多岐한 교리의 해석, 수용, 분류가 당면 과제였다. 그런 만큼 용수의 철저한 분석과 비판의 의식과 정신에 비해서 원효는 그러한 모습보다는 두루뭉실한 종합의 모습이 강한 인상을 준다. 고등 비평적 안식을 보여주지 않고 모든 경전과 교리를 무비판적으로 거의 맹목적이다시피 수용하는 태도로 평가할 수도 있다. 그가 크게 중시하여 주석한 『金剛三昧經』이 좋은 예이다. 최근 신라인 찬술설까지 대두된 문제의식은 원효에게 전혀 없다.50) 사실 聖教라는 이름 밑에 모든 주장이 도리에 契合한다고 믿는 모습을 보인다.51) 그러나 이것은 원효만이 아니고 어쩌면 지금까지도 그대로 전달되어 오고 있는 시대적 제약과 불교 신앙인의

---

48) 『華嚴經疏序』, 韓佛全 1: 495上, 中.

49) 『本業經序』, 韓佛全 1: 498上: "浴使長流者止遊八不之坦路."

50) 찬술자를 둘러싼 논의에 대하여 Robert E. Buswell, Jr., The Formation of Ch'an Ideology in China and Korea-The Vajrasamadhi-Sutra, A Buddhist Apocryphon(Princeton: Princeton University Press, 1989), 170~177쪽(法朗說을 내세운다); Buswell, ed., Chinese Buddhist Apocrypha(Honolulu: University of Hawaii Press, 1990), 23쪽; 김영태, 「新羅에서 이룩된 金剛三昧經」, 『佛教學報』 第二十五輯(1988), 11~38쪽(大安, 원효, 惠空 등 거론).

51) 『判比量論』, 韓佛全 1: 815上: "又八識教契當道理 是聖教故"

한계일 수 있다.

眞俗의 문제에서는 용수도 일찍이 진속一如의 원리에 당도했었다고 할 수 있는 것은『中論』「열반품」(25장)에서 공을 통해서 열반과 세속이 털끝만큼도 다르지 않음을 천명한 바 있기 때문이다. 이것은 等式에 불과하지만 용수로서는 아주 드문 긍정적 표현에 해당한다. 원효는 二諦中道를 重玄法門이며 모두가 근원으로 돌아가는 길(歸源之路)이라 한다.[52] 眞如空性은 有無의 二諦法이 一諦로 융합되어 똑같은 一合相이 됨을 나타낸다.[53] 진속은 둘이 아니나 하나를 고수하지는 않는다.(眞俗無二 而不守一)[54] 그래서 차라리, 動靜과 染淨이 유기적인 관계인 것처럼, 진속이 평등하다고 하는 표현이 맞는다.[55] 진속무애(원융)를 원효의 사상과 실천의 중심으로 삼는 관점도 있을 만큼 진속일여는 원효에게 두드러진 요소로 나타난다. 이제에 그치지 않고 三諦까지 언급한다.(500下) 그리고 合明을 말한다.(644中, 박종홍) (길장)

이러한 분석을 뒷받침하듯 용수의 저술이 대표하는 교리사상의 한계를 놀랍게도 원효 스스로가 원효의 저술에서 가장 큰 비중을 차지하게 된『대승기신론』주석에 들어가면서 大義宗體를 요약하는 대목에서 명시적으로 지적하고 있다. "中觀, 十二門論 같은 '용수의' 저술은 모든 집착을 두루 논파하고 또한 논파한 것도 논파한다. 하지만 논파의 주체와 논파의 대상을 다시 허용하지 않는다. 이것을 '일정한 곳에는 이르지만 두루 미치지 못하는 論'이라 이른다(如中觀論十二門論等 徧破諸執 亦破於破 而不還許能破所破 是謂往而不徧論也)." 이에 비해서『유가론』,『攝大乘論』등 유식학파 저술은 法門의 전체적인 분류를 잘 세우고는 있지만 스스로 세운 법을 막힘없이 버리지 못하는(不能遣自所立法) '주고는 빼앗지 못하는(與而不奪)論'이다. 이 두 학파의 단점을 극복한 것이 바로 기신론이다. 이 論은 세우고 파함이 자유자재하다(無所不立無所不破). 그러면서도 스스로를 버리되(自遣) 또한 다시 허용하며(還許), 끝까지 이르되 두루 세움이 있고(往極而徧立) 마지막까지 주되 빼앗음이 있다(窮與而奪). 그래서 이것을 '모든 論의 조종이며 여러 쟁론의 평가기준(諸論之祖宗 群諍之評主)'이라 한다.[56]『기신론』은 말하자면 불교사에서 특히 중관과 유식의 두 큰 흐름의 변증법적 종합을

---

52)『本業經疏序』, 韓佛全 1: 598上.

53)『金剛三昧經疏』, 韓佛全 1: 656下－657上: "言眞如空性者 卽是第一同一合相 謂同一切有無諸法 卽二諦法 同融一諦 一諦卽是一合相故"

54)『金剛三昧經論』, 韓佛全 1: 658下.

55)『大乘起信論疏記會本』, 韓佛全 1: 733上.

56)『大乘起信論別記』, 韓佛全 1: 678上;『大乘起信論疏記會本』, 韓佛全 1: 733中.

대표하는 것으로 원효에게 비친다.57) 원효가 『기신론』 같은 경론을 중시하는 이유가 여기에 깔려 있다.58) 이는 원효가 얼마나 회통, 화쟁을 지향하는 사상가인가를 다시 알려주는 대목이다.59) 인도 대승사상의 두 큰 흐름을 종합하는 태도는 중관, 유식의 전통이 발전하는 과정에서 8세기 이후 인도-티베트불교 형성 과정에 나타나게 된다. 특히 후기 중관학파에 속한, 샨타락시타(Shantarakshita)와 까말라실라(Kamalasila)는 티베트불교사가 부돈(Bu-ston)에 의하여 유식학파-중관학파(Yogacara-Madhyamikas)로 분류될 정도로 중관파의 입장에서 여러 학파들(說一切有部, 經量部, 唯識)을 종합했다.60) 이들은 용수의 철저한 부정의 접근법에서 다소 긍정적인 모습을 보였다. 예를 들면, 언어의 기능에 대해서 용수의 뜻을 더 체계화한 개념으로 陳那(Dignaga)가 불교에 적용한 것이 排除論(apoha)이다. 이는 말이 긍정적인 어떤 것도, 본질이나 보편도 나타내지 않고 다만 배제, 즉 다른 모든 것의 부정을 가리킬 뿐이라는 것을 의미한다. 예를 들면 청색이 무엇인지는 말할 수 없고 청색이 아닌 것의 부정이 그 정의이다. 이름은 반대의 의미를 부정함으로써만 그 자체의 의미를 표현할 수 있다. 순전히 부정적인 의미는 샨타락시타와 까말라실라 쪽으로 내려와서 긍정적인 개념 구조와 주관적인 관념을 나타내는 뉘앙스를 지니게 되었다. 개념들의 기초는 순전히 주관적인 의식 속에 들어 있는 씨 안에 있다.61) 이러한 입장은 용수보다는 진일보한 것이다.

원효도 언어의 부정적인 본질과 한계를 되풀이하고 있다. 일찍감치 선불교 입장을 예견하듯 離言絶慮, 言語道斷을 강조한다. 예를 들면 一心 같은 이치는 말을 여이고 생각이 끊긴 경계이나 억지로 붙인 이름일 뿐이다.62) 眞如의 이치는 말과 생각이 끊긴 이치이지만 또 한편으로는 言說의 相을 여이지 않는(不離言說相) 모습을 지니고 있다. 그래서 말을 떠나기도 하고(理絶言) 말을 안 떠나기도 하는(理不絶言) 이중성을 지닌다. 이언절려의 경계이긴 하지만 그 이치를 나타내기 위해서는, "말을 의탁하여 말로 인하여 말을 버려야 하기(要依因言遣

---

57) 殷貞姬, 「元曉의 中觀, 唯識說—大乘起信論의 경우」, 『서울敎育大學 論文集』 18(1985), 14쪽; 元曉 研究論選集 13, 111쪽.

58) 朴性焙는 원효의 중관, 유식의 비판이 기신론을 드러내기 위한 수사라고 본다. 「元曉의 和諍 論理」, 18쪽.

59) 위 인용된 글의 해석과 이를 둘러싼 논의가 朴鍾鴻, 『韓國思想史』(瑞文堂, 1972), 89~90쪽; 박성배, 앞 논문, 14~17쪽에 등장한다.

60) Lal Mani Joshi, *Studies in the Buddhist Culture of India(During the 7th and 8th centuries A.D.)*(Delhi: Motilal Banarsidass, 1967), 194~196쪽; 東峰, 앞 책, 15쪽.

61) Joshi, 위 책, 199~200쪽.

62) 『大乘起信論別記』, 韓佛全 1: 679中: 如是道理 離言絶慮 不知何以 自云强爲(謂?)一心也.

言之言)" 때문이기도 하다.63) 이것은 논리적으로 자기 명제나 말의 矛盾過失(自宗相違過, 自語相違過)에 떨어진다는 비판을 받을 수 있다. 두 가지의 상반된 주장(論文)이 妄言(妄語), 헛된 가설(虛設)이 아니냐는 비판에 대하여, 원효는 특유의 어법으로 회통시킨다. "이치는 말이 끊긴 경계도, 안 끊긴 경계도 아니다. 이러한 뜻이 있기 때문에 이치는 역시 말이 끊기고 또한 끊기지 않는다. 이와 같은 말은 마땅하지 않는 바가 없고 그래서 마땅한 바가 없으며, 마땅한 바가 없기 때문에 마땅하지 않는 바가 없는 것이다."64)

言說의 불가피한 양면성은 바로 화쟁론에도 뚜렷이 부각되어 있다. 禪師처럼 원효는 말한다. "그러므로 내가 言說에 의탁하여 말이 끊긴 법을 보이고자 하는 것은 마치 손가락에 의탁하여 손가락을 떠난 달을 가리키고자 하는 것과 같다."65) 보살이 만약 헛된 생각과 분별하는 의식(妄想分別)을 떠나고 순전한 환상(遍計所執相)을 버린다면 곧바로 말을 떠난 법을 깨우칠 것이다.66) 모든 현상은 모두 허공과 같고(諸法皆等虛空) 성인의 경계는 언어가 미칠 수 있는 곳이 아닌데(非言語之所能及) 왜 이런저런 教說이 필요한가. 두 경계가 다르다고 하면 모든 불보살과 성인의 실천형태(行相)에만 執着이 일어날 것이기 때문에 다르지 않다고 말해주면서 자아의 구성요소(五陰)가 없지도 않다고 말하는 것이 방편이 된다. 그런 취지로 中觀論에서 聖俗(涅槃際와 世間際)이 하나(一際)로서 조금도 다르지 않다고 한 것이다. 여기서 俗諦(samvrti-satya)는 물론 언어가 큰 역할을 맡은 습속의 범주이다.67) 또한 일체의 법이 허공과 같고 다 환상과 꿈이라고 말한다면 이것을 듣고 사람들이 두려워하고 경전을 비방하게 될 터인즉 보살은 이들을 위해서 이치로서 會通시키고 실상으로서 和會시키면서 이 경들(반야경)이 모든 법이 다 없다는 것을 설한 것이라기보다는 제법의 이른바 自性이 다 없다는 것을 설한다고 밝혀 주게 되었다는 것이다. 여기서의 자성은 眞(第一義)諦 차원의 자성과는 구분한다. 마치 無我의(假)我와 實我(816中)의 구분과 같다. 용수에게서 부정되거나 잘해야 암시된 것을 원효는 명시적으로 방편론적으로 해석하고 있는 것이다. 이는 물론 용수이후의 교리발전을 원효가 반영하고 있는 측면도 없지 않다. 원효가 이해하는 俗諦의 복합적

---

63) 위 책, 680下.

64) 위 책, 681上: 理非絶言 非不絶言 以是義故 理亦絶言 亦不絶言 如是等言 無所不當 故無所當 由無所當故 無所不當也.

65) 『十門和諍論』, 韓佛全 1: 838中: 故我寄言說 以示絶言之法 如寄手指 以示離指之月.

66) 위 책, 838下: 菩薩若離妄想分別 除遣遍計所執相時 便得現照離言之法.

67) David J. Kalupahana, Nagarjuna—The Philosophy of the Middle Way(Albany: State University of New York Press, 1986), 16~18쪽.

이고 긍정적인 차원도 배태되었다. 용수에 의해서 공을 매개로 하여 열반과 세속이 부정적인 맥락에서 소극적으로 접촉, 일치되고 있으며 이것은 다시 용수를 계승, 『중론』을 주석한 찬드라키르티에 의해서 부정적인 맥락으로 파악되었다. 속제는 유식종 계통의 스티라마티(Sthiramati)에 의해서 긍정적으로 해석되었다. 이 두 가지 측면은 중국에 와서 현장의 제자 窺基(632~682)에 의해서 종합되어 隱顯諦(covering/manifesting truth)의 뜻으로 해석되었다.[68] 원효가 이 점에서 그와 동시대인이긴 하지만 연하인 규기의 영향을 받았을 가능성은 적다는 점에서 원효의 독자적인 사유의 소산이라고 할 수 있을 것이다. 二諦의 유기적, 회통적 관계를 본격적으로 다룬 그의 저술 二諦義가 남아 있었다면 이에 대한 내용이 더 밝혀질 수 있었을 것이다.

이렇게 원효는 언어에 대해서도 화쟁의 대상으로 삼아 분석하고 있다. 언어의 한계와 긍정적인 기능을 인정한다. 이것은 장님들의 코끼리 묘사가 '코끼리의 전체적인 실체는 얻지 못하더라도 코끼리라는 事象을 말하지 않는 것도 아니지 않느냐(雖不得實非不說象)'고 하는 대목에서도 엿볼 수 있다.[69] 바로 이러한 모습이 원효가 용수와 다른 점이 아닌가 생각할 수 있다. 용수가 破邪를 위한 비판에 초점을 맞추고 있다면 원효는 파사보다는 顯正 쪽으로 관심을 기울이고 있는 듯하다. 물론 용수의 空의 변증법이 파괴적만이 아니고 건설적인 차원도 포함하고 있다고 해석할 수도 있다.[70] 어떻거나 원효가 건설적인 차원을 더 명시적으로 주장하고 있다고 할 수 있을 것이다. 이것은 또한 화쟁론이 단순한 평화이론만이 아니고 인식론적인 방법론을 의미하기도 한다는 것을 나타낸다. 코끼리의 실체와 원효의 경우 그것이 상징하는 佛性의 실체가 단순히 부분적인 이해나 지식의 통합으로만 도달되는 것은 아니고 총체적인 인식이나 깨달음으로 완성된다고 보이는데, 이것은 아마 원효도 자주 표현하고 있는 깨침과 수행의 頓漸 과정에 연결시켜 볼 때, 원효가 말하자면 돈오일변도만을 고집할 입장이 아닌 것이 분명하다. 원효가 누구보다 세속적이고 축차적인 과정을 중시한다고 보면 코끼리와 장님이 상징하는 다원적인 접근과 인식의 보완성을 강조하는 인식론적 접근법이 된다고 생각된다. 적어도 어느 단계까지는 다원적, 統全的인 접근이 필요하다고 보는 입장일 듯하다. 그런데 이 비유는 인도전통(힌두교, 불교)에서는 원효가 본 긍정적인 측면은 약하거나 없는

---

68) Gadjin M. Nagao, *Madhyamika and Yogacara*, trans. Leslie S. Kawamura(Albany: State Uniersity of New York Press, 1991), 18~22쪽.

69) 『涅槃經疏』, 韓佛全 1: 539上.

70) Kenneth K. Inada, *Nagarjuna—A Treatise of his Mulamadhyamakakarika with an Introductory Essay*(Tokyo: The Hokuseido Press, 1970), 21~22쪽.

것처럼 보인다. 있다면 장님들의 관점이 부분적인 진리를 상징하는 정도이다. 화쟁이 '무주장의 주장'(신현숙, 36, 137)이라면 용수의 空의 기능과 일치한다. 과연 그 기능에만 그칠까? 장님의 비유 해석은 좀 더 다른 해석을 가능하게 한다.

인식수단(pramana)의 문제에 있어서 원효는 용수처럼 부정적이지 않고 현량, 비량의 두 큰 범주와 성언량 등의 세목도 인정, 채용한다. 그가 저술한 『판비량론』이 이것을 잘 말해준다. 이는 용수 이후에 등장한 디그나가와 다르마키르티가 정립한 인식론 체계 속에서 인정되고 샨타락시타와 까말라실라도 받아들인 전통이기 때문에 이 점에서 원효가 독특한 것은 아니다. 그러나 이 저술도 일부분만 남아 있기 때문에 다 짐작할 수는 없지만 화회적인 해석이 다분한 것을 엿볼 수 있다.(신현숙 34, 136)

어느 전통이건 후대로 갈수록 통합성, 절충적인 경향이 짙어지는 것이 자연스럽다고 본다면, 원효는 남보다 한 발짝 앞서 간 선지자로 보인다.

원효가 중시한 『기신론』과 『금강삼매경』도 이러한 발전의 준비과정에서 나타난 소산이었을 가능성이 높다. 원효의 독자적인 사유와 豫示적인 통찰력이 우연히 마주치고 있다고 보인다.

Ⅳ. 중국불교사상의 틀(無諍)과 和諍

원효가 속한 시대는 불교가 후한시대에 도입된 후 전통종교와 사상과의 충돌과 적응을 거치면서 중국인들에게 하나의 종교와 사상체계로서 받아들여지고 나름대로 성장하고 있는 시기였다. 그렇지만 중국의 불교(Buddhism in China)가 아닌 중국불교(Chinese Buddhism)로서의 본격적인 성장은 원효의 생애의 시작과 일치하는 당시대(618~907)에 이루어진다. 교리와 사상의 수용과 발전의 측면에서 보자면 서기 1세기부터 4세기 말까지를 초창기로 치고, 본격적인 佛經漢譯을 주도하여 중국인들에게 외래 종교인 불교의 이해를 위한 기초를 닦은 구마라지바(Kumatrajiva, 340?~409) 인도권역에서 동진의 수도 장안에 도착한 401년을 기점으로 한 제2기가 200년간 계속된 다음 당시대의 시작과 더불어 제3기의 중국불교시대가 도래한다. 제1기는 그 후반기에 불교 개념 이해를 위한 방법으로서 기존의 고유한 종교 개념과 짝 맞추는 格義불교가 특징을 이루었다. 제2기는 구마라집에 의한 방대한 각종 불경의 번역을 기초로 교리의 바른 이해와 더불어 다음 시기에 흥기할 천태종, 화엄종, 선종 같은 중국불교의 기반을 제공하였다. 원효는 간접적이지만 역경과 논저의 자료들의 혜택을 받으며 독자적인 論究를 한 셈이다. 원효가 스스로의 사유체계를 뒷받침하는 근거와 통로로 크게 의존하고 높이 평가한 『금강삼매경』은, 그리고 아마 『대승기신론』도, 중국불교(그리고 한국불교)의 큰 열매였다. 그가 다룬 경론의 범위와 종류로 볼 때 그 다양성과 분석의 일관성과 치밀성에서 원효를 중국불교사에 그대로 옮겨 놓아도 어느 누구와도 견줄 수 있을지 모른다. 적어도 원효 이전까지는 그렇다. 인도 수학과 譯經으로 유명한 현장도 그의 활동과 저술은 唯識학파(法相宗)에 치우쳤다. 신라의 불교 公認이 6세기 초(527)인 것을 감안하면 원효의 학문과 사상은 더욱더 돋보일 만한 것이다. 원효가 『금강삼매경』의 편찬에도 관여한 것이 사실이라면 더욱 그렇다.

그러면 어떤 식으로 원효의 사상을 중국불교와의 연관 속에서 구분해 낼 수 있는가. 중국불교의 범주는 너무나 다양하고 광대한 산맥이어서 현실적으로 두 사상의 접촉점과 차이를 간단히 다루는 것은 무리일 것이 당연하다. 그래서 시대적으로나 사유방식에서 비교될 수 있는 사상가나 주석가를 선별할 수밖에 없다. 원효가 속한 시기를 전후하여 중국불교가 종파적인 전통으로 발전되어 갔기 때문에 無宗派性이 강한 원효와 대비시키는 것은 부합되지 않을 측면도 있을 것이다. 그러한 한계에도 불구하고 중국불교의 큰 광맥에서 원효와 병렬시켜 놓아도 무리가 없게 보이는 사상가들을 적잖게 찾을 수 있는 것이 사실이다. 하지만 그 차이가 있다면 미묘한 정도일 것이라고 추정할 수 있을 것이다. 더구나 중국불교를 모태로 한 한국불교의 태생배경을 고려하면 더욱 그렇다.

역사적인 맥락과 연결하여 우선 고려해 볼 수 있는 대상으로 원효시대와 가까운 6세기 말과 7세기 초에 등장한 주요 사상가들을 꼽을 수 있다. 대표적으로 隋代의 三大論師로 일컬어지는 地論宗의 淨影寺 慧遠(523~592), 天台宗의 智顗(538~597), 三論宗의 吉藏(549~623)을 비교대상으로 삼을 수 있다. 이들보다 약간 뒤늦은 원효는 이들의 저술에 직간접으로 접했을 가능성이 높다. 실제로 원효가 이 가운데서 지의를 직접 언급하고 있기도 하다. 여기서 이들에 대한 분석은 종파적인 특성을 벗어나서 화쟁에 상응하는 개념과 표현방식 또는 논리를 중심으로 한 개략적인 관찰에 국한할 수밖에 없는 한계와 여건을 지닌다. 이들 가운데도 특히 혜원에 초점을 맞추어 보고자 한다.

혜원은 당시 불교 교리를 망라한 방대한 백과사전식 자료집과 같은 『大乘義章』(26권)을 편찬했다. 여기서 무려 222가지의 法數와 개념을 다루고 있다. 혜원은 또한 법장, 원효의 소와 더불어 『대승기신론』의 三大疏에 속하는 저술을 남겨 원효와 공통되는 자료를 제공하고 있다. 기신론 주석을 놓고 볼 때 원효는 百家諍論을 一味로 會通시키고 和諍하려는 취지가 일관되게 흐르고 있다는 것이 뚜렷하게 드러나고 있다.[71] 이는 여러 가지 쟁점을 분석하여 그 뜻을 살펴보면 백가의 주장이 다 조화될 수 있다(百家之諍無所不和也)고[72] 말하는 데서 엿볼 수 있다. 이러한 측면은 혜원의 주석에서는 특성적이지 않은 것이 사실이다.

그러나 기본적으로 혜원도 다양한 주장과 교리와 이들의 근원적인 통일성을 함께 인정한다는 점에서는 차이가 없다. 그는 『大乘起信論義疏』에서, "비록 이름이 다를지라도 그 뜻은 다르지 않다(名雖有異其義不殊)"고[73] 한다든지 "[모든 經論들을] 통틀어 ['大乘'이라 하는 것처럼] '一乘'이라고 하기도 하고, 다 趣旨나 목적이 같아서 '佛乘'이라고 이름하기도 한다(總而言之亦名一乘 無異趣故亦名佛乘)"고[74] 말하면서 원효처럼 義趣를 중시하는 모습을 보이고 있다. 같은 취지로 萬法의 一體性과 一味性, 平等一味를 강조한다.[75] 佛法의 非一非異 함도 말한다. 포괄적 개념으로서 제9식(心眞如)과 제8식(心生滅)을 아우르는 一心을 중시하기도 한다.[76] 이 모두 원효의 논법과 별로 다를 바 없어 보인다. 특히 한 걸음 더 나아가서 相違, 모순되게 보이는 경론의 주장들을 會通시키는 모습이 혜원에게도 나타나고 있다. 중생이 갖는 잠재력(十力四無畏等)과 성품(有性)이 경전에 따라 달리 기술되고 있는데 이것을 어떻게 회통시킬 수 있는가에 대해서(兩經相違云何會通) 당장 나타나는 現有가 아닌 앞으로 실현될 잠재성(當有)의 의미로 모순되지 않음(無違)을 분석해 낸다.[77]

다만 지적할 수 있는 차이는 혜원의 주석에서도 발견되는 이러한 해석법이 원효에게서처럼 그렇게 자주는 나타나지 않는다는 것이다. 그리고 이보다 더 중요한 차이점으로, 또한 회통의 양태가 적극적인 화쟁의 辨證에까지는 미치지 않는다고 말한다 해도 크게 틀리지 않을 것이다. 화쟁보다는 無諍 또는 非諍에 가까운 입장으로 구분될 수 있다. 실제로 혜원은 一心體를 두고 나타난 다른 관점에 대해서, "두 가지 뜻이 다 통해있으므로 다투는 주장이 아니다(兩義兼通故非諍論)"고[78] 기술하고 있다. 나아가 이 차이를 인식론적인 관점에 적용하면 의미 깊은 차이를 드러낸다. 장님과 코끼리의 비유를 들어 부정적인 입장과 긍정적인 입장으

71) 朴太源, 『大乘起信論思想研究(I)』(民族社, 1994), 127~130쪽.

72) 韓佛全 1: 742上.

73) 大正藏 44: 175上.

74) 위 책, 175中.

75) 위 책, 178下~179上: "萬法一體無異體……. 同一體中隨義分萬……. 隨事名義 隨體一味而隨義萬差 然則體義不殊"

76) 위 책, 179上, 下; 朴太源, 앞 책, 125~126쪽.

77) 위 책, 194上, 中, 下.

78) 위 책, 196下, 538下(大乘義章).

로 가른다. 말하자면 혜원은 장님은 코끼리의 실체에 전혀 접근할 수 없다는 견해이다. "백명의 장님이 모인다 한들 어찌 보는 바 실상이 있겠느냐(如百盲聚豈有所見)"고, 아비달마 實有論者의 소견 같은 주장이 전혀 이치에 맞지 않음(都無合理)을 지적한다.[79] 佛性의 문제에 있어서도 장님과 코끼리의 비유를 부정적인 의미로 사용한다. 불성을 두고 『열반경』에서도 生死/열반, 因/果, 空/有, 一/異, 有/無, 內/外, 當/現(미래/현재), 色心是非 등 이론이 많은데, 이러한 是非에 고집[執定]하는 태도는 장님과 코끼리의 비유가 가리키는 바처럼 주장들의 本旨를 잃는[失旨] 것이 된다고[80] 혜원은 『大乘義章』(佛性義)에서 밝히고 있다. 여기까지는 원효와 통하는 분석내용이라고 할 수 있다. 원효가 경계하는 偏執과 局執은 혜원에게서도 경계대상이다. 이것은 혜원만이 아니라 중국불교의 보편적인 모습이라 할 수도 있다.[81] 하지만 원효는 한 걸음 더 나아가, 이미 앞에서 분석한 것처럼, "그 장님들이 각기 코끼리에 대해서 말한 바가 비록 코끼리의 '전체적인' 실상에는 미치지 못하지만 코끼리에 대해서 말하지 않는 바도 아닌 것과 같이 불성을 이야기하는(여섯 가지) 견해들도 이처럼 '실체에 대한' 여섯 가지 접근법 자체는 아니라도 여섯 가지 접근법을 떠난 것도 아니다"[82]라는 긍정적 해석을 시도하고 있다.[83] 혜원의 경우도 佛性論師들 異論을 다 인정하는 입장인 것은 분명하다. 모두 같은 불성의 문으로 들어간다는 것이다.[84] 원효도 다른 주장들이 불성의 실체에는 미진하지만 각기 자기 법문과 교리에 따라 그 뜻을 얻고 있다고 한다.[85] 종파나 교리를 가리킬 수 있는 '法'門의 차이에 따른(隨門) 관점의 다름을 인정한다. 그러면서도 실체에 접근하는 방법이 국집이 아니고 이것들의 총체적이고 보완적인 접근이 필요함을 암시하고 있다. 이는 인도불교에서 극복되어야 할 사유방식인 네 가지 판단형식(四句)과 심지어 四謗까지 원효에 의해서 긍정적으로 재해석된다.[86] 이 맥락에서 中道 개념도 새로워진다. 원래 有도 無도 초월한 것으로 부정적으로 표현된 中道는 원효에게 '有無合'으로 긍정적으로 다시 나타난다.[87]

---

79) 위 책, 186中, 538中.

80) 위 책, 472中下: "執定是非 無不失旨 經說摸象喩失在此"

81) 예를 들면, 『大般涅槃經集解』, 大正藏 37: 577~578, 585.

82) 『涅槃宗要』, 韓佛全 1: 539上: "如彼盲人各各說象 說佛性者亦復如是 不卽六法不離六法."

83) 吉藏은 『大乘玄論』(大正藏 45: 35中)에서 '不卽六法不離六法'을 經文으로 인용하고 '六法'을 '五陰及假人'으로 푼다.

84) 『大乘義章』, 大正藏 44: 472中: "如是一切無非佛性 雖復異論 莫不皆入 一性門中."

85) 『涅槃宗要』, 韓佛全 1: 539上: "六師所說雖皆未盡佛性實體隨門而說各得其義"

86) 『十門和諍論』, 韓佛全, 1: 838上: "是故四句立立而離諸過失也." 542下 참조.

87) 위 책, 542下: "有無合故是明中道"

이와 대조적으로 혜원은 원의에 충실하게 中道를 空과 같은 맥락에서 초월적, 부정적으로 해석하고 있다.[88]

불성론을 통해서 표현된 원효의 이와 같은 사유형식은 다름 아닌 화쟁의 표현이다. 화쟁은 그 궁극적인 목표가 단순한 평화나 和會에 있다기보다는 실체파악과 깨달음에 있다고 봐야 한다. 그렇다면 화쟁은 새로운 인식수단으로 내세워졌다고 할 수 있을 것이다. 중국불도의 입장은 적어도 불성을 둘러싼 『열반경』 해석에서는 혜원과 마찬가지로 쟁론의 소극적 지양이나 화회 또는 偏執의 해소, 즉 '不執不諍'에 그치고 있다.[89] 원효가 주석한 『金剛三昧經』도 外的으로는 '無諍'의 차원에 머물고 있으나[90] 원효는 이것을 화쟁의 차원으로 분명하게 올려 놓았다고 평가할 수 있다.[91]

혜원에게서 보인 이와 같은 복합적인 모습과 차이는 원효와 바로 동시대 사람인 法藏에게서도 나타나고 있다. 여기서는 화엄경을 둘러싼 본격적인 저술들보다는 『大乘法界無差別論疏』라는 법장의 저술 한 가지로 제한시켜 분석해 보자. 본체계(理)와 현상계(事)의 두 경계 사이 및 事와 事 상호간의 圓融無礙를 내세운 華嚴師로서 법장은 여기에서 法界의 無差別性을 논하면서 "理事交徹 空有俱融 雙離二邊"을 말한다.[92] '무차별'을 '원융'이나 '무애'와 동의어처럼 사용한다. 이는 또한 자연스럽게 一味와 平等을 가리킨다.[93] 결국 모든 다양한 것들이 일법문, 一性, 一法界, 一法體, 一義, 一乘, 一道로 돌아간다.[94]

법장의 이와 같은 견해들은 원효에게서도 대부분 발견된다. 원효도 '理事無二'임을[95] 언급하고, '一心平等法界'를[96] 말하며, 일심만이 아니고 一門, 一念, 一實, 一行, 一乘, 一道, 一覺, 一味를 주장한다.[97] 법장은 원효와 똑같이 여러 가지 경전에 나타난 聖敎의 不相違性과 뜻의 동일성을 지적한다.[98] 이러한 맥락에서 네 가지 宗으로 나누어진 법장의 敎判을 이해해

---

88) 『大乘義章』, 大正藏 44: 472下: "第一義空 名爲佛性 或言中道 名爲佛性"

89) 『大般涅槃經集解』, 大正藏 37: 575下: "偏執起諍 智能了達 不執不諍也."

90) 『金剛三昧經論』(韓佛全 1: 626中)에 인용된 經文: "若取證者 卽爲諍論 無諍無論 乃無生行."

91) 佐藤繁樹, 앞 책, 14, 17~23, 322쪽 이하.

92) 大正藏 44: 61下.

93) 위 책, 61中, 71中, 下, 74中, 下, 76上, 中.

94) 위 책, 74中, 75下.

95) 『大乘起信論別記』, 韓佛全 1: 682下.

96) 『金剛三昧經論』, 韓佛全 1: 618下.

97) 위 책, 605上

98) 大正藏 44: 62下: 以前四門所引聖敎 皆不相違故 義不相離故 法體無二故 思準之

야 한다.[99] 교판론이 혜원과 원효에게서 발견되듯이 그 취지가 불교의 다양한 경론과 쟁론들의 타당성과 통일성을 표명하기 위한 도구에 다름 아니다. 원효의 四敎判은 특히 화쟁의 정신에 계합한다고 지적할 수 있다.[100] 무차별한 뜻이 적용되는 대상(所詮宗趣)은 染/淨, 權/實, 理/事 등 三門이다.[101] 또한 무차별의 뜻이 적용되는 세 범주(位, 法, 行) 가운데, 法에는 十種의 무차별이 제시된다.[102] 이렇듯 법장에 있어서도 원효의 화쟁이 지향하는 뜻이 나타난다. 다만 차이가 있다면 법장이 화엄종의 교리에 충실하고 그것은 다분히 존재론적인 원리에 역점을 둔다는 것이고 원효는 인식론적인 목적을 지향하고 있다는 정도일 것이다. 그리고 법장의 무차별과 무애 개념은 다소 靜態的인 무쟁의 차원에 머물러 있을 뿐 화쟁처럼 動態的인 적극성을 가리키지는 않다고 할 수 있을지 모른다. 동시에 화쟁은 몰개성적인 일치와 통일을 목표로 삼지 않는다. 다양성과 통일성이 긴장관계에 놓여 있는 모습이다. 법장이 체계화한 화엄사상은 본체(一)와 현상(多)이 존재론적으로 유기적인 관계를 갖는다는(一卽多 多卽一) 사실을 강조하는 반면에, 원효는 不一而不二(不異) 不二而不(守)一을 말하면서 유기적인 관계는 물론 통일성과 개체성을 동시에 살려 나가는 대긍정의 和會性을 암시하고 있다.

이와 같은 同異性은 원효와 같은 시대를 벗어나서 후대로 내려와서도 看取된다. 얼마나 보편성을 지니고 있느냐 하는 것은 더 따져 봐야 할 문제이지만 어떻든 위에서 분석된 흐름이나 전통이 적어도 한쪽에서 이어지고 있었다는 것은 분명하다. 중국불교의 교리발전을 대표하는 화엄, 천태사상 등이 나름대로 통합사상적인 구조를 지니고 있다고 보면 이러한 전통을 꼭 한 흐름으로만 볼 수 없을지도 모른다. 이는 또한 실천전통을 대표하는 선사상에도 적용될 수 있다. 특히 頓, 漸으로 대표되는 修證論의 두 흐름이 합류점을 찾는 宗密(780~841)과 延壽(904~975)의 사상 속에서 엿보인다. 원효의 저술에도 돈, 점 두 개념이 화쟁의 구도 속에서 빈번하게 두루 등장하고 있다.[103] 그만큼 원효가 중국불교사의 맥락에서 시대를 앞선 셈이 된다.

그런데 頓悟를 주장하는 慧能(638~713)과 혜능 및 『六祖壇經』에 얽힌 전설의 형성 배후로 지목되는[104] 神會(~760)의 言說 가운데는 무쟁의 측면이 더 짙게 나타나 있다. 돈오의

---

99) 위 책, 61下: 一隨相法執宗……. 二眞空無相宗……. 三唯識法相宗……. 四如來藏緣起宗.

100) 佐藤繁樹, 앞 책, 19쪽.

101) 大正藏 44: 62下.

102) 위 책, 63中.

103) 韓佛全, 1: 486下, 495中, 496上, 505中, 514上, 553, 559, 809~812 등 여러 곳.

104) Philip B. Yampolsky, *The Platform Sutra of the Sixth Patriarch*(New York: Columbia

대상은 言語道斷의 경지로 철저한 부정을 바탕으로 하기 때문에 無의 수식어가 중심적인 기능을 하고 있음이 『六祖壇經』에 잘 드러나 있음을 본다. 우선, 漸敎를 대표하는 神秀와 차별을 나타내는 表徵으로 잘 알려져 있는 혜능의 偈, "菩提本無樹 明鏡亦無臺 佛性常淸淨 何處有塵埃"(8장)가 이를 말해 준다. 여러 차례에 걸친 혜능의 깨침에 결정적 촉매제 역할을 한 (2장, 9장) 『金剛經』이 철저한 부정논리에 기초하고 있고, 실제로 '應無所住而生起心'이 깨침을 일으킨 구체적인 문구로 거론되고 있다.[105] 『금강경』이 선종의 所依經典처럼 대접받게 된 연유가 여기에 있었을 것이다. 혜능은 선 전통은 無念을 宗으로 삼고 無相을 體로 삼으며 無住를 本으로 삼는다고 규정한다(17장). 나아가서 혜능은 결정적으로 頓敎가 無諍을 근본으로 한다고 밝히고, 쟁론하는 것(諍)은 道의 뜻(道意)을 잃게 하며 法門에 대한 말다툼은 생사윤회로 빠뜨린다고 말한다(48장). 무엇이 먼저고 어떤 것이 뒤이냐(先後)를 이러쿵저러쿵 말로 따지는 것(口諍)은 자기수행(自修, 自悟修行)에 아무런 도움이 안 된다는 것이다(13장, 43장). 이러한 무쟁의 입장은 혜능의 법통을 이은 신회의 語錄에서 재확인된다. 신회는 無生行, 無見聞, 無得失, 無言說, 無取捨를 강조하면서 어떤 설을 취하는 것(取說)이 諍論임을 말하고 無諍無論을 주장한다.[106] 直指人心, 以心傳心하는 實修를 중시하는 선 전통이 쟁론을 일삼는 것이 부질없다고 여기는 것은 당연하다고 할 것이다. 쟁론 자체의 무가치성을 말하는 마당에 화쟁의 필요성이 제기되는 단계에 이를 수가 없다.

돈, 점의 두 선 수행전통이 평행되는 관계로만 규정된 채로 남아 있지는 않았다. 유기적, 상호보완적인 관계로 회통되는 조화적인 해석이 혜능과 신회 이후 한 세기를 건너뛰어 당의 종밀에게서 나타났다. 그는 깨침[悟]과 닦음[修]의 두 요소를 돈, 점의 두 과정과 연결시켜 선수행의 현실적인 全過程으로 설정하고 두 항목의 다섯 가지 組合(漸修頓悟, 頓悟漸修, 頓修漸悟, 漸悟漸修, 頓悟頓修) 가운데서 돈오점수를 가장 타당한 모델로 내세운다.[107] 그것도 바로 신회의 荷澤宗의 입장에 서서 선종의 여러 유파가 제시한 길을 바라보면서 정립한 것이라는 점에서 후대와 근자에 다시 벌어진 돈점논쟁에 참고해야 할 준거가 될 만하다.

종밀은 선종만이 아니라 교종인 화엄전통에도 걸쳐 있으면서 선교를 아우르는 접근법을 제시한다. 그만큼 당시의 다른 중국불도보다는 범종파적이지만 아무래도 원효보다는 종파에

University Press, 1967), 23~57쪽.

105) 앞 책, 133쪽, 註 41.

106) 石 峻 외 編, 『中國佛敎思想資料選編』 第二卷 第四冊(北京: 中華書局, 1983), 98~99쪽: …… 云何取說……, 卽是諍論 無諍無論, 乃無生行 千思萬慮不益

107) 『禪源諸詮集都序』, 大正藏 48: 407下~408上

서 덜 자유롭다. 원효와 다른 시대적, 환경적 제약이 있었음 직하다. 종밀은, "경이 부처의 말이고 선은 부처의 마음(經是佛語禪是佛意)"이라는 후대에 반복, 變奏되는 주장을 내세운다. 그러므로 즉 經敎와 禪이 같은 부처에서 나온 것이므로 서로 모순되지 않는다(不相違)고 선언한다.[108] 하물며 여러 禪門의 旨趣가 佛意에 어긋나랴.[109] 선과 교가 불교의 두 큰 갈래를 나타낸다고 할 때, 淨土門을 잠시 접어둔다면, 원효가 의미하는 不相違, 和會의 대상들과 사실상 크게 다를 바 없을 것이다. 또한 종밀도 원효처럼 화회의 매체로서 '뜻[義]'을 내세운다. "글[文]이 혹 體와 대립하여 相違할지 모르지만 뜻은 반드시 圓通無礙하다"거나[110] "지극한 道는 하나로 돌아가며 정치한 뜻은 둘이 아니다."고[111] 말한다. 동시에, 역시 원효와 같이, 자기주장을 고집하며, 즉 偏執 또는 局執하면 안 된다, 옳지 않다고 判示한다. "국집하면 다 그르고 화회하면 다 옳다(局之則皆非 會之則皆是)"는 주장은 원효가 바로 『涅槃宗要』에서, "만약 한쪽만 고집하여 오로지 자기만 옳다고 한다면 두 주장은 다 타당성을 잃고 말 것이고, 만약 자기 분수에 따라서 그 뜻을 취한다면 둘 다 그 타당성을 얻게 될 것이다"는[112] 것에 들어맞는 표현이다. 더 나아가서 至道는 한쪽만 취하는 게 아니고 부분 부분을 모아서 하나로 만듦으로 완전하고 오묘(圓妙)하게 된다는[113] 데 이르러서는 원효의 화쟁이 지향하는 바와 만나는 모습이다. 이것은 돈, 점 兩門이 돈오점수 등의 범형으로 종합된 모습과 통한다. 원효가 장님들의 부분적 인식도 인정했듯이, 종밀의 사유에서도 인식론적으로 부분적인 접근도 타당할 수 있음을 나타낸다. 이는 총체적인 깨침에 해당하는 돈오의 본질과 어긋나게 보일 수 있다. 하지만 깨침의 과정이 단순하지만은 않는 복합적인 과정으로 이해해야 할지 모른다. 그리고 이것을 『法華經』에서 말한 開示悟入과 같이 부처의 다단계적 중생교화 과정의 맥락에서 해석하면, 종밀과[114] 원효가 그렇게 본 것처럼, 회통되어야 할 다양한 경론과 종파 교리를 부처의 善巧方便이라고 볼 수 있다. 이렇듯 다양한 가르침이 종밀과 원효에게 같이 단순한 뜻(義趣)만의 회통이 아니고 무언가 완전한(圓) 일치와 통일을 가리키고 있다는 것이 명백하게 보인다. 종밀에게 무쟁의 측면이 없지는 않다. 실제로, 종밀은, "다만 一

---

108) 앞 책, 400中: 經是佛語 禪是佛意 諸佛心口 必不相違.

109) 앞 책, 400上: 方可印定諸宗禪門各有旨趣不乖佛意.

110) 앞 책, 401上: 文或敵體相違義必圓通無礙.

111) 앞 책, 400下: 至道歸一精義無二.

112) 韓佛全, 1: 547上

113) 大正藏 48: 400下: 至道非邊了義不偏 不應單取 故必須會之爲一令皆圓妙.

114) 앞 책, 400下: 若不以佛語各示其意各收其長 統爲三宗對於三敎 則何以會爲一代善巧俱成要妙法門.

心에 돌아가서 자연히 무쟁하게 된다(但歸一心自然無諍)"고 언급하고 있다.115) 그러나 무쟁의 경지는 일심에 돌아간 후 나타나는 결과이다. 혜원과 혜능-신회의 경우와는 다른 결과론적 맥락에서이다.

종밀의 종합회통적 접근은 인식방법(量)의 해석에서도 드러난다.116) 종밀은 진리인식에 있어서 인도전통에서 인정하는 세 가지 기본적인 인식수단, 즉 추리(比量), 직접지각(現量), 그리고 경전(聖言量)이 다 동원되어야 한다고 분석한다. 경전(佛語)에만 의존하면 '들뜬 신앙'(泛信)을 갖게 되어 스스로에게 득이 안 되고, 지각(現量)만 취하고 경전에 맞추어 보지 않는다면(不勘佛語) 正邪를 분간하지 못하며,

비슷한 논리로 종밀은 『圓覺經大疏』에서 有와 空의 관계를 이렇게 분석한다.

"그러므로 龍樹 등이 비록 有가 다한 空을 말했으나 有를 없앤 것이 아니다. 有가 손감되지 않았기 때문에 有의 空함과 어긋나지 않아서 즉 有와 空을 떠난 眞空인 것이다. 無着 등이 비록 空이 다한 有를 말했으나 空의 空함을 손감시킨 것이 아니다. 손감되지 않았기 때문에 이는 즉 空의 有함과 어긋나지 않는다. 그러므로 또한 空을 떠나고 有의 환상적 존재성(幻有)을 떠난다. 그러므로 알아라. 두 주장의 전체 모습과 한계는 버릴 것이 없고, 비록 각각 한 가지 뜻을 밝혔으나 체를 들어 말함이 두루 갖추어 있으므로 어긋남이 없는 것이다. 이러한즉슨 어떤 사람들이 空에 빠져서 전혀 노력할 생각이 없을까 두려워 有를 세웠는데 이 有가 空의 有와 다르지 않다는 것을 통달하지 못한다. 그래서 그 空함을 이해하지 못하고 도리어 스스로 有를 잃게 된다…… 이러므로 體를 들어 전체적 空의 有함을 無着 등이 말하고, 體를 들어 전체적 有의 空함을 龍樹 등이 설했는데 이 두 주장이 서로 모순되지 않을 뿐만 아니라 두 가지 의미의 바탕이 전체를 포섭하는 까닭에 둘이 아니다."120)

이런 식으로 모든 법은 和會 못 하는 게 없다(諸法無不和會). 공관논사인 용수와 유식논사인 무착(Asanga)이 相違하지 않을 뿐만 아니라 후대 논사들 淸辨과 護法의 교리들도 화회된다. 이는 空觀과 唯識의 두 교리를 종합하여 화회시키고 있어서 『大乘起信論』類의 정신과 부합한다. 그런데 『대승기신론』은 원효가 특별히 선호하는 논저라는 점에서 종밀과 원효의 공통성이 드러나는 것이다.

종밀의 이러한 분석들은 원효의 『十門和諍論』에 남아 있는 부분과 다른 저술에 내비치는 내용 및 논법과 흡사하다. 앞부분이 남아 있지 않아서 문맥에 다소 문제가 있지만, 원효의 분석은 이렇다.

"여기서 허용된 有는 空과 다르지 않다. 그러므로 前과 같을지라도 增益이 아니다. 임시로 有라고 허용하는 것이지 有에 떨어지는 것이 아니다. 그러므로 後와 같을지라도 損減이 아니다. 앞에서 말한 실제로 존재한다고 하는 것은 空과 다른 有가 아니다. 그러므로 다 허용해도 相違하지 않는다. 그렇지 않은 것도 아니기 때문에 두 가지 다 허용되어도 또한 그렇지 않다. 그러므로 둘 다 허용되지 않는다. 여기서 그렇지 않음은 그러함과 다르지 않다. 비유하여 有하다고 말할 때 그 有는 空과 다르지 않다. 그러므로 둘 다 허용되지 않더라도 또한 본래의 宗趣를

---

120) 『圓覺經大疏』, 新纂大日本續藏經 9: 329上: "是故龍樹等雖說盡有之空而不減有有旣不損則是不違有之空則離有離空之眞空也……是故擧體全空之有無着等說擧體全有之空龍樹等說非直二說互不相違亦乃二義相由全攝故無二也."

잃지 않는다. 그러므로 네 가지 판단형식(四句)이 <u>竝立</u>하지만 모든 오류를 떠난다."[121]

두 가지 분석은 닮아 있다. 다만 원효가 四句竝立을 더 명시적으로 말하고 있다. 종밀이 화엄교학의 맥락에서 無礙를 기술하고 있다고 한다면 원효는 방편의 타당성과 종합적 인식을 강조하는 쪽이라고 할 수 있을는지 모른다. 원효는 다른 누구보다 종밀과 不相違, 會通, 和會 같은 주요 용어를 많이 공유하고 있는 만큼 공통성과 유사성을 크게 지닌다고 할 수 있다.[122] 종밀도 和諍의 차원에까지 이르러 있는 셈이라고 평가된다.[123] 종밀도 敎判의 유형을 제시하면서 聖敎의 다름 속에 있는 동질성을 찾으려고 한다. 대승을 열 가지 뜻(十義)으로, 즉 權/實, 敎義, 所期, 德量, 寄位, 付囑, 根緣, 信順, 顯示, 本/末 등으로 구별하기도 했다.[124] 원효의 十門과 항목이 다르지만 和會一致를 찾으려는 동기는 같다고 봐야 한다.

종밀은『圓覺經』(제12장)을 읽다가 豁然大悟했다고 스스로 밝힌다.[125] 그의 경전주석이『원각경』에 집중되어 所依경전같이 보이는 이유가 여기에 있다. 원효의 화쟁을 단순한 교학이론이 아니고, 박종홍이 보았듯이 '覺의 원리'에 잇닿는 개념이라고 한다면,[126] 종밀이 전개한 불교의 총체적 접근법도 화쟁적이라고 할 만하지 않을까? 그러면서도 시대, 종파, 및 국가 배경이 다른 만큼 차이가 없을 수 없다면, 기술방식, 종파성, 중심경전, 주제 등에서 있을 수 있고 본질적인 차이는 꽤 미묘한 것일 터이다.

종밀이 一理와 一味를 강조하고, "길은 다르나 같은 데로 돌아간다(殊途同歸)"고[127] 말하는 종교일치적 사고는 周易(繫辭傳)에서 말하는 "一致而百慮 同歸而殊途"의 정신과 부합하고 있다. 종밀의 이와 같은 사고유형은 한 흐름으로 후대로 이어진다. 그 한 전형적인 예를 永明延壽에게서 찾을 수 있다. 그의 대작『宗鏡錄』의 편찬 동기도 그와 같은 것이었고, 萬善同歸集은 그 이름부터 명백하다.『종경록』에서 연수는, "經은 부처의 말이요 禪은 부처의 뜻인 것인바, 여러 부처의 마음과 입은 반드시 모순되지 않는다(經是佛語 禪是佛意 諸佛心口 必不相違)"는 종밀의 말을 인용하면서 종밀의 시각에 동조한다.[128] 그는 선종과 교종의 일

---

121) 韓佛全, 1: 838上: 此所許有 不異於空 故雖如前而非增益……, 是故雖俱不許而亦不失本宗 是故四句竝立而離諸過失也.

122) 예를 들면, 원효의 경우, 앞 책, 838下: 如理會通 如實和會, 종밀의 경우, 大正藏 48: 400上, 中, 下.

123) 冉雲華, 앞 책, 211쪽.

124)『圓覺經大疏』, 앞 책, 326中, 下.

125)『大方廣圓覺經大疏』, 新纂大日本圓覺經 9: 324上: 逢斯典一言之下心地開通.

126) 朴鍾鴻,『韓國思想史』(瑞文堂, 1972), 108, 122쪽.

127)『圓覺經大疏』, 앞 책, 327中: 一理一味殊途同歸.

128) 大正藏 48: 418中.

치(禪敎一致)의 입장을 갖고 더 나아가서 교종의 여러 종파들, 즉 유식, 화엄, 천태 등과 정토종까지 모든 교리를 융화시키는 논지를 전개하고,129) 만법이 '會歸平等'하고 一道로 통함을 밝히고 있다.130) 이것만으로도 원효의 정신에 부합하고 있음을 짐작할 수 있다. 다만 시대적, 지역적 차이가 거론되는 구체적인 종파들과 경전들의 차이를 보여준다고 할 수 있다.

연수는 萬善同歸集의 내용을 열 가지 뜻(十義)으로 요약하고 있는데 이는 바로 원효의 화쟁론의 화쟁대상인 열 가지 문(十門)과 대비된다. 열 가지 뜻은 理事無閡, 權實雙行, 二諦幷陳, 性相融卽, 體用自在, 空有相成, 正助兼修, 同異一際, 修性不二, 因果無差이다.131) 理事, 權實, 二諦, 性相, 體用, 空有 등 본체론적인 차원과 정조, 동이, 수성, 인과 등 인식론적인 차원에 속하는 개념이나 法數들이 일견 대치된 표현들이지만 실상은 상호유기적인 관계를 갖는다는 주장이다. 중국불교사에서 당시까지 발전, 개진된 주요 개념들을 망라하고 있다. 원효의 십문과 일치하는 것도(공/유, 진/속 즉 二諦) 있지만 다른 개념이 포함되어 있다. 시대적인 차이를 말해 준다. 하지만 이 역시 원효도 대부분 그의 저술 곳곳에서 언급하거나 암시하는 항목들이다. 조금 다른 표현이라도 저변에 흐르고 있는 정신은 한 가지로 통한다. 원효의 십문의 경우처럼 연수의 경우에도 열 가지는 상징적인 숫자이다. 실제로 연수는 『定慧相資歌』에서 禪定과 智慧의 非一非二性을 말하고 '和諍訟'을 언급하기도 한다.132) 相資라는 표현도 화쟁이 궁극적으로 지향하는 總和的 인식의 틀에 부합하는 인식수단의 상호보완성을 말한다고 볼 수 있다. 그 밖에도 一心 개념이 연수와 원효가 공유하는 존재론적인 주요 개념으로 나타나고 있다. 연수는 『宗鏡錄』序에서, "일심을 들어 종으로 삼는다(擧一心爲宗 照萬法如鏡)."고 명시한다. 일심에 대한 원효의 강조는 더 말할 것 없이 대승기신론에서 여실하게 나타나는 대로다.

그러면서도 역시 미세한 차이라도 없을 수 없다고 한다면, 그것은 쟁론에 대한 태도일 것이다. 표현과 뉴앙스의 차이로 귀결될 수도 있다는 여지를 남겨두고 말해 보자면, 원효는 어디까지나 쟁론들의 조화, 회통의 입장을 보여줌에 반해서, 연수는 和會, 兼修를 말하면서도 쟁론에 대한 다소 부정적인 입장을 보여준다. 여덟 번째 性相融卽의 경우, "성은 상의 체요 상은 성의 용으로서 그 근원을 모르면 잘못되어 쟁론을 일으킨다(性是相之體 相是性之用 以

---

129) 石峻 등 편, 『中國佛敎思想資料選編』第三卷 第一册(北京: 中華書局, 1987), 1쪽.
130) 大正藏 48: 417下: "若約義用而分 則體宗用別者會歸平等 則一道無差."
131) 大正藏 48: 992上.
132) 위 책, 997上, 中.

不了根源 則妄生諍論)"고133) 하는 것이 그것이다. 경우에 따라서는 쟁론을 지양하자는 입장이 깔려 있다. 쟁론의 긍정적인 측면을 늘 강조하려고 노력하는 원효의 태도와는 구별된다고 할 것이다.

중국불교사상에 나타난 특징적인 한 가지 사유형식의 흐름을 無諍으로 관찰할 때 종밀과 연수에게서 나타나는 사유의 틀이 무쟁보다는 좀 더 적극적인 모습을 지니고 있다. 그러나 이 무쟁의 측면은 일면 교관겸수, 정혜쌍수를 주장하는 천태종에서도 나타나고 있다는 점에서 이 양면적인 모습은 중국불교에 혼재한다고 볼 수 있다. 소극적이면서 적극적인 양면성은 무쟁에 귀결시킬 수 있기 때문에 어쩌면 원효가 지향하는 적극적인 和會의 차원에는 미치지 못할지도 모른다. 이렇게 말할 수 있는 것은 천태종에 속하는 사상가들의 몇 가지 논저에 화쟁과는 좀 다른 양태가 나타나고 있기 때문이다.

하나는 천태종 제2조로 받드는 慧思(515~577)의 諸法無諍三昧法門인데 그 논지와 개념들이 否定的 표현(無, 非)으로 일관하고 있는 특색을 보여준다. 삼매 수행은 無念과 無生處를 지향하고 들이는 숨(入息)과 내쉬는 숨(出息)의 지향점도 無요 無生이다. 觀心의 대상인 마음도 공하고 체가 없다(心空無體).134) 나아가서 부처도 없고 열반도 없으며(無佛無涅槃) 설법의 대상인 중생도 없다.135) 無性이 삼매의 대상도 아니고 그렇다고 무성없음(無無性)이 대상도 아니다(不見無無性). 또한 보이지 않는 것(不見)도 긍정할 수 없다(亦非是不見). 二重, 三重의 부정에 이른다.136) 철저한 부정으로 일관한다. 긍정이 들어갈 틈이 허락되지 않는다. 이래서 無諍三昧라고 하는 것이다. 이와 대조적으로 원효는 화쟁삼매를 주장할 법하다.

다른 하나는 唐 천태종의 중흥조인 湛然(711~782)의 저술 『十不二門』이다. 담연은 천태교관과 대승기신론사상을 결합하는 이론을 전개하고 佛性 논의를 '無情有性'으로 넓히는 등 폭넓은 해석을 보여주었다. 十不二門은 그 산물이다. 여기서 담연은 교문 전체(一代敎門)를 열 가지 내용으로 분류하여 그 상대 개념들이 둘이 아님을 밝히고 있다. 열 가지는 色心不二門, 內外一, 修性一, 因果一, 染淨一, 依正一, 自他一, 三業一, 權實一, 受潤不二門이다.137) 연수의 萬善同歸集의 十義와 그 내용이 비슷하다. 修性, 因果, 權實 항목은 같고, 修性不二는 그대로

---

133) 위 책, 992中.

134) 大正藏, 46: 633上.

135) 위 책, 636中.

136) 위 책, 639下: "若知無無始則無始空 名無生法忍 無法亦無不見 不無無亦不有 是觀無明生亦無 亦不見無性 不見無無性 亦非是不見 非非無所見 無有無所見 亦非非無 有無所見 不名有所得 不名無所得."

137) 大正藏 46: 703上.

똑같다. 그만큼 연수의 사유와 비슷하다고 할 수 있을 것이다. 이 논저는 원효와 같이 십문을 다루고 있어서 화쟁론과 대조할 적절한 감이 된다. 논저 자체는 화쟁론에 비해서 비교적 간단하지만 宋代 知禮가 쓴 주석(『十不二門指要鈔』)[138]과 함께 분석한다면 더 균형 잡힌 대조가 될 수 있다. 여기서 근본적인 차이와 실천적 의의만을 추리해 보자면, 역시 諍論 자체에 대한 태도일 것이다. 담연은 원효처럼 쟁론을 적극적으로 수용하는 모습을 보여주지 않는다. 그는 다른 저술에서 '諍競' 자체를 버려야 할(憚, 捨) 사항으로 부정적으로 언급하고 있다.[139] 知禮도 주석에서 비슷하게 쟁론을 쓸데없는 것쯤으로('無勞苦諍') 말한다.[140]

V. 맺는말

원효사상의 독특성에 대한 분석연구는 이중의 의의를 내포하고 있다. 한 가지는 불교사상사 전체 맥락에서 원효의 사상적 위치를 자리매김하는 일이고 또 하나는 한국사상사의 맥락에서 원효의 사상체계를 밝히는 일이다. 종래의 많은 연구는 대부분 원효의 독특한 공헌을 불교사의 맥락에서 밝히지 못하고 그의 '위대성'만을 선언적, 逸話的 또는 단편적으로 단정해 버리는 경향이 있었다. 설사 선언적 결론이 옳다고 하더라도 결론에 이르는 과정이 생략되거나 충분히 이루어지지 못한 감이 있다. 물론 불교학을 포함한 근대 學問史가 한국의 경우 시대와 환경의 제약으로 인한 비교적 더딘 발전 속도에서 오는 결과로 보인다.

어떻든 문제는 원효를 불교사의 맥락에서 보지 않고 그의 논저와 주석서를 고립시켜 분석하는 데서 일어난다. 원효가 전승한 불교전통은 單層的이 아니라 重層的이다. 원효 이전까지 형성된 한국불교를 무시하더라도 인도불교와 중국불교라는 큰 두 층이 축적되어 있다. 종교의 한 측면을 축적된 전통(cumulative tradition)으로 보는 종교학자 윌프레드 캔트웰 스미스의 견해는 불교에도 잘 적용된다. 분석작업이 분리과정을 포함한다고 보면 원효의 경우 원효의 말을 다층 구조로 보고 지역(인도, 중국, 한국) 전통을 나타내는 세 가지 층이 가려지고 나서야 그 나머지 부분이 있다면 그것이 원효의 특수성을 말하는 소재가 될 것으로 추리했다.

이러한 관점에서 분석의 도구로 和諍 개념을 선택하여 분석하였다. 이는 일반적으로 원효

---

138) 위 책, 705~720.

139) 石 峻 외 編, 『中國佛敎思想資料選編』, 第二卷 第一冊, 244쪽(金剛錍).

140) 大正藏, 46: 705中.

사상을 대표하는 개념으로 여겨져 왔고 똑같은 개념이 다른 전통에서 발견되지 않는다는 점에서 어느 것보다 분석대상이 될 자격이 있는 것으로 보였기 때문이다. 이와 함께 더 선명한 대조 여부를 탐색하기 위하여 작업가설로 인도대승전통에서 용수의 中(空)觀사상의 표현인 '廻諍'과 중국대승전통에서 '無諍'을 들어 대표적인 개념으로 내세우고 대조분석을 시도하였다. 그런데 無諍은 廻諍의 경우처럼 원효나 용수처럼 어느 특정한 주요 사상가에 의해서 정립된 것이 아니라는 점이 문제될 수 있다. 하지만 이 개념이 산발적이지만 中國佛教에서 산출된 경론들에 등장하고 있고, 또한 다른 여러 가지 점에서 어쩌면 중국불교의 한 특성으로 삼을 수도 있는 개념이라는 점에서, 그리고 따로 더 나은 감목이 될 만한 개념이 없다는 점에서 내세워 본 것이다. 이것은 분석의 결과 어느 정도 확인되었다. 이 분석에서 廻諍이 인도 대승불교사상의 주축이 된 용수의 空觀이 지향하는 부정과 초월의 논리를 상징하는 개념으로서 和會를 지향하는 和諍과의 대조가 상당히 극명하게 드러났다. 이는 두 개념 표현의 차이가 가리키는 바대로 예상될 수 있는 것이었기도 하다.

김영호 교수의 「원효사상의 독특성을 찾아서」 논평

최 유 진(경남대)

김영호 교수(이하 필자)는 전체적인 관점에서 원효의 사유방식의 특성을 중심으로 조명하고 있다. 먼저 원효의 중심사상이 어디에 있는가를 과거의 주장들을 재검토하면서, 일반적으로 지적되고 있는 일심과 화쟁이 원효사상의 독특성을 나타내는 패러다임으로 삼을 수 있는가를 밝히고자 하며 그 밖에 一乘/三乘의 개념에 대해서도 살펴보고 있다. 그리하여 원효는 평등과 화회가 그 내용으로 되는 평화의 철학을 제시했다고 결론짓고 있다. 필자는 중국불교와의 비교를 통해 원효의 사상의 특성을 밝히려는 폭넓은 관점을 취하고 있다. 그 노고에 경의를 표하며 몇 가지 의문을 제기하고자 한다.

1. 비교대상이 되는 중국불교의 학자 선정에 일관된 기준이 필요하리라고 생각한다. 혜원과 지의, 법장 등은 원효와 거의 동시대 학자로서 영향을 주고받은 것이 알려져 있고 원효사상과는 밀접한 연관을 갖는다. 그러나 연수의 경우는 원효보다 수세기 이후여서 직접적인 관계는 없다고 할 수 있다. 통합적이라는 데에서 공통성을 찾을 수 있다면 그러한 인물들을 한두 사람 더 언급하는 것도 좋았을 것이라는 생각을 해 본다. 어쨌든 혜원, 법장, 연수를 선택한 이유를 좀 더 확실하게 설명하여야 할 것이다.

2. (원고 p.11에서) 延壽(904~975)와 慧遠(523~592)을 천태종전통에 속한다고 보고 있는데 이것은 지나친 얘기가 아닌가 싶다. 주지하다시피 연수는 법안종의 선승이자 염불을 중시한 정토종의 승려였다. 그가 천태산에서 덕소의 법을 받았다고 해도 그에게 더욱 중요한 것은 선과 염불이었으므로 그를 천태종전통에 속한다고 볼 수는 없을 것 같다. 혜원의 경우도 그가 지론종 남도파의 절정이라는 것은 다 아는 사실이다. 그런데 어떻게 천태의 전통에 속

한다고 할 수 있을지 설명이 필요하리라고 본다.

3. (p.10에서) 천태지자가 四宗과 五時로 심원하고 무한한 부처님의 뜻을 한정시키는 것은 "소라껍질로 바다를 퍼내거나 붓대 통으로 하늘을 엿보는 자와 같을 따름이다"라고 말하고 있는데 여기에서 원효가 천태를 비판하고 있는 것으로 보아서는 곤란할 것으로 보인다. 앞에서 천태지자가 神人의 입을 빌려 4종과 5시를 비판하고 있기 때문이다. 참고로 번역본을 찾아보면 이영무 역의 『열반경종요』에서는 천태지자를 비판하는 것으로 번역되어 있고 『국역 원효성사전서』도 이영무의 번역인데 천태지자를 비판하는 취지로 번역되어 있다. 황산덕 역의 『열반종요』에서는 천태지자를 직접 비난한 것으로 번역하고 있지는 않다. 고익진(「원효사상의 실천원리」, 『숭산박길진박사 화갑기념 한국불교사상사』 p.226)도 여기의 5시 4종의 설을 천태대사의 설이 아니라고 보며 木村宣彰(「원효대사의 열반사상」, 『민족불교』 2, p.249)도 천태지자를 비판한 것이 아닌 것으로 본다. 이기영(「중국고대불교와 신라불교」, 『한국불교연구』, pp.213-215)은 "천태지자대사도 5시 8교의 판석을 내리고 있는 장본인이라는 점을 감안해 볼 때 원효의 지적은 천태에게까지 미치고 있다고 보는 것이 타당할 것이다"라고 말하면서 천태지자까지 비판하고 있다고 본다.

4. 화쟁이 지향하는 바가 平等과 和會가 내용이 되는 평화라고 결론을 내리고 있는데 평화와 화쟁의 관계에 대해 좀 더 보충이 필요하리라고 본다.

원효사상의 독특성 찾기
—'화쟁'을 중심으로

사회: 신동하
약정토론: 최유진

☞ **사 회**

두 분 선생님의 발표내용에 대한 토론, 약정되신 경남대학교의 최유진 선생님께서 토론해 주시겠습니다.

☞ **최유진**

예, 최유진입니다. 주제가 상당히 거창한 주젠데 제가 논평을 너무 소소한 것만을 써온 것 같아서 죄송합니다만, 일단 논평문 준비한 거 간단히 읽고 그다음에 박성배 선생님의 말씀 들은 거, 해서 한두 마디 더 덧붙이는 방향으로 하겠습니다. 먼저 김영호 선생님의 발표문에 대해서 제 토론 요지를 읽도록 하겠습니다.

김영호 선생님은 전체적인 관점에서 원효의 사유방식의 특성을 중심으로 조명하고 있습니다. 먼저 원효의 중심사상이 어디에 있는가를 과거의 주장들을 재검토하면서, 일반적으로 지적되고 있는 일심과 화쟁이 원효사상의 독특성을 나타내는 패러다임으로 삼을 수 있는가를 밝히고자 하며 그 밖에 일승/삼승의 개념에 대해서도 살펴보고 있습니다. 그래서 원효는 평등과 화회(和會)가 그 내용으로 되는 평화의 철학을 제시했다고 결론짓고 있습니다. 필자는 중국불교와의 비교를 통해 원효의 사상의 특성을 밝히려는 폭넓은 관점을 취하고 있습니다. 힘든 작업인데요, 그 노고에 경의를 표하면서 몇 가지 의문을 제기하고자 합니다.

우선 첫 번째로, 중국불교와의 비교를 통해서 오히려 원효의 특성, 이런 것을 훨씬 더 잘 드러낼 수가 있지 않겠느냐 해서 중국불교의 학자들을 선정을 하고 있는데요, 비교대상이 되는 중국불교의 학자선정에 좀 일관된 기준이 필요하지 않을까 생각합니다. 혜원과 지의, 법장 등은 원효와 거의 동시대 학자로서 영향을 주고받은 것이 알려져 있고 원효사상과는 밀접한 연관을 갖는다고 할 수 있을 것입니다. 그러나 영명연수의 경우에는 원효보다 수세기 이후여서 직접적인 관계는 없다고 할 수 있겠습니다. 물론 그 사상이 통합적이라는 데에서는 공통성을 찾을 수 있겠지만, 그렇다면 영명연수뿐만 아니라 그러한 사람들을 좀 더 언급하는 것도 어땠을까. 그럴 때 같은 보편을 강조하면서도 같은 통합을 강조하면서도 원효의 특성이 좀 더 드러날 수 있지 않았을까, 그런 생각을 해 봅니다. 어쨌든 혜원, 법장, 연수를 선택한 이유를 좀 더 확실하게 설명해 주셨으면 하는 생각입니다.

두 번째로, 연수와 혜원을 조화적인 교리를 내세운 천태종전통에 속한다고 보고 있는데, 이것은 상식과는 조금 달라서 설명이 필요하다고 생각합니다. 주지하다시피 연수는 법안종의 선승이자 염불을 중시한 정토종의 승려였습니다. 물론 그가 천태산에서 덕소의 법을 받았다고 해도 그에게 더욱 중요한 것은 선과 염불이었으므로 그를 천태종전통에 속한다고 보기에는 어렵지 않을까 싶습니다. 물론 천태종도 받아들이긴 했지만요. 굳이 '어느 전통에 속하냐?' 그럴 때는 '선사 내지는 정토종이다' 이렇게 얘기를 하지, 천태종전통에 속한다고 보기는 어렵지 않느냐 하는 말입니다. 그다음에 혜원의 경우도 지론종 남도파의 절정이라는 것은 다 아는 사실입니다. 그런데 어떻게 천태전통에 속한다고 할 수 있을지 좀 설명을 해 주셨으면 좋겠습니다.

세 번째로, "천태지자가 사종(四宗)과 오시(五時)로 심원하고 무한한 부처님의 뜻을 한정시키는 것은 소라껍질로 바다를 퍼내거나 붓 대롱으로 하늘을 엿보는 자와 같을 따름이다"라고 김영호 선생님께서 번역하고, 『열반종요』에 그렇게 나온다고 말씀을 하시고 계신데, 거기에 대해선 번역들이 좀 의견들이 엇갈리는 거 같아요. 제 생각에는 여기에서 원효가 천태를 비판하고 있는 것으로 보아서는 곤란할 것으로 보입니다. 제 생각에는 천태까지는 비판하고 있지 않은 것으로 봐야 되지 않을까 싶습니다. 앞에서 천태지자가 신인의 입을 빌려 사종과 오시를 비판하고 있기 때문에 그렇게 해석해야 될 거 같습니다. 참고로 번역본을 찾아보면 이영무 선생의 번역에서는 천태지자를 비판하는 것으로 번역돼 있고 『국역 원효성사전서』도 이영무 선생 번역인데 천태지자를 비판하는 취지로 번역되어 있고, 황산덕 선생 번역의 『열반종요』에서는 천태지자를 직접 비난한 것으로 번역하고 있지는 않은 것 같습니다. 그다음에 고익진 선생도 「원효사상의 실천원리」의 작은 주석에 그런 말을 쓰고 있는데요, 여기의 오시사종의 설을 천태대사의 설이 아니라고 보고 있습니다. 그다음에 기무라, 목촌선창(木村宣彰)도 천태지자를 비판한 것은 아니라고 보고 있습니다. 다만 이기영 선생은 "천태지자대사도 오시팔교의 판석을 내리고 있는 장본인이라는 점을 감안해 볼 때 원효의 지적은 천태에게까지 미치고 있다고 보는 것이 타당할 것이다"라고 말하면서 천태지자까지 비판하고 있다고 보고 있는데, 의견이 엇갈릴 수도 있겠습니다만, 하여튼 제가 보기에는 오시사종이라는 것을 비판하는데 그것을 역시 천태지자도 비판하고 있는 것이 『열반종요』의 내용인 것으로 저에게는 보입니다. 좀 더 논의가 필요하리라고 생각합니다.

네 번째로는 선생님께서 결론에 화쟁이 지향하는 바가 평등과 화회(和會)가 내용이 되는 평화라고 결론을 내리고 계신데, 뭐, 그렇게 말할 수 있겠지요. 근데 이젠 평화와 화쟁의 관계에 대해서 좀 더 설명을 해 주셨으면 좀 좋지 않을까, 그런 생각을 좀 해 보았습니다.

☞ **사　회**

먼저, 이에 대해서 김영호 선생님 답변해 주시겠습니까?

☞ **김영호**

제가 좀 아리까리한 것을 잘 지적해 주셨습니다. 전체적으로, 첫 번째 기준 문제에 있어서, 동시대 학자로서 대비할 만한 사람들, 또 저서가 상당량이 있는 사람들, 그런 사람들을 고르다 보니까, 길장도 하나의 대상이 될 수도 있고 한데, 대강은 혜원, 법장, 그쪽에서 찾는 것이 좋겠고, 또 철학적인 어떤 구조 면에서는 시대가 조금 다르지마는, 제가 그 언급을 한 것 같습니다. 연수를 하나의 대조대상으로 택한 것이 여러 가지로 타당성이 있지 않을까, 제가 그렇게 생각을 했던 것입니다.

두 번째로, 역사적인 소송문제에 대해서는 제가 철학적인 입장에서 좀 분석하다가 어떻게 실수할 수도 있었겠습니다마는 제가 본 중국자료 같은 것은 또 천태종 쪽으로 맥을 잇는 것처럼, 물론 법안종에 속하고 하니까, 연수가 하도 그 폭이 넓어서 이쪽저쪽 더 붙일 수도 있고, 그렇지마는 또 그런 전통에서 서서 보는 것도 들어 있지 않느냐, 그런 입장에서 그렇게 봤던 것입니다. 그건 제가 한 번 다시 조사해 가지고 수정할 것은 또 수정해야 되지요.

세 번째, 그 번역문제는, 제가 이번에 이걸 분석하면서 최유진 선생님의 학위논문 그것도 있고 원효전집이 18권 있는데, 그걸 일일이 한번 참고해 보려고 했는데, 그보다 우선 일단 아주 그냥 편견을 없애고, 지금까지 누가 이러쿵저러쿵한 말보다 제가 텍스트 중심으로 한번 보자 해서 그것만 가지고 다룬 것입니다. 그래서 다른 연구결과는 참조하지 못한 채, 인제 책을 내년 봄에 편집할 때 더 보완하려고 하는 그런 내용이기도 합니다. 그런데 그 번역은 제가, 제가 번역을 다 해 봤거든요. 그러니까 분명히 이렇게 나오거든요. 근데 이기영 선생이 우연히 제 해석하고 아마 같은 모양인데, 그게 다른 해석도 나올 수 있는가 지금 생각하니까, 저도 의아스럽습니다.

그리고 네 번째, 평등과 화해를 합쳐서 제가 평화라고 조금 당돌하게…… 하도 평화, 평화 하는데 평화가 뭐냐 하면 아마 정의하기가 peace라고 영어로 말하는 것도 그렇고, 힘들지 않는가 하는데, 정말 평화의 의미를 이런 쪽에서, 원효의 그런 사상 속에서 한번 정의해 보고, 그 구조를 한번 정립해 보자. 이제 그런 뜻이 담겨서 감히 평화라고 하고, 또 어디 가서 또 평화문제로 뭘 발표하라고 하면 이것도 아주 인기를 끌 수 있지 않을까, (웃음) 그런 생각이 들어서 제가 감히 써 봤습니다.

☞ 사 회

예, 보충질의하실 거 없으십니까? 예, 일반 참석자 분들의 질문은 박성배 선생님에 대한 약정토론을 마친 다음에 받도록 하겠습니다. 그럼 계속해 주시죠.

☞ 최유진

예, 저는 선생님의 논문을 중심으로 해서 좀 짧막하게 한번 준비를 해 봤는데 제가 질문할 것을 지금 많이 말씀해 주신 거 같습니다. 그래도 준비해 온 거니까 한번 읽어 보도록 하겠습니다.

박성배 선생님의 이 논문은 김규영 박사 화갑기념논문집인 『동서철학의 제문제』에 「원효사상 전개의 문제점—박종홍 박사의 경우」라는 제목으로 실려 있던 논문과 거의 동일한 것으로 보입니다. 지금부터 벌써 오래됐네요. 1979년의 논문이니까요. 20년 가까이 전에 쓴 것이긴 하나 아직도 논의해야 할 부분이 있다는 점에서는 가치를 인정할 수 있을 것입니다. 그렇지만 그 후의 연구성과를 제대로 반영하지 못할 수밖에 없다는 한계를 갖고 있음은 지적할 수밖에 없겠죠. 몇 가지 의문을 제기하고자 합니다.

우선 첫째로, 선생님께서는 원효의 화쟁이 노리는 바를 불교 집안의 시비뿐만 아니라 유교와 도교와의 관계까지를 포함한 모든 시비를 화쟁하는 것이었다고 말할 수 있다고 보고 있는데 그 근본정신에서는 그러하다고 볼 수 있을지 모르지만 실제 원효의 저술을 살펴보면 불교 내부의 이론적 다툼을 화쟁의 대상으로 삼고 있고 심지어는 유교보다 불교가 훨씬 뛰어나다는 말을 하는 부분도 있습니다. 그리고 『십문화쟁론』 서두에서 부처 당시에는 다툼이 없었다. 그런데 나중에 다툼이 심하게 됐다. 그래서 화쟁이 필요하다. 이런 식으로 말하고 있습니다. 이렇다면 이것도 역시 일단 화쟁의 대상이 일단은 불교 내부의 이론임을 알려준다고 봐야 되지 않을까 싶습니다. 물론 근본정신에서야 모든 시비를 화쟁하는 거라고 말할 수도 있겠죠.

두 번째, 이설개득(二說皆得)을 유교의 이순사상이라고 보고 계신데 유사점이 있다고 해서 그대로 그렇게 볼 수 있는지 좀 더 설명을 해 주셨으면 좋겠습니다.

세 번째로, 화쟁의 논리적 가능 근거를 이문상통에서 볼 수 있다고 말하고 계십니다. 그러나 이 논문에서는 박종홍 선생님의 이론을 이해하는 데 치중하였으므로 자세히 다루지는 않았습니다. 그 내용에 대해서 설명을 듣고 싶습니다. 아까 어느 정도 말씀을 해 주신 거 같습니다만, 이문상통은 어떻게 가능할까 하는 문제도 궁금합니다.

네 번째, 원효가 중관과 유식을 화합하였다 하는 것은 곤란하다고 할지라도 삼론과 유식의 사상을 그의 화쟁의 논리로서 지양한 것이라고는 해석할 수도 있을 것인지 궁금합니다. 원효가 기신론을 중관과 유식의 종합으로 보았느냐, 그렇지 않느냐의 문제는 아직도 학계에서 논란 중인 것으로 알고 있습니다. 상당히 팽팽한 것 같아요. 일단 선생님께서는 그렇지 않다는 의견이신 것 같은데 여기에 대해서 선생님께서 다시 한 번 설명을 해 주셨으면 좋겠습니다.

다섯 번째 얘기는 재미난 얘기가 될까 싶어서 제가 한번 지적을 해 봤는데요, '동이'(同異)를 동의한다, 동의하지 않는다고 해석한 선생님의 견해에 동의하면서 그 부분의 원효의 논리에 대해 한 가지 의문을 제기하고 싶습니다. 원효가 『금강삼매경론』에서요, 동이의 문제에서, "동의하지 않는 것이 아니기 때문에 상대방의 감정을 거스르지 않게 되고 동의하지 않기 때문에 도리에 어긋나지 않게 된다"고 말하고 있습니다. 근데 이건 바로 역딜레마가 성립하지요. 즉, "동의하지 않는 것이 아니므로 도리에 어긋나고 동의하지 않기 때문에 상대방의 감정에 거스른다. 그래서 정(情)과 이(理) 모두에 어긋난다"는 반대 주장이 그대로 똑같은 형식으로 가능하죠. 이럴 때 원효의 논리에 뭐가 문제가 있는 건지, 어떻게 해석을 해야 될지, 한 번 의견을 듣고 싶습니다. 여기에 적진 않았습니다만 선생님께서 아까 말씀하시는 거에서 한 가지 제가 말씀을 드리자면 결국 장님과 코끼리의 문제는 어떻게 생각하면 결정적인 해결방법은 장님이 눈을 뜨게 하는 수밖에 없죠. 사실은, 장님이 눈 뜨기 전에는 소용이 없죠. 결국 그래서 화쟁의 근본목적이랄까, 또 어떻게 생각하면 가능 근거랄까 하는 것은 장님 눈 뜨기가 아닐까, 제 생각은 그런데요, 모르겠습니다. 이상 마치겠습니다.

☞ **박성배**

또 장님부터 시작하겠습니다. (웃음) 마지막 질문이었으니까. 저는 원효사상의 특징을 그 뒤에 원효 이후에 들어왔던 선하고 비교할 때 선은 철두철미하게 부정정신에 입각해서 자기 이론들을 전개하거든요. 그래서 중생은 아무튼 무조건 부정돼야 하고 극복돼야 하고 그렇지 않고서는 희망이 없다고 하는 부정정신이 철저한데 원효는 그런 면을 인정하면서도 깨치지 못한 사람, 자기의 특수사정 때문에 그렇게 볼 수밖에 없는 것, 이런 것을 전부 다 인정하고 있어요. 그 면이 상당히 강합니다. 그것이 난 원효사상에 상당히 폭이 넓은 대목이라고 생각하고, 그래서 시대가 흘러도 원효는 여전히 원효로 문제가 되고 중요한 존경을 받는 점이라고 생각하는데, 결국 코끼리 비유도 이해를 할 때에 두 가지 차원에서 이해를 해야 된다고 생각합니다. 하나는 그렇게 원효 뒤에 나왔던 선사상에서의 부정, 그것은 뭐냐 하면, 그거는 극복돼야 하고, 죄는 극복돼야 하고 하는 그 면을 밀고 나가려는 방향하고, 또 깨친 경지에 가 가지고, 열반을 얻었다든가 구제를 받았다든가 그런 경지에 가 가지고 개개인의 특수사정을 전부 다 감안해서 너로서는 그렇게밖에 말할 수가 없다 하고서 인정해 주는 것, 그리고 그것을 깨친 사람뿐만 아니라 깨치지 못한 일반사람들도 그 논리에 의해서 저 사람은 저렇게밖에 말할 수 없는 그 특수한 사정까지 이해해서 용납해야 된다. 말하자면 속죄적인 방법도 함께 쓰고 있다고 하는 것, 그 두 가지를 함께 얘기를 해야 그것이 풀리지 않을까, 그렇게 생각을 합니다. 사실 김영호 선생님의 그 말씀을 제가 문제로 삼은 것도 제 이런 의견을 말씀드리기 위해서 그렇게 문제로 삼았던 것입니다.

그다음에 최 교수님 질문에 유교보다 불교가 훨씬 뛰어나다고 말하는 부분이 있다고 그러셨는데, 그것은 당연하다 할까, 이해할 수 있는 대목이라고 생각합니다. 그런데 그런 대목이 곧, 그러나 내 화쟁의 이론은 불교에만 해당되지 유교하고의 관계에 해당 안 된다고 역으로 나갈 순 없지 않는가, 그렇게 생각하고, 엄밀한 의미에서, 사상하는 사람하고 역사하는 사람하고 차이도 그런 것 같습니다. 사상하는 사람은 문헌이 없다 하더라도 전체적으로 봐서 이게 그런 것이면 그 말을 대담하게 하거든요. 그래 가지고 항상 역사하는 사람한테 뚜드려 맞고 또 사상하는 사람은 역사하는 사람을 답답하게 생각하고 (웃음) 그런 현상이 언제나 벌어지는데, 엄밀하게 말씀드리면 선생님 말씀이 옳습니다. 유교하고 불교하고의 화쟁을 구체적으로 문제 삼았다고 그렇게 주장하기는 힘듭니다. 그것은 선생님이 인정했듯이 그 원리를 보고 나면 거기까지도 갈 수 있다. 이런 식의 말이 옳은 말입니다. 그다음에 이순사상은 이제 벌써 아까 처음 말에 포함시켰다고 생각이 되고, 또 이문상통은 아까 처음에 발표할 때,

이문이 상통하다고, 즉 현상세계는 자기가 개입한 세계니까 항상 그 질서하고 진리 자체의 아성이 무너진 그러한 진여계의 질서하고가 어떻게 상통이 되느냐 하는 것은 결국 양부정의 철저한 부정을 통해서, 말하자면 각의 경지에서 이문이 상통이 된다, 그러니까 원리적으로 일심은 그런 것이다, 체는 그런 것이다, 뭐, 이런 구조를 원효사상이 가지고 있지 않는가, 그렇게 생각을 합니다.

그다음에 마지막으로 중관과 유식의 종합으로는 볼 수 있지 않느냐. 승랑과 원측의 종합이라고 본 박종홍 선생님에 대한 부동의는 인정한다고 하더라도 크게 말해서 중관사상과 유식사상의 종합이라곤 볼 수 있지 않는가. 모든 사상이 그전 사람들이 싸우고 있을 때 그 싸움의 허점을 보면 자연히 그다음 단계로 넘어가니까, 중관과 유식의 싸움이란 것은 너무나도 오랜 싸움이었으니까, 싸움이 있을 때 그런 경향이 나온 것은 당연하고. 또 분명히 『대승기신론별기』에서 그런 말을 하고 있거든요. 그러니까 제가 재미있게 느끼는 것은 『대승기신론별기』하고 그 뒤에 쓰인 『대승기신론소』, 소위 해동소라고 말하는 그 소하고가 상당히 분위기가 다릅니다. 그 『대승기신론별기』에서는 분명히 유식과 중관을 다 한쪽으로 치우친 놈이라고 말하고 때리고 있습니다마는 해동소에 가면 그 말을 빼 버리거든요. 그러니까 또 해동소에, 나중에 해동소가 이제 별기보다 훨씬 더 자세하게 나중부분이 돼 있는데 굉장히 많이 유식의 이론을 원용하고 있다고요. 그러니까 초기에 단순히 양자는 치우친 견해라고 했다가 『기신론』이야말로 중정을 이야기하는 도이다고 하는 입장이 나중에 생긴 것으로 보면 좋겠다고 하는 것이 제 의견이고, 또 첨부해서 좀 말씀드리고 싶은 것은 제가 도표를 만들어 봤어요. 별기하고 소를 갖다가 양자에 공통되는 부분하고 다른 부분을 도표로 해서 보니까 별기가 아주 유난히 그 성격이 드러나요. 용어도 도가적인 용어, 유가적인 용어가 훨씬 더 많고, 그런데 소로 들어가면 불교적인 전문용어로 다 바뀌어 있고, 이런 여러 가지를 생각해 볼 때 요즘에 원효의 기신론사상을 연구하면서 무조건하고 대승기신론 소, 기, 회본, 어떤 분이 번역한 것, 또 해인사에서 판본이 있어 가지고 자꾸 찍어 내서 교대로 사용한 것, 이것은 문제가 있다고 생각합니다. 그런 식으로 가르칠 때 한 사람의 사상적 발전이란 것은 놓쳐 버리고 말지 않는가, 그런 생각을 하게 됩니다.

마지막으로 동이의 문젠데요, 이것은 원효가 항상 여기에 왼쪽에 파사의 작업이 끝나 가지고 현정세계에서는 동이기도 하고 이이기도 합니다. 이문상통이죠, 그런데 파사되어 작업이 이루어지기 전에 왼쪽 부분에서는 그것이 이문상통이 안 됩니다. 분명히, 그러니까 왼쪽에 그 논리로 하면 선생님 말이 맞습니다. 그러나 원효는 지금, 현재 이것을, 동이를 말하는 것은 뭐냐 하면 이 오른쪽 현정 부분, 해탈 부분의 입장에서 말하니까 여기서는 동도 있고, 이도 있다. 그렇기 때문에 동이기 때문에 어떻고 이이기 때문에 어떻고 이런 말을 하는 거죠. 그런데 이런 내부적인 구조를 다 버리고 논리적인 분석으로만 한다면 선생님 말씀이 가능하죠. 이상입니다.

☞ 사 회

예, 보충질문하실 거 없으십니까? 그러시면 앉아 계시는 여러분께서 두 분 선생님께 질문 내용이 있으시면 자유스럽게 질문해 주시기 바랍니다.

☞ 서종범

이 원효사상의 독특성 문제하고 또 중국사상을 이어받은 보편성 문제하고는 상당히 중요한 문제인 것 같습니다. 그래서 김영호 선생님이 제시하셨듯이 천태지의를 어느 정도 계승을 했는가, 이런 문제하고 또 실천을 중시했던 여산혜원이라든지 또 학문을 주로 했던 정영혜원도 있고 또『법화종요』를 보면 상당히 많이 길장 영향을 받고 있습니다. 그리고 이 학계에서 논란이 잘 안 되고 있는 부분인데 실천 면에 보면 신행의 삼계교 운동이라든지 이런 것도 원효의 대중 불교 실천 면에서는 상당히 많은 영향을 받고 있는 게 사실입니다. 그렇다고 해서 원효 자신이 어떤 한 사람에게 절대적인 사승을 했느냐, 그건 전혀 아니지요. 그렇다고 해서 원효 학문이라든지 실천체계에 원효와 동시대에 살았던 분이나 원효보다 약간의 선배, 남북조시대에 있던 모든 문제점들을 다 수용하지 않았느냐, 아니거든요. 그래서 이 원효사상에는 전체를 수용하면서도 하나에 국한되지 않는다. 인간 면에서도 마찬가지고, 사상 면에서도, 원효의 저술세계에서 보면 화엄, 법화, 여래장, 반야, 온갖 것이 다 들어 있는데, 어느 한 군데에도 속하지 않는다 하는 얘기예요.

그래서 이런 문제를 이제 어떻게 해결하느냐 하는 문젠데 여기서 이제 독특성을 찾아서 이렇게 말씀을 하시면서, 김영호 선생님의 논문에서 일심하고 화쟁하고를 들었는데, 이 일심 문제는 여래장사상의에 중심적인 것이고, 화쟁 문제는 열반 성불 자체가 화쟁이니까, 교리적으로 원효의 독특성이라고 볼 수가 없겠죠. 열반 성불 자체가 화쟁이고, 또 사회적인 화쟁을 한다 하더라도 어느 성직자나 어느 사상가가 사회적으로 투쟁하라고 강조한 사람은 한 사람도 없거든요. 그러니까 사회적인 화쟁은 원효뿐 아니라 모든 성자 모든 선지식이 다 마찬가지고 사상적인 화쟁도 성불 해탈 자체가 화쟁이니까 원효의 독특성이라고 말하기는 어렵지 않겠는가. 그럼 원효는 화엄사상이냐 뭐 천태사상이냐 여래장사상이냐, 뭐냐, 이 점을 상당히 문제로 했는데 얼마 전에 고익진 선생님의 논문을 한번 읽어 보니까 원효를 보법(普法)사상으로 표현을 했고요, 넓을 보자 법 법자. 또 진속무애, 원효는 화엄도 아니고 아무도 아니고 진과 속이 걸림이 없는 사상이지, 중국처럼 천태나 화엄이나 이런 걸로 보면 부당하다, 이런 얘기를 했더라고요. 그래서 거기서 여러 가지를 많이 느꼈습니다.

그래서 제 생각에는 원효사상은 하나의 단일 개념, 원효는 사상적 특성이 화쟁에 있다든지 일심에 있다든지 이런 쪽으로 접근해 가지고는 원효 전체 속에서 다 담아내기가 어렵다고 보고, 제 생각은 그렇습니다. 원효는 일심 일승에 근거한, 원효가 근거하고 있는 것은 여래장사상이 일심사상이고 화엄, 법화에 의한 일승사상, 그래서 일승이라고 하는 건 중생이 모두 성불한다는 얘기고 일심이라는 건 다 성불할 수 있는 근거를 갖고 있다는 얘기죠. 그래서 일심 일승에 근거한 원용의 원성사상이라고 보고 싶어요. 원용하고 원용성, 또 무애원융성이라고 하든지 일심 일승에 근거한 무애원융성, 걸림이 없이 진이다, 속이다 그래서, 원융성이라는 얘기는 제 나름대로 어떻게 개념을 규정하고 싶냐 하면 세속 속에서 무엇을 실천해도 그것이 부족한 행이 아니고 완전한 행으로서 구제될 수 있는 행이고, 또 출세관으로 실천해도 마찬가지고 또 학문도 될 수 있고 또 학문이 아닌 구도적 수행도 될 수 있고 이래서 원효가 보면 학문을 한 사람인지 그대로 실천행만 한 사람인지 구분이 잘 안 되는 게 당시 중국 사람들하고 차이점이라고 봅니다. 그래서 원효사상을 이렇게 기존 방식대로 화쟁이다 또는 일심이다, 화엄이다, 이렇게 접근해 가지고는 원효를 다 담아내기가 어렵고 원효는 어디까지나 일심 일승에 근거한 무애원융성을 학문적으로도 발표를 하고 실천적으로도 실천한 분이 아닌가, 그래서 이런 원효의 무애원융성이라고 하는 것이 계속해서 선과 교가 무애원융성으로 나타나고 또 조선불교가 종합불교 형식으로도 되는 것이 원효의 그 무애원융성이 오늘날까지도 내려오는 것이 아닌가, 저는 이렇게 보고 있는데 김영호 선생님께서 일심, 화쟁 이걸 특히 내세운 것은 원효전집에는 여러 가지 내용이 다 들어 있는데 이 두 가지 내용에 주목하시게 된 어떤 배경이라든지 뜻이 있으신가 좀 보충해서 설명해 주시면 고맙겠습니다.

☞ **김영호**

예, 제가 그걸 제가 쓴 글에서 아마 어딘가 조금 했지 않았나 싶습니다마는, 일심과 화쟁을 제가 택한 것은 지금까지 논의되고 있는 원효사상의 독특성과 연결된 개념들을 살펴보니까 화쟁을 제일로 꼽을 수 있고, 그다음에 일심사상이다 그렇게 주장하는 분들이 많이 계시니까 제가 그것이 과연 원효의 독특성을 드러내는 개념으로 삼을 수 있는가 하는 것을 일차적으로는 비판적으로 접근했습니다. 그러다 보니까 화쟁이, 아까 코끼리 얘기가 저한테 갑자기 이렇게 다가온 게 있어서, 그렇다면 그런 점에서 화쟁을 아마 독특하게, 또 화쟁이란 말 자체를 중국 사람들은 그런 정신을 갖고 있더라도 그걸 확실하게 쓰는 거 같지 않고, 오히려 다른 무쟁이라든가 비쟁이라든가 그런 말도 많이 쓰고 하는 거, 그런 점에서 그렇다고 말할 수는 있지 않을까, 그런 생각에서 그랬습니다. 그래서 결론적으로 일심이나 일승도 사실은 화쟁하고 뭐 큰 차이가 있겠습니까. 삼승, 즉 모든 것들이 세 가지라고 하지마는 사실 그걸 확대하자면 모든 종교에도, 아까 두 분 선생님들 토론 중에 유교, 불교 그런 문제도 나왔습니다만, 그런 것을 연장해서 볼 때 모든 것에 적용할 수 있는 거고, 삼승도 삼승 아니라 백 승, 만승까지 다 적용할 수 있는 그런 대표적인 숫자지요. 그런 점에서는 모든 것을 화쟁한다는 그런 정신이 들어 있는 논소가 있어도 화쟁이니까, 스님께서도 일심, 일승이라고 통합적, 회통적으로 생각하시는 걸 보면, 또 이걸 아니라고 하다가도 고거 합쳐 놔도 그렇게 말해야 되지 않느냐, 그런 생각이 듭니다.

☞ 서종범

제가 화쟁만 가지고 원효의 특성을 나타내기는 부족하다고 생각을 하는 건요, 차이점들을 종합해서 융화시키는 점은 좋은데 원효는 어디까지나 대립적인 면을 융화시키는 면만 있는 게 아니고 실천성이 또 강하게 나타나가지고 이상사회를 구현하고자 하는 욕구와 염원과 실행이 강하게 나타나는 게 원효의 가풍이고 특성이거든요. 그래서 바탕은 일심 일승에 근거를 하되 무애원성, 진과 속에 걸림이 없이 원만하게 성취하는 그런 특성을 가지고 있는 분이 원효다, 저는 그래서 그렇게 보는 겁니다.

☞ 김영호

예, 저는 인제 그 차원까지는 못 나가고, 저는 그냥 문자 가지고 들여다보다가 이런 이론적인 것만 지적할 수밖에 없고요, 뭐 일승이고 화쟁이고 간에 어떤 한계가 있는 거 아닌가, 그런 생각이 듭니다.

☞ 사 회

예, 한 분 정도 질문을 받겠습니다. (잠시 침묵) 예, 오강남 선생님.

☞ 오강남

김영호 교수님의 그 화쟁하고 회쟁, 비교한 아주 기가 막힌 단어선택을 했는데 인도에서 회쟁한 그 레퍼런스(참고자료)가 있었으면 좋을 거 같은데, 그런 게 좀 있어요?

☞ **김영호**

아, 이제 그것도 사실 좀 더 분석을 하려고 하는데, 글에서도 지적했지만 용수의 『회쟁론』(廻諍論), 산스크리트로 Vigrahavyavartani, 그 회쟁론이 있잖아요? 회라는 말, 사실은 회피한다는 뜻도 있지만 초월한다는 뜻도 있어요. 그래서 인도의 그 정신세계가 초월을 목표로 하는 셈이니까, 그걸 극복하는 또 다른 열반을 가리킨, 그런 것은 다른 차원이고, 인도의 공관을 중국에서 해석하면서 사용한 '파사현정(破邪顯正)'으로 말하자면, 인도에서는 현정을 일단 접어두고 그냥 파사하는 걸로 해서 회쟁이라든가 그런 개념을 세운 거 아니냐, 코끼리와 장님의 비유도 그렇듯이, 생각합니다.

☞ **오강남**

여기에 대해서 박성배 교수님은 어떻게 생각하시는지 좀 말씀해 주시겠습니까?

☞ **박성배**

무엇을요?

☞ **오강남**

회쟁, 화쟁, 무쟁, 이 세 가지 말입니다.

☞ **박성배**

저 역시 회쟁, 무쟁, 특히 무쟁은 내가 짐작이 가는데 회쟁은 좀 텍스트를 봐야지, 생각이 안 나는데요.

☞ **김영호**

그러니까 용수의 이론의 중심이 회쟁이라고 볼 수가 있습니다.

☞ **박성배**

차이점보다도 저는 공통점이 더 다가오는데 다만 문화적인 백그라운드 때문에 중국사람들은 '무' 자를 즐겨 쓰고 또 언어 자체가 인도-구라파어(Indo-European language)인 산스크리트를 사용하는 문화라든가, 이런 백그라운드지 결국 밑바탕에 깔린 사상은 결국 공사상에 입각하고 이론적으로는 항상 어느 경우나 부정이 동원이 되고 그런 공통성이 있지 않나 그렇게 생각합니다.

☞ 김영호

　논문에서도 지적했습니다마는 '사구병립'(四句竝立)이란 말이 나오거든요. 인도의 용수의 그거는 다 아니라고 부정하는데, 즉 시(是)도 아니고 비(非)도 아니고 둘을 합친 것도 아니고, 합쳐서 아닌 것도 아니고, 그런데 묘하게 원효는 또 그 병립이라는 말을 쓰니까 여기에 뭐 좀 놀랄 만한 게 있지 않는가, 그런 생각이 퍼뜩 들었던 겁니다.

☞ 최유진

　선생님, 그런데 사실 무쟁이란 말은 원효도 쓰고 있긴 쓰고 있거든요.

☞ 김영호

　예, '무쟁'이『금강삼매경』 본문에 나오는 것을 해석하는 부분이『금강삼매경론』에 나와요. 또『대혜도경종요』에도 나타나지만 원효의 관점과 직접 상관이 없는 말입니다.

☞ 최유진

　『본업경소』에 보면 그런 얘기가 나오는데.

☞ 김영호

　어딘가에서 원효는 주석하는 경론의 본문에 등장하는 무쟁대사라는 표현을 인용하고 있지요.

☞ 사　회

　예, 그럼 두 분 선생님에 대한 토론은 이 정도로 마치겠습니다. 부족한 것은 내일 종합토론 때 보충해서 말씀 나눠 주시기 바랍니다.

3. The authorship and cultural matrix of the Ilsûngpôpgyedo 一乘法界圖[1]

John Jorgensen (Griffith University, Australia)

The Problem

The Hua-yen 華嚴 Buddhism formed in T'ang dynasty China is shared with Korea, and has recently taken on a universality, being compared with the ideas of Whiteheadian process metaphysics, quantum physics, chaos theory and ecology.[2] Yet the Hwaôm 華嚴 of Korea, beginning with Ûisang 義相 (652 – 702), has been described as possessing particular characteristics, especially the "mutual identity of principles" 理理相即.[3]

---

1) I wish to thank the members of the conference who made comments that have assisted in the revision of this paper. In particular I wish to thank Professors Kim Sanghyôn and Chôn Haeju of Tongguk University, and Dr. Henrik Sørensen of the National Museum of Denmark for their comments both at the conference and following, and for copies of several articles that I was not aware of. This revision does not answer all the questions raised at the conference, for there is insufficient evidence to go beyond speculation on several issues.

2) Steve Odin (1982), *Process metaphysics and Hua-yen Buddhism*, State University of New York Press: Albany; Kim Yông'un (1997), "Pulgyo wa k'aosû iron" in Nôgwôn sûnim kohûi ki'nyôm haksul nonch'ong kanhaeng wiwônhoe, comp. (1997), *Han'guk Pulgyo ûi chwap'yo*, Pulgyo sidaesa: Kimch'ôn, 1104 – 1130; Pak Kwangsô (1997), "Pulgyo wa hyôndae mullihak", in *Han'guk Pulgyo Ûi chwap'yo*, 1132 – 1152; Fritjof Capra (1976), *The Tao of physics*, Fontana: Bungay, Suffolk, 105ff, 309ff.

This theory has been described as an extension of the teachings of Ûisang's master, Chih−yen'智嚴 (602−668), but the source text by Chih−yen, the *I −sheng shih −hsüan men*一乘十玄門, used to argue for this, is thought to have been contaminated by later interpolations.[4] Kojima Taizan has thus denied that "the mutual identity of principles" is a distinctive feature of Korea Hwaôm, at least as noticed by Kyun'yô均如 (923−973), for he claimed such thought can be found in the works of Ch'eng−kuan澄觀 (738−839), which was brought to Silla by Pômsu梵修 (799).[5] Kim Chi'gyôn thinks that rather the *I −sheng shih hsüan men* was an expansion of a section of the "Shih −hsüan yüan −ch'i wu −ai i"十玄緣起無碍義 of the *Hua −yen wu −chiao chang*華嚴五教章 by Fa−tsang法藏 (643−712), which in turn was derived from Ûisang's commentary to the *Ilsûng pôpgyedo*.[6] The "mutual identity of principles" is found in the commentary attributed to Ûisang, which predates the work of Ch'eng−kuan, and appears to have been Ûisang's independent creation, although it can not be ruled out that this was an extension of the elderly Chih−yen's thought. However, Ishii Kôsei asserts that "the mutual identity of principles" was not a special characteristic of Ûisang's doctrine, and that it was not the aim of his teaching, which was rather concentrated on the realization of buddhahood in practice and reality (事).[7] Yet the full expression of the "mutual identity of principles" probably originated with Ûisang and is a particular expression of his more universal thought, which was grounded in the teachings of Chih−yen.

The complexity of this argument is a reflection of the theme of universality and particularity. Ch'eng−kuan, following Fa−tsang, argued that the principle, as a universal,

---

3) Kimura Kiyotaka (1988), "Kankoku Bukky ni okeru ririsôsokuron no tenkai", in Hyosông Cho Myônggi Paksa ch'umo Pulgyosahak nonmunjip kanhaeng wiwônhoe, comp. (1988), *Pulgyosahak nonmunjip*, Tongguk Taehakkyo: Seoul, 196; cf. Odin 1982: xiv; Sakamoto Yukio (1956), *Kegonkyôgaku no kenkyû*, Heirakujishoten: Kyoto, 435.

4) For argument from the *I −sheng shih −hsüan men*, Sakamoto 1956: 436−438. But this work seems to have been expanded by someone after Chih−yen, for which see Yoshizu Yoshihide (1985), *Kegon Zen no shisôshiteki kenkyû*, Daitôshuppansha: Tokyo, 49, citing the work of Ishii Kôsei.·

5) Kojima Taizan (March 1992), "Aratanaru Kankoku Kegonshisshi", *Indogaku Bukkygaku kenky*_40 no. 2: 638−639; for Pmsu, see Yi Pyngdo, comp. and trans. (1980), *Samguk yusa*, Kwangjo ch'ulpansa: Seoul [hereafter SGYS], 149.

6) Kim Chi'gyôn (March 1992), "Gisôden zaikô", *Indogaku Bukkyôgaku kenkyû* 40 no. 2: 625−626.

7) Ishii Kôsei (1996), *Kegonshisô no kenkyû*, Shunjûsha: Tokyo, 236, 241, 257.

was indivisible, but manifest in things or particulars(事).[8] This is what the neo‐Confucians later called "the principle is one but particulars are divided理一分殊. Hua‐yen compared this to the single principle of the moon reflected in the myriad rivers.[9] But, it is contended, if principles or universals can be mutually identical, surely they must be divisible. This was the conundrum faced by the Korean commentators on Ûisang's theme, who assumed principles or universals had to be unitary. It remained an enduring problem of contradiction for them.[10] They unfortunately were diverted from Ûisang's intended sense by the theories of Hui‐yüan and Ch'eng‐kuan, who had adopted the presupposition from Chu Tao‐sheng 竺道生 (?‐434) that principle is indivisible. But the Ti‐lun地論 school had recognised that there were many principles or divisions therein. Chih‐yen, at least late in his life, and his pupil Ûisang, accepted this Ti‐lun teaching. The shift in the meaning of "principle" misled these later commentators.[11]

The above argument over Buddhist philosophy illustrates the difficulties of discussing the universality or particularity of anything. The example used here is the authorship and cultural background of the *Ilsûng pôpgyedo* and secondarily the relationship between Ûisang and his master Chih‐yen, and with his fellow pupil, Fa‐tsang. While nearly all scholars have described Fa‐tsang's relations with his senior and mentor, Ûisang, as respectful and deferential, pointing to a letter supposedly written by Fa‐tsang to Ûisang requesting his comments on his latest work, Kim Chi'gyôn characterised the relationship as one of jealousy, in which Fa‐tsang used the support of several students and the court of Empress Wu Tse‐t'ien武則天 to remove Ûisang from his position as successor to Chih‐yen's teachings and monasteries.[12] Similarly, while virtually all scholars have agreed that the *Ilsûng pôpgyedo*is a product of Ûisang's hand and a "graduating thesis",[13] Yao Ch'ang

8) Sakamoto 1956: 435‐436.

9) Hsiung Wan (1985), *Sung‐tai Li‐hsüeh yü Fo‐hsüeh chih t'an‐t'ao*, Wen‐tsin ch'u‐p'an she: Taipei, 158‐160.

10) Sakamoto 1956: 437; Kimura 1988: 201‐210.

11) Ishii 1996: 236, 262, 266.

12) Kim Chi'gyôn March 1992: 626‐630, citing problems over dates, the favouritism shown to Fa‐tsang when Empress Wu built a new monastery for him despite his youth etc.

13) Sakamoto 1956: 423; Kimura 1988: 198; Chôn Haeju (Dec. 1988), "*Ilsûng pôpgyedo e nat'anan*

−shou has challenged this opinion on the basis of the attribution of the "seal text"to Chih−yen by the carvers of the stone slabs of Yün−chu Monastery雲居寺 on Fang−shan房山, the lack of the author's name in the text itself, the conflicting tales of its origins, and the codicological evidence that implies that the earliest surviving texts after the inscribed stone slab, which was buried between 1118 and 1196, are only to be found in Japan. [14]

The textual evidence concerning authorship

The text was originally in two parts: the "seal"印 and a commentary, as was made clear by Iryôn in the *Samguk yusa* of the late 1270s to early 1280s[15] and a *Wônsangnok*元常錄 that is reported in the *Ilsûng pôpgyedo wônt'onggi*一乘法界圖圓通記, a sub−commentary written by Kyun'yô in 958.[16] Kyun'yô began his commentary with stories of the origins of the text:

Uisang ûi sônggisasang", *Han'guk Pulgyohak* 13: 112; Kim Tujin (1995), *Ûisang: kû ûi saeng'ae wa Hwaômsasang*, Minûmsa: Seoul, 82. Ishii 1996: 236, disagrees with this view on the basis that Ûisang used an irregular term in his commentary, 因陀羅尼*indharani, a supposed conflation of *Indrajla* or Indra's net and *dharani*. Chih−yen is thought to have been familiar with Sanskrit, and so would not have permitted such an error in a "graduating thesis". However, there is a problem here of either textual corruption (cf. Kim Chi'gyôn, trans. and annotator (1997), *Ilsûngpôpgyedo hapsi il'in*, Ch'orong: Seoul, 46 note 83, 79 note 180, 123, 131. Compare this with *Han'guk Pulgyo chônsô* 2: 3b at note 7 and 2:6a) or interpretation. Odin 1982: 199 follows the text favoured by Kim Chi'gyôn, but on p. 206 does not, translating "universal−principle causation *dharani* and particular−phenomena causation *dharani*." The latter interpretation, if correct, would undermine Ishii's contention. Therefore, in the light of the *Wônsangnok* evidence, the "graduating thesis" viewpoint may still be valid.

14) Yao Ch'ang−shou (1996), "Bôzan sekkyô ni okeru Kegon tenseki ni tsuite", in Kegasawa Yasunori, ed. (1996), *Chûgoku Bukkyô sekkyô no kenkyû*, Kyoto Daigaku gakujutsu shuppansha: Kyoto [「房山石經における華嚴典籍について」, 氣賀澤保規編, 『中國佛敎石經の硏究』], 422−424.

15) SGYS 144: 又著法界圖書印幷略疏.

16) Date from Kim Yŏngt'ae (1994), *Han'guk Pulgyo koôn myôngchô ûi se'gye*, Minjoksa: Seoul, 165−166, based on the postface of the 1287 printing; cf. *Han'guk Pulgyo chônsô* 12 vols [hereafter HPC] 4: 38c.

One has it that the poem of thirty verses in seven−word lines was written by Master Yen, and the commentary was by Mr. Sang. This is what is meant by the *Wônsangnok* which states: "When Mr Sang received Hua−yen at master Yen's place, Master Yen wrote a poem of thirty verses in seven−word lines and gave it to Mr. Sang. Mr Sang then drew a red seal over the black characters and offered it (to Chih−yen). The master exclaimed, 'You have completely realised the Dharma−nature and discerned the intent of the Buddha's teaching. You should write a commentary on it.' At first, Mr. Sang wrote a commentary in forty pages and presented it to the master. The master, wishing to know whether it accorded with the Buddha's intent, brought it in front of the Buddha (statue) and made a vow to burn it, and it all burned up. He also wrote one of over sixty pages and presented it, but all of it was burned. He once again made (a commentary) of over eighty pages and presented it to the master. The master, together with the Bhadanta Sang相德, burnt it as before, but some of it did not burn. The unburnt text is what is current now."

Another (story) is according to the biography (of Ûisang) written by Ch'oe Ch'iwôn which writes: "When Mr. Sang received Hua−yen at Master Yen's place, he dreamt of a divine man神人 whose physique was very tall and robust. He said to Mr. Sang, 'You should write out what you yourself have been enlightened to, in order to grant it to people.' He also dreamt that Sudhana gave him over ten pills of medicine for wisdom. He also met a blue−clothed youth青衣童子 who gave him secret instructions秘訣 three times. When Master Yen heard this, he said, 'The divinely provided numinous presents were given to me once and to you thrice. You have travelled from afar and are diligent in your practice, and this is a manifestation of your reward.' Therefore he ordered (Ûisang) compile and order them, so that he could glimpse the mysteries he had obtained. Thereupon (Ûisang) took up his pen and wrote out the *Ta−sheng chang*'大乘章 in ten fascicles. He asked the Master to point out its faults. Yen said, 'The meaning is superb but the wording still obscures it.' So he retreated and cut out the complexity to make it all clear, and he titled it *Li−i ch'ung−hsüan*立義崇玄, for he wished to honour崇 the meaning義 of the (*Hua−yen ching*) *sou−hsüan fen−ch'i* written by his master. Yen and Sang went to pray before the Buddha (statue) and made a vow to set fire to it, saying, 'If the words tally with the holy tenets, then we wish that they will not burn'. They gained 210 characters from the ashes. This caused Sang to gather them together and sincerely make a pledge. Yen, with tears in his eyes, sighed, and had (Sang) compose them into gathas. (Ûisang) closed himself up in a room for several evenings and formed thirty verses, which summed up the profound tenets of the three contemplations三觀 and offered up the complementary beauty of the ten mysteries十玄."

Therefore the thirty verses of seven words are also the writings of Mr. Sang, as the sense of the latter (Ch'oe's story) allows. But one does not have to rely on Ch'oe's biography to settle the matter. Now as the commentary釋 itself says, "By relying on the principle and depending on the teaching, I have briefly formulated this spiral poem盤詩", the interpretation can be judged to also have been by the author of the diagram圖主. What need is there to support this by quoting corroborating evidence? Moreover, there is no mention of Chih−yen formulating the poem of thirty verses in seven words in the account of conduct of Chih−hsiang至相 (Chih−yen).[17]

The initial problems are: were the two texts written by the same author or not; and were they transmitted separately. Kimura Kiyotaka and Chôn Haeju accepted Kyun'yô's conclusion,[18] and all the Korean Buddhists after Kyun'yô seem to have adopted as true the story told by Ch'oe Ch'iwôn.[19] The anonymous author of the *Pôpgyedogi ch'ongsurok*法界圖記總髓錄 of ca. 1254 or earlier[20] divided his interpretation, using many no−longer extant sub−commentaries, into an interpretation of the "seal text" and its introduction, and then a sub−commentary on the commentary attributed to Ûisang.[21] He noted that

Although Master Yen created seventy three seals, he wished to display their meaning in one seal. And Upadhyaya *(hwasang)* Sang deeply understood his master's intent, and created only this one fundamental root seal.[22]

---

17) HPC 4: 1a−b; Kim Tujin 1995: 83−84; Yao 1996: 417.

18) Kimura Kiyotaka (1977), *Shoki Chûgoku Kegonshisô no kenkyû*, Shunjûsha: Tokyo, 395; Chôn 1988: 112.

19) Ch'ewôn体元, *Paekhwa tojang parwônmun yakhae*白花道場發願文略解 of 1328, HPC 6: 570b (date Kim Yôngt'ae 1994: 249, Chôn 1988: 111; Ûich'ôn義天 (1055−1101), Wônjong mullyu圓宗文類, citing Pak Yôn'yang朴寅亮, HPC 4: 632a, and 4: 632b where the trial by fire of text etc is mentioned, citing Ch'oe Ch'iwôn's precursors. See also Ûich'ôn's catalogue, the Sinp'yôn chojong kyojang ch'ongnok, HPC 4: 681a. See later, Kim Sisûp's sub−commentary of 1476.

20) Date from Kim Yôngt'ae 1994: 267.

21) Ibid, 268.

22) HPC 6: 771a.

This was probably based on the following passage from Kyun'yô:

> Question, "What is the difference別 between this seal and the seventy−three seals?" Answer, "This is general總, they are differentiated. This text [commentary?] says, 'In the fifty fascicle [?] *Hua−yen ching*, there is indicated seventy−three sites for the ocean seal海印. Now this generally refers to the gist of the great sutra and depends on no particular differentiated分別 site'".[23]

The *Pôpgyedogi ch'ongsurok* connects the seventy−three seals to the three seals of the three time periods, and each of these has seventy seals, which totals 210, the number of characters in the "general seal". This is why, it asserts, there are thirty verses of seven words each.[24]

Therefore, we can see that there were three Korean versions of the origins of the "seal text" and its commentary; that of the *Wônsangnok*, the biography by Ch'oe Ch'iwôn, and that of the author of the *Pôpgyedogi ch'ongsurok*. Interestingly, Kyun'yô did not include the seal with his lectures on the commentary. Moreover, the Fang−shan engraved text has no accompanying commentary and is attributed to Chih−yen. Contrary to Kyun'yô and those who follow his opinion, the section that states, "by relying on the principle... I have briefly formulated this spiral poem", is in the "forward" attributed to Chih−yen in the Fang−shan text (and in the forward in all other cases), and not in a commentary attributed to Ûisang.[25] Indeed, with the single exception of the Fang−shan engraving, the "seal text" does not seem to have been transmitted to China, and only to Korea and Japan.[26] I have found no quotes in the Chinese literature to date. The only reference to the commentary attributed to Ûisang is in the *Tsung−ching lu*宗鏡錄 of 961 by Yen−shou延壽 (904−975), where it is called the "Interpretation of the *Hua−yen ching* by Dharma Master Ûisang of

---

23) HPC 4: 6b−c.

24) HPC 6: 771b; cf. Kim Tujin 1995: 85−87.

25) Yao 1996: 414, and in the plate at the front of the volume, Kegasawa 1996.

26) Yao 1996: 422−425.

the Eastern Country" 東國義相法師釋華嚴經. The quote corresponds, with some minor variations, mostly lacunae, to the commentary on the "seal text" attributed to Ûisang.[27] Yen −shou may have received this information from Chijong智宗 (930−1018) who went to study with Yen−shou between 959 and 961, before going on to study T'ien−t'ai.[28] If such was the case, perhaps the engraved text from Fang−shan did not pass through Chinese hands to that place, but rather came from Koryô to the Liao, or Chin, whose Jurched forces had captured north China in 1127. The Fang−shan text was carved between 1118 and 1196, and the catalogue pagination suggests it was made sometime after 1166.[29] Perhaps the Chin dynasty engravers believed the story from the *Wônsangnok*, or alternatively, they gained a copy of a text circulating independently under the name of Chih−yen. It is possible that the *Wônsangnok* was the earliest record, and although Yao thinks it may have been a Chinese work dating from before 958, the Wônsang of the title may have been a simple error by reversal of the name of one of Ûisang's pupils, Sangwôn,[30] making this a very early record.

Sangwôn, the youngest of the chief disciples of Ûisang, was very curious, asking his teacher many questions. He probably outlived the other disciples. He taught Sillim神琳, who became the chief transmitter of the Ûisang lineage of Hwaôm.[31] Many of Ûisang's pupils

---

27) Cf. Taisho shinshû daizôkyô (hereafter T), T48,952a26−952b6 with HPC 2: 2b last line to 2:2c end of paragraph. Yen−shou's text refers to the *Hua−yen ching* as having "seven sites and nine assemblies", whereas Ûisang's commentary uses "seven sites and eight assemblies". The latter refers to the sixty−fascicle *Hua−yen ching* translated by Buddhabhadra between 418 and 420 and is known as the Chin text; while the latter is the eighty facsicle *Hua−yen ching* translated by Šiksânanda between 695 and 699. This must have been a modification by Yen−shou or his source, for Ûisang supposedly wrote this commentary to the "seal text" in 668, just three months before Chih−yen's death. The *Ch'ongsurok* keeps the older form, HPC 6: 792c. Perhaps it was the version used by Yen−shou that Kyun'yô criticised for containing the theory that the seal illustrates the nine assemblies, HPC 4: 3c. However, Ishii 1996: 167 note 53 notes that the Chin translation was occasionally said from early times to have contained nine assemblies.

28) Kim Sanghyôn (1983), "Koryô ch'ogi ûi Ch'ônt'aehak kwa kû sajôk ûiûi", in Pulgyo munhwa yôn'guwôn, comp. (1983), *Han'guk Chô'nt'ae sasang yôn'gu*, Tongguk Taehakkyo: Seoul, 114−117.

29) Cf. Catalogue of Liao and Chin engraved texts from Fang−shan in Kegasawa 1996: 477.

30) Yao 1996: 418; the name of this pupil is written variously相元 or 常元, for which see Kim Tujin 1995: 278 and Kim Puksun (1990), *Silla Hwaômsasang yôn'gu*, Minjoksa: Seoul, 48.

31) Kim Sanghyôn(1991), *Silla Hwaôm sasang yôn'gu*, Minjoksa: Seoul, 60−61, 63−65.

made notes of their master's lectures and wrote sub−commentaries on Ûisang's commentary to the "seal text". These writings were mostly known by the names of these monks. Only one of these texts is known by a place name or some idea of its contents. This last is known variously as the *Ch'udonggi*穴洞記, the *Chit'ongmundap*智通問答 or *Hua −yen ching wen −ta*華嚴經問答. It was a record made by Chit'ong of the answers Ûisang gave in reply to various questions.[32] Perhaps Sangwôn wrote a *Sangwônnok*, which has been mistakenly written down by a scribe as *Wônsangnok*. This latter is clearly a Silla text, for like other Silla texts, it uses the title *tôk*德 for Ûisang, a title that was reserved for eminent Silla monks.[33] In the absence of any other evidence, however, this identification remains simply speculation.

However, if Ûisang wrote the "seal text" and commentary in China just prior to Chih−yen's death, and there are no mentions of this text and its authorship anywhere in the works of Fa−tsang or his Chinese successors, then Ûisang must have told his pupils the story of its origins himself. The two extant versions of the writing process must then be due to mistakes in the oral transmission or to differing traditions that arose within Silla because of internal divisions between Hwam groups. If the *Wônsangnok* was by Sangwôn, it would predate the biography by Ch'oe Ch'iwôn. Yet Ch'oe was connected to a lineage of Hwaôm that can be traced back to Sangwôn,[34] and thus Ch'oe's sources may have been of considerable vintage and veracity also. However, this does not mean that we can simply dismiss the evidence of the *Wônsangnok* as Kyun'yô did, for Ch'oe had great pride in Silla Buddhist achievements and so tended to promote Silla monks over their Chinese counterparts. He may thus have been tempted to downplay the role of Chih−yen in the writing of the "seal text", despite the fact he venerated Chih−yen.

---

32) Kim Sanghyôn 1991: 42−45, and his "*Ch'udonggi* wa kû ibon *Hwaômgyông mundap*" in *Han'guk hakbo* 84 (1996): 33, 44−45.

33) Cf. Ishii 1996: 178.

34) Kim Sanghyôn 1991: 243.

The nature of the text and its cultural matrix

Given all of the doubts over the attribution of these two related texts, the "seal" and its "commentary", perhaps it is more profitable to ignore the question of its authority and rather examine the genre and nature of the "seal text" itself. There is no reason to doubt that Ûisang was the author of the commentary, despite the neglect in the original to include his name, which has been attached only by later people through deduction. The commentary writes:

> Thus the ten gates are complete and perfect, just as the *Hua−yen ching* preaches. The remaining broad meaning is discriminated like (it is in) the sutras and sastras, the commentary, *(Fa−chieh p'in) ch'ao, (Hua−yen ching nei chang−men teng tsa−)k'ung−mu (chang)* and *(Hua−yen wu−shih) wen−ta* [of Chih−yen]. The *Ilsûngpôpgye* diagram joined with the poem in a seal, depends on the *Hua−yen ching* and the *Shih−ti lun*十地論 (*Dâśabhûmikaśâstra*) to express the essential themes of the perfect teaching, and was recorded on the fifteenth day of the seventh month of the first year of the Tsung−chang era [27th August 668].
>
> Question, "Why does it not write the name of the compiler集者?"
>
> Answer, "Because there is no subject主(author) in the expression of the dharmas that are conditionally produced."
>
> Question, "Why then put in the date?"
>
> Answer, "In order to indicate that all dharmas depend on conditional production."[35]

The deliberate modesty in hiding the author's name is subverted by providing hints as to its origin by references to the date and the source texts of Chih−yen. However, this has been the prime cause for confusion over the authorship. Yao Ch'ang−shou thinks that the use of the words "record"記 and "compile"集 rather than "write"著, and the final words, "the Dharma−realm diagram elucidated"法界圖章, indicates that the "seal text" was recorded

---

35) HPC 2: 8b; cf. Odin 1982: 212; Yi Chi−kuan (1994), "Hwaôm Philosophy", in The Korean Buddhist Research Institute, ed. (1994), *Buddhist thought in Korea*, Dongguk University Press: Seoul, 86. For analysis of these see Kimura 1977: 390 and Kyun'yô HPC 4: 38a.

and the commentary "compiled" as an "elucidation". This Yao considers is an indication that Chih−yen wrote the "seal" and Ûisang the "commentary".[36] However, the word "compile" could refer to the gathering集 together of the unburnt fragments referred to in Ch'oe Ch'iwôn's story, and the word "record"to Ûisang's writing down one of the three secret instructions秘訣 provided by his dream visitor dressed in blue. Further, the *t'u −chang*圖章 is synonymous with the word "seal",[37] and thus provides no substantial clues. However, the date is just about three months before Chih−yen's death, and as his other chief disciple, Fa−tsang, was yet to be ordained as a monk, the conclusion astute readers would have drawn, at least in Korea where the text was well known, was that Ûisang was the author.

On the death date of Chih−yen, see Kim Tujin 1995: 62−63, and his relations with Fa−tsang, who was ordained in 670, see Kim Chi'gyôn March 1992: 627, and Kamata Shigeo (1965), *Chûgoku Kegonshisôshi no kenkyû*, Tokyo Daigaku shuppansha: Tokyo, 130, gives his date for joining Chih−yen as a lay youth as 659, and his date of ordination as 670.

The "seal text" is the core issue, and the accounts of its miraculous creation, the milieu in which it was written and the structure of the text must be given consideration. As Ûisang's commentary mentions, the *Ilsûngpôpgye* is composed of a diagram, a poem and a seal in combination. The poem is usually referred to by the name "Dharma−nature gatha"法性偈 after the first words of the verses. It does not strictly rhyme, following a general tendency in Buddhist verse.[38] The seal is the red line that was drawn over the black characters of the text, for according to Ûisang the single stroke symbolised the unique voice一音 of the Thus Come 如來, while the bends in it symbolised the different desires and abilities of sentient beings.[39]

---

36) Yao 1996: 415−417.

37) Cf. quote from the otherwise unknown *Ch'un−ch'iu ho−cheng t'u* 春秋合誠圖, which states that "The phoenixes produced a t'u and gave it to Yao... the text on it read..."鳳皇發圖奉授堯…其章 曰 , see *Chin−shih chuan−k'e yen−chiu*金石篆刻研究, Shang−mu yin−shu kuan: Hong Kong, 1964, p. 51.

38) *Ch'ongsurok* HPC 6: 771a, quoting Chinsu眞秀: "The poem is the text of the diagram. It has seven−word thirty verses, so it is called a poem. This does not refer to the rhyming of the verses". Ch'an gatha also tended not to rhyme, Suzuki Tetsuo (1985), *Tô Godai Zenshûshi*, Sankibobusshorin: Tokyo, 556−557.

106

Later commentators made more elaborate explanations, identifying the white paper as the container world器世間 in which all beings live, a neutral *tabula rasa*, which is only changed by what is put into it; the black letters symbolise the world of sentient beings who are all different or particulars; and the vermilion朱 line represents the light of the Buddha wisdom in the realm of enlightenment by perfectly and continuously linking all the particular letters or individual sentient beings as a universal.[40] Moreover, according to Ûisang, the line has no beginning or end in order to express that the excellent teaching is limitless or unbounded.[41] Kyun'yô states one reads the seal to the right, leading from the word "Dharma" to the word "Buddha", because to proceed around to the right is the correct path, just as with the circumambulation around a stupa.[42]

These metaphors provide a cultural context for the production of this ingenious diagram. As Ûisang's final words indicate, it is a *t'u −chang* or seal/chop.[43] While the image of the seal is found widely in Buddhism, both in the vision of the "ocean seal samâdhi"海印三昧[44] found in the *Hua −yen ching*, which is referred to by Ûisang as reflecting or manifesting the three worlds,[45] and in the *mudras* or signs and *mandalas* of Esoteric Buddhism密教, the image here derives also from the secular seal that gave an imprimatur印可 or sign of trust. From the fifth century, seals had been used to mark paper with vermilion ink,[46] an ink derived from

39) HPC 2: 1b; Kim Tujin 1995: 78. See HPC 2: 1b and Yi Chi−kuan 1994: 80. Ishii 1996: 172−173, 221, relates these "bends" to the classification of Buddhist teachings into the "bent" and the "equitable", the latter referring to the *Hua −yen ching*.

40) Yi Chi−kuan 1994: 80−81; *Ch'ongsurok* HPC 6: 790b; and Kyun'yô, HPC 4: 3c; Kim Tujin 1995: 89.

41) HPC 2: 1b; Kim Tujin 1995: 94−note there is a slight difference. Ishii 1996: 221 thinks that this may reflect the *Hua −yen ching* theme that "the moment of the initial deciding of the mind (to take the bodhisattva path) is the attainment of (final) perfect Awareness".

42) HPC 4: 9c−10a.

43) See above note 36 for the alleged antiquity of the *t'u −chang*. This word was considered in some circles to be less correct than the terms *yin, yin −chang*印章 or *chang*. See R. H. van Gulik (1958), *Chinese pictorial art as viewd by the connoisseur*, Istituto Italiano per il Medio ed Estremo Oriente: Rome, 149.

44) Sanskrit *sgara −mudrâ*. For its use in Chih−yen's and Ûisang's thought, see Kimura 1977: 488−507.

45) HPC 2: 1b; Odin 1982: 192.

cinnabar, which may have had a connection with the manufacture of Buddhist statues.[47] In Taoism, special seals had magical properties to repel demons and cure diseases, and these ideas were adopted into popular Buddhism, especially the "proto‑tantra"雜密 of the sixth century and later. They often bore fairly lengthy texts.[48] Spell or *dhâranî* texts are the earliest examples of printing known, and sometimes they took the form of texts read in a spiral or circular direction.[49] These were also inscribed on seals.[50] Personal names were engraved on seals for private use, and were often read in a circular order, and so were called *hui‑wen* seals回文印.[51]

A feature of the age of Ûisang was the tendency to shorten Buddhist texts into brief formulae. Such texts frequently invoked Avalokiteśvara or Kuan‑(shih)‑yin觀世音, a most popular bodhisattva, and were called *mantra*真言, *dharani* or "heart"(gist) sutras心經.[52] Ûisang may have been a devotee of Kuan‑yin, for Korean tradition claims that he was a fervent believer in Kuan‑yin, founding Naksan Monastery洛山寺 devoted to this bodhisattva, and writing a vow dedicated to her. But the attribution of the vow text concerning the dedication to Ûisang has been questioned, and *Samguk yusa* accounts must be treated with great caution.[53] However, the Korean tradition must have had some basis.

46) Tsien Tsuen‑hsuin (1985), *Science and Civilisation in China: vol 5, Paper and printing* (series editor, Joseph Needham), University of Cambridge: Cambridge, 137.

47) Yoshiki Fumihira吉木文平 (1971), *Inshô sôsetsu*印章綜說, Gihôdô: Tokyo, 64.

48) Tsien 1985: 139; Michel Strickmann (1993), "The 'Seal of the Law': A ritual implement and the origins of printing", *Asia Major* 3rd Series, VI no. 2: 34‑36.

49) See examples in Tsien 1985: 149‑151, especially the dharani in Sanskrit, 155. Ishii 1996: 221 lists several such dhâranî.

50) See example in Yoshiki 1971: 118 of the *Heart Sutra*.

51) Yoshiki 1971: 105‑106; the date for their introduction is unclear.

52) An example, the *Heart Sutra*is examined by Jan Nattier (1992), "The Heart Sutra: A Chinese apocryphal text?", *Journal of the International Association of Buddhist Studies*15 no. 2: esp. pp.157, 173, 175‑178, 211 note 50; for the many texts on Avalokitesvara, see the many short "proto‑tantric" texts in Taisho shinshû daizôkyô vol. 20. In Ûisang's time, those works were translated by Chih‑t'ung智通, T20.83bff.

53) Kim Yôngt'ae (1988), "*Paekhwa tojang parwônmun ûi myôtgaji munje*", *Han'guk Pulgyohak* 13: 11‑32, based on the inconsistency in the dates. However, Kim Sanghyôn 1991: 116 and Kim

Chih−yen is said to have dreamt of Kuan−yin during a life−threatening illness, and was saved by the bodhisattva. As a result, Chih−yen built a Kuan−yin Hall in Yün−hua Monastery雲華寺, Ch'ang−an.54) Like Chih−yen and Hsüan−tsang, Ûisang probably held special veneration for Kuan−yin. Moreover, it is probably no coincidence that seals associated with Kuan−yin in the forms of circular diagrams in one connected line appeared soon after the time of Ûisang, and may have been in circulation before his time.55) Other Kuan−yin dharanis were formed in a square or vortex pattern, but they are dated to the tenth century.56) Such dharanis, like the text produced by Ûisang according to the biography written by Ch'oe Ch'iwôn, were meant to be burnt as offerings.57) The name and "person"of Kuan−yin were thought on the other hand to preserve holders from fire in particular.58) Perhaps, as the stories of the *Wônsangnok* and the biography of Ûisang by Ch'oe Ch'iwôn indicate, the holy writ could be tested by fire. Fa−tsang recorded the story of a non− believer who threw a copy of the *Hua−yen ching* into a well. Later, people saw a brilliant

Tujin 1995: 234−236 do not think that this evidence is sufficient to conclude that the text is not by Ûisang. Moreover, as the text was transmitted by Ch'oe Ch'iwôn (Kim Tujin 1995: 101), it may have been altered in the interim. For the SGYS accounts, see Kim Tujin 1995: 66; the text itself is in HPC 2: 9a.

54) Kimura 1977: 375 quoting the *Yu−yang tsa−tsu*酉陽雜組.

55) See *Kuan−tzu−tzai p'u−sa Ta−pei chih−yin chou−pien fa−chieh li−i chung−sheng hn chen −ju fa*觀自在菩薩大悲智印周遍法界利益衆生薰眞如法, supposedly translated by Amoghavajras不空 (705−774), T. no. 1042, T20.33−34. The Siddham letters read *om vajra dharma hrih*. The line seems to be made up of these letters of the dharani. Perhaps the linkage of the letters was suggested by the top lines that linked the *devanagari*, which however, apparently did not develop until the eleventh century. Note that Chih−yen was reportedly taught Sanskrit by two Indian monks at Chih−hsiang Monastery, see Fa−tsang, *Hua−yen ching ch'uan−chi*華嚴經傳記 T51.163b26−28.

56) Ishii 1996: 221.

57) Chih−t'ung trans., *Ch'ien−yen ch'ien−pi Kuan−shih−yin p'u−sa t'o−lo−ni shen−ch'ou ching* 千眼千臂觀世音菩薩陀羅尼神咒經 T20.86c and Dîvâkara (in China 676−688), trans. *Fo−shuo ch'i −chü−chih fo−mu hsin ta chun−t'i t'o−lo−ni ching*佛說七俱胝佛母大準提陀羅尼 of 686, T20.185c6. See also the example in Yoshioka Yoshitoyo (1974), *Gendai Chûgoku no shoshûkyô: Ajia Bukkyôshi: Chûgoku hen III*, Koseishuppansha: Tokyo, 99 for the burning of Buddhist dharanis in recent times.

58) *Miao−fa lien−hua ching*妙法蓮華經 T9.56c8−9; *Kuan−shih−yin ying−chien chi*觀世音應驗記 in Makita Tairyô (1970), *Rikuchô ko'itsu Kanzeon ôgenki no kenkyû*, Heirakujishoten: Kyoto, 14, 27.

light just like violent fire flash out of the well, and when it was fished out of the water after a long time, it was not even damp, which demonstrated the powers of the scripture.[59] This faith in "chance" can be seen in Chih-yen's method of selecting a scripture to study. As the texts and their teaching were too numerous and complex, in the library he let his hand simply fall on a sutra, which happened to be the *Hua-yen ching*.[60]

Beyond being mnemonic devices, dharanis had magical powers,[61] both when chanted and in written forms as seals.[62] In China, where the visual word was seemingly more powerful than the sounded word, which was favoured in India, the seal and the mirror held mantic powers because they doubled images in reverse, inverting the phenomenal world.[63] Thus paper that had written out the "double" was respected or burnt, and paper imitations of real items of value were burnt as offerings to the spirits.[64] The circular or reversible text, the *hui -wen*, was another form of doubling. Thus the *Ilsûngpôpgyedo* is both a dharani and a circular text.[65] Ûisang mentioned the dharani, in which "one is all and all is one"一即一切一切即一, and declares the verses a "spiral poem"槃詩,[66] which has its precedents in a "board poem"槃詩 by the wife of Su Po-yü or Tou T'ao.[67] Such poems could be read from the centre in a circular fashion, or in reverse, and a number attributed to Buddhist

---

59) *Hua-yen ching ch'uan-chi* T51.170a18-20.

60) Ishii 1996: 101.

61) Nattier 1992: 158.

62) Cf. Yoshiki 1971: 5-6 on the belief in the magic powers of seals in ancient times.

63) Strickmann 1993: 6.

64) Tsien 1985: 102-103, 109.

65) For dharani suggestion, see Odin 1982: xiii, 190-191, 197, and 205.

66) HPC 2: 3a, 5b, 1a.

67) Yao 1996: 415, and note 9; the character槃 is used in the Fang-shan text and in the *Ch'ongsurok*, HPC 6: 768a. Liu Hsieh in the *Wen-hsin tiao-lung*文心調龍 claims rather that these verses go back to a Tao-yüan (i.e. Ho Tao-ch'ing), while others claim that the first example was by the wife of Tou T'ao, surnamed Su. See Fan Wen-lan (1978), *Wen-hsin tiao -lung chu*, Jen-min wen-hsüeh ch'u-p'an she: Peking, 2 vols, 1: 68, 96; cf. Morohashi Tetsuji (1966), *Dai Kan-Wa jiten*, Daishukan shoten: Tokyo, 13 vols, reduced reprint, no. 4690.247.

monks are collected in the *Hui−wen lei−chü*回文類 by Sang Shih−ch'ang桑世昌 of the Sung, including a *Chen−hsing sung*真性頌attributed to Bodhidharma, and another attributed to T'ai−tsung'太宗 of the T'ang that was formulated製 in imitation of "Bodhidharma's"work.[68] But these latter date from long after Ûisang's time. However, as such *hui−wen* poems by lay people such as the pro−Buddhist poet Wang Po (王勃 647−674) who wrote about a *P'an−chien t'u* in 675 and Empress Wu who wrote a preface to another existed before and during the time Ûisang was active in China,[69] they may have been a source for the idea of the "seal text". Chih−yen viewed the entire *Hua−yen ching* as a dharani, and an old record古記 quoted in the *Ch'ongsurok* states that because East Asians could understand neither the *siddham* Sanskrit letters nor the dharanis, Chih−yen resorted to the analogy of coins. Ishii Kôsei has suggested therefore that Ûisang in addition adopted the *hui−wen* form as the closest East Asian approximation to the dharani. This is the reason, Ishii avers, that Ûisang called it a "seal text", as something that functioned and could be printed like a dharani.[70] It may also have been inspired by numerology, such as the *Ho−t'u*河圖 or "River Chart" or the *Lo−shu*洛書 or "Lo River Writing", magic squares which can be read in a swastika卍 form in the former or in a circle to the right in the latter. These were generally understood by Ûisang's age.[71] The numerology was supported by one theory, which Kyun'yô criticised:

---

68) *Hui−wen lei−chü* 2: 13b−15a, in *Ssu−k'u ch'uan−shu*, tsung−chi'總集. The text including Bodhidharma's gatha is in the 1168 text, the *Jen−t'ien yen−mu*人天眼目 by Hui−yen Chih−chao, T48.333a−b, and in the *Shoshitsu rokumon*少室六門version of the *Wu−hsing lun*悟性論 printed in 1387, T48.373b, although the latter may date from much earlier. Also in the *Sônmun ch'waryo*, for which see Kyônghô Hwang'u (1982), *Hyônt'o Sônmun ch'waryo*, Poryôn'gak: Seoul, 185. See also Nishitani Keiji and Yanagida Seizan, comps. (1974), *Zengge goroku II: Sekai koten bungaku zenshû series 36B*, Chikuma shobo: Tokyo, 447, 451−452, 468 on these various texts. Ishii 1996: 220 describes these as forgeries.

69) Ishii 1996: 218, 220.

70) Ishii 1996: 123, 221−222.

71) Joseph Needham (1959), *Science and Civilisation in China: vol. 3, Mathematics and the science of the heavens and the earth*, Cambridge University Press: Cambridge, 56−59.

One says that the first nine characters correspond to the nine assemblies (of the *Hua −yen ching*), and the fifty −four corners to the fifty −five good teachers, for the first and the last of the list (of teachers), Mañjušrî, is simply one person, and so it is called fifty −four. The 210 characters are the 200 characters of the seventh assembly, "Divorced from the world" chapter, and so it has 200. One (ten) is that each single question (therein) has ten answers, and so it says one ten. But the meaning of this diagram seal depends on what is written in the Chin translation of this (*Hua −yen*) sutra, so it is wrong to divide it into nine assemblies. The fifty −four corners and 210 characters are the coincidental numbers of the corners and characters, and do not indicate anything else.[72]

While Kyun'yô may be correct, Ûisang's famous metaphor of the ten coins十錢 Kin illustration of the interpenetration of the one and the many[73] suggests a mathematical orientation.

Moreover, the suggestion made by Kyun'yô that the text had to be read moving generally to the right as with the circumambulation around a stupa,[74] may link this seal diagram with the swastika, which circles to the right, just like the curls of Buddha's hair. The seal is very similar in structure to the swastika diagram of the nandikâvarta難提迦物多 or"auspicious turning" (to the right)右旋 described by the Hua −yen scholar Hui −yan慧苑 (ca. 700 −ca. 730) in his explanations of terms in the Hua −yen ching.[75] Such diagrams and seals had both protective and illustrative functions because they were divine. The Ho −t'u and Lo −shu were presented to human rulers by supernatural creatures, and a seal or imprimatur印可 was given to Chih −yen by a divine youth during a dream夢神童子, 深蒙印可, and he made a

---

72) HPC 4: 3c; more reasons follow. Cf. note 24.

73) HPC 2: 6a −7b; Odin 1982: 207, 209.

74) HPC 4: 9c −10a.

75) *Hua −yen ching yin −i*華嚴經音義 in the Yüan Tripitaka, for which see diagram 1 in Mochizuki Shinkô (1933−1936), *Bukkyô daijiten*, Sekai seiten kankôkai (reprint Ti −p'ing hsien ch'u −p'an she: Taipei) 10 vols, 5: 4756a; for this text see Sakamoto 1956: 17−18, who dates it from before 730. See also the diagram in the Taisho version embedded in Hui −lin慧琳, *I −ch'ieh ching yin −i*一切經音義, T54.437b

diagram or a painting of the Lotus Blossom Store World造蓮華藏世界一舖.[76]Moreover, Fa-tsang referred to the Ho-t'u divinely presented to Empress Wu, a fabrication used to legitimise her reign.[77] Other Hua-yen faithful made similar diagrams or paintings of their visions.[78]

Even the Vinaya master and historian Tao-hsüan道宣(596-667) had a vision of an ordination platform diagram provided by a "heavenly man"天人,[79] and the Silla biography of Ûisang by Ch'oe Ch'iwôn states that when Ûisang was at Chih-hsiang Monastery with Chih-yen, Tao-hsüan lived nearby. Tao-hsüan received gifts of food from the gods at every vegetarian meal齋, but when he invited Ûisang, the heavenly messengers天使 did not come. Later, after Ûisang had gone the heavenly attendants told Tao-hsüan that Ûisang was protected by divine soldiers神兵 and so they could not get through.[80] These divine soldiers were the gods of the *Hua-yen ching*, who were in this legend demonstrably superior to the gods who attended upon the master of the Vinaya.[81]

The connection between seals or mudra, divine protectors, dreams and Ûisang is told in a tale recorded in the *Samguk yusa*, in which Chih-yen dreams of a great tree growing in Korea that contains a *mani* pearl. This was taken to be a portent of Ûisang's arrival. Later, when Ûisang returned to Silla, supposedly to report the T'ang emperor Kao-tsung's mobilisation of troops to attack Silla in 671,[82] the court ordered the head of the Sin'in神人

76) *Hua-yen ching ch'uan-chi*, T51.163b19, 22-23.

77) Ibid, T51.164a13-14 in the biography of Chih-yen, which says that the prediction of Ta-yün Monastery about the empress being a Cakravartin king轉輪王 is linked to the *Ho-t'u*. In fact it was an engraved stone or *pao-t'u*寶圖, for which see Richard W. L. Guisso (1979), "The reigns of Empress Wu, Chung-tsung, Jui-tsung (684-712)", in Denis Twitchett, ed. (1979), *The Cambridge history of China, vol. 3: Sui and T'ang China, 589-906, Part 1*, Cambridge University Press: Cambridge, 302.

78) *Hua-yen ching ch'uan-chi*, T51.161b20; perhaps like that by Chang Shang-ying'張商英 (1043-1122), the *Wen-shu chih-nan t'u*文殊指南圖, Taisho no. 1891.

79) Cf. T45.812-813 for the diagram of the戒壇圖 platform, and *Sung Kao-seng chuan*宋高僧傳, T50.791a3-6.

80) SGYS 110; Kim Tujin 1995: 77.

81) Kim Yôngt'ae (1986), "Samguk sidae ûi sinju sin'ang", in Pulgyo munhwa yôn'guwôn, comp. (1986), *Han'guk milgyo sasang yôn'gu*, Tongguk Taehakkyo: Seoul, 86-87; and (1981), "Sôlwa rûl t'onghaebon Silla Ûisang", *Pulgyo Hakbo* 18: 88.

Sect, Myôngnang明朗, who had returned from China in 635, to establish a platform to repel the Chinese with an esoteric mudra technique文頭婁秘密之法.[83] The Sin'in ritual was based on the *Kuan-ting ching*灌頂經, a text of sigillation that protects from demons.[84] In Silla, the tradition of the Sin'in Buddhists seems to have overlapped with a stream of Hwaôm. Firstly, both claimed a lineage from Nâgârjuna, who in the Hua-yen tradition was acclaimed the discoverer of the *Hua-yen ching* from the palace of the dragon (Nâga) king 龍王. He retrieved it after it had been lost for over 600 years.[85] In the Esoteric tradition, Nâgârjuna obtained the Esoteric scriptures from an iron stupa where they had been kept hidden since the time of their initial preaching. The Sin'in Sect similarly claimed a lineage from Nâgârjuna.[86] Likewise, the *Kuan-ting ching* supposedly vanished from the face of the earth after three hundred years, but nine hundred years after the Buddha's decease, an ascetic monk rediscovered the text in a jewelled casket inside a cave.[87]

Dragons also appear as assistants to both Ûisang and Myôngnang. Ûisang in legend was aided and constantly protected by the dragon who had transformed from the Chinese woman, Shan-miao善妙,[88] while Myôngnang learned his mantic techniques from a dragon

---

82) Kim Chi'gyôn 1992: 627 has his doubts over the veracity of this and the date.

83) SGYS 143; Kim Tujin 1995: 76; cf. SGYS 55-56. But this occurred in 670? See Ko Ikjin (1986), "Silla milgyo Ûi sasang naeyong kwa chôn'gae yangsang", in Pulgyo munhwa yôn'guwôn, comp. (1986), *Han'guk milgyo sasang yôn'gu*, 139, and Kim Yôngt'ae 1986: 72.

84) Ko Ikjin 1986: 146; Strickmann 1993: 21, 22 note 34, 24; Pak T'aehwa (1986), "Sin'injong kwa Ch'ongjijong ûi kaejong mit paljn kwajông ko" in Pulgyo munhwa yôn'guwôn, comp. (1986), *Han'guk milgyo sasang yôn'gu*, 262-263, 267.

85) *Hua-yen ching ch'uan-chi*, T51.153b21-22, 153a27-28.

86) For Sin'in lineage, see Pak T'aehwa 1986: 269; for Esoteric tradition see Yi Kiyông (1986), "*Sôk Makayônnon* ûi milgyo sasang" in Pulgyo munhwa yôn'guwôn, comp. (1986), *Han'guk milgyo sasang yôn'gu*, 93; and Mochizuki Shinkô (1946), *Bukkyô kyôten seiritsuron*, Hôzôkan: Kyoto, 26.

87) Michel Strickmann (1990), "*The Consecration Sûtra*: A Buddhist book of spells", in Robert E. Buswell Jr (1990), *Chinese Buddhist Apocrypha*, University of Hawaii Press: Honolulu, 86; *Kuan-ting ching*, T21.498a.

88) Kim Tujin 1995: 68; *Sung Kao-seng chuan*, T50.729a-b. This legend was analysed by Kim Yôngt'ae 1981: 90, who shows it to be part of the foundation legend of Pusôk Monastery浮石寺, and he notes that it spread to China and Japan. Note the possible reversal of this name in the legend of Miao-shan, an incarnation of Kuan-yin popular in China from around 1100. See Yoshioka 1974: 167-169, and Chün-fang Yü (1992),"P'u-t'o Shan: Pilgrimage and the

palace龍宮 in China at the urging of the dragon king of the sea.[89] Moreover, another text of sigillation belonging to the proto-Esoteric tradition, the *Lung-shu wu-ming lun*龍樹五明論, is attributed to Nâgârjuna.[90] Just as in Ch'oe Ch'iwôn's tale of Ûisang's dream, the seal in this text is a "diagram sutra of secret instruction by the bodhisattva Nâgârjuna"龍樹菩薩秘決圖經 formed of a square with sixteen "gates" leading into it.[91] It is thus possible that the "blue-clothed youth" of Ûisang's dream was a figure from esoteric or mantic Buddhism, for one of the spirits of the five directions in the *Kuan-ting ching*, Ch'an-che-a-cha wears blue clothes and dwells in the east.[92] According to a late tradition in Japan, "blue-clothes" equals Chin-kang tung-tzu金剛童子, who can be an incarnation of Amitayus or Ucchusma 穢跡金剛. He also wields potent seals.[93]

The common characteristics of the Hwam of Korea and North-east China

Korean Hwaôm had its own special characteristic protective deities. Although Hua-yen in China attributed magical properties to the *Hua-yen ching*, which was why it was copied and chanted so fervently, and its Buddha Mahavairocana and bodhisattva Mañjušrî worked miracles,[94] from Silla times an emphasis was placed on the supernatural protective deities

creation of the Chinese Potalaka", in Susan Naquin and Chün-fang Yü, eds (1992), *Pilgrims and sacred sites in China*, University of California Press: Berkeley, 193.

89) SGYS 55; Ko Ikjin 1986: 151, 158-160; for dragons in Korea, see Robert Buswell Jr (1989), *The formation of Ch'an ideology in China and Korea: the Vajrasamadhi Sutra, a Buddhist apocryphon*, Princeton University Press: Princeton, 51-56 on their protective role.

90) Strickmann 1993: 55.

91) T21.958b.

92) Strickmann 1993: 23; T21.515b1-2.

93) Nakamura Hajime (1976), *Bukkyôgo daijiten*, Tokyo shoseki: Tokyo, 3 vols, 711c, citing the *Konjaku monogatari*今昔物語, and Mochizuki 1933-1936: 1345a,c; Strickmann 1993: 43-44; cf. T21.133-160.

94) Kamata 1965: 13-15; for the miracles of Mt Wu-t'ai五台, visited by Silla monks, see Robert M. Gimello (1994), "Wu-t'ai Shan during the early Chin Dynasty: the testimony of Chu Pien",

of the sutra. These were the divine assembly神衆 who arrived to guard the Buddha while he was in meditation. A faith in these powers gained by invoking these gods spread from Mt Wu−t'ai into Silla. The opening section of the eighty−fascicle *Hua−yen ching* was also known by the name *Sinjunggyông*神衆經 in Korea, and the Korean stories support the contention that Ûisang was protected by this divine host.[95] The use of the term *shen−chung* 神衆, which appears to have been fairly rare in China, is occasionally seen in Esoteric dharani literature devoted to Kuan−yin,[96] so it may be remotely possible that Ûisang introduced a mixture of faith in the heavenly host of the *Hua−yen ching* and Esoteric or mantic Buddhism. It is no coincidence then that Ûisang's contemporary, Myôngho明 (d. ca. 702, also known as 明曉), who requested the translation of the *Pu−k'ung chüan−so t'o−lo −ni chings*不空羂索陀羅尼經 or *Amoghapâa−dhâranî sûtra*, an Esoteric Buddhist dharani devoted to Kuan−yin, also wrote the *Haein−sammaenon*海印三昧論 in a very similar format to the "seal text" attributed to Ûisang. Myôngho's interpretation of this Hua−yen samadhi displays considerable Esoteric Buddhist colouring. Myôngho probably belonged to a lineage from Wônhyo that favoured an eclectic or synthetic approach to the scriptures.[97] Moreover, around the time Ûisang returned to Silla, Kyônghûng憬興, who was associated with the worship of Kuan−yin and Mañjušrî, wrote a commentary on the *Kuan−ting ching* and a collection of dharanis.[98] Certainly, by the time Ch'oe Ch'iwôn and Tsan−ning贊寧 were writing, Ûisang seems to have been linked to a Hwaôm infiltrated by Esoteric Buddhism. Perhaps an element of this can be glimpsed in the *Paekhwa tojang parwônmun*, attributed to Ûisang, in which obeisance is paid to the image of the pupil in the Kuan−yin mirror and

---

Chung−hua Fo−hsüeh hsüeh−pao 7: 503−505.

95) Hô Hûngsik (1986), *Koryô Pulgyosa yôn'gu*, Iljogak: Seoul, 195−196; Kim Sanghyôn (1991), *Silla Hwaôm sasang yôn'gu*, Minjoksa: Seoul, 139−144.

96) See *Pu−k'ung chüan−so t'o−lo−ni chings*不空羂索陀羅尼經, translated by Bodhiruci, T20,315c10. For this text, see Alicia Matsunaga (1969), *The Buddhist philosophy of assimilation*, Monumenta Nipponica, Sophia University: Tokyo, 128−129.

97) Kim Sanghyôn (1992), "Silla Myôngho ûi *Haein−sammaenon* ko", in Hasôk Kim Ch'angsu kyosu hwa'gap ki'nyôm sahak nonch'ong kanhaeng hoe (1992), *Yôksahak ûi chômunje*, Pôbusa: Seoul, 62−63, 68−69, 73, 78.

98) SGYS 159−160, where he used a method of cure from the *Hua−yen ching*, and drew an image of the eleven−faced Kuan−yin and invoked a miracle in front of a statue of Mañjušrî.

the Kuan−yin in the pupil's mirror.[99] Although this can be interpreted as Ch'ewôn体元 did, in terms of the ocean seal samadhi海印三昧, and the perfect mirror wisdom of the bodhisattva大圓鏡智 in a style of interpenetration,[100] the Esoteric Buddhist worship of Cundî準提, an avatar化身 of Kuan−yin, used chanting of a dharani while contemplating a mirror.[101] In Amoghavajra's translation, a youth童子 is mentioned, and the appearance of letters in the mirror on the altar, for determination of good or evil, when struck after chanting the mantra, shows its power.[102]

Perhaps such beliefs were a general amalgam of Kuan−yin worship, Hwaôm and dharani practice that germinated in Silla and culminated in a fusion of Esoteric Buddhism and Hua−yen under the Liao Dynasty. Thus the *Hsien−mi yüan−t'ung ch'eng−fo−hsin yao−chi* 顯密圓通成佛心要集 by Tao−chen道 (ca. 1056−1114), which combined the Hua−yen of Fa−tsang and Ch'eng−kuan with the Esoteric Buddhism of Šubhakarasimha善無畏 (d. 735) and I−hsing一行(683−727), describes how one should place a new mirror in front of the statue of Cundî; a mirror with the six−letter mantra of this bodhisattva, the famous *om mani padme hum*, upon it; and chant the dharani 108 times.[103] The practice of chanting the *om mani padme hum* is thought to have come to Korea with the Mongols and Tibetan Buddhism in the Koryô period and under the remaining influence of Tao−chen.[104] However, it was also possible that this was also part of an earlier amalgam from Silla times mediated through the *Sôk Makayônnon*, which contains Hwaôm and Esoteric elements, and was said by the Japanese monk Kaimyô戒明敔 779 to have been a forgery by a Silla monk. It was also known to Tsung−mi宗密(780−841). This text was attributed to Nâgârjuna and dates from some after 720.[105] This apocryphon has references to the *sinjung*, the dragon

---

99) HPC 2: 9a.

100) HPC 6: 572b−573c.

101) Dîvâkara ca. 685, trans. *Fo−shuo ch'i−chü−chih fo−mu hsin ta chun−t'i t'o−lo−ni ching* T20.185b14; cf. Matsunaga 1969: 127−128.

102) T20.179b11−14; cf. Hattori Hôshô (Dec. 1995), "Chûgoku kagami ni mirareru Shundei shinkô", Indogaku Bukkyôgaku kenkyû 44 no. 1: 89

103) Hattori 1995: 91; Gimello 1994: 558−560.

104) Pak T'aehwa 1986: 292−293, cf. diagram on 292 with that in the *Kuan−tzu−tzai p'u−sa Ta −pei chih−yin chou−pien fa−chieh li−i chung−sheng hün chen−ju fa*, T20.33c.

king, Mañjušrîs dharani, a diamond seal金剛印, and most significantly, contains reflections or traces of the ideas of Ûisang as found in the *Ilsûngpôpgyedo* commentary.[106] The *Sôk Makayônnon* also contains ideas that were probably derived from the *Hua -yen ching wen -ta* or *Ch'udonggi*, Ûisang's lectures on the *Hua -yen ching*. It also has dharani-like contents and terminology similar to that used by Ûisang.[107] The *Sôk Makayônnon* was imported from Koryô into the Liao, where it evidently became popular as part of a fusion of Hua -yen and Esoteric Buddhism.[108] Significantly, the *Sôk Makayônnon* was also carved onto the stone slabs of Fang -shan during the Liao dynasty.

The use of dharani devoted to Kuan -yin and as protective talismans in a mixture of Hua -yen and Esoteric Buddhist faith, is a feature of the Buddhism of Silla, and of the Liao and Chin dynasties which controlled north -east China and the Fang -shan district.[109] In Silla and presumably Koryô, according to the *Samguk yusa*, the "seal text", or at least the diagram, served as a talisman that "for a thousand years will be a model, and people vied to treasure and wear it".[110] This practice continues on into the present day, even being used as a talisman to protect motorists (I purchased one red seal diagram at Pusôk sa in November 1997). It is used in Buddhist ritual, both as a chant and as the spatial sequence for processions, and it is widely found as a mark of good fortune in folk culture.[111] The "seal

---

105) Yi Kiyông 1986: 91, 94 -95; Mochizuki 1946: 666.

106) Yi Kiyông 1986: 105 -109 for Ûisang's ideas, citing T32.601c, 612b -c, 600c; and *sinjung*, 109 -110, citing T32.603a. It also refers to the *Kmgang sammae (kye) gyông*金剛三昧契經 that Buswell: 1992 considers a Silla forgery, and to the dragon king, T32.603b3 -4, to dharanis, T32.608a, and T32.655c for a 大神咒, and T32.656b18 for the 金剛印, and T32.657b and 660ff for deminofugic dharanis.

107) Ishii 1996: 287, 371 -372, 376.

108) Nogami Shunjô (1953), *Ryô Kin no Bukkyô*, Heirakuji shoten: Kyoto, 36, 41, 45 -49.

109) See the catalogue appended to Kegasawa, ed. 1996: 463 -477, especially for the Chin dynasty.

110) SGYS 144; Ishii 1996: 222.

111) Kim Tak (1995), "Han'guk Pulgyo wa Haein sin'ang", *Han'guk sasang sahak* 7 (1995): 131 -133; Han Chôngsôp (1975), *Sinbi ûi pujôk: Han'guk pujôk sin'ang yôn'gu*, Pômnyunsa: Seoul, 101 -102 classifies the "seal text" and the *Chô'nsu Kwan'ûm tarani*千手觀音陀羅尼 as talismans. Note that in the monastic handbook of ritual and chant, the *Sôngmun ûibôm*釋門儀範 and in a woodblock print from Pusôk sa, the "seal text is combined with ten paramitas, common in

text" also performed a role as a seal of transmission, as from Ûisang to Chit'ong.[112]

Similarly, a number of works found in the Khitan Tripitaka of the Liao and carved at Fang
−shan are not found elsewhere in China, but were used in Koryô, which is evidence of
communications and common interests of the two regions.[113] Moreover, the Chin dynasty
carvings at Fang−shan contain some works of the Hua−yen tradition that almost certainly
came from Korea, one of which is grouped together with the "seal text" attributed to Chih−
yen.[114] The Fang−shan project, it should be remembered, was begun to ensure the survival
of the *Hua−yen ching*,[115] and yet in the Liao and Chin periods this district was a centre for
the construction in an unprecented concentration for China of stone "pennants"幢 inscribed
with dharanis and mantras of Esoteric Buddhism.[116]

These shared concerns and communications between the Liao−Chin dominated region and
the Korean Peninsula suggest that the "seal text" of Chih−yen and or Ûisang may have been
transmitted from Koryô to Fang−shan. The attribution of the "seal text"to Chih−yen by the
project directors was possibly a consequence of their reading of the *Wônsangnok* or at least
the entry in the sub−commentary by Kyun'yô that was facilitated by such contacts and
shared interests.

The image forged by Ûisang is therefore implicated in the development of a particular
tradition of Hwaôm in Korea that is an amalgamation of the more universal Hua−yen
philosophy as originally created in China, a faith in Kuan−yin, and Esoteric Buddhist mudra
and dharani seals, and the belief in a divine army or assembly of guardian deities of the *Hua*

Esoteric Buddhism, which are symbolised on the outer rim of the diagram by a full and a half
moon and a vajra etc. See An Chinho (1931), *Sôngmun ûibôm*, Pômnyunsa: Seoul, 154−158.

112) Kim Sanghyôn 1996: 32; Kim Sanghyôn 1991: 58−59.

113) Tsukamoto Zenryû (1935), "Hôzan Ungoji kenkyû", *Tôhô gakuhô*, special print: 177, 180.

114) Kegasawa, ed. 1996, catalogue 477; Yao 1996: 433.

115) Yao 1996: 412−413.

116) Tsukamoto 1935: 189−190, 212−213.

—yen ching. Because he supposedly helped rescue Silla from the T'ang armies and successfully advised King Munmu in 681 to halt reconstruction of the walls around Kyôngju and rather devote himself to good government,[117] and yet refused royal gifts of fields and slaves, preferring to keep only the essentials of robes and a bowl proper to a monk in the name of equality and having the Dharma—realm法界 as his home;[118] he became a most revered figure in Silla and Koryô. He was credited with the foundation of many monasteries throughout the country, was thought to have been an avatar of the Buddha Kûmsan Po'gae Yôrae金山寶蓋如來, the founder of Kuan—yin worship in Korea, and with even being superior to his illustrious companion of his early years, Wônhyo元曉.[119] He was even connected to the transmission of Taoism in Korea by the Koryô period *Haedong chôndo nok*海東傳道錄.[120]

Conclusion

All this was possible because of the many available readings of the "seal text" attributed to Ûisang, and to the notion of the interpenetrability or non—obstruction between particulars無礙義. Thus, any one thing could be read into another. The principle that underlies this is the emptiness or lack of a fixed essence in particulars or events due to the operation of conditional production緣起. This conditional becoming is the principle or universal. This is why each item has within it a principle which is both universal and yet particularised.[121]

---

117) SGYS 55, 57; Kim Pusik, *Samguk sagi*, Kyông'in munhwasa: Seoul, 1982 reprint, Sillapon'gi, 21st year of King Munmu, p. 86 (note that King Munmu became a protective dragon after his death); Kim Yôngt'ae 1981: 85.

118) Kim Yôngt'ae 1981: 86; *Sung Kao—seng chuan* T50.729b15—19.

119) Kim Yôngt'ae 1981: 89, 92—93.

120) Yi Chong'ûn, Yang Ûnyông and Kim Nakpil (1989), "Koryô chunggi Togyo ûi ch'onghapjôk yôn'gu" in Han'guk Togyo sasang yôn'guhoe, comp. (1989), *Togyosasang ûi Han'gukjôk chôn'gae*, Asea munhwasa: Seoul, 56.

121) Cf. Kyun'yô, HPC 4: 23c.

Thus there is no author for the diagram圖主 when there is no ego, and all dharmas are conditionally produced.[122] This understanding is at the level of the supreme truth, but at the level of profane truth'?, the author, either Chih−yen or Ûisang, created the diagram seal印 out of a vow to make readers return to the source of truth and stop grasping after name and superficiality[123].

The result of that vow by the particular individual, identified with Ûisang, led to a proliferation of many sub−commentaries written in Korea on the "seal text" and its "commentary". Since it does not appear to have been circulated much in China, this brilliant, profound text has become a particular characteristic of Korean Buddhism.

---

122) HPC 2:8b.

123) Kyun'yô, HPC 4: 6b; note that Kyun'yô consistently used the term *toju*圖主 when accompanied by the names of Chih−yen and Fa−tsang, 4: 13a and 4: 19b.

논 평

요르겐센 교수의 「화엄一乘法界圖 著者의 問題」 논평

金相鉉 (東國大)

(1) 一乘法界圖는 七言三十句의 詩(이를 法性偈라고 한다)와 하나의 印을 합한 것이다. 이에 一乘法界圖合詩一印이라고도 했다. 그리고 법계도에 대한 주석을 法界圖記 또는 法界圖章이라고 했다. 10세기 중반의 고려 초기 무렵에는 七言三十句의 시를 智儼이 지었다는 설(元常錄)과 이 또한 義相의 작이라는 설(崔致遠 所撰 義相傳)이 있었다.

均如는 詩 또한 의상이 지은 것이라고 단정했고, 그 후 우리나라에서는 더 이상 이것은 문제되지 않았다. 姚長壽는 「房山石經 중의 화엄전적에 대하여」라는 논문에서 儼法師造로 명기된 一乘法界圖合詩一印을 소개하면서 법계도를 의상의 작이라고 해온 종래의 설은 수정할 필요가 있다고 주장했다. 이에 John Jorgensen이 이 문제를 재론함으로써 일승법계도의 저자 문제가 우리 학계에 부각되었다.

(2) 법계도의 저술에 관해서 약간 다른 정보를 전해 주고 있는 최치원이 지은 『의상전』과 『원상록』의 기록에는 몇 가지 비슷한 내용도 있다.

첫째, 의상과 지엄이 함께 불전에 나아가서 의상이 쓴 글이 佛意에 맞는지 알아보기 위해서 이를 불태웠다는 설화적인 내용이 주목된다. 『의상전』에는 불에서도 타지 않은 210자로 七言三十句의 詩를 지었다고 했다. 그러나 『원상록』에는 지엄의 詩에 대한 의상의 주석 四十餘紙, 六十餘紙, 八十餘紙를 차례로 불태웠는데, 세 번째의 주석인 八十餘紙 중에는 타는 것도 있고 타지 않는 것도 있었는데, 타지 않은 글이 지금의 법계도기라는 것이다. 그런데 많은 원고 중에서 불타지 않은 210자의 글을 수습하여 三十句로 재구성했다는 설화가 八十餘紙 중 타지 않은 일부의 글이 현존하는 법계도기라는 설화에 비해서 보다 자연스럽다.

둘째, 법계도의 제작에는 지엄과 의상이 함께 관련되어 있음에 유의할 필요가 있다. 의상이 거듭 스승의 지도를 받고 있었고 또한 함께 불전에 나아가서 원고를 태워서 佛意에 계합하는지를 알아보았다는 것이 그렇다. 그리고 지엄이 七言三十句의 시를 지어 의상에게 주었고, 의상이 印을 그려서 바쳤다는 『원상록』의 기록은 법계도가 師資間의 합작임을 확인시켜 주고 있다. 사실 法融記에 의하면, 지엄은 73개의 別印을 만든 바 있는데 의상은 스승의 뜻을 깊이 이해한 까닭에 하나의 總相印을 만들었다고 한다. 이 또한 의상이 印을 만들었다는 것과 지엄의 印을 참고했던 점을 알려 준다. 따라서 房山石經에서 儼法師造로 명시하고 있는 合詩一印의 경우도 원상록의 기록에 의하면 지엄과 의상의 합작품인 셈이다.

의상은 법계도의 편집자를 명기하지 않았는데 緣生諸法에는 주인이라고 할 것이 없음을 표하기 위해서라고 했다.

의상의 제자들 중에는 스승의 강의 내용을 기록, 정리하여 책으로 펴낸 경우가 있었다. 이 경우에도 의상은 제자의 이름을 따라서 書名을 삼았을 뿐 자신을 저자로 드러내지 않았다. 智通記와 道身章의 경우가 그렇고, 自體佛觀論도 의상의 강의를 어느 제자가 정리한 것으로 생각된다.

(3) 의상은 "一乘法界圖合詩一印은 華嚴經과 十地論에 의해 圓敎의 宗要를 나타내고자 한 것"이라고 했다. 또한 그는 七言三十句의 시에 대해서도 "一切法은 無分別하다. 이 뜻으로 글 첫머리의 詩에 法性圓融無二相이라고 하고 그 끝에 舊來不動名爲佛이라고 했다"라고 언급했다.

의상은 表訓, 眞定 등 10여 제자에게 法界圖印을 가르쳤고, 제자 智通의 그릇이 완성되었음을 알고는 그에게 이 인을 주기도 했다. 또 많은 사람들이 법계도인을 다투어서 소중히 지니기도 했다. 이처럼 법계도인이 의상과 그 제자들에게는 소중하게 인식되고 있었다.

(4) 『法界圖記總隨錄』은 13세기 중엽에 편찬된 것이지만, 이 책 중에 중요하게 인용된 法融記, 眞秀記, 大記는 신라시대의 저술이다. 神琳의 제자 法融은 800년을 전후한 시기에 활동했다. 大記는 9세기 중엽 이후 新羅下代의 저술이다. 법융기, 진수기, 대기 등에서는 法界圖와 法界圖記에 대해서 자세한 주석을 가했다. 그런데 이들 주석서에 법계도와 법계도기를 엄격하게 구분해서 주석한 예를 확인하기는 어렵다. 그리고 이들 신라시대의 주석서에도 七言三十句 詩의 작자가 지엄이라는 기록도 보이지 않는다. 『元常錄』의 元常에 대해서, 姚長壽는 958년 이전의 중국 사람일 수도 있다고 했는데, Jorgensen은 의상의 제자 常元의 글자가 서로 뒤바뀐 실수일지도 모른다고 했다. 常元은 浮石寺四十日會에 참석하기도 했던 의상의 제자였을 뿐만 아니라 四英 중의 한 명이기도 했다. 만약 상원의 기록 중에 七言三十句詩가 지엄의 작이라는 내용이 포함되어 있었다면 法融記 등이 이 문제를 피해 가기 어려웠을 것이다.

(5) 1196년 이전에는 새겨졌을 房山石經 중의 一乘法界圖合詩一印이 중국에서 유통되고 있던 것을 저본으로 한 것인지 고려에서 전해진 것인지를 밝혀야겠지만, 현재의 자료로는 어려움이 많다. 또한『원상록』이전부터 유통되던 것인지, 원상록 이후의 것인지도 분명하지 못하다.

법계도의 저술에는 지엄과 의상이 모두 관련 있었던 것은 분명하다.

'화엄일승법계도'의 저자 문제

사회: 신동하
약정토론: 김상현

☞ **김영호**

요르겐센 선생이 말씀한 것을 간단히 말해 보겠습니다. 법계도 저자 문제가 대두돼 있는데요. 법계도(法界圖)의 본문 텍스트하고 의상 자신이 한 주석 두 개를 갈라놓고서 분석한 저자의 결론은, 법계도가 쓰인 해인도(海印圖) 자체는 중국의 지엄(智嚴) 스승한테서 받은 어떤 가르침, 지엄이 게를 짓고 의상이 법계도를 만들었고 주석도 의상이 했다, 시 게송이랄까 반시라고 하는 내용은 지엄이 한 일이고, 거기다 이렇게 그려놓고 배치한 것은 의상이 했다, 그리고 주석은 분명히 의상이 했다, 그런 결론입니다. 그래서 그걸 분석하기 위해서 그걸 언급한 여러 가지, 균여가 언급한 그런 것부터 자료를 분석해 가고 있습니다만 균여는 원통기하고 최치원의 의상전을 인용하고, 약간 다른 그런 걸 거기서 느끼면서 또 요장수라는 학자가 새로운 이론을 제시하는 것까지 언급했습니다.

좌우간 중국에서는 법계도에 대해서 연수 정도가 뒤늦게 의상이 화엄에 대해서 뭘 썼다는 그런 얘기만 간단히 언급했을 뿐 중국에서는 전해 오지 않고 오직 한국, 나아가서 일본만 전해 온 것 아니냐, 그런 이유가 뭐냐 하는 것에 대해서 여러 가지로 조사를 한 것 같습니다. 그래서 중국의 우거사에서 나온 텍스트를 가지고 뒷받침을 하려고 하는데, 누가 법계도를 썼는가 하는 문제에서 아까 말씀처럼 지엄과 의상이 합작한 것으로 대강 이해를 하고 있습니다. 그래서 해인도 그 자체가 또 어디서 나왔느냐 하는 문제로 그 나머지 논문의 내용을 채우는 것 같습니다. 그게 끊어지지 않고 하나의 단일한 선으로 그려져 있는 것, 그것을 중국의 회문인이라든가 여러 가지 돌아가면서 글자가 써지고 그것이 다시 탑을 도는 식으로 오른쪽으로 읽어 가는 것, 그게 다라니 텍스트하고 닮은 점도 있고, 나아가서 관음보살 신앙과 관계가 있으며, 그래서 의상이 또 관음보살 신앙에 대한 문서 쓰인 것이 조금 있는데 그것은 나중에 사후에 지은 것입니다. 관음신앙에 대해서는 지엄 자신이 병이 아주 위중하게 들어서 관음을 꿈꾸고 치유되고 그런 과정이 있었다, 그래서 관음신앙하고도 일승법계도가 관계가 있다고 얘기를 합니다. 또 다른 예는 중국에서 발견되는 그림 뒤에 나와 있는 것, 그건 비슷한 다이아그람인데, 거긴 또 향을 태워서 이렇게 향이 돌아가게 하는 그런 용도가 있었다고 합니다.

또 이 법계도 자체가 한국 사람들은 대강 철학적인 텍스트로만 이해하려고 하는데 자기로 봐서는 다라니라든가 신앙 차원의 요소가 들어 있다고 합니다. 그래서 여러 신중들이 의상을 보호하는, 『삼국유사』의 또 다른 얘기랑 인용해 가면서 또 중국에서 의상이 귀국해서 왕에게 중국을 경계하도록 하는 그런 과정에서 명랑법사가 문두루법을 만들고, 그런 저런 것들이 다라니라든가 만트라 주문과 연관되어 법계도가 형성된 것이 아니겠는가 하고, 그것은 비단 한국만이 아니고 동북아시아에 나타나는, 신중들이 나타나서 하는 그런 것도 공통적인 요소인데, 그건 오대산에서 온 거고 신라에 전해진 그런 것이다. 그래서 한국전통에서 우리가 주의해야 될 것이 밀교, 법계도와 관계해서, 밀교 요소와 화엄 관련 내용이 같이 들어 있다. 이기영 교수도 지적했다는 것인데, 그건 중국에서 법장하고 징관이 화엄과 밀교를 연결시켜서 보는 그런 시각하고도 닮은 데도 있다. 결론적으로 한국화엄의 특성은 밀교와의 혼합으로 볼 수가 있고, 그 맥락에서 일승법계도의 기원에 대해서도 중국의 요나라, 청조시대의 중국화엄의 어떤 발전된 모습 같은 것과 연결시켜서 보면 더 드러나지 않겠느냐 하는 그런 내용입니다.

☞ 사 회

예, 감사합니다. 이 발표내용에 대해서 김상현 선생님께서 토론해 주시겠습니다.

☞ 김상현

요르겐센 선생님의 논문은 대단히 유익했습니다. 발표내용은 크게 두 가지로 구성돼 있는 것 같은데, 하나는 일승법계도의 저자 문제이고 다음은 일승법계도는 그 밀교적인 요소와 관련이 있어서 신라화엄이 밀교적인 성격이 있는 것 같다는 것입니다. 저의 일차적 관심은 저자 문제이고 다음에 뒷부분에 대해서 말씀을 드리겠습니다.

☞ 김영호

그러니까 출발은 저자 문젠데 나중에 그쪽으로 끌고 가게 됐다, 그런 말씀이죠?

☞ **김상현**

일승법계도는 칠언삼십구(七言三十句)의 시, 이를 한국에서는 법성게(法性偈)라고 합니다. 시와 하나의 도인을 합쳐서 법계도가 됐습니다. 그래서 우리는 이것을 구분해서 자꾸 설명합니다. 이를 '일승법계도합시일인(一乘法界圖合詩一印)'이라고도 표현합니다. 그리고 법계도에 대한 주석을 '법계도기' 또는 '법계도장'이라고 해 왔습니다.

10세기 중반인 고려 초기 무렵에는 칠언삼십구의 시를 지엄이 지었다는 설과 이 또한 의상의 작이라는 설이 있어 왔습니다. 균여는 시 또한 의상이 지은 것이라고 단정했고 그 후 우리나라에서는 더 이상 이 문제는 크게 문제 삼지 않았고 전적으로 의상의 작으로 알고 왔습니다. 그런데 바로 작년, 1996년 3월에 일본에서 간행된 『중국석경의 연구』라고 하는 책에서 요장수(姚長壽)라고 하는 중국 분은 「방산석경 중의 화엄전적에 대하여」라고 하는 논문에서 엄법사조로 명기된 '일승법계도합시일인'을 소개했습니다. 방산석경에 우리가 알고 있는 법계도를 완전히 새겨서 이것이 지엄의 작으로 나와 있습니다. 그래서 우리 학계에서는 상당히 문제가 됩니다.

요르겐센 선생님이 다시 이 문제를 그 논문을 참고하면서 몇 가지를 재론한 경우입니다. 법계도의 저술에 관해서 약간 다른 정보를 전해 주고 있는 최치원이 지은 『의상전』과 『원상록』은 서로 다른 것 같으면서도 공통분모가 들어 있습니다. 첫 번째로, 의상과 지엄이 함께 불전에 나아가서 의상이 쓴 글이 불의에 맞는지 알아보기 위해서 이를 태웠다는 설화적인 내용이 두 군데 다 기록이 있어서 같습니다. 『의상전』에는 불에서도 타지 않은 210자로 7언 30구의 시를 지었다고 했고, 『원상록』에서는 지엄이 시를 지었고 거기에 대해서 의상이 주석을 했는데, 그 주석을 40장 분량으로, 60장 분량으로, 80장 분량으로 차례차례 하면서 불태워서 계합하는 쪽으로 맞춰 갔습니다. 결과적으로 80장을 불에 태웠는데 거기에도 타지 않는 글자가 있어서 그것이 지금 전해지는 법계도기 혹은 법계도장이라고 하는 겁니다. 그런데 이 설화구성을 놓고 볼 때 많은 원고 중에 불타지 않은 210자를 수습해 가지고 오랫동안 고심해서 법성게를 만들었다는 설화와 글을 차차 40장, 60장, 80장 써 가면서 태웠고, 그리고 오늘날 전해지는 법계도기가 타고 남은 일부분이라고 하는 것은 아무리 설화라도 논리적으로 앞부분 설화가 더 구성상 설득력이 있지 않느냐 하는 생각을 합니다.

두 번째로, 법계도의 제작에는 지엄과 의상이 함께 관련돼 있음을 유의할 필요가 있을 것 같습니다. 의상이 거듭 스승의 지도를 받고 있었고, 또한 함께 불전에 나아가서 원고를 태워서 불의에 계합하는지를 계속 알아보고 있는 것이 그렇습니다. 그리고 지엄이 7언30구의 시를 지어서 의상에게 주었고 의상이 인을 그려서 바쳤다는 원상록의 기록은 법계도가 사자

간의 합작임을 확인시켜 주고 있습니다. 사실 법융기에 의하면 지엄은 73개의 별인을 만든 바 있는데 의상은 스승의 뜻을 깊이 이해한 까닭에 하나의 총상인을 만들었다고 합니다. 이 또한 의상이 인을 만들었다는 것과, 지엄이 인을 만들었다는 사실과 그리고 지엄의 인을 참고했던 그러한 사실을 알려줍니다. 따라서 방산석경에서 엄법사조로 명시하고 있는 '합시일인'의 경우도 원상록의 기록에 의하면 지엄과 의상의 합작품인 셈입니다.

의상은 법계도의 편집자를 명기하지 않았는데 연생제법에는 주인이라고 할 것이 없음을 표시하기 위해서라고 설명했습니다. 의상의 제자들 중에는 스승의 강의 내용을 기록·정리해서 책으로 펴낸 경우가 있었습니다. 이 경우에도 의상은 제자의 이름을 따라서 책 이름을 삼았을 뿐 자신을 저자로 드러내지 않았습니다. 지통기 도신장 등이 그렇고, 자체불관론도 아마 의상의 강의를 어느 제자가 정리한 것으로 생각됩니다.

의상은 말하기를 '일승법계도합시일인'은 『화엄경』과 『십지론』에 의해서 원교의 종요를 나타내고자 한 것이라고 했습니다. 또한 그는 칠언삼십구의 시에 대해서도 "일체 법은 무분별하다. 이 뜻으로 글 첫머리의 시에 '법성원융무이상'이라고 하고 마지막에 가서 '구래부동명위불'이라고 했다"라고 언급하고 있습니다.

또 의상은 표훈, 진정 등 10여 제자에게 법계도인을 가르쳤고, 제자 지통의 그릇이 완성되었음을 알고는 그에게 이 인을 주기도 했습니다. 또 많은 사람들이 법계도인을 다투어서 소중히 지니기도 했습니다. 이처럼 법계도인이 의상과 그 제자들에게는 소중하게 인식되고 있었습니다. 뿐만 아니라 요르겐센 선생이 말씀하시기를 이 법계도가 특별히 신앙의 의미가 있는 것 같다 했는데, 바로 이런 얘기들이 신앙과 관련이 있는 것 같습니다.

'법계도기총수록'은 13세기 중엽에 편찬된 것이지만, 이 책 중에 중요하게 인용된 법융기, 진수기, 대기는 신라시대의 저술입니다. 신림의 제자 법융은 800년을 전후한 시기에 활동했는데 이분이 남긴 것이 법융기였습니다. 대기는 9세기 중엽 이후 신라하대의 저술입니다. 법융기, 진수기, 대기 등에서는 법계도와 법계도기에 대해서 자세한 주석을 가했습니다. 그런데 이들 주석서에 법계도와 법계도기를 엄격하게 구분해서 주석한 예를 아직 확인하지 못하고 있습니다. 한꺼번에 다 주석해 내려가고 있습니다. 그리고 이들 신라시대의 주석서에도 칠언삼십구 시의 작자가 지엄이라는 기록도 또한 보이지 않습니다. 『원상록』의 원상에 대해서 요장수는 958년 이전의 중국 사람일 수도 있다고 추측했고, 요르겐센 선생은 의상의 제자 상원의 글자가 서로 뒤바뀐 실수일 수도 있다고 했습니다. 상원은 부석사 사십일회에 참석하기도 했던 의상의 제자였을 뿐만 아니라 의상의 사영 중의 한 명이었습니다. 만약 상원의 기록 중에 칠언삼십구의 시가 지엄의 작이라는 내용이 포함되어 있었다면 법융기 등이 이 문제를 피해 가기가 상당히 어려웠지 않았겠느냐 하는 생각을 합니다.

마지막으로 1196년 이전에 아마 새겨졌을 방산석경 중의 '일승법계도합시일인'이 중국에서 유통되고 있던 것을 저본으로 한 것인지 고려에서 전해진 것인지를 밝혀야겠지만, 현재로서는 상당히 어려움이 있습니다. 요르겐센 선생은 물론 고려에 갔을 가능성도 있고, 중국에 갔을 가능성도 있다고 얘기했습니다. 또한 원상록 이전부터 유통되던 것인지, 『원상록』이후에 다시 새겨졌는지도 아직은 불분명합니다. 분명한 것은 법계도의 저술에는 지엄과 의상이 모두 함께 관련이 있다고 하는 것입니다. 그 점은 요르겐센 선생하고 동의하고 있습니다.

끝으로 이 법계도가 다라니적이고 밀교적인 요소가 있어서 신라화엄이 다분히 밀교적인 요소가 좀 있었지 않느냐 하는 말씀은 저는 귀담아 듣고 있습니다. 왜냐하면 저는 몇 년 전에 명효의 『해인삼매론』에 대해서 논문을 쓴 바가 있고 그 결과 해인삼매도에 밀교적인 요소가 이렇게 많으냐고 의심하면서 명효의 『해인삼매론』은 아무래도 화엄과 밀교가 융합된 성격이 강하다고 보았습니다. 요르겐센 선생님의 의견과 연결시켜 보면 시사하는 바가 많은 것 같습니다. 감사합니다.

☞ **김영호**

(영어통역)

☞ **김영호**

근본적으로 뭘 하나 딱 묻고 싶으신 것이 있으신 것은 아니죠?

☞ **김상현**

예, 특별한 것은 없습니다. 예, 제 의견을 말씀드렸습니다.

☞ **사 회**

예, 특별한 답변을 해주셨습니다. 역시 다른 분들 질문을 좀 해 주시죠. 예.

☞ **박노자**

(영어질문)

☞ **김영호**

한국말로 간단히 해 봐요. (일동 웃음)

☞ **박노자**

예, 간단히 말하면 신라의 화엄은 물론 밀교적인 요소, 그리고 나아가서 샤머니스트적인 요소들이 다분히 있다는 것에 지적을 해 주셔서 대단히 고맙고요, 그래서 대단히 많이 배웠습니다. 그런데 이 화엄은 물론 그렇지만 신라에서의 유가도 나름대로 밀교적이고 유교적인 요소들이 있지 않았을까 하는 생각도 있고, 이를 증거하는 것 중에서는 예를 들면 문두도량, 문무왕의 명령에 의해서 열었던 문두도량의 경우에는 12명의 유가승려들이 참석했다는 얘기라던가, 대현스님이 비를, 기우제를, 그러니까 사실은 무당의 역할을 한 게 아닙니까? 그러니까 그런 무교적인, 무교적이고 밀교적인, 그러니까 사실은 밀교와 무교는 여기서 또 구분하기 어렵습니다. 그런 요소들이 화엄에도 있었고 신라의 유가에도 있었고 결국엔 신라불교 자체가 그런 요소들이 상당히 많이 있지 않았나 그런 생각이고, 교수님의 의견을 여쭤 본 겁니다.

☞ **Jorgensen**

（영어답변）

☞ **김영호**

밀교에 대해서 얘기하자면, 밀교라는 것이 잘 정리되어 있지 않은 건데요, 왜냐하면, 밀교는 비를 오게 한다든지, 자신을 질병과 악마로부터 보호하는 등 그런 성질의 여러 가지 목적을 위해서 사용되었기 때문이죠. 그것은 꼭 이론적인 것이라기보다는 일상생활 속에서 실천하면서 재난과 질병을 피하면서 마술적으로 사람들을 도와주기 위한 것이죠. 이것은 현대사회에서도 기독교인이든 불교인이든 점쟁이 같은 사람에게 가듯이 여러 국교에 공통적인 요소로서 여러 층의 사람이 다 의존하는 것이죠. 그처럼 불교에서도 화엄이나 유가불교 등의 다른 종파에도 다 들어 있는 요소인 것입니다.

☞ **박노자**

여러분이 다 이해하셨겠습니다마는 다시 요약하자면, 무교적인 요소들이, 샤머니즘적인 요소들이 동시기적으로 다 그렇지만 한반도의 경우에도 그런데, 사람들의 인생에 아주 많이 담겨져 있고요, 요즘도 그렇고 일단은 밀교라는 게 별거 아니라 또한 학술적인 것이라기보다는 일단은 주로 기복적이고 또는 액막이의 성격이 강하다는 것을 지적하셨고요, 그러니까 현대의 한국에서도 결국 그 전통이 끊이지 않고 면면히 내려와 있다는 사실을 강조하신 거고, 신라불교의 경우 화엄도 그렇고 유가도 그렇다는 게 하나의 기정사실이라고 그렇게 말씀하십니다.

☞ 사 회

예, 소렌슨 교수님 질문하시겠습니다.

☞ Sorensen

(영어질문)

☞ 사 회

예, 간단히 좀……

☞ 김영호

한 네 가지쯤 인상이랄까, 주로 동의하는 의견을 제시했는데, 첫 번째로, 법계도의 용도, 기능이 뭐냐, 그걸 지적하는 것을 자기도 의례적인 기능이 있고, 마술, 그런 힘을 갖다 주는 그런 기능이 있다. 그것은 현재도 우리가 볼 수 있는 게 송광사 분원인 서울 법련사에 가 보면 사람들이 해인도를 그려 놓고 걸어가는, 주변을 이렇게 걷는 그런 것이 있었고, 또한…… 그건 옛날에도 있었을 거다. 그리고 송광사 평신도회 불일회가 그런 법성게를 놓고서 그런 신앙의 어떤 표현을 하는 것, 그것도 이것이 평신도회가 철학적으로 그렇게 접근한 건 아니지 않느냐, 그렇게 본다고 하는 점을 지적했고, 두 번째로, 법계도의 해인도, 그것이 어디서 나왔느냐 하는 문제, 그것은 『화엄경』에서 나온 것이고 『화엄경』은 분명히 형이상학적인 그런 내용을 담고 있지마는 동아시아에 있어서 도장 같은 것, 요새도 도장을 찍고 권위를 부여하고 하는 것이 문화적인 의미가 있어서 그런 것이고, 오늘날 '만' 자, 그 '만' 자를 아직도 쓰고 있고, 그것도 4, 5세기에 명상하는 데 사용된 하나의 어떤 만다라라든가 그런 용도로 쓰였다. 그런 점에서는 『화엄경』보다 더 오래 된 흔적이 있다. 세 번째로, 관음보살에 관한 문젠데, 관음보살하고 이걸 연결시켰는데요, 요르겐센 선생이. 그것도 관음보살이 『화엄경』의 「입법계품」, 선재동자가 등장하는 거기에도 나오니까 그것은 연결이 분명히 되고 있다 하는 것입니다. 네 번째로, 자기가 발표한 밀교문제에 대해서 밀교적인 요소가 있다는 것을 얘기하고 여기서 지적되고 있는 것을 상당히 자기는 기쁘게 생각하고 고맙게 생각한다, 자기 생각도 그렇다는 겁니다. 『삼국유사』에 다 나온 건 아니지만 그런 흔적이 있고, 또 유가 경전에 아까 티코노프 선생이 지적하는 것처럼 그런 흔적이 있고 한데, 현장의 그림에도 금강 그런 모습이 나오고 하는 것은 그런 관계를 잘 나타내고 있다는 말이죠. 또 자장율사에도 밀교 흔적이 많이 있는 것 아니냐, 그렇게 보고, 이런 밀교적인 요소는 어떤 종파적인 그런 운동에서 나온 요소만이 아니고 동아시아 전체, 한국도 포함하는, 그런 전통에서 아마 기원하지 않았나 생각한다는 겁니다.

☞ 사 회

계속 발표해주십시오.

☞ Jorgensen

（영어발표）

☞ 김영호

송광사가 그런 신앙, 그런 형태의 실증 같은 게 있는지 몰랐다고 하고요, 화엄경 같은 데도 보면 참회도량, 참회법, 아주 긴 의례들이 등장하는 것은 확실하다. 그다음에 두 번째는 해인도 자체가 주는 어떤 영감, 그런 것이 '만' 자에 대한 어떤 평가, 그런 거라든지 다른 여러 가지 방법에도 나오는 것은 비슷하다고 자기도 생각하고, 자기생각으로는 밀교가 아시아의 선불교에서 상당히 무시되고 있었던 요소가 아닌가, 그것은 아마도 이해하기가 힘들어서, 그 산스크리트라던가 거기에 등장하는 상징, 그러한 것들이 이해하는 데 상당히 오래 걸리고 힘들고 해서 아마 무시된 측면이 있지 않았나 싶고, 자기가 이런저런 연구를 하면 꼭 부딪치는, 우연히 튀어나오는 문제가 나중에 보면 밀교적인 요소더라, 예를 들면 단군연구에 있어서도 그런 것을 자기가 발견했다. 그래서 이 밀교적인 요소는 자꾸자꾸 튀어나오는 문제점으로 자기도 생각하고 있다는 겁니다.

☞ 사 회

예, 감사합니다.

☞ Tedesco

（영어발표）

☞ 김영호

예, 송광사에서 그렇게 한다는 것에 대해서 아주 자기도 다른 현상 하나를 듣고서 동의하는데요, 백고좌회 법회를 구룡사, 통도사 서울 분원 구룡사에서 연전에 볼 기회가 있었는데, 아마 백 명의 스님들이 나온 모양이죠? 그래서 마지막 날 보니까 티베트의 어떤 림포체라고 하는 밀교관계 화신처럼 떠받드는 그런 인물이 나와서 극적인 장면을 연출했다고 하는데요, 사람들이 막 그 상징을 돌고, 나중에는 플랫폼 단이 이렇게 들쳐 올라가면서 거기서 림포체가 일어나고 거기서 사방에서 연기가 가득 나오게 이렇게 무대를 꾸미고, 그래서 아주 인상을 깊이 받았다. 이것은 고려시대 하던 그런 것과 맥을 같이하고 있지 않는가, 그런 생각을 했답니다. 또 나중에 마지막으로 림포체가 설법을 한 것을 보았다고 얘기했습니다.

☞ **김상현**

해인사에는 오래전부터 법성게 그려놓고 도는 풍속이 있어 왔습니다. 송광사보다는 훨씬 더 해인사가 오랜 전통을 갖고 있습니다. 화엄종 절인 해인사에는 해인도를 보관해 오고 있습니다, 상징으로.

☞ **김영호**

(영어설명)

☞ **사 회**

예, 감사합니다. 좀 미흡한 질문사항이 있으시면 아무래도 내일 종합토론으로 넘겨야 되겠습니다. 그래서 요르겐센 교수님 발표에 관한 토론은 이것으로 마치겠습니다.

4. 新羅唯識과 中國唯識
─ 그 연속과 불연속

丁永根(동국대)

1. 들어가는 말

한국불교의 보편성과 특수성을 교학의 측면에서 조명하고자 할 때, 우리는 우선적으로 통일신라기를 전후하여 이룩한 교학의 수준과 독자성에 주목하지 않을 수 없다. 신라불교의 교학은 단지 인도나 중국의 교학을 배우고 익히는 단계에 머무르지 않았으며, 그것을 한 단계 발전시키고 심화시킴으로써 신라불교라는 독자적인 불교를 확립하는 수준에 이르렀다. 특히 신라불교가 유식학과 화엄학의 분야에서 이룩한 교학의 내용과 수준은 민족문화 내지는 불교문화의 측면에서 가장 가치 있게 평가할 수 있는 것이다. 신라의 유식학과 화엄학은 중국의 유식학과 화엄학의 형성과 발전에 크게 기여했을 뿐만 아니라, 중국불교와는 다른 독자적인 사상으로 전개되었던 것이다.

유식학을 중심으로 신라불교를 살펴볼 때에 크게 세 가지로 분류해서 살필 수 있다. 첫째, 玄奘─窺基─慧沼─智周로 이어지는 중국 法相宗의 흐름 속에서 활동했거나 이를 계승하고 있는 경우이다. 玄奘의 경전 新譯에 참여했고 4명의 뛰어난 제자 중의 하나로 꼽히는 神昉과 불교논리학이라 할 수 있는 因明에 특히 뛰어났다고 하는 順璟이 여기에 해당된다. 이들 신라유학승들은 중국유식학의 발전과정에 동참하여 일급학자로서 인정받을 정도로 유식학에 대한 이해가 깊었다고 할 수 있다.

둘째, 圓測과 그의 학설을 계승하고 있는 사람들을 西明唯識 계열로 묶을 수 있다. 여기에는 『成唯識論要集』을 지어 慈恩系의 유식학에 대항하여 원측의 유식을 적극적으로 옹호한 道證과 처음엔 현장문하에 입문하였다가 원측문하로 들어온 勝莊, 그리고 원측의 학설을 계승하고 있는 것으로 보이는 『瑜伽論記』의 저자 遁倫이 여기에 해당된다. 혜소가 『成唯識論了義燈』에서 원측의 학설과 함께 도증의 『성유식론요집』을 인용하여 논파하고 있는 것으로 볼 때, 도증은 원측의 학설을 가장 충실히 계승한 사람이라고 할 수 있다. 실재로 혜소의 저술과 太賢의 『成唯識論學記』 등에서 인용되고 있는 『성유식론요집』의 내용은 원측의 학설을 변호하면서 규기의 학설을 비판하는 내용이 대부분이다. 승장은 원측이 입적하였을 때 그의 사리를 거두어 원측이 즐겨 머물렀던 종남산에 안장했다고 하는 것으로 보아 원측의 문인임을 알 수 있다. 遁倫(또는 道倫)은 신라 출신 유학승으로서 그의 『瑜伽論記』 속에서 이따금 법상종의 정통설과 어긋나는 말을 하는 것으로 보아 원측 계통이라고 볼 수 있다. 원측의 유식학설은 주로 신라 출신 학승들을 중심으로 계승되었고, 교리상의 차이를 둘러싸고 자은유식 계통의 사람들과 치열한 논쟁을 벌였다. 중국유식과 구별할 수 있는 신라유식의 독자성을 문제로 삼을 때, 인맥이나 학설의 내용으로 보아 바로 이 계통의 유식학이 신라유식을 대변한다고 볼 수 있다. 서명유식은 유식학발전사의 중요한 장을 이루고 있을 뿐만 아니라, 한국적 사유방식의 전형적인 한 형태를 명확하게 보여준다는 점에서 특히 주목할 가치가 있다.

셋째, 나름대로의 독자적인 관점에서 유식학을 이해하고 있는 경우이다. 신라의 3대 저술가로 꼽히는 元曉와 憬興 그리고 太賢이 여기에 속한다. 이들은 불교학 전반에 걸친 폭넓은 연구를 하면서 유식학 관계 저술을 많이 남기고 있는 사람들이다. 원효는 유식학에 많은 관심을 가지고 있었고 유식학을 활용하여 자신의 독자적인 사상체계를 수립하였다. 유식학 이해에 있어서는 원측의 견해에 영향을 받은 바 크다고 할 수 있다.[1] 경흥은 유식학관계의 저술이 남아 있지 않아 그 사상적 입장을 잘 알 수 없지만, 법상유식에 가까운 것으로 추정되고 있다. 태현은 도증에게서 유식학을 배워 신라에 유식학을 뿌리내리게 했기 때문에 그를 해동 유식종의 宗祖라고 부른다. 그의 유식학은 원측과 규기의 학설을 비판적으로 취사선택하고 있으며, 원효나 법장의 학설도 융합함으로써 性相의 여러 학설들을 종합하고 있다. 그래서 동국의 후진들이 모두 그 가르침을 준수하였고, 중국의 학자들도 왕왕 이것을 안목으로 삼았다고 한다.[2] 태현이 비록 학문적으로 원측의 학설을 충실히 따르고 있지 않다고 하더라

---

1) 吳亨根, 「元曉思想에 대한 唯識學的研究」, 『唯識思想研究』(佛敎思想社, 1991) p.537.
2) 『三國遺事』 卷四, 賢瑜伽 海華嚴條

도, 인맥으로 보나 학풍의 유사성으로 보아 원측의 비판적 계승자라고 볼 수 있을 것이다. 이들은 각기 나름대로의 관점에서 기존의 유식학설들을 비판적으로 계승하고 있다고 할 수 있다. 그리고 이러한 비판적 계승은 유식사상을 전체적으로 조망할 수 있는 수준의 이해나 안목이 없이는 불가능한 것이다.

이상에서 볼 때 신라의 유식학은 중국유식의 답습이나 아류로 취급할 수 없을 뿐만 아니라, 중국의 유식학을 충분히 이해하고 소화한 바탕 위에서 이에 대한 비판적 사유를 통해 진일보한 사유체계를 확립하고 있었음을 알 수 있다. 본 논문에서는 둘째와 셋째의 경우에 초점을 맞추고 주로 원측과 태현의 유식사상을 중심으로 하여 그 특성을 고찰함으로써, 신라유식은 중국유식과 어떻게 연속되고 있으며 또 어느 만큼의 독자성을 지니고 있는가를 정리해 보고자 한다.

2. 신라유식의 종교적 지향

교학은 종교적 믿음과 실천을 뒷받침해 주는 이론적 토대라고 할 수 있다. 따라서 교학은 어느 것을 막론하고 그 출발에서부터 강한 종교적 지향을 지니고 있음은 말할 필요도 없는 사실이다. 그러나 교학이 어디까지나 학문적 탐구의 산물이니만치 그 탐구과정에 몰입하다 보면 본래의 종교적 지향을 망각하거나 소홀히 하는 경우가 발생할 수 있고, 때로는 종교적 지향과 배치되는 결론에 도달하는 수도 있다. 신라유식의 구성체계나 그 구체적 내용 그리고 유식학을 연구하는 탐구정신을 이러한 관점에서 살펴보면, 신라의 유식학은 시종일관 종교적 지향을 생생하게 유지하고 있음을 확인할 수 있다.

가. 교학의 구성체계

① 三性論 중심의 유식사상체계 – 원측

유식불교에서는 존재의 형태를 세 가지로 분류한다. 첫째로, 토끼의 뿔이나 석녀의 아이 등과 같이 실재성이 없는 것은 인간의 마음에 의해서 망상된 것·잘못 상정된 것이라는 의미에서 遍計所執性이라고 부른다. 둘째로, 지각·정서·사고와 같은 심적 활동은 인연에 따라 생겨나는 것이며, 다른 것의 힘에 의지하여 생겨나는 것이라는 뜻에서 依他起性이라고 부른다. 셋째로, 있는 그대로의 상태(眞如)로서 참다운 실재를 들 수 있다. 이것은 마음이 대상을 착각하지 않고 있는 그대로 파악하는 無分別智라고도 말할 수 있다. 따라서 이것은 존재적으로 인식적으로 또한 가치적으로 최고로 완성된 것이라는 의미에서 圓成實性이라고 한다. 그런데 삼성설에서 말하는 세 가지 존재형태는 인식 주체 쪽에서 본다면, 자기 마음의 세 가지 존재방식이라고 할 수 있다. 또한 수행과 실천의 장에서 본다면, 의타기성은 실천적으로 수행생활을 성립시키는 基體로서 그때그때의 조건에 따라 변화하는 자기라고 할 수 있고, 변계소집성은 미망에 휩싸여 있는 자기의 모습이라고 할 수 있으며, 원성실성은 깨달음에 도달한 자기의 모습을 말한다고 할 수 있다. 이렇게 볼 때 삼성설은 존재형태에 대한 해명이라고 하는 객관적인 관점에서 설해진 것이라기보다는, 미혹의 세계로부터 깨달음의 세계로 나아가고자 하는 실천적인 관점에서 설해지고 있음을 알 수 있다.

알라야식을 중심으로 하는 識論이 범부의 마음과 미혹한 현실세계에 대한 분석(이론적 측면)에 치중하고 있고, 유가행이 깨달음으로의 전환(실천적 측면)에 치중한 것이라고 본다면, 삼성론은 식론과 유가행을 통일적으로 파악하는 사고방식이라고 할 수 있다. 즉 변계소집의 세계를 의타기로서 인식하는 이론적 측면이 식론이라면, 변계소집에서 원성실성으로 전환을 하는 실천적 측면이 유가행이라고 볼 수 있기 때문에, 이런 점에서 삼성론은 유식불교의 체계를 총체적으로 드러내는 것이라 할 수 있다.[3]

중국법상종은 식설을 중심으로 하여 유식설을 전개하고 있고, 삼성설은 비교적 소홀히 취급하고 있다고 말할 수 있다. 즉 알라야식을 중심으로 한 식의 변화로써 현상세계를 설명하는 데 역점을 두고 있는 것이다. 신유식의 이러한 특징은 世親의 저서 중 하나인『唯識三十頌』에 대한 護法中心의 해설서인『성유식론』을 宗典으로 삼고 있는 것과 관련이 있다.『유식삼십송』은 識轉變說을 중심으로 한 후에 삼성 및 삼무성의 교설로써 회통한 것인데, 삼성에 관한 교설이『성유식론』에서는 余論으로서 취급되고 있는 것이다. 원래 세친에게는 삼성을 중심으로 한『三性論偈』라는 저술이 있는데, 이는 아예 한역조차 되지 않았다.[4] 이에 대해서 구유식은 識과 境이 能分別과 所分別로서 대립하고 있는 관계가 논의의 중심을 이루고 있으므로, 삼성설 중심의 유식설이라고 할 수 있다.[5]

원측은 삼성론을 중심으로 하여 유식사상을 체계화하고 있다. 그는『해심밀경』에 대한 해설에 있어서뿐만 아니라,『반야심경』및『인왕경』등 중관 계통의 경전을 해설하는 데 있어

---

3)『佛敎의 思想』, 上山春平 외, 박태원·이영근 역,『불교의 역사와 기본사상』(대원정사, 1989). p.234.
4) 長尾雅人,『中觀と唯識』(岩波書店, 1978). pp.189–191.
5) 上田義文,『佛敎思想史硏究』(永田文昌堂, 1967). pp.64–65.

서도 철저하게 삼성의 관점을 채용해서 해설한다. 이 점에 있어서 원측은 구유식과 입장을 같이한다고 볼 수 있다. 원측이 이처럼 유식사상의 기본 틀을 삼성론 중심의 구유식에서 취하는 까닭은 자명하다. 그것은 원측이 자신의 교학 속에 미혹한 현상세계에 대한 설명과 깨달음으로의 전환이라는 양 측면을 모두 포괄하고자 했기 때문이다. 이는 법상종의 교학이 그 이름이 뜻하는 것처럼 현상세계의 모습에 대한 논리적 설명에 치우친 나머지, 그것을 벗어나 깨달음의 세계에 도달하는 종교적 지향을 소홀히 하고 있는 것과 크게 대조되는 점이다. 그러나 원측은 삼성설의 구체적인 내용을 설명할 때는 거꾸로 구유식의 견해를 날카롭게 비판한다. 그는 眞諦가 『佛性論』의 '집착하지 않는다'는 말을 주석하면서, "집착하는 작용(能執)으로서의 의타기성과 집착하는 대상(所執)으로서의 변계소집성이 모두 없는 것이다"라고 해설하는 것에 대해서, 단호하게 잘못이라고 지적한다. 그는 진제의 이러한 해석에 대해서, "그것은 역자의 잘못이라고 할 수 있는바, 의타기성까지 부정하는 것[遣]은 진제 자신이 의거하고 있는 유가론 등의 뜻에 어긋나기 때문이다"라고 비판한다.[6] 또한 삼무성에 대한 해설에 있어서 진제는 『삼무성론』 등에 입각해서 삼성을 차례로 모두 떠나보낸(遣) 것이 삼무성이라고 하고, 규기는 『유식삼십송』에 입각하여 편계소집성만을 부정하고, 의타기성과 원성실성은 부정하지 않는다.[7] 원측은 이 두 가지 해석을 소개하고, 그중 규기의 해석을 옳은 것으로 판정한다. 원측에 의하면 의타기성을 부정하는 것은 모든 존재의 근거를 박탈하는 것이 되어, 잘못된 현상들뿐 아니라 올바른 진리도 부정하는 惡取空에 떨어지게 된다.[8] 악취공은 자신을 포함한 모든 것의 가치를 부정해 버리는 허무주의와 같은 것으로서, 불타와 유식불교가 가장 힘주어 비판하는 것이다. 따라서 원측은 의타기성의 부정을 얘기하는 진제의 견해를 역자의 잘못이라고 하는 등 강한 어조로 비판한 것이다.

　이상에서 우리는 원측의 유식사상이 어떻게 구성되어 있는가를 확인할 수 있다. 원측은 전체적 체계를 구축하는 틀에 있어서는 구유식과 같이 삼성론을 위주로 하고 있지만, 그 구체적 내용에 있어서는 구유식의 진제설을 비판하고 현장의 신유식의 견해를 지지하고 있다. 원측이 삼성론 중심의 입장을 취한 것은 삼성설이 현상세계를 이론적으로 설명하는 측면과 깨달음으로의 실천적 전환이라는 측면을 전체적으로 포괄하고 있기 때문이다. 원측이 삼성·삼무성에 대한 구체적 설명에 있어서 현장의 견해를 지지하는 것은 그것이 유식불교의 이치에

---

6) 『解深密經疏』, 韓佛全, p.241.

7) 『仁王經疏』, 韓佛全, p.17.

8) 『仁王經疏』, 韓佛全, p.18.

부합하기 때문이다. 이렇게 볼 때 원측은 보다 포괄적인 구유식의 틀에다 보다 논리적인 신유식의 이론을 결합하여 자신의 체계를 완성했다고 할 수 있다.

② 境 · 行 · 果의 분류방식 – 태현

태현은 여러 經論을 주석하는 자신의 저술에 대부분 『古迹記』라는 명칭을 붙이고 있는데, 이는 태현이 경론을 주석하는 기본 입장을 표명한 것으로서, 함부로 자기 뜻대로 해석하는 것이 아니라 여러 大家들이 해석한 전거에 의지하여 그 요점을 취해서 주석하겠다는 뜻이다.[9] 태현이 아무리 고인의 해석에 의지한다 하더라도, 단순히 지금까지의 모든 주석을 모아두는 것이 아니므로, 곳에 따라 어느 견해를 취하고 버리는 등의 선택을 하지 않을 수 없다. 뿐만 아니라 태현은 다른 사람의 주석을 그대로 채용하는 것이 아니고, 그 요점만을 추려서 주석하며 때로는 자신의 독특한 견해도 덧붙이고 있으므로, 이를 잘 살피면 태현의 불교관을 읽을 수 있다.

태현의 현존하는 유일한 유식관계 저술인 『成唯識論學記』를 통해서 그의 유식사상을 전체적으로 파악하고자 할 때, 우리는 그가 『唯識三十頌』의 내용을 분석하는 안목에 우선 주목할 필요가 있다. 주지하다시피 『성유식론』은 『유식삼십송』을 護法의 주석을 중심으로 해석한 것이기 때문에, 태현도 호법의 견해에 충실하게 이를 해설하고 있다. 태현은 호법이 서술한 유식중도의 境 · 行 · 果 셋으로써 『성유식론』의 종지를 삼는다고 말하고,[10] 25頌까지가 유식의 境을 밝히는 부분이고, 26頌에서 29頌까지는 유식의 行을 밝히는 부분이며, 30頌을 유식의 果를 드러낸 부분이라고 분류하고 있다.[11] 이러한 분류는 규기가 소개하고 있는 세 가지 분류방식인 相 · 性 · 位와 初 · 中 · 後 및 境 · 行 · 果의 분류법 가운데서 하나를 취한 것으로서, 『瑜伽師地論』, 『攝論』 등 여러 論의 체제와 같은 방식으로 분류한 것이다. 규기는 이 중에서 주로 『성유식론』에 언급되어 있는 분류방식인바 24頌까지를 유식의 相에 25頌을 유식의 性에 그리고 나머지 5頌을 유식의 位에 해당시키는 방식을 취하고 있다.[12] 이 두 가지 분류방식은 내용상 25頌을 중심으로 해서 境과 行果 그리고 相性과 位로 크게 나누고 있고, 앞부분은 유식의 이론철학을 그리고 뒷부분은 유식의 실천철학을 서술하고 있다는 점에서 동일하다고 할 수 있다.[13] 그러나 우리는 여기서 양자의 유식관을 엿볼 수 있는 중요한 차이를 발

---

9) 蔡印幻, 『新羅佛教戒律思想研究』(도서출판 토방, 1977). pp.104 - 105 참조.

10) 『成唯識論學記』, 韓佛全, p.484.

11) 『成唯識論學記』, 韓佛全 p.660; 李萬, 『新羅 太賢의 唯識思想研究』(동쪽나라, 1989). pp.125 - 145.

12) 『成唯識論述記』, 大正藏 卷43, p.237 및 이만, 앞의 책, 같은 곳.

견할 수 있는데, 그것은 깨달음의 세계로서 원성실성인 眞如를 따로 취급하느냐 아니냐 하는 것이다. 규기는 미혹한 현실세계의 모습(相)과 깨달음의 세계(性)에 대해서 범주를 다르게 설정해 봄으로써 이 둘을 엄격히 구분하고 있다. 이에 반해 태현은 깨달음의 세계와 현실의 미혹한 세계를 분리하지 않고 모두 유식의 경계에 편입함으로써 性과 相을 단절해서 보고 있지 않다. 태현의 이러한 관점은 깨달은 세계와 미혹한 세계가 질적으로 다른 기반 위에 성립하는 것이 아님을 분명하게 보임으로써, 깨달음에로의 전환을 촉구하려는 종교적 지향을 강하게 반영한 것이라고 할 수 있다. 태현의 사상이 주로 相宗인 유식교학을 중심으로 전개되어 있으면서도, 般若 계통부터 華嚴 계통에 이르기까지 性宗에 포섭되는 문헌에 대해서도 광범하게 주석하고 있고, 또 어느 계통의 문헌을 주석하더라도 반드시 그쪽 관점에만 의거하지 않고 양쪽의 관점을 자유롭게 적용하고 있는 이유도 여기서 찾을 수 있다.

나. 교학의 내용

① 空觀에 대한 이해

空思想은 모든 존재에 실재로서의 존재성을 인정하여 有에 집착하는 部派佛教에 대한 反定立으로서, 모든 것에는 변치 않는 고유한 본성이 없다(無自性)는 것을 강조함으로써 성립한다. 이에 대해 유식사상은 도대체 아무 것도 어떤 의미로든 존재하지 않는 것으로 空을 오해하고 空에 집착하는 것에 대한 반정립으로서, 모든 것이 무자성이지만 그냥 無인 것은 아니고 어떤 의미에선가 있다고 보아 그것을 識으로 수렴함으로써 성립한다. 그런 의미에서 正으로서의 부파불교·反으로서 중관·合으로서의 유식이라는 세 개의 사상체계는 한 세트로 파악할 수 있다.[14] 이러한 형식적 맥락을 좇아 법상종의 규기는 유식의 입장만이 부파불교의 유에 대한 집착과 중관불교의 공에 대한 집착을 떠났다는 점에서 中道라고 말한다.[15] 중도란 극단을 벗어났다는 뜻이요, 올바르다는 말과 같은 의미로 사용된다. 따라서 중도가 무엇이냐는 문제는 무엇이 옳다고 보느냐의 문제이기도 하다. 이 말은 곧 유식의 가르침만이 옳고 중관불교를 포함한 다른 것은 모두 집착이요 그르다는 뜻을 함축한다. 그는 공관을 유에 집착하는 덜 완비된 가르침(不了義敎)이라고 폄하하고 상대적으로 유식불교를 최상의 가

13) 結城令聞, 『世親唯識의 研究』 上(大藏出版社, 1986), pp.203-208.

14) 이만 역, 復部正明 外, 『認識과 超越』(민족사, 1991), p.199.

15) 窺基, 『般若波羅蜜多心經幽贊』, 大正藏 券33, p.523.

140

르침이라고 주장한다.16) 그러나 원측은 유식사상이 형식적으로는 공사상에 대한 반명제의 성격을 지니지만, 내용적으로는 다를 바 없다고 이해한다. 원측은 중관불교를 그릇된 견해로서의 外道를 물리치는 것(破邪)이라고 하고, 유식불교는 大乘의 바른 도리를 드러내는 것(顯正)이라고 보아 서로 어긋나지 않는다고 말한다.17) 원측은 공관과 유식의 사상을 거기에 표명되어 있는 언어에만 매달려 이해하지 않는다. 원측은 그 교설들이 어떤 맥락에서 설해지고 있고, 어떠한 기능을 하는가에 주목한다. 그리하여 원측은 중관은 유에 대한 집착을 떠나게 하고, 유식은 공에 대한 집착을 떠나게 하는 것으로 이해한다. 원측은 중관과 유식이 둘 다 집착을 떠난 것이라는 의미에서 중도임을 분명하게 밝히고, 모두 옳은 것이라고 말한다. 이런 점에서 볼 때, 원측은 중관·유식의 대립을 의식하면서 양자를 동등하게 평가한 최초의 이론가라고 말할 수 있다.18) 원측의 이러한 태도는 『반야경』 및 龍樹의 사상에 의거한 淸辨과 『해심밀경』 및 彌勒의 사상에 의거한 護法이 空·有의 입장에서 대립한 사실에 대해서 다음과 같이 논평을 하는 곳에서 뚜렷이 드러난다.

> 청변과 호법 두 보살이 일시에 세상에 나와, 중생으로 하여금 불타의 가르침을 깨닫게 하기 위하여 각각 空宗과 有宗을 세웠으나, 모두 불타의 뜻을 펴고 있는 것은 마찬가지다. 청변은 空을 취하고 有를 버림으로써 有에의 집착을 없애 주었고, 호법은 有를 세우고 空을 버림으로써 空에의 집착을 없애 주었다. 그러므로 空(청변이 취한)은 有가 곧 空이라는 이치에 어긋나지 않고, 非無(호법이 세운 有)는 空이 곧 色이라는 교설에 어긋나지 않는다. 空이면서 有라는 사실을 이해하면 두 가지 진리(二諦)를 얻는 것이요, 空도 아니고 有도 아니라는 사실을 알면 중도를 터득하는 것이니, 불교의 핵심이 이것이 아니고 무엇이랴. …… 청변과 호법은 서로 영향을 주어 중생에게 불교를 이해시키려고 한 것인데, 어찌 부처의 뜻과 어긋나겠는가?19)

여기에서 보듯이 원측은 양자를 동등하게 취급하여 함께 포용하고자 하기 때문에, 양자 가운데 어느 것을 빠뜨리거나, 둘을 비교해서 우열을 가르는 것의 잘못을 날카롭게 비판한다. 그래서 원측은 내가 더 뛰어나다는 논의에 집착하는 것이야말로 불타의 가르침에 심히 어긋난다고 말한다.20) 또한 미혹한 자는 空을 설하면서 有에 집착하고, 깨친 자는 有를 말하면서도 空에 통달한다고 말한다.21) 원측의 이러한 비판은 다분히 유식의 절대적 우월성을 적극

---

16) 『大乘法苑義林章』, 大正藏 卷45, p.246.

17) 『解深密經疏』, 韓佛全, p.140.

18) 고익진, 『한국의 불교사상』(동국대출판부, 1987), p.168.

19) 『心經贊』, 韓佛全, p.3.

20) 『心經贊』, 韓佛全, p.3, "執我勝論 甚違聖教"

적으로 주장하는 慈恩宗派에 대한 것이라고 볼 수 있다.

이상에서 알 수 있는 것처럼 원측은 공관이나 유식사상을 듣는 사람의 견해나 태도가 어디에 치우쳐 있는가에 따라서, 그것을 치유하고 바르게 하는 처방에 불과한 것이라고 보고 있다. 병에 대한 처방으로서의 약은 언제 어디서나 누구에게나 통하는 만병통치약일 수 없다. 마찬가지로 공관 혹은 유식사상도 그것만을 절대적으로 생각하고 받들어야 하는 진리의 알맹이는 아닌 것이다. 이처럼 원측은 중관과 유식의 사상이 모두 중생의 병을 치유하는 약이라고 봄으로써, 양자가 공동의 목적을 수행하는 상호보완적인 관계를 지니고 있음을 표현하고 있다. 여기에서 우리는 원측이 중생에게 불법을 깨닫고 실천하게 하려는 일관된 종교적 지향을 가지고 불교 교학을 해석하고 있음을 확인할 수 있다.

공관에 대한 원측의 위와 같은 이해방식은 元曉를 거쳐서 태현에게 그대로 계승된다. 원효는 초기의 저작인 『大乘起信論別記』에서 공관을 설하는 『中觀論』, 『十二門論』 등에 대해서 모든 집착을 남김없이 파하고 파한 것을 또 파하기 때문에 이는 파하기만 하고 세울 줄은 모르는 論이라고 비판하고, 유식을 설하는 『瑜伽師地論』, 『攝大乘論』 등에 대해서는 세우기만 하고 버릴 줄을 모르는 論이라고 비판한다.[22] 원효의 이러한 비판은 한 경전의 기능과 성격을 특징적으로 드러내기 위한 것으로서, 경론의 우월을 따지는 종파심에서 제기한 것은 아니다. 원효는 오히려 자기 우위론에 집착하는 종파심으로부터 자신이 신봉하는 경론만을 최고라고 생각하여 벌이는 空과 有의 논쟁을 해결하기 위하여, 이러한 비판을 통해 경론에 대한 집착을 깨뜨린 것이라고 할 수 있다. 원효의 이러한 의도는, "여러 論師들의 說은 모두 옳기도 하고 옳지 않기도 하다. …… 그렇지 않으므로 여러 설이 모두 틀렸고 그렇지 않은 것도 아니므로 모든 뜻이 모두 옳다"는[23] 식으로 和諍하는 원효의 일관된 사고방식과 연관지어 보면 명확하게 알 수 있다. 원효는 이러한 입장에서 앞서 언급한 호법과 청변의 空有論爭에 대해서 언급한다. 그는 호법은 空과 有의 二性妙有를 주장했고 청변은 二性妙無를 주장했다고 말하고, 不空이 존재하므로 空도 또한 존재하며 유를 버리면 무도 또한 버리게 되는 것이라고 말한다.[24] 원효는 양자가 모든 바른 이치[正理]로서 상호보완적 관계에 있기 때문에, 공유논쟁은 언어적으로는 쟁론이 있는 것처럼 보이지만, 그 뜻에 있어서는 한결같이 중

---

21) 『解深密經疏』, 韓佛全, p.123, "迷謬者 說空而執有, 悟解者 辨有而達空."

22) 『大乘起信論別記』, 韓佛全, p.733.

23) 『涅槃經宗要』, 韓佛全, pp.538-539.

24) 『成唯識論學記』, 韓佛全 卷3, p.484; 方仁, 「太賢의 唯識哲學硏究」, 서울대 박사논문, 1995, pp.57-63.

142

생들을 깨우치게 하기 위한 동일한 목표를 지니고 있다고 설명한다.

태현도 원효의 이러한 견해에 동의하여 有에 집착하여 空을 버리거나 空에 집착하여 有를 버림으로써 불법의 큰 뜻을 잃는 폐해를 방지하는 데 큰 역할을 하였기 때문에, 唐의 大薦福寺 僧道峰이 撰한 『太賢法師義記序』에는 태현을 空宗과 有宗의 會通者로서 극찬하고 있다.[25]

이상에서 살핀 바와 같이 유식에 대한 반명제로서의 공관을 이해함에 있어서 원측－원효－태현은 같은 입장에 서 있다. 이들은 다 같이 공관을 유식과 상호 대립적인 것으로 보지 않고 상호보완적인 것으로 보아, 각기 중생을 깨닫게 하는 기능과 목표를 지닌 것이라고 본다. 이러한 관점은 모든 불교의 가르침을 그 자체로서 절대적 진리로 보는 것이 아니라, 중생을 부처가 되게 하는 하나의 방편이라고 보는 사고방식이다. 이들이 이러한 사고를 취하고 있기 때문에, 유식의 교리를 설명의 효과적인 방편으로 채용하면서도 거기에 얽매이지 않을 수 있었던 것이다.

② 佛性論

신라유식학의 종교적 지향은 불성론의 문제를 다루는 방식에 있어서 두드러진다. 규기를 중심으로 하는 자은종파 사람들이 無性有情(一闡提)의 不成佛을 포함한 五性各別說을 자파 특유의 사상으로 자임하고 있었기 때문에, 이에 정면으로 대치되는 견해를 피력하기 위해서는 특별한 신념과 지향이 필요했다고 볼 수 있다.

원측은 일체 중생이 모두 평등하게 如來가 될 가능성[如來藏]을 지니고 있다고 확신한다.[26] 그는 중생이 불성을 본성 안에 가능성으로서 지니고 있다고 할 뿐만 아니라, 그것이 나타난 결과로서의 불성도 중생에게 부여한다. 그리하여 중생은 여의주와 같이 무엇이나 성취할 수 있고, 청정한 물과 같아서 모든 것과 화합하여 자비심을 낼 수 있으며, 허공과 같이 항상 변치 않는다고 찬탄하고 있다.[27] 원측이 이처럼 중생을 희망적인 입장에서 바라보아, 成佛이라는 불교의 이상과 중생이라는 현실을 가깝게 설정하고 있는 것은 종교적으로 어떤 의미를 지니는 것일까? 그것은 우선 중생에게 깨달음을 향해 나아갈 수 있다는 희망과 그렇게 해야 한다는 당위성을 제시하고자 하는 종교적 지향을 지닌다고 볼 수 있다. 또한 불교와 자신의 교학이 의미 있는 것이 되기 위해서는 중생에 대한 희망적 믿음이 필연적으로 요청되

---

25) 同上

26) 『解深密經疏』, 韓佛全 卷一, p.256.

27) 『仁王經疏』, 韓佛全 卷一, p.88; 吳亨根, 「圓測의 和思想」, 『佛教學報』15, 1978, pp.202－204.

었다고 볼 수 있다. 만약 중생 중에 결코 성불하지 못하는 인간이 있다고 한다면, 그 사람에게는 자신의 교학을 비롯한 불교의 모든 가르침이 의미가 없는 것이 되고 말 것이기 때문이다. 붓다가 깨달은 후에 중생이 알아듣지 못하거나 않을까 의심하여 설법을 망설이다가, 결국 중생의 가능성을 굳게 믿고 설법을 결심한 사정과 비교해 보면, 중생에 대한 믿음이야말로 모든 종교행위가 성립하기 위한 기본적 토대가 됨을 알 수 있다.

자은종파의 사람들은 인간의 차별적인 모습을 현실분석적 안목으로 관찰하여 오성각별설을 주장하고 있다. 또한 경전에 無性闡堤의 존재를 언급하는 것을 문자 그대로 사실을 기술하는 발언으로 해석한다. 이러한 해석은 원측이 같은 구절을 일천제에 해당하는 일을 저지르지 않도록 경계해서 교화하는 방편으로 해석하는 것과 좋은 대조를 이룬다. 원측은 이처럼 불교의 모든 가르침을 한 가지로 부처가 되게 하는 목적에서 설해진 것이라고 보는 입장을 일관되게 유지하고 있는 데, 이는 방편으로서 모든 교설을 施設하고 있는 불교의 근본성격을 잘 이해한 데서 비롯한다고 볼 수 있다.

太賢도 원측의 취지를 좇아서 일천제 등도 불성이 있기 때문에 성불할 수 있다는 입장을 분명히 밝히고 있다.[28] 그러면서 또 한편으로는, "만약 중생에게 결정코 불성이 있다거나 결정코 불성이 없다고 설하면, 모두 佛·法·僧을 비방하는 것이 된다"고 말하고 있다.[29] 태현의 이러한 언급은 원효가 불성의 유무에 대해서 논하면서, "불성의 유무는 불성을 결정적으로 없다고 하는 쪽에 치우쳐 집착하거나 있다고 하는 쪽에 치우쳐 집착하는 것을 타파하기 위한 것이기 때문에, 있다고 할 수도 있고 없다고 할 수도 있다"고[30] 말하는 취지를 따른 것이라고 볼 수 있다. 원효와 태현의 이러한 견해는 모든 교설을 방편설로 보는 원측의 견해를 보다 철저히 밀고 나아갈 때 도달되는 결론이라고 할 수 있다. 중생의 집착을 없애고 깨달음에 이르게 하기 위해서 유효한 기능을 수행할 수 있다면, 불성이 있다고도 할 수 있고 없다고도 할 수 있다는 뜻이기 때문이다.

③ 修行論

교학이 최종적으로 귀결되는 곳은 실천의 문제라고 할 수 있다. 신라의 유식학은 종교적

---

28) 壽靈撰 『華嚴五敎章』 下, 日佛全 卷10, p.350; 李萬, 앞의 책, pp.148-151.
29) 『梵網經古迹記』 卷四, 韓佛全 卷三, p.464; 崔源植, 「新羅菩薩戒思想史硏究」, 東國大博士論文, 1992, pp.131-132.
30) 元曉, 『涅槃宗要』, 韓佛全 卷一, p.542.

실천과 수행의 문제를 다루는 데 있어서도 철저하게 종교적 지향을 반영하고 있다. 종교의 궁극적 목표는 중생의 보편적 구제라고 할 수 있는바, 신라유식의 수행론은 바로 여기에 초점이 맞춰지고 있다.

원측은 유식불교에서 설하는 수행의 다섯 단계(五位)[31]를 따르면서, 전체적으로는 52단계(10信·10住·10行·10廻向·10地·等覺·妙覺)를 설하고 있다. 이는 규기가 十信의 단계를 제외하고 이미 불교의 가르침에 뜻을 둔 단계로부터 시작해서 41단계(10住·10行·10廻向·10地·佛果)의 수행을 설하는 것과는 다른 면모라고 할 수 있다. 원측의 관심은 규기보다 아래쪽으로 향하고 있고, 모든 사람을 포괄하여 함께 가고자 하는 대승의 정신에 보다 투철하다고 할 수 있다. 원측은 범부가 수행을 시작하기 위해서 준비하는 과정(資量位)에 남다른 관심을 보이고 있다.[32] 이는 대개의 유식학자들이 보살의 단계에서의 수행인 수습위(十地)에 대해서만 집중적으로 관심을 보이는 것과는 다른 모습이라고 할 수 있다.

원측은 가장 처음 단계인 十信의 단계를 發心位라고 하고, 發心菩提를 말한다.[33] 원측은 이 말을 통해서 불교 및 유식의 가르침에 대한 맑은 정신적 태도를 강조하고 있다. 동시에 처음 불교에 마음을 두는[發心] 범부와 깨달음(菩提)을 얻은 불타가 본질적으로 같은 존재임을 천명하고 있는 것이다.[34] 이처럼 원측은 발심을 강조함으로써, 불도에 귀의하고자 하는 기본적인 마음 자세의 중요성을 일깨우고 있다. 동시에 처음 발심하는 자세와 마음을 흩뜨리지 않고 굳게 유지하는 것이 곧 깨달음과 같은 것임을 역설한다. 여기에서 우리는 원측이 한편으로 범부가 불도에 귀의할 것을 촉구하면서, 다른 한편으로 처음 불도의 수행을 시작하는 초심자에게 희망과 용기를 심어 주려고 의도하고 있음을 알 수 있다.

태현의 수행에 대한 입장은 원측이나 도증의 견해에 대해서 뛰어나다고 긍정하는 경우가 많은 것에서 알 수 있듯이[35] 기본 정신에 있어서 원측의 견해를 이어받는 것으로 보인다. 태현은 戒를 받을 때에 가장 먼저 중생을 구제하겠다는 大菩堤心을 발하여야 한다고 하여 보리심이라는 마음자세를 매우 중시하고 있다.[36] 또한 계를 받는 방법에 있어서도 菩薩戒의

---

31) 유식불교에서 수행의 순서와 단계를 다섯 단계로 나눈 것으로 수행의 출발(資糧位)·수행의 심화(加行位)·지혜의 시작(通達位)·지혜를 닦음(修習位)·수행의 완성(究竟位)을 말한다.

32) 『解深密經疏』, 韓佛全, p.253.

33) 『解深密經疏』, 韓佛全, p.294.

34) 『仁王經疏』, 韓佛全, p.70.

35) 이만, 앞의 책, pp.143-145.

36) 『梵網經古迹記』, 韓佛全 卷三, p.443; 최원식, 앞의 논문, pp.128-142.

일부분만을 받더라도 보살이라고 할 수 있다는 一分受를 말한 것으로 보아, 중생들로 하여금 보살계를 더 많이, 더 쉽게 받아 지니게 하려는 의도를 읽을 수 있다.[37] 여기서 볼 때 태현의 관심 역시 중생에게 집중되어 있고, 더 많은 중생을 더 쉽게 종교적 수행의 길로 인도하는 데 수행론의 초점을 맞추고 있음을 확인할 수 있다.

3. 객관적 학문태도

신라의 유식학이 강하고도 일관된 종교적 지향하에서 구축되고 있다고 해서, 그 이론이 편향된 시각에서 자의적으로 구성되고 있는 것은 결코 아니다. 어디까지나 객관적 관점에 서서 사실은 실증적으로 확인하고 이치는 논리적으로 따져서 합리적인 결론을 이끌어 내고 있다. 종교적 지향이 강한 만큼 그것을 성취하고자 하는 학문적 작업에 있어서도 철저한 학문정신에 입각하고 있다.

가. 無宗派性

종파성을 규정짓는 한 가지 특징은 자신이 믿고 따르는 경론이나 견해는 완전한 진리이고 적어도 다른 것보다 뛰어나다고 생각하는 배타적 우월감이다. 그리하여 불교의 연구도 자신이 최고의 가치를 부여하는 경전을 중심으로 연구하고, 이 밖의 다른 경전들은 자기가 신봉하는 교설보다 열등하다는 점을 드러내기 위한 비판적 의도로써만 연구하는 경향을 지닌다는 점이다.

이 점에서 볼 때 원측·원효·태현을 비롯한 신라의 학승들은 불교에 대한 연구와 저술을 함에 있어서 특정 종파에 얽매임이 거의 없었다. 이러한 사실은 이들의 저술 목록을 살펴보거나 저술 가운데서 언급하고 있는 경전의 종류를 살펴보면 금방 확인할 수 있다. 세 사람의 저술은 모두 유식뿐 아니라 중관·화엄·淨土 등 불교의 전 분야에 걸쳐 있으며, 특정 저술 속에서 인용하는 경론을 보아도 반드시 같은 계통에 국한하지 않고 폭넓게 인용하고 있다.[38] 이들의 무종파성은 불교사상에 대한 이해의 체계라고 할 수 있는 敎判을 살펴봄으로써 다시

---

37) 同上

38) 저술 목록을 통해서 신라유식의 특징을 찾아보면, 중국 법상종에서는 거의 찾아볼 수 없는 『起信論』·『寶性論』·『佛性論』 등 화엄 계통의 경전과 淨土三部經 등의 연구가 활발하게 이루어지고 있는 반면에, 『俱舍論』 등 小乘論과 因明論에 대한 연구가 상대적으로 적다는 점이다. 富貴原章信, 『日本唯識思想史』(大雅堂, 1944), pp.159–180.

한번 확인할 수 있다.

　원측은 일반 唯識家들이 『해심밀경』의 三時敎判을 절대시하고 그것에 의거하여 유식사상이 최상의 진실한 가르침임을 증명하고 있는 것과는 대조적으로, 三時敎判을 경전을 분류·이해하는 하나의 방식으로 보아 세 가지 다른 가르침은 단지 때에 따라 사람의 근기에 맞추어 다르게 설법함으로써 중생을 불도로 인도하기 위한 방편이었다고 해설한다.39) 이처럼 교판에 절대적 의미를 부여하는 것을 거부함으로써 모든 경론을 열린 시각으로 대하고자 하는 원측의 태도는, "내가 더 뛰어나다는 논의에 집착하는 것이야말로 불타의 가르침에 심히 어긋난다"40)는 말에서 단적으로 드러난다고 하겠다.

　원효는 敎判論爭에 대하여 비판적이었고 심지어는 교판론 자체에 대해서까지도 부정적 입장을 지니고 있었다.41) 원효가 세웠다고 하는 三乘別敎·三乘通敎·一乘分敎·一乘滿敎의 四敎判은 각 경전들의 기능과 성격을 분류함으로써 불교경전을 전체적으로 이해하기 쉽도록 한 것일 뿐, 일승이나 삼승 내지 경전들의 가치들 사이에 우열을 나눈 것은 결코 아니었다.42) 원효는 종파적 입장에서 교판을 행하는 것에 대하여, "술잔을 가지고 바닷물을 퍼내고, 갈대구멍으로 하늘을 보려는 것과 같다"43)고 신랄하게 비판하고 있다.

　태현이 스스로 시도하거나 자신의 견해로 받아들이고 있는 교판의 내용이나 그가 어떤 종류의 교판을 했다는 기록은 아직 어디에서도 발견되지 않는다. 그러나 태현이 경론 본래의 취지를 왜곡하거나 훼손시키지 않기 위해서 함부로 자기 뜻에 따라서 해석하지 않으려 노력하는 것을 보면, 경론의 우열을 가르는 방식의 종파적 교판을 결코 하지 않았으리라는 것을 짐작할 수 있다. 적어도 태현이 학문상 일체의 정실관계나 파벌의식으로부터 벗어나 있다는 사실은 스승인 도증이나 원측에 대해서도 엄정한 비판을 통해서 버릴 것은 버리는 한편, 이들과 대립적인 입장에 있는 慈恩이나 혜소의 학설에 대해서도 취할 것은 취하는 데서도 확인되는 바이다.44)

---

39) 『般若心經贊』, 韓佛全 卷一, p.1; 丁永根, 「圓測의 唯識哲學」, 서울대 박사논문, 1994, pp.46-64.

40) 註21.

41) 金俊炅, 「元曉의 敎判觀 硏究」, 동국대 박사논문, 1985, p.170.

42) 崔裕鎭, 「元曉의 和諍思想 硏究」, 서울대 박사논문, 1988, pp.93-97.

43) 『涅槃宗要』, 韓佛全 卷一, p.547.

44) 趙明基, 『新羅佛敎의 理念과 歷史』(新太陽社, 1962), p.195.

나. 과학적 학문방법론

원측은 경론을 주석함에 있어서 언제나 하나의 경론에만 따르지 않고, 다른 번역본과 반드시 대조하여 여러 가지 서로 다른 견해를 망라한다. 뿐만 아니라 직접 원전을 참조하고 그 장단을 판단하여 결론을 내린다. 또한 경론의 제목을 풀이할 때는 사상적 배경·역사적 전개·사상의 종류와 차이·분파의 모습 등을 상세히 서술하여, 치우침이 없는 전체적 이해를 가능하게 해 준다. 다른 사람의 견해를 인용할 때, 규기가 무슨 경론인지를 명기하지 않고 단지 '有頌言', '如世尊說' 등으로 불분명하게 표기한 데 대해서, 원측은 사람의 이름·경론의 명칭 및 그 卷數 등을 명확히 밝혀 주고 있다. 원측의 이러한 태도는 현대학자의 객관적이고 과학적인 학문방법론에 비견되기도 할 정도이다.[45] 원측은 이처럼 객관적인 학문태도를 가지고 있었기 때문에, 서로 다른 견해가 있을 경우 이들을 자세히 비교 검토한다. 불교 내의 여러 학파뿐만 아니라, 불교 외부의 인도철학 제 파에서 지금까지 그에 관해 논의된 내용을 망라하여 검토한다. 그리하여 여러 견해 중 하나를 택하여 다른 것의 잘못을 지적하기도 하고, 여러 설이 나름대로 근거를 지니고 있으므로 서로 어긋나지 않는다고 회통하기도 하며, 때로는 판단을 유보한 채 병렬적인 소개로 그치기도 한다. 그가 판단하는 기준은 대부분 이치에 부합하는가의 여부에 따르며, 경우에 따라 사실 여부를 확인하기도 한다. 결코 하나의 견해나 관점 내지 종파의 입장에서 모든 것을 논단하지 않는다.

태현 역시 원측의 위와 같은 학문정신을 그대로 계승하고 있다. 태현의 특징은 자기 자신의 직접적인 견해를 여간해서는 드러내지 않고, 가능한 한 여러 대가들의 견해를 중립적으로 소개하는 데서 그치고 있다는 점이다. 가끔씩 자신의 견해를 말하거나 요점을 추리는 것을 통해서 불교에 대한 태현의 탁월한 안목을 엿볼 수 있는데도, 그가 이러한 저술 태도를 취한 것은 그가 철저하게 객관적인 입장에 서서 자의적인 선택이나 해석을 피하고자 의도했음을 알 수 있다. 바로 이 점 때문에 우리나라를 비롯한 중국과 일본의 수많은 후학들이 태현의 저술을 공부하는 교재로 많이 활용하지 않았나 생각된다. 이러한 사정은 『三國遺事』의, "바르지 않은 것을 바로잡을 수 있는 사람은 오직 태현뿐이며, 금방 깊은 뜻을 밝히고 차근차근 이치를 분석하니, 東國의 후진들이 모두 그의 가르침을 따랐으며 중국의 학자들도 왕왕 그의 저술을 구해서 안목으로 삼았다"[46]는 말을 통해서 확인할 수 있다.

---

45) 楊白衣, 「圓測之硏究」, 『華岡佛學學報』 第六期, 1982, pp.121-125.
46) 『三國遺事』 卷四, 義解 第5 賢瑜伽條

4. 맺는말

한국유식학의 특징은 그것이 처음으로 확립되고 가장 왕성하게 연구된 신라의 유식학 속에서 찾을 수 있다. 그리고 신라의 유식학이 중국으로부터 배운 것이니만치 중국유식과의 연속과 불연속이라는 관점하에서 살피지 않으면 안 된다. 이 글에서는 중국에서 수학하고 서명유식이라는 독자적인 유식학을 확립한 원측과 유식학을 신라에 뿌리내리게 한 태현을 중심으로 해서 중국유식과의 차이를 주로 살폈다.

이 글에서 역점을 두어 드러내고자 한 것은 한국유식은 중국유식에 비해서 종교적 지향이 매우 강하고 일관된다는 점이다. 이 점은 전 유식학 체계의 기본적인 성격이나 유식학에 대한 이해방식 및 교학의 내용 곳곳에서 확인할 수 있는 바이다. 상대적으로 중국의 법상종학은 학문적이고 논리적 지향이 지나치게 강해서 때로는 종교적 지향을 망각하거나 소홀히 하기도 한다. 이러한 차이는 신라유식에는 논리적 성격이 강한 아비달마 계통의 論과 불교논리학인 因明에 관련된 저술이 상대적으로 적은 데 비해서, 종교성이 강한 대승경론이나 정토신앙에 관한 저술이 상대적으로 많다는 점에서 간명하게 드러난다. 신라유식은 이처럼 종교적 지향이 강하면서도 그것을 추구하는 학문적인 작업은 철저하게 객관적인 태도하에서 엄밀하게 추진된다. 이런 점에서 신라의 유식학은 보다 강한 설득력을 지니는 종교학이 될 수 있다고 생각한다.

신라유식의 특징과 의미를 전체적으로 파악하기 위해서는 원측과 태현 외에 더 많은 사람들을 다양한 각도에서 주의 깊게 살펴보아야 할 것이다. 연구대상의 폭을 넓히는 것 외에도 관련된 연구자료를 빠짐없이 섭렵하는 것이 중요하다. 본인의 저술뿐만이 아니라 중국이나 일본 그리고 티베트의 저술 속에서 신라유식학이 어떻게 다루어지고 있는가도 살필 필요가 있다. 그렇게 함으로써 신라유식을 보편불교사의 맥락 속에서 다룰 수 있을 것이다. 또한 신라유식의 특징으로 밝히고 있는 사실들이 자신의 사상체계 속에서 또 역사적 사회적 맥락 속에서 어떠한 의미와 연관을 맺고 있는지를 밝히고, 보편적 사유의 지평 위에서 어떤 의미와 가치를 지닐 수 있는가를 검토해야 한다. 그렇게 할 때만이 신라유식의 사상사적인 위치를 올바로 정립할 수 있고, 그것을 오늘날에 연구하는 것이 어떤 의미를 지닐 수 있는가에 대한 물음에 답할 수 있을 것이다.

논 평

정영근 교수의 「신라유식과 중국유식
—그 연속성과 불연속」 논평

오형근(동국대)

이 논문은 신라유식과 중국유식학을 비교하여 신라의 유식학이 보다 우수하고 대승적이라는 것을 부각시키고 있다. 그리고 이 논문은 중생을 차별하는 五性各別說을 고집하는 중국유식보다 모든 중생은 평등하며 성불할 수 있다는 일승사상을 주장한 신라의 유식학이 수승하다는 것을 알 수 있도록 하고 있다. 이 논문의 내용을 분석하면 다음과 같다.

첫째로, 신라유식학은 중국유식학보다 종교적이라는 것이며 그 교학의 구성체는 三性論으로 교리를 체계화하고 境行果의 실천과 空觀과 佛性의 교학을 유식학에 의하여 논증하고 있다.

둘째로, 신라유식학은 모든 사상을 수용하는 객관성과 종파성이 없는 학문의 방법을 취하고 있다는 것을 논증하고 있다.

이와 같이 이 논문은 신라의 유식학이 비록 중국으로부터 수입되었지만 그 사상의 깊이와 넓이는 중국의 유식학에 비교하여 손색이 없으며 더욱 진일보하여 최상의 정신문화를 창조하였다는 것을 밝히고 있다. 신라의 유식학을 크게 발전시킨 대표적인 학자는 중국에 유학하여 현장법사와 地婆訶羅 그리고 義淨三藏 등이 경전을 번역할 때 참여하여 실력을 발휘하고 뛰어난 논문과 저서를 발간한 圓測法師와 道證法師, 신방법사, 勝莊法師 등을 먼저 꼽을 수 있다. 그리고 국내에서 유식학을 연구하여, 중국과 일본에까지 명성을 날렸던 元曉大師, 璟興法師, 遁倫法師 등을 들 수 있다. 이 논문은 이들의 학문에 대한 우수성을 밝히고 있는 데 대하여 필자도 대부분 동감하며 많은 것을 배웠다. 그러나 옥에 티가 될지 모르나 이 훌륭한 논문에 작은 소견을 덧붙일까 한다.

1. 신라의 유식학은 현장법사가 전한 법상종의 유식학만이 아니라 섭론종의 유식학이 먼저 들어왔다고 본다. 예를 들면 원광법사가 섭론을 공부하여 입국했다는 설도 있는 바와 같이 이러한 점도 밝혔으면 한다.

2. 원효대사는 유식학을 전공했을 뿐 아니라 주지하는 바와 같이 華嚴學, 淨土學, 天台學 등 여러 학문과 관련이 있는 학자였다. 그 가운데서도 일찍이 현장법사의 학문을 흠모하여 입당을 시도한 일이 있었다. 이와 같이 유식학과 깊은 인연을 맺었던 원효는 유식학과 관계가 없는 경전을 주석할 때도 유식학을 인용하여 논술한 것이 많다. 현존 저서에 의하면 기신론소와 금강삼매경론을 저술할 때 『瑜伽師地論』과 『攝大乘論』 등의 心識說과 修行說을 많이 이용하였다. 원효대사는 특히 법상종의 알라야식설[阿賴耶識說]과 섭론종의 아말라식설[阿摩羅識說]을 인용하여 학문을 돋보이게 하고 사상을 대폭 인용하고 있다. 그리고 『무량수경종요』 등에서 정토사상을 설명할 때 유식학의 심식사상을 인용하여 唯心淨土사상을 설명하고 있다. 이 유심정토사상은 法位대사의 『無量壽經義疏』에도 잘 나타나고 있다.

3. 신라의 유식학은 새로운 미륵신앙을 파급시키는 데 결정적인 토대가 되었다. 그것은 미륵불 『유가사지론』과 『변중변론』 등을 설하였기 때문에 『유가사지론』 등이 전해지는 곳에는 전통적으로 미륵신앙도 함께 전해져 온 사례가 많다. 신라의 미륵신앙도 법상종과 관계가 깊은 것이다.

4. 신라의 유식학이 삼성의 교리로 교리체계를 삼는다는 논문에 대하여 동감한다. 그런데 三性 가운데 遍計所執性은 인연의 현상계를 잘못 인식하여 집착을 야기한 번뇌를 의미한다. 번뇌를 야기하는 心體를 자세하게 설명하여야 그 진실이 드러난다. 원측은 번뇌가 없는 지혜만이 我空과 法空의 경지를 증득할 수 있고 이 二智에 의하여 진정한 空性을 증득할 수 있다고 하였다.

5. 유식학은 사물을 관찰하는 지혜를 갖도록 하는 轉識得智의 교학이다. 번뇌를 정화하고 지혜를 가질 때 사물을 有와 空에 치우치지 않은 중도관을 갖게 된다. 이 중도사상으로 瑜伽宗의 護法과 戒賢은 淸辨과 智光이 주장한 空사상에 대하여 논쟁을 벌였으므로 이에 대하여 좀 더 심도 있게 논술되었으면 한다.

6. 五性各別說은 인도의 護月論師가 주장한 학설로서 중국의 규기법사 등은 인간의 차별성을 주장한 이 학설을 신봉하고 고집하였다. 이에 대하여 원측법사는 『法華經』 등의 一乘思想을 인용하여 오성각별설을 부정하였다. 이러한 사상의 차이가 있기 때문에 중국계의 慧沼大師가 원측과 도증 등 양법사의 사상을 타파하고자 『成唯識論要義』 등을 저술하였다. 이러한

학문적인 대결로 말미암아 신라계의 유식학파와 중국계의 유식학파 간에 차별이 있음을 온 세상에 알려지게 되었다.

7. 신라의 유식학은 無宗派性이라고 하지만 중국유식이 護法의 유식만을 고집한 것과는 달리 호법과 安慧의 모든 유식학을 수용하는 또 다른 西明學派를 구축하였다. 그 성격이 뚜렷하기 때문에 중국유식학과 마찰이 생겼으며 어떤 학자는 신라의 유식종이라고 칭한 예도 있기 때문에 종파와는 달리 학파의 성질은 있었다고 보아야 하지 않을까 한다.

8. 三時敎判은 『해심밀경』에 의하여 호법논사가 세운 것이다. 중국에는 진제 삼장과 현장 법사에 의하여 삼시교판사상이 각각 도입되었다. 신라의 화엄학자인 表員大師의 『華嚴經文義要決問答』에 의하면 원측은 진제의 삼시교판을 인용하였으며 이에 대하여 법장대사는 잘못 인용했다고 비판한 글이 있다. 이로 미루어 원측에게도 교판사상이 있었으며 『불설반야바라밀다심경찬』 등에서도 삼시교판을 소개하고 있는 것으로 보아서 『해심밀경』을 최상의 경전으로 모셨으며 그러기 때문에 『해심밀경소』를 저술한 것이 아닌가 생각한다.

9. 신라유식학이 논리적 성격이 강한 아비달마 계통의 論과 불교논리학인 因明에 관련된 저술이 중국에 비하여 상대적으로 적으며, 종교성이 강한 대승경론이나 정토신앙에 관한 저술이 상대적으로 많다는 점에서 극히 종교적이라는 주장은 일리가 있다. 그러나 신라의 유식학자들이 중국학자들에 비하여 인명학의 연구가 부족한 것은 아니다. 원효대사는 인명학에 밝아 인도의 인명학자인 陳那의 후신이라는 평을 받았고 또 순경법사의 인명학은 중국의 유식학계에서도 찬탄을 받았다.

인명학에 대한 저술에 대해서도 원측은 『대인명론소』와 『인명정리문론소』, 원효는 『인명론소』, 『인명입정리문론기』, 경흥은 『인명론의초』, 순경은 『인명입정리론초』, 도증은 『인명입정리론소』, 『대인명론초』, 『대인명론소』, 승장은 『대인명론술기』, 오진은 『인명론비궐약초』, 태현은 『인명론고적기』, 『인명입정리론기』, 『인명입정리론학기』, 『인명정리문론고적기』, 결코 저서가 적은 편이 아니다. 신라유식학자들은 저술을 두루 하여 상대적으로 인명학에 대한 저술이 적은 것같이 보이지만 논리학에 있어서 소홀히 하지 않았다. 그러므로 신라의 인명학은 일본의 善珠大師 등에게 영향을 크게 끼쳤던 것이다.

이상으로 몇 가지 생각되었던 것을 발표하고 이 논문에서 많은 것을 얻었으며 그 노고에 감사하면서 이 논평을 마치고자 한다.

신라유식과 중국유식

사회: 신동하

약정토론: 오형근

☞ 사 회

발표에 대해서 동국대학교에 계시는 오형근 선생님께서 준비하신 토론을 해 주시겠습니다.

☞ 오형근

안녕하십니까. 오형근입니다. 방금 정영근 선생님의 발표를 듣고 저도 미리 논문을 받아보고 공부를 많이 했습니다. 배운 바가 많고, 오늘 처음 뵈었는데 반갑습니다. 어떻게 젊은 분이, 젊은 분이라 해서 좀 죄송합니다만(웃음), 어떻게 방대하게 신라유식을 꿰뚫어보고 몇 페이지 안 되는 논문에 그렇게 모두 포함시켜서 잘 썼을까 하는 생각을 여기 와서 해봤습니다. 본론에 들어가서 1페이지입니다마는 1페이지는 아까 정 선생님께서 발표한 요지를 저 나름대로 분석한 것이기 때문에 1페이지는 그냥 생략하겠습니다. 아무튼 제가 조금 지적이라고 할까요, 덧붙이고자 한 것은 혹시나 옥의 티가 되지 않을까 하고 생각하면서 나름대로 제 생각을 좀 제기하고자 합니다. 이런 것도 좀 더 보탰으면 하는 그런 내용도 조금 적어 봤습니다. 2페이지부터 읽으면서 부족한 것은 조금씩 해설을 해드리도록 하겠습니다.

첫 번째로, 신라의 유식학은 현장법사가 전한 법상종의 유식학만이 아니라 섭론종의 유식학이 먼저 들어왔다고 봅니다. 예를 들면 원광법사가 섭론(攝論)을 공부하여 입국했다는 설도 있는 바와 같이 이러한 점도 밝혔으면 합니다. 신라유식하면 보통 현장 이후의 법상종 유식학을 주로 말하는데, 하여튼 이 뿌리를 캐고 보면 사실상 원효나 원측 시대의 이전에 말이죠, 소위 우리가 구유식이라고 하죠, 그게 이미 수나라 때 진제삼장이 먼저 가지고 와서 섭론종이라는 독특한 심식설이라든가 이러한 것을 보급해 가지고 그 섭론이 굉장히 성한 때에 현장이 인도에서 들어오게 됩니다. 그러기 때문에 또 원장법사가 섭론을 배워 갖고 와서 강의를 했고 여긴 없습니다만 자장율사도 섭론을 강의한 바 있습니다. 이래서 역시 법상종 유식 이전에 그런 것도 조금 밝혔으면 하는 그런 생각을 여기에다 적어 봤습니다.

두 번째로, 원효대사는 유식학을 전공했을 뿐만 아니라 주지하는 바와 같이 화엄학, 정토학, 천태학 등 여러 가지 관련돼 있죠. 이능화 선생은 원효대사를 칠종(七宗)에 연관시켜서 말씀을 하고 계시는데 아무튼 이러한 관련이 있는 학자였습니다. 그 가운데서도 원효대사는 일찍이 현장법사의 학문을 흠모하여 입당을 시도한 일도 있었습니다. 이와 같이 유식학과 깊은 인연을 맺었던 원효는 유식학과 관계가 없는 경전을 주석할 때도 유식학을 인용하여 논술한 것이 많습니다. 현존 저서에 의하면 기신론소와 금강삼매경론을 저술할 때에 『유가사지론』과 『섭대승론』 등의 심식설과 수행설을 많이 인용하고 있습니다. 원효대사는 특히 법상종의 아뢰야식과 섭론종의 아말라(amala)식설을 인용하여 학문을 돋보이게 하고 있습니다. 그리고 『무량수경종요』 등에서 정토사상을 설명할 때 유식학의 심식사상을 인용하여 유심정토(唯心淨土)사상을 설명하고 있습니다. 이러한 유심정토사상은 법위대사의 『무량수경의소』(無量壽經義疏)에도 잘 나타나고 있습니다. 이것은 어떻게 해달라는 말은 없습니다마는 역시 이런 신라유식학 하면 신라유식학이 정토학에 이러한 영향을 끼친 점, 이런 것도 조금 앞으로 포함했으면 어떨까 이렇게 생각하고, 원효대사의 이야기가 나왔으니까 말입니다마는, 역시 원효대사는 제가 보기에는 몇 가지는 자세히 조사는 안 해 봤습니다만, 『금강삼매경론』이나 『기신론소』나 『무량수경종요』 등에 자기가 지은 『이장의』(二障義)를 다시 인용하고 있습니다. 그러기 때문에 이 『이장의』가 거의 초기작품으로 보이거든요. 그런데 『이장의』를 나름대로 분석해보면 저도 조금 번역을 하기도 했습니다마는, 그 내용을 보면 『유가사지론』 등 유식학을 바탕으로 하여 『이장의』가 구성돼 있습니다. 그러기 때문에 그런걸 보면 원효대사가 초기에 소위 유식학을 나름대로 연구해가지고 그 안목으로 『기신론소』나 『금강삼매경론』과 같은 책들을 주석하고 있습니다. 그리고 내지 『무량수경』을 주석할 때도 이른바 유식의 심식설을 인용해서 유심정토의 사상을 정토의 체(體)로 하고 있습니다. 이러한 등등 정토사상을 표현하고 있는데, 역시 그런 사상도 조금 가미했으면 하는 마음이 있습니다.

세 번째로, 신라의 유식학은 새로운 미륵신앙을 파급시키는 데 결정적인 토대가 되었습니다. 그것은 미륵불이 『유가사지론』(瑜伽師地論)과 『변중변론』(辯中邊論) 등을 설하였기 때문에 『유가사지론』 등이 전해지는 곳에는 전통적으로 미륵신앙도 함께 전해져 왔기 때문입니다. 신라의 미륵신앙은 법상종과 관계가 깊은 면이 많습니다. 미륵이 설한 소위 『유가사지론』을 비롯한 오대부론이 있는데 그것을 현장법사가 번역하면서 즉시 신라로 들어왔습니다. 신라인들은 미륵보살의 설법이라는 것을 알고 아마 그런 새로운 미륵신앙이 전파된 것 같습니다. 새롭다는 것은 그전에는 미륵경전에 의한 미륵신앙이었고, 이것은 바로 미륵이 설했다는 그러한 전설에 의해서 미륵신앙이 묘하게 따라옵니다. 인도에도 거의 『유가사지론』 등 유식학을 전공한 학자는 거의 미륵신앙을 가졌어요. 또 중국에도 유식학자인 현장법사나 규기법사도 미륵신앙을 했습니다. 그래서 임종할 때도 소위 도솔왕생을 발원하고 그리고 도솔정토의 사상을 갖고 임종을 했습니다. 이와 같이 여기다 앞으로 신앙문제는 아주 중요하기 때문에 적어 봤습니다.

네 번째로, 신라의 유식학이 삼성의 교리로 교리체계를 삼는다는 논문에 대하여 전적으로 동감을 합니다. 그런데 삼성 가운데 변계소집성은 인연의 현상계를 잘못 인식하여 집착을 야기한 번뇌를 의미합니다. 번뇌를 야기하는 심체를 자세하게 설명하여야만 그 진실이 드러난다고 봅니다. 원측은 『반야경찬』이나 여러 저술에서 번뇌가 없는 지혜만이 아공(我空)과 법공(法空)의 경지를 증득할 수 있다고 했고, 이러한 이치에 의하여 진정한 공성을 증득할 수 있다고 말하고 있습니다. 이 점에서 삼성에 있어서는 정 선생께서 삼성의 교리만을 설한다고 해서 말씀드립니다마는 원측은 물론 삼성을 많이 들고 있습니다. 『반야심경』 해석할 때도 그렇고 그런데 조금 더 넓힐 수 있는 것이 많은데, 물론 이것을 중요시 여겨서 이것만을 예로 들지 않았나 합니다. 저도 전적으로 동감하면서 조금 더 사상을 넓혀 주었으면 하는 생각이 들고 그리고 여기서 삼성의 공간이라는 이런 말이 나왔습니다마는 사실상 여러 가지 면에서 모든 것이 인식론이 아니겠습니까, 유식학의 장점은. 그래서 변계소집성(遍計所執性)이라든가 번뇌의 현상이 나타나는 원인들을 설명할 때는 심체설을 조금 개입시켜서 변계소집성을 설명하는 것이 좋겠습니다. 번뇌의 성질이 난데없이 나타나 쓰였다가 삼성으로 묶지 않으면 안 되는가 이런 것도 조금 생각해 볼 만하지 않을까 이렇게 생각되어서 조금 적어 봤습니다.

다섯 번째, 유식학은 사물을 관찰하는 지혜를 갖도록 하는 전식득지(轉識得智)의 교학입니다. 번뇌를 정화하고 지혜를 가질 때 사물을 유(有)와 공(空)에 치우치지 않은 중도관을 갖게 됩니다. 이 중도관으로 유가종(瑜伽宗)의 호법(護法)과 계현(戒賢)은 청변(淸辨)과 지광(智光)이 주장한 공사상에 대하여 논쟁을 벌였으므로 이에 대하여 좀 더 심도 있게 논술되었으면 합니다. 이 문제는 뒤에 삼시교판과 함께 할 수 있는 문젠데요, 그것은 뒤에 삼시교판과 함께 말씀을 드리도록 하겠습니다. 여기서 사실상 호법과 계현은 『해심밀경』을 중심으로 삼시교판을 말하고 있고 또 청변과 지광은 공종 아니겠습니까. 청변은 나름대로 『아함경』, 다음에 『해심밀경』, 그리고 다음에 『반야경』으로 순서를 정해 놓고, 또 호법 쪽은 『아함경』 그리고 『반야경』, 그다음에 『해심밀경』의 순서로 놓고 있다고 저는 쓰려다 말았습니다만, 교 판이라는 것이 정 선생께서 주장했듯이 이 종도들 마음대로입니다. 자기위치에서 말이요, 그래서 천태의 오시교판은 『법화경』이 제일이다 하고, 화엄종은 『화엄경』만 제일이라고 합니다. 이건 종파입장이지요. 『해심밀경』(解深密經)에 일승사상이 있지 않습니까. 그런데 법상관계 를 많이 설명했다고 해서 대승시교에다 묶어버리고 있습니다. 이것은 자기 나름대로, 종도들 나름대로 하는 것 같은데, 호법은 호법대로 교판사상을 정하고 있습니다. 그러한 교판사상이 먼저 들어오죠. 진제는 섭론종이니까, 진제가 『해절경』(解節經)을 번역했단 말이에요. 다음에 현장이 들어오면서 『해심밀경』이라는 이름으로 번역했단 말이에요. 그것이 두 가지, 세 가지, 몇 가지로 번역되면서 교판사상이 들어왔단 말입니다. 거기에서 우리가 악취공이라는 말을 하는데 유와 공을 너무 일방적이고 부정적인 그런 말을 약간 부드럽게 했으면 하는 생각이 드는데요, 악취공이란 말은 사실상 제가 보기에는 『유가사지론』에서 제일 먼저 나온 것 같아 요, 그래서 『유가사지론』부터 공종의 교도들이 너무 일반적으로 공을 주장하니까, 그렇다면 공 자체를 유가종 즉 유식학에서 부정하느냐 하면 그게 아니고, 용수의 공사상은 진정한 것 인데 그러나 후대의 제자들이 일방적으로 그걸 주장을 하다 보니까, 완공(完空)으로 가지 않 습니까. 공 자체가 완전한 공은 아니거든요. 다른 말로 하면 공성(空性)은 진여(眞如)성 아 닙니까. 불성이고. 신라의 원측도 사실상 반야심경에서. 반야 계통의 공을 주석할 때 규칙으 로 공에 대해서 해설하거든요. 진공, 진여, 진상 아니면 무상(無相) 등 공 이론을 여러 가지 로 주석하고 있습니다. 특히 표원대사는 『화엄경문의요결문답』에서 교판사상을 많이 거론하 고 있는 것 같아요. 법장이나 위에서 거론했던 현장 진제 그리고 천태 내지 원측법사 등 이 런 분들의 교판을 거론하고 있습니다. 그러니까 원측법사는 교판 자체를 부정하는 게 아니고 위에서 원효대사의 말씀이 있으셨습니다마는 여러 가지를 두루두루 그야말로 일승적인 차원 에서 많이 진리를 응용하다 보니까 교판사상이 없는 것처럼 보이는데, 그러나 역시 이분은 이분대로 그 가운데 『해심밀경』을 신봉한 분이었다. 표원은 원측법사가 진제의 삼시교판을 인용했는데 법장대사는 화엄종의 교판에서 그걸 오해하고 잘못 인용하고 있다, 그래서 저는 다른 논문을 면서 법장대사는 화엄교판사상에서 법상종의 교리를 비하한 것은 잘못 판단한 것이라고 지적한 적이 있다. 원측은 원측대로 삼시교판에 의해서 그건 옳은 것이라고 말하였 다. 그래서 아까 말한 바와 같이 종도들 나름대로 자기 입장에서 저쪽은 나쁘다, 요쪽은 옳다고 한 것이지, 그래서 원측은 원측법사대로 나름대로 삼시교판을 가지고 있다. 그 원인은 이분이 그 『해심밀경』을 가장 많이 인용하는 책이 무엇이냐 하면 『불지경론』(佛地經論) 등 여러 논전들이거든요, 『불지경론』은 최승자가 지은 것인데 이분의 삼시교판 사상이 『유가사지론』 약석인 논전에 있습니다. 거기에 삼시교판이 있거든요. 그래서 원측법사의 교판사상은 현장과 진제한테만 영향받은 게 아니고, 최승자의 거기서부터 삼시교판사상을 익히지 않았나 이렇게 생각을 해 봅니다.

다음에(여섯 번째), 오성각별설은 인도의 호법논사가 주장한 학설로서 중국의 규기법사 등은 인간의 차별성을 주장한 이 학설을 신봉하고 고집하였습니다. 이에 대하여 원측법사는 『화엄경』과 『법화경』 등의 일승사상을 인용하여 오성각별설을 부정하게 됩니다. 이러한 사상의 차이가 있기 때문에 중국계의 혜소대사가 원측과의 사상을 타파하고자 『성유식론요의』(成唯識論要義) 등을 저술해서 많은 비판을 하고 있습니다. 이러한 학문적인 대결로 말미암아 신라계의 유식학파와 중국계의 유식학파 간에 차별이 있음을 온 세상에 알려지게 되었습니다. 이제 그러한 오성각별설뿐만 아니라 여러 가지 면에서 우리가 읽을 수가 있죠. 그래서 심지어 이러한 대립적인 것에 대하여 일본학자들은 규기파나 원측파나 신라계 중국계 할 것 없이 모두 우리 스승들인데 왜 뒤에 사람들이 신라계의 유식학문을 타파하고 있느냐…… (웃음). 이와 같은 글이 나옵니다. 그런데 내가 보기에는 중국계, 혜소대사라든가 이런 사람들은 너무 일방적으로 신라 소국에서 왔다고 깔보고 그랬는지 어쨌는지는 모르겠지만 조금 너무한 것 같아요. 그래서 원측법사는 일승적인 차원에서 이러한 오성각별설을 보고 모든 사람이 성불할 수 있다고 주장하면서 오성각별성의 학설을 부정하였다. 오성각별설을 나름대로 보면 무성유정은 성불할 수 없다고 한 것은 일승사상에 어긋난다고 볼 수 있다. 원효대사의 『화쟁론』에도 무성유정의 단어가 나옵니다. 그래서 아마 중국에서부터 무성유정을 일천제라고도 하고 성불하냐 못하냐의 논쟁이 크게 벌어지기도 하였다. 그것이 신라로 유입돼가지고 신라에서도 무성유정에 대한 상당한 논쟁이 벌어지면서 점차 불화가 된 것 같다. 그래서 원효는 거기다가 그런 사상도 화쟁 입장에서 이런 걸 거론하고 있지 않나 하고 제 나름대로 생각해 봤습니다.

그다음에 일곱 번째, 신라의 유식학은 무종파적이라고 하지만 중국유식이 호법의 유식만을 고집한 것과는 달리 호법과 안혜의 모든 유식학을 수용하는 또 다른 서명학파를 구축하였습니다. 그 성격이 뚜렷하기 때문에 중국유식학과 마찰이 생겼다고 볼 수 있습니다. 어떤 학자는 신라의 유식종이라고도 칭한 예도 있기 때문에 종파와는 달리 학파의 성질은 있었다고 보아야 하지 않을까 합니다. 신라의 유식학은 서명(대)사를 중심으로 신라적인 그러한 학문사상이 뚜렷했다고 볼 수 있다. 그래서 어떻게 보면 종파도 없는 것이며 이래 버리면 신라의 어떠한 학문적인 알맹이가 없는 것이며, 자칫하면 그렇게 보이지 않을까 해서 뭔가 하나는 부여를 해야 하겠다 하는 의미에서 이렇게 한번 써 봤습니다. 시간이 많이 지난 것 같습니다. 죄송합니다.

그다음에 아홉 번째, 신라의 유식학이 논리적 성격이 강한 아비달마 계통의 논과 불교논리학인 인명(因明)에 관련된 저술이 중국에 비하여 상대적으로 적으며 종교성이 강한 대승경론이나 정토신앙에 관한 저술이 상대적으로 많다는 점에서 극히 종교적이라는 주장은 일리가 있습니다. 그러나 신라의 유식학자들이 중국학자들에 비하여 인명학의 연구가 부족한 것은 아닙니다. 원효대사는 인명학에 밝아서 인도의 인명학자인 진나의 후신이라는 별명이 있을 만큼 저명한 인명학자라는 평을 받았습니다. 그다음에 순경법사라든가 이러한 분들의 인명학이 중국의 유식학계에 알려져서 커다란 찬탄을 받고 규기법사도 순경의 저술을 받아보고 대단히 잘됐다고 찬탄한 글도 있습니다. 그래서 신라학자들은 인명학을 많이 연구함과 동시에 경전도 많이 연구하였습니다. 그러나 경전 쪽에 많이 치우쳐서 특히 종교적이라는 주장을 본문에 밝히고 있는데 결코 인명학이 중국에 지지 않았다는 것입니다. 그래서 경전도 잘 연구해서 종교성이 있으면서도 논리적인 것이 많기 때문에 중국학자들에 비교하여 그렇게 지지 않았다는 것을 좀 말씀을 드리고 싶습니다.

인명학에 대한 저술에 대해서도 원측법사를 비롯한 신라학자들의 찬술 목록을 보면 다수의 저술을 하였기 때문에 중국학자들에 비교하여 결코 적다고 할 수 없습니다. 여기는 좀 넘기겠습니다. 그리고 조금 한 네댓 줄 내려와서 신라유식학자들은 저술을 두루 하여 상대적으로 인명학에 대한 저술이 적은 것같이 보이지만 논리학에 있어서 소홀하지 않았습니다. 그러므로 신라의 인명학은 일본의 선주대사 등 소위 일본학자들에게 크게 영향을 끼쳤던 것입니다. 신라 인명학을 이 사람들이 『인명론소』 내지 초(鈔)를 쓰면서 많이 인용하고 있거든요. 물론 중국의 인명학도 인용을 하지마는 신라의 인명학을 일본사람들이 많이 인용하고 있어요. 그러기 때문에 우리가 중국의 인명학과 한국의 인명학을 질과 양을 비교해 볼 때에 결코 지지 않고 국제적으로도 많이 인정을 받았다고 할 수 있습니다. 이렇게 말씀을 드리고. 이상으로 몇 가지 생각되었던 것을 말씀드리고 이 논문에서 많은 것을 얻었으며 그 노고에 감사하면서 이 논평을 마치고자 합니다. 감사합니다. 너무 시간이 지났습니다.

☞ 사 회

네. 조목조목 논평 겸 질문해 주셨습니다. 정 선생님 부탁드립니다.

☞ **정영근**

예. 성의껏 읽어 주시고 꼼꼼히 지적해 주신 데 대해서 감사하게 생각합니다. 제가 우선 논문을 쓸 때에는 신라유식 전체의 흐름을 개관하거나 혹은 한 학자의 사상을 전체적으로 조망하거나 그런 관점에서 쓴 게 아니고 신라유식불교의 한국적인 독자성이 무엇이냐 하는 어떤 그런 질문에 대해서 답하고자 하는 입장에서 썼기 때문에 제가 언급하고 있는 유식학자를 선정할 때도 대표적으로 독자성을 드러낼 수 있는 사람만을 선정을 했고 또 그 사람의 사상을 다루는 입장에 있어서도 독자성이 가장 잘 드러난다고 생각되는 그런 사상만을 간추려서 요점적으로 언급을 한 것입니다. 그런 측면에서 첫 번째 도입, 유식학의 도입수용기에 섭론학을 도입한 원광이나 자장 등등의 유식학자들은 아직 신라유식으로서 어떤 비판적 소화과정을 거치고 자신의 독자적인 학문적인 입장이 성립하지 않은 시기라고 저는 보고서요, 그 이후 그러니까 서명유식 이후를 신라유식의 독자성을 드러낸 것으로 보고서 일단 논의에서는 생략을 했습니다. 그래서 중국유식을 심화했거나 그거보다 한 단계 더 나아가서 발전했다고 보이는 이런 측면만을 신라유식의 독자성을 드러낸 것으로 보고 그것만을 집중적으로 논의했음을 말씀드립니다.

그다음에 원효와 유식학과의 관계인데요, 심지어는 원효의 사상을 어떤 분들은 원효 자체의 사상이 신구유식을 종합한 사상인가 이렇게 해 가지고 유식학의 범위 안에 원효사상을 정리하려고 하는 그런 시도들도 있는 걸로 알고 있습니다. 그만큼 원효사상의 이론적 전개과정에 있어서 유식학의 교리가 가장 많이 동원되고 있다 하는 것은 저도 동의를 하고 이 부분에 대해서는 논평을 해 주신 오형근 선생님이 직접 이것만을 중심적으로 다룬 논문도 있고 그렇습니다.

그다음에 세 번째 유식학의 교학과 미륵신앙과의 관계가 어떻게 연결되느냐, 저도 이 부분에 대해서는 개인적으로 상당한 의심을 가지고 있습니다. 유식관계 경전을 미륵이 설했다고 하는 그 사실만을 가지고서 미륵신앙하고 연결될 수 있는 것이냐, 그리고 그때 미륵이 살았다고 하는 미륵이 미륵신앙에서 얘기하고 있는 미륵하고 동일한 인물이냐, 이런 것들에 대한 어떤 확인이 필요한데 제가 보는 한은 『유가론』 등 유식관계 경전 속에서 사상적인 맥락에서 살피는 한 정토삼부경에서 얘기하는 그런 미륵경전신앙과 연결시킬 수 있는 사상적인 맥락을 좀 찾기가 힘들었습니다. 그래서 현상적으로는 유식학을 연구하는 사람들이 미륵신앙을 가지고 있고 그런 어떤 종교적 성향을 지니고 있는데, 그게 그들이 종전으로 삼고 있는 유식경전의 구체적인 사상과 어떻게 연결되느냐 하는 것은 저 역시 어떤 하나의 의문으로 여전히 가지고 있습니다. 앞으로 좀 연구해야 할 부분이 아닌가 생각합니다. 그다음에 4번, 5번, 그다음 6번, 8번 이런 것들은 전부 다 제가 한국불교의 독자성을 언급하면서 원측의 견해가 중국유식의 견해와 어떻게 다른가를 언급하면서 다루었던 부분인데요. 이런 부분들을 논의하면서 이 논의 자체가 불교 교리전개사에서 어떠한 전후배경을 가지고 있고 이것이 어떠한 의미를 가지고 있는가 하는 어떤 수평적 혹은 수직적, 전체적인 어떤 개괄 이런 것들은 제가 또 제 자신 학위논문, 원측의 유식철학을 다룬 논문에서 따로 집중적으로 논의한 바가 있고, 또 오늘 논의하고자 하는 주제는 한국불교의 특수성이라고 하는 것에 초점이 모아져 있기 때문에 논의과정이라든가 이런 문제를 논의한 구체적인 내용들 이런 것들은 제가 좀 과감하게 생략한 것입니다.

그다음에 이후 사람들이 원측을 인용할 때 제가 일본 학자들이나 그 이후 원측 이후의 사람들이 원측을 인용한 경우를 보면, 대부분 원측의 견해 자체에 대해서 동의를 한 경우도 있지만, 원측이 자신의 저술 속에서 어떤 문제에 대해서 논의를 할 때, 그 이전에 그 문제에 대한 여러 가지 논의들, 그러니까 예를 들어서, 교체면 교체 교판이면 교판에 대해서 그 이전의 학자들이 어떤 다양한 견해를 지니고 있었고 어떤 다양한 입장을 갖고 있었나 하는 것을 전부 다 포괄하고 있습니다. 그러니까 어떻게 보면 불교사를 이해하기 위해서는 원측의 저술을 보면 굉장히 간략하게 불교사 전체의 맥락과 다양한 견해들을 한꺼번에 볼 수 있다는 점에서 원측을 많이 인용하는 경우를 볼 수 있습니다. 그러한 점에서 8번에 지적하고 있는 원측에 대한 인용부분도 그런 관점에서 이해를 도움이 되지 않나 싶습니다.

그다음에 7번에 신라유식이 학파의 성질을 지니고 있었지 않나 이 점에 대해서는 저도 동감을 합니다. 왜냐하면 원측의 학문적 입장을 추종하고 따르는 사람들이 쭉 이어지고, 또 그런 어떤 일련의 학맥이 또 그와 대비되는 중국유식과 대립되는 이런 모습들을 분명하게 보여준다는 점에서 학파의 성질은 분명히 지니고 있었다는 점에 저도 동의를 합니다. 이상 간략하게 답변을 합니다. 9번 문제 인명학에 관한 문제에 대해서 말씀을 드리겠습니다. 저술 전체의 목록만을 형식적으로 따져 볼 때 상대적으로 중국유식학자들이 아비달마 계통의 논전에 대한 주석이라든가 인명에 대한 주석의 수가 우선 한국유식학자들의 저술에 비해서 압도적으로 많습니다. 거기에 비해서 한국유식학자들은 아비달마 계통의 주석은 상당히 드물고 인명에 대한 주석을 하긴 했지만 상대적으로 비중 있게 다루지 않았다는 점입니다. 또 이와 대조적으로 중국유식에 의해서는 정토신앙에 대한 주석이 상당히 드뭅니다. 그리고 한국유식에서는 대승정론과 정토신앙에 대한 주석이 상대적으로 많다는 점에서 한국유식의 특징을 종교적 지향으로 저는 설명하고자 했던 것입니다.

☞ **사 회**

답변이 되셨습니까? 예, 최병헌 선생님.

☞ **최병헌**

시간이 많이 지나서 두 가지만 좀 여쭤 보는데 그걸 지금 답변해 주시지 말고 내일 종합 토론에서 좀 해 주셨으면 합니다. 그리고 그 질문은 정영근 선생님하고 오형근 선생님하고 같이 드리니까 나중에 종합토론 시간에 같이 지적해 주셨으면 합니다.

신라유식하고 당의 유식 간의 차이가 뭐냐, 그걸 아주 간명하게 잘 정리해 주셨고, 또 오형근 선생님도 보충을 잘해 주셨는데 거기서 한 가지 남는 의문이 뭐냐 하면 말이죠, 지금 여기 논지에 따르면 당의 유식보다는 신라유식이 일방적으로 좀 바람직한 방향으로만 이렇게 지적이 됐는데, 우리가 객관적으로 봤을 적에 당의 유식과 비교해서 신라유식이라는 문제는 없겠느냐, 그런 점에 대한 지적을 좀 부탁드리고자 합니다. 그다음에 또 하나는 그러한 차이가 나게 된 이유가 뭐겠느냐, 차이점만 지금 지적하지, 차이가 왜 나게 됐느냐, 가령 역사적인 의미가 밝혀 지려면 차이가 나게 되는 원인이나 배경이 지금 설명이 돼야 할 텐데 그것이 없다 하는 얘긴데, 다시 말하면, 불교계 사정이 뭐가 달라서 그런 건지, 아니면 정치, 사회, 경제적인 접근이 달라서 그런 건지, 뭔가 거기에 대한 원인이 좀 설명이 되고 배경이 설명이 돼야 할 텐데, 그것이 지금 궁금한 바입니다. 특히 오성각별설로 대표되는 불성론 같은 걸 보면 사회적인 문제하고 무관할 수 없습니다. 그런데 그런 문제가 당과 신라사이에 어떻게 개재됐느냐 하는 문제, 그래서 그런 두 가지 질문을 좀 드리니까 내일 시간 나는 대로 종합토론시간에 부탁드립니다.

☞ **오형근**

죄송합니다. 시간이 많이 지났는데 죄송스럽게 제가 다음에 끝나고는 서울에 가야 할 일이 있어요. 내일 첫 시간에 강의도 있고 오늘 조그마한 종단에 행사가 있어서 이야기 좀 해 달라 그래서 가야 하기 때문에 하나만 간단하게 대신 대답을 해 드리고 마치고자 합니다. 그런데 그 중국 계통이 좀 고집스럽게 그런 이유는 인도에서부터 시작된다고 봅니다. 그래서 현장법사가 인도에서 17년간 유학하면서 나란다사라는 곳에 와서 5년간 계현논사라는 분한테 수학을 하는 데, 계현의 소위 스승이 누구냐, 호법이거든요, 그렇게 되면 현장한테는 우리말로 하면 노스님 이 됩니다. 호법이 말이죠. 그래 가지고 세친의 유식삼십론(唯識三十論)의 주석서가 소위 호반 에 든 열 사람, 그것이 각기 백 권인데, 아니 열 권(씩)인데 모이면 백 권 아닙니까. 그걸 현장 이 가지고 와서 번역을 할 때에, 처음에는 물론 우리나라의 신방, 보광 이런 분들까지 네 사람이 참여해서 그걸 번역을 하다가 규기대사의 꼬임에 넘어가죠. 좀 나쁘게 표현을 해도 될 만한 대목입니다. 어쨌든 세 사람을 내보내고 규기법사하고 현장법사하고 번역을 했단 말이에요. 번역을 한 결과 호법논사의 주석서를 중심으로 번역을 해버렸단 말이에요. 그래서 규기법사는 현장법사 대를 이어서 법상종, 교판사상도 쓰고 대신 유식학을 이끄는데, 그분은 그『성유식론』을 주석한『성유식론술기』를 보면 싹 드러납니다. 성유식론만이, 호법사상만이 제일이다 결론을 탁탁 내려가요. 다른 사람 것은 그저 비진리처럼 말이에요. 그게 그냥 확 드러납니다. 그래 가지고 너무 호법 일변도로 이 법상종이 중국하고, 그래도 원측법사는, 자료는 지금 현존한『해심밀경소』나 이런 쪽을 통해서 볼 수밖에 없는데, 간혹 진제 것도 인용을 하고, 또 진제 것도 어느 점에서는 심식설에 있어서는 진제의 아마라식을 부정도 합니다. 현장은 팔식(八識)가인데 진제는 구식(九識)가였고 그러나 아마라식은 모든 우리 심식을 청정심 그 자첸데 따로 식체를 정할 필요가 있느냐 그래서 현장 쪽에 듭니다. 학문적으로 그쪽 계통에 들지마는 그러나 딴 데 가면 진제 내지 막 섞어서 인용하고 있단 말이에요. 그 점을 아마 중국 계통 유식가들이 못마땅해서 바로 이단시하지 않느냐 이래서 그게 차별화가 됐다고 저는 그렇게 봅니다.

☞ 사 회

혹시 오늘 주제발표하신 정영근 선생님께서는 방금 최 선생님 질문하신 내용에 대해서 혹시 내일은 또 내일이고 오늘 혹시 하실 말씀 있으시면 하시지요.

☞ 정영근

글쎄, 불교 교리를 어떤 교학 자체 내에서 설명을 하기보다는, 물론 그 설명이 중요하지만 당시 어떤 사회적 역사적 맥락과 연관지어서 교리의 변화와 발전 이런 것들을 설명하면 훨씬 더 설득력이 있고 또 설명하는 사람도 신이 나기도 하고 그렇습니다. 그래서 저도 그런 관점에서 가능하면 설명하고자 하는 그런 노력을 합니다마는 그게 꼭 일대일로 대응하지를 않아요. 또 그래서 무리하게 이런 설명을 시도하다 보면 오히려 설명 자체가 자가당착에 빠지는 그런 어려움을 겪고 하기 때문에 이러한 노력이라든가 이러한 시도는 매우 의미 있게 계속적으로 시도돼야 한다는 생각을 합니다. 그러나 제가 개인적으로 중국유식과 신라유식이 왜 차이가 나느냐 하는 것은, 교리 내에서 왜 차이가 나는가 하는 것은, 제가 설명할 수 있는 한 최대한 설명하는데요, 그게 어떤 당시의 역사적 사회적인 맥락 속에서 그러한 차이가 어떻게 설명될 수 있느냐 하는 점에 대해서는 아직 제 연구가 부족해서 설명을 드리기가 참 어렵습니다.

☞ 최병헌

그럼 이왕 얘기 나온 김에, 어떻든 차이가 나는데, 지금 차이가 난 것을 대비한 것을 보면 일방적으로 신라 쪽의 유식학이 바람직했단 얘기죠. 옳다는 얘기죠. 신라유식학 쪽이 당과 비교할 적에 문제점으로 지적할 건 없어요?

☞ 정영근

제가 그 장점으로 지적하고 있는 부분이 역시 단점이 되기도 합니다. 예를 들어서, 신라유식의 어떤 기본적인 단점은 모든 교학이 방편이라고 보는 그런 입장이라고 한다면, 교학을 어떤 하나의 논리적인 체계의 입장에서 보고자 한다면, 신라유식은 그 논리적인 체계라고 하는 점에서 일관성, 논리성에 있어서 떨어질 수가 있는 거죠. 그런 측면에서 오히려 그 점이, 그런 관점에서 볼 때는 약점으로 지적되고 논파되기도 한 것입니다. 어떻게 보면.

☞ 허우성

사회자님 어떻습니까. 우리 다음 프로 계속 하실 거죠?

☞ 사 회

예, 한 분 발표회가 더 있는데요.

☞ 허우성

저 질문만 30초로 정말로 하겠습니다. 대답은 정말 내일 종합토론으로 해 주시면 좋겠습니다. 최병헌 교수님 질문에 조금 관련돼 있는데 말씀이죠. 종교적 지향이라고 말씀하실 때에 저는 종교적이라는 말을 쉽게 이해가 안 됩니다. 그래서 종교적 아닌 부분을 논리적 말을 쓰셨는데 그 부분이 정말로 논리가 들어가게 되면 종교적이 아니라 그럴 것인지, 그래서 중국 유식보다는 신라불교를 우위에 놓아야 하는 것인지. 그러나 이게 용수 같은 경우에는 극도의 논리적 언어를 쓰면서도 종교적일 수 있기 때문에 아마 제가 그런 종교적 지향이라고 그랬을 때 어떤 의미로 그러신 건지 제가 질문 드리겠습니다.

☞ 사 회

정 선생님 어떻습니까. 대답하시기에 시간을 요하시면 내일로 넘기겠고요. 한 30초 내로 끝내실 수 있으면 지금 해 주시죠. 감사합니다. 이거 쫓기는 시간 때문에 중요한 문제제기가 되고 있는데 이렇게 끊겨야 되는 것 같습니다. 혹시 한 분 정도 정 선생님 발표에 대해서 하실 분이 있으십니까? 내일 할까요? 예, 그러겠습니다. 그럼 이제 한 분 발표만 남았습니다.

그러면 잠깐 한 10분 쉬고요, 마지막 발표를 가지도록 하겠습니다. 마지막 발표는 아무래도 체력을 다시 보강을 해야 될 테니까 한 10분 쉬어야 될 것 같습니다.

5. 新羅淨土思想의 成立과 展開

康東均(동아대)

1. 緒 論

1-1. 淨土思想의 定義

印度에서 비롯된 大乘佛敎는 그대로 중앙아시아를 경유하여 中國, 韓國, 日本에 제각기 다른 모습으로 정착하였으나, 그 가운데서도 가장 중요한 思想潮流의 하나가 바로 淨土思想이다. 韓國佛敎에 있어서는 元曉 이래로 新羅에서 엄청난 영향력을 가지고 많은 사람들의 지지를 얻고 信仰的으로도, 敎學的으로도, 괄목할 만한 思想的 발전을 보였다. 그러나 密敎와 禪宗이 급진적인 발전을 하고 독점적인 위치를 점하자 淨土思想은 후퇴하게 되었고, 呪術的인 모습으로 변하게 되었다.

淨土思想의 起源에 대해서는 많은 부분이 해명되지 않은 상태이기는 하지만, 1883년에, 옥스퍼드 대학의 막스 뮐러 교수와 南條文雄 박사의 공동연구의 성과로서『無量壽經』과『阿彌陀經』의 산스크리트 原典이 간행되었으며[1], 이것은 淨土思想 연구에 획기적인 기여를 하였다. 근래에는 1970년에 東京大學에서 藤田宏達 박사에 의해서,『原始淨土思想의 硏究』가 출판됨으로 인해서[2] 상당 부분이 밝혀지게 되었다.

---

1) *Sukāvatī-vyūha, Description Sukāvatī, the Land of Bliss*, ed. by F. Max Müller and Nanjio(Anecdota Oxoniensia, Arian Series, Vol Ⅰ, Part Ⅱ), Oxford, 1883, London.

불교에서 淨土思想이 구체적으로 형태를 갖추어서 드러난 것은 大乘佛敎가 흥기한 시대이 며, 그것은 淨土系 經典群이 편찬됨으로써 구체화되었다. 여기서 말하는 '淨土思想', '淨土系 經典群'이라고 하는 것은 阿彌陀佛의 極樂淨土에 관한 思想이나 經典들을 가리키는 말이다. 본래 淨土라고 하는 用語는 大乘佛敎 一般에서 쓰이는 術語이며, 阿彌陀佛의 極樂淨土에 한 정해서 쓰이는 말은 아니다. 다시 말하자면, 淨土란, 十方三世의 모든 佛國土를 가리키는 말이 다. 그것이 어느 틈에 阿彌陀佛의 極樂國土만을 淨土라고 부르게 되었다. 그것은 印度의 龍樹, 世親과, 中國의 曇鸞, 道綽, 善導 등의 大思想家들과, 鳩摩羅什, 玄奘 등의 譯經의 巨匠들, 新 羅의 元曉, 憬興, 義寂, 日本의 法然, 親鸞 등의, 저마다의 지역과 시대를 주도했던 大思想家들 에 의해서, 阿彌陀佛의 極樂淨土가 가장 뛰어난 大乘佛國土로 지칭되었기 때문이기도 하다. 실로 거의 모든 大乘經典에서 阿彌陀佛의 極樂淨土가 언급되고 있으며, 佛敎의 궁극적 목표 가 往生極樂에 있다고 결론 짓고 있는 것은 가볍게 지나칠 수 없는 부분이기도 하다.

淨土思想에 있어서 가장 중요한 用語는, '極樂'과 '阿彌陀佛'과 '本願'이다. '南無阿彌陀佛'을 念佛하여 極樂淨土에 '往生'하는 것이 淨土信仰의 요체이다. 往生은, 阿彌陀佛의 本願에서 비 롯되며, 그것은 바로 부처의 본질인 중생을 구제하지 않을 수 없는 同體大悲의 智慧와 慈悲 가, 阿彌陀佛의 本願을 통해서 중생에게 회향되는 것을 말한다. '南無阿彌陀佛'은 本願이라고 하는 약속을 통해 중생에게 베풀어지는 귀한 선물이기도 하다.

'南無阿彌陀佛'이란 아미타불에게 귀의한다는 말이다. 산스크리트로는 두 가지로 표현된다. 그것은 다음과 같다.

Namo-Amitābha = Namas + a + mita + ābha
Namo-Amitāyus = Namas + a + mita + āyus

Namas는 귀의한다는 말이며, a는 否定의 의미를 지닌 접두사이며, mita는 헤아린다/잰다 는 말이다. ābha는 光明이며, āyus는 生命/壽命을 뜻하는 말이다. 그렇다면 '南無阿彌陀佛'이 라고 하는 말은, '헤아릴 수 없는 光明에 귀의합니다'ㆍ'헤아릴 수 없는 生命에 귀의합니다'라 고 하는 말이다. 無限光明/無量光에 귀의하고, 無限生命/無量壽에 귀의한다고 하는 말은, 다 르마/法에 귀의하는 것이며, 眞理 그 자체에 귀의한다는 말이기도 하다. 身口意 三業을 총동 원하여 眞理 그 자체에 귀의하는 것이 바로 '南無阿彌陀佛'이다. 그것을 念佛이라고 한다. 『無 量壽經』에서는 이 부분을 강조하기 위하여 '佛佛相念'의 개념을 도입하고 있다[3]. 佛과 佛이

---

2) 藤田宏達, 『原始淨土思想の硏究』(東京:岩波書店, 1970)

서로 念한다, 부처가 念佛한다는 말이다. 그렇게 해서 彌陀三昧에 들어 『無量壽經』을 說하셨으며, 無限光明과 하나 되고, 無限生命과 하나 되어 저절로 眞理 그 자체와 하나 되어 往生極樂하게 되는 것이다. 여기에는 세속적인 욕망이 개입될 여지는 전혀 없으며, 純粹價值만이 존재하며, 純粹信仰의 세계에 몰입하게 되는 것이다.

1-2. 淨土思想의 두 가지 흐름

佛敎에 있어서 궁극적인 목표는 成佛이다. 成佛이란 衆生이 스스로 主體的으로 부처가 되는 것이다. 그것은 衆生에게 부처가 될 가능성이 갖추어져 있다는 말이다. 그리고 중생 자신이 스스로 '佛性的存在이다'라는 것을 自覺하는 것이다. 그러한 대전제에도 불구하고 淨土敎의 흐름은 '佛性的存在가 아닌 自己自身'에 대한 자각으로부터 출발하는 것이 그 특징이다. 중국에 있어서의 曇鸞, 道綽, 善導의 사상체계가 그러하며, 한국에 있어서의 元曉, 일본의 法然·親鸞의 사상체계가 그러하다. 일찍이 道綽은, 『安樂集』 가운데에서 불교를 크게 둘로 나누어서 '聖道門'과 '淨土門'이 있다고 규정했다. 말하자면, 전자는 聖道門이요, 후자는 淨土門이라고 할 수 있을 것이다.[4]

그러나 淨土敎라 하더라도 반드시 佛性的存在를 부정하는 것은 아니다. 廬山의 慧遠도 淨影寺의 慧遠도, 또한 嘉祥吉藏이나 天台智顗에 있어서의 淨土思想도 佛性的存在를 부정하고 있지 않다. 天台의 常行三昧는 佛性的存在를 자각하기 위한 念佛行이다. 여기서 말하는 念佛은 自力의 修行이며 깨달음을 얻기 위한 方便이었다. 이렇게 淨土敎 내지 淨土思想에도 크게 두 개의 흐름이 있다고 할 수 있을 것이다. 일단 自力的인 淨土思想과 他力的인 淨土思想이라고 할 수 있을 것이다. 또한 엘리트 집단의 淨土敎와 凡夫救濟의 淨土敎라고 하는 입장으로도 구별할 수가 있다.

초창기의 중국불교에 있어서 淨土思想에 관심을 보여 淨土往生을 願했던 사람들은 闕公則(?~265~274~?)·僧顯(?~318~321~?)·支遁(327~402) 등을 들 수가 있지만, 뒤에 중국 정토교의 시조가 된 것은 廬山의 慧遠(344~413, 또는 350~409)이다. 宗曉의 『樂邦文類』(1199년) 卷三의 「蓮社始祖廬山遠法師傳」에서는 慧遠을 정토교의 시조라고 규정하고 있으며, 이어서 「蓮社繼祖五代法師傳」에서는 慧遠을 이은 정토교의 계보를 다음과 같이 밝히고 있다.

一曰 善導師, 二曰 法照師, 三曰 少康師, 四曰 省常師, 五曰 宗賾師.[5]

---

3) 大正藏 第12卷, p.266c.
4) 大正藏 第47卷, p.4a.

이것을 받아 志磐의『佛祖統紀』(1269년) 卷二十六의「淨土立教志」에서는, 慧遠−善導−承遠−法照−少康−延壽−省常이라고 정토교의 계보를 밝히고 있다.[6] 志磐은 宗曉의 六祖說을 계승하면서 法照의 스승 承遠(712~802)을 덧붙여 다시 禪定融合思想을 주장한 永明延壽(904~975)를 덧붙이고 있지만, 宗曉와 큰 차이는 없다. 후대의 정토교의 계보를 보이는 자료도 똑같은 경향을 따르고 있다. 그러나 이 주장은 문제의식이 결여돼 있다고 생각된다. 앞에서도 말했던 것처럼 같은 정토사상이라 하더라도 커다란 차이가 있음에도 불구하고 慧遠과 善導를 일직선상에 두었다고 하는 것은, 그 내용을 보지 않고 모양만을 취함에 지나지 않는다.

迦才(生沒年代未詳, 七世紀後半에 活動)는 그의 著述인『淨土論』의 冒頭에 다음과 같이 비판하고 있다.

> 上古의 先匠인 遠法師・謝靈運 등 모두 西境을 期한다고 하더라도 마침내 홀로 一身을 좋게 할 뿐이다. 후의 학자는 承習할 바가 없다.[7]

불교에서는, 특히 大乘佛敎에서는, '自利利他'・'自他一時成佛道'・'自未得度先度他'라고 하는 대명제를 제외하고서 말할 수 없다. 이 대승불교의 근원을 淨土敎 내지 淨土思想을 통해서 받아들이고, 惡人凡夫의 自覺으로서 佛性的存在가 아닌 자기 자신을 바라보며 절망하면서도, 더욱 중생구제에 몸을 내던진 先覺者들의 발자취를 보아 나가기로 한다.

2. 韓國淨土思想의 成立과 展開

2-1. 新羅淨土思想의 成立

古代 인도에서, 정토사상에 관해서는 아직 명확하게 이렇다고 할 정설을 말할 수 없다. 다만 앞에서 지적했던 것과 같이 많은 학자들의 노력으로 어느 정도까지는 짐작할 수 있게 되었다. 초기의 정토신앙에는 많은 형태의 신앙 양태를 엿볼 수가 있다. 그 가운데에서 가장 주목할 만한 것은, 東方妙喜世界의 阿閦佛과 西方極樂世界의 阿彌陀佛, 그리고 兜率天의 彌勒菩薩일 것이다. 이 세 가지의 정토신앙은 인도에 오랫동안 뿌리를 내려 발전했지만, 특히

---

5) 大正藏 第47卷, p.192c.

6) 大正藏 第49卷, p.260c.

7) 大正藏 第47卷, p.83b.

兜率上生 신앙은 주목할 만하다. 그중에서 미타신앙은 龍樹, 世親에 의해서 더욱 구체적이 되었으며 이윽고 중국에도 전해지게 되었다.

중국에 불교가 전해지고 얼마 지나지 않아 번역된 가지가지 經論 가운데에는, 물론, 淨土 思想에 관한 것도 많이 있으며 註釋도 지어졌다. 그중에서도 가장 관심을 기울여야 할 것은, 曇鸞의 『無量壽經優婆提舍願生偈註(往生論註)』와 『略論安樂淨土義』이다.

3세기경에 『無量壽經』 등이 번역된 이후 淨土系 經典들이 연이어 번역되었으며, 曇鸞에 의해서 이론 지어진 이후 신앙·교리 양면에서의 눈부신 발전을 거쳐, 隋·唐의 淨土敎의 最盛時代를 맞이하게 된다. 수·당시대의 중국의 정토교는 慧遠·智顗·吉藏·道綽·法照·迦才·善導·慈愍·懷感 등의 선지식이 계속하여 저작을 발표했으며, 中國 淨土敎史上 가장 찬란한 한 페이지를 만들기에 이르렀다. 이런 영향은 한반도에도 미쳤으며 圓光·慈藏·法位·元曉·義湘·玄一·義寂·圓測·憬興·太賢 등의 거장이 이어졌으며, 방대한 저작이 남겨졌다. 그렇지만 新羅의 저작은 중국의 그것에 비교하여 현존하는 것이 매우 적은 까닭에 확실한 全容을 고찰하기 어려운 것이 현실이다.

인도에서의 정토신앙이 미타의 서방극락세계에만 한정되지 않았던 것처럼, 중국에서도 六朝時代에는 彌陀·彌勒의 二佛을 대상으로 하는 정토신앙이 병행되었으며, 대립하지 않았다. 그러나 수·당시대의 淨土敎學의 발전을 맞이하여, 드디어 二佛은 대립하기 시작하였으며, 彌陀가 優位를 점하게 되었다. 그 이후에는 淨土敎라고 하면 오직 彌陀의 極樂淨土에 대한 것이라고 생각하게 되었다

신라에 불교가 전해진 시기에 대해서는 여러 가지 설이 있지만 공인된 것은 法興王 14년(527년)이다. 처음에는 護國佛敎·貴族佛敎로서 널리 신앙되었다. 그러나 稀代의 名僧 元曉(617~686)가 활약할 때쯤에는 이미 서민 사이에도 매우 폭넓게 불교가 보급되었던 흔적을 볼 수가 있다.

언제 누구에 의해서 淨土信仰이 보급되었는지는 알 수가 없다. 善德女王 재위 시에 興輪寺에 彌陀三尊佛이 안치되었다고 하는 기록이 있으며, 또 慈藏이 『阿彌陀經疏』·『阿彌陀經義記』 등을 지었다고 하는 기록이 있다. 하지만 이런 기록들이 淨土信仰에 관한 시발점은 아닐 것이다. 이름 모를 많은 사람들에 의해서 만들어진 서라벌 여기저기에 널려 있는 石佛들은 민중들의 요청이 具顯化된 것이라고 보아도 될 것이다.

淨土信仰이 본격적으로 신라에 보급된 것은, 惠宿·惠空이 활동하고, 圓光·大安이 각각의 개성적인 불교관을 구체화하면서 元曉의 출현을 요청하였고, 元曉의 활동은 그대로 新羅佛敎의 淨土信仰化를 초래하였다. 廣德·嚴莊의 念佛行, 郁面婢의 念佛行, 布川山 五比丘의 念佛行과 念佛師의 念佛

行이 그대로 모두 往生으로 이어진 것은 新羅佛教의 淨土信仰化를 웅변하고 있다고 할 수 있다.

2-2. 元曉의 淨土思想

1) 淨土의 思想的 意義

淨土란 크게 두 가지 의미로 해석된다. 하나는 '淸淨한 國土' 혹은 '淨化된 國土'라는 뜻이고, 다른 하나는 '國土를 淸淨하게 한다'라는 뜻이다.

정토란 의미의 용어는 모든 대승경전에서 사용된다. 심지어는 '阿彌陀'란 말과 '極樂'이라는 용어가 거의 언급되지 않는 般若系 經典群에서도 정토에 대한 구체적인 묘사가 상당한 비중을 두고 사용되고 있다. 정토는 대승불교에 있어서 공통된 과제이며, 동시에 정토의 개념을 제외하고서는 대승불교가 성립 불가능하게 된다.

'淨土'란 '淨佛國土'란 말이다. 많은 대승경전에서 사용되는 '정토'의 개념은 '정불국토'를 상정하여 언급되며, 또는 직접 '淨佛國土', '淸淨佛國土' 등으로 표현되기도 한다. 예를 들면, 羅什 역의 『維摩詰所說經』 권1, 「佛國品」에서 사용된 '淨土'란 용어는 20회나 되며, 그 가운데서 3회는 '淨佛國土(buddhakṣetra-pariśuddhi)'란 원어에 대한 번역이며, 나머지 17회는 단순히 '佛國土(buddhakṣetra)'란 말을 '淨土'라고 한역한 것이다. 이 '불국토'는 그 의미내용으로 볼 때에 '정화된 국토' 혹은 '청정한 국토'를 뜻하는 말이 분명하다. 한역에서 표현된 '直心是菩薩淨土'란 말은, '직심의 국토(aśayakṣetra)는 보살의 불국토(buddhakṣetra)이다.'에 대한 한역이다. 이것은 말할 것도 없이 '정불국토'의 의미내용을 가진 '정토'의 뜻이기에 羅什의 번역을 오히려 타당하다고 할 수밖에 없는 것이다.[8]

정토에 관한 묘사는 앞서 말한 반야계 경전군을 비롯하여 많은 대승경전에서 구체적으로 표현되고 있다. 그곳은 또한 '佛國土'이기에 우리들이 흔히 생각하기 쉬운 理想世界와는 그 성격을 달리하고 있다. 거기에 '生'하는 사람은 모두가 佛陀와 同格이며, 따라서 지배하는 왕과 지배받는 국민이라는 개념은 애당초 없다. 壽命이 無量하니 윤회하지 않으며, 大乘의 淸淨佛國土이기에 五慾과 三毒이 없으며, 邪見과 二乘이란 이름조차 없다. 이러한 불국토를 중국에서는 羅什 이후 '淨土'란 용어로 표현하였고, 新羅에서도 또한 주로 '淨土'라는 용어를 불국토라는 의미로 사용하였다.

대승불교에서는 現在他方佛의 존재를 인정하며, '淨佛國土'가 공간적으로 많이 존재하고 있

---

8) 拙論, 「元曉의 淨土觀」, 『石堂論叢』 第9輯, pp.40-42 參照.

음을 시사하고 있다. 물론 『維摩經』에서 말하는 그 유명한 '心淨土淨說'을 무시할 수는 없다. 말하자면 '佛國品'에 '만약 菩薩이 淨土를 얻으려거든 그 마음을 맑게 하라. 그 마음이 맑게 됨에 따라 佛土도 맑게 된다'라고 되어 있는 것이 그것이다. 이것을 思想的으로 고찰하여 해석하여 볼 때, 淨土를 무형적인 것으로 정의하려는 표현으로 받아들일 수가 있으며, '마음을 맑게 하면 바로 그곳이 淨佛國土'라는 의미로 집약시킬 수 있다. 이것은 앞서 말한 '淨土의 두 가지 의미' 가운데의 두 번째인, '국토를 청정하게 한다'는 쪽의 해석인데, 『維摩經』에서는 곧이어 舍利弗과 螺髻梵王의 문답이 나오고, 나계범왕이 '석가모니불국토의 청정함이 마치 自在天宮과 같다'고 하자, 釋尊은 그것을 실증하여 보였다. 이것은 淨佛國土가 유형적인 것으로 묘사된 구체적인 표현이라고 할 수 있다.

정토는 '心淨土淨說'에서와 같이 그 마음을 위주로 한 관념적이고 추상적인 것으로 수용될 수도 있으나, 결국은 중생에게 전달되기 위해서 유형적이고 구체적인 것으로 묘사되지 않으면 안 되었고, 淨佛國土思想은 유형적인 정토를 상정하는 사상일 수밖에 없다. 이것은, 대승불교사상의 근간이 現在他方佛思想에 있으며, 그 교리적인 근거가 他方佛國土라는 공간적인 차원에서 논의되는 한, 당연한 귀결이 아닐 수 없다.

불국토를 공간적으로 설정한다는 것은 이미 유형적인 세계의 묘사를 의미하며, 그러한 세계를 정화한다는 것도 유형적인 것으로 수용되지 않으면 안 된다. 여기서 淨佛國土의 사상은 유형적인 정토를 상정하는 사상으로 받아들여져야 할 필연적인 요청이 형성되는 것이다.

極樂淨土의 개념은 이러한 淨佛國土思想을 배경으로 해서 성립하였다. 그리고 극락정토는 모든 대승불교의 淨土觀의 典型으로 되었다.

위와 같은 유형적이고 감각적이고 구체적인 표현으로 인하여, 대승불교의 정불국토사상은 누구나 가까이 할 수 있고, 파악하기 쉬운 형태로 나타나게 되었으며, 종교적인 실천대상으로서도 피부에 와 닿을 수 있게 되었다.

2) 淨土의 本質

元曉가 추구했던 정토는 本願眞實의 세계인 '極樂'이다. 淨土思想, 淨土信仰이라는 말은 이 極樂淨土에 往生하는 것이 궁극적인 목표가 된다. 왕생의 근거는 阿彌陀佛의 48願에 있다. 중생의 입장에서 정토신앙이 성립하기 위해서는 '本願'이 있어야 하고, '阿彌陀佛'이 있어야 하고 '極樂'이 있어야 한다. 極樂은 『阿彌陀經』에서의 아름다운 묘사로 꾸며지는 장엄이 갖추어져 있으며, 阿彌陀佛의 無盡法門이 펼쳐져야 하며, 그 모든 근거는 本願에 있다.

淨土의 本質을 명확히 파악하는 것은 대단히 어려운 일이다. 그러나 정토의 본질을 파악하지 못하면 왕생 그 자체가 근거를 상실하게 되어버린다. 그래서 정토를 다시 살펴보면, 淨土는 穢土가 아니라고 하는 지극히 상식적인 데에 이르게 된다. 그야 당연히 정토는 예토가 아니다. 그런데 정토를 관념화할 때 흔히 저지르는 오류가 바로 여기에 있다. 정토는 예토와 같이 生死의 世界가 아니다. 따라서 정토에 태어난다고 하는 것은 성립하지 않는다. 정토가 진실로 정토이기 위해서는 생사를 초월해야 한다. 생사를 초월하지 않고서 정토왕생을 거론한다는 것은 모순이다. 따라서 왕생은 無生이며, '無生의 生'이 왕생이다. 여기에는 중생의 分別智에서 말하는 '태어난다'라는 개념은 일체 부정된다.

元曉는 정토를 다음과 같이 정의하고 있다.

> 위와 같이 네 가지로 분류해서 정토를 말하였으나, 정토란 모두가 如來의 願과 行이 이루는 바이며, 저 정토에 生하는 자의 自力으로 이루어지는 것이 아니다. 穢土 등의 器世界가 오직 중생의 共業만으로 이루어지는 것과 같지 아니하다. 이런 까닭으로 통칭하여 淸淨土라고 이름하는 것이다.(『無量壽經宗要』)9)

自力을 부정하고 如來의 願과 行을 부각시키고 있는 점에 유의해야 할 것이다. 元曉는 다시 往生에 대하여 정의를 내린다.

> 무릇 往生에 대하여 많은 이야기들을 하고 있지만, 그렇다고 인간의 힘으로 阿彌陀佛을 感得할 수 있는 것도 아니며, 또한 極樂을 感得할 수 있다는 것도 아니다. 오로지 如來의 本願力의 능동적인 妙用으로 인하여 비로소 隨感受用(왕생하고 성불하는 것)이 되는 것이다. 결코 중생의 自業因力으로 성취되어지는 것이 아니다.(『無量壽經宗要』)10)

本願이란, 부처에 의해서 자각되는 자비와 지혜가 바탕이 된 如來의 大悲心이 阿彌陀佛의 本願이란 구체적인 모양을 갖추고 표현된 것이다. 그것이 지금 이 자리에 뚜렷이 나타남을 元曉는 보았던 것이다. 自力의 한계를 인식하고 凡夫・衆生으로서의 자각은 절망을 초래하였으며, 절망할 수밖에 없는 원효에게 다가선 것이 바로 여래의 大悲願力이었던 것이다.

淨土란 阿彌陀佛의 本願에 의해서 성립된 곳이다. 本願은 如來의 大悲心에서 비롯된다. 인간이 죽음을 통해서 淨土를 얻고자 하지는 않는다. 如來도 淨土往生을 위해서 죽음을 요구하

---

9) 大正藏 第37卷, p.126b.
10) 大正藏 第37卷, p.128b.

지 않는다. 阿彌陀佛의 本願은 生死의 業을 부정하는 것이 아니라, 생사의 가운데에 安住의 處所를 제공하려는 대비심의 발로이다.

此生이 苦海라 하더라도 此生을 버리고 來生에 가고 싶다고 하는 인간은, 특수한 경우를 제외하고는 없을 것이다. 지금 이 순간에 나의 모든 것을 의탁해도 후회하지 않을 수 있는 단 한마디의 말씀과 만날 수 있다면, 그것은 宗敎的價値觀의 획득이다. 苦海의 차생에서 확신할 수 있는 한마디의 말씀, 그것은 '부처님, 고맙습니다'라고 하는 말이다.

如來의 大悲願力을 믿고 의지하여 歡喜心을 낼 수 있다면, 그것은 모든 價値基準이 퇴락하여 버린 현대의 '나'에게 확신할 수 있는 가치관이 제공되어지는 것이다. 단 한마디, '부처님, 고맙습니다.'라고 하는 말은 '나무아미타불'이며, 念佛往生이 기약된 사람만이 자신 있게 뛰어들 수 있는 信行의 世界인 것이다. 이것이 바로 元曉가 획득한 安心이며 平安인 것이다. 그런 모든 것을 충족시켜 주는 것이 바로 淨土가 지닌 본질인 것이다.

3) 元曉의 淨土思想

元曉(618~687)의 淨土思想은 철저한 自己省察에서 출발한다.

> 지금도 우리들은 이 唯一하고 眞實한 三寶의 세계에 있다. 어떤 죄악도 더러움도 없는 세계에 있으면서도 귀머거리나 장님처럼 그 아름다운 세계를 보지도 듣지도 못하고 있다. 부처의 생명이 작용하지 못하고 있다. 왜냐하면 그것은 스스로의 無明으로 인하여 사물을 제대로 보지 못하고, 밖으로 객관세계를 만들고 있으며, 나다 혹은 나의 것이다 하고 집착하여 온갖 業을 만들기 때문이다. 이렇게 스스로 부처의 생명을 덮어버리고 진실을 보지도 듣지도 못하는 것은 마치 餓鬼가 강을 보고 불(火)이라고 하는 것과 같다.
>
> 그런 까닭에 이제 부처님 앞에 깊이 부끄러워하는 마음을 일으켜 發菩提心하고, 저 마음 깊은 곳에서부터 懺悔해야 한다. 나와 중생은 다 함께 무한한 과거로부터 지금까지 無明에 취해서 그 지은 罪가 헤아릴 수 없다. 五逆 十惡에 이르기까지 짓지 아니한 것이 없다. 스스로 지을 뿐 아니라, 그것을 남이 하도록 하여 놓고, 사람의 罪惡을 헐뜯으며 기뻐하였다. 이렇게 해서 지은 죄를 어찌 다 헤아리겠는가. 그것은 모든 부처와 聖者들이 모두 알고 있다. 이미 지은 죄는 부끄러워하는 마음을 일으키고, 아직 짓지 아니 했거든 지으려 하지 말아야 한다.(『大乘六情懺悔』)[11]

남에게 '나쁜 짓 하지 말라'고 할 게 아니라, 자기 자신에게 '나는 나쁜 짓만 골라 했던 惡人이었다'고 나무라며 스스로 안으로 부끄러워하고, 밖으로 부끄러워하는 마음을 일으켜 懺悔할

---

11) 大正藏 第45卷, p.921c.

수 있는 용기는 마치 『金光明經』「捨身品」에 나오는 摩訶薩埵王子의 용기와 같은 것이다.

元曉는 스스로 衆生임을 自覺했다. 그것도 '下之下'의 極惡無道한 '卜性' 중생임을 자각하였다. 그리고 絶望하며 彷徨하였다. 몇 번이고 '나는 大元曉이다, 聖者元曉이다'라고 외치며 달아났지만, 元曉의 絶望은 더 깊어지기만 하였다. 그 절망은 모든 것을 포기하게 하였으며, 버릴 수밖에 없었다. 모든 것을 과감하게 버린 그 순간 원효는 自然이 되었고, 宇宙가 되었고, 重重無盡緣起가 되었다. 그리고 本願眞實의 세계를 보았던 것이다. 그것은 元曉가 본 것이 아니라 눈을 떴을 따름이란 것도 알게 되었다.

> 혹은 塵風으로 인해 五濁에 빠져 隨轉하고, 苦浪에 빠져 長流한다. 혹은 善根을 받아 四流를 끊어 돌아오지 않으며, 彼岸에 이르러 永寂한다. 이와 같은 動寂, 모두가 다 큰 꿈인 것이다. 깨어서 이것을 말하자면, 이도 없고 저도 없는 것이다. 穢土와 淨土는 本來 一心이며, 生死와 涅槃도 마침내 二際가 없다.(『無量壽經宗要』)[12]

2-3. 新羅淨土思想의 展開

1) 敎學的인 展開

新羅淨土思想의 敎學的인 展開는 매우 눈부신 바가 있다. 여기서는 어떤 저술들이 있었는지 살피는 데 그치도록 하겠다(이하에 적은 것은 『義天目錄』, 『大正新脩大藏經』제55권에 수록되어 있는 「目錄書」, 『大日本佛敎全書』第一卷에 수록되어 있는 「目錄書」, 『奈良朝現在一切經目錄』 등을 참조하였다).

慈藏
　阿彌陀經義記　一卷
　阿彌陀經義疏　一卷
法位
　無量壽經義疏　二卷(現存)
　觀經疏　一卷
　阿彌陀經疏　一卷

---

12) 大正藏 第37卷, p.125c.

元曉

　無量壽經疏　一卷

　無量壽經私記　一卷

　無量壽經宗要　一卷(現存)

논평 및 토론

신라정토사상의 성립과 전개

사회: 김영호

약정토론: 김영미

☞ **김영미**

작은 부분부터 말씀을 드리겠습니다. 선생님께서는 정확히 신라정토신앙의 시작이라고 말씀하지는 않으셨지만, 선덕왕대 흥륜사에 미타삼존상이 봉안되었음을 언급하고 계십니다. 그런데 이것은 삼국유사의 여러 판본을 보면, 미타삼존상이라고 되어 있는 판본도 있지만 미륵삼존상이라고 되어 있는 판본들도 있습니다. 그리고 『삼국유사』에 수록된 흥륜사 관련 기사들을 살펴보면 중고기의 흥륜사는 미륵신앙과 관련이 있었던 것 같습니다. 그것은 진지왕대 흥륜사 승 진자(眞慈)가, "매번 당주 미륵상에서 발원했다"는 사실에서 알 수 있습니다. 또 김대성이 흥륜사에서 육륜회(六輪會)를 열고자 하는 데 시주했는데, 육륜회는 점찰육륜회(占察六輪會)라고도 표현되는 것으로 보아 미륵신앙·지장신앙과 관련이 있을 것입니다.

그다음에 만약에 선생님 견해처럼 미타존상이라고 보더라도 이 불상이 조성된 시기는 선덕왕대는 아닐 듯합니다. 「밀본최사」 조에 실려 있는 이 기사를 분석해 보면 밀본이 활약한 시기가 선덕왕대로 되어 있고 김양도가 밀본의 힘으로 병을 치유할 수 있었던 것은 아이였을 때라고 되어 있습니다. 그로 인해 평생 불교를 독실하게 믿게 되었다는 김양도가 주로 활동한 시기는 문무왕대의 『삼국사기』 기사에 나타나고 있습니다. 그렇다면 김양도가 흥륜사에 미타상을 봉안한 사실은 무열왕과 문무왕대 원효의 활동 등으로 인해서 미타정토신앙이 널리 퍼지기 시작한 것과 관련이 있는 것은 아닐까 생각이 듭니다.

그리고 「광덕엄장」 조에 의하면 선생님께서 인용하신 사료에서 원효는 엄장에게 쟁관법을 지도하였다고 하였습니다. 그런데 다른 판본에는 삽관법이라고 되어 있는 판본들도 있습니다. 그런데 이 쟁관법이나 삽관법이란 것은 원효가 광덕에게 지도했다고 하는 『관무량수경』의 16관법에도 나와 있지 않습니다. 이 관법은 어떤 관법이었는지 평소에 생각하신 점이 있으면 말씀을 해 주셨으면 좋겠습니다.

또 선생님께서는 중국 정토사상의 흐름을 크게 자력적인 사상과 타력적인 사상으로 구분을 하고 계십니다. 그런데 일본의 호넨[法然]은 중국 정토종을 수행방법에 따라서 관념(觀念)염불하는 부류와 칭명(稱名)염불하는 부류, 그리고 선정(禪淨)융합의 부류로 나누고 자신은 도작ㆍ선도ㆍ소강을 계승하였다고 하였습니다. 그런데 자민 혜일의 계승자가 승원과 법조라는 점을 살펴본다면 그리고 선종 5조 홍인의 문하에서 염불선이 성립하는 등으로 미루어 본다면 정토사상의 흐름을 과연 선생님께서 나누시듯이 자력적인 사상과 타력적인 사상으로 양분할 수 있을 것인지 생각을 해 봐야 되는 것이 아닌가 합니다. 즉 선정융합적인 경향을 정토사상의 흐름에서 제외하신 이유가 궁금합니다.

아울러 선생님께서는 지금 원효를 도작 선도의 타력사상으로 분류하시고 지의를 자력사상으로 분류를 하고 계시지만, 실제로 구분하는 기준이 과연 어떻게 되는 것인지 궁금합니다. 선생님께서는 그것을 불성적 존재를 자각한 것과 불성적 존재가 아닌 자기 자신에 대한 자각이라고 지적하고 계신 것 같습니다. 그러나 선생님께서 타력으로 분류한 원효 역시 제가 볼 때에는 자기 자신이나 모든 중생이 불성적 존재라는 사실은 인정을 하고 있는 것 같습니다. 그래서 과연 불성적 존재라는 자기 자신에 대한 자각을 한 사람들과 그런 존재가 아니라는 자기 자신을 자각한 사람들의 부류로 나누시고 그것을 각각 자력신앙과 타력신앙으로 나눌 수 있는 것인지 하는 점이 일단 궁금합니다. 즉 천태지의의 경우라 하더라도 실제로 관법의 수행을 강조하고 법성토를 강조하고 있지만, 실제로 그 역시 죽으면서는 서방왕생을 기약하였습니다. 뿐만 아니라 그가 말한 마하지관의 상행(常行三昧) 같은 경우를 보면 그 역시 염불하는 것을 배격하지는 않았던 것 같습니다. 그런 점으로 미루어서 원효의 정토사상을 단순히 타력적인 사상으로만 분류할 수 있을 것인지 하는 부분에 대해서 좀 설명을 해 주셨으면 좋겠습니다.

다음으로, 선생님께서 앞에서 자력신앙과 타력신앙의 두 계보로 분류하시고, 신라정토사상의 경우에도 어제 보충설명을 하시면서 타력신앙이라는 점을 강조를 하셨습니다. 저 역시 타력신앙이 흐름을 이루고 있다는 것을 인정하지만, 그렇다고 원효가 철저하게 선도와 도작처럼 타력사상으로 흘렀던 것인가 하는 점에 대해서는 저는 좀 회의적입니다. 원효가 지도한 쟁관법의 경우 칭명염불이라는 타력적 신앙이라고 보긴 어렵지 않을까 생각이 되며, 그 외에도 원효의 저술들을 살펴보면 정토와 예토는 일심이라고 했습니다. 그리고 안계현 선생님도 지적하셨듯이 원효는 칭명의 십념과 관념의 십념을 회통시키고 있습니다. 또 원효는 일승의 입장에서는 화장세계지만 삼승의 입장에서는 법성토, 수용토 또는 변화토 등의 구분을 할 수 있다고 평가하고 있습니다. 이러한 점들을 살펴본다면 원효를 단순히 타력사상으로 분류할 수는 없지 않을까 하는 생각이 듭니다. 따라서 선생님께서 신라의 정토사상을 두 계보로 분류하실 수 있다고 생각하시는 것인지 그리고 원효를 그렇게 배정하는 것이 타당하다고 생각하시는지 다시 한 번 설명을 해 주셨으면 고맙겠습니다.

☞ 사　회

강 선생님, 답변해 주시겠습니까.

☞ 강동균

예, 폭넓게 봐 주시고 또 이제 아주 깊이 문제점을 지적해 주신 데 대해서 감사를 드립니다. 우선 그 신진학자답게 참으로 예리하고 또 이제 하나하나에 대해서 대단히 신경 써서 질문을 해 주신 데 대해서는 대단한 감사를 드리지 않을 수 없습니다. 우선 하나하나 질문하신 순서대로 하도록 하겠습니다.

우선 이제 흥륜사의 미타삼존상에 관해서는 그 당시에 그것이 존재했다, 안 했다 하는 문제를 말하기 위해서 했던 것이 아니라 그런 기록이 있지만 여기 본문에 나온 그대로 그런 기록이 있지만 그 기록이 옳다, 그르다 하는 게 아니에요. 그런 기록도 보이지만 허나 그것이 정토사상의 시작을 말할 수는 없다 하는 이야기를 했고 여기 지적하신 건 그대로 김영미 선생님께서 하신 지적이 일일이 옳은 지적입니다. 거기에 대해선 더 이상 말할 건 없고, 세 번째 쟁관법에 대해서는 삽관법이라고 나와 있죠, 『삼국유사』 판본은 어저께도 말씀드렸지만 세 가지 판본이 우리에게 알려지고 있는데 세 가지 판본이 글자가 조금씩 달라요. 그걸 어떻게 읽어야 되느냐 하는 것 자체도 문제가 되는데 삽관법이라고 하는 것보다 쟁관법이라고 보는 학자들이 많은 것 같아요. 관법이라고 하니까 이게 우리가 흔히 생각하는 관법, 16관법 중에 관법, 특히 이제 『관경』(觀經), 『관무량수경』을 비롯해 가지고 그 당시 관이 붙은 경전들이 많이 부과됐습니다. 그래서 이제 관법이라고 똑같은 관법으로 생각하시면 조금 이제 조심스럽게 다뤄야 할 부분이라고 봐요. 16관법만 하더라도 우리가 생각하는 수행으로서의 16관법으로 볼 수도 있지만은, 제일 마지막에 초기에 일상관부터 시작해가지고 전개되는 관법은 실로 수행을 위한 관법이지마는, 제일 마지막의 관법이다 하는 것은 자기 내면을 성찰하는 그런 경향이 큰 것이지 관법이라고까지 할 수 없는 부분도 있어요. 특히 하품하생에 이르러서는 그걸 관법이라고 하기 힘들죠. 근데 이 쟁관법이라고 하는 게 뭘까? 그건 뭐 결론이 날 수도 없고, 또 낼 수도 없고, 또 냈다고 하더라도 그것이 또 다른 사람에 의해서 쓰러트려지기 위한 핀을 세우는 거나 다를 바 없습니다. 단지 저도 생각하고 많은 사람들이 이야기하는 것 중의 하나는 원효가 이상하게 생긴 조롱박을 들고 다니면서, 근데 그게 이제 소리가 나는 것인지 안 나는 것인지 하는 데 대해서 상당히 관심을 가지고 봤는데 소리가 날 것 같아요. 그리고 쟁관법(錚觀法)이라고 하는 게 쟁(錚)을, 징이죠, 징, 징을 치면서 하는 행해지는 관법이다. 그렇게 보는 사람도 많고 일단은 저도 수긍을 합니다. 일단은 수긍을 하는데 징을 친다고 한다면 관법이라는 말 자체가 성립하기 굉장히 힘들죠. 그래서 이제 그것도 완벽하게 수긍하기는 힘들다 하는 그 정도 선에서 지금 생각을 하고 있습니다. 아마 학계에서도 여기에 대해서는 많은 사람들이 많은 노력을 하고 있지마는 결론이 나 있지가 않아요. 그래 이제 쟁이라 보지 않고 정이라고 보자, 하는 사람도 있어요. 청정할 때 정, 청정관법이라고 하는 뜻이겠죠. 신라의 이 당시의 기록의 문자는 한자를 의존하는 것이 아니라 발음을 의존해서 썼던 문자들이 많기 때문에 그런 것도 가능하지 않느냐 하는 생각도 하지마는 문자에 의존하는 것보다도 실지로 그 당시 엄장이 원효에게 갔다고 하는 것부터 믿어도 되느냐, 하는 거기까지 생각을 해서 전개해 나간다. 그러면 원효가 아니라 원효와 같은 생각을 가진 그런 사람에게 갈 수도 있겠고, 또 관법이 있다 하게 되면 그 당시 유행한 관법이 무엇인지 지금 현재로서는 알 길이 없습니다. 하여튼 이 부분은 계속 논쟁의 여지가 남아 있는 부분이에요.

그래 그 정도로 하고 이제 문제되는 게 첫 번째하고 네 번짼데요, 일본의 호넨(법연)이 정토교를 세 가지 흐름으로 나눴습니다. 일반적으론 그게 많이 수용이 되고 있고, 한국에서도 무분별하게 그것을 수용하고 있는 경우가 있습니다. 왜냐하면 법연의 분류 자체가 타당성이 있기 때문이죠. 타당성이 있다 하더라도 저는 그것을 그래 크게 예를 들어서 혜원의 관념염불, 도작 선도의 칭명염불이라고 했는데 그렇게 나누는 것이 아니라, 정토를 무엇으로 보느냐 이거죠. 정토를 화토(化土)로 보느냐 보토(報土)로 보느냐, 화토로 보는 계통이 혜원, 길장, 지의 이런 사람들이죠. 그 사람들의 기록들을 보면 비단 부량수량에 관한 게 아니다 하더라도, 다른 『삼론현의』를 비롯해서 길장이나 지의의 저술에서, 천태 같으면 『법화현의』 같은 데서, 또 이제 혜원 같으면 혜원의 다른 저술에서 정토를 규정해 놓은 부분들이 있습니다. 그곳에서 서방극락 정토는 화토다 하는 게 이 사람들의 결론이고 도작 선도는 정토는 보토다, 진실보토다 하고 규정하고 있죠. 그거는 이제 세친이 정토론에서 규정하고 있는 것과 맥을 같이합니다. 또 이제 선정융합으로 보셨지만 그렇게만 볼 수 없는 부분도 더러 있어요. 그렇게 본다 하더라도 크게 잘못된 건 없지만 저는 이제 그것을 화토, 보토 두 개로 나누고 그렇게 되면 자연히 극락세계를 진실로 목표로 하고 있느냐 아니냐, 극락세계를 진실한 목표로 하고 있느냐. 천태지의 같은 경우는 극락세계가 진실한 목표가 아니라 상적광토가 진실한 목표가 되겠죠. 그 외에 이제 혜원이나 길장도 극락세계가 진실한 자기네들이 생각하는 정토, 목표로서의 정토라고 규정하고 있지는 않아요. 그런 면에서는 세친이나 단란 도작하고는 전혀 다른 길을 가고 있죠.

상행삼매에 관해 말씀하셨는데, 상행삼매라는 것이 염불삼매를 말합니다. 염불을 통해서 염불을 통해서 삼매에 든다. 자력적인 수행이죠. 염불을 통해서 아미타불에게 안긴다고 하는 신앙적인 그런 것이 아니라, 수행적인 거죠. 수행적인 것과 신앙적인 것이 따로 구분될 수 있는 부분이 있고 아닌 부분도 있겠지만, 그러나 순수 신앙이라고 하는 측면에서 볼 때 도작 선도 또 담란, 세친은 완벽하게 내 온몸을 던지더라도, 그러니까 내 모든 것을 버리더라도 거기에 의지할 수 있다고 하는 완벽한 신앙의 의지가 담겨져 있고 이 사람들의 특징은 의심하지 말라, 의심하지 말라, 오직 믿어라. 믿을 가치가 있다고 하는 그것을 강조하고 있죠. 원효도 마찬가집니다. 원효에게 있어서도 원효의 저술은 너무 방대해 가지고 원효의 사상을 이렇다 저렇다 이야기하기가 힘든 부분이 많지마는 원효가 가장 신경을 써서 다루었던 사상체계는 기신론이다. 많은 사람들이 그렇게 이야기하고 있고 저도 지지를 합니다. 그러나 신앙적으로 원효가 기댔던 부분은 무엇이냐고 할 때는 미타신앙이고 절대 타력신앙이다. 그렇게 규정하고 있는 부분들은 본문에서도 지적을 했습니다. 여기서는 간단하게 지적을 했지마는 우선 자력을 부정한 부분이죠. 6페이지에 보면 정토를 이와 같이 분류했지마는 여래의 원과 행이 이루어지는 것입니다. 이제 잘못 들으면, 그럼 기독교적인 사고방식이 아니냐, 그렇게 이야기할지 모르지만 그건 근원적으로 다릅니다. 원과 행이 이루는 바이고 정토에 왕생하는 자의 자력으로 이루어지는 것은 아니다. 『아미타경』에서도 작은 선근(善根) 가지고 극락세계에 가려 생각하지 마라, 하는 것부터 시작해 가지고 행하기는 쉬우나 믿기는 어렵다(易行難信之敎)라고 규정하고 있죠. 부처의 말씀을 정말로 믿는 자가 있다면 그대로 믿고 행하면 될 텐데 그것을 믿지 못하니까, 부처의 말씀 자체를 믿지 못하니까 그것을 이제 내 자신의 알음알이가 작용할 수밖에 없다. 그걸 원효도 지적을 하죠. 『무량수경』 중에서도 그런 지적을 해요. 어떻게 그것을 믿을 수 있나, '나무아미타불' 해 가지고 극락세계 간다는 걸 어떻게 믿어, 해서 질문을 하니까 원효가 묻죠. 그러면 앉은뱅이가 하루에 천리를 간다는 걸 믿을 수 있느냐, 아, 못 믿지. 그러나 그 앉은뱅이를 배에 태워서 순풍에 돛달아 간다면 하루에 천 리가 아니라 만 리라도 갈 수가 있지 않겠느냐. 네가 생각 못 한 것을 뱃사공도 해내는데, 네 생각 안에 부처의 불가사의한 원력을 제한시키려 하지 마라, 불가사의 원력은 중생의 사고의 범주를 훨씬 벗어났다, 그런데 중생의 사고의 범주 안에서 해석하려 하지 마라, 군데군데에서 원효는 그것을 강조하죠.

그다음에 있는 것도 마찬가지죠. 왕생에 대해서 많은 이야기를 하고 있지만 그렇다고 인간의 힘으로 아미타불을 감독할 수 있는 것도 아니고 또 극락을 감독할 수 있는 것도 아니다. 오로지 여래의 본원력의 능동적인 작용으로 오직 여래의 본원력 그것이 작용함으로 인해 가지고 왕생하고 있는 것이지 너희들이 중생의 힘으로 왕생한다, 성불한다 생각하지 마라, 중생이 성불하는 근거는 중생에게 있고, 있지마는 그보다 더 큰 근거는 여래에게 있다고 하는, 여래의 믿음으로부터 출발하지 않으면 안 된다고 하는 것은 『지도론』이라든가 그 외에 많은 불교의 철학적인 이론서 안에서도 지적하고 있습니다. 그 부분을 원효는 특히 강조하고 있고, 원효가 가만히만 앉아 있으면 대접받을 수 있는 사람이 왜 밑으로 내려왔을까, 왜 많은 시정잡배들과 어울리며 술 한잔 하며 노래 부르며 뒤웅박 두드려 가면서 길가에 자면서까지 '나무불 나무아미타불' 하도록 만들었을까. 그 당시 사회에서 원효가 정말로 어떠한 마음에서, 어떠한 마음가짐에서 그렇게 내려올 수밖에 없었던가 하는 원효의 회심의 과정을 한 번 더 곰곰이 생각해 봐야 되지 않느냐고 생각해요. 원효는 불성적인 존재를 부정했는지 안 했는지, 안 했을 가능성이 많다고 지적하는 사람도 있겠지만 원효는 군데군데에서 자기 참회를 무한히 합니다.

자기 참회를 한다고 하는 게 서양 사람들이 고백이라든가 또 참회록이라든가 그런 게 많이 있죠. 동양 사람들은 그런 게 잘 없어요. 없는 건 진실로 반성하라 하며 자기는 그 반성하는 사람에게서 제외시키는 경우가 많았어요. 그런데 원효만은, 원효 이외에도 몇 사람 있지만, 선도도 역시, 선도와 원효는 거의 비슷한 시기에 났으면서 서로에게 사상적 영향을 주고받음이 없는데도 불구하고 사상적인 유사성이 대단히 발견되는 사람인데, 원효는 참회를 엄만큼 강조하는지 많은 책에서 참회를 강조하고 있습니다. 그 참회할 수밖에 없는 나, 대승육종참회에서는 『관무량수경』에서 지적하고 있는 8만 4천억 겁을 5악 10악을 지어온 중생이 바로 나다. 그 중생인 내가 무슨 놈의 부처냐, 부처는, 하는 그런 생각이 원효의 사고방식 밑에 깔려 있기 때문에, 나는 하지하(下之下)의 중생일 수밖에 없다. 허나 많은 사람들이 걱정하지 마라. 너희들은 지옥 갈 중생들이고 나도 지옥 갈 중생이지만 그러니까 부처님이 계시는 거지 착한 일 해 가지고 좋은 데 보내는 건 아무나 하죠. 지옥 갈 수밖에 없는 중생을 지옥 가지 않도록, 왕생시켜 주도록 해 줄 수 있는 부처님의 대비심, 여래의 대비심, 그건 대비, 원력을 확신할 수 있는 그러한 원효의 자세를 여기에서 엿볼 수 있고, 만일 조금이나마 엿볼 수 있다면 원효를 다시 한번 그의 저술을 하나씩 분석해 본다면, 그런 부분들이 부각되지 않겠나 하고 생각을 해요. 물론 이것은 제가 봤던 원효고 이것을 강요할 생각은 전혀 없습니다. 많은 사람들은 스스로 봤던 원효가 있을 것이고 자력적인 측면의 원효가 있을지는 모르겠지만, 제가 봤고 제가 지적한 이런 부분들을 통할 때, 신앙적으로는 최소한 불성적인 존재를 부정할 수밖에 없었던 원효의 입장을 조금은 이해해 주시지 않겠나 생각합니다.

☞ **사　회**

대강 답변이 돼 가고 있는 것 같습니다마는 저기 또 다른 질문도 또 받으시도록 하십시다. 시간이 그렇게 많지는 않으니까, 간략하게 질문을 1분 이내에 해 주시고 답변은 2분 이내에 앞으로는 해 주시도록 부탁드리겠습니다. 그래서 한두 가지 정도의 질문은 아마 할 수 있지 않을까 싶습니다. 질문 해 주십시오.(잠시 침묵) 아마 저기 김영미 선생님이 모든 질문을 다 하시고 또 그 대답을 강 선생님이 다 하셨기 때문에 의문이 더 없으신 거 아닌가 싶습니다.

☞ **강동균**

그런데 질문을 해 주셔야 되는 것이, 제가 이제 질문을 많이 받을 걸 기대하고 왔어요. 왜냐하면 한국불교는 선종적인 그런 분위기 속에서 해석되는 경향이 많은데 지금 이야기는 거기에 대한 완벽한……

☞ **사　회**

예, 여기 오 박사님이 질문을 하십니다.

☞ **오강남**

예, 질문하실 분이 없으니까 제가 질문을 하겠습니다. 그런데 하려고 하는데 너무 답변이 길까 걱정이 돼 가지고 할 수가 없어요. 그래서 제가 잠깐 하고, 잠깐 대답해 주시기 바랍니다. 이 정토사상에 대한 걸 잘 하셨는데 이 전체 주제가 한국불교의 보편성과 특수성이라 했는데 한국 정토의 특성을 한마디로 말하면 뭐라고 말할 수 있겠어요? 특성을 전혀 언급하신 거 같지가 않은데.

☞ **강동균**

현재 한국불교의 특수성을 이야기하기는 매우 힘든데요. 제가 한국불교의 정토종이라든가 염불종이라고 하는 사찰은 다 다녀봤습니다. 저 경기도에 가니까 실망을 한 것이 지금 정토종 염불종 하는 것이 완전한 주술에 빠져 가지고 그저 돈벌이할 수 있는 요소들, 연등 켜고 무슨 백일기도 하고 또 병을 낫는 기도를 하고 하는 그런 걸 다 갖다 놨어요. 또 부적팔고 하는 그것을 정토종이다, 정토교다 할 때 굉장히 슬퍼지는 것이, 원효가 만약 봤더라면 엄청나게 슬퍼하지 않겠느냐, 그래서 한국 정토교, 정토사상 한마디로 못 합니다. 못 하는 게, 중간 중간에, 특히 지눌의 경우는 정토사상에 대해 대단한 비판을 가하죠. 그러나 조선시대 들어와서 정토사상이야말로 지금 필요한 사고라고 하면서 여래의 대비원력을 굉장히 강조하는 경우가 있습니다. 그래 두 가지로 하나는 정토사상은 수준 낮은 저 무지렁이가 하는 신앙이다 하는 사고방식과 나는 무지렁이밖에 안 되니까 내 정토사상 하겠다고 하는 자신감을 가지고 '나무아미타불' 하는 사람과 두 개로 나눌 수 있다고 볼 수 있겠습니다.

☞ 사 회

예, 고맙습니다. 또 질문 있으시면…… 예, 소렌센 선생님.

☞ Sorensen

(영어 질문)

☞ 김영호

자료에 대해서 자기가 알고 있는 것 두 가지를 말씀드리고 싶다는데, 하나는 막스 뮐러의 번역을 선생님 논문 서두에서 얘기하셨는데, 더 새로운 번역이 루이 고메라고 하는 미국 학자에 의해서 되어 나왔는데, 『무량수경』 등 여러 가지 정토관계 경전들을 합친 번역이랍니다. 그것은 산스크리트만이 아니고 중국 한문경전을 다 참조한 종합된 번역이고요, 또 하나는 중국에서 편집된 것이 아주 방대한 경과 소와 이런 걸 다 합친 자료집이 아마 중국 상해에서 나왔답니다. 참고하시기 바랍니다.

☞ 강동균

고맙습니다.

☞ 사 회

그러면 한 가지만 간단하게 질문하실 분 있으면 하시고 없으시면 다음 발표로 넘어가겠습니다. 그러면 없으신 걸로 간주하고, 여러분, 특히 강 선생님과 김영미 선생님 대단히 고맙습니다.

6. 大覺國師 義天의 天台宗 創立과 宋의 天台宗

崔柄憲 (서울大)

—

天台宗은 東아시아의 大乘佛教 가운데 가장 중요한 종파의 하나로서 中觀派 불교인 三論宗에서 발전한 것인데, 중국에서는 일찍이 6세기 말경인 隋代에 智者大師 智顗(538~597)에 의해서 최초로 성립되었으며, 그것이 韓國과 日本에도 전해져서 각각 독립된 종파가 되었다. 일본의 천태종은 平安期인 9세기 초에 傳教大師 最澄(767~822)에 의해서 성립되어 일본불교의 주류적인 종파의 하나가 되었다. 그런데 한국의 경우는 중국에서의 천태종 성립 초기부터 받아들이기 시작하였고, 그 뒤 계속하여 중국 천태종의 발전 단계마다 참여하여 적지 않은 영향을 미치기까지 한 적이 있었음[1]에도 불구하고 국내에서의 종파 성립은 한·중·일 삼국 가운데 가장 늦어 11세기 말경인 高麗中期에 와서야 大覺國師 義天(1055~1101)에 의해서 비로소 이루어졌다.

그런데 이와 같이 中國, 韓國, 日本의 천태종은 그 성립시기에서 크게 차이가 있었음을 알

---

1) 중국의 천태종이 대성되기 이전인 南岳慧思의 문하에는 백제의 玄光, 그리고 천태종을 창립한 智顗의 문하에는 고구려의 波若이 있어 일찍부터 천태종을 받아들이고 있었음이 확인된다. 그리고 천태종의 제5조 左溪玄朗의 문하에는 신라승 法融·理應·純英 등 3인이 천태종을 진흥시켰던 荊溪湛然과 함께 공부하고 있었음이 확인되며, 고려 초의 義通과 諦觀이 吳越에서의 천태종을 부흥시키는 데 중요한 역할을 하였음은 널리 알려진 사실이다.

수 있는데, 삼국의 천태종은 성립시기에서뿐만 아니라 그 불교사상의 내용과 역사적 성격에서도 크게 다른 점이 있었음을 주목할 필요가 있다. 중국의 천태종은 南北朝로 분열되었던 중국을 통일한 隋代의 시대적인 요청에 부응하여 華北지방에서 유행되던 實踐的인 불교와 南方에서 성행되던 學問佛教를 통합하여 綜合佛教를 성립시킨다는 사상사적 과제를 가지고 성립되었기 때문에[2] 學問과 實踐, 즉 教門과 觀門 二門을 그 大義로 하였다.[3] 그 결과 중국의 천태종은 방대한 教學的 體系를 가졌으면서 동시에 그의 實踐門인 止觀은 教宗 가운데 가장 실천적인 성격이 강하여 실천적 불교인 禪宗의 수행방법인 禪定이나 定慧와 비교되었다.

한편 일본의 천태종은 奈良의 南都六宗의 불교 모순, 특히 三論宗과 法相宗의 대립을 지양하려는 사상사적 과제를 가지고 출발하였던 것이며, 南都의 舊佛教와 대립하여 천태종의 독립을 모색하는 과정에서 특히 南都佛教의 諸宗 가운데도 가장 치밀한 논리성을 가진 法相宗과의 全面的인 對決을 피할 수 없었다. 법상종에 대한 사상적 독립을 고하는 교리논쟁이 三一權實論爭이라고 하는데, 그 논쟁의 주제는 천태의 一乘主義와 법상의 三乘主義와의 우열론, 그리고 천태의 一切皆成說과 법상의 五性各別說과의 대립 등이었다. 또한 南都舊宗으로부터 教團的 독립을 이루려는 싸움은 大乘戒 獨立運動으로 전개되었는데, 818년 比叡山으로 돌아온 最澄은 자신이 일찍이 19세 때 東大寺의 戒壇院에서 받았던 小乘 250계의 棄捨를 선언하고, 새로 『梵網經』에 의거한 大乘戒壇 건립의 결의를 표명함으로써 시작되었다. 신라불교사에서는 삼론종과 법상종의 대립과 법상종의 삼승교학 문제, 그리고 『梵網經』에 의거한 대승계의 문제 등이 이미 7세기 후반 元曉(617~686)에 의하여 해결을 보았던 것인데, 일본에서는 9세기 초에 들어와 천태종의 창립과정에서 비로소 문제된 것이다. 그런데 일본 천태종의 특색을 결정하여 주는 데 더욱 중요한 의미를 갖는 것은 密教와의 관계였다. 最澄은 天台教學만이 아니라 密教祈禱에도 관심을 가져 804년 唐에 갔을 때 천태산에서 천태종의 제6조

---

2) 천태종 개창의 가장 유력한 外護者는 晉王廣(뒷날의 隋煬帝)이었는데, 統一國家의 建設者와 綜合的인 中國佛教의 形成者의 만남은 歷史的 必然이라고 할 수 있다.

3) 智顗는 560년, 23세 때에 河南省의 大蘇山에 들어가 慧思로부터 一心三觀의 心要를 받아 얻음으로써 천태종 개창의 단서를 열게 되었는데, 그는 大蘇山에 들어가기에 앞서 이미 南地의 불교학의 성과를 흡수하여 法華最勝의 확신을 갖게 되었던 것이며, 이제 北地의 실천불교의 체득자인 慧思에 의하여 그 확신에 힘을 실은 종교적 생명을 불어넣게 되었다. 그는 뒷날 575년 천태산 華頂峰에 은거하여 수행 중에 깨달음을 체험하고, 585년 金陵에 나와 『法華文句』를 강의하고 이어 589년 荊州에 옮겨 玉泉寺를 건립하고 『法華玄義』와 『摩訶止觀』을 개강함으로써 천태종 개창의 기초를 마련하기에 이르렀다. 智顗의 많은 저술 가운데 『法華經』을 중심으로 하는 이 3종의 저술을 이른바 '天台三大部'라고 하여 천태종에서 가장 중요시하는데, 이 가운데 『法華文句』는 그 註釋, 『法華玄義』는 그 原論, 그리고 『摩訶止觀』은 그것에 기초한 實踐法이라고 할 수 있다.

荊溪湛然의 제자인 道邃와 行滿으로부터 天台觀門을 전수받는 데 그치지 않고 국청사의 惟象으로부터 밀교를 배웠으며, 이어 越州에 가서 密敎의 善無畏의 法孫 順曉에게 灌頂을 받고 다수의 밀교경전을 전수하여 귀국하였다. 그리하여 天台와 함께 密敎를 홍포한 결과 일본의 천태종은 止觀業과 遮那業, 천태와 밀교의 組合된 형태로 출발하게 되었다. 그 뒤 圓仁과 圓珍 등의 후계자들에 의하여 계속하여 唐으로부터 밀교를 받아들임으로써 比叡山의 천태 교단에서의 밀교화의 현상은 가속화되어 갔다. 그 결과 법화와 밀교의 조화를 기도하면서도 교리와 실천 양면에서 밀교의 우월성을 인정하게 되었으며, 천태종의 기본적인 藏·通·別·圓의 四敎判을 폐기하고 圓敎의 위에 眞言密敎를 위치시키는 五敎判을 내세우기에 이르렀다. 천태종의 밀교화라고 하는 현상은 平安朝의 貴族政治의 展開와 호응하면서 진행된 것인데, 순수한 밀교인 眞言宗과 양립되어 平安佛敎의 二大主流를 이루면서 대립되었다.

중국 천태종에서는 唐代 이후 화엄교학과의 대립, 갈등이 중요한 문제가 되어 오랜 시간을 지나 宋代 山外派의 사상으로 결실되었던 데 비하여 일본 천태종에서는 眞言密敎와의 대립, 갈등을 통하여 天台密敎로 성립되기에 이른 것이었다. 그런데 고려 때 성립된 한국의 천태종은 밀교적 성격을 띤 일본의 천태종과는 말할 것도 없고,[4] 중국의 천태종과도 상당히 다른 점이 있었다. 그러한 차이점을 나타내게 된 이유는 여러 면에서 생각할 수 있겠으나, 무엇보다도 근본적인 이유는 그 성립 당시의 사상사적 과제가 중국이나 일본과 달랐기 때문이었다. 義天(1055~1101) 당시 고려불교계는 교종 계통인 華嚴宗과 法相宗이 양대 주류를 이루어 대립하고 있었고, 禪宗이 제3종단의 위치를 차지하는 교단체제를 이루고 있었다. 이때 화엄종 출신인 의천이 불교계 개편을 추진하였는데, 그 의도는 교리적인 면에서 법상종에 대한 화엄종의 우위성을 확보하려는 것과 교단 면에서 禪宗의 포섭을 통한 천태종을 새로 개창하는 것이었다. 그에 상응하여 의천이 내세운 불교의 핵심과제는 性相兼學과 敎觀幷修의 문제라고 할 수 있는데, 그 가운데 특히 敎觀幷修라는 사상사적 과제는 천태종의 창립을 통하여 해결을 모색하게 되었다. 그리고 의천은 그의 구체적인 노력으로서 宋僧들과 교류하면서 佛敎典籍을 수집하는 한편으로 敎觀幷修의 문제를 확인하고 天台宗을 새로 전수하여 왔다. 그 결과 의천에 의하여 성립된 천태종은 宋의 천태종을 받아온 것이었으면서도 그 내용이나 성

---

4) 신라불교계에서도 8세기 말 9세기 초에 唐으로부터 밀교를 활발하게 받아들이고 있었다. 특히 玄超와 義林 같은 신라의 밀교 승려는 각각 最澄과 空海의 法祖에 해당되는 인물로서 일본 밀교의 성립에 선구자적인 역할을 하기도 하였다. 그러나 본국에서는 善無畏나 金剛智 계통의 밀교가 독립된 종파로는 성립되지 못하였고, 더욱이 밀교가 주류적인 불교로 대두된 적도 없었다. 그러므로 고려의 천태종은 일본의 그것과 달리 밀교적인 요소는 고려할 필요가 없게 되었다.

격은 상당히 다른 점이 없지 않게 되었다. 그러므로 의천에 의한 천태종 개창의 역사적 의의를 제대로 이해하기 위해서는 고려 당시 불교계의 사상사적 과제에 대한 정확한 인식과 아울러 宋의 천태종과의 비교 검토가 요구된다고 할 수 있다.

二

대각국사 의천(1055~1101)의 일생은 11세의 나이로 화엄종의 靈通寺에서 불교에 입문한 이래 華嚴宗 승려로서 일관하였다. 그러면서 그는 말년에 가까운 43세 때인 肅宗 2년(1097)에 天台宗을 새로 개창하고, 종전의 興王寺의 住持직과 함께 새로이 國淸寺의 住持직을 兼職함으로써 화엄종과 천태종의 두 종단을 함께 장악하여 영도하였다. 그런데 의천에 의한 천태종 개창은 단시일에 쉽게 이루어진 것은 아니었다. 그가 천태종 개창의 뜻을 세운 것은 宋에 가기 앞선 30세 이전부터였다. 의천은 渡宋 전에 생모 仁睿太后와 鷄林公 熙(뒤의 肅宗)에게, "天台三觀은 最上眞乘인데, 이 땅에 아직 이것을 開立치 못한 것은 심히 유감입니다. 나는 간절히 이를 뜻합니다"라고 하여 천태종 개립의 뜻을 밝히고 두 사람으로부터 그 후원을 약속받은 바 있었다.[5] 그런데 화엄종 출신인 의천이 끝까지 화엄 종단을 떠날 의사가 없으면서 새로 천태종을 개창하여 禪宗을 포섭하려고 할 때에 먼저 주의에 오르지 않을 수 없는 문제가 불교의 實踐的인 면에서 禪宗의 禪과 天台의 止觀의 同異點, 그리고 教學的인 면에서 華嚴과 天台의 調和 可能性 등이 아닐 수 없었다. 전자의 문제에 대해서 의천은,

> "옛날의 禪은 教에 의거하여 禪을 익히는 習禪이었는데, 지금의 禪은 教를 떠나서 禪을 說하는 說禪이 되고 말았다. 이 說禪은 그 名目에 집착하여 그 實을 잃고 있는 데 반하여 習禪은 그 事理를 따짐으로 인하여 그 뜻을 얻고 있는 것이니, 오늘의 矯詐의 폐단을 구하고, 古聖의 醇精한 道로 復歸하려는 것이다."

라고 하였던 말에서 알 수 있듯이 '不立文字 教外別傳'의 達磨 계통의 선종을 부인하고 天台의 止觀으로 대체하려고 하였다.[6] 그리고 후자의 문제, 즉 華嚴과 天台의 調和 문제에 대해

<hr>

5) 林存 찬술, 「南嵩山僊鳳寺海東天台始祖大覺國師之碑銘」, 『朝鮮金石總覽』上, 1919, p.330.

6) 遼의 道宗은 대장경을 간행할 때에 조서를 내려 義學沙門 詮曉(일명 詮明) 등으로 하여금 經錄을 재정하여 『續開元釋教錄』 3권을 편수케 하였는데, 선종의 기본적인 경전이라고 할 수 있는 『六祖壇經』과 선종의 傳燈錄의 시초라고 할 唐 智炬의 『寶林傳』을 모두 불태워 버린 사건이 있었다. 이에 대하여 의천은 僞妄을 제거한 것이라고 하여 은근히 공감을 표시하고, 福唐의 飛山默子 戒珠가 선종에서 내세우고 있던 教外別傳의 心法을 척파하기 위하여 찬술한 『別傳心法議』라는 책을 얻어 자신이 편찬

서는 宋에 가서 華嚴宗 승려들에게 질의하여 해답을 구하였다. 즉 의천은 卞京에서 宋의 조정에서 천거한 有誠을 만나자 '賢首와 天台의 敎判의 同異點 및 두 종의 미묘하고 그윽한 뜻'에 대한 문답을 하였으나,[7] 분명한 해답을 얻지 못하고, 이어 杭州의 淨源을 찾아가 한해 겨울을 나면서 華嚴敎觀에 대한 강의를 듣는 가운데, 敎觀幷修說을 확신하게 됨과 아울러 화엄과 천태의 조화 가능성을 澄觀의, "화엄의 五敎와 천태의 (化法)四敎는 大同하다"는 말을 통하여 확인하기에 이르렀다. 淨源은 의천이 가져간 화엄전적을 통하여 중국화엄을 부흥시킨 인물로 평가되는 인물인데, 그는 말년에 『法華經』을 주석하였으며, 의천에게 보낸 편지에서도, "『華嚴經』과 『法華經』 두 경은 불교의 表裏요, 始終의 絶唱이다"라고 평가하고 있었다.

　의천은 淨源을 통하여 화엄과 천태의 조화 가능성을 확인한 다음에 비로소 天竺寺의 從諫을 찾아가서 天台敎觀을 전수받고, 이어 귀국길에 올라 天台山의 國淸寺를 찾아 智者大師塔 앞에서 發願文을 지어, "錢塘의 慈辯大師에게 敎觀을 전수받는바, 귀국하여 천태종을 개창하겠다"라고 誓願하기에 이르렀다. 그런데 여기에서 우리에게 의문시되지 않을 수 없는 문제는 화엄종의 입장에서 천태종을 받아들이려고 하였던 의천이 宋의 천태종을 전수하여 옴에 있어서 宋의 天台宗의 學派 가운데 山外派가 아닌 山家派의 從諫으로부터 天台敎觀을 받아 오고 있었던 점이다.

　주지하는 바와 같이 중국의 천태종은 六祖 湛然(711~782) 이후 華嚴化되어 갔는데,[8] 宋 초기에 四明知禮(960~1028)와 慈雲遵式이 출현하여[9] 천태종의 正體性을 확보하기 위하여

　한 『圓宗文類』 권21에 수록하면서 붙인 발문에서 戒珠의 辯論은 지극히 옳은 것이라고 공감을 표시하였다.(大日本續藏經 제1집 제2편 제6투 제2책 소재 『別傳心法議』 참조) 한편 南宋代 志磐이 咸淳연간(1265~1274)에 편찬한 『佛祖統紀』 권14, 僧統義天條에서도 의천이 『別傳心法議』에 부친 跋文을 전재하여 주고 있다.

7) 任存 찬술, 「南嵩山僊鳳寺海東天台始祖大覺國師之碑銘」, p.331 참조.

8) 智顗의 6세 법손인 荊溪湛然은 17세 때 출가한 이후 천태종을 비롯하여 律 華嚴 등의 제종의 교학을 널리 공부하였으며, 말년에는 천태산에 들어가 천태학의 연구와 교단의 경영에 주력하여 강남지방을 중심으로 종세를 떨치게 함으로써 唐代 들어와 法相宗과 華嚴宗의 융성으로 인하여 오랫동안 침체에 빠졌던 천태종을 부흥시킨 인물로 평가되었다. 그의 대표작인 '三大部'의 주석(『法華文句記』, 『法華玄義釋籤』, 『摩訶止觀輔行傳弘決』 각 10권)은 단순한 師說의 조술이 아니고, 法相·華嚴·禪宗 등의 新譯 종파와의 사상적 대결 극복을 통하여 천태종의 宗義를 발양하려고 한 것이다. 제종 가운데도 화엄종과의 관계가 가장 주목되는데, 그는 화엄의 사상을 흡수하여 천태교학을 해석함으로써 교학적으로 한 단계 깊게 심화시킨 것도 사실이었으나, 결과적으로는 華嚴化의 단서를 열게 되었으며, 또한 천태의 실천적인 색채는 현저하게 희박하게 된 점을 지적하지 않을 수 없다.

9) 會昌 2년(842) 唐의 武宗이 단행한, 이른바 '會昌의 破佛'은 중국불교사상 가장 규모가 크고 철저한 불교 탄압이었다. 그 결과 初唐부터 中唐에 걸쳐서 번성하였던 여러 종파는 일시에 침체의 늪에 빠졌다. 9세기 말인 唐末부터 五代에 걸쳐서의 쟁란기에 천태산에서는 기본적인 宗典을 잃어버렸던 모

湛然 이후의 천태종이 화엄이나 선의 사상을 흡수하여 본래의 특색을 상실하게 된 것을 개탄하고, 原始天台인 智顗 敎學에의 복귀운동을 일으켰다. 이러한 움직임에 반발하는 孤山智圓이나 梵天慶昭와의 사이에는 격렬한 논쟁이 일어나게 되었는데, 知禮 등은 자기의 입장을 正統으로 내세워 山家派라 칭하고, 華嚴化된 天台學者를 山外派라고 하여 비판하였다. 그리하여 知禮 이후 宋의 천태종에서는 華嚴敎義를 받아들일 것인가, 아닌가 하는 문제를 놓고 山家 山外로 나뉘어 論難 抗爭을 벌이게 되었다. 그 논쟁의 주제는 天台智顗의『金光明經玄義』의 廣略二本의 문제,『法華經』의 別理隨緣 不隨緣의 문제,『請觀音經』所說의 理性毒害의 문제,『觀經疏妙宗鈔』所說의 色心双具說의 문제 등 여러 가지로 전개되었는데, 그 요점은 화엄의 唯心論과 천태의 實相論의 對立, 또는 화엄의 性起說과 천태의 性具說의 抗爭이라고 할 수 있다.

그런데 화엄종의 입장에서 새로이 천태종을 받아들이려고 하는 의천으로서는 화엄종 敎義를 받아들여 唯心論을 내세우고 있던 山外派의 주장에 공감할 것이라고 예상됨에도 불구하고, 실제로는 그 반대로 천태종의 교의를 보다 순수하게 지키려고 하였던 山家派의 從諫에게서 천태교관을 전수받아 왔던 것이다. 이러한 모순에 대하여 일찍이 高橋亨은 不可解한 사실이라고 지적한 바 있었는데,[10] 그 이상의 추구는 하지 않았다. 이 문제는 의천의 천태사상을 이해하려고 함에 있어서 하나의 관건이 된다고 할 수 있다.

三

의천이 宋에 머무는 동안에 직접 만났거나, 서신으로 교유했던 宋의 승려 50여 명 가운데 오늘날까지 그 이름이 전해지고 있는 사람은 41명이다. 이 41명을 소속 종파별로 분류하여 보면, 華嚴宗 13인, 天台宗 8인, 戒律宗 3인, 法相宗 2인, 禪宗 5인, 西天梵學 2인, 所屬宗派 未詳 8인이다. 이 가운데 화엄종의 승려가 13인으로 가장 많았던 것은 의천의 불교 중심이 화엄종이었다는 사실과도 부합되는 것이며, 그다음으로 천태종 승려가 많은 것도 의천의 불

양으로 10세기가 되어 이러한 상태를 개탄한 螺溪義寂은 천태산 지역을 영유하여 번영하였던 吳越王 錢弘俶의 후원을 받아 멀리 고려에까지 불전을 구하였다. 고려 光宗은 이 요청에 응하여 諦觀으로 하여금 불전을 보내 주었다. 諦觀은 그 뒤 吳越에 머물러 천태학의 개론서인『天台四敎儀』을 저술하였다. 義寂이나 諦觀 등의 노력에 의하여 천태종 부흥의 기운의 단서가 열리게 되었다. 10세기 말부터 11세기 초에 걸쳐서는 義寂의 제자에 고려 출신의 寶雲義通이 나오고, 의통의 문하에서 四明知禮와 慈雲遵式이 나와 천태교학의 화엄화 경향을 비판하고 智顗敎學에의 복귀운동을 전개하였다.

10) 高橋亨,「大覺國師義天の高麗佛敎に對する經綸に就いて」,『朝鮮學報』10, 1956, p.133.

교에서 제2의 종파가 천태종이었던 사실과 부합된다고 할 수 있다.[11] 의천과 교류했던 宋의 천태종 승려 8인을 山家派, 山外派 등의 학파별로 분류하여 보면, 山家派에 속하는 승려는 從諫, 元淨, 中立, 法隣 등 4인이며, 山外派에 속하는 승려는 仁岳, 可久 등 2인이고, 기타 나머지 惟勤, 辯眞 등 2인은 法系가 불명이다.[12] 이로써 山家派가 다수를 차지하고 있으며, 특히 從諫이 의천에게 天台教觀을 전수해 준 正統의 祖師로 받들어지고 있었던 것은 山家派가 正統의 위치를 확보하고 있던 상황에서 어쩌면 당연한 것이었다고도 할 수 있다.

그러나 당시 宋의 불교계에서 山家派 승려들의 학적 활동은 知禮 이외에는 山外派 승려들의 그것에 미치지 못하였으며, 더욱이 화엄종의 입장에서 새로이 천태교학을 받아들여 화엄 천태 양자의 조화를 모색하고 있던 의천으로서는 山家派 승려들과의 교류만으로는 만족할 수 없었다. 그 결과 山外派 승려들과도 교류를 하게 되었던 것인데, 그들이 바로 仁岳과 可久 등 2인이었다. 이들 2인은 師弟關係에 있던 인물로서 後山外派 또는 雜傳派로 일컬어지고 있었다. 의천과 교류한 인물 가운데 前山外派의 인물이 한 사람도 없었던 것은 의천이 宋에 가기 전에 모두 入寂한 뒤였기 때문이라고 보며, 仁岳과 可久 등 2인도 모두 의천과 교류하게 될 때는 그들의 말년경이었다.

한편 의천은 宋에서 3,000여 권의 많은 佛典을 수집하여 왔는데, 특히 宋의 天台宗僧의 저술을 열심히 수집하여 왔음이 의천이 귀국한 뒤 편찬한 『新編諸宗教藏總錄』에서도 확인되고 있다. 이 불전 목록에서 宋代 天台宗僧의 저술만을 뽑아 山家派와 山外派로 분류하여 보면, 山家派의 저술이 모두 11人 33部 76卷, 山外派의 저술이 모두 7人 63部 189卷이 되어 山外派의 分量이 압도적으로 많은 것을 알 수 있다. 그리고 그 山外派의 저술 가운데는 知禮를 비롯한 山家派의 教說을 직접 논란하였던 것들이 다수 포함하고 있어서 의천의 山外派의 주장에 대한 관심과 평가가 어떤 것이었는가를 짐작케 한다.

11) 「僊鳳寺天台始祖大覺國師碑銘」에 의하면, "국사는 세상에 뛰어난 큰 임무를 감당할 수 있는 재주를 가지고 여러 종의 학문에 사무쳐 통달하지 않음이 없었으며, 그 스스로 인정하여 자신의 임무로 삼은 것은 賢首와 天台 양종에 있었다."라고 한 바와 같이 의천의 불교학의 폭은 대단히 넓어 여러 종파의 교학을 섭렵하였지만, 중심으로 삼은 것은 화엄과 천태였다.

12) 拙稿, 「義天과 宋의 天台宗」, 『伽山李智冠스님華甲紀念論叢 韓國佛教文化思想史』, 1992, pp.841－862.

圖表 1, 宋代의 天台宗系譜

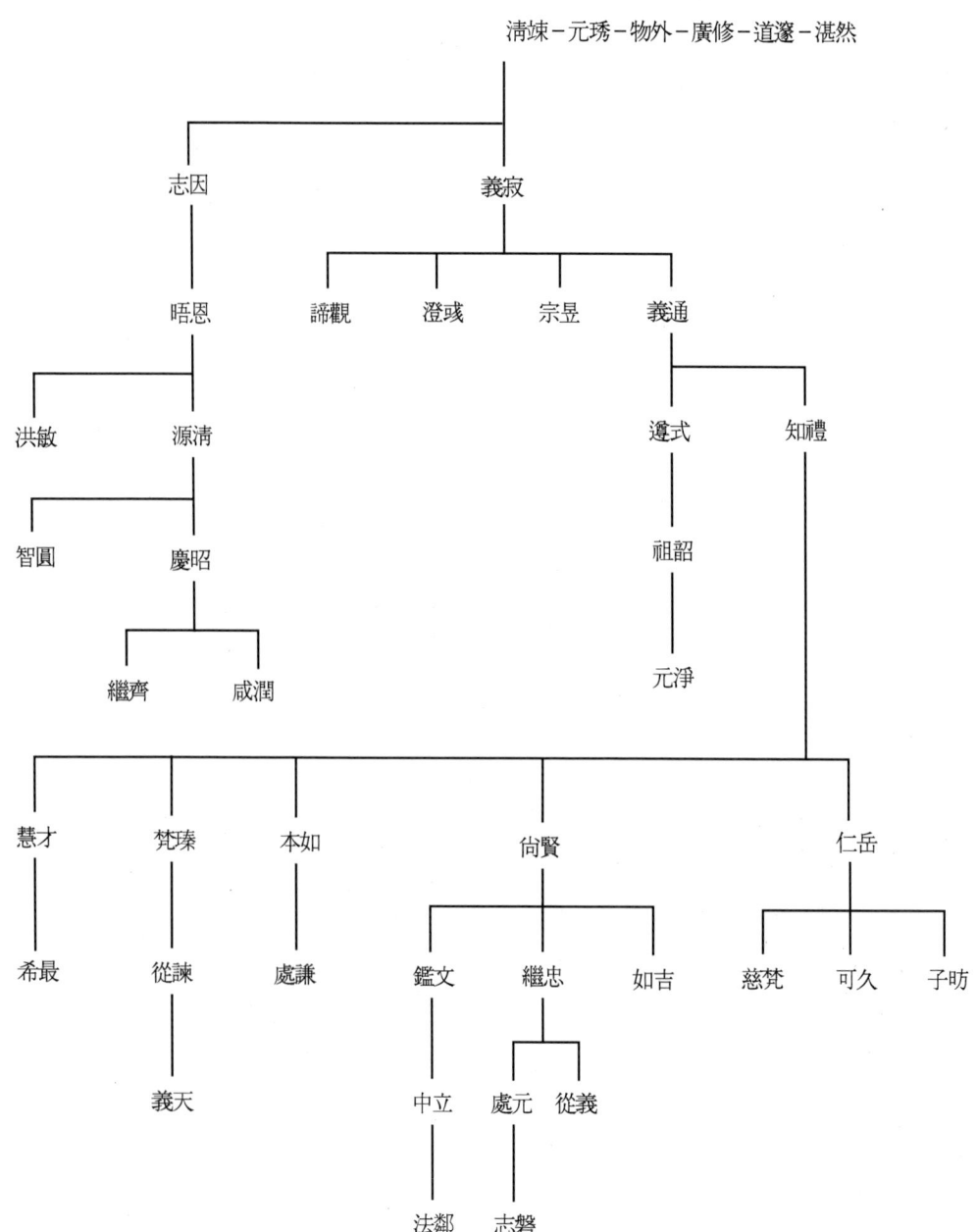

의천의 『新編諸宗教藏總錄』에 수록된 山外派 승려 가운데는 특히 前山外派의 孤山智圓 (976~1022)의 저술이 31部 129卷, 後山外派의 淨覺仁岳의 저술이 23部 48卷에 달하여 이 두 사람의 저술에 각별한 관심을 기울이고 있었음을 알 수 있다. 뿐만 아니라 『大覺國師文集』에 서도 智圓에 관한 언급이나 그의 책의 인용이 자주 나타나고 있으며, 그리고 仁岳의 서신이 실려 있음을 보아 의천의 천태사상에는 智圓과 仁岳의 영향이 크게 미치고 있었음을 확인할 수 있다.13)

한편 고려 초 光宗 12년(961)에 諦觀은 天台典籍을 吳越에 전하여 중국 천태종을 부흥케 하여 준 것으로 유명하거니와, 그가 지은 『天台四敎儀』는 천태종의 개론서라고 할 수 있는데, 그 뒤에 그에 대한 註疏가 73종 130여 종이나 나왔을 정도로 중국, 한국, 일본의 3국의 천태 종에 큰 영향을 미쳤다. 그런데 그 『天台四敎儀』를 최초로 校勘하여 板刻한 인물이 바로 山 外派의 智圓이었다. 智圓이 많은 저술을 남기면서 山家派에 대항하는 謀將 역할을 한 인물이 었음을 보면, 『天台四敎儀』가 일찍부터 특히 山外派 승려들에게 주목받았음을 알 수 있다. 그리고 이 『天台四敎儀』의 註釋書로서 가장 앞선 연대의 것은 從義(1042~1091)의 『天台四 敎儀集解』 3卷인데, 仁岳의 科文을 臺本으로 하고 있다. 仁岳과 從義는 모두 後山外派에 소 속된 인물로서 『天台四敎儀』 연구의 효시가 되고 있다. 의천은 『新編諸宗教藏總錄』에서 諦觀 의 『天台四敎儀』와 함께 仁岳의 『科』 1卷, 從義의 『科』 1卷, 『集解』 3卷, 從陳의 『講義』 3권 등을 수록하고 있으며, 또한 의천 자신도 직접 그것을 註釋하여 宣宗 6년(1089) 2월 海印寺 에서 중간케 한 사실이 확인되고 있어, 의천이 山外派의 영향을 받으면서 諦觀의 『天台四敎 儀』를 대단히 중시하였으며, 또한 그를 한국 천태종의 祖師로서 숭상하였음을 알 수 있다.14)

<hr>

13) 고려 仁宗 15년(1137)에 수립된 '南嵩山僊鳳寺海東天台始祖大覺國師碑'에는 "(의천이) 求法하고 돌 아와서 처음에 왕에게 올린 표문에서 '만리의 파도를 건너 百城의 善友의 만나서 두루 眞敎를 尋問 하였음은 오로지 성상의 위엄에 힘입은 것이 온바, 天台 賢首의 종학과 晉水 孤山의 교지에 이르기 까지 외람되게 향로와 불자를 전해 받았으니, 이는 箕裘를 잘못 承事한 것이 아닌가 적이 걱정됩니 다.'라고 하였다."라 하여 의천이 宋에서 천태의 孤山智圓과 화엄의 晉水淨源으로부터 불법의 종지 를 받아 왔음을 전하고 있다. 그러나 『大覺國師文集』 권8에 실린 「至本國境上乞罪表」 및 『外集』 권 13에 실린 「天台始祖大覺國師碑銘」 등에는 이와 다른 내용을 전하여 주고 있어서 주목된다. 즉, "(전략) 慈恩 賢首의 종학과 台嶺 南山의 교지에 이르기까지 외람되게 향로와 불자를 전해 받았으 니, (후략)"라 하여 法相宗 華嚴宗 天台宗 戒律宗의 4종의 종지를 받아 온 것으로 전하고 있는데, 문집의 내용이 정확한 것으로 생각된다. 추측컨대 仁宗 9년(1131) 任存이 왕명을 받아 찬술한 원래 의 비문은 문집의 내용과 같았을 것이나, 仁宗 15년(1137) 비석을 세울 때에 천태종승들이 의천의 불교 가운데서 특히 천태종의 입장을 강화하기 위하여 법상과 계율을 제외하고 화엄과 천태만을 받 아 온 것으로 글자를 조작하여 새긴 것으로 보인다.

14) 의천이 諦觀을 한국 천태종의 조사로서 추앙하고 있었음은 그의 문집과 '僊鳳寺天台始祖大覺國師碑'

圖表 2, 『新編諸宗教藏總錄』에 수록된 宋代 天台宗僧의 著述目錄(人名別)

1. 山家派

(1) 四明知禮

法華十不二門指要鈔	二卷
同 科	一卷
法華義疏記	二卷
同 科	一卷
金光明經文句科	二卷
文句記	六卷
玄義科	一卷
玄義拾遺記	三卷
釋難扶宗記	一卷
十義書	五卷
觀無量壽經妙宗鈔	三卷
科	一卷
請觀音經釋消伏三用	一卷
別理隨緣二十門	一卷

(2) 慈雲遵式

華嚴經撮要鈔	四卷
金光明經懺法補助儀	一卷
觀無量壽經往生淨土決疑行願二法門	一卷
小阿彌陀經往生淨土懺願儀	一卷
請觀音經懺儀	一卷

(3) 南屛梵臻

十不二門摠別指歸	一卷

(4) 廣智尙賢

答三千書	一卷
經體章	一卷

등 여러 곳에서 확인되는데, 특히 천태산을 찾아 智者大師塔 앞에서 올린 발원문에서는, "가만히 생각하옵건대 우리나라에도 옛적에 諦觀법사가 있어서 대사의 교관을 다른 나라에까지 유통시키었으나, 그 전하여 익히는 계통이 끊어져서 지금은 없으니, 불초한 이 의천이 분발하여 몸을 잊어버리면서까지 스승을 찾고 도를 물었습니다"라고 한 것을 보아 諦觀이 전한 교법이 끊어진 것을 애석해하면서 자신이 잇겠다는 서원을 하고 있었음을 알 수 있다.

(5) 慈辯從諫

　　議方便品題　　　　　　　　一卷

(6) 辯才元淨

　　圓理事說　　　　　　　　　一卷

　　　　科　　　　　　　　　　一卷

(7) 廣慈慧才

　　圓敎解行集要　　　　　　　一卷

(8) 扶宗繼忠

　　金光明經十義書科　　　　　一卷

　　　　解謗書　　　　　　　　三卷

　　天台類集口義　　　　　　　十三卷

(9) 處謙

　　法華十不二門顯妙　　　　　一卷

(10) 如吉

　　天台文類　　　　　　　　　十卷

(11) 澄彧

　　觀無量壽經注十疑論　　　　一卷

　　般若心經顯宗記　　　　　　二卷

　* 合計 11人　 33部　　　　　76卷

2. 山外派

(1) 靈光洪敏

　　資中疏眞證鈔　　　　　　　六卷

(2) 孤山智圓

　　大涅槃經疏科　　　　　　　二十卷

　　　　三德指歸　　　　　　　二十卷

　　　　玄義科　　　　　　　　二卷

　　　　發源機要　　　　　　　二卷

　　　　金剛錍科　　　　　　　一卷

　　　　顯性錄　　　　　　　　四卷

　　無量義經疏　　　　　　　　二卷

　　首楞嚴經顯贊鈔記　　　　　十四卷

196

疏	十卷
谷響鈔	五卷
科	六卷
維摩經垂裕記	十卷
科	六卷
般若心經疏	一卷
詒謀鈔	一卷
科	一卷
普入不思議法門經疏	一卷
文殊說般若經疏	二卷
觀無量壽經刊正記	二卷
科	一卷
小阿彌陀經疏	一卷
賈貧鈔	一卷
科	一卷
四十二章經注	一卷
正義	一卷
盂蘭盆經撫花鈔	二卷
科	一卷
禮讚文	一卷
佛遺教經疏	二卷
科	一卷

(3) 永嘉繼齊

指濫	一卷

(4) 宗昱

注法華本迹不二門	一卷

(5) 淨覺仁岳(以下 後山外派)

大涅槃經禮讚文	一卷
十不二門文心解	一卷
科	一卷
論三千書	一卷
首楞嚴經集解	十卷
文句	二卷

熏聞記	五卷
說題	一卷
說題科	一卷
禮誦儀	一卷
金剛般若經疏	二卷
經輪鈔	三卷
科	一卷
觀無量壽經十諫書	一卷
小阿彌陀經新疏	二卷
新疏指歸	二卷
科	一卷
佛遺教經助宣記	二卷
四分律南山祖師禮讚文	一卷
施食須知	一卷
天台四教儀科	一卷
義學雜編	六卷
復右旋行道儀	一卷

(6) 慈梵

法華經讀十不二門新注	一卷
首楞嚴經說題通要	二卷

(7) 新智從義

天台四教儀科	一卷
集解	三卷

* 合計 7人 63部 189卷

그런데 의천의 『新編諸宗教藏總錄』은 각 권의 卷首에 '海東有本見行錄'이라고 기록한 바와 같이 단순한 文獻上의 書目을 集錄한 것이 아니고, 그 자신이 현재 蒐集하여 所藏하고 있는 章疏의 總目으로서 刊行을 목적으로 하였던 점과, 그리고 그가 수집한 것 가운데서도 그의 불교 기준에 의하여 다시 취사선택된 것이라는 점을 고려하면, 宋의 천태종의 승려 가운데 山外派의 著述을 다수 수집하여 章疏目錄에 수록하고 있었던 점을 다시 한번 주목하지 않을 수 없다. 이것은 결국 화엄종의 의천이 천태종을 새로 받아들임에 있어서 화엄교학과의 대결을 목표로 하여 『大乘起信論』의 唯心論이나 華嚴의 性起說을 받아들이기를 거부하고 순수한 천태교학으로서 實相論이나 性具說을 지키려고 하던 山家派의 正統 天台學만으로는 만족할 수 없었고, 그의 불교 입장과 합치될 수도 없었던 것을 나타내 주는 것이라고 할 수 있다. 따라서 의천은 천태종의 불교내용에 있어서는 山家派보다도 山外派의 教學에 더 공감을 하고 그것을 적극적으로 받아들일 필요성을 느끼게 되었던 것이 아닌가 한다. 그러나 宋의 불교계 상황을 직접 목격하였고, 수많은 승려들과의 교류를 통하여 宋의 불교계를 정확하게 이해하고 있었던 의천으로서는 正統 天台學의 위치를 확보하고 있던 山家派의 천태학의 전수를 표방하지 않을 수 없었던 것으로 보이니, 여기에서 의천의 천태종에 있어서 표방과 내용의 차이, 이념과 현실 사이의 갈등과 고민을 읽을 수 있는 것이 아닌가 한다.

그런데 오늘날 山家派, 山外派 사이에 論難된 저술들이 거의 전해지지 않고 있으며, 주로 正統派로 자처하던 山家派의 知禮의 『十義書』와 『觀心二百問』 등 일부만이 전해짐으로써 그 論難의 實相은 그 半面만을 아는 데 그치게 된 점을 고려하면 의천이 수집하여 간행한 많은 분량의 宋代 천태학의 저술, 특히 山外派의 저술이 모두 逸失되어 전해지지 못한 점을 아쉬워하지 않을 수 없다. 이러한 결과는 山家派와 山外派 사이의 논쟁을 통하여 이루어진 송대 천태학의 내용을 객관적으로 이해할 수 없게 할 뿐만 아니라 천태학에서의 의천의 입장에 대한 구체적인 이해를 어렵게 하기 때문이다.

四

渡宋에 앞서부터 天台宗 개창의 의지를 갖고 있던 義天은 宋에서 먼저 화엄종의 淨源으로부터 華嚴教觀을 전수받는 가운데 華嚴과 天台의 調和可能性을 확인하고, 곧이어 天台宗의 從諫을 찾아 天台教觀을 전수받았다. 그리고 마지막으로 天台山을 찾아 智者大師塔 앞에서 천태종의 개창을 誓願하고 귀국하였다. 이로써 천태종 창립의 일차적 준비를 일단 마치게 된 의천은 귀국하자마자 佛敎典籍을 정리, 간행하는 작업을 추진함과 동시에 천태종을 개창하는 작업에 곧 착수하였다. 천태종의 개창작업은 구체적으로 寺刹의 창건과 僧侶의 모집을 통한 敎團組織으로 추진되었다. 그런데 천태종이라는 새로운 종파의 개창은 화엄종의 불교계에서의 위치를 강화하는 대신에 법상종과 선종에는 타격을 줌으로써 중앙의 교단체제의 균형을 깨뜨리는 불교계의 개편을 초래하는 것이었기 때문에 불교계의 반발에 직면하지 않을 수 없었다. 그리하여 근본사찰인 國淸寺와, 그리고 개경에 소재한 또 다른 천태종 사찰인 天壽寺

의 창건과정에서 불교계의 반발과 왕실과 仁州李氏를 비롯한 門閥貴族 등의 정치세력 간의 대립, 갈등의 양상에 따라 공사가 중단되는 등의 적지 않은 파란곡절을 겪게 되었다.

의천이 천태종을 개창하는 과정에서 제일의 후원자가 된 사람은 생모인 仁睿太后와 형인 鷄林公 熙(뒷날의 肅宗) 등 2인이었는데, 개경에 천태종의 근본도량으로 창립된 國淸寺와 天壽寺는 바로 이들의 願刹이었다. 그 가운데 국청사는 인예태후가 宣宗 6년(1089) 10월에 착공하였으나, 5개월 만인 다음 해 3월 新興倉이 벼락으로 소실된 사건이 발생하자 順宗의 원찰인 弘圓寺와 함께 공사가 중지되었다. 그런데 이 화재 사건은 공사 중지의 표면적인 구실에 불과하고 실제적인 이유는 천태종 개창으로 타격을 입게 되는 외척 仁州李氏 세력과, 그리고 인주이씨 세력과 연결되어 있던 法相宗 교단 측으로부터의 반대 때문이었던 것으로 보인다. 그러나 인예태후는 천태종 개창의 의지를 포기하지 않고, 선종 9년(1090) 6월 白州의 見佛寺에서 1만 일을 기약하는 天台宗禮懺法을 개설하였으나, 그 자신이 그해 9월 서경에서 세상을 떠남으로써 중단되고 말았다. 그뿐만 아니라 宣宗이 11년(1094) 5월에 세상을 떠나고 인주이씨 출신인 李資義가 집권하게 되자, 의천도 그해 2월 興王寺의 주지직마저 내놓고 弘圓寺 주지로 옮기었다가 5월에는 마침내 海印寺로 퇴거하지 않을 수 없었다. 그런데 그다음 해 7월 李資義 일파에 의해서 핍박받던 鷄林公 熙가 쿠데타를 일으켜 李資義 세력을 제거하고, 이어 10월 肅宗으로 즉위하게 됨으로써 의천은 다시 개경으로 돌아와 興王寺의 주지로 복귀할 수 있었다. 그리고 이어 오랫동안 중단되었던 국청사의 공사를 재개하여 마침내 肅宗 2년(1097) 2월 준공을 보게 됨으로써 비로소 한국의 천태종의 개창이 이루어질 수 있었다. 또한 天壽寺는 肅宗의 원찰로서 창건된 것인데, 숙종대에는 완성을 보지 못하고 숙종이 세상을 떠났다. 그다음 睿宗代에 공사가 계속되었으나, 반대에 부딪혀 중단되는 적지 않은 파란곡절을 겪은 끝에 睿宗 11년(1116)에 가서야 비로소 완공될 수 있었다. 이로써 천태종이라는 새로운 종파의 개창은 전체 불교 교단의 개편과 종파 사이의 균형에 변동을 초래할 수 있는 것이었기 때문에 당시 불교계의 커다란 반발에 직면하지 않을 수 없었으며, 그리고 정치적인 문제와도 맞물림으로써 적지 않은 우여곡절을 겪은 끝에 비로소 이루어질 수 있게 되었음을 알 수 있다.

한편 의천은 國淸寺가 준공되자, 興王寺의 주지직을 계속 보유한 채로 국청사의 주지를 兼職하고 천태 교단의 조직에 착수하였다. 그런데 의천은 천태종 교단을 조직함에 있어서 자신이 원래 속하였던 화엄종의 승려는 단 한 사람도 참여시키지 않고, 오로지 禪宗 승려만을 포섭하여 새로 구성하였다.[15] 仁宗 15년(1137)에 수립된 '僊鳳寺天台始祖大覺國師碑'의 陰記에

---

15) 의천에 관한 비석은 靈通寺와 僊鳳寺 두 곳에 세워졌는데, 영통사의 것은 仁宗 3년 의천의 화엄종

의하면,

> "吾祖 대각국사가 왕궁에서 탄생하여 (천태산의) 佛隴에서 법등을 전해 받고 본국에 돌아와
> 천태진종을 首唱하니, 덕은 고독하지 않아서 이웃이 있었고, 구슬은 부르지 아니하여도 스스로
> 이르러 왔다. 그러므로 居頓寺, 神□寺, 靈巖寺, 高達寺 智谷寺 등의 五法春의 名公 學徒들이 명
> 령에 따라 함께 모였으며, 그 밖에 대각국사의 문하로 직접 투신한 諸山의 名公 學徒 300여 명
> 과 앞의 五門學徒와 더불어 무려 1,000명이었다."

라 한 것을 보아 처음 교단조직 당시의 천태종의 인원수는 1,000여 명으로 추산되는데, 모두
선종의 승려였음이 주목되며, 이들은 크게 두 그룹으로 나누어짐을 알 수 있다. 그 한 그룹
은 居頓寺, 神□寺, 靈巖寺, 高達寺, 智谷寺 등 5개 사찰의 승려 700여 명으로서 이들은 모두
고려 초 光宗代 吳越로부터 받아들여진 法眼宗 계통의 禪僧들이었음이 주목된다. 이로 보아
고려 초의 法眼宗은 光宗이 세상을 떠난 뒤 改革政治의 중단으로 인하여 독립된 종파로 창
립되지는 못하고 말았으나, 그의 法孫들이 지방의 사찰에서 이어져 오다가 의천의 천태종 개
창에 적극적으로 호응하여 옴으로써 그 창립기반을 이루었음을 알 수 있다. 그다음 제2의 그
룹은 의천이 직접 자신의 문하로 포섭한 禪僧 300여명인데, 德麟, 翼宗, 景蘭, 連妙 등 4인이
각기 자신의 문도들을 거느리고 천태종 교단에 참여하였다. 그런데 의천이 이와 같이 선종
승려만을 포섭하여 천태종 교단을 조직한 결과 선종 교단은 천태종으로 개종한 승려들과 선
종을 고수하려는 승려들로 양분되고 말았다. 선종을 고수한 승려들이 의천의 死後에 다시 대
두하면서 그 교단의 이름을 천태종에 대항하는 의미로 禪門九山 대신에 새로이 曹溪宗이라
고 칭하게 되었다.[16] 그 결과 신라 말 이래의 禪門九山은 천태종 창립으로 인하여 天台宗과

계통의 제자들이 수립한 것으로 그 음기에 열거된 문도들은 모두 화엄종 승려들뿐이다. 그리고 선
봉사의 것은 인종 15년 의천의 천태종 계통의 제자들이 수립한 것으로 그 음기에 열거된 문도들은
모두 천태종의 승려들뿐이다. 따라서 두 비석의 음기에 기록된 문도들의 명단은 한 사람도 중복되
지 않은 것으로 나타나는바, 이것은 두 종단의 승려들이 엄격하게 구분되었음을 의미하는 것이라고
본다. 그리고 문도들의 명단을 나열하는 방식이 서로 다른데, 영통사의 비석에서는 僧統, 首座, 三重
大師, 重大師, 大師, 大德 등 法階순으로 분류하여 나열하고 있는 데 비하여, 선봉사의 것에서는 德
麟, 翼宗, 景蘭, 連妙 등 師僧별로 분류하여 法系순으로 나열하고 있다. 이러한 차이가 나게 된 것은
교종보다 선종에서 法系를 중시하였던 특성 때문이었다고 본다.

16) 종파의 이름은 화엄종이나 법상종 등과 같이 근본경전의 이름이나 근본종지의 내용에서 취하는 경
우가 일반적인데, 예외적으로 천태종이나 조계종의 두 종파만은 중국의 산 이름이나 지명에서 취한
것이다. 천태산은 중국 浙江省 台州에 소재한 산의 이름으로 천태종의 근본도량인 國淸寺가 위치하
고 있으며, 천태종을 개창한 智顗가 이곳을 근거로 하였기 때문에 天台大師라고 불렸다. 그리고 曹
溪라는 명칭은 중국 廣東省 韶州 雙峰山 및 寶林寺가 자리했던 곳의 지명으로 曹候村의 시내(溪)라

曹溪宗으로 양분되기에 이르렀다.

다른 한편 의천은 천태종 교단의 조직을 추진하면서 동시에 여러 차례 天台學을 강의함으로써 교리체계의 마련을 통한 종지의 정립에 노력하고 있었다.『大覺國師文集』에서만도 3번의 강의 사실이 확인되는데, 첫 번째는 肅宗 2년(1097) 5월 國淸寺의 준공기념으로 천태종의 근본경전인『法華經』의 강의가 이루어졌고, 다음 肅宗 4년(1099) 9월에는 三角山의 香林寺에서 荊溪湛然의『本迹十妙不二門』을 강의하였다.[17] 그다음 肅宗 5년(1100) 6월에는 國淸寺에서 천태학의 원론이라고 할 수 있는 天台智顗의『法華玄義』10권을 강의하고 있었다. 그리고 같은 해에 처음으로 天台宗의 宗選을 실시하여 奉恩寺에 100명의 뽑아 천태종의 經論 120권으로 시험하여 그 가운데 40여 인을 합격시킴으로써 교단체제에서 천태종의 개창을 공인받기에 이르렀다. 이로 보아 의천은 천태교학의 진흥과 교단의 운영에 상당한 관심과 노력을 기울이고 있었음을 알 수 있다. 그런데 의천의 관심은 천태종의 敎學에만 한정되었고, 止觀은 소홀히 한 것으로 보인다. 의천은 천태종의 개창에 앞서 화엄종에서의 敎觀幷修를 주장하면서 均如로 대표되는 고려의 전통적인 화엄학을 비판하였다. 특히 의천은 宋에 가서 淨源에게 화엄을 수학하고 돌아온 이후에는 화엄종 측의 제자들에게 敎學과 觀門, 즉 학문적 이론과 실천 수행을 병행하여야 한다고 강조하였다.[18] 그런데 의천에 의해서 새로 제기된 敎觀

는 말인데, 이곳에 중국 선종의 실제적인 창립자인 六祖惠能이 머물러서 선종을 크게 일으켰기 때문에 그를 일러 曹溪大師라고 칭하게 되었다. 그런데 중국불교사에서는 曹溪라는 이름은 선종의 별칭으로 사용되었을 뿐 구체적인 종파의 이름은 아니었으나, 한국불교사에서는 선종 교단의 실제적인 종파명으로 사용되었다. 조계종이라는 명칭의 사용 시기에 대해서는 불교사학계에서 여러 가지 주장이 제기되고 있으나, 필자로서는 의천에 의한 천태종의 창립 이후부터 사용되기 시작하였으며, 천태종의 창립으로 禪門九山이 양분하게 되자, 천태종에 가담하지 않은 선승들에 의해서 천태종에 대응되는 명칭으로 曹溪宗이라는 이름이 불리기 시작하였던 것으로 보고자 한다. 金映遂,「曹溪禪宗에 就하여」,『震檀學報』9, 1938; 金煐泰,「九山禪門 形成과 曹溪宗의 展開」,『韓國史論』20, 1990 참조.

17) 荊溪湛然(711~782)은 당대 후기 천태학을 크게 진흥시킴과 함께 華嚴化로의 단서를 연 인물로 유명한데, 그의 교학의 주요 내용으로는 法華至上主義, 性具說과 性惡說, 無情有性說 등을 들 수 있다. 그는『大乘起信論』의 眞如隨緣의 사상에 의해서 萬法의 眞實性을 논하였고,『華嚴經』의 사상에 기초하여 法과 佛의 一體性, 法性과 佛法의 一義性을 주장하였으며, 그의 無情有性說도 근본적으로는『大乘起信論』의 唯心論的 世界觀에 의해서 뒷받침될 수 있는 것이기 때문에 그의 교학은 결과적으로 천태교학과 화엄교학의 사이를 크게 좁힌 것으로 평가된다. 화엄종의 입장에서 천태종을 새로 개창하면서 두 교학의 조화를 모색하고 있던 의천에게 湛然의 교학은 당연히 주목되지 않을 수 없었을 것으로 보이는데, 그의『新編諸宗敎藏總錄』에서는 湛然의 저술을 다량 수집하여 편입하였음을 확인할 수 있으며, 그리고 그 자신이『法華經』,『法華玄義』와 함께 湛然의『天台本迹十妙不二門』을 우선하여 강의한 것도 湛然의 교학을 중요시한 결과라고 본다. 그리고 의천의 불교의 祖師說로서 화엄의 九祖說과 천태의 九祖說을 내세우고 있었는데, 이것에는 화엄종에서의 淸凉澄觀과 함께 천태종에서의 荊溪湛然을 중시하려는 의도가 깔려 있었던 것으로 보인다.

幷修說은 고려 화엄종을 새로운 단계로 진전시킨 의의를 가진 것이었으나, 의천의 觀門에 대한 이해는 구체적인 수행방법이 결여된 觀念性을 벗어나지 못한 것이라는 문제점이 있었다. 원래 화엄종의 實踐門으로서의 法界觀은 그 究竟이 事事無碍法界인데, 哲學思想으로서는 인간이 사유할 수 있는 究竟的인 발달을 보인 것이지만, 宗敎的 實踐이라는 면에서는 약한 일면이 없지 않았다. 화엄종의 觀門의 觀念性을 극복하는 방법은 宗密과 같은 적극적인 禪敎一致를 추구하는 것이었으나, 禪宗 자체를 끝까지 인정하려 하지 않은 의천으로서는 宗密의 禪敎一致說을 받아들이지 못하였고, 그 앞선 澄觀의 과도기적인 화엄의 단계에 머물고 말았다. 여하튼 의천은 화엄의 實踐門인 法界觀을 가지고서는 철저한 實踐佛敎인 禪宗을 포섭하는데 한계가 있다는 것을 인식하였던 것으로 보이며, 그 결과 의천은 화엄의 法界觀 대신에 그보다 實踐性이 강한 천태종의 止觀을 가지고 선종을 포섭하는 간접적인 방법을 강구하게 되었다. 그러나 의천은 천태종의 止觀에 대한 구체적인 수행방법을 추구하지는 못함으로써 不立文字 敎外別傳을 주장하는 達磨 계통의 선종을 부인하면서 禪門九山의 선승들을 천태종으로 개종시키는 데는 성공할 수 있었으나, 불교의 내용에서는 이름만 禪宗에서 天台宗으로 변경되었을 뿐, 그 불교의 실천수행의 방법까지 天台止觀으로 바꾸지는 못하였던 것으로 보인다. 그 결과 의천이 창립한 천태종은 敎觀幷修를 그 종지로 하였음에도 불구하고 그가 죽은 뒤 교학의 연구마저 중단됨으로써 실제적인 불교내용은 선종의 그것과 구별되는 正體性을 확립하지는 못하였던 것으로 보인다. 이러한 천태종 교단의 모순은 의천이 세상을 떠난 뒤 曹溪宗이 크게 융성하게 됨으로써 교단의 진로에 어려움을 겪지 않을 수 없게 하였다.

五

의천의 천태종 개창으로 禪門九山이 천태종과 조계종으로 양분된 결과, 교단체제는 고려 초기의 화엄종과 법상종 그리고 禪門九山으로 이루어졌던 3개의 종단체제에서, 이제 교종 계통의 華嚴宗과 法相宗, 선종 계통의 天台宗과 曹溪宗 등 4개 종단 중심으로 개편되었다. 그리하여 천태종의 위상은 이러한 4개 종단의 역학관계에 따라 변화를 겪게 되지 않을 수 없었다. 그런데 의천이 세상을 떠난 지 4년 만인 1105년 10월에 가장 강력한 후원자였던 肅宗마저 죽음으로써 천태종의 위상은 크게 흔들리게 되었다. 숙종이 세상을 떠난 바로 다음 달인 11월에 천태종의 개창에 직접적으로 반발하였던 법상종에 속한 玄化寺의 德昌이 王師로

---

18) 拙稿, 「義天이 均如를 비판한 이유」, 『亞細亞에 있어서 華嚴의 位相』, 1991, pp.147-175.

책봉되고, 이어 睿宗 2년(1107)에는 의천과 교류하면서도 천태종의 개창에는 끝까지 참여를 거부하였던 曇眞이 다시 王師로 책봉되고 있었으며, 또한 睿宗 7년(1112)에는 숙종의 원찰인 天壽寺의 공역이 중단됨과 함께 의천의 동생인 導生僧統 窺가 지방으로 유배되는 사건이 일어난 것 등은 천태종 교단의 위축을 의미한 것이었다. 불교계에서의 이러한 추세는 다음의 仁宗 대에도 이어져 그 즉위년(1122)에 법상종의 승려로 추정되는 德緣이 國師, 그리고 의천의 수차례의 설득에도 불구하고, "禪과 講을 交濫할 수 없다"고 하여 선종을 고수한 學一이 王師로 각기 책봉되고 있었다. 이로써 예종 대와 인종 대에는 천태종의 개창에 반발한 법상종과 선종 안에서 천태종과 경쟁관계를 이루게 되었던 조계종이 중앙의 불교계에서 위상이 크게 높아진 반면에 의천 계통인 화엄종과 천태종은 위축됨을 면하지 못하였음을 확인할 수 있다.

그런데 천태종 교단의 위기상황은 교단 밖에서 주어진 것만이 아니라 교단 안에서도 일어나게 되었다. 즉 의천이 세상을 떠난 지 얼마 안 되어 천태종 교단은 法眼宗 계통의 승려들과 直投弟子들의 두 파로 나뉘어 대립되기에 이르렀는데, 그 가운데 법안종 계통의 五法眷의 승려들은 원래부터 근거로 삼은 本山의 사찰들이 있었기 때문에 각기 본산으로 돌아가 버렸다. 그러자 중앙의 교단에는 의천에게 直投한 門下의 弟子들만이 남게 되었는데, 그들은 의지할 곳이 없었다. 그리하여 肅宗은 9년(1104)에 앞의 五法眷과 直投弟子를 합한 六法眷 가운데, 直投弟子들을 가장 首位에 두게 함으로써 正統으로 인정하여 주는 조치를 취하여 주었다. 그 결과 이들이 이후 천태종의 주류는 형성하게 되었는데, 그들은 자신들 중심으로 천태종의 正體性을 확립하고, 아울러 의천 계통으로서의 정통성을 과시하기 위하여 추진한 것이 '天台始祖大覺國師碑'의 건립운동이었다. 그리하여 仁宗 7년(1129)에 의천의 천태종 개창의 업적을 기리는 '海東天台始祖碑'를 南嵩山寺에 건립하기로 인종의 허락을 받고, 인종 9년(1131)에 任存에게 비문 찬술을 명하고, 마침내 인종 15년(1137)에 비석을 세우기에 이르렀다. 그런데 비석을 세우기에 앞서 인종 14년(1136)에 中書門下省에서 論功하여 왕의 명을 받아 大覺國師碑의 陰記에 천태종 계통의 의천의 法孫들의 명단을 기록케 하였는데, 德麟, 翼宗, 景蘭, 連妙 등 의천에게 直投한 4인의 法孫들로 국한되었다.[19] 이 결과 이들 4인의 법손들이 천태종의 주류를 이루어 武人執權 초기까지 이어지면서 명맥을 유지하였다. 그 가운데

---

19) 天台始祖大覺國師碑의 陰記에 德麟, 翼宗, 景蘭, 連妙 등 4인의 법손들의 명단만을 기록한 것은 일차적으로는 천태종 교단 안에서의 정통성을 내세우려는 의도가 작용한 것으로 보이지만, 이차적으로는 의천의 같은 문도라는 입장에서 화엄종 승려들과의 경쟁의식, 그리고 같은 선종에 속한 종파라는 점에서 조계종 승려들과의 대립의식 등 종파의식도 작용한 것으로 보인다.

서도 翼宗-敎雄-德素로 이어지는 계통이 가장 번성하여 明宗 원년(1171)에는 德素가 천태종 승려로서는 최초로 王師에 책봉되기도 하였다.

그런데 武人執權期가 되면서 화엄종, 법상종, 천태종, 조계종 등 불교의 각 종파에서 제각기 커다란 변화를 겪는 가운데, 전반적으로 불교계의 주류가 敎宗에서 禪宗으로 바뀌어 가는 추세 속에서 禪宗의 색채를 불식하고 천태종으로서의 正體性을 확립하려고 한 인물이 圓妙了世(1163~1245)였다. 그는 普賢道場을 결성하여 法華三昧를 실천하고 往生極樂淨土를 서원하였는데, 이것은 그대로 순수한 天台懺法의 실천행이었다. 요세는 매일 禪觀을 닦고 『法華經』을 독송하고 '准提神呪' 1천 번, '阿彌陀佛' 1만 번을 念하는 등 천태종의 실천법을 보여주고 있다. 그는 초기에 知訥의 修禪社에도 한때 참가하였으나, 얼마 안 되어 독립하여 康津의 萬德山에 白蓮社를 별도로 조직하고 知訥의 定慧雙修의 실천방법에 맞서 철저한 天台三昧懺法의 실천에 주력하였다. 그리고 그는 天台智顗의 「天台三大部」를 節要하여 판각, 유통시키고, 또한 四明知禮의 『觀無量壽經疏妙宗鈔』를 강의하고 있었는데, 이것은 了世가 智顗 당시의 原始天台學, 또는 唐末 이후의 華嚴化된 천태학을 비판하고 原始天台學에로의 복귀를 주장하던 知禮의 천태학을 계승함으로써 華嚴宗과 曹溪宗, 특히 당시 불교계에 커다란 영향력을 갖게 된 曹溪宗의 修禪社 교단에 대하여 천태종으로서의 正體性을 확립하려는 의지의 표현이었다고 아니할 수 없다.

了世의 白蓮社 佛敎는 義天의 천태종과 비교할 때 같은 이름의 천태종을 표방하였지만 그 교학이나 신앙의 내용은 크게 다른 것이었다. 義天의 천태종은 敎學的인 면에서 화엄과의 조화를 모색하였던 것에서 볼 수 있는 바와 같이 華嚴化된 천태학으로서의 宋代 山外派의 天台學에 비교되는 것이었으며, 그리고 實踐門에서는 천태의 止觀을 철저히 받아들이지 못함으로써 禪宗의 修禪方法을 그 내용으로 간직한, 이름뿐의 천태종이었던 데 반하여, 了世의 천태종은 천태종의 正體性을 확립하여 순수한 천태의 교학과 실천방법에 철저하려는 宋初의 知禮를 대표로 하는 山家派의 天台學에 대응되는 것이라고 할 수 있다. 그러나 宋初의 知禮의 불교와 了世의 그것 사이에는 차이점이 없지도 않았다는 점을 유의할 필요가 있다. 양자 가운데 知禮의 그것이 華嚴化된 山外派의 天台를 비판하여 천태교학의 순수성을 회복하려는 것을 주로 의도하는 것이었던 데 비하여,[20] 了世의 그것은 순수한 천태의 실천신앙의 정립

---

20) 宋代의 천태종에서는 천태종 내부에서의 山家派, 山外派 사이에 격렬한 논쟁이 전개되었을 뿐만 아니라 선종과 천태종의 사이에서도 논쟁이 있었다. 두 종파 사이에서 이루어진 논쟁의 중심적인 주제는 '立祖相承'에 관한 것이었는데, 운문종의 契嵩과 천태종의 子昉 사이에서 이루어진 논쟁이 가장 유명하였으며, 神智從義도 선종의 法統說을 공격한 바 있었다. 知禮도 선종과의 논쟁에 참여하였는

을 통하여 曹溪宗의 修禪社에 대한 正體性의 확립을 의도한 것이었기 때문에 了世의 白蓮社 佛教가 더욱 實踐性이 강한 반면에 知禮教學에 비견될 수 있는 방대한 교학체계를 수립해 주지는 못하고 말았다는 차이점을 나타내게 되었다고 할 수 있다. 요컨대 了世의 白蓮結社를 통한 불교의 혁신운동은 의천의 화엄종의 입장에서 창립된 천태종, 그리고 宋의 山外派의 화 엄화된 천태학을 뛰어넘어 智顗 당시의 原始천태학, 또는 知禮의 교학으로의 복귀를 지향하 는 것이었으며, 다른 한편으로는 의천 이후의 고려 천태종이 그 내용 면에서 선종의 색채를 벗어나지 못한 점을 비판하고 천태의 실천신앙으로서의 正體性을 확립하려는 의도에서 추진 된 개혁운동이었다고 할 수 있다.

한편 의천의 불교과 요세의 그것 사이에는 천태교학의 내용이나 실천신앙의 면에서 차이 가 있었을 뿐만 아니라, 그 불교의 사회적인 성격에서도 커다란 차이를 보여주고 있었다. 의 천은 文宗의 넷째 아들로서 왕실 출신이었으며, 그의 불교활동도 중앙의 불교계를 무대로 하 여 이루어졌다. 그는 천태종의 창립을 통한 교단체제의 개편을 시도하였는데, 肅宗을 중심으 로 하는 왕실의 권력을 강화하려는 정치적 의도와 맞물려 추진된 것이었다. 그 결과 의천 불 교의 사회적인 성격은 극히 귀족적이었으며, 또한 정치적인 색채를 강하게 띰으로써 왕실과 문벌귀족 사이의 정치싸움에 휘말리어 그의 불교활동은 적지 않은 파란곡절을 겪지 않을 수 없었다. 이에 비하여 요세는 그의 아버지가 陜川 지역의 戶長이었던 것으로 미루어 지방의 토호 출신이었으며, 그 뒤의 불교활동도 주로 지방인을 대상으로 전개하였다. 그는 무인집권 기인 1185년(23세)에 승과에 합격하고, 이어 1198년 봄에 개경의 천태종 사찰인 高峯寺에서 개최된 법회에 참석하였다가 명리의 추구에 몰두하는 불교계에 실망하여 지방에 내려가 실 천신앙에 전념하였다. 그는 한때 知訥의 修禪結社에도 참여한 적이 있었으나, 얼마 안 되어 지눌과 갈라졌다. 그는 뒷날 독자적으로 白蓮社를 조직하고 法華懺法과 아미타신앙의 실천을 강조하였다. 당시의 귀족화되고 세속화된 불교계를 비판하고 국가체제 속에 편입된 교단체제 에서 벗어나 개경에서 멀리 떨어진 지방을 무대로 하여 불교의 혁신운동을 전개하였던 점에 서는 知訥과 了世의 불교가 공통적이었으나, 지식인을 대상으로 하는 지눌의 불교보다도 요 세의 그것이 더욱 서민적인 성격을 띠고 있었다.

그런데 지눌이 고려 중기 曹溪宗 전통의 한계와 모순을 비판하고 극복하려고 하였던 것과

데, 天童寺 子凝와의 사이에 서로 논란을 왕복하였다. 그러나 知禮의 경우는 山外派의 천태를 비판 하여 智顗教學에로 복귀시키는 것을 주된 사명으로 의식하였던 것이며, 선종과의 논쟁이 주요한 관 심사는 아니었다.

마찬가지로 了世도 의천에 의해서 창립된 천태종의 전통을 부인하고 새로운 불교의 방향을 모색하였다. 崔滋가 찬술한 「萬德山白蓮社圓妙國師碑銘」에 의하면,

"고려에 있어서는 玄光, 義通, 諦觀, 德善, 智宗, 義天의 무리들이 바다를 건너가서 교리를 물어 천태종의 三觀의 뜻을 배워서 국내에 전도하여 우리나라를 복되게 한 것은 그 내력이 오래되었으나, 普賢道場을 열고 널리 불경을 읽도록 권하기까지 한 일은 없었다. 오직 대사가 종교가 쇠해 가던 때를 당하여 크게 法幢을 세워 법을 듣지 목하였던 세속을 놀라게 하여 뿌리 없던 信心을 서게 하고, 祖師의 교리가 다시 일어나 천하에 선포하게 되니, 本願力으로 말세에 태어나서 如來의 시킨 바 되어 여래의 일을 행하기를 어찌 이렇게 했겠는가?"

라고 하여 白蓮社의 교단에서 요세를 쇠퇴한 불교를 부흥시킨 인물로 찬양하고 있었던 사실을 전해 주고 있는데, 위 인용문 가운데서 특히 주목되는 사실은 천태종을 개창한 義天을 玄光, 義通, 諦觀, 德善, 智宗 등 의천에 앞서 천태종을 전해 왔던 다른 승려들과 같이 나열하는 데 그친 점이다. 이 점은 任存이 찬술한 「南嵩山僊鳳寺海東天台始祖大覺國師碑銘」에서 의천을 海東 天台宗의 始祖로 추앙하고 있었던 사실과 비교할 때, 크게 다른 평가라고 아니할 수 없다. 이로써 백련사 교단에서는 의천을 그 이전의 다른 천태종 승려들과 구별하여 海東 天台宗의 始祖로서 특별하게 인정하지 않고 있었으며, 그리고 요세의 불교가 의천의 천태종을 직접 계승한 것으로도 의식하지 않고 있었음을 알 수 있다. 백련사 교단에서의 이러한 인식의 기반에는 의천의 불교와 요세의 그것 사이에 같은 천태종에 속하면서도 교학과 실천신앙 그리고 사회적인 성격의 면에서 크게 차이가 있었던 점에 대한 이해가 깔려 있었음을 유의하지 않을 수 없다.

崔柄憲 교수의 「義天의 天台宗 創立과 宋의 天台宗」 논평

한기두 (원광대)

論評에 앞서, 義天의 思想이 자료 속에만 깊이 묻혀 왔던 것들이 최병헌 교수에 의해 새롭게 계발된 느낌이다. 이것은 비단 논평자 개인만이 아니라, 우리 학계와 함께, 한국의 천태사상을 공부하는 모든 사람들에게 큰 관심이 아닐 수 없는 소중한 논문이라는 점에서 반갑고, 또한 감사드리는 바이다.

한 가지, 이런 글일수록 공부를 하고자 하는 사람들과 우리와 같이 이 분야에 지식이 천박한 사람들을 위하여 최병헌 교수가 발견한 문제의 핵심자료를 제시해 준다면 최 교수가 시도하는 논문에 더욱 큰 공감대를 이룰 것이 아닌가 하는 생각을 하면서 그 명쾌한 논문 내용임에도 조금의 안타까움을 남기고 싶다.

의천의 사상은 한국불교의 중심사상이요, 또한 한국불교의 중심구조를 갖는 내용이라고 생각해 온 불교학자(金包光, 朝鮮佛教藁)가 있다.

그러나 그 핵심은 자신의 가설인 한국불교의 구조로서 의천을 중심으로 五教九山에서 五教兩宗을 사실화하게 되었고, 이 자료가 조선 태종 6년 3월에 있었던 (曹溪宗 摠持宗70 天台疏字 法事43 華嚴道門43, 慈恩宗36, 中道 神印宗30 南山 始興10. 다만 檜巖寺 表訓寺 楡岾寺는 종전대로 유지) 불교 혁파 당시 寺院과 승려들 그리고 田穀 등을 감축하기에 이른 과정과, 이조실록을 통해 오교양종의 기본 위치와 사원 등을 이해하는 데 중요한 자료가 되는 것으로 역추적한 연구사실을 밝힌 결과, 오교양종의 내용을 잘 모르는 우리가 용기를 갖게 된 것이고, 김포광 선생이 밝힌 대각국사 의천의 홍왕사 묘지명에서 서로 다른 문제를 가지고 있으나, 그런대로 이 내용을 고찰하고, 평가할 수 있는 근거를 찾게 되었다. 이 논문이 김포광 선생의 가설에 대한 새로운 가치를 후학들에게 보여준 결과 이같이 학문의 다소의 발전을 가져오지는 않는가 하는 생각을 하게 되었다.

특히 최병헌 교수는 의천 당시 한국불교의 사정과 위치를 마치 거울 안에 있는 현실을 분명하게 밝히고 있는 데 감명을 주고 있다. 그토록 명료하고 명쾌한 논문에 자료를 제시해 준다면 오늘날 한국불교인의 중요 문제에 큰 공로가 되는 것이 아닐까 하는 생각을 하면서 이 글을 쓰고자 한다.

1

먼저 한·중·일 삼국의 천태종이 開立하고 창건되는 역사적 성격을 밝혀 보면 근원적으로 서로 다른 성격을 가진 점을 찾아볼 수 있음을 지적한 것은 최 교수의 날카로운 혜안이다. 이 뜻이야말로 한국불교의 중요한 사상적인 위치를 확립하는 것으로 역사적으로 특유한 면을 보여준 것이다.

그러나 최 교수가 천태사상의 기본 성격인 서로 상통하는 이념도 있었음을 밝혀, 그 나름으로 兼學하는 점이 삼국의 모든 천태종 개창자에게 각각 나름으로 다른 면에서 독자적으로 겸학한 내용을 더욱 분명히 해 준다면 더욱 확실한 것이 아닌가 하는 생각을 하게 되었다.

천태사상이 보여준 중세 불교의 특징은 다양한 교학들을 서로 회통하고 만나는 점인데, 천태사상의 개창자요 중흥자였던 智顗(538~597)부터 法華三部經을 기초로 하여 方等에서부터 대승의 많은 사상들까지 자기화하고, 이에 대한 譯經, 講經을 하고난 다음 이에 대해 철학화하는 점이 두드러졌다. 특히 선과 거의 일치한 수행의 실천방법을 제시한 摩訶止觀 등을 밝히게 된다.

따라서 고려의 체관에 의해 저술된, 천태사상의 핵심이 되는 天台四敎儀(사교, 즉 藏, 通, 別, 圓)가 불교의 전체를 하나의 체계 속에서 일관하게 보는 것이 천태사상의 한 특징이었다. 따라서 일본의 천태 개창자 最澄(767~822)은 천태사상을 바탕으로 밀교만 수용한 것이 아니라, 圓(천태), 密, 禪, 戒 등을 아울러 수용하여 이른바 四宗相承의 시조가 되어 南都六宗의 시조로 발전하게 되었다.

또한 義天사상에 있어서도 최 교수의 말대로 화엄의 안목에서 천태를 조화하고, 함께 이해하려는 생각에서 山家派에서, 山外派에 이르도록 넓혀 준 안목은 오늘날까지 누구 하나 이 면에 관심을 둔 학자가 없었던 점에 대해서 계발해 준 것을 높이 평가해야 할 일이다. 그런데 천태사상의 안목에서 보면 더욱 적극적으로 겸학하는 안목에서 보아야 할 것이 있다. 우리는 흔히 화엄과 천태를 하나로 한 송대에 만났던 인물 華嚴의 靜源과 天台의 자변을 한 사상으로 수용해 온 것이 사실이다.

그러나 의천을 좀 더 적극적인 시각으로 보게 되면 五教兩宗의 안목은 분명히 고려사에 있어 의천시대인 숙종시대 이상을 넘어갈 수 없음을 인식한다면, 의천의 구조에서 가까이는 선의 양종인 천태와 조계종의 만남이 이루어졌고, 교에 있어서는 性相 양종을 통한 법상종과 화엄종과의 만남을 비롯하여 오교를 아우르게 하였다고 이해하면 어떨지 하는 생각을 하고 싶다. 이런 면에서 선과 교를 만나게 하는 숙종연대의 천태안목으로 의천이 섭렵하는 안목에서 오교양종이 형성되었다고 보는 것은 어떨까 하는 생각을 하고 싶다. 그 이유로는 興王寺에 있었던 大覺國師의 墓誌銘에 밝힌 바에 보면, "當世之學佛者 有戒律宗 法相宗 涅槃宗 法性宗 圓融宗 禪寂宗 師於六宗 並究至極"이라 하여 대각국사를 중심으로 당시 學佛者는 六宗을 並究至極했다고 하는 금석문을 이해하는 데에 무리는 없지 않을까 하는 생각을 하고 싶다.

2

천태종을 개창하면서 第三宗으로 떨어진 선종의 승려들을 의천의 천태종으로 편입시켰다는 점에 대해서 본인은 의심을 하게 된다. 과연 당시 선종이 제삼종에 떨어질 왜소한 종파였을까?

광종 이후 선종이 너무도 막강하고 방만하게도 누구의 지도를 받지 않는 권력 종단이라는 점 때문에 행정의 책임자들이 골치 아파했던 종단이 바로 이 선종은 아니었던가 생각을 해 본다.

일찍이 광종 이전 태조 왕건 시대부터 소위 선종 중에도 모범 종단이고, 당시 신라호족의 배후세력(예: 海東四無畏)이 전해 오는 정치세력이었다면 광종 시대의 중심인물이었던 선종 계열이 곧 삼원제도(三院은 ①高達院-鳳林山系의 慧目璨幽, ②曦陽院-曦陽山系의 靜眞兢讓, ③道峰院-法眼系의 道峰靈炤)가 아니었던가 생각이 든다. 물론 의천의 시대는 이 시대에서 근 1세기를 지낸 시대였지만 그런대로 당시 불교 중에 선종이 그 우위를 점해 왔던 것은 마침내 교종의 승과와 달리 선종의 승과를 따로 개설하고 선의 승과는 특별히 어느 규제를 받지 않는 대화중심의 시험, 즉 談禪法會를 중심으로 하게 했던 점에서 막강한 권력의 차원에서 오히려 제삼종은 아니었던가 하는 생각이 드는데 여기에 대해서 논자의 입장을 듣고 싶다.

승과를 선종중심으로 보게 하였던 것은 그동안 선종이 특유한 면과 독주해 온 면을 규제하기 위함도 있었던 것은 아닌가 하는 생각도 되는데 최 교수는 어떻게 생각하는지 묻고 싶다.

3

의천은 전통적인 習禪의 활동을 찬양하고, 六祖壇經과 寶林傳의 선종을 說禪이라고 비판하면서 고성의 醇精한 도에 회복하려는 점을 밝히고 달마의 선종을 비판하는 점에 대해서는 논평자가 그 원전자료를 아직도 접하지 못하고 최 교수님의 글에서 비로소 보게 되니 논평자 자신이 새삼 부끄러움과 안타까움을 금할 길 없다. 여기에 대해서 구체적인 자료를 제시해 주실 것을 간절히 부탁드리는 바이다.

과연 의천이 달마선종을 비판했다면 그는 어떻게 원효의『금강삼매경론』에 대한 이해를 했을까?『금강삼매경론』에 보면 달마의 이론인 二入四行論에 대한 이론이 있고 또한 달마사상으로 된 이론이 다분히 이것은 아마도 智顗 이전 천태종의 한 단면으로 僧稠가 습선을 제창한 것이 있었기 때문에 그 자료와 함께 의천이 수용한 자료를 서로 아울러 보는 것은 좋은 시도가 될 수 있을 것으로 보이기 때문이다. 즉 6세기경으로 추정되는 승조(僧稠,『續高僧傳』권 제16 553 中 大正藏 習禪條)는 분명히 달마시대에 있었던 四念處禪으로 습선을 행하되 달마사상을 정면으로 비판해 온 인물이라는 점이 특기할 만하다. 승조는 달마가 습선을 비판하고 二入四行論을 주장한 데 대해서 대담하게도 습선으로써 四念處禪으로 대처하려는 이론을 세웠다. 이런 점에서 의천이 밝힌 달마의 禪論을 비판한 내용이 있으면 중요한 의미를 갖는 것임을 알 수 있다.

당시에 마하지관의 의미를 밝힐 때에는 물론 달마선을 비판하였다. 그러나 송대 후기 趙松시대에 접어들면서 마하지관의 사상은 달마의 선관과 서로 만나고 있음이 드러난다. 그런데 어떻게 이 같은 사상이 전개되었는지 정확한 자료를 보고 싶다.

그런데 의천은 분명히 천태종을 개립하면서 선종 승려를 수용했고, 천태종에서는 마하지관을 밝혀 선의 실천을 습선으로 실행하게 한 점을 들어, 마침내 천태와 조계의 양종이 의천의 품에서 발전한 것이라면 이것은 그동안 제삼의 불교 종파였던 선종이 오교 전체를 상대하는 선종으로 상대했던 변화를 본 것으로 생각해도 되는 것인지, 특별히 敎의 五敎와 禪의 兩宗에 대한 만남이 바로 의천에 의해 이루어진 이상이라고 보는 것은 어떨까 한다.

4

최병헌 교수가 이번에 처음으로 밝힌 송대의 천태종과의 관계를 지어 소위 조송시대의 천태사상을 밝힌 점은 높이 평가할 과제로 보인다. 의천이 조송시대의 천태사상을 통해서 六祖의 荊溪(711~781) 이래로 山家派와 山外派로 나뉘어 산가파는 四明知禮를 중심으로 발전되었으며, 조송시대의 懷遠, 元約, 仲希 등 三師가 晋水, 靜源의 뒤를 이어 화엄과 천태를 아우른 사람들이다. 이들은 당시 천태와 화엄은 동일운명이라고 생각하는 사람들이어서 별스런 마찰 없이 발전시켰다고 보인다. 최병헌 교수가 여기에서 한 걸음 더 나아가 산외파의 화엄사상과 산가파의 모든 인물들을 수용한 인물과 자료들을 수록한 것은 사실다운 점을 찾아볼 수 있다. 그런데 산가파에서 화엄과 천태를 아울러 연구한 사람이 있는가, 없는가 하는 점을 밝혀야 할 것이고, 산외파만이 화엄계로 전환한 천태종이 되었는가 하는 점에 대해서는 아직도 분명하지 못함을 느낀다. 여기에서 대체로 수긍이 되지만 산외파만 화엄을 수용한 것이 아니라 산가파에서도 화엄과 천태를 공동 운명으로 보려는 사람이 없지 않았음을 밝히고 싶다.

끝으로 법안종 계통의 승려들은 선종으로 다시 되돌아 가버렸다는 주장을 한 것은 전혀 모르는 문제가 나온 인상이다. 법안종은 선종이 아니었던가 하는 의심을 하게 되기 때문이다.

끝으로 몇 가지 지적하고 싶다. ① 천태종이 분명히 고려 초기부터 고려 말기에 이르도록 왕실에서 관여한 점을 발견할 수 있다. ② 천태종은 타 종파와 모두가 모순 없이 수용하는 겸학의 대상이었다. ③ 천태종은 정치를 관리하는 위치에 선 때가 많았다. 따라서 나라가 망하거나 흥하게 되면 먼저 묘법연화경을 읽거나 쓰거나 금으로 새기는 습관이 있었다.

이상으로 볼 때 천태종이 중세기 특히 고려의 국교와 같은 역할을 한 것이 아닐까 묻고 싶다.

◗ 토 론 ◖

대각국사 의천의 천태종 창립과
송의 천태종

사회: 김영호
약정토론: 한기두

☞ **사 회**

얼추, 한 30십여 분 정도 말씀을 하셨습니다. 아주 일관성 있는 중요한 그런 문제를 다루신 것 같아서 제가 중간에 어떻게 뭐라고 말씀을 못 했습니다마는 한기두 선생님이 논평을 하시겠습니다. 여기 다섯 페이지 논평자료가 주어져 있습니다마는 이것을 가능하시면 요약하실 수 있으면 좋겠고, 말씀 속도를 빨리 하시면 그것도 한 가지 방법이 아닐까 싶습니다.

☞ **한기두**

아, 점심때네요? 그런데 논평에 앞서서 최병헌 교수님의 논문은 제가 보기에는 참 유리알처럼 과거를 싸~악 들춰 보는 그런 아주 측면 하나 세밀한 데까지 봐서 어떻게 꼬집어서 좀 피를 낼까 아무리 생각해도 별로 없어요. 그래 솔직히 참 고민하다가 하는데 이것을 또 하루밖에 못 봤습니다. 그래서 글도 글 같지 않게 논평이 돼서 저도 발표 전에 저도 똑같이 사례를 드리는 그런 말씀으로 이렇게 시작해야 될까 이런 생각이 납니다. 사실 하루밖에 안 본 것이기 때문에 아주 미스가 아주 많아요. 몇 자 안 되는데도 그런데 그 나름대로 몇 자 읽고 그러나 세부적인 것 몇 가지만은 질문을 할 것이 있다, 이렇게 생각이 됩니다.

첫째는 의천 사상이 한국불교 중심으로 보고 한국불교의 구조를 갖는 내용이라고 생각해 온 사람은 일찍이 김포광(金包光) 선생이 있었습니다. 그런데 그분의 구조 속에서 보면 오교

구산(五敎九山)에서 오교양종(五敎兩宗)으로 변화시킨 그런 사람이 바로 의천에서 이루어졌
다, 이렇게 생각을 하는데 그것을 이해하게 된 것은 태종 6년 3월에 있었던 소위 혁파(革罷),
조선불교의 혁파를 해 왔던 그런 과정을 가지고 그것을 끄집어 올려 가지고서 그래서 역 추
적을 해서 대각국사 의천의 홍왕사 묘지명에서부터 그런 문제를 개괄을 해 가지고 그런 여
러 가지 것을 찾아왔던 것이 이제까지의 과제인데요, 이것을 최 교수께서 한·중·일 삼국의
천태종 개립을 해가지고 창건된 역사적 성격을 밝혀서 성격이 근원적으로 서로 다르다 하는
면을 밝힌 것이 상당히 의미가 있습니다.

그런데 굳이 꼬집는다면 한·중·일 서로 공통적으로 겸학(兼學)했는데 겸학의 방향이 다
른 것이 아니었느냐, 그런 것을 우선 생각을 하구요. 그래 보면 지의가 법화삼부경(法華三部
經)을 기초로 해 가지고 방등경(方等經)까지 자기화하고, 그리고 모든 역경(譯經) 불교를,
역경 또는 강경(講經)을 해 가지고 철학화합니다. 그런데 그런 내용을 구체적으로 대각국사
와 체관(諦觀)에 의해서 다시 그것이 정리되는데 사교(四敎), 즉 장통별원(藏通別圓) 자체가
뭘 의미하냐 하면 불교 전체를 다 수용하자, 그 나름의 특징을 찾아서 수용하자는 운동인데,
그런 것을 이미 가지고 있었던 것이 지의이고. 그런가 하면 사실은 일본불교에서도 최징을
보면 천태종에서 밀교수용을 한 것만은 사실입니다. 그런데 거기서 소의경(所依經)과 계를
찾아서 소위 사자상승의 시조다, 이런 얘기를 하게 됩니다. 그래서 나중에 남도육종의 시조
로까지, 이렇게 되는데 그런 것은 뭘 의미하느냐 하면 아까 애기하는 모든 불교를 다 함께
수용하려고 하는 천태종의 야심이 있었는데, 여기에 대해서 대각국사 의천에게서도 그와 융
통되는 모든 사상을 수용하려고 했던 거 아니냐. 이렇게 생각할 때 산가파와 산외파의 전반
적인 그런 사상을 다 두루 섭렵했다. 그런데 물론 일차적으로는 산외파 사상을 오히려 산가
파가 봤다는 것은 상당히 수용이 되는 말씀이고 그것은 다른 학자들에 의해서도 얘기되고
있는 것입니다.

그런데 이것을 조금 저는 한 번 이런 것을 한 번, 가설입니다. 분명히 의천이 오교양종이
라는 것이 이루어졌다고 하면 오교양종 자체가 천태종의 구조 속에서 모든 사상을 서로 섭
렵해 보려고 하는 것 아니냐, 그런 중에 일차 섭렵은 성상융회 그다음에 이차융회가, 이차적
인 것은 거기서부터 다시 선교가 회통해 보려고 하는, 아마 그런 정도로 해서 대각국사 비명
을 보면 이런 것이 하나 나와요. '당세지학불자 유계율종 법상종 열반종 법성종 원융종 선적
종(當世之學佛者 有戒律宗 法相宗 涅槃宗 法性宗 圓融宗 禪寂宗)'이라고 하고서는 '사어육종
(師於六宗)에 병구지극(並究至極)'이다 하는 '병구(並究)'라고 하는 문제를 어떻게 해석할 것

인가 요런 것을 한번 좀 묻고 싶은 것뿐입니다. 그렇게 해서 대각국사는 일차적으로는 화엄에 의거해서 천태를 이해하려고 했지만, 그다음에는 성상융회라고 한 것과 그다음에 오교양종을 형성하려고 한 것이 아니냐 하는 그런 것이 아무것도 없기 때문에 그런 가설을 한번 생각해 놓고 이해하는 것은 어떨 것인가, 이것이 바로 천태종이 가진 속성들이기 때문에, 그렇게 놓고서 한번 생각하면 한국불교 이해의 단면을 보는 것 아니냐, 이런 것 한번 좀 물어보고 싶습니다.

또 한 가지는, 제삼종으로 떨어진 선종의 승려들을 의천의 천태종으로 편입시켰다 하는 문젠데, 과연 제삼종으로 떨어졌다고 하는 그 근거는 무엇인가 하는 문제는 한 번쯤 짚어봐야 할 소중한 문젭니다. 왜 그러냐 하면 고려불교가 엄밀히 말하면 태조 때도 선종인물들을 수용해 가지고서 이루어집니다. 그다음에 광종 땐 어떠냐 하면, 삼원이라는 것을 이루는데, 그것이 선종의 고달원, 희양원, 도봉원이라고 하는 선종 인물들을, 선종을 치외법권 지역으로 만들어요. 그런 후에 100년 미만에 의천이 나오는데, 그때도 뭐냐 하면 법회를 선법회를 따로 봐요. 승과를 따로 봐요. 그래 가지고 담선법회를 본단 말이에요. 솔직히 말해서 선종 때문에 아주 많은 정치인들이 골치를 앓았던 것을 일차적으로 보는데, 그것이 제삼종이었던가 하는 문제에 대해서 한번, 좀 모르기 때문에 물어봤으면 하는 것이 제 생각에서 물을 문젭니다.

그다음에 셋째 번에는, 습선의 활동을 찬양했다고 하는 습선은, 엄밀히 말한다면, 달마사상이 습선을 비판하고서 달마종이 그 소위 사상을 극복한 그런 사상이라고 그러는데, 그런데 찬양하고 『육조단경』과 『보림전』을 선종에서부터 설선이라고 비판하면서 버렸다고 하는 문제, 이 자료는 사실 보질 못했어요. 그 자료를 꼭 좀 봐야 할 텐데. 너무 거리가 멀어서 그래서 그걸 물어보지 못하고 이것을 말씀을 하게 된 것, 이게 좀 마음에 걸립니다. 그런데 한 가지 여기에 문제점이 뭐냐 하면 천태종의 단면에서요, 그 우리가 『속고승전』 16장을 보면 이런 것이 나오죠. 거기에 천태종 성립 후 되고 있는데, 물론 이 사람은 천태지의 이전 사람입니다. 그 대신에 혜사 밑에 사람이에요. 혜사의 제자라고 보는데, 승조가 달마대사를 비판합니다. 달마대사라고 하면 비판하지 못할 아주 굉장히 선종의 높은 사람입니다마는 달마대사를 비판하죠. 근데 그건 뭐로 비판하느냐 하면, 이입사행(二入四行)론에 대한 달마대사의 이론을 비판하고서 소위 습선이 옳다 하는 그런 것을 세웁니다. 이 문제가 조성시대 쉽게 말하면 지금 말하면 지금 얘기하는 산가파 산외파의 논쟁을 하고 있는 조성시대의 의천이 과연 이것을 다 수용했을 것이냐 하는 문제가 되는데, 어떻게 됐든지 의천이 선종을 근본적으로 비판했다. 과연 그때에 고려불교가 과연 그럴 만한 점이 있었느냐 하는 문제가 제게는 꽁장히 지금 의문이 돼서 사실은 물어보고 싶은 그런 사항입니다.

넷째 번 문젠데, 그다음 문제는 제가 조금 단문한 탓입니다만 산가파 말고 산외파에도 굳이 말하자면 화엄계로 전환됐다고, 소위 화엄화했다고 하는 그런 문제가 나오긴 나옵니다만, 산가파에도 화엄을 상당히 수용한 사람들이 있었다 하는 점을 한번 생각해 볼 필요가 있다 하는 생각이 들고, 그렇다면 산가파와 산외파인데 먼저 산외파부터 이 사람이 이해를 하고 산가파를 봤는가, 산가파부터 보고서 산외파까지 수용했던가. 왜 그런 문제가 나오는가 하면, 이해한 내용에서 보면, 산가파 중심으로 전통적으로 이해한 것이 대각국사 의천의 입장인데, 그러나 실지 활용된 그것을 보면 산외파의 얘기가 상당히 강하게 나오기 때문에 그런 문제가 조금 이해해 봤으면 하는 생각이 납니다.

여기서 조금 여긴 쓰지 않았습니다마는 한 네 가지로 조금 질문을 드릴까 하는 게 하나 있어요. 여기 조금 메모만 해서 써 있지 않습니다. 하나는, 소위 국청사를 만들 적에 화엄종 승려가 한 사람도 참여하지 않은 이유가 뭐냐 하는 문제를 좀 한번 관심 둬 봤으면 합니다. 왜 도대체 화엄종 승려 한사람도 국청사 준공에 참여하지 않았던가 하는 문제, 과연 그걸 본 것만은 아주 뚫어지게 최 교수가 봤는데, 그 이유는 뭘까 이 문제가 해결되면 그때 당시의 문제가 일차적으로 해결될 문제는 아니냐 하는 것을 하나 생각해야 될 것 같고, 둘째 번에는, 구산선문 대신 조계종을 세웠다는 것은 조금 이해가 안 돼요. 이것은 최 교수가 알다시피 구산선문을 그때 당시에 조계종이라고 하는 말을 썼어요. 조계종이 우리가 흔히 생각할 적에 송광사의 조계종도 아니고 그 후에 말하는 것이다, 이렇게 생각하기 쉬운데, 구산선문 당시에 이미 '선문'이라 할 적에 조계종이란 말을 쓴 것이 금석문에 나오는데, 그것을 어떻게 봐야 할 것인가 하는 문제가 있고요, 그다음에 또 한 가지가 있어요. 법안종 계통 승려들이 선종으로 다시 되돌아갔다 하는 말씀이 나와요. 법안종이 선종이에요. 법안종이 선종인데 선종 승려들이 선종으로 다시 돌아갔다, 이것이 무슨 소리인지 당최 모르겠어서 그것도 한번 들어 봤으면 좋겠습니다. 그다음에, 선교일치를 수용하지 못한 문제가 여기 말씀이 되는데, 선교일체를 수용하지 못한 것이 어떤 면에서는 천태종의 붕괴를 이룬다고 합니다만, 그것이 굉장한 거의 결론처럼 생각했던 것이 의천의 입장인데, 이 문제도 몰라서 묻는 것입니다만, 한번 듣고 싶어서 말씀드렸습니다.

☞ 사 회

그러니까 질문이 지금 네 가지인데. 예, 그럼 아주 간단하게 묶어서 대답해 주십시오.

☞ **최병헌**

　최대한도로 간단하게 하겠습니다. 아주 대단히 중요한 문제를 지적해 주셨고, 만일에 지금 제기해 주신 문제가 제대로 해결이 된다면, 어떤 의미에서는 고려불교사의 골격이 구성되는 그런 중요한 문제들을 제기해 주셨습니다. 그런데 우리나라가 지금 고려불교사 이해 수준이 지금 한 선생님이 이런 중요한 문제에 대한 해답을 충분히 드릴 수 있을 만큼의 수준에 도달하지를 못했고, 또 저자신도 고려불교사를 쓰고 있습니다마는, 아주 그렇게 일목요연하게 한마디로 주장할 수 있는 그러한 단계에 도달하지 못했기 때문에, 지금 이 말씀을 어떻게 제가 답변해야 할 지 모르겠습니다. 우선 제가 생각한 대로 몇 가지만 말씀드리겠습니다. 그 말씀 순서가 뒤바뀌어도 좀 이해해 주시기 바랍니다. 한 선생님 말씀 순서에 따라서 말하면 너무 길어질 것 같아서 앞뒤로 그냥 보면서 말씀드리겠습니다.

　우선 두 번째 말씀한 것 중 하나가 선종을 왜 제삼종에다 했느냐 한 것인데, 그건 다시 무슨 얘기냐 하면, 고려 초에 광종 때 불교 교단을 개편, 정리할 때 보면, 선종과 화엄종 양 교단 중심체제를 구성하려고 했던 것 같아요. 선교양종을 탁 나눠 놓고 교종에서는 화엄종, 균여를 지원하면서, 그리고 선종에서는 법안종을 받아다가 선종 교단을 정리하고 그래서 선종과 교종으로 다시 집적해 놓으면 선종과 화엄종 양 교단 중심체제를, 그렇다고 그래서 두 종단만 있던 게 아니라 다른 군소 종단도 있었겠지만, 적어도 중앙의 불교계에서 양해를 하는 양대 종단은 선종과 화엄종입니다. 선종은 법안종을 얘기하는 얘기고. 그런데 의천 단계에 와서는 그 종단체제가 바뀌어서, 현종 때에 와서 현화사가 현종의 국내원찰로 창건되고, 그에 따라서 현화사를 근거지로 하는 법성종 교단이 중앙의 교단에서는 크게 부각을 합니다. 그리고 인주이씨가 그 뒤에 이어서 후원하고 그래서 화엄종은 전통적으로 이어오고 법상종이 새로 크게 부각되면서 적어도 중앙의 교단—그래서 지방의 일반 전체 교단을 망라한다는 뜻이 아닙니다—적어도 개경을 중심으로 하는 중앙의 교단에서 영향력을 갖는 양대 종단은 화엄과 법상이 되고 천태종은 아, 선종은 상대적으로 밀려난다, 적어도 중앙 교단에서 영향력은 축소된다, 그래서 그런 뜻에서 제3종단이라고 했던 것입니다. 그리고 삼종단이라 했다. 그래서 세 개만 있느냐, 나머지 기타 종단은 없었느냐, 그런 뜻은 결코 아니라는 것을 유념해 주셨으면 합니다.

　그리고 세 번째 말씀하신 것 중에 습선은 찬양했고 설선을 비판했다는 자료인데, 그것은 의천의 글 속에서 곳곳에서 나옵니다. 그중에서 하나만 예를 든다면, 의천은 복당의 비산묵자 계주가, 계주라는 승려가 선종에서 내세우고 있던 교외별전(敎外別傳)의 신법을 배척하기 위해서 찬술한 『별전신법』이라는 책이 있습니다. 바로 계주가 찬술한 건데, 의천은 그 책을 통해서 원종불교에다가 그걸 포함시키면서 자기가 뒤에 발문을 씁니다. 그 발문내용에 아까 제가 읽어 드린 그 문장이 의천이 직접 쓴 겁니다. 그리고 그 밖에도 곳곳에 있습니다. 또 하나는 뭐냐 하면 당나라 덕종이 원조로 하여금 『개원석교록』 3권을 편수할 때에 혜능의 『육조단경』과 선종에 있어서 전등설을 확립시켰던 지거(智炬)의 『보림전』을 모두 불태워 버린 사건이 있었는데 이것을 의천이 소식을 듣고 바로 위망을 제거해 줬다 하고서 적극적인 공감을 표시한 글이 나오고 있습니다. 그것은 중국의 지반이 쓴 선문정통에도 나오고 있고 해서 그것은 확실히 구체적인 문장으로서 확인될 수가 있습니다.

그다음에 그 뒤에 우선 제일 마지막에 질문해 주신 것 중에 국청사를 만들 때 왜 화엄종 승려를 일원으로 참여시키지 않았다고 볼 수 있겠냐 하는 얘긴데, 이것은 제가 어떤 근거를 가지고 얘기하느냐 하면, 화엄종 계통의 의천의 문도들이 의천이 사망한 다음에 비석을 세웁니다. 영통사 비명 뒤에다 문도들을 나열하는데, 그 문도들을 전부 화엄종 승려만을 그대로 나열해 놓고 있습니다. 거기에 비해서 천태종 측에서도 의천을 천태시조로 받들면서 새로 비석을 세우는데, 그것이 선봉사 대각국사 시조 비문인데 거기에도 한 130명 이상의 문도들을 나열했는데, 거기에는 천태종 신도만을 나열하고 있습니다. 그리고 선종에서 포섭한 사람들만 나열하고 있는데, 양대 교단에서 승려들을 뽑아서 비교하면 한 사람도 중복되지 않습니다. 그리고 의천이 그동안 이해가 불명했던 것은 그러한 구분이 명확하지 않습니다. 자료에 대한 검토가 불명확해서 대개 의천의 천태종 쓰는 사람들이 두루뭉술하게 언급하고 말았거든요. 근데 그건 자료상으로 확인이 됩니다. 그것은 확실한 자료로서 얘기할 수가 있는 것입니다.

그다음에 세 번째, 네 번짼가요, 구산문 대신에 조계종을 썼을 수가 있겠냐 하는 얘긴데 물론 조계라는 말은 신라 말 비문에도 나오고 그럽니다. 그러나 조계종이라는 하나의 종, 구체적인 명칭으로 나타나는 건 제가 알기로는 탄현의 비, 탄현은 바로 인종 때에 왕사까지 했고 그래서 의종 초에 세우는 비석인데, 거기서 보면 어떠냐 하면 조계종 사불산하 무슨 사찰 아무개 대사 이렇게 나옵니다. 그런데 그것은 나중에 일연의 비에도 보면 조계종 가지산하 무슨 사찰 아무개 대사 이렇게 나옵니다. 그건 무슨 얘기냐 하면 구산이 전부 조계종을 칭하게 되니까, 조계종이란 걸 앞으로 내걸고 조계종 안에서 무슨 산파, 가지산파 밑에다가 그 산파에 속한 아무개 사찰 또 어떤 승려, 이런 식으로 표기방법이 정리돼 나타나는 건 탄현비가 최초입니다. 그래서 저는 확실하게 무인집권기에 지눌에 의해서 조계종이 창립된 것은 아니고, 그건 조계종 안에서 지눌이 선종으로서 새로 수선사를 만들고 새로 운동을 일으키는 거지, 조계종이라는 보다 큰 범위의 종단으로서는 의천이 천태종을 개창한 이후에 얼마 안 되서, 그게 저는 몇 년인지는 모르겠습니다마는.

그리고 또 하나는 국청사가 천태산에 있습니다. 그건 지명에서 온 천태종이지 천태종이란 것은 불교적인 용어로서는 의미가 없는 것입니다. 반대로 조계산도 혜능이 주석했던 광동지방의 조계산에서 온 겁니다. 그것도 지명이지 불교적인 용어로서 자체 의미를 가진 개념은 아닙니다. 따라서 이 천태종과 조계종은 대립된 개념을 가지고 같이 중국에서 성립된 불교로 중국의 산명에서 취한 그런 면에서 적어도 의천의 천태종의 개창을 거부했던 사람들이, 참여를 거부했던 사람들이, 자기들의 천태종을 구분하기 위해서보다 천태종에 대항하는 이름, 천태종에 대응하는 이름이 조계종, 이런 것이 공식화된 과정이라고 생각하는 겁니다. 그러기 때문에 조계라는 말은 신라에도 나오고, 당에서도 나오고, 나오니까 조계 자체가 새로 생겼다는 이름이 아니라 공적인 명칭 조계종, 이것은 대각국사 의천 이후의 문제였다는 것을 얘기하는 것입니다.

그다음에 세 번째, 또 하나 법안종 승려가 선종 승려인데 나중에 어떻게 선종으로 돌아갔다는 것이 무슨 의미가 있겠느냐 하는 말씀인데, 전 무슨 얘기냐 하면, 고려 초에 법안종은 선종입니다. 오교 중 하나입니다. 오교 중 하나로서 선종이 광종 때 받아들여졌고 그것이 선종 교단을 정리하는 하나의 중심체로 삼으려고 했던 것입니다. 그런데 뒤에 의천이 천태종을 개창할 적에, 그 조계종 승려들을 아니, 조계종 승려들이 아니라 법안종 승려들의 그 후손들, 법손들을 포섭하여 천태종을 칭했단 말이에요. 천태종, 천태종을 칭해서 천태종 교단을 묶어내는데, 의천이 사망한 다음에 의천의 천태종 승려들 간에 양파로 나누어지고 분립이 되고 영동, 어딥니까 칠곡에 있는 선봉사 비문을 세운 사람들은 바로 의천이 직접 포섭했던 승려들이 위주가 돼서 세웁니다. 거기서 자연적으로 법안종 계통의 승려들은 제외됐습니다. 그 결과가, 그 비문에 보면, 천태종의 주류다 하는 것은 의천이 뽑았던 3백 명, 직접 포섭했던 승려들이 위주다 하는 것을 확실히 비문에서 제시하고 있는 겁니다. 그 사람들이 파벌해서 우위를 확보하는 목적에서 바로 비석도 세운 것인데, 그러다 보니까 법안종에서 포섭했던 천태종 승려들은 거기에서 분리돼서 무인집권기에 가면 떨어져 나가는데, 선종으로 다시 확인, 그게 조계종으로 들어가는 거죠. 들어가는데, 그 대표적인 예가 최충헌과 연결되면서 무인집권기에 크게 부각됐던 인물 중에 지겸이 있는데 그 지겸 같은 경우는 국청사 주지이기도 하고 광명사 주지기도 하고 하는데 국청사는 말할 것도 없이 천태종의 본찰이었고 광명사는 법안종의 지증이 거주했던 곳인데, 그 지겸은 천태종 승려가 아니라 조계종 승려였다는 사실,

구체적으로 법안종 승려가 다시 천태종으로 들어왔다가 천태종에서 떨어져서 조계종으로 돌아가는데, 돌아가는 인물 중에 구체적인 사례를 든다면, 지증 같은 인물을 들 수가 있다고 하는 얘기를 드린 것입니다.

그리고 마지막으로 하나만 더 드리면, 오교구산의 문제, 오교양종의 문제하고 관련시켜서 의천이 그런 것을 다 망라했다는 말씀인데, 그 얘기와 관련시켜서 한 가지 드린다면, 사실 포광 김영수 선생이 1937년도에 오교양종에 대해서 논문을 '진단학보'에 발표했고, 1938년도에 조계선종에 대해서 역시 '진단학보'에 일 년 차이를 두고 발표를 합니다. 그래서 '오교양종설' 또는 '오교구산설'을 포광 김영수 선생이 정립을 시키는데, 그것은 대단히 획기적인 업적이라고 생각합니다. 저는 불교사 입장에서는 오늘날까지 나온 불교사 논문 중에 그만큼 한국불교들을 전체 체계화시킬 수 있는 안목을 가지고 쓴 논문이 아직 없다고 생각합니다. 지금부터 60년 전인데 그런 점에서 김포광의 업적을 저는 대단히 높이 평가하는 사람인데 문제는 그것이 과연 실제적으로 고려 때 오교구산이 존재했던 것이냐, 실제성 여부인데, 그것은 일반적으로 오늘날 불교학계에서는 부인하는 의견이 대세를 이루어 가고 있습니다마는, 저는 그렇게 보진 않습니다. 오교구산이라고 제시한 것 중에 우리가 확인할 수 있는 것도 있고 확인할 수 없는 것도 있습니다. 우리가 확인할 수 없다는 건 자료가 없고 우리의 식견이 부족해서 확인 못 하는 것인데, 우리가 모르는 것이 없다는 사실은 곧 아니다, 이 말이죠. 그 중 일부는 확인이 확실히 되고 있으니까. 그러니까 이 문제는 여기서 단정할 수 있는 것이 아니라 앞으로 두고두고 추구할 문제지 쉽게 단정해서 그건 실제가 아니다, 이렇게 한마디로 몰아붙이는 것은 아직 빠르다, 전 이런 생각이고, 또 나아가서 의천이 그걸 다 망라했다 하는 문제에서는 저희가 따로 그 자료를 정리한 논문이 있는데, 거기에 보면 몇 가지, 한두 가지만 얘기하고 제 얘기를 끝내겠습니다.

우선 대각국사 묘지명을 보면 아까 한기두 선생님이 지적을 해 주셨습니다마는, 육종이 있었다고 지적을 해 주셨는데, 육종이라는 게 아까 말씀대로 계율종, 법상종, 열반종, 법성종, 원융종, 선적종이 있었는데, 대각국사는 그 육종을 아울러 연구함이 아주 지극한 경지에까지 이르렀다 하는 것이 대각국사 묘지명에 나오는 것이고, 또 영통사에 세운 대각국사 비에서도 그런 얘기를 합니다. 현수교관(賢首敎觀)으로부터 돈점(頓漸)과 대소승(大小乘) 장소(章疏)에 이르기까지 탐색하지 않음이 없었다. 의천은 또 여력으로서 유학에 대해서도 견문이 넓고 깊어서 공자나 노자의 서적과 제자백가의 집록까지도 그 뜻을 다 완비했다 하는 얘기를 하고 있고, 또 물론 선봉사 비문에서도 그런 얘기를 합니다. 그리고 의천이 중국에 갔을 적에,

중국지방 여행할 적에 시종 안내를 맡았던 양걸 같은 사람이 의천에게 준 글에 보면 옛날부터 성현들이 바다를 건너온 일이 많았지만 어찌 승통 같이 한 번 상국에 와서 상국에 있는 불교로서 천태, 현수, 남산, 조계 서천범학을 일시에 전래함이 있었겠느냐, 의천 같은 사람 외에는 다시없었다 하는 얘기가 있습니다. 또 조정에서 허락함으로써 승통에 이른 것은, 이것 역시 양걸의 글입니다, 선지식을 두루 참방했다. 그런 까닭으로 일년 사이에 현수의 성종(性宗), 자은의 상종(相宗), 달마의 선종(禪宗), 남산의 율종(律宗), 천태의 관종(觀宗)을 모두 달통해서 그 묘한 진리를 얻지 않음이 없었다. 또 의천 자신은 귀국해서 당시 선종에게 올린 표문에 보면 자은, 현수, 대령, 남산의 종지에 이르기까지 외람되게도 향로와 불자를 전수받았습니다. 중국에서 자은종, 현수종, 대령, 대령은 천태종을 얘기합니다, 남산, 그건 율종을 얘기합니다, 남산의 종지에 이르기까지 외람되게도 향로와 불자를 전해 받아왔습니다 하고 있습니다.

그런데 그런 것을 의천이 폭넓게 섭렵했고 그런 폭넓은 불교관을 가지고 있었다는 것은 저도 전적으로 한 선생님 말씀에 동감합니다마는, 그러나 의천이 모든 불교를 다 자기 불교로 생각하지는 않았습니다. 의천 자신의 글에 보면 뭐라고 나오느냐 하면 이런 것이 나옵니다. 의천이 결과적으로 여러 학문을 다 겸하였지마는 그중에 자기 힘으로 삼은 것은 화엄과 천태였다고 그럽니다. 화엄과 천태였다고. 그래서 다시 좁혀서 의천 자신은 화엄과 천태를 얘기하고 있고, 또 하나 의천이 아무리 그 의천을 찬양하는 글 속에서 다 겸학했다고 하지마는 의천 자신 속에서 하나도 한 번도 안 들어가는 것이 선종의 문젭니다. 흥왕사 원종불교를 편찬하면서 그 책에 자기 전문분야를 나열하는데 그때도 보면 이런 얘기를 합니다. 흥왕사 주지 겸 현수교관 겸 강 천태교관 현 남상율종, 그다음에 인명론 이것을 다 자기가 전수한 사람인데 그래서 아주 의천 자신은 제한된 분야만을 자기가 전수하고 자기의 불교로 생각한다, 그래서 더 좁혀서 생각하면, 화엄종과 천태종만이 의천은 자기 불교로 생각했다, 이렇게 좁혀서 생각합니다. 이상입니다.

☞ **사 회**

지금 우리가 남은 시간이 7분 정도밖에 없습니다. 그래서 한 5분 정도를 질문하시고 대답하시고 그다음에 오후에 종합토론 시간이 남아 있으니까 그때 많이 해 주시면 좋겠습니다.

☞ **허우성**

예, 선생님 발표 잘 들었습니다. 저는 불교철학을 전공하는 사람으로서 불교사학을 잘 모르긴 합니다마는 오리지낼리티(originality)나 깊이나 하나의 권위가 아니신가 그런 느낌을 가지고 있습니다. 그런데 제 질문은 선생님 발표하실 때 특수성, 특징, 형이하학적 접근이라는 말씀을 하셨는데, 이게 나중에 한 권의 책으로 나아갈 것이기도 하고 또 우리의 전체 주제가 보편성과 특수성이기 때문에 저는 보편성과 특수성, 이런 질문을 사학자로서 선생님이 어떻게 이해하시는지요. 이 글을 다 발표하시더라도 보편이라는 말은 등장하는 것 같지 않아서 그 질문입니다. 그리고 제 배경은 말이죠. 제가 이렇게 질문을 드리는 배경은 사실은 이것은 나중에 종합토론 시간에 아마 문제가 될 게 아닌가 싶은데 말이죠. 여기에 모이신 분이 아마 주최 측이 충분히 감안하셨으리라고 보입니다마는 한국불교라는 하나의 공통테마이기는 하지마는 여러 가지 전공분야가 달라 보이는 겁니다. 그래서 불교 사학자가 계시고요, 그다음에 불교학자라고 하실 만한 분이 계실 것 같고요, 그다음에 이제 불교철학의 입장에서 접근하시는 분, 아니면 이제 불교 막 수행하시는 분, 그다음에 문화나 의례, 보다 포괄적인 의미에서 정치, 이런 면에서 이 문제를 생각하실 분이 보입니다. 그래서 사학자로서 이와 같은 보편성과 특수성 이런 질문을 개인적으로 어떻게 이해하고 계시는지 듣고 싶습니다. 그래서 저는 이번에 대답해 주셔도 괜찮고요, 아니면 나중에 우리 종합토론 시간 때 말씀해 주셔도 괜찮겠습니다.

☞ 사   회

금방 대답하시는 것이 좋으시겠어요?

☞ 최병헌

만약 그 문제를 이따 종합토론 시간에 저도 나름대로 생각한 게 있으니까 시간을 주시면 그때 답변을 드리죠.

☞ 사   회

종범 스님, 말씀하십시오.

☞ 서종범

저는 두 가지만 여쭤 보고 싶습니다. 하나는 의천 대각국사의 종단 성격문젠데요. 선종을 부정하고 선종 자체를 크게 환영하지 않으면서 선종 승려들을 대량 영입하는 그 취지가 단순히 그런 정말로 정책적인 것만 있겠느냐, 그분이 아주 교육자고 수행자고 그런 분이 어떤 정책적 그런 차원에서 종단의 대개편을 논하는 그런 차원에서만 했겠느냐, 그런 의문을 가지게 되면서 자료 6쪽 하단에 보면, 의천은 교학적인 면에서 화엄과 조화를 모색하였고 화엄화 된 천태학으로서 천태 실천문에는 천태지관을 철저히 받아들이지 못하고 수행에 있어서 선 종의 수선방법으로 그 내용이 이름뿐인 천태종이었다. 이 문제가 말이죠, 천태종 입장에서 선종을 근본적으로 인정하지 않으면서 교단은 또 전부 흡수를 하고 또 선종은 인정하지 않 으면서 수행은 또 선종방법으로 해서, 결국은 천태교관이 엄격하게 실천되지 않아가지고 이 름뿐인 천태종, 그렇게 대각국사가 불확실한 천태종을 수립했겠는가, 이 문제 하나하구요.

그리고 두 번째는, 앞쪽입니다마는 5쪽 중간에 아까 한기두 선생님도 말씀을 하셨고 또 답변 을 통해서도 말씀을 하셨습니다. 중간 다시 시작하는 마지막 줄인데요. 선종을 고수한 승려들 이 의천의 사후에 다시 대두되면서 그 교단의 이름을 천태종에 대항하는 의미로 구산선문대신 에 조계종이라고 칭하게 됐다, 그리고 아까 발표 말씀 중에 대각국사 이전에 조계종이라고 하 는 문헌이 나오는 거는 탄현이 처음이다 이렇게 말씀을 하셨는데, 그게 그런 것이 아니고 칠곡 에 있는 선봉사 비면 연기에 분명히, "초에 대를 잇던 화엄, 조계, 유가로 더불어 궤범이 제등 하다", 궤범이라는 건 의식이거든요. 궤범. 그러니 "세상에서는 사대업이라고 한다", 그러니 분 명히 화엄, 조계, 유가와 더불어 천태가 '사대업'이 돼 가지고 국초에 대행한 화엄, 조계, 유가, 분명히 나오거든요. 그래 가지고 황세용 선생 『금성유집』에도 칠곡에 있는 대각국사 비를 세운 것이 대각국사가 1101년 열반하셔서 한 20년 후에 1132년에 세웠다 하거든요. 그러면 그 연기 에 벌써 화엄, 조계, 유가와 궤범이 제등하다. 모든 법도가 같아서 세상에서는 사대업이라 그런 다, 천태종까지 포함해서. 자기들이 볼 때는 사대업이다, 이 말입니다. 그전에는 율업이니, 유가 업이니, '종'이라는 말을 쓰기 전에 '업'이라고 썼거든요. 그리고 『조선불교 총보』에 네 번째 권 인가에 용주사 전신 이름 갈량사, 낭해화상비인가 해랑화상비에 보면 '대진조계종풍'이라고, 그 게 973년경에 세운 것인데 그럼 대각국사가 천태종 세우기보다 100년 전에 '대진조계종풍'이란 말이 분명히 나오고 또 자료로 이용한 사람도 많이 있거든요. 그래서 이렇게 보면 이게 완전히 그런 것이 아니고 국초에 화엄, 조계, 유가가 대행했다는 말이 벌써 나올 뿐 아니라 갈량사(용 주사 전 사찰 이름) 그 비문에는, 그게 지금 『조선불교 총보』에 수록이 돼 있죠, '대진조계종풍' 이라고 분명히 있어서 구산선문 신라 때부터 조계니 조계종이니 늘 써왔던 것이기 때문에 대 각국사가 천태종을 세움으로 해서 대항하는 의미에서 쓴 것은 아니라고 분명히 보이는데, 그 문제를 그렇게 말씀하셔서 이 문제는 제 전공하고도 관계가 돼서 아주 끝까지 물고 늘어져서 (일동 웃음) 그냥 넘어갈 일이 도저히 아닌 것 같습니다. 최 교수님 말씀해 주십시오.

☞ 사 회

이따가 늘어지는 게 좋지 않을까 싶습니다.

☞ 최병헌

그 말씀에 대해서 저도 확실한 견해는 가지고 있습니다. 그건 얼마든지 답변 드릴 수가 있겠습니다. 우선 앞에 두 가지를 말씀하셨는데, 대각국사 의천의 천태종 개창의 정책적인 면만을 볼 수가 있겠냐 하는 얘긴데, 물론 저도 그 점은 그렇게 보는 겁니다. 우선 일차적으론 불교 자체적으로 보는 겁니다. 근데 불교 자체 문젠데, 거기에 정치성이 개입한 겁니다. 그래서 불교의 교단을 대표해서 자기가 한마디 주도권을 잡는 의도가 개입된 겁니다. 그리고 저는 포괄적인 의미에서 검토하는 과정에서 정책적인 면도 고려하는 거지, 정책적인 면 하나만이다 그렇게 생각하는 것이다, 그런 뜻은 아닙니다. 오히려 대각국사는 불교인으로서 불교 자체의 새로운 방향을 모색했고, 그걸 구상해서 그 방향을 밀고 가는데, 거기 정치적인 힘도 빌리고, 또 대각국사가 여러 가지 다른 정책적인 고려를 해가지고 추진을 하는 거죠. 그래서 그런 점에서는 사실은 지금 종범 스님하고 저하고 견해차이가 있는 건 아닙니다. 저는 그렇게 단순하게 한쪽을 지금 강조하는 것은 아닙니다.

그 점을 말씀드리고, 또 하나는, 이제 내용이 왜 천태종의 지관이 아니고 선종이었느냐 하는 얘긴데 그게 의천의 천태종의 한계라고 보는 것입니다. 왜 그러냐 하면 의천이 숙종 2년에 억지로 천태종을 선종 승려들을 포섭해서 만들어 놨습니다. 그리고 자기는 법화경이라든가 강의에서 천태교학을 정리시켜 보려고 노력도 했습니다. 죽을 때까지. 그런데 4년 만에 의천은 세상을 떠납니다. 떠나가면서 그 이상의 추진이 안 되고 만 것입니다. 그러니까 지관의 수행까지도 완전히 천태종의 지관으로 바뀌어 가지고 철저한 의미의, 일종의 천태종의 정체성이 확립되는 단계에까지 가고서 의천이 세상은 떠났나, 의천의 의도는 그렇지 않았다고 봅니다마는, 그러나 의천의 목표가 달성이 안 됐다고 보는 것입니다. 그래서 한마디로 말해서 의천의 사후에 천태종은 교단으로서 천태종으로서의 정체성은 극히 약했다고 보는 것입니다. 그래 그 뒤에 붕괴되는 겁니다. 정체성이 약해서. 그런 점에서 보는 것이고, 그다음에 아까 조계종으로 칭했다는 문제는 마찬가지로 선봉사 비문의 연기에 세 가지가 나오죠. 국초에는 화엄업하고, 유가업하고, 조계업이 있었다. 그리고 그 뒤에 대각국사 의천이 천태종을 새로 개창하셔서 이제 사대업이 되었다는 거죠. 그러니까 애초의 사대업이 아닙니다. 고려 초에. 그런 점에서 그 당시도 제가 고려 초에 선교양종이라고 했지만, 사실은 법상종이 없었다는 뜻은 아닙니다. 중앙의 교단에서 광종의 불교정책에서 더 주목을 받고 지원을 받아서 역량이 강한 게 두 개였다는 얘기지 그 밖에 나머지 법상종도 없고, 나머지 뭐 일체 없는 두 종파 아니냐 그런 뜻은 아니었습니다.

그래서 그것을 얘기한 것이고. 또 하나 그 비문에서 조계업이라고 했단 얘긴데, 그건 선봉사가 언제 세워지냐 하면, 인종 10년에 그 비문을 짓기로 해서 세워진 건 실제 인종 15년에 세워집니다. 임존이 쓴 것은 그건 인종 때입니다. 인종 때, 그럴 적에 과거에 구산이라는 얘기가 조계업으로 표시되는데, 또 하나 그거보다 더 공식적인 얘기를 하나 든다면, 고려사 선종 2년쯤 가 보면 3년쯤이나 2년쯤 가 보면 구산선문이란 사람들이 나와 가지고, 우리도 진사 예에 의해 가지고 3년마다 한 번씩 승과시험을 볼 거 같으면, 하고 국가에 상소문을 올리고 그러죠. 그래서 문제가 되는데, 그때 분명히 공적으로 이 사람들이 나와서 기록되어 갈 때는 구산선문도로 나옵니다. 무슨 말씀인지 아시겠죠? 그래서 그것이 공적으로 된, 그러니까 조계종이란 말이, 제가, 없다던가, 조계종이란, 말이 조계라는 말이 없다는 얘기가 아니라, 그건 벌써 육조 혜능부터 나오니까, 그건 두말할 건 없지만 국가에서 정책적으로 종단을 인정하고 해서 공적인 종단의 명칭으로 확립되는 것은 의천의 사후였다는 뜻입니다. 무슨 뜻인지 알겠어요? 구산선에서 뒤에 가서 바뀐단 말입니다. 선조나 의천이 활동할 땝니다. 중국에 갔다 온 그 직후입니다. 그때 구산선문이란 공식적인 직함을 가지고 국가, 왕에게 상주도 하고 그러거든요. 그래서 그것이 이제 탄현비라든가 이쪽 선봉사비도, 아까 그건 잘 지적하셨는데, 인종 15년에 가면 그때도 역시 조계업이라고 조계종을 통일해서 칭하는데, 그 얘기가 고려 초에 바로 칭해졌다고 하는 이야기하곤 좀 다르다고 보고 있습니다. 인종 10년대 얘기라든지 선종을 그렇게 부른단 얘깁니다. 전 그렇게 보는 것입니다. 그래서 그건 자료를 가지고 좀 더 구체적으로 보완을 해서 답변을 드리도록 하겠습니다.

☞ 사 회

미진한 부분은, 또 다른 질문이 있으시면, 다음에 종합토론에서 해 주시면 고맙겠습니다.

7. 한국 선불교의 특수성과 보편성

심재룡(서울대)

요 약:

한국-선-불교의 특수성을 논하려면 우선 한국불교가 한국불교임을 자각한 때가 언제인지를 따져야 한다. 필자는 한국불교가 자각적으로 독자성을 확립한 시기를 고려시대로 본다.

한국불교는 이제까지 세 차례의 범형 변화와 융합을 거치었다. 초기에는 외래 종교사상인 불교를 고래의 무속적 세계관과 혼융하여 초월적 열반을 지향하기보다는 현세의 업보와 이 지상의 현실을 긍정하는 불교가 점차 한국인의 심성을 사로잡았다. 그 대표적 사례가 화랑의 세속오계에 나타난다. 고려조에 민족 공통 시조로 단군을 모시면서 한국불교 역시 그 자각적 정체를 확립하였다. 고려대장경의 완성으로 한국은 불교의 문화적 역량을 대승불교의 중심에 놓을 수 있었다. 승단의 조직 면에서 조계산 정혜사의 결사와 이를 규제하는 한국식 선원청규가 완성되었다. 교리 면으로도 화엄교학과 조계 혜능의 정혜쌍수, 간화경절문까지 포섭하는 선불교 수행의 지도원리가 제시되었다. 이로써 보조지눌은 현재 한국에서 가장 중심적인 위치에 있는 한국 선불교의 원류 곧 조계종을 개창하고 그 철학적 기초를 굳혔다. 조선조에 이르러 한국불교는 주자학 독존의 상황에서 또 한 번의 범형 변화를 거친다. 유불일치 내지 삼교일치를 주장하며 유교와 공존을 모색하는 동안 한국불교는 산간에 칩거하는 은둔적 태도를 견지하였다. 최근 일제의 침략과 서양식 사조의 범람으로 정신적 혼미를 거듭하는 현대

226

에 이르러 한국불교는 또 한 번 세 번째의 범형 변화를 거치고 있다. 이제야 현실 부정 내지 개혁의 기치를 든 이른바 민중불교가 나타남으로 하여 부처님의 가르침이 이 땅에 구현되리라는 기대 속에 한국불교사에 하나의 획기적 사태를 목도한다.

한국 선불교의 특징은 과연 무엇일까? 불립문자 직지인심을 표방하는 중국불교의 연장일까? 선문답과 공안을 주로 하는 임제종의 아류 일본불교와 다를 바 없는 것일까? 일본 원종에 한국불교를 복속시키려는 일제의 간계를 간파하고 한국불교는 임제종이라는 구호를 외친 적이 있지만, 한국 선불교는 보조지눌의 수행체계를 따른 조계종의 테두리를 벗어난 적이 없다. 조계종도 선종의 하나이기는 하다. 현재 동아시아 삼국, 즉 중국·한국·일본에서는 대부분 선불교전통만이 살아있다. 크게 보아 선불교 위주라는 점에서는 한국불교도 동아시아 대승불교권의 특징을 공유한다. 그러나 세부적으로 조계종의 수행 방면을 들여다보면 다른 종파 예컨대 화엄종이나 천태종 등 어느 한 경전을 소의경으로 하는 종파적 조계종이 아니다. 그리고 식자들이 생각하듯 우상 파괴적이고 문자를 무시하는 불립문자적 선종이 아니다. 한국의 조계종은 한때 선교양종이라 불릴 정도로 선종이라는 종파적 색채를 결여한 채 간경, 염불, 화두를 겸수하는 통합적 불교로 기능하였다. 한국불교 조계종의 종풍은 오히려 전통적 의례를 엄수하고 학문적 소양을 갖춘 학승들의 엄숙주의라 할 수 있다.

1. 한국 선불교의 특수성을 따지는 맥락

한국 선불교의 특수성을 따져 보자. 보편을 대비시키지 않고 특수를 논할 수 없다. 그런데 불교권에서 보편이라면 무엇을 지칭할 수 있는가? 전세계에 퍼진 불교를 이야기하기는 아주 최근의 일이다. 전통적으로는 대소승을 포함하는 남방, 북방 불교권을 아우르는 정도가 불교의 보편성에 값하는 것이라 할 수 있겠다. 특히 한국불교는 대승권에 속하니까 아마도 한국 선불교의 특수성을 굳이 논하라면 비슷한 대승불교 권역에서 한국 이외의 나머지 인도, 중국 및 일본 내지 월남까지 아울러 비교해야 그 특수성이 드러난다. 보편적 대승불교와 특수한 한국 선불교를 대비하면서 우리는 어떤 작업을 하는 것일까? 대승불교의 보편성 밑에 한국의 문화적 특성이 한국적 선불교의 특성을 드러내는 데 어떻게 작용했는지를 따지는 것이라 할 수 있다. 다시 말해서 불교라는 보편적 담론이 한국이라는 지역문화와 특히 선불교라는 한 종파적 담론과 결합했을 적에 한국-선-불교의 특수성을 논할 수 있다. 그렇다면 우리는 이 작업의 성격이 다소 복잡하다는 데 새삼 놀라지 않을 수 없다.

첫째, '한국'이라는 지역 또는 문화 명칭의 의식적 자각이 어느 때부터 발생했는가를 따져야 한다. 언제부터 '한국' 선불교를 이야기할 수 있나? 역사적 시한을 정하는 작업이 우선한다.

한국적 선은 고사하고 한국적 불교를 자각해서 말하기도 언제부터인가? 동아시아의 대승불교권에서 굳이 한국불교를 독자적으로 지칭한 것은 아마도 한국이라는 지역이 그 문화적 독립성을 자각하고 나서부터일 것이다. 필자는 아무래도 고려 때부터는 그런 자각이 싹트지 않았나 짐작한다. 아무튼 지금은 천연덕스럽게 한국‒불교라고 말하지만, 그 상한선을 찾아내기란 선뜻 생각처럼 쉽지 않겠다는 생각이 든다. 도시 '한국'이라는 명칭이 언제부터 민족 내지 민족 국가의 독자적 이름을 지닌 이데올로기로 형성되었는지를 따져 보아야 하기 때문이다. 고대부터 동이(東夷)라는 이름으로 중화(中華) 민족의 '따돌림' 또는 이질적 시각(異質視)을 감수하면서부터인가? 아니면 최근세 중화의 질서로부터 대동아(大東亞)적 질서를 재편하려는 근대 일본 제국주의에 의해 '대한제국(大韓帝國)'의 황제로 옹립되는 조선조 고종시대의 어느 한 시기부터인가? 두드러지게 한국의 문화적 독자성을 자각한 때가 언제부터인가? 인류가 야만의 탈을 벗고 비슷한 사람끼리 모둠살이를 시작하고 나서부터 비슷한 저희들끼리 집단적 작당을 시작할 적에 민족의 이름으로 독자성과 고유성을 주장하기는 언제부터인가? 인류의 역사를 다시 쓰는 마당도 아닌데 이렇게 거창한 문제를 이끌어 낼 필요는 없겠지만, 한국‒선‒불교 3자를 종합하는 특성을 기술하라니 잠깐 그 어려움을 짚어 보았다.

둘째, 한국을 규정하기 어렵다면 불교 가운데 선불교의 특징을 잡아내기도 만만치 않다. 선이라면 경전 위주의 교학(教學)에 대립하는 개념이다. 선하면 그 종지로 대뜸 불립문자(不立文字) 직지인심(直指人心)을 들고 나온다. 이런 유형적 특징 묘사(stereotyping)가 과연 한국 선불교에도 순순히 적용되는 것일까?

한국불교 가운데 현재 생명력을 지닌 것은 선종 일색이라고 주장하는 수가 많다. 그래도 흔히 선종을 규정짓는 반‒문자적 깨침의 체험을 중시한다는 점이 과연 한국 선불교의 특수성으로 그대로 적용되는지도 따져 보아야 한다. 한국불교의 역사에서 한때는 선교양종(禪教兩宗)이라는 애매모호한 이름으로 조선의 불교가 제도적으로 통제되던 때가 있었기 때문이다. 선과 교를 하나로 뭉뚱그려서 보았다는 말이니, 한국불교의 역사에서 어느 기간에는 교학에 대립하는 의미의 선종만을 따로 떼어서 이야기할 수 없다는 고민이 생긴다. 그러니까 한국 선불교는 교학을 겸전한다는 특성이 있다고 말할 수 있나? 특히 한국불교의 대표 격인 조계종의 중흥조 또는 그 개창자로 모셔지는 보조지눌에 의하면 선과 교는 대립하기보다 일치하는 것이다. 이는 중국 규봉 종밀의 이론이다. 그렇다면 기원을 따져 한국 선불교만의 특징이라고 주장하는 데 무리가 있지 않을까? 종밀의 선교일치론(禪敎一致論)은 한국의 지눌에게도, 그 비슷한 무렵의 12세기 일본에서도 영향력이 있었다. 그렇다면 지눌의 선교일치론 더욱 구체적으로 화엄과 선을 종합한 소위 화엄선도 따지고 보면 한때 중국, 한국, 일본을 통틀어 동아시아에 널리 퍼진 (동아시아의) 보편적인 이론이었다.

불교란 세계 보편의 마당에 한국의 특수성을 각인하기도 어렵고, 선불교란 중국 문명권 동아시아의 마당에 한국 선불교의 특성을 각인하기란 더욱 어려워 보인다. 그렇다고 선불교라는 이름 하나로 모두 똑같다고 이야기하는 것은 아니다. 집집마다 똑같은 김치를 담가 먹지만 그 맛은 하나같이 독특하다. 이런 비유가 옳다면 이제부터 불교를 생활하고 신봉하고 수행하되 한국의 우리 불교라는 독특한 맛을 찾는 작업을 시작해 볼까 한다.

불교 전래와 홍포를 중심으로 한국문화의 불교화 과정에 나타난 통시적 역사적 우연을 기술함으로써 그 우연의 집합을 필연으로 특성화하는 방법이 있을 수 있다. 한국불교의 변천을 추적해 보면 그 범형은 그동안 세 차례 바뀌었다. 범형의 변화 속에 한국불교의 특성을 찾아보는 작업이다. 나아가 한국불교의 대명사로 알려진 조계종의 보조지눌 스님의 사상적 특성을 중심으로 한국 선불교의 특수성을 논해 보겠다.

현재의 한국 선불교와 중국 및 일본을 구조적으로 비교, 분석하여 그 특성을 마치 인류학자의 현장 보고처럼 제출할 수 있다. 이 글을 마감하며 몇 마디 사족을 붙일까 한다.

2. 한국불교 역사에 나타난 범형 변화

불교는 우리 민족이 고래로부터 자생적으로 수지 봉행한 종교나 문화가 아니었다. 처음 수입할 당시에는 낯선 외래 종교였다. 외래 종교의 토착화 과정에서 한국문화의 각인이 찍힐 것이다. 처음 시집 온 새아씨가 낯선 시어머니에게서 그 집 고유의 장맛을 배우는 데 얼마나 많은 시간이 걸릴까? 일단 그 집의 장맛에 길들여진 다음에 자가 독창의 새 맛을 일구어 낼 수 있듯이, 불교도 한국에 우선 정착하는 과정이 지난 다음에야 제 고유의 맛을 지닌 한국 선불교로 자생적 특성을 지닐 수 있었을 것이다. 이런 과정을 필자는 패러다임의 변화로 추적해 본다.

불교는 동아세아의 역사 속에서 유일하게 한 문화에서 다른 문화로 전파, 계승되는 천여 년의 세월을 지나면서 그동안에 각 문화 간의 편차를 교정하고, 그 평형을 유지하는 데 기여한 종교, 철학이요, 문화, 예술이며, 사회 제도이다.[1] 인도에서 발원한 불교는 중국을 거치면서 유불도 삼교의 하나로서 중국화된 대승불교로 그 범형을 바꾸었다. 이 불교가 동점하면서 한국, 일본은 물론 전세계에까지 전파되어 이제는 어느 한 문화나 지역에만 치우치지 않고 이른바 세계 종교의 하나로 일컬어진다.[2]

처음에는 인도로부터 받아들인 외래 종교문화였던 불교는 중국의 문화와 사회 속에 불교적 의미를 부여하자는 강렬한 중화의식(中華意識)을 밑거름으로 하여 중국불교는 유가, 도가 등 중국 본래의 문화전통과 상호 영향을 주고받으며 가위 '중국불교'라는 독자적 범형을 구축하였다. 그 가시적 결과물이 다름 아닌 근 5백 년 내지 7백 년에 걸쳐 이룩한 한역대장경(漢譯大藏經)의 완성과 이를 근거로 한 교판(敎判)이다. 한역대장경의 완성이야말로 중국의 불교화와 불교의 중국화를 동시에 증거하는 기념비적 사건이라 할 수 있다. 또한 중국불교는 그 특유의 예술과 문화를 발달시킴으로써 중국인의 문화생활에 폭넓은 공헌을 하였다. 이제 중국불교는 누구나 서슴지 않고 공언하는 대로 중국인의 심성을 지배하는 유불도 삼교의 중심에 자리 잡는다. 중국은 드디어 중국불교로 인하여 대승불교의 제2중심으로서 불교문화 전파의 중추적 역할을 담당한다. 그 종교적 문화적 영향력은 중국의 문화전통과 더불어 중국의 경계를 넘쳐흘러 한국, 일본, 월남 등지에 이르렀다.[3]

불교의 원중심 인도를 제외하고 불교 전파의 부중심을 논하자면 상좌 불교를 온전히 보전하고 있는 스리랑카, 밀교전통의 전승자 티베트, 그리고 대승불교의 제2중심을 자처하는 중국 등 세 나라를 들 수 있다. 대저 한국과 일본의 전통적 불교는 금세기에 이르기까지 불교의 원천 및 이를 이어받았다고 자처하는 남방불교에 대한 관심은 전무한 채 오로지 중국 대승불교 일변도의 문화 학습에 열중하였다. 그렇다면 불교는 한국의 역사에서 어떤 모습으로 그 틀을 바꾸어 왔는가?

---

1) 불교를 한갓 종교의 틀로만 보려는 견해는 서양에서 중세 이후 기독교를 철학 및 과학과 적대시하여 종교에만 국한하는 버릇에 기인한다.

2) 이른바 세계 종교란 그 종교의 기원이 어느 민족 집단 내지 한 개인에게 있다 할지라도 이제 전세계에 퍼져 초인종, 초국가적 종교로 발돋움할 종교를 가리킨다.

3) 拙稿,「近代 以後 中國의 佛敎 硏究」; 拙著,『東洋의 智慧와 禪』(서울: 世界社, 1990) pp.364-385. 중공 수립 이후 현대 중국불교의 패러다임은 종교 자체를 부정하는 마르크스주의 때문에 엄청나게 변했으나, 천안문 사태 이후 다시금 전통적 불교의 재흥이 간혹 엿보인다는 보고가 산발적으로 나오고 있다.

(1) 중국불교의 이식과 무불 습합기(삼국 및 통일 신라시대)

한국불교는 삼국시대에 대승불교 경전과 불상들이 중국으로부터 전해온 뒤(공식적으로 A.D. 372) 이 땅에 가장 영향력 있는 종교문화로 뿌리 깊이 이식되었다. 일본의 경우와 마찬가지로 불교는 중국문화의 일부로서 도교 및 유교와 함께 한국문화의 심층에 자리할 수 있었다. 그러나 한국과 중국의 지리적 인접성 때문인가 중국문화는 한국인에게 그렇게 낯선 것이 아니었던 모양이다. 최치원이 한국인들의 원초적 세계관인 풍류도를 중국의 유불도 삼교의 교리로 설명한 것만 보아도, 한국 사람들은 애당초 불교를 중국의 문화와 다른 이질적 외래 종교로 인식하지 않았다는 증거인 듯싶다. 특히 불교 승려였던 원광이 세속오계(世俗五戒)를 지어 신라의 화랑들에게 지송케 할 때에 살생유택(殺生有擇)과 임전무퇴(臨戰無退)를 강조할 수 있었던 것은 불교의 융화력과 무속의 지속성을 입증한다고 볼 수 있다.

不殺生(불살생)이라는 불교의 절대적 윤리가 살생유택으로 바뀌는 불교의 한국적 범형 변화를 통해 한국인들이 외래 문화를 습합하는 전형적 본보기를 볼 수 있다. 그 뒤로 고려와 조선조를 통해 한국의 승병(僧兵)들은 자신은 물론 외적을 막고 나라를 구하기 위해 임전무퇴는 여전히 무불습합(巫佛襲合)의 증거로 살아 있었다. 또한 한국의 불교도들에게는 충성과 효도라는 유가의 전통적 가족중심적 세계관도 결코 비−불교적 사상이 아니었다. 본시 포용성을 자랑하는 불교는 자연과 인간을 나누어 보지 않는 擬人的(의인적)인 세계관의 무교와 습합하여 일찍부터 불교 사원의 한 구석에 산신각(山神閣)을 두어 산악의 신령님들과 자연계에 내재하는 정령들을 수호신장으로 포섭하여 죽은 조상의 명복은 물론 현세의 억울함을 신령님을 통하여 풀어 보려는 한국 민중들의 비원을 수렴하였다. 따라서 우리는 이 시기를 한국이 중국불교를 수입하여 한국의 원초적 세계관인 무속과 접합시킨 불교 범형 변화의 제1기로 잡는다.

(2) 한국불교의 범형 완성기(고려시대)

불교는 고려조를 통하여 그 절정을 누렸다. 그러나 고려불교는 불교 원래의 초월적 해탈의 이상을 추구하기보다 현세 구복적 기능을 더욱 강조하였다. 고려 국가 창건자의 유언에 따르면 불교는 도교의 도참설 및 풍수지리설 그리고 한국 고래의 무속과 함께 고려 국가 종교의 핵심으로 보호를 받았다. 또한 해동공자로 하여금 소중화를 꿈꾸며 그 문화적 우월성과 독자성을 구축하기 위해 단군을 민족의 공통 시조로 모시는 등 한국(고려)의 민족 국가적 이데올로기가 이 시대에 완성을 봄과 동시에 불교도 그 한국적 독자성을 확보하는 단계에 이르렀다.

고려 왕실은 불교 사원에 너른 땅을 하사하고, 그에 대한 세금을 면제하는 대신 불교는 국가적 경축 행사 등 온갖 의례를 제공하였다. (아마도 그런 불교 의례의 떠들썩함을 들어 조선조의 유교적 엄숙주의자들은 '야단법석'(野壇法席)이라는 언사를 적용했을 것이다.) 국가 권력과 결탁한 불승들은 점차 정치에 깊숙이 관여하고, 드디어 저들의 너른 장원의 소유와 세금 면제는 국가 재정의 위축을 가져왔다. 대규모 불교 의례의 성행과 주술의 도입은 기타 신앙 형태와 불교의 수행법을 혼동케 함으로써 원래 불교 자체의 초월적 성격을 약화시켜 고려불교의 특성이 드러났다 할 수 있겠다. 사실 한국불교의 지나친 현실성은 이때에 거의 굳어진 것이 아닌가 한다.

몽고군의 침략을 불보살의 가피력으로 물리치려는 호국불교의 의지로 고려는 13세기에 저 유명한 고려대장경을 주조하는 등 놀라운 문화적 업적을 이루었다. 그럼에도 불구하고, 정권과 밀착한 고려불교의 타락과 부패는 고려 왕조가 멸망한 원인의 하나로 지목되었다. 인과동시(因果同時)라는 화엄종의 교리처럼 우리는 고려불교의 전성과 몰락은 불교의 한국적 세속화를 증거하는 또 하나의 본보기임을 확인할 수 있다.

교리 면으로 볼 적에 현행 한국 선불교의 모태로 지목되는 지눌의 선교일치적 회통불교도 고려조에 완성을 보았다. 그 뒤 조선조의 억불책으로 말미암아 별다른 불교의 교리적 변화가 없었다고 한다면 이것을 한국불교의 교리라 해도 과언이 아닐 것이다. 이처럼 호국불교, 회통불교로 지목되는 한국불교의 범형적 모습이 갖추어진 고려조에 이르러 중국불교의 이식 단계를 벗어나 독자적인 한국불교 나름의 범형이라고 할 수 있는 거의 모든 양태가 완성되었다.

(3) 억불시대(조선시대)

고려 왕조를 역성혁명으로 뒤집은 조선조는 국가 시책으로 억불책을 체계적으로 실시하여 중국과 일본에 비해 한국불교는 가장 지속적인 억불시대를 지나게 된다. 현재 한국불교의 위상이 위축되어 있다면 이는 일차적으로 조선조 5백 년의 억불과, 다음으로 일제시대 일본불교의 간섭, 그리고 해방 이후 오늘까지 서양 사조 특히 세속화의 영향이라 할 것이다.

조선왕조는 국가 종교로 주자학 일색의 유교를 정통으로 하고 일체의 이단을 불허하는 등

사상 면에서는 질식하리만큼 폐쇄적인 정책을 시행했다. 따라서 불교는 겨우 유불일치를 강조하거나, 승병을 제공하여 누란의 위기에 처한 국가를 보위함으로써 겨우 명맥을 유지하였다. 그럼에도 불구하고 전문 승려 비구와 비구니는 도성에서 쫓겨나 산속으로 밀려나고, 저들의 사회적 신분은 백정과 같이 저급한 팔 천민의 하나로 전락했다. 불교 승려들은 유교와 회통을 시도(함허 득통의 경우)하거나, 저항하거나(김시습의 경우), 아니면 은둔하는 세 부류로 나눌 수 있겠는데, 대부분은 무저항적 은둔으로 일관하였다. 특히 산사에 은둔한 승려들 사이에는 참선과 간경을 주로 하는 이판승(理判僧)과, 사대부의 요구대로 종이를 만들고 잔칫상을 차리며 도성을 축조하는 등 사회적 봉사와 절 집 살림을 맡아 하는 사판승(事判僧)들 사이에는 눈에 보이지 않는 알력이 있어 왔다.(요즘에도 개인이나 집단의 이해 상관이나 사활이 걸린 투쟁을 '이판사판'이라고 한다.)

그러나 불교가 조선시대 5백 년 동안 억압을 받았다고 해서, 한국사회에 끼친 영향력이 줄어든 것은 아니다. 특히 한국인들은 불교가 지닌 포용력을 높이 산다. 원래 토속적 무교를 제외하고, 동양의 전통적 삼교 가운데 불교만치 절충적인 종교문화는 없을 것이다. 불교의 업보사상은 무교의 현세구복적 경향, 도교의 풍수지리와 결합하여 한국적 세계관의 떼어놓을 수 없는 일부가 되었다. 유교의 효도, 즉 조상에 대한 보본의 사상도 불교와 상치됨 없이 자연스레 조상의 극락왕생을 비는 천도제로 전이했고, 특히 아들 낳기를 바라는 여인네들에게 불교의 관음 신앙도 가문을 이어간다는 가족주의 유교의 이상에 합치하였다.

조선조의 억불정책 때문에 한국의 불교 종파들은 몇 번의 통합에 의해 경전을 읽고 해석하는 학문적 불교거나, 참선 위주의 선종이거나, 염불 위주의 정토종이거나 그 종파적 독자성을 잃고 선교양종이라는 무정형이 되고 말았는가 하면, 교리 역시 교단의 무정형화에 비례하여 간경, 참선, 염불을 두루 혼합 절충한 소위 '회통불교'가 되고 말았다.

조선조에 불교가 종파적 특색을 잃고서도 그런 대로 살아남을 수 있었던 것은 아마도 말법시대에는 나무아미타불의 본원력에 의지함으로써 구명도생하리라는 신비적이고도 주술적인 색채를 띤 타력불교가, 사회가 불안할 적에 보통 사람들은 물론 권력의 중심으로부터 소외되고 아예 신분적으로 구조적 억압과 착취의 대상이었던 피억압 하층민들에게 의지처를 제공했기 때문일 것이다.

오늘날 우리가 알고 있는 한국불교의 모습은 대부분 주자학 독존의 조선조에 형성된 한국불교 제2의 범형 변화에 기인한다 하여도 과언이 아니다.

(4) 한국불교 제3의 범형 변화를 추구하는 모색기

4-1 일제시대

4-2 현 대

억불 5백 년도 모자라 조선조를 병탄한 일제도 한국불교를 저들의 식민지정책에 이용했다. 원종이라는 일본 종단에 병탄을 저지한 한국 승려 집단이었지만, 그 일부는 청정 비구의 계율에 어긋나게 일본식으로 승려가 대처하는 풍습에 훈습되어 최근까지도 한국불교 조계종 내에 심각한 불협화음을 조성하는 데 한 가닥 부정적 기여를 하였다. 즉 한국불교 승단은 1954년부터 시작된 대처와 비구의 갈등 그리고 종권 또는 사찰재산권 다툼에 휘말려서 불교 자체의 위상까지 실추시킨 경우가 있었고, 결국 비구승단인 조계종과 대처승단인 태고종으로 분종하였으나 아직도 그 분규의 상처로부터 한국불교는 완전히 치유되지 못한 감이 있다.

그동안 조선 후기에서 일제를 거쳐 오늘에 이르기까지, 한국불교는 물론 한국사회 전체가 모두 엄청나게 뒤바뀌었다. 일제로부터 해방과 정치적 독립에 잇달아 타의에 의한 이념 전쟁 겸 동족상잔의 참화를 딛고 일어서서 한반도의 남쪽 대한민국에서는 최근 반세기도 못 되는 단시간 내에 산업화의 기적까지 이루었다.

한국사회가 근대화, 산업화, 도시화라는 엄청난 외형적 변화를 겪는 동안 정신적으로 한국불교 역시 제3의 범형 변화를 치르고 있다. 그 양상을 필자는 세 가지 사회집단으로 나누어 관찰해 보고자 한다.

첫째, 승단과 재가 신도 가운데 보수적 인사들은 시대의 변화를 자각하지 못한 채 아직도 정치권력 집단의 보호를 구하면서 호국불교의 전통에 연연하고 있다. 심지어 저들은 한국불교전통에서 나타나는 회통성[4] (이 용어는 유달리 현대 한국에서 단순한 절충이 아니라, 모든 것을 두루 감싸는 포용성 내지 이질적인 사상을 조화시키는 마력적 사이비-이념으로 이해된다)을 정치적 통일의 이데올로기로 확대 포장하여 선전하고 있다.

둘째, 현재 한국불교 신도의 대부분은 장년 이상의 여성들이다. 저들은 사회의 변화에 무감각하다. 아직도 민속 신앙인 무속과 혼동하여 '나무아미타불', '나무 관세음보살'을 외우는 데 진력하고 있다. 현세적 이익을 보장받기 위하여 조상을 숭배하고, 수명장수를 기원하고,

---

4) 이에 대한 필자의 관견은 「한국불교 연구의 한 반성 ─ 한국불교는 회통적인가?」, 『동양의 지혜와 禪』, pp.206-218 참조.

입학시험의 성공을 비는 한국형 소위 '보살님'들에게 한국의 절은 무교의 산신과 도교의 칠성님을 같은 불찰에 모시는 등 불교 특유의 절충적 관용성을 십분 발휘하여, 저들로 하여금 현실의 비리와 고통을 제거하는 비판적 지혜를 제공한다거나 또는 해탈의 초월적 이상을 설파하여 정신적 고양을 도모하기는커녕 오히려 앞장서서 무비판적 세류들의 세속적 기복사상에 영합하고 있다.

이처럼 넓게는 국가적 호국 불교로, 좁게는 개인적 기복 불교로 변모한 한국불교는 초세간적 불교의 이상은 뒷전에 둔 채, 현세적 무교, 도교, 유교와 타협한 채 공존하고 있다.

셋째, 극소수의 젊은 지식인들 내지 극소수의 불교 운동가들만이 현재 한국사회와 전세계가 겪고 있는 엄청난 변화를 자각하고 있다. 산업화의 과정 속에 점점 비인간화하는 개인의 고통을 제거하고, 사회의 구조적 비리를 광정하기 위해 잠자고 있는 한국인이자 불교인의 의식을 깨우치느라고 노력하고 있다.

흔히 '민중불교'라는 이름으로 불리는 저들의 활동은 일차적으로 남미의 해방신학 또는 한국기독교의 자생적 민중 신학에 자극받으면서 대소승 불교 자체에도 본시 억눌린 자들을 구제하고 일체 중생의 해탈을 구극의 목적으로 하는 보살도의 정신을 다시금 확인하는 가운데, 1960년대 초 소수의 지식인 계층에서 싹터 현재 몇몇 단체까지 결성된 단계에 접어든 한국불교의 자기 혁신뿐만 아니라 나아가 한국사회의 구조적 비리와 모순을 개혁하려는 사회 운동의 하나이다.5)

오늘의 민중불교권 운동가들은 개혁 추진의 태도에서 온건 급진의 차이는 있을지 모르나, 대부분 기성의 제도권 불교를 전면적으로 비판하는 점에서 일치하고 있다. 민중불교 운동가의 눈을 통해 본 전통적 한국불교의 범형은 호국과 기복이라는 현세긍정적 자세로 집약된다. 그러기에 요즘의 민중불교 운동은 한갓 한국불교만을 국한하여 비판하는 세력일 뿐만 아니라, 한국사회가 당면한 일체의 현실적 모순을 제거하고 기성 제도와 보수적 의식을 혁명적으로 전회(revolution)하려는 한국적 사회 운동의 한 가닥임을 감지할 수 있다. 민중불교 운동가들이 특히 불교를 겨냥하여 비판의 목소리를 드높이는 까닭은 무엇일까? 전통적 종교문화 가운데에서도 유독 불교가 역사적으로 불교 수입 이전의 무교적 문화 및 그 사회 제도(예컨대 혈연과 지연중심의 폐쇄적 '연줄 사회'의 확대판인 사회 구조)와 너무나도 밀착한 모습을 보여주고 있음을 예리하게 관찰한 결과라고 짐작된다. 동시에 한국사회의 고질적 폐쇄성을

---

5) 拙稿「社會의 近代的 變容에 대한 韓國 佛教의 對應」,『佛教의 現代的 照明』(민족사, 1989);『동양의 지혜와 禪』, pp.133-143 참조.

척파하려는 민중불교 운동가들은 이제 한갓 불교만의 개혁으로는 한국사회에 그 본래의 초월적 해탈의 이상을 실현하기에 너무나도 힘겹다는 사실을 뼈저리게 자각하고 있다.

3. 한국불교 및 선불교의 특수성을 논한다

사실 현실 긍정의 논리를 잣대로 동서양의 문명사를 넓게 조망할 때 동양 특히 중국 문명은 현세긍정(this worldly character)의 전형적 범형이라 해도 과언이 아니다. 한국은 전통적으로 불교를 받아들임에 아무래도 저 먼 인도의 원천적 초월적 불교를 받아들이기보다, 지리적으로 가까운 중국 문명에 의해 소화 저작된 중국형 대승불교를 받아들였다. 그러므로 가뜩이나 현실 긍정적인 무속의 세계에 익숙한 한국인들은 단 한 번도 불교의 초월적 해탈의 이상을 추구하는 진지한 노력을 경주하지 않은 것 같다. 예컨대 한국불교의 독특한 교리를 살펴보더라도, 한국불교도라면 누구나 자랑하는 원효가 제시하는 불교적 이상은 현실세계와 이상세계를 동시에 인정하는 소위 진속일여(眞俗一如) 또는 원융무애(圓融無礙)의 사상이었다. 그 뒤로 전통적 한국불교의 전부라고 해도 무방할 한국의 선불교 역시 우상타파와 현실 개혁적인 면모보다는 수행방법에서까지 돈오점수와 정혜쌍수라는 절충적 조화의 사상을 강조한 지눌 이후, 역대 왕실의 보비 사찰을 지키는 충실한 사제직에 종사할 뿐 한 번도 무명을 타파하고 보살도를 실천하는 혁신적 예언자의 기능을 담지하지 못한 듯이 보인다.

한국불교의 역사에서 현실 개혁의 정신적 지주로 불교를 자유와 평등, 해방의 이념으로 해석한 이는 최근세 만해 한용운 이하 현재의 민중불교 운동가들을 제외하곤 그 이전에는 극히 드물었다. 일본불교의 경우 성덕태자가 '세간허가 유불시진(世間虛假 惟佛是眞)'이라고 현실세계를 철저하게 부정하는 이해를 보였다든가, 가마꾸라시대 신란[親鸞]의 『탄이초』(歎異抄)에서 보이듯 인간의 죄악에 대한 철저한 인식을 통해 자기부정의 극을 보인 경우를 과거 한국불교사에서는 찾기 어렵다.

재가신도 및 한국인 일반에 끼친 불교의 영향이 현세 긍정적이라면, 한국 선불교 승단 전문가들의 수행방법상 혹시 무슨 이념적 특성은 없을까? 최근에 돈오돈수를 주장하는 성철 스님이 그토록 비판하는 보조지눌 스님의 사상적 특징은 무엇일까?

3.1. 지눌이 한국 선불교에 끼친 영향

지눌로부터 고봉국사(高峰國師, 1350~1428)에 이르기까지 16명의 국사를 배출한 송광사가 한국불교 전체에 끼친 정신적 영향은 명백하다. 스님들의 수행 중시 경향으로 송광사는 조선왕조 이래 삼보 중 승보(僧寶) 사찰로 알려져 있다. 지눌의 지도체계가 후기 모든 불교승가의 전례가 되었다는 데 이의를 제기할 자는 없을 것이다. 최근에 조계종의 종정 성철(性徹, 1912~1993) 스님이 지눌의 종합적 수행방식인 돈오점수를 이단이라고 규정한 사실은 바로 지눌이 한국불교전통에서 얼마나 중요한 위치를 차지하는가를 단적으로 보여준다 하겠다. 지눌의 영향은 한국불교 역사를 통해 다음의 사실로써 입증된다.

지눌이 중국불교의 여러 수행법들을 비판, 종합한 삼원적 수행체계는 그대로 한국 선불교의 기초가 되었다. 그 뒤로 중국에서 임제종의 법맥을 이어받아 왔다는 것을 제외하곤 수행방법상 하등 새로운 것이 덧보태진 게 아니다. 다시 말해서 태고(太古, 1301~1382)나 나옹(懶翁, 1320~1376) 등이 비록 연(燕)나라 임제종(臨濟宗)의 대가로부터 배워온 심법(心法)을 전파했다 하나, 특이하게 새로운 것을 추가한 것은 아니었다. 그들이 강조한 간화선은 이미 지눌이 도입하고 그의 제자 혜심이 더욱 발전시킨 것이었다.

조선왕조 500년 동안, 12세기에 고려의 지눌이 전개한 한국식 禪宗은 한국불교를 지탱한 유일한 전통이 되었다. 지눌이 제시한 선방의 교육제도가 후기 한국불교 사찰의 전형이 되기는 1397년 신덕왕후(神德王后) 강씨(康氏)를 위해 조선 태조 이성계가 세운 흥천사(興天寺)의 주지 상총의 청원서에 기원한다. 이 청원이 가납되어 조선의 선종 사찰은 모두 수선사의 규율과 관행을 채택하게 되었다. 그 뒤로 선교를 막론하고 종파와 관계없이 한국의 모든 승려들은 지눌의 지침과 체계적인 접근방식에 의거하여 동아시아 불교전통의 다양한 경전들을 학습한다.

벽송지엄(碧松知嚴, 1464~1534)과 서산휴정(西山休靜, 1520~1604)은 지눌의 독특한 수련방식을 채택하는 데 일조를 했다. 지엄은 불도를 닦으려는 초학자들의 기본 교과목을 설정했다. 처음에는 종밀의 『선원집』(禪源集)과 지눌의 『법집별행록』(法集別行錄)을 기초로 불교에 대한 지적 이해를 도모하고, 다음에는 대혜종고(大慧宗杲)의 『대혜서장』(大慧書狀)과 고봉(1238~1285)의 『선요』(禪要)를 학습한다. 이상은 흔히 사집(四集)이라 불리며 한국불교 초심 학인들의 필독 교재들이다.

서산은 『선가귀감』(禪家龜鑑)에서 지눌의 제자 제법 방법을 이어받는다. "먼저 참된 말씀을 근거로 마음의 변하고 변하지 않는 두 측면을 자세히 분별하라. 그리고 돈오점수하라. 마지막으로 교리의 얽매임에서 벗어나 대자재 자유의 길을 간화에서 배우라." 현행 승가의 강원 교과목은 18세기경에 확립되었다. 그 교제들은 지눌의 사상과 관련을 가지거나, 지눌이 선정한 것, 그리고 지눌 자신의 저서 2편이 포함되어 있다.

조선왕조 5백 년간의 숭유억불정책이 막을 내린 19세기 후반까지도 지눌은 불교 부흥의 기틀을 제공한다. 조선조를 통틀어 가장 많이 출판, 유통된 불교 책이라면 바로 지눌의 수심결이다. 특히 불교 재흥의 기수 경허(鏡虛, 1849~1912)는 한국 선불교의 지침서인 『선문촬요』(禪門撮要)에 지눌의 저서 다섯 권(『수심결』, 『진심직설』, 『권수정혜결사문』, 『간화결의론』, 『계초심학인문』)을 포함시킨다.

지눌 자신은 스승의 직접적 가르침 없이 오직 중국선사들의 저서를 통해 깨친다. 소위 불립문자(不立文字)를 표방하는 동아시아 선불교전통과 달리 지눌이 쓴 저작에 의하여 한국 선불교가 보전, 부흥되었다는 사실은 일견 모순처럼 보인다. 이 점이 한국 선불교의 특성이라고도 할 수 있다. 지눌이 선과 화엄(華嚴)을 통합한 일은 송나라 문자선의 단순한 연장이 아니다. 또 당대에 선과 교의 일치를 주장 종합한 종밀을 한국 풍토에 맞게 변용한 것도 아니다. 그것은 지눌 자신이 개인적인 깨침을 기반으로 이통현의 화엄경에 대한 재해석에 혜능의 통찰과 대혜의 간화선을 조합시킨 것이었다.

3.2. 동아시아 불교전통에 있어서 지눌의 위상

한국불교에 끼친 지눌의 영향과 그의 위상은 분명하다. 반면 한반도라는 물리적 경계를 넘어 널리 동아시아에 끼친 그의 영향을 측정하기란 사실 불가능하다. 지눌 사후 동아시아의 중국, 한국, 일본 세 국가는 불교사상의 상호 교환 내지 접촉이 흔치 않았던 것 같다. 아마도 이 세 나라는 그동안 제각기 자기 문화에 걸맞은 불교전통을 국가적 차원에서 전개하였을 것이다. 그러나 저 세 나라는(월남은 로마 문자혁명을 이루기 전까지) 모두 한자를 사용한다는 점에서 중국 대승불교의 보편적 덮개 아래 포섭된다. 한국과 일본에서 각각 자국 문자가 발명, 유포되면서 향토색 짙은 불교가 전개되었음 직하다. 아무튼 동아시아 보편적 불교전통 속에서 지눌이 행사했을 법한 영향력은 14세기에 잠시 일본의 몇몇 승려의 저작에 나타난 종밀과 이통현의 언급 이외에 지금까지 일본은 물론 중국에서도 찾아보기 어렵다. 지눌의 영향력은 한국에 국한된 현상이었다. 1933년에야 일본에서 지눌의 『진심직설』 교역본이 출판되었다. 지눌의 이름조차 망월(望月)의 『불교대사전』(佛教大辭典) 보유편(補遺編)에 실려 있을 정도이다.

지눌의 선불교야말로 한국의 국지적 현상이다. 오늘날 한국불교 하면 언필칭 원효와 지눌을 언급한다. 그 둘을 비교컨대, 원효는 중국유학을 마다하고 한국에서 깨침의 체험을 기초로 동아시아 불교권에 가장 영향력 있는 『대승기신론』을 주석하고 중국화엄종에 심대한 영향을 행사한 반면, 지눌은 한국의 서남부 일각에서 차분히 수선사 정혜결사 운동을 통하여 한국 선불교의 기초를 쌓고 그 뒤로 한국 내에서 광범한 영향을 행사하였다. 요즘에서야 지눌을 동아시아 선불교의 보편적 마당에 놓고 돈오돈수와 돈오점수를 재평가하려는 논의가 있으나 이제까지 한국 선승들은 지눌의 수행체계에 한 점의 의문을 제기한 바 없다. 한국 선불교는 모름지기 지눌 한 스님의 수행전통에 의존한다 해도 과언이 아니다.

4. 맺음말을 대신하여 — 한국 선불교의 반 - 범형적 범형론

이제까지 우리는 한국불교사를 조망하여 그 범형의 변화를 추적하는 가운데 현실 중시의 현재 긍정적 사고방식을 한국불교는 물론 선불교의 이념적 징표로 지목해 보았다. 그러나 이 점은 유독 한국불교 내지 선불교만의 특수성이라고 말하기 힘들다. 동아시아 불교를 전통적으로 대변하는 중국불교의 일반적 보편적 특성이라고 말해야 옳을 것이다. 다만 그 이념의 형성 시기를 놓고 신라냐, 고려냐, 조선조 중기냐를 논의할 수는 있다. 필자는 고려시기를 한국불교 범형의 완성기로 보았다.

그런데 이런 동아시아 중국형 대승불교라는 보편의 덮개 밑에서 한국 선불교 그 가운데 전문 선승들의 수행방식을 두고 최근에 재미난 보고를 읽어 볼 수 있다. 바로 지눌이 일으켜 세워 한국 선불교의 모태가 된 송광사에서 5년여의 수행 생활을 한 뒤 지눌의 저작을 영어로 번역한 미국 UCLA 대학 한국사상 담당 부스웰 교수(혜명 스님)에 따르면 지눌이 세우고 한국 절 집에서 현재까지 널리 지켜지는 한국 선불교의 전통은 이제까지 인습적으로 알았던 여타 동아시아 선불교와 전혀 다르다는 것이다.[6]

---

6) The Zen Monastic Experience, Robert E. Buswell Jr. Princeton University Press, Princeton, New Jersey: 1992 참조. 물론 그가 제시하는 한국 선승들의 생활상에서 끌어낸 소위 반 - 범형(counter - paradigm)은 서양 사람들이 지닌 선불교에 대한 환상을 깨는 데 그 일차적 목적이 있다. 그러나 그의 논의는 부차적으로 한국 선불교의 특수성을 확인하는 데에도 일조할 뿐만 아니라, 나아가 최근 선종의 종파적 특성에 치우쳐 돈오돈수를 주장하는 문중인들의 담론과 전통적 한국 선불교의 정체를

한국 스님네들이 수행하는 모습은 이제까지 관행처럼 선종의 구호로 외치는 불립문자와 직지인심에 정반대라는 것이다. 부스웰 교수는 대담하게 반−범형 이론을 제창한다. 한국 스님들은 책을 무시하기는커녕, 여러 경전을 두루 섭렵하는 진지한 학승들이며, 우상타파적이기는커녕 전래의 의례를 준수하는 엄숙주의자라고나 할까? 사이다 병이 터지듯 여기저기서 돈오돈수하는 경우는 볼 수 없고 화두를 들고 수년, 수십 년 각고면려의 수행승들이 가득한 한국 선불교전통을 한국불교의 범형이라고 주장한다. 『전등록』에 나타나는 우상파괴와 불립문자의 선승들은 단지 그 전통이 기리려는 이상형이고, 한국산사에 용맹 정진하는 스님들은 실질적 현실형이라는 것이다. 지나치게 대담하고 도식적 정리이기는 하다. 그러나 한국 선불교를 두고 동아시아 불교전통의 범형에 정면으로 도전하여 반−범형론을 펼치는 시도를 보면 적어도 한국 선승들의 전통적 수행관에 독특한 한국 나름의 특징이 도사리고 있음에 틀림없다.

주장하는 한국 선불교인들의 담론을 분별하는 데에도 도움이 된다.

논평 및 토론

한국 선불교의 특수성과 보편성

사회: 김영호

약정토론: 윤원철

☞ **사 회**

윤원철 교수님이 논평하시겠습니다.

☞ **윤원철**

저도 당연히 사과부터 시작해야 될 거 같습니다. (웃음) 논평문을 작성해 오는 건 줄 몰라 가지고 메모만 해 갖고 왔는데요, 여기 와서 또 메모를 많이 보충을 하면서 말씀을 드리겠습니다. 우선 재밌습니다. 선생님, 항상 선생님이 말씀해 주실 때마다 많이 배우는데요, 처음에 발표에 처음에 지적하신 한국 선불교 특수성을 따지려면 먼저 불교의 보편성을 뽑아내야 되고, 더 좁히면 대승불교의 보편성을 뽑아내야 되고 그리고 더 좁히면 선불교의 보편성을 우선 따져야지 한국 선불교 특수성을 뽑아낼 수 있지 않느냐, 이렇게 이게 말은 간단해도 아주 복잡한 방법론적 난관이 있다, 이렇게 지적을 하셨는데, 이것은 아마 종합토론에서 전반적으로 한 번 거론이, 모든 발표와 관련해서 거론이 될 것이라고 생각돼서 전 이런 방법론적 난관에 대해서는 많이 말씀을 안 드리겠고요, 몇 가지 그냥 질문과 생각나는 것을 섞어서 말씀을 드리겠습니다.

우선 한국불교의 범형의 변화, 크게 3기로 잡고 계신데요, 그런데 우선 첫 번째 질문은요, 한국불교의 범형 형성과 변천에 대한 논의를 한 장터에서 해 주셨고 그러면서 뽑아내신 것이 크게 두 가지인 것 같습니다. 회통불교라는 성격하고, 현세긍정적이다 하는 것. 그런데 결국 나중에는 그것도 한국불교의 특수성은 아니다, 동아시아 불교 보편의 것이다, 이렇게 얘기를 해 주셨어요. 또 하나의 큰, 선생님 말씀해 준 것의 줄거리가 지눌을 통해서 한국 선불교의 범형을 드러내는 그런 작업을 하셨는데, 사실은 두 가지 논의, 지눌을 통해서 한국 선불교의 범형을 말씀해 주신 것하고, 한국불교 범형의 형성과 변천, 3단계 변천, 역사적 변천에 관한 논의 사이가 그렇게 전 잘 연결이 잘 안돼서 어떤 의도이신지 한번 여쭤 보고 싶은데, 특히 지눌의 유산은 회통불교 아니겠습니까? 그러면 현세긍정적이고, 그런 불교, 실질적이고, 호국불교이고, 세속화됐고, 그러한 한국불교의 범형은 지눌로부터, 지눌하고는 무슨 상관이 있는가, 없는가 하는 문제, 그런 의문이 생깁니다.

그다음에 두 번째 질문은요, 제 의견인데요, 질문이라기보다는. 일제 후 지금 현대까지를 제3의 범형 변화 기간으로 잡으셨는데, 제 생각에는 차라리 일제 때하고 그 이후 지금까지를 따로 떼어놔서 지금 제4의 범형 변환기를 맞고 있는 것을 얘기하는 것이 더 좋지 않겠나 생각합니다. 왜냐하면 일제하의 불교에 사회문화적인 충격을 가한 그런 상황이 그 이후의 상황하곤 굉장히 다른 것이 지금 현재의 모습인데, 일제 때의 불교가 겪은 심각한 범형의 변화는 이제 소위 대처승이 생겼다는, 그걸로 대변되는 변화겠는데, 해방 후에 한국불교에 가해진 도전이랄까, 충격은 역시 서구화, 특히 기독교와 맞대면을 한다는 역사상 유래가 없던, 불교로서는 첫 경험, 그것이 지금 한국불교를 엄청나게 압력을 주고 있고, 어차피 어떤 범형이 굉장히 심각하게 변화하려는 조짐도 기독교로부터의 압력 때문에 보이고 있어서 좀 종류가 다르다 이렇게 생각되기 때문에, 나누어 보는 것이 어떨까 하는 그런 생각을 해 봤는데, 선생님께 의견을 또 청하고 싶습니다.

그다음에 세 번째 질문은요, 현재 한국불교의 모양을 세 집단으로 나누어 가지고 호국, 회통불교, 한국불교의 범형의 큰 두 축의 내용으로 지적하신, 물론 이제 한국불교만의 것은 아니라고 또다시 지적을 하시긴 했습니다만, 그걸 그대로 전승하는 그런 그룹 그다음에 기복불교의 그룹, 세 번째 소수 지식인들의 자각을 통한 민중불교 그룹, 이렇게 나눴는데, 저는 제4의 그룹이 또 있지 않나, 뭐 거기에 제5의 그룹 이렇게 덧붙일 수도 있겠지만, 세분화하면. 그것은 바로 여기 앉아 계신 대부분의 불교를 전공하는 학자들을 포함해서 특히 한국에서 거의 유일하게 지금까지 불교학을 전담해 오고 있던 동국대를 중심으로 한 이른바 불교학자들, 한국에서 불교학자들이 또 하나의 불교와 관련된 아주 중요한 영향력을 가진 그룹을 형성하고 있는 것 같은데, 수는 적지만 말이죠. 선생님이 어떤 사상의 기원을 가지고 한국불교의 특수한 요소를 뽑아내는 건 어렵지 않으냐, 지눌이 한 얘기도 중국에서 나온 것이고, 그런 말씀을 하시면서 한 대목에서는 영향력, 영향의 범위, 거기에서는 이제, 그것을 특수성,

242

보편성을 가르는 하나의 기준으로 삼으신 것 같아요.

지눌은 밖에서는 전혀 신경들을 안 쓰는데, 한국 내부에서는 한국불교의 흐름을 결정한 그런 영향력을 끼쳤다 하시는 걸로 지눌을 한국불교의 특수성의 담지자랄까, 시원자랄까 이렇게 말씀하셨으니까. 그래 인제 불교학자들의 불교 신행 그 자체에 대한 영향력은 별로이겠습니다만, 일반 우리 한국사회 전체에 불교에 대한 인식, 인상 거기에 대한 영향력은 상당히 크다고 저는 생각되는데요, 즉 불교라는 종교를 철학화해 가지고 얘기하는 그 담론을 전개하는, 그런 지성인들 그룹, 그것이 또 제4의 그룹으로 한번 추가돼 봄 직하다고 생각하는데요. 동의하시는지 안 하시는지, 동의하신다면, 그런 세력에 의해서 어떤 한국불교의 범형은 어떻게 다루어질까, 과연, 어떻게 이해가 될까 하는 그런 것도 한번 여쭤 보고 싶습니다.

그다음에 마지막으로요, 선생님 여기에서뿐이 아니고 여러 번 돈(頓)이냐 점(漸)이냐 하는 문제만 나오면 강력한 언어로써 매도를 하시는데 (웃음), 문중적인 담론, 종파적 특성, 이런 말씀을 쓰셨습니다. 선종의 종파적인 특성에 비춰서 돈오돈수를 주장하고, 근데 이것을 선생님께서 강력하게 비판적으로 말씀하시는 큰 이유는, 금방 또 말씀을 하셨듯이, 한국적 특수성을 포기하고 다시 중국적인 것에 다시 갖다 대려고 하는 이것에 대해서 상당히 기분나빠 하시는 것 같아요. 평소에. 그런데 그것은 또 별개의 또 다른 컨텍스트에서 한번 접근을, 관심을 가지고 접근을 해도 좀 괜찮은 문제가 아닐까, 물론 성철 스님이 제기한 돈오돈수론과 거기서부터 야기된 돈점 논쟁에서 상당히 종파적, 문중적 그런 기운이 굉장히 생생하게 느껴지고 하는 것도 사실이긴 한데, 꼭 그런 컨텍스트 말고, 또 다른 이 문제에 대한 이해를 가능케 하는 컨텍스트가 있지 않을까, 그것은 좀 불교 내적인 불교인들의 종교적 관심의 내부로 좀 초점을 옮겨 가지고, 아까 박성배 교수님 쓰신 말씀을 다시 빌려 오자면, 불교 내적인 관심에서 하는 얘깁니다. 파사현정, 그런 시도로서 심 선생님께서 굉장히 한국불교전통에서 아쉬워하신 예언자적, 그런 인식의 부족을 아쉬워하셨는데, 그런 것의 참 드문 한 예로도 한번 평가해 볼 수 있지 않을까, 그런 가능성은 어떻게 생각하시는지 하는 것도 마지막 질문으로 말씀드리겠습니다. 굉장히 짧게 했죠?

☞ **사 회**

예, 감사합니다.

☞ **심재룡**

응답하고 이제 끝나는 것이죠? 종합토론 가서 얘기하는 것이죠?

☞ **사　회**

　예, 더 이상 질문이 없으시면.

☞ **심재룡**

　그러니까 마지막 것부터 거꾸로 올라가면서 네 가지 질문에 대해서. 불교 내적인 파사현정을 하는 예언자적인 타입의 한 예로 볼 수 있죠. 그런데 제가 이 문중담론을 우리말은 문중인데, 언제 한번 종교사회학 책에 보니까 모든 종교에 섹트-오리엔티드(sect-oriented)된 그런 종교타입이 있고 처치-오리엔티드(church-oriented), 이게 아마 열린 교회, 닫힌 교회 얘기인 것 같아요. 그래서 성철 스님의 주장이 섹터리안(sectarian) 쪽으로 이렇게 닫힌 쪽으로 가는 것 같아서 익스클르시브(exclusive), 배타적으로 가는 것 같아서 하는 것이지 인신매도하고는 관계가 없습니다. 저하고 스님네들하고 무슨 뭐 이해관계가 하나도 없으니까. 그런데, 그런 측면인 거하고, 그 양반이 저는 예언자적인 그런 것보다는 오히려 순수 본래 무슨 정통 그런 얘길 하는 걸 보면, '차라리 중국 대승불교 보편의 담론으로다가 가야지 되지 한국적인 거 주장하면 안 된다'라고 주장하는 것에 대해서는 우리가 귀를 기울여야 되지 않나 그런 생각을 합니다. 그런 말, 매도라는 말 쓰지 마세요. 그렇게 제가 생각한 적이 한 번도 없으니까. 저는 그렇게 둘로 구분을 해서 열린 교회, 닫힌 교회 그런 식으로 너무 그런 식의 주장을 하게 되면 이제까지 회통, 회통이라는 걸 열렸다고 저는 봤는데, 지나치게 폐쇄적인 종파싸움, 박노자 선생이 이야기한 일종의 폴리티칼 어낼리시스(political analysis)이었어요. 전혀 어느 편을 든다, 제가 보조로다가 밥을 먹지만, 보조 편도 아니고 성철 편도 아니고 그렇습니다.

　그다음에 세 번째, 네 번째 그룹이 있지 않을까. 그렇게 학자들이 영향력이 있다고 생각하세요? 환상을 깨시는 것이 어떨까? (웃음) 그다음에 두 번째 일제하고 현대, 저도 사실은 생각했던 문젠데, '코리안 로드 투 모더나이제이션스'(Korean Road to Modernizations), 누굽니까? 제이콥슨 그 사람은 그 둘을 나눠서 봤죠. 둘로 나눠 봤는데, 대처승 문제하고 기독교 문제하고, 그러니까 두 가지 큰 이슈가 다르니까 나눠 보자, 그것도 가능한데 결국 그것도 세속화 문제, 기독교의 타 종교와 만나는 문제가 아니라 소위 '모더나이제이션'(근대화)이라는 걸로 보면 일제시기가 무슨 '모더나이제이션'의 씨를 뿌렸다고 주장하는 학자도 있고 그런데요. 이걸 정말 갈라 봐야 할 것인지. 왜 복거일이가 쓴 소설 있잖아요? 우리가 지금 얼마만큼 일제의 문화적 영향권에서 벗어났는가 생각할 적에 과연 우리가 문화적으로 독립된 한국인으로 생활을 하고 있는가. 항상 일본 하면 기를 쓰고 덤비는 것 자체가 그 열등감으로부터 한 번 정복당했다, 기분 나쁘다, 이것으로부터 벗어나지 못한 것이 아닌가, 그런 생각을 하게 되면 거기 연속, 불연속을 말할 적에 연속적인, 복거일식으로 우리는 지금 뭐죠? 메이지 몇 년에 살고 있다고 그러나? 그 소설 첫머리가 그렇게 시작이 되지요? 나눌 수도 있고 안 나눌 수도 있는데, 우리의 의식 속에서 강한 일본과의 경쟁, 그것을 얘기하는 동안은 벗어났다고 할 수 없는 것 같다, 그런 생각이 듭니다. 그건 어떻게 나누는가의 문제니까 별건 아니고.

그다음에 이 논문이 갖고 있는 연결, 매끄럽지 않은 연결은 저도 인정을 합니다. 근데 그게 인제 방법론에서 괜히 욕심이 말이죠. 한국불교에 대해서도 얘기하고 싶었고 선에서도 얘기하고 싶었고 그래서, 이 둘을 한데 합치다 보니까, 이런 어줍잖은 절충형이 됐어요. 아마 일월까지는 다듬으라고 그러면 연결 부분을 매끄럽게 연결고리를 집어넣는 작업이 필요하리라고 봅니다. 그렇게 논평해 주셔서 고맙습니다.

☞ 사 회

그러면 두 분이 아주 능률적으로 발표를 하셨고 질문을 하시고 해서 시간이 다행히 조금 남아 있습니다.

☞ 최병헌

잠깐만 시간을 주셨으면 좋겠는데. 예, 지금 두 분이 논의하는 곳에서 하나가 좀 민감한 문제가 돼서, 하나만 1분 이상 걸리지 않겠습니다. 한국불교의 범형이 고려 때 완성됐다고 보시고 그것이 뒤에 가서 어떻게 변형이 됐느냐 하는 문제를 두 분이 논의하셨는데, 그 변형시기를 일제시기하고 해방 후의 시기문제 갖고 지금 논란하신 것이지요? 그 문제에 관해서 한 가지만 더 말씀드린다면, 오늘날 우리 불교가 말이죠, 일제 식민지시대 때 왜곡된 점에 대해서는 제대로 인식이 안 돼 가지고 어떤 면에서는 아까 복거일 씨까지 얘기를 했습니다마는 오늘날 우리 불교 속에 식민적인 요소가 아직도 상당히 잔존해 있거든요. 그에 대한 불교계의 자각이 없습니다. 또 불교학자들은 그걸 민감하니까 연구를 안 하고 피하니까 그 문제 청산이 아직도 안 되었어요 지금. 그래서 그러한 오늘날 우리 불교가 가지고 있는 모순을 생각하지 않고 과거에 고려시대 불교만 생각하고 하는데, 다시 정리해서 얘기하면, 현대 불교가 가지고 있는 문제가 뭐냐 하는 것에 대한 철저한 인식이 요구된다. 그리고 그러한 것을 제대로 인식하려면 한말 일제시기의 불교의 식민지화되는 과정에서 문제를 밝히지 않으면 안 된다는 얘기고, 그러한 토대를 가지고 고려시대 범형의 문제를 갖고 오늘날 비교하든지 연결시키는 문제로 발전되는데, 아까대로 그 얘기가 안 된다는 얘기죠. 그리고 불교계에서는 자각이 없습니다. 학자들은 피합니다. 우리는 모르는 결과밖에 안 되고 이런 상태에서 뭐가 식민적인 요소인지도 지금 모르는 것이지요. 우리가 볼 때, 그러니까 우리 문화적인, 불교계가 보이고 있는 것이 바로 그런 데서 기본적인 원인이 있다고 생각하는데, 지금 범형의 문제를 논하는 자리에서 그러한 문제에 대한 고민을 좀 제시했으면 합니다.

☞ **심재룡**

일제시대 한국불교 정말 얼마만큼, 보통 왜곡이란 말을 쓰는데, 하여튼 바뀐 것은 사실이죠.

☞ **최병헌**

왜곡이죠, 그건 한마디로.

☞ **사 회**

예, 종범 스님.

☞ **서종범**

본 주제 발표에 대한 질문은 보조지눌 선사 한 분에 대해서만 질문을 하고 싶고요, 역시 최병헌 교수님 코멘트에 걸리는 부분이 있어서 말씀을 드리겠는데요, 일제시대 이후 근대 불교계가, 불교계는 자각이 없고 학자들은 피하려 그런다 그러는데, 제가 볼 때엔 아니라고 생각하거든요. 첫 번째 자각의 증거가 만해 한용운 선사 『불교유신론』인데 그것은 그 당시 불교 대중화에 대한 자각이다, 저는 그렇게 봅니다. 『불교유신론』 자체가 불교가 대중화되어야 된다는 자각이고, 1954년에 이른바 불교 비구대처 분쟁, 분규 이런 말이, 우리 종단 안에서는 '정화'라고 쓰는데, 거기에서 나타난 모든 문제는 일제 때 일어났던 비불교적인 요소가 종단 내에 많이 들어왔기 때문에 그것을 다시 정화하고 다시 또 바로잡는 불교의 정법화 운동이 1954년에 일어나게 됐고, 또 1994년도에 여러 가지 진통이 있었는데, 그것은 이제 젊은 사람들이 중심이 돼서 이른바 '불교민주화'라고 하는 구호가 또 나왔어요. 그래서 1910년대 초기에 불교대중화에 대한 자각, 1950년대에 불교정법화에 대한 자각, 1990년대에 불교민주화에 대한 자각이 교단 내에서도 있었다. 그래서 그런 것이 하나의 맥을 이뤄서 오늘날까지도 기성세대와 젊은 세대 간에 끊임없는 보이지 않는 갈등이 있고, 저 자신 물론 기성세대에 속합니다마는, 여러 가지 그런 문제가 흐르고 있는데, 그걸 '불교 교단에서는 자각이 없다'라고 말씀하시는 것은 조금 재고해 볼 의견이 아닌가, 저는 그렇게 생각을 합니다.

발표에 대해서 지눌 선사를 어떻게 정의해야 되는가. 지눌 선사가 조계종을 창시하셨다 그러면 조계종에 대한 성격이 먼저 발표가 돼야 되는데, 지눌 선사의 영향이 대단하다고 하시면서 또 조계종의 성격이 회통불교라고 한다면 지눌 선사가 한 일이 없지 않으냐. 회통이란 건 많은 걸 모아서 종합했다는 얘긴데, 그럼 조계종사가 뭘 하나 시작했다는 것하고 여러 가지를 종합했다는 것하고는 상치되는 개념이기 때문에 문제가 되고, 또 조선시대 불교를 조계종의 지눌 선사가 창립한 종단으로 볼 수가 있는가. 왜냐하면 지눌 선사는 종파주의적 요소가 전혀 없습니다. 누구나가 다 마음 닦아서 성불한다는 것이지, 종파주의적인 요소가 전혀 없고, 지눌의 선교일치론이 규봉 종밀의 선교일치론하곤 전혀 달라요. 왜냐하면 지눌 선사가 만년에 『법집별행록절요』를 쓰는데 그 모본이 뭐냐 하면 규봉 종밀의 『선문사자승습도』인데, 그것을 규봉이 어떤 의도를 가지고 썼는가, 당신 법통이 하택신회 선사의 법통이 최고의 정통성이라고 하는 것을 주장하기 위해서 썼는데, 보조선사는 그것을 그대로 절요를 하면서 종통에 관한 문제는 싹 빼고, 하택의 법은 이렇고 북종의 법은 이렇고. 그 법만을 가지고 누구나가 다 청정심을 깨달아 가지고 닦으면 된다, 그래서 종파주의를 일체 배격한 그런 선풍의 선사를 하나의 종을 만든 종조라고 보는 것은 너무 그분 저술 상에 나타난 사상하고 안 맞는 것입니다.

그리고 조선시대에 오면 보조지눌만이 큰 영향을 끼친 것이 아니고, 이건 초학자 교과서에 나오는 것이고, 실제 서산 스님의 저술에 보면, 『선가귀감』에도 확인된 것이 지금 45항목인데요, 여러 가지 종합한 것이 『선가귀감』 내에, 중요했던 모든 기록이 임제선이라든지 간화선 계통의 글이 상당히 많고, 보조지눌 선사의 것은 몇 항목이 안 됩니다, 45항목 중에. 그리고 조선시대에 모든 불교의 분위기가 보조가 배격했던 종파주의를 받아들여서 임제 적손으로 표시를 하거든요. 이런 거하고는 전혀 다른 상황에서 보조 것이 기본에 깔려 있지만, 조선시대에서는 종파주의를 다시 흡수해 가지고 법맥을 형성하고 불교의 승보를 수립하고, 이렇게 재구성이 돼 있는데, 이것을 무시하고 순전히 보조 한 사람의 영향으로 조선불교가 계승됐다고 보는 것은 이것은 상당히 재검토를 해야 될 문제가 아닌가. 이 문제에 대해 한 번 말씀을 해 주셨으면 감사하겠습니다.

☞ **심재룡**

그거 정말 저도 고민을 했던 거고 어떻게 써야 할 것인가 했던 건데, 조선조가 완전히, 『선가귀감』을 보게 되면 그래요. 그런 것도 보완해야 될 것 같습니다. 그런데 종파주의가 아니라는 걸 저도 그렇게 생각합니다. 종조로 모신다고 하는 것은 지눌 자신이 종조였다는 것이 아니라 나중에 43년입니까? 조계종명이 다시 복원될 적에 아마 그런 식으로다가 종조모시기를 했겠죠. 그리고 지금도 태고보우냐 보조지눌이냐, 그렇게 싸우고 있는 거니까 정말 보조가 살아와서 본다면 한심하다고 그럴 것이에요, 종파적으로 자기를 뭐라고 하는 것에 대해서. 그런데 그러니까 한국적 특수성, 보편성 얘기를 할 적에 항상 어느 쪽을 강조를 하느냐에 따라서 이게 이제 이름붙이기가 되는데, 저는 이런 식으로다가 말을 꾸며 봤어요. 지눌 자신이 스승의 직접적 가르침 없이 오직 중국선사들의 저서를 통해 깨치고, 이게 하여튼 저는 독특하다고 생각합니다. 인가받고 그러는 것이 책 보고서 그러는 것이 아닌데, 이 사람은 책에서 인가를 받았잖아요. 그런 것이 하여튼 아주 작은 패러다임, 마이너 패러다임에서 독특한 것 같고, 소위 불립문자를 표방하는 동아시아 선불교전통과 달리 지눌이 사람들이 쓴 저작에 의해서 한국 선불교가 보존 부흥되었다는 사실, 그리고 그다음에도 지눌에게 직접 인가받고 그런 거 아니잖아요. 책에서 책으로, 그동안에 법맥도 몇 번 끊어졌다. 그리고 그런 것을 보면 선하고 한국 선을 얘기할 적에 일견 모순처럼 보인다, 이 점이 한국 선불교의 특성이라고도 할 수 있다. 지눌이 선과 화엄을 통합한 일은 송나라 문자선의 단순한 연장은 물론 아니고, 당(唐)대에 선교일치를 주장한 종밀을 한국풍토에 맞게 변형한 것도 아니다. 연장도 아니고 변형도 아니다. 그것은 지눌 자신이 개인적인 깨침을 기반으로 이통현의 『화엄경』에 대한 재해석에 혜능의 통찰과 대혜의 간화선을 조합시킨 것이다. 그래서 이게 먼저 말씀하신 임제 간화선이다. 임제 직손이고 법맥을 했다는 것이 거기서는 법맥을 대는 것이고, 여기서는 이론적으로 간화선을 지눌도 얘기를 했으니까 결국은 서산의 부흥이라 그럴까, 법맥 수립에서 지눌이 한 역할을 했다. 그렇게 보는 것이죠.

전체적으로 완전히 지눌이 조선조를 풍미했다 그런 얘기가 아니라, 지눌에게 간화선이 없다면 전혀 관계가 없는 것이 될 터인데, 그대로 혜심 이후로다가 이어받았으니까, 지눌이 하여튼 세 군데 거쳐서 다리를 뻗고 있기 때문에 뭘 읽든지 간에 지눌이 들먹거려진다 말이죠. 그래서 영향력에 있어서는 지눌이 엄청나다, 이렇게 주장을 해 본 겁니다. 보편, 특수 얘기할 적에 강조점이 문제지, 이것만이고 저것만이고 그런 이야기는 불가능하다고 저는 생각합니다.

☞ 박성배

종범 스님한테 한 가지 여쭤 보겠는데요, 그러면 지눌이 조계종 종조가 아니라는 입장이시죠? 그리고 아니라는 이유는 그분이 해동불교니까. 해동불교는 초종파니까, 예?

☞ 심재룡

종조로 모시는 것은 격하운동이지 그건 높이는 것이 아니다 그거죠. 원효를 원효종사로 하는 것과 같은 것이지요.

☞ 박성배

그런데 종교사에 보면 본인은 초종파고 그래도 나중에 종조가 되는 경우는 많죠.

☞ 서종범

그뿐 아니라 조선조에 비-지눌적 요소가 많이 들어왔어요. 임제 법통을 확립한다든지, 간화선이든지, 보조가 별로 중시 안했던 『임제어록』을 상당히 중시했다든지, 이런 모든 면 그리고 조선조 불교에 보면 보조가 별로 중시 안했던 염불 수행이라든지 다라니 수행이 많이 들어왔는데, 그 증거가 『천수경』입니다. 『천수경』 안에는 선종사상도 있어요. 정토종사상도 있고, 『천수경』 불교가 한국불교를 하나의 표본적으로 보여주는 모델이라고 할 때, 거기에 지눌적인 요소가 얼마나 되느냐, 그러니까 조선불교를 지눌의 일인 영향으로 보는 거는 『천수경』하고 어긋난다는 거예요.

☞ 사 회

또 질문 있으십니까? 예, 김두진 선생님.

☞ 김두진

간단하게 한두 가지만 좀. 우선 선생님이 발표하신 것 중에서 한 가지만 좀 물어보고 싶은데, 그거는 지눌이 수행을 많이 강조를 했습니다마는, 그것이 실천하고 어디 연관시켜 갖고 한국불교의 특성, 선생님 아까 회통이란 것도 특성을 뜻하면서도 보편성으로 하니까 저도 잘 이해가 안 됐습니다만, 어쨌든 그런 어떤 회통으로 끄집어낼 수 있듯이, 실천의 문제로 하나 끄집어낼 수 있는 것인지, 그거를 하나 우선 질문을 드리고 싶고, 또 하나는 파사현정 이야기가 자꾸 나왔습니다만, 원융의 문제 같은 것이 고려 때에 상당히 관심을 이루고 그렇게 되면 자연 조선시대 초기 불교는 쇠퇴기로 본 듯한 인상을 줬습니다만, 그 회통은 불교 내의 사상의 회통, 고려 때까지. 그런데 조선시대의 경우에는 불교 이외의 다른 회통의 문제가 있는 것이니까 그걸 어떻게 봐야겠느냐, 그래서 조선시대 경우에는 파사는 못 했기 때문에, 그 거대한 사상이 얘기 안 하니까 쇠퇴한 것 아니냐. 그런데 현정의 논리라는 것은 결국 그거를 중도로 해서 통합을 하는 것이니까 중도의 논리는 그대로 살아 있는 것이고 그거는 파사의 논리가 없어진 것이 아니죠. 그랬을 경우에 조선의 불교를 우리가 쇠퇴기로만 쭉 봐 가는 그런 모습이 좀, 그것보다는 다른 방향으로 발전해 간 것 아니냐. 제가 왜 이런 질문을 하냐 하면 저는 개인적으로 고대사, 고대불교에 관심이 많습니다마는, 개인적으로는 서산의 선가귀감, 좋은 저술로 보고 그거는 위대한 사상으로 보고 있습니다. 그런 어떤 사상의 바탕 배경에 놓은 것이 결국 하루아침에 놓은 것이냐, 그런 면에서 조선 초기의 사상을 어떻게 달리볼 수가 있느냐, 그런 질문을 드립니다.

☞ 심재룡

지금 파사현정을 아마 삼교회통 쪽으로다가 말씀하신 것 같은데, 삼교일치, 이교일치 하는 것도 사실 다 중국에 있었던 얘기니까 조선불교가 쇠퇴기가 아니라, 그런 정도로다가 다른 이교까지도 포섭할 수 있었다면 상당한 수준이 아니겠느냐 이런 뜻인 것 같은데, 그게 조선불교의 특색이고 불교가 쇠퇴하지 않았다는 뜻이라는 것하고는 해석이 다른, 타 종교를 포섭했으니까 더 발전한 거다, 쇠퇴다, 아니다 하는.

☞ 김두진

발전한다고 보기보다는 다른 방향으로……

☞ 심재룡

아니, 보는 측면에 따라서 그렇게도 볼 수 있고, 자기의 독자적 정체, 아이덴티티를 주장할수 없으니까, 정체를 좀 얼버무리고서 살아남았다, 이렇게 일종의 생존 전략이었다 하고도볼 수 있으니까, 보는 측면에 따라서 그거는 달리 표현을 할 수 있다는 생각입니다. 먼저 얘기가 그거 말고 또 실천. 예를 들어서 지눌 저작에 교를 먼저 공부하고 나서 그다음에 선을밝히라, 그래서, 예컨대 간경(看經)하고 선방에 가는 것이 보편적이었다고 그래요. 스님네들의 수행방식에 있어서 보통사람들의 수행방식에, 지눌이 어떤 영향을 끼쳤는지는 전 잘 모르겠는데, 선방 수행 수자들의 경우에 지눌의 영향력이 교과과정에 있죠. 그리고 그런 순서상절차 밟는 데서 있죠. 그렇게 해서 좀 영향력이 저는 굉장히 있다고 하고, 그것도 인제 표현의 문제예요. 전부다, 백 프로다, 그건 뭐 몇 프로 되겠느냐, 그건 뭐 말의 차이입니다. 그렇게 봅니다. 그런 특징이 있는 것 같아요.

☞ 김두진

선생님께서 쓰신 것이 좀 실천을 많이 강조하신 것 같은데.

250

☞ **심재룡**

실천은 뭐, 불교는 실천 빼면 시체죠, 뭐. 교리 따지는 것이 불교입니까? 다 그렇죠. 원효도 실천했고, 염불도 실천이고 다 실천이죠. 또 어떤 분이 얘기한 것처럼, 다 종교적이고 그런 것이죠. 말을 정의를 하지 않고 어떻게 쓰느냐는 그건 잘 모르겠습니다.

☞ **사 회**

하나쯤만 질문을 받겠습니다. 예.

☞ **최병헌**

종범 스님이 저를 거론했기 때문에 한마디만 드리는 것이 도리일 것 같아서 (일동 웃음), 종범 스님께 하나 드리겠습니다. 만해 연구에 대해서 아까 말씀을 하셨는데 만해『불교유신론』을 보면 말이에요, 그게 1910년대에 나오는데, 그래서 13년에 간행을 하는데, 거기에 보면 불교의 사회화에 대한 강력한 주장을 하는데, 불교의 힘을 기르자는 건데, 그건 무슨 얘기냐 하면, 서양의 제국주의론이 됐든, 사회적인 진화론, 다윈의 생물진화론이 나중에 서구세력이 동양에 진출할 적에 사회적인 진화론으로 되어 가지고 제국주의의 논리가 된단 말이죠. 약육강식의 논리가 되는 것이죠. 그런데 지금 만해 내용을 보면, 양계초를 통해서 봐도 그래요. 바로 그 진화론에 입각해서 한국불교를 이제 좀 사회적인 힘을 강화하자는 건데, 그 논리를 가지고 제국주의에 대항하겠다는 건데, 그런데 실제 그런 일제에 대한 의식이라든가 식민지 침략자에 대한 의식은 하나도 안 보이는 것입니다. 오직 그 논리를 받아들여 가지고 한국불교의 사회적인 지위만 높이고 영향을 받은 건데, 만해 자신도 초기에는 국제적인 감각이 부족했고, 또 실제로 인용하는 걸 보면 오류도 있고 그런데, 그래도 만해는 위대한 것이, 딴 일제시대 스님하고는 확연히 구분되는 것이, 1910년대 말에 가면 만해 의식은 크게 성장합니다. 그래서 3·1운동에 참여하고 하는 과정에서 만해는 확실히 진화론을 버립니다. 인도주의를 표방해 갖고 제국주의에 대한 정면 도전을 하는데, 진화론적인 데서 인도주의로 바꾸는, 그래서 제국주의에 대한 저항을 하는데, 그런 점에서 만해는 참 특이하고 위대한 거지마는, 그 만해도 시대에 따라서 변화가 있다는 사실이고, 한계가 있다는 걸 인정해야 하고, 또 하나는 그것이 일제시대 불교의 주류가 아니라는 사실을 생각해야죠. 대부분의 그 당시에 삼십본산 체제의 주지들, 또 거기에 지도적인 인사들이 일제시대 때, 특히 1943년에 조계종이 창립될 적에 그것이 뭐하고 연결되느냐 하면, 한국불교는 총본산 운동하고, 일제가 1937년에 중국과 전쟁을 하고 미국과 전쟁을 하는 과정에서 모든 역량을 전쟁에 총동원한 체제를 추구할 적에, 그때 불교가 총동원체제에 대한 하나의 필요성에서 식민지당국하고 한국불교 교단하고 이해가 떨어져서 1943년에 조계종이 창립되는 겁니다.

그래서 우리가 개별적인 사실 하나하나 들어 가지고 문제가 되는 것이 아니라, 당시 불교계 주류, 전체적인 불교계 흐름을 놓고 그 시대가 갖는 불교계 문제가 뭐냐, 식민지 성격이 뭐냐 하는 성격을 논해야 될 것이고, 그것이 해방 이후 어떻게 청산되느냐 하는 문제는 그렇게 간단하게 지금 뭐, 현상적으로 몇 개 나왔다는 것 가지고 그게 청산됐다, 복거일 같은 사람이 그래도 공감을 갖는 이유가 심층에서 그걸 건드렸는데, 그게 간단한 건 아닌데, 현상적인 걸 몇 개 가지고 그것이 되고 있지 않느냐, 그거보다는, 더 요구한다면, 철저한 자기 어떤 비판의식이랄까, 그런 역사의식이 먼저 필요하다고 생각해요. 그런 전제가 없이 현상적인 것 대항해서 근본적으로 달라진다. 이건 기대가 안 되는 것입니다. 그리고 역사적인 문제에서는 간단한 것이 아니라고 생각합니다. 이상입니다.

☞ **심재룡**

다시 종합토론에서 말씀드리겠습니다.

☞ **사 회**

예, 그럼 최유진 선생님의 질문으로 끝막음하겠습니다.

☞ **최유진**

보충하는 의미에서 한 말씀 드리고 싶습니다. 종범 스님께 드리고 싶은 말씀인데요. 한국 불교를 반성한 거, 1910년대의 만해, 1954년도의 불교정화운동, 몇 년 전의 불교민주화운동, 근데 만해의 경우도 좋고, 불교민주화운동도 좋습니다만, 1954년도에 일어난 불교정화운동 문제에 대해서는 사실 검토가 아직 심각하게 이루어지지 않고 있는데요, 그걸 꼭 플러스적으로, 긍정적으로만 평가할 수 있느냐, 이런 문제에 대해선 생각할 거리가 많은 것 아닌가 저는 그렇게 생각합니다.

☞ **사 회**

다른 만해에 대한 여러 가지 논의할 것을 비롯해서 선불교가 워낙 또 큰 주제이기 때문에, 다음 종합토론 시간에 불교전통하고 접촉하는 그런 질문들을 제기하시면서 또 해답을 찾으시면 좋겠습니다. 그럼 이상으로 선불교에 관한 주제를 마치겠습니다.

8. "고려시대의 불교의례"

Esoteric Buddhist Rituals at the Royal Court under the Koryŏ Dynasty

Henrik H. Sørensen
(SBS, Copenhagen)

Introduction

1. A Survey of Esoteric Buddhism under the Unified Silla

2. Esoteric Buddhism under the Koryŏ

3. Esoteric Buddhist Rituals and the Koryŏ Court

4. The Benevolent Kings Ritual

5. Rites associated with Belief in the God Indra

6. Worshipping the Planets and other Stellar Deities

7. Praying for Rain to Come and Go

8. Miscellaneous Buddhist Rituals

9. Daoistic Rituals

Conclusion

Introduction

Although the study of Buddhism in East Asia is a rapidly expanding field there are many important aspects which are still very much in the dark. Among these aspects is that pertaining to ritual practices and the associated forms of religious behavior such a cremation and burial customs, ancestral worship, empowerment of inanimate objects etc. On a broader scale Esoteric Buddhist practices—with the possible exception of its role in medieval Japan—has still not been fully recognized as a major and central feature of the Buddhist traditions in both China and Korea.

Among the hitherto little studied areas within Korean Buddhism is that relating to the Esoteric Buddhist tradition (Kor. *milgyo*).[1] While *milgyo* is gradually becoming recognized as an important element within Korean Buddhism by local scholars, it has failed to arouse much interest elsewhere. Topical interest in *milgyo* has concentrated on its establishment as a distinct denomination of Korean Buddhism along historical lines, its importance within the larger tradition of Buddhism as national protector, and to a lesser extend on its role and influence in rituals in general.[2] Needless to say, interest in Korean Esoteric Buddhism among Western scholars has so far been marginal, but it is hoped that as more information becomes available, it will stimulate interest in this interesting aspect of Korean Buddhism as well.[3]

---

1) I here use the term "Esoteric Buddhism" as a general denominator for practices that imply *mantra, dhāraṇī, mudrā, maṇḍala* as well as various types of ritualized magic for augmentation, averting disasters and exorcism. "Tantric Buddhism" I use exclusively for the tradition that bases its doctrines on the *Tantras*, a distinct type of Esoteric Buddhist literature that developed in India after 600 A.D., and which later became the prevalent form for Buddhism in Tibet.

2) In 1986 a symposium with the title "Milgyo sasangŭi Han'gukchŏk chŏngae (The Spread of the Thought of Esoteric Buddhism in Korea)" was held at Tongguk University in Seoul, and the proceedings were later published in the volume entitled, *Han'guk milgyo sasang yŏngu* (Studies in the Thought of Esoteric Buddhism in Korea; hereafter *HMSY*), comp. Pulgyo munhwa yŏnguwŏn, Seoul: Tongguk taehakkyo ch'ulp'anbu, 1986. This compilation was essentially the first in modern Korean Buddhology to pay exclusive attention to the importance of the Esoteric Buddhist tradition in Korea.

3) For an introductory study of this tradition, see Henrik H. Sørensen, "Esoteric Buddhism (*Milgyo*) in

The Koryŏ dynasty (918‑1392) is widely recognized as a period in which Buddhism enjoyed unlimited prosperity and influence in Korean society. Indeed, nearly all the great cultural achievements that took place in the course of this dynasty were one way or the other related to Buddhism. The important status of Buddhism in Koryŏ society is reflected in the prominent role it played in the affairs of the state, in particular in the department of state rituals as well as in supplying a continuous string of royal preceptors throughout the dynasty, the so-called institution of royal preceptor (Kor. *wangsa*). While the presence of Buddhist ceremonial and liturgical experts was well-known at the courts of Song China, they rarely played the same central role as that which Buddhist monks did under the Koryŏ. There are several reasons for this. First of all there was the factor of difference in religious, social and political status enjoyed by Buddhism in the two countries. Secondly the rise of in China of Neo-Confucianism, which meant growing hostility from the educated elite on the one hand, and the competition for adherents with the Daoists on the other hand, which the Buddhists in China had to deal with, was essentially absent in Korea until the very end of the Koryŏ period. Thirdly, there was a certain number of basic cultural differences such as the unparalleled degree of permeation of Buddhism in Korean society on all levels, and the fact that no major persecutions such as that which befell Chinese Buddhism during the reign of Huichang (rl. 841‑846) never took place in Korea. Lastly Buddhism was the main spiritual and intellectual tradition in medieval Korea. All these factors secured a solid Koryŏ Buddhism a strong backing from the royal court including most noble families. In comparison there is good reason to believe that the role played by Buddhism at the courts of the non-Chinese states contemporaneous with the Song including the Liao (907‑1125), Jin (1115‑1234) and Xia (1038‑1227), to a much higher degree reflected situations which were, if not identical with that of the Koryŏ, in many ways largely identical with that of the latter. In any case there is sufficient extant literary and material evidence to suggest that Buddhist ritual practices and their corresponding

Korea," *The Esoteric Buddhist Tradition*, SBS Monographs II, Copenhagen: SBS, 1993, pp. 71‑94.

beliefs to a large extent—of course with certain cultural modifications—were shared by all these non-Chinese states. In effect this would make Buddhism as it unfolded within the respective cultures into a sort of pan-North East Asian Buddhist tradition.[4]

Since the middle of the 1980s interest in the Koryŏ Buddhist rituals has been on the rise among the community of concerned scholars in Korea, and particularly noteworthy contributions have been made by Sŏ Yun'gil[5] and Hŏ Hŭngsik.[6] Outside Korea the response to this development has been less enthusiastic, nevertheless there has a gradually increase of interest, and there are now a number of studies in Western languages on the topic here as well.[7]

---

4) For comparison see Karl A. Wittfogel and Feng Chia-sheng, *History of Chinese Society, Liao (907 -1125)*, *Transactions of the American Philosophical Society* 36, Philadelphia: the American Philosophical Society, 1949; Jing-shen Tao, *The Jurchen in Twelfth-Century China: A Study of Sinicization*, *Publications on Asia of the Institute for Comparative and Foreign Area Studies*, Seattle and London: University of Washington Press, 1976, pp. 105 - 7; Yao Tao-chung, "Buddhism and Taoism under the Chin," in *China under Jurchen Rule: Essays on Chin Intellectual and Cultural History*, ed. Hoyt Cleveland Tillman and Stephen H. West, SUNY Series in Chinese Philosophy and Culture, Albany: SUNY, 1995, pp. 145 - 80; and Ruth Dunnell, *The Great State of White and High: Buddhism and State Formation in Eleventh-Century Xia*, Honolulu: University of Hawai'i Press, 1996.

5) See Sŏ Yun'gil, *Koryŏ milgyo sasangsa yŏngu* (A Study of the History of Thought in Koryŏ Esoteric Buddhism), Seoul: *Pulgwang pulhak ch'ongsŏ* 4, Pulgwang ch'ulp'anbu, 1993; and his *Hanguk milgyo sasangsa yŏngu* (A Study of the History of Thought in Korean Esoteric Buddhism), *Pulgwang pulhak ch'ongsŏ* 3, Seoul: Pulgwang ch'ulp'anbu, 1994.

6) Cf. Hŏ Hŭngsik, *Hanguk chungse pulgyosa yŏngu* (A Study of the History of Buddhism in Medieval Korea), Seoul: IlchĬkak, 1994. See also Hŏ's earlier but highly important work, *Koryŏ pulgyosa yŏngu* (A Study of the History of Koryŏ Buddhism), Seoul: Iljokak, 1986.

7) Recently two theses in Western languages dealing with Buddhist rituals and ritual practices under the Koryŏ have appeared. First there is Kim Jongmyung's "Buddhist Rituals in Medieval Korea (918 - 1392)," Doctoral Thesis, University of California Los Angeles, 1994. See also his, "Buddhist Rituals in the Koryŏ Dynasty (918 - 1392)," in *A Collection of Theses on Korean Studies*, ed. Korea Foundation, Seoul: Korea Foundation, 1995, 233 - 79. The latter study is an abbreviated version of the Ph.D. thesis. In general one may say that Kim's study of the Koryŏ Buddhist rituals remain pre-occupied with the *P'algwanhoe* (Assembly of the Eight Prohibitions) and the *Yŏndŭng hoe* (Assembly for Lighting Lanterns) as well as statistics pertaining to quantity, periods etc. The other, a Ph.D. thesis by the young French scholar Yannick Bruneton focuses on the influence and importance of Buddhist *p'ungsu* specialists during the first half of the Koryŏ. Cf. his thesis proposal, "Les Moines géomanciens de la première de Koryŏ (918 - 1170)," Paris: Unité de

1. Survey of Esoteric Buddhism under the Unified Silla

Before embarking on a discussion and presentation of the Esoteric Buddhist rituals performed for the royal Koryŏ court, it may be useful first to give a brief outline of what we know about the tradition in the preceding dynasty of Unified Silla. One of the major problems encountered in the study of Korean Esoteric Buddhism is a pronounced lack of primary sources regarding its early phase. This is especially the case with regard to its presence and position within Buddhism of the Three Kingdoms Period (ca. 400 - 668 A.D.), and in the Unified Silla (668 - 935). However, even for the first half of the Koryŏ it is hard to come by substantial and reliable material of a historical nature. Only when we come to the later half of the Koryŏ dynasty do the available sources provide us with sufficient information with which we can estimate and understand the extent and influence of Esoteric Buddhism in that period.

In addition to the dearth of sources, our understanding of the early historical development of Esoteric Buddhism in Korea has been hampered by the fact that the majority of Korean scholars working in the field have uncritically relied on such works as the *Samguk yusa* (The Bequeathed Affairs of the Three Kingdoms),[8] and the *Samguk sagi* (Historical Records of the Three Kingdoms)[9] in their presentation of

---

Formation et de Recherche des Langues et Civilisations de l'Exrême-Orient section Corée, 1995.

8) Cf. *Taishō shinshū daizōkyō* (The New, Edited Tripitaka of the Taishō Period; hereafter T.) 2039.49. See also the modern, critical edition in *Hanguk pulgyo chŏnsŏ* (Complete Books of Korean Buddhism; hereafter *HPC*), Vol. 6, ed. Hanguk pulgyo chŏnsŏ p'yŏnch'an wiwŏnhoe, Seoul: Tongguk Taehakkyo ch'ulp'ansa, 1984, pp. 245a - 369c. For a rather free translation, see Ilyon, *Samguk Yusa: Legends and History of the Three Kingdoms of Ancient Korea.*, trans. Ha Tae-Hung and Grafton K. Mintz, Seoul: Yonsei University Press, 1972. For a general discussion of the value of the *SGY* as a historical source for the study of Korean Buddhism, cf. Henrik H. Sørensen, "Problems with Using the *Samguk yusa* as a Source on the History of Korean Buddhism," *Cahiers d'Études Corénnes* 7 (2000), pp. 270 - 286.

9) While this work is often referred to in regard to Korean Buddhism in general, it contains relatively little information directly bearing on Esoteric Buddhism. The standard edition is *Samguk sagi* 2 vols., comp. Kim Pusik, Seoul: Asea munhwasa, 1978. For a compilation of all the references to Buddhism contained in the *Sagi*, see "Samguk sagi pulgyo ch'uljŏn palche (Extracts of Buddhist

Esoteric Buddhism. This has effectively muddled the perspectives of previous studies of Esoteric Buddhism in Korea, and resulted in a distorted picture of the tradition's historical development. Furthermore there is a general tendency among contemporary Korean scholars to view the Esoteric Buddhist tradition in Korea as expressions of sectarian developments on a par with that which took place with Shingon Buddhism in Japan during the Heian (794‐1185) and Kamakura (1185‐1382) periods.[10] This, however, cannot be confirmed by the extant sources. On the contrary they indicate that Esoteric Buddhism was an integrated part of the general makeup of Korean Buddhism across sectarian divisions from early on. In other words Esoteric Buddhist doctrines and practices were present within the structure of most Buddhist denominations, and as such followed the same syncretic development that took place in China, Japan and Vietnam. Furthermore many Korean scholars seem to borrow from the doctrines of Japanese Shingon Buddhism in order to fill out gaps in their reconstruction of the history and doctrines of Korean Esoteric Buddhism. Such an approach inevitably leads to misconceptions and distortions, and instead of throwing light on Korean Esoteric Buddhism actually obscures and distorts the issue.[11]

On the basis of the available primary material from the Unified Silla, it is possible to establish at least a rough historical sketch of the historical reality of Esoteric Buddhism at that time. Miscellaneous Esoteric Buddhist practices were current on the Korean Peninsula prior to the unification of the realm by Silla in 668 A.D.[12] In the

---

Historical Materials from the *Samguk sagi*)," comp. Yi Chaech'ang *PH* 2 (1964), pp. 305‐322.

10) Examples of this can be found in numerous books and articles. In fact, there are few Korean contributions, which do not rely on the information of especially the former of these two works. Cf. Kim Yŏngt'ae, "Samguk sidaeŭi sinju shinang (Belief in Divine Mantras during the Three Kingdoms' Period)," in *HMSY*, pp. 35‐89; Ko Ikchin, "Silla milgyoŭi sasang naeyŏngkwa chŏngae yangsang (An Attempt at Explanaing the Inner Structure of Esoteric Buddhist Thought During the Silla)," in *HMSY*, pp. 127‐221; and Pak Taehwa, "Sininchongkwa Ch'ongjichongŭi kaejong mit paldal kwachong ko (An Investigation into the Origin of the Sinin School and the Ch'ongji School)," in *HMSY*, pp. 253‐94.

11) Even Sŏ Yun'gil is not imune to criticism of this kind. Cf. his *Hanguk milgyo sasang sa yŏn'gu* (Studies in the History of the Thought of Korean Esoteric Buddhism), *Pulgwang pulhak ch'ongsŏ* 3, Seoul: Pulgwang ch'ulp'anbu, 1994, pp. 113‐40.

course of Unified Silla, Esoteric Buddhist practices were introduced in the country as part of the general package of Buddhist lore and scriptures that was imported from Tang China. Scholars in Korea have been wont to credit the three Esoteric Buddhist thaumaturges Milbon (fl. 7th century), Myŏngnang (fl. 7th century), and Hyet'ŏng (fl. 7th century), all of whom figures prominently in the *SGYS*, with the introduction and spread of Esoteric Buddhism in the Peninsula. In actual fact there is precious little historical material with which we may substantiate the claims of the *SGYS*.[13] Despite of this we know on the basis of remaining scriptural sources and archaeological remains that Esoteric Buddhist practices in conjunction with the *Bhaisajyaguru sūtra* and the zodiac were common, including the use of dhāranīs. Esoteric Buddhism was clearly practiced at the Silla court, and may have involved various rites, including one based on the *Jenwang jing* (The Scripture of the Benevolent Kings),[14] as part of the concept of Buddhism as a national protector (Kor. *hoguk pulgyo*).[15]

By the middle of the 8th century the major elements of the teaching and doctrines of the orthodox Zhenyan School in Tang China, under the guidance of the ācāryas Amoghavajra (705 - 774),[16] had reached Korea. This type of Esoteric Buddhist teachings was foremostly transmitted by Korean disciples of Amoghavajra. Relatively little is known as concerns the reception of this "new" brand of Buddhism in the Silla Kingdom, in any case there is no evidence to prove that it ever attained the status as an independent school of Korean Buddhism. However, at present more than ten original Esoteric Buddhist scriptures, mostly commentaries and prefaces, written by Silla monks affiliated with the Zhenyan tradition, still exist. Esoteric Buddhist

---

12) Cf. *ibid.*, pp. 12 - 27.

13) For the sections on these three monks, cf. *T.* 2039.49, pp. 1010b - 11c. The *SGYS* goes so far as to make Myŏngnang the founder of the Sinin School during the Silla. *Ibid.*, p. 1011b. It is also said that during the rule of T'aejo (918 - 943), the first Koryŏ king, two monks, who supposedly were practitioners of Esoteric Buddhist lore inherited from Myŏngnang, were ordered to make rituals against the depredations of pirates. *SGYS*, p. 1011b.

14) *T.* 245.8, *T.* 246.8.

15) *HPC* Vol. 6, p. 291a.

16) For his biography, see *T.* 2061.50, pp. 712a - 14a.

practices expounded therein clearly derive from the Zhenyan masters of Tang China, including the ritual chanting in Sanskrit, which is known in Korea as *pŏmp'ae*. Interestingly this type of chanting was transmitted within one of the major lineages of early Sŏn Buddhism.[17] Despite its influence and importance, Esoteric Buddhism under the Unified Silla appears to have remained a relatively minor tradition, which existed mainly as part of the general Buddhist ritual sphere. As such it is likely to have played a significant role in courtly rituals and ceremonies, but may otherwise have had a limited impact on late Silla Buddhism.

2. Esoteric Buddhism under the Koryŏ

Both written sources and extant examples of material culture provide us with evidence that the use of *dhāraṇīs* and *mantras* was widespread throughout the Koryŏ period, and apparently occupied at central place in many of the Buddhist rituals conducted. It is assumed that many of the important Esoteric Buddhist scriptures contained in the Korean *Tripiṭaka*, the first version of which was carved between 1029 - 1089 A.D.,[18] were used for the performance of Esoteric Buddhist rituals. Unfortunately, concrete details on this is lacking. In any case, a large portion of the Esoteric Buddhist scriptures translated and composed by Śubhåkarasińha (637 - 735), Vajrabodhi (669 - 741), and Amoghavajra, the three Tang paragons of Zhenyan Buddhism, were included in the Korean *Tripiṭakas*. In addition, all the Esoteric works by the early Song translators, i.e. Dharmapāla (963 - 1058), Dānapāla/Shihu (fl. 10th century), Fatian (d. 1001) etc. were included as well. Among these scriptures are the *Guhyasāmaya tantra*,[19] and the *Śrivajramandalamkāramahā tantrarāja*,[20] works that

---

17) It was introduced by HyesÌ (772 - 850) of Ssangye Temple during the late 8th century. Cf. *Chōsen kinseki sōran"* (Extensive Collection of Korean Inscriptions on Metal and Stone; hereafter *CKS*), Vol. 1, ed. Chōsen sōkufu, Seoul: Poryŏnkak, 1976, p. 70.

18) Cf. *KS*, ch. 5, p. 111a, and ch. 10, p. 206a.

19) *T.* 885.18 (K. 1418).

20) *T.* 886.18 (K. 1442).

belong to the later Indian developments of Tantric Buddhism. In 1328 A.D. a special compilation of Esoteric Buddhist works were printed as a set according to the *Kŭmsŏ milgyo taejong sŏ* (Preface of the Golden Books of the Esoteric [Buddhist] Tripitaka)[21] written by the official Yi Chehyŏn (1287 - 1367).[22] This preface shows Esoteric Buddhist scriptures were understood as belonging to a distinct class of Buddhist texts, i.e. as meant especially for ritual use. [23]

We have at least one extant Esoteric Buddhist manual that was compiled during the Koryŏ. That is the *Pŏmsŏ ch'ongji chip* (The Ch'ongji Collection of Sanskrit Books),[24] compiled by the monk Hyegŭn (fl. early 13th cent.) in 1218 A.D. The manual is organized around the contents of the two major Esoteric Buddhist *sūtras*, the Mahāvairocana,[25] and the *Vajraśekhara*,[26] both of which were included in the Korean *Tripiṭaka*, and is therefore likely to have been used in conjunction with rituals involving the Vajradhātu and Garbhadhātu *mandalas*.[27] Many of the dhāraṇīs

21) For the text of this preface, see Yi Nŭnghwa, *Chosŏn pulgyo t'ongsa* (The Comprehensive History of Korean Buddhism; hereafter *CPT*), 3 vols., Seoul: Poryŏnkak (reprint of 1918 edition), 1979, pp. 161 - 2.

22) A highly influential scholar, who lived at the end of the Koryŏ dynasty. Cf. *Han'guk inmyŏng tae sajon* (Great Bibliographical Dictionary of Korea), comp. Han'guk inmyŏng tae sajon pyŏnch'anhoe, Seoul: Shingu munhwasa, 1967, p. 723ab.

23) For a discussion of the presence of Esoteric Buddhist and Tantric texts in Koryŏ: Pak T'aehwa, "Han'guk pulgyoŭi milgyo kyŏngchŏn chŏllae ko," *Han'guk pulgyo hak 1* (1975), pp. 45 - 62.

24) A copy of the original book is recently kept in the library of the Tongguk University in Seoul. For a descriptive article of this compilation, see Chŏn Tonghyŏk, "Bōnsō sōji shū kara mita Kōrai mikkyō no sekikaku (The Character of Esoteric Buddhism in the Koryŏ according to the *Pŏmsŏ chŏngji chip*)," *Taishō Daigaku sōgo bukkyō kenkyū nempō* 11 (1990), pp. 47 - 64. See also the brief bibliographic note in Henrik H. Sørensen, "A Bibliographical Survey of Buddhist Ritual Texts from Korea," *Cahiers d'Extreme - Asie* 6 (1991 - 1992), pp. 159 - 200, # 37.

25) *T.* 848.18.

26) *T.* 865.18. It is also known as the *Sarvatathāgatatattvasaṇgraha*.

27) According to Chŏn Tonghyŏk it was the *She da Piluzhena chengfo shenbianjiachi jing ru lianhua tai zanghai hui beisheng manchaluo guangda niansong yigui gongyang fangbian hui* (Upāya Assembly for the Ritual of Making Offerings, the Extensive and Great Invocation for Entering the Lotus of the Ocean-like Garbha Assembly of the Compassionate, Life-begetting Maˆ∂ala [based on] the Mahāvairocana Sūtra), *T.* 850.18, ascribed to Íubhākarasi◇ha, and its derivative, i.e. *T.* 853.18, by Faquan (fl. 8th cent.), the *Da Piluzhena jing guangda yigui* (Extensive and

in the manual can also be found in other canonical scriptures.

Furthermore, we have material evidence to the effect that the *Buddhoṣṇīṣa-dhāraṇ ī*[28)] was commonly engraved on octagonal stone pillars for the protection of sanctuaries.[29)] As we shall see below, rituals centering on this *dhāraṇī* are recorded as having taken place at the royal court with relative frequency down through the dynasty.[30)]

One of the major problems of the study of Esoteric Buddhism under the Koryŏ concerns its history as institutionalized sects. According to the *SGYS* there were two actual schools of Esoteric Buddhism in Korea; the Ch'ŏngji School, which arose around the middle of the dynasty, and the Sinin School, which is said to have been established during the reign of the first Koryŏ king, T'aejo (918 - 943). It goes without saying that the information provided by the *SGYS* cannot be trusted, and furthermore, there is no available primary material from such an early period available with which these claims can be verified. In fact, it is highly questionable whether Esoteric Buddhism ever existed as sectarian institutions in Korea under the Silla, or even during the early Koryŏ. Solid information on the Sinin and Ch'ongji schools first occurs from the 12th century.[31)] Furthermore it is not unlikely that

---

Great Ritual for the Mahâvairocana SÉtra), T. 851.18, also by Íubhâkarasi◇ha, and the *Jingang ding lianhua buxin niansong yigui* (Ritual of Invocation of the Heart of the Lotus of the *Sarvatathāgatatattva-saṇgraha,T.* 873.18, by Amoghavajra, which evidently served as the basis of the *Pŏmsŏ ch'ongji chip.* However, in the light of the fact that none of three first works were included in the Korean Tripiṭaka, I am somewhat reluctant to accept this. Probably some other work related to the Vajraśekhara cycle may have been used by Hyegŭn, the compiler of the *Pŏmsŏ.*

28) *T.* 944AB.19 etc.

29) Cf. *CKS* Vol. 1, pp. 540 - 50. The practice of erecting *dhāraṇī* - pillars was also common in China. Its origin can be traced back to inscribed *stūpas* from the middle of the Nanbeichao period (386 - 589), but pillars inscribed with the *Buddhoṣṇīṣa-dhāṇī* only started to appear during the 8th century.

30) All in all twenty-seven such rituals are recorded as having taken place from the reign of Hyŏnjong (1084 - 1094) to that of Wŏnjong (1259 - 1274). Cf. Sŏ, "Koryŏ ŭi hoguk pŏphoewa toryang (Koryŏ's Dharma Assemblies and Rituals for the Protection of the Nation)," *PH* 14 (1977), pp. 89 - 122.

Hyegŭn, the compiler of the *Pŏmsŏ ch'ongji chip* was connected to the Ch'ongji School, after all its name occurs in the title of the book.

Both Esoteric Buddhist denominations existed by the late Koryŏ and early Chosŏn dynasty (1392 - 1910) and they are recorded as having been merged into with the two denominations; Sŏn and Doctrinal Buddhism (Kor. *kyo*) in 1407 A.D. The Sinin School became part of the former, while the Ch'ongji School became part of the latter.[32] But even so, there is remarkably little extant evidence as to their history, which is rather strange when seen in relation to the fairly abundant primary sources that otherwise remains as a testimony to the greatness of Koryŏ Buddhism.[33]

3. Esoteric Buddhist Rituals and the Koryŏ Court

The Bestowal of the Bodhisattva Precepts as well as initiation (Skr. *abhiṣeka*) on the Koryŏ Kings was an important ritual in the royal cult, which foremostly served to cement the relationship between the Koryŏ rulers and Buddhism. Almost all the Koryŏ kings are recorded as having received the precepts and initiation at least once during their respective reigns, but the more devout ones had these rites carried out several times during their reigns. In Korea the *bodhisattva* precepts were administered according to the *Brahmājāla sūtra (Fanwang jing)*.[34] Normally this ritual would take place during the first year of a new ruler's ascension to the throne, but could in

---

31) See Hŏ Hŭngsik, *Koryŏ pulgyosa yŏngu* (A Study of the History of Koryŏ Buddhism), Iljokak. Seoul, 1986, pp. 305 - 12.

32) Cf. *ibid.*, pp. 522 - 35.

33) In this respect it is especially noticeable that there remains no identified stele inscriptions for any of the native Esoteric Buddhist *ācāryās*, which supposedly were both prominent and influential.

34) *T*. 1484.24. This apocryphal scripture is still used in Korea for the bestowal of the *bodhisattva* precepts for both monks and laity. Cf. Robert E. Buswell, *The Zen Monastic Experience: Buddhist Practice in Contemporary Korea*. Princeton University Press. Princeton, 1992, pp. 141 - 2. For a study of the *Fanwang jing* in the Japanese Buddhist context, see Paul Groner, "The *Fanwang ching* and Monastic Discipline in Japanese Tendai: A Study of Annen's *Futsū jubosatsukai kōshaku*," in *Chinese Buddhist Apocrypha*, ed. Robert E. Buswell, Jr., Honolulu: University of Hawaii Press, 1990, pp. 251 - 90.

principle occur several times in the course of a reign. When King Wŏnjong formally ascended the throne in 1260 A.D., his investiture was accompanied by an Esoteric Buddhist ritual. The *KS* says:

> On the muo day in the fourth month the king ascended the Kangan Hall, and [later] received the *abhiśeka* [together] with the *bodhisattva* precepts in the Kangryŏng Hall.[35]

As documented in the *KS*, the royal palace —as well as in a number of select temples in the vicinity of Kaesŏng— were the focus of numerous Esoteric Buddhist rituals performed throughout the dynasty. I have compiled a list of the type of rituals performed, including those which we know for certain included Esoteric Buddhist lore (see appendix). Some are these belonged of course fully to Esoteric Buddhism, including the rites dedicated to various *vidyārāj* as such as Aparājita, Āṭavaka, Mahāmayūrī and the Host of Spirits, whereas others such as the Buddhoṣṇīsa, the Inwang, and the Heavenly Kings rituals, contained extensive Esoteric Buddhist parts.

As regards the nature of some of these rituals we are also helped by the writings of the great 13th century minister, Yi Kyubo (1168 - 1241). His *Yi Sangguk chip* (Collected Writings of Yi Sangguk)[36] contains numerous eulogies and occassional pieces written for various rituals in connection with the court. It would appear that these eulogies were read out by a high-ranking government official or perhaps even by the kings themselves during the rituals in question. In any case Yi's writings are important for throwing additional light on the Buddhist rituals held during the Koryŏ dynasty. The Esoteric Buddhist rituals for which he wrote eulogies include one dedicated to Buddhoṣṇīsa,[37] the Great Dipper,[38] a feast for the Five Buddhas,[39]

---

35) *KS*, ch. 25, p. 507b.

36) See *Yi Sangguk chip*, in *Koryŏ myŏnghyŏn chip* (Collected Writings of the Esteemed Worthies of the Koryŏ Dynasty), Vol. 1, Seoul: Asea Munhwasa, 1973 - 76.

37) *Ibid.*, ch. 39, p. 413a.

38) *Ibid.*, ch. 39, p. 413a.

39) *Ibid.*, ch. 39, p. 414ab. These are the Buddhas of the so-called five families associated with the Garbhadhātu Maṇḍala according to the *Mahāvairocana sūtra*.

Long-life Divine King, Emptying the Hells, prayer to Indra as protection against the Mongol army,[40] Astral Calamities,[41] the Host of Spirits[42] etc.

The types and numbers of rituals provide us with a rough idea of the rather extensive and diverse types of Esoteric Buddhist rituals practiced under the Koryŏ. Foremostly they indicate the great importance which these rites had for dynastic legitimacy and as means to secure divine protection for the kingdom.[43]

The Korean scholar Chŏng T'aehyŏk, who has worked for many years with Esoteric Buddhism in Korea has conceived a scheme in which he divides the rituals practiced during the Koryŏ into four categories according to their overall function and purpose.[44] Note that not all of the rituals included in these categories are necessarily related to Esoteric Buddhism. Chŏng's four groups are as follows:

1) *Sikchae pŏp*. Methods of Preventing Calamity. Under this category comes rituals such as: Ritual for Averting Calamities, Suvarnaprabhasa Sūtra Ritual, Indra Ritual, Benevolent Kings Ritual (One Hundred High Seats Ritual), Dragon Kings Ritual, Ritual for the Praying for Rain, Mahāmayūrī Vidyārāja Ritual, Marīcī Ritual, Aparājita Vidyārāja etc.

2) *Chŭngik pŏp*. Methods of Augmentation. This category includes: Avatamsaka Sūtra Assembly, Ritual for the Praying for Long Life, Ulambana Feast, Saddharmapuṇḍarīka Sūtra Ritual, Tripiṭaka Ritual etc.

---

40) *Ibid.*, ch. 41, p. 435ab.

41) *Ibid.*, ch. 40, pp. 431b‑2a.

42) *Ibid.*, ch. 41, pp. 440b‑1a.

43) For a study of Buddhism as national protector and its Esoteric Buddhist implications, cf. Hong Chŏngsik and Ko Ikchin, "Koryŏ pulgyo sasangŭi hoguk chŏk chŏngae (Concerning the Korean Buddhist Thought of Protecting the Nation during the Koryŏ), I‑II, *PH* 14 (1977), pp. 11‑60. Concerning Esoteric Buddhist rituals at the Koryŏ royal court, cf. An Kyehŏn, "Koryŏ sidaeŭi pulgyo ŭisik (Buddhist Rituals of the Koryŏ Period)," in *Han'guk pulgyo sasang sa yŏngu* (Studies in the History of Korean Buddhist Thought), Seoul: Tongguk Taehakkyo ch'ulp'anbu, 1983, pp. 199‑269. See also, Sŏ Yungil, "Koryŏ milgyo sinangŭi chŏngaewa kŭ t'ŭksŏng (Development and Characteristics of Esoteric Buddhist Faith under the Koryŏ)," *PH* 19 (1982), pp. 219‑240.

44) Chŏng T'aehyŏk, "Koryŏcho kakchong toryangŭi milgyo chŏk sŏnggyŏk," in *HMSY*, pp. 295‑342.

3) *Kyŏngae pŏp.* Methods of Worshipping. This category includes: Waterand Land Feast, Mañjuśrī Ritual, Compassion Repentance Ritual, Eight Gates Assembly[45] etc.

4) *Chobok pŏp.* Methods of Subduing. Bhaisajyaguru Ritual, Four Heavenly Kings Ritual, Host of Spirits Ritual, Avatamsaka Sūtra Host of Spirits Ritual, Benevolent Kings Ritual etc.[46]

The keen observer will have noticed that there is a substantial overlapping in categories 1 and 4. In my opinion there is not much difference between the concept of "preventing," or "stopping," and of "subduing." In any case, a distinction between these two categories is not evident in the primary sources, and hence I believe that they should be collapsed into a single category of "subduing and averting." Hence, with some modification, only the first three groups are useful for our classification of the type of Esoteric Buddhist rituals performed under the Koryŏ.

Here a word of caution would seem to be in place. It is important to be aware that purposes as well as the names used for different some of rituals may actually cover the same type of ritual. Different scopes for individual rituals as well as the different periods may account for this discrepancy. However as we have little concrete information on the actual ritual performances, it is difficult to establish with any degree of certainty, what differences there were—if any—between, for example, the Ritual for Seeking Long Life and the Ritual for Praying for Long Life. We should also be aware that the number of recorded rituals do not necessarily reflect the actual figures for Buddhist and other rituals performed at the Koryŏ court. As it were, there is good reason to believe that the data of the *KS* is not always inconsistent with the actual occurrences. Most likely there were many more rituals performed. In any case it is obvious that such important national Buddhist assemblies and rituals such as those for Lighting the Lamps and the Eight Precepts were performed each year throughout most of the reign periods regardless of whether they

---

45) This ritual was performed yearly throughout most of the Koryŏ. Usually in the first month.

46) *HMSY*, pp. 301‐5.

were recorded or not in the *KS*.

In the following I shall review and comment on the most popular Esoteric Buddhist rituals held at the Koryŏ court, and endeavor to provide as much information on them as the sources at our disposal allow.

4. The Benevolent Kings Ritual

There were several types of rituals performed at the Koryŏ court for the protection of the nation. Rites of this type were mainly directed against military threats and invasions from the outside, and as such form part of the *hoguk pulgyo* ('Buddhism as national protector') concept so essential to Korean court Buddhism. The two main rituals conducted towards the prevention of threat from invading armies were the Inwang toryang and the Chesŏk toryang. The former was based on the apocryphal *Renwang banruoboluomi jing* (The Benevolent Kings Prajñāpāramitā Sūtra),[47] and its derived ritual scripture the *Renwang huguo banruoboluomiduo jing tuoluoni niansong yigui* (Ritual Proceedings for Intoning the Dhāraṇī of the Benevolent Kings Sūtra),[48] while the latter was probably based on scriptures such as the *Kauśikaprajñāpāramitā Sūtra*,[49] and its ritual supplement the *Dishi yan bimi chengjiu yigui* (Ritual Proceedings of Indra's Secret Accomplishments),[50] both of which deal in detail with the cult of Indra on which more shall be said below.

As regards the logic behind the numerous Esoteric Buddhist rituals devoted to the Benevolent Kings, an important group of protectors of the realm, the *KS* provides us with an interesting entry from 1264 A.D., i.e. the fifth year in the reign of King Wŏnjong (1259 - 1274). It goes as follows:

---

47) *T.* 246.8, *T.* 245.8.
48) *T.* 994.19 (K. 1342).
49) *T.* 249.8 (K 1090).
50) *T.* 940.19 (K 1416).

As regards the Benevolent Kings Prajñā [Scripture] it is meant for the protection of the nation and the calming of the people, a most superior *dharma* text. In the sūtra which speaks about the the method of the One Hundred Lion Seats ...[51]

The ritual dedicated to the Benevolent Kings was by far the most popular among all the rituals performed at the Koryŏ court. As indicated by the above quote, the ritual included in special cases the use of "One Hundred Lion Seats," or "high seats," as mentioned in the sūtra, and the *KS* records the performance of several such rituals.[52] The length of these rituals varied according to the gravity of the situation they were meant to alleviate, but we know that during the 12th century it was not uncommon that they lasted several days.[53] As a rule gigantic vegetarian feasts accompanied the rituals, and in times of prosperity the number of participating monks and nuns could number in the thousands. A typical entry in the *KS* for such a ritual states:

On the *chŏngch'ŭk* day (of the tenth month) a Hundred Seats Ritual was arranged in the Ch'ŏnsŏng Hall. The king] ordered a vegetarian feast inside and outside [of the hall] for thirty‑thousand monks.[54]

In an entry from 1252 A.D. we read:

In the winter during the 10th month on the *kyŏngsin* day the king personally arranged a Avatamsaka Host of Spirits Ritual, and on the *kyŏnggap* day a Benevolent Kings One Hundred Seats Ritual.[55]

The "Avatamsaka Host of Spirits Ritual" mentioned in the entry, was a ritual for protection in which the entire class of spirit‑protectors of the heavenly and earthly realm were invoked.[56] Here it is interesting to note that during the 1250s A.D.

---

51) *KS*, ch. 26, p. 520b.
52) *Ibid.*, ch. 26, p. 520b.
53) *Ibid.*, ch. 17, p. 346b.
54) *KS*, ch. 15, p. 311b. See *also, ibid.*, ch. 17, p. 349ab.
55) *Ibid.*, ch. 24, p. 481a. See also *ibid.*, p. 481b.

Korea was being overrun by Mongol armies, and was on the verge of extinction as a nation. Hence, the ritual activity of the Koryŏ court was particularly intense at that time.

The Koryŏ kings also engaged in Esoteric Buddhist rituals as part of their own spiritual cultivation. An interesting *KS* entry from the very close of the dynasty mentions that:

> In the first month (of the 2ed year, i.e. 1390 A.D.) the king arranged a Benevolent King Buddha [Ritual to be set up] in a separate hall. Every morning and evening he prostrated himself [there], and whenever there were evil portents, he hastily made sacrifices.[57]

Brief as it is, this passage provides us with a rare insight into the personal belief and worship of a late Koryŏ king. Not only do we learn that the king had his own private chapel for worship, but we are also told that the rites based on the *Renwang jing* continued to be practiced until the very end of the Koryŏ. And even more interesting, we learn that the king was obliged to show special devotion when evil omens were observed in the sky. Hence, it appears —but probably in certain cases only— that the Buddhist court rituals were performed both on a personal level, i.e. by the sovereign himself, and on a national level, i.e. as a full-fledged ritual presided over by Buddhist ritual masters and with courtiers in attendance.

5. Rites associated with Belief in the God Indra

When looking closely at the information on the Buddhist rituals mentioned in the *KS*, it soon becomes evident that a significant number of them were concerned with appropriating divinities in heaven. In fact, one may

---

56) This large group of spirits are mentioned by name in the opening chapter of the *Avatamsaka sẼtra*. Cf. T. 279.10, pp. 2b - 5b.

57) *KS*, ch. 45, p. 875a.

argue that the chief concerns of the Buddhist ritual specialists working on behalf of the Koryŏ court, sought to manipulate with what may be called "heavenly forces".

Foremost among the deities believed to dwell in the heavenly abodes is Indra, the lord of the gods in heaven. As an assimilated Hindu god Indra is among the oldest protectors in Buddhism, and can be found as such in the earliest Indian scriptural sources. In Korea this cult, which probably came into being during the Silla kingdom, became very important during the Koryŏ dynasty. In Korean Buddhist iconography Indra, as the leader of the gods is placed at the head of a devine army of spirit generals, which protects Buddhism.[58]

Rituals dedicated to the worship of Indra were performed frequently within the grounds of the royal palace where a special Indra Shrine was erected. The *KS* inform us that rituals were performed there, or in an open space outside this building.[59] However, Indra rituals were also held in the Mundŏk Hall.[60] That these rituals were lengthy —and evidently costly as well— can be testified to in the sources. One entry for the 14th year of the reign of king Munjong (1046 - 1083) mentions that a seven day long Indra Ritual was held in the royal palace.[61] Another entry from the 3rd year in the reign of King Uijong (1146 - 1170) mentions an Indra Ritual that was held in the Sumun Hall of the royal palace, and it lasted a full week.[62]

There can be little doubt that the rites dedicated to Indra were connected with Esoteric Buddhism. The sources also mention that in order to attain longevity King Ŭijong was encouraged by the government official Yŏng Yi (? - 1170) to have

---

58) Among the votive paintings from the Chosŏn we encounter many of the type entitled Chesŏk sinjung, i.e. Indra with the Host of Spirits. Presumably similar or related paintings were used for the court rituals during the Koryŏ although none have survived as far as I know. For a presentation of this type of paintings, see Henrik H. Sørensen, *The Iconography of Korean Buddhist Paintings*, *Iconography of Religions* XII,9, Leiden: Brill, 1989, pp. 19 - 20, pls. XLII - XLIV.

59) See fx. *KS*, ch. 9, p. 184a.

60) *Ibid.*, *p.* 203a.

61) *Ibid.*, ch. 8, p. 168b.

62) *Ibid.*, ch. 17, p. 357a.

numerous images of Indra and Avalokiteśvara painted and distributed to the various temples near Kaesŏng including the important Anhwa Temple.[63]

It is clear from the *KS* that Indra rituals, or the worship of Indra, were carried out in conjunction with other Esoteric Buddhist rites including the Ritual for Removal of Calamities, seeking protection from heavenly transformations including worship of the constellations, as well as rites for the prevention natural disasters such as drought and flooding.[64] As a heavenly sovereign Indra was believed to be in control of dragons and other elemental beings, hence he was often invoked in connection with natural disasters relating to the water element.[65] In this manner we see how Indra was envisioned as a divinity in charge of the heavenly bureaucracy much like the Jade Emperor (Ch. Yu Di) in Chinese Daoism.[66]

Here it is interesting to note that the Indra cult enjoyed a special popularity under the Koryŏ, a popularity that was not matched by contemporary Chinese and Japanese Buddhism. The reason for this is not immediately known, but it is likely that it rested on a perceived connection between Indra as the sovereign of the gods and the Koryŏ kings as sovereigns of the Korean people. In any case there is reason to believe that the Indra cult may also have played some role in the royal cult of the Silla rulers, and that it is likely that the Koryŏ kings continued this practice.

---

63) *Ibid.*, ch. 123 (biographies, ch. 36), pp. 671b - 2a.

64) *Ibid.*, pp. 99 - 101.

65) Sŏ Yun'gil has identified the Mahāmegha Sūtra (*T.* 989.19), an important Esoteric Buddhist scripture, as one of the primary sources for Indra worship. Cf. SÌ, *Koryŏ milgyo sasangsa yŏngu*, pp. 89 - 90.

66) The connection between Indra and Daoistic rites (I use the word "Daoistic" here rather than "Daoist" as it is unclear to what extent actual Daoism was practiced at the Koryŏ court) has also been noted in Ch'a Chuhwan, *Han'guk togyo sasang yŏngu* (Studies in the Thought of Korean Daoism), *Han'guk munhwa yŏngu chongsŏ* 19, Seoul: Seoul taehakkyo ch'ulp'anbu, 1986, p. 186.

6. Worshipping the Planets and other Stellar Deities

As mentioned above worship of the constellations and planets played an important role in the ritual complex at the Koryŏ court. Almost yearly did the court arrange ceremonies for the worship of the heavenly bodies, i.e. the Nine Planets and the Twenty-eight Lunar Mansions. Although the degree of Buddhist influence in these rites is not always clear, the *KS* offers sufficient information to establish with certainty that at least several of them were directly connected with Esoteric Buddhism. Undoubtedly due to the fact that Indra was considered as the king of the gods, we sometimes find the heavenly luminaries and the other constellations worshipped in conjunction with the Indra rituals.

The worship of the Nine Luminaries, actually the seven major heavenly bodies and two lunar nodes, i.e. Venus, Mars, Jupiter, Saturn, Mercury, the Sun and the Moon, plus Rāhu and Ketu, the gods of eclipse, formed a central part in Buddhist rituals held at the Koryŏ court. In accordance with ancient Chinese beliefs —which the Koreans probably inherited as early as the founding of the Han colonies in the northern part of the Korean Peninsula— the planets and the constellations were the seats of divinities or spirits that were not always friendly disposed towards humans. In actual fact by the time of the Koryŏ, it appears that the planetary and astral divinities were mainly seen as malevolent or at least as potentially dangerous. Hence, the chief purpose of worship or of having rituals dedicated to these heavenly bodies was to avert the eventual danger that their movements heralded. An important Esoteric Buddhist sūtra has this to say:

> Ānanda! You ought to praise in you thoughts the names of the nine kinds of controlling planets. At the time of the movements of the Twenty-eight Constellations all these heavenly spirits are able to order the boundary of night by commanding them to increase or decrease. Moreover, they regulate the world's abundance in a balanced manner by prefiguring their signs of suffering or happiness. Their names are: the Sun, the Moon, Mars, Jupiter, Saturn, Venus, Mercury, Rāhu and Ketu. These are all the

names of the controlling planets. These nine controlling, heavenly spirits have great majestic powers ...[67]

This type of belief is very representative for that in vogue in Korea under the Koryŏ, and may be seen as forming the core of the worship to (and against) the astral powers.

Sacrificing to the planets and astral powers in a cluster of rituals occurred frequently. Thus we find that on the *ch'ŭksa* day (in the 23rd year of Ŭijong, i.e. 1169 A.D.) sacrifices were made to the [gods] of the Twenty‑eight Constellations and to the Northern Dipper. In the 2ed month sacrifices were again made to the Eleven Planets and the Twenty‑eight Constellations, this time in the Inner Palace. Shortly after the same ritual was repeated in the Sumun Hall. This time sacrifices were made to the Eleven Planets, the Southern Dipper, the Northern Dipper, the Twenty-eight Constellations, and the Twelve Spirits of the Zodiac. Again in the following month the ritual was repeated in the Inner Palace.[68] In relation to these rituals it is interesting to note that there was a special Nine Planets Hall in the royal palace as early as under the reign of the first Koryŏ king.[69] It is also known that sacrifices to the Northern Dipper were sometimes done by the king himself.[70] Among the other astral powers to which sacrifices and rituals were held are the Seventy‑two Stars,[71] Taiyi[72] and the Northern Dipper.[73] Generally such rituals were performed in the Inner Palace.

For the year 1212 A.D. the *KS* informs us that a ritual based on the Yansheng Scripture was held over a period of three days in the Inner Palace.[74] Rituals of this

---

67) *T.* 985.19, pp. 473c‑4a.

68) *Ibid.*, ch. 19, p. 383ab.

69) *Ibid.*, ch. 1, p. 42a. For evidence of this hall from the middle of the dynasty, cf. *ibid.*, ch. 23, p. 476b (x 2). Ibid., p. 477b. p. 478a.

70) *Ibid.*, ch. 24, p. 484b (x 2).

71) *Ibid.*, ch. 17, p. 361a.

72) *Ibid.*, p. 361a.

73) *Ibid.*, ch. 17, p. 362a.

type are likely to have been based on the *Sumukhanāmadhāraṇī sūtra*,[75] and the apocryphal *Beidou qisheng yanming jing* (The Scripture of the Seven Stars of the Northern Dipper Extending Life),[76] in which the Seven Stars of the Great Dipper are invoked. The Seven Stars as a special longevity cult in Korean Buddhism probably goes back to the late Unified Silla. During the Chosŏn dynasty it became very popular, and remains so even today.[77]

As warfare and invasions plagued the Koryŏ throughout most of the dynasty's existence, it is not surprising to find the Goddess of War, the martial goddess Marīcī, whose abode is the Pole Star, among the Esoteric Buddhist deities to which rituals were frequently directed. In fact she was one of the most popular deities worshipped in connection with appeal for assistance from the astral powers in cases of armed conflict as well as for prayers for a more individual, auspicious destiny.[78] An entry in the *KS* says:

> On the *mihaeng* day (in the 6th month of 1151 A.D.) a Marīcī Ritual was held in Myot'ong Temple. On this day in the Suchang Palace sacrifices were made to the Seventy‑two Stars in the Myŏngin Hall (i.e. the stars of the Twenty-eight Lunar

74) *Ibid.*, ch. 21, p. 435a.

75) *T.* 1140.20 (K 1236).

76) *T.* 1307.21. It is not known when this scripture was first introduced in Korea. In any case it was not included in any of the Korean Tripiṭakas, and may have been introduced separately. The earliest extant version of this scripture dates from the middle of the Chosŏn dynasty.

77) For a study of the position and practice of these rituals, see Henrik H. Sørensen, "The Worship of the Great Dipper in Korean Buddhism," *Religions in Traditional Korea*, ed. Henrik H. Sørensen, SBS Monographs 3 Copenhagen: SBS, 1994, pp. 71‑105.

78) As the Buddhist goddess of war Marīcī cult was widespread in most of the Central‑ and East Asian countries during the 10‑14th centuries. The principal scripture of the Marīcī cult is the *Marīcī‑dhāraṇī sūtra*. Cf. *T.* 1256.21. See also the versions of *T.* 1254.21‑1255.21. There are also two ritual texts composed by Amoghavajra, the *Molizhi pusa lue niansong fa* (The Outline of the Method of Invoking Marīcī Bodhisattva), *T.* 1259.21, and the *Molizhi tian yiyin fa* (Method of the One Mudrā of the Goddess Marīcī),both of which may have been used in the Koryŏ rituals.For additional information on the cult of Marīcī in medieval China, see David Hall, "Martial Aspects of the Buddhist Marīcī in Sixth Century China," *Taishō daigaku sōgō bukkyō kenkyū so nempō* 11 (1988), pp. 146‑63.

Mansions). Furthermore, sacrifices were made to the Heavenly Sovereign, the Great
Emperor Taiyi, and to the Sixteen Spirits[79] with prayers [against] epidemics.[80]

This entry shows that not only did Marīcī hold an important place in the worship
of the astral powers, but rituals dedicated to her held priority over those of the other
deities in heaven. Taiyi is of course a Daoist deity, and it is interesting to see that
he was worshipped in a Buddhist temple such as the important Myŏt'ong Temple.
This temple appears to have held a special position during the Koryŏ in regard to
Marīcī worship, and we find it mentioned in another entry from AD 1217. Here the
martial aspect of the deity is clearly borne out:

> On the *yuhaeng* day in the Myŏt'ong Temple was arranged a Marīcī Goddess Ritual
> with sacrifices made [for the benefit of] the royal army.[81]

Probably the most important ritual meant to dispel the influence from the planets
and the other astral spirits was the so-called Sojae toryang, or Ritual for Averting
Calamities. It is not clear what exactly this rituals involved in terms of actual
proceedings, but it is clear that they were performed in response to signs and omens
in the sky, i.e. they were directly connected with the movements of the planets and
the constellations. Korean scholars have argued that the cult of the stellar Buddha
Tejaprabha,[82] or "Buddha of the Golden Wheel" based on the the *Da weide jinlun
foding Chishengguang rulai xiaochu yiqie zainan tuoluoni jing* (The Great Majestic
and Virtuous Golden Wheel Uṣṇīṣa Tejaprabha Tathāgata Averting All Calamities and
Hardships Dhāraṇī Sūtra),[83] and the *Chi shengguang da weide xiaozai jiyang tuoluoni*

---

79) The Sixteen Spirits refers to a special group of spirit protectors connected with the
Prajñāpāramitā. See *FDC* Vol. 1, pp. .390a - 2a.

80) *Ibid.,* ch. 17, p. 361a.

81) *Ibid.,* ch. 22, p. 443a.

82) This Buddha is a late-commer to the Esoteric Buddhist pantheon where he is described as an
emanation of śākyamuni. Cf.*Mikkyō daijiten* (Great Dictionary of Esoteric Buddhism; hereafter:
MDJ),Vol. 2, comp. Ōmura Chōkaku et al., Taipei: Xinwenfeng (rev. and enlarged edition in 6
vols), p. 946c.

jing (Tejaprabha Great Majestic and Virtuous Averting Calamities Auspecious Dhāraṇī Sūtra),[84] constituted the basis of this ritual.

During the 9th month in the 21st year in the reign of Kojong (1213 - 1259) a ritual for Averting Calamities was carried out inside the Inner Palace. Part of this rite also involved making sacrifices in response to the stellar transformations.[85] In cases of extreme national peril, or if the country had been visited by series of natural calamities, it was sometimes felt necessary to arrange several such rites for the protection of the nation in succession. While this may indicate the complexity of the calamities felt by the Koreans at that time, it also shows that the inner logic guiding the rituals for averting calamities was essentially the same. Namely the appeasement of whatever negative forces was at play. One *KS* entry from the 39th year of Kojong (1252 A.D.) reads:

> On the *musul* day the king in person arranged a Ritual for the Averting of Calamities,
> on the *kapsin* day a Benevolent Kings Ritual [was held], and on the *sayu* day an Avata
> ◇saka Host of Spirits Ritual was performed.[86]

According to the statistics based on the *KS* the Ritual for Averting Calamities was the most frequently performed ritual at the Koryŏ court.[87]

---

83) Cf. *T.* 964.19. The version of *T.* 963.19 was supposedly translated by Amoghavajra. For examples among the the Dunhuang manuscripts, cf. *P.* 2194, and *P.* 2382. This apocryphal scripture was known in Korea, at least from the 11th century onwards, and is included in the *Korean Tripiṭaka*. Cf. *The Korean Buddhist Canon: A Descriptive Catalogue*, ed. L. Lancaster et. al., Berkeley: University of California Press, 1978, entry K 1171.

84) *T.* 963.19.

85) *KS*, ch. 23, p. 470b.

86) *Ibid.*, ch. 24, p. 480b.

87) Around one hundred and fifty such rituals are recorded in the *KS* to having taken place throughout the Koryŏ dynasty. We are probably justified in seeing this figure as a record of events that took place in the royal palace, or at least by royal decree. One such ritual held in 1143 A.D. is said to have lasted five days *KS*, ch. 17, p. 348b.

7. Praying for Rain to Come and Go

During the reign of King Chŏngjong (1034 - 1046) drought struck the country several times. In order to alleviate these natural catastrophes, the king ordered that prayers for rain be held. The first of these rituals took place in the fifth month of 1036 A.D., and consisted of a five - day long Buddhist ritual performed in the Mundŏk Hall inside the royal palace. It was repeated the following month.[88] Again in the 7th year of Chŏngjong's reign prayers for rain were conducted in the Mundŏk Hall, this time in connection with a Suvarṇaprabhāsa ritual.[89]

Usually rain - making (or rain - stopping) rituals were directed towards the dragon kings. These beings were conceived of as dwelling in the ocean, lakes and rivers of the realm, and were held to be in charge of the natural forces that depended upon water as their main ingredient. There are several Esoteric Buddhist rituals for rain - making in the Sino - Korean Buddhist canon, but it is uncertain which ritual the Korean court Buddhists employed. The *KS* records one such Dragon King Ritual that lasted for seven days.[90] It also refers to a Five Hundred Arhat Feast in connection with a prayer for rain held in Poje Temple.[91]

A *KS* entry from 1152 A.D. shows that worship of Taiyi was made as part of a series of rituals seeking for rain. It goes as follows:

> On the *samyo* day prayers for rain on mountains and rivers, and at all shrines for spirits [were made]. Sacrifices were made to the [spirits of] Three Worlds in the Inner Palace. [Sacrifices were made to] Taiyi in the Pokwŏn Palace.[92]

This shows that it was not always the case that specifically designed rituals were used for a particular threat or problem. Eg. one would normally imagine that one

---

88) *KS*, ch. 6, p. 125b.

89) *Ibid.*, p. 133a.

90) *KS*, ch. 17, p. 360b.

91) *Ibid.*, ch. 17, p. 360b.

92) *Ibid.*, p. 362a.

278

would pray to the Dragon King to descend into the ocean or river in order to stop the rain in cases of flooding. Or in cases of drought that prayer be directed to having him rise into the sky so as to bring rain. However, such was evidently not always the case. Sometimes prayers or rituals could be directed to Buddhist deities that were not normally seen as being in charge of a given function. In those cases it was evidently their spiritual powers as such that were invoked rather than their normal role in the heavenly bureaucracy. Just as was the case with the ritual devoted to the Five Hundred Arhats or Taiyi as mentioned above.

8. Miscelleanous Esoteric Buddhist Rituals

In addition to the more commonly held rituals, there were several other types, which were performed less frequently, at least in connection with the royal palace. Among these was the worship of the Thousand‐armed, Thousand‐eyed Avalokiteśvara. One such formal ritual by King Kongmin (1351‐1374), is recorded as having taken place in the Inhui Hall of the royal palace. Probably rituals of this type would have been based on the *Nīlakaṇṭhaka sūtrå*,[93] and its ritual compendia.[94] There was also rituals dedicated to the Four Heavenly Kings,[95] to the *vidyārājas* Yamantaka,[96] Aparajita, etc.[97] Especially the latter of these two protectors was popular during the first half of the 13th century as indicated by the entries in the *KS*.[98]

---

93) *T.* 1060.20.

94) *Ibid.*, *T.* 1067.20 and *T.* 1068.20.

95) *KS*, ch. 22, p. 444b.

96) *Ibid.*, ch. 23, p. 471b.

97) *Ibid.*, ch. 21 p. 429a (Sinjong 6), ch. 22, p. 442a, p. 442b, p. 444a. Kojong 4 (1217 A.D.), Kojong 14, 2 rituals in the 9th and 10th months, p. 453a.

98) In the 1st and 2ed month of the 4th year of Kojong (1217 A.D.) two rituals dedicated to Aparājita Vidyārāja was held in the Hyŏngyŏng Hall. *KS* ch. 21, p. 442ab. Again in the 10th month the same ritual was held in the same location. *Ibid.*, ch. 22, p. 444a. In 1227 A.D. another such ritual was held there. *Ibid.*, ch. 2, p. 453a.

I have previously mentioned the popularity of the *Buddhoṣṇīṣa -dhāraṇī* during the Koryŏ, and it is not surprising that we also find it prominently represented among the Buddhist rituals held at the royal palace. Again the *KS* provides no details on the actual performance of the ritual itself, but limits itself to information on when and where it was held. One such ritual is recorded as having lasted five days.[99]

During the first half of the dynasty Buddhoṣṇīṣa Rituals were frequently held in the Mundŏk Hall.[100] During the reign of King Injong (1122 - 1146), at least one ritual was performed in the Ch'ŏnsŏng Hall.[101] As was the case in the other contemporary East and central Asian cultures, the *Buddhoṣṇīṣa -dhāraṇī sūtra* was extremely popular as providing the divine means of escaping rebirth in one of the evil realms. A number of steles and other items have been found bearing the fully ingraved text of the scripture which indicates that the *Buddhoṣṇīṣa -dhāraṇī sūtra* enjoyed the same widespread popularity as it did in the neighboring countries and cultures. Although we do not know for certain, it is highly probable that the performance of the *Buddhoṣṇīṣa* rituals at the Koryŏ court were carried out in connection with funerary practices.

Towards the end of the 13th century, an interesting and new development took place in the Esoteric Buddhist rituals held in the inner palace in the Koryŏ capital. This development was directly caused by the close relationship that had grown between the royal Koryŏ house and the Mongol emperors of Yuan China. Mongol hegemony over the Korean Peninsula had been firmly established after AD 1270 when the Koryŏ king Wŏnjong (1259 - 1274) finally agreed to return to Kaesŏng with his court from his self - imposed exile on Kanghwa Island. After this time the Koreans and the Mongols established a relatively harmonious relationship, which, among other things, resulted in inter - marriage between the Mongol imperial family

---

99) *Ibid.*, ch. 17, p. 345b.

100) *Ibid.*, ch. 11, p. 236a; *ibid.*, ch. 12, p. 241b; ch. 12, p. 245a; ch. 12, p. 252b; ch. 13, p. 259b; ch. 13, p. 263b; and ch. 15, p. 308a.

101) *Ibid.*, ch. 16, 327b. During the reign of this king, this hall was frequently used for this type of rituals. See also *ibid.*, ch. 16, p. 329a.

and the Koryŏ royalty. Along with the Mongol embassies and military officials, who entered Koryŏ in a continuous stream came the Tibetan lamas. Lamaism of the Sa - skya School had become the official religion of the Yuan imperial house with the ascendancy of Khubilai Khan (1260 - 1294) in 1260 A.D., and had since then cemented its position as the dominant religious creed in the Mongol empire.

The first mention of Buddhist rituals held at the Koryŏ court by Tibetan lamas date from the late 13th century, and only provide us with a few, meager details. Nevertheless, it is in my opinion unquestionable that the reputation and high esteem with which the lamas were received at the Koryŏ court was connected with their reputation as masters of ritual lore. Here it is also interesting to note that the Tantric Buddhist rituals performed by one lama were so outrageous, and his lack of decorum so infuriating that the Koreans had him sent home to China.[102] Clearly the compilers of the *KS* had little understanding of or indeed sympathy for the more arcane Tantric Buddhist rituals.

9. Daoistic Rituals

Another type of ritual which is also connected to the *hoguk pulgyo* complex of Esoteric Buddhist devises for the protection of the nation, is referred to in the *KS* as the "Ritual for the Heavenly Army of Spirits." It is unclear how this ritual differed from the Ritual of the Avatamsaka Host of Spirits, but it was in all likelihood based on a different scripture. For all that we know, it may not even have been a Buddhist ritual.[103] In any case it was a kind of Esoteric Buddhist ritual in which various martial spirits were invoked in order to establish a heavenly counterpart to the human

---

102) *KS* Vol. 3, ch. 89 (Biographical Section, ch. 2), pp. 20b - 21a. See also Yi Nŭnghwa, *Chosŏn pulgyo t'ongsa* Vol. 1, pp. 287 - 8. For a translation of the relevant passage, see Henrik H. Sørensen, "Lamaism in Korea during the Late Koryŏ Dynasty," *KJ* 33:3 (1993), pp. 67 - 81 (esp. p. 72).

103) It is known that the Daoists also practiced similar rituals, and there is no direct indication in the sources that this particular ritual was a Buddhist one.

army fighting on the ground. There are numerous references to this type of ritual in the *KS*. Especially during the long reign of King Kojong it was performed with great frequency due to reasons already explained above.[104] An entry from the 36th year mentions that it was held inside the Inner Palace.[105] It is also known to have been conducted above the main gate tower of Kaesŏng.[106]

Another ritual included in this group involved the worship of a deity referred to as the "Northern Emperor," and the *KS* mentions that in the 15th year in the reign of King Kongmin (i.e. 1366 A.D.) a ritual dedicated to the Northern Emperor and his "heavenly army" for the protection of the kingdom was performed. This ritual took place in the Inner Palace, and was supposedly done as a means of protecting the kingdom.[107] There can be little doubt that the ritual was performed by Buddhist monks, since the Ritual of the Heavenly Army, as mentioned above, was a Buddhist rite. However, from the context of this particular entry it is unclear who the Northern Emperor is. There are no Buddhist deities, as far as I know, who bear this name, in fact the only deity bearing the designation "Emperor" is Indra. Hence, I am inclined to believe that the "Northern Emperor" referred to here, is no other than Zhenwu, the divine Daoist general of the North. Zhenwu was of course a very popular deity in China during the Song dynasty, who was often invoked in connection with warfare, and it is not entirely unthinkable that his cult should have found its way to Korea, probably in the course of the Mongol occupation of the country.

Conclusion

On the basis of the presented material, I believe that it is abundantly clear that Esoteric Buddhism played a highly important and significant role at the Korean court

---

104) *KS*, ch. 23, p. 477a, p. 479b (two times), ch. 24 p. 481b etc.
105) *Ibid.*, p. 477b.
106) *Ibid.*, ch. 24, p. 481a.
107) *Ibid.*, ch. 41, p. 818a.

during the Koryŏ dynasty. Evidently, Esoteric Buddhist rituals served as the main ceremonial activity at the royal court, at least as far as the welfare of the nation went. An activity that—as we have seen—was both regular and frequent. The exact ritual role of the Koryŏ kings in these events are not clear, but we do know that they participated in them, and that they in some cases even officiated themselves. Indeed, in some reign periods, Esoteric Buddhist rituals and other Buddhist events, including lectures on *sūtras* and vegetarian feasts, took place every month of the year in the royal palace.

With very few exceptions, the sources do not allow us an insight into the actual ritual performances. Usually we are provided with basic facts such as name of ritual, date, and place of performance, only. However, the types of Esoteric Buddhist rituals in vogue during the Koryŏ dynasty both reflect the importance of this Buddhist tradition as a living reality in Korea at that time, as well as the significance the printing of the Korean Tripiṭakas had for its rise to prominence. Although we cannot always say for certain which Esoteric Buddhist scriptures served as the basis for the rituals, it seems more than likely that they were standard canonical works, probably supplemented with ritual manuals of local make. A number of the Esoteric Buddhist rituals performed at the royal court may reflect a certain syncretic spirit, in which both Buddhist and Daoist deities may have been invoked.

Rituals directed towards omens and signs in the sky, i.e. rituals seeking to avert disasters as caused by the heavenly bodies and constellations were very important. In fact rituals of this type can be seen to have dominated the Buddhist rituals performed at the Koryŏ court. It is also clear that there was a lot of overlapping in terms of what rituals were performed and what problems they were meant to solve. Sometimes a ritual was directed at a special deity as in the cases of Indra or fx. Marīcī, and in other cases it was a more general ritual meant to avert calamities as such. The sources also reveal that there was a direct connection between the frequency of Buddhist rites held in the royal Koryŏ palace, and the current geo-political situation of the Korean Peninsula at the time of the performance of the rite. Hence we find that in times of foreign invasions, or natural catastrophes, including droughts or floods, corresponding rituals were performed with the outmost vigor. Likewise at the occasion of portents in the sky, such as the appearance of comets or eclipses, phenomena that traditionally were believed to signal problems in the near future, Esoteric Buddhist rituals were conducted as preventive means.

Finally it may be said that not only did Esoteric Buddhism play an important role in the make‐up of national and dynastic authority, but it constituted clearly the single most important ritual feature at the Koryŏ court. The complex of Esoteric Buddhist rituals practiced in the royal palace was in fact so extensive, as to make this brand of Buddhism an institution on its own. The extent that Buddhist belief and practice had thoroughly permeated the official rituals under the Koryŏ further underscores the Buddhist religion's central role in the shaping of Korean court culture at that time.

Future research on Esoteric Buddhist rituals in Korea could well concentrate on the first century of the Chosŏn dynasty (1392‐1910), from which period we have an abundance of material. Especially the early Yicho *sillok* (Veritable Records of the Yi Dynasty) would be worth looking into. It would fx. be interesting to compare information on the rituals of that time with that from the end of the Koryŏ to see if there was a continuity in the types of rituals performed, by whom, and on what occasions they were held. In addition the existence of a fairly large number of ritual manuals from the Chosŏn period, are likely to enhance the value of the *Sillok* material, and thus provide us with a deeper insight into the nature of Esoteric Buddhist court rituals than is the case with that from the previous dynasty.

Another interesting topic would be to ascertain the number and types of "pure" Daoist rituals, which were held at the Koryŏ court, with the purpose of ascertaining their degree of importance. Such an endeavor would also throw light on the history of Daoism in Korea, and might yield new insights on the religious practices and beliefs under this important dynasty.

Buddhist Rituals Performed at the Koryŏ Court

(the asterisk denotes Esoteric Buddhist rituals or rituals that include Esoteric Buddhist elements)

Name of Ritual	Number of Rituals Recorded
Lighting the Lamps Assembly	燃燈會
Ritual for Averting Calamities *	消災道場
Ritual of the Benevolent Kings*	仁王道場
Eight Precepts Assembly	八關會
Bodhisattva Precepts Ritual	菩薩戒道場
Host of Spirits Ritual *	神衆道場
Buddhoṣṇīsa Ritual*	佛頂道場
Five Hundred Arhats Feast	五百羅漢齋
Vajracchedikā Sūtra Ritual	金剛明經道場
Tripiṭaka Ritual	藏經道場
Indra Ritual *	帝釋道場
Prajñā Ritual	般若道場
Ritual for Avoiding the Heavenly Branch Chen	忌辰道場
Hwaŏm Dharma Assembly	華嚴法會
Avatamsaka Sūtra Ritual	華嚴經道場
Lingbao Ritual	靈寶道場
Mañjuśrī Assembly	文殊會
Marīcī Ritual	摩利支天道場
Seeking Long Life Ritual*	救命道場
Aparājita Ritual*	無能勝道場/厭兵無能勝道場
Sŏn Dialogue Ritual	談禪道場/說禪會
Ullambana Feast	盂蘭盆齋
Praying for Prosperity Ritual	祈禳道場/ 高星祈禳道場

Munduru Ritual*	文豆婁道場
Abhiśeka Ritual*	灌頂道場
Praying for Rain Ritual*	祝雨道場/ 雲雨法會
Bhaiajyaguru Ritual*	藥師道場
Śrī Mahādevī Ritual*	功德天道場
Hundred Days Feast	百日齋
In Praise of Blessings Ritual	慶讚道場
Praying for Long Life Ritual*	祝壽道場
Ritual of the Great Buddhoṣṇīsa Five Planets*	大佛頂五星道場
Completion Ritual	落成道場
Dragon King Ritual	龍王道場
Wuzhe Great Assembly *	無遮大會
Heavenly Kings Ritual	四天王道場
Ritual for the Suvarṇapra-bhāsa Sūtra *	金光明道場
Ch'ŏnt'ae Repentance Dharma Assembly	天台禮懺法會
Dragon Flower Assembly	龍華會
Scripture Lecturing Ritual	講經道場
Fulfillment of Blessings Assembly	慶成會
Lotus Sūtra Assembly	法華會
Driving Off Armies Ritual*	鎭兵道場
Ritual of the Yansheng Scripture*	延生經道場
Suraŋgama Ritual*	楞嚴道場
Mahāmayūrī Ritual*	孔雀明王道場
Āṭavaka Ritual*	阿吒波抱神道場
Yamantaka Ritual*	閻滿德加威怒明王 神咒道場
Stopping the Wind Ritual*	止風道場
Mahāvairocana Ritual*	大日王道場
Water and Land Assembly*	水陸道場
Compassion Repentance Ritual	慈悲懺道場

Ritual for Praying for Good Fortune	祈福道場
Dharma Assembly of the Honored and Victorious Ones	尊勝法會
Ritual of the Victorious Dharma Scripture (?)	勝法文道場
Dharma Feast of the Five Schools	五教法席
Avatamsaka Samādhī Repentance Ritual	華嚴三昧懺道場
Ritual for Receiving Blessings	迎福道場
Discussing the Dharma Feast	談論法席
Adornment Ritual*	寶星道場
Dispelling Darkness Ritual*	除夜道場
Beholding the Lamps Assembly	觀燈會
Ritual for the Heavenly Army of the Northern Lord Protecting the Nation	北帝天兵護國道
Ritual for Taking Off Mourning Clothes	釋服道場
Praying for Mercy Ritual	祈恩道場

List of Characters

Anhwa sa	安華寺
Beidou qisheng yanming jing	北斗七星延命經
Buddhoṣṇīsādhāraṇī	大佛頂大陀羅尼
Chesŏk sinjung	帝釋神衆
Chesŏk toryang	帝釋道場
Indra wŏn	帝釋院
Chi shengguang da weide xiaozai jiyang tuoluoni jing	熾盛光大威德消災 吉祥陀羅尼經
Chobok pŏp	調伏法
Chŏng T'aehyŏk	鄭泰赫
Ch'ongji chong	總持宗
chŏngsa	丁巳
Ch'ŏnsŏng chŏn	天成殿
Chosìn pulgyo t'ongsa	朝鮮佛教通史
Chungdo chong	中道宗
Chŭng'ik pŏp	增益法
Da Piluzhena jing guangda yigui	大毘盧遮那經廣大 儀軌
Da weide jinlun foding Chi- shengguang rulai xiaochu yi- qie zainan tuoluoni jing	大威德金輪佛頂熾 盛光如來消除一 切災難陀羅經
dishi	帝師
Dishi yan bimi chengjiu yigui	帝釋嚴秘密成就 儀軌
Dānapāla/Shihu	施護
Dharmapāla	法護
Faquan	法全

Fatian	法天
Fanwang jing	梵王經
Fozu tongzhi	佛祖通志
Guanding jing	灌頂經
Han'guk pulgyo chŏnsŏ	韓國佛教全書
Hŏ Hŭngsik	許興植
hoguk pulgyo	護國佛教
Hwaŏm chong	華嚴宗
Hyegŭn	惠謹
Hyesŏ	慧昭
Hyet'ong	惠通
Sŏngyŏng chŏn	宣慶殿
Sŏnyi mun	宣義門
Inwang toryang	仁王道場
Jin	金
Jingang ding lianhua buxin	金剛頂蓮華部心
niansong yigui	念誦儀軌
Kaesŏng	開城
Koryŏ	高麗
Koryŏ sa	高麗史
Kŭmsŏ milgyo taejong sŏ	金書密教大藏序
Kuyo tang	九曜堂
Kyŏngae pŏp	敬愛法
Liang Wu Di	梁武帝
Liao	遼
Milbon	密本
milgyo	密教
Molizhi pusa lue niansong fa	摩利支菩薩略念誦法
Molizhi tian yiyin fa	摩利支天一印法
Mundŏk chŏn	文德殿
Myŏngin chŏn	明仁殿
Myŏngnang	明郎
myŏngwang	明王
Myŏt'ong sa	妙通寺

Namsan/Kyeyul chong	南山／戒律宗
ŏbul kwan	五佛冠
P'algwan hoe	八關會
Poje sa	普濟寺
Pŏkwŏn kung	福源宮
pŏmp'ae	梵唄
Pŏmsŏ ch'ongji chip	梵書總持集
Pukche ch'ŏnbyŏng hoguk	北帝天兵護國
tŏryang	道場
p'ungsu	風水
Renwang banruoboluomi jing	仁王護國般若波羅蜜多經
Renwang huguo banruoboluo	仁王護國般若波
miduo jing tuoluoni	羅蜜多經陀羅尼
niansong yigui	念誦儀軌
Samguk sagi	三國史記
Samguk yusa	三國遺事
She da Piluzhena chengfo	攝大毘盧遮那成佛
shenbianjiachi jing ru lianhua	神變加持經入蓮華
tai zanghai hui beisheng	胎藏海會悲生
manchaluo guangda niansong	曼荼羅廣大念誦
yigui gongyang fangbian hui	儀軌供養方便會
Shingon shË	眞言宗
Suilu zhai	水陸齋
Sihŭng chong	始興宗
Sikchae pŏp	息災法
Sinin chong	神印宗
Sŏ Yun'gil	徐閏吉
Sojae toryang	消災道場
Ssangye sa	雙谿寺
Suchang kung	壽昌宮
Sumun chŏn	修文殿
Taiyi	太一
toryang	道場
wangsa	王師

Wǒnjong	元宗
Xixia	西夏
Yi Chehyǒn	李齊賢
Yi Yongbǒm	李龍範。
yankou	焰口
Yansheng jing	延生經
Yansheng jing daochang	延生經道場
Yicho sillìk	李朝實錄
Yǒndǔng hoe	燃燈會
Yǒng Yi	榮儀
Yu Di	玉帝
Yuan shi	元史
Yuga/Chaǔn chong	瑜伽／慈恩宗
Zhenwu	眞武
Zhenyan zong	眞言宗

Abbreviations

CHKPH	Chinsan Han Kidu paksa hwagap kinyŏm: Han'guk chonggyo sasang ŭi chae chomyong
CKS	Chōsen kinseki sōran
CPT	Chosŏn pulgyo t'ongsa
FDC	Foguang da cidian
HMSY	Han'guk milgyo sasang yŏngu
HPH	Han'guk pulgyo hak
HPS	Han'guk pulgyo sasang sa
HSSY	Han'guk sŏn sasang yŏngu
KJ	Korea Journal
KS	Koryŏ sa
KCHPS	Koryŏ chung · hugi pulgyo sanon
KHPCY	Koryŏ hugi pulgyo chŏngae sa ŭi yŏngu
MDJ	MikkyØ dai jiten
PH	Pulgyo hakbo
PHN	Pulgyo hak nonjip
PKC	Sungsan Pak Kilchin paksa hwagap kinyŏm: Hanguk pulgyo sasang sa.

참고문헌

An Kyehyŏn 安啓賢, "Koryŏ sidae ŭi pulgyo ŭisik 高麗時代의 佛教 儀式." In Hanguk pulgyo sasang sa yŏngu 韓國佛教思想史研究.
Seoul: Tongguk Taehakkyŏ ch'ulp'anbu, 1983, pp. 199‑269.

An Chiwŏn 安智源, Koryŏ sidae kukka pulgyo ŭirye yŏngu 高麗時代國家佛教儀禮研究 (A Study of National Buddhist Rituals during the Koryŏ Period). Doctroal Thesis, Seoul: Seoul taehakkyo taehakwŏn, 1999.

Ch'a Chuhwan 車柱環, Han'guk togyo sasang yŏngu 韓國道教思想研究. Han'guk munhwa yŏngu ch'ongsŏ 19, Seoul: Seoul taehakkyo ch'ulp'anbu, 1986

Ch'oe Pyŏnghŏn (Choi Byŏng-hŏn), "Tosŏn's Geomantic Theories and the Foundation of the Koryŏ Dynasty." *Seoul Journal of Korean Studies* 2 (1989), pp. 65‑92.

Chŏn Tonghyŏk 全東赫, "Bōnsō sōji梵書總持 shū kara mita Kōrai mikkyō高麗密教 no sekikaku 性格." Taishō Daigaku sōgo bukkyō kenkyū nempō 11 (1990), pp. 47‑64.

Chŏng T'aehyŏk 鄭泰嚇, "Koryŏ cho kakchong toryang ŭi milgyochŏk sŏnggyŏk 高麗朝各種道場의 密教的性格." In HMSY, pp. 295‑342.

Chōsen kinseki soran 朝鮮金石總覽, 2 vol. Ed. Chōsen sōtōkufu. Seoul: Asia munhwasa, 1919‑1976.

Ruth Dunnell, *The Great State of White and High: Buddhism and State Formation in Eleventh-Century Xia.* Honolulu: University of Hawaii Press, 1996.

Ennin, Ennin's Diary: *The Record of a Pilgrimage to China in Search of the Law*. Trans. Edwin O. Reischauer. New York: The Ronald Pres Company, 1955.

Han'guk inmyŏng tae sajŏn 韓國人名大辭典 Comp. Han'guk inmyŏng tae sajon pyŏnch'an, Seoul: Shingu munhwasa, 1967.

Han'guk milgyo sasang yŏngu 韓國密敎思想硏究. Comp. Pulgyo munhwa yŏngu wŏn. Seoul: Tongguk taehakkyo ch'ulp'anbu, 1986.

Han'guk pulgyo chŏnsŏ 韓國佛敎全書, 13 vols. Seoul: Tonguk t'aehak- kyo ch'ulp'anpu, 1981‐1993.

Han'guk pulgyo sasang sa 韓國佛敎思想史. Sungsan Pak Kilchin paksa hwagap kinyŏm 崇山朴吉眞博士華甲紀念. Iri: Wŏngwang taehakkyo ch'ulp'ansa, 1975.

Hŏ Hŭngsik 許興植, Koryŏ pulgyo sa yŏngu 高麗佛敎史硏究 (A Study of the History of Koryŏ Buddhism). Seoul: Iljo kak, 1986.

_____ , Han'guk chungse pulgyo sa yŏngu 韓國中世佛敎史硏究. Seoul: Ilchỉ kak, 1994.

Hŏng Chŏngsik and Ko Ikchin 洪庭植·高翊晉, "Koryŏ pulgyo sasangŭi hogukchŏk chŏngae 高麗佛敎思想의 護國的 展開," I-II. PH 14 (1977), pp. 1‐60.

Ilyon, Samguk Yusa: *Legends and History of the Three Kingdoms of Ancient Korea*. Trans. Ha Tae-Hung and Grafton K. Mintz. Seoul: Yonsei University Press, 1972.

Keel Hee-Sung, "State and Sangha in Korean History," KJ 21:8 (1981), pp. 41‐48.

Kim Jongmyung, "Buddhist Rituals in Medieval Korea (918‐1392)," Doctoral Thesis, University of California Los Angeles, 1994.

_____ , "Buddhist Rituals in the Koryŏ Dynasty (918‐1392)." *In A Collection of Theses on Korean Studies*. Ed. Korea Foundation, Seoul: Korea Foundation, 1995, pp. 233‐79.

Kim Yŏngt'ae 金煐泰, "Samguk sidae ŭi sinju shinang 三國時代의 神呪信仰," in HMSY, pp. 35 - 8.

Ko Ikchin 高翊晉, "Silla milgyo ŭi sasang naeyŏngkwa chŏngae yangsang 新羅密教의 思想 內容과 展開樣相," HMSY, pp. 127 - 222. .

Koryŏ chung·Hugi pulgyo sanon 高麗中·後期佛教史論. Ed. Pulgyo hakhoe. Pulgyo hak nonjip 佛教學論集 6. Seoul, 1986.

Koryŏ hugi pulgyo chingae sa ŭi yŏngu 高麗後期佛教開史의 研究. Ed. by Pulgyo hakhoe. Pulgyo hak nonjip 佛教學論集 4. Seoul: Minjoksa, 1986.

Koryŏ sa 高麗史, 3 vols. Comp. Seoul: Asia Munhwsa, 1972 - 1996.

Pak T'aehwa 朴泰華, "Han'guk pulgyoŭi milgyo kyŏngchŏn chŏllae ko 韓國佛教의 密教 經 典 傳來攷" In HPH 1 (1975), pp. 45 - 62.

_____ , "Sininchongkwa Ch'ongji chong ŭi kaejong mit paldal kwachŏng ko 神印宗과 總持宗의 開宗 및 發展過程攷." In HMSY, pp. 253 - 294.

Michael Rogers, "P'yonnyon T'ongnok: The Foundation Legend of the Koryŏ State," *Korean Studies* 4 (1982-83), 3 - 72.

_____ , "Through a Glass Darkly; Tosŏn the Precognizant (827-898)." Paper prepared for the "Workshop on Korean Buddhism." University of California, Berkeley, 11-13 January, 1985 (unpublished paper).

Mikkyō daijiten 密教大辭典,Vol. 2. Comp. Õmura Chōkaku 林村澄覺 et al. Taipei: Xinwenfeng (rev. and enlarged edition in 6 vols.), 1979.

Samguk sagi 三國史記, 2 vols. Comp. by Kim Pusik. Seoul: Asea munhwasa, 1978.

Sŏ Kyŏngsu 徐景洙, "Koryŏ ŭi kŏsa pulgyo 高麗의 居士佛教" In PKC, pp. 585 - 96.

Sŏ Yun'gil 徐閏吉, Koryŏ milgyo sasang sa yŏngu 高麗密教思想史研究. Pulgwang pulhak ch'ongsŏ 4. Seoul: Pulgwang ch'ulp'anpu, 1993.

_____, Hanguk milgyo sasang shi yŏngu 韓國密教思想史研究 Pulgwang pulhak ch'ongsŏ 3. Seoul: Pulgwang ch'ulp'anpu, 1994.

_____, "Koryŏ milgyo sinang ŭi chŏngaehwa kū t'ūksŏng 高麗密教信仰의 展開와 그 特性." PH 19 (1982), pp. 219‑40.

_____, "Koryŏ ūi hoguk pŏphoehwa toryang 高麗의 護國法會와 道場," PH 14 (1977), pp. 89‑12

Henrik H. Sørensen, "Ennin's Account of a Korean Buddhist Monastery 839‑840 A.D." Acta Orientalia 47 (1986), pp. 141‑55.

_____, -"On Esoteric Practices in Korean Sŏn Buddhism during the Chosŏn Period." In CHKPH. Iri: Wŏn- gwang taehakkyo ch'ulp'ankuk, 1993, pp. 521‑46.

_____, -"Lamaism in Korea During the Late Koryŏ Dynasty," KJ 33:3 (1993), pp. 67‑81.

_____, -"Esoteric Buddhism (Milgyo) in Korea." In The Esoteric Buddhist Tradition. Ed. by Henrik H. Sørensen. SBS Monographs II. Copenhagen,: SBS, 1994, 73‑96.

_____, -"A Bibliographical Survey of Buddhist Ritual Texts from Korea," Cahiers d'Extreme-Asie 6 (1991‑1992), pp. 159‑200.

_____, -"The Worship of the Great Dipper in Korean Buddhism." Buddhism and Religion in Traditional Korea. Ed. H. H. Sørensen. SBS Monographs III. Copenhagen: SBS, 1995, pp. 71-105.

_____, -"Problems with Using the Samguk yusa as a Source on the

History of Korean Buddhism," Cahiers d'Études Corénnes 7 (2000), pp. 270‑286.

_____ , "The Iconography of Korean Buddhist-Paintings", *Iconography of Religions* XII,9, Leiden: Brill, 1989.

Taishō shinshū daizōkyō 大正新脩大藏經. Ed. Takakusu Junjirō et. al. Tokyo: Taishō issaikyō kankōkai, 1924‑1935.

Jing-shen Tao, *The Jurchen in Twelfth-Century China: A Study of Sinicization.* Publications on Asia of the Institute for Comparative and Foreign Area Studies. Seattle and London: University of Washington Press, 1976, pp. 105‑7

The Korean Buddhist Canon: A Descriptive Catalogue. Ed. Lewis R. Lancaster et. al. Berkeley ‑ Los Angeles - London: University of California Press, 1979.

Karl A. Wittfogel and Feng Chia-sheng, *History of Chinese Society, Liao (907‑1125)*, Transactions of the American Philosophical Society 36, Philadelphia: the American Philosophical Society, 1949

Yao Tao-chung, "Buddhism and Taoism under the Chin." *In China under Jurchen Rule: Essays on Chin Intellectual and Cultural History*. Ed. Hoyt Cleveland Tillman and Stephen H. West. SUNY Series in Chinese Philosophy and Culture, Albany: SUNY, 1995, pp. 145‑80.

Yi Chaech'ang 李載昌 (comp.), "Samguk sagi pulgyo ch'ojon puju 三國史記 佛教鈔存 附註. PH 2 (1964), pp. 305‑322.

Yi Chaejang 李載昌, Koryŏ sawŏn kyŏngjeǔi yŏngu 高麗寺院經濟研究. Tongguk taehakkyo Hanguk hak yŏnguso ch'ongsŏ. Seoul: Asia munhwa sa, 1976.

Yi Nŭnghwa 李能和, Chosŏn pulgyo t'ongsa 朝鮮佛教通史, 3 vols. Seoul: Poryŏn kak (reprint of 1918 edition), 1979.

Yi Kyubo 李奎報, Yi Sangguk chip 李相國集. In Koryŏ myŏnghyŏn chip 高麗名賢集, Vol.

1, Seoul: Asea Munhwasa, 1973‐76.

Yi Yongbŏm 李龍範, "Wŏndae lamakyoŭi Koryŏ chŏllae 元代喇嘛教의 高麗傳來," PH 2(1964), pp. 161‐220.

Yijo sillŏk pulgyo ch'ojon 李朝實錄佛教鈔存. Ed. Kwŏn Sangno 權相老. In Toigyŏngdang chŏnsŏ 退耕堂全書, vols. 4‐5. Seoul: Toigyŏngdang chŏnsŏ kanhaeng wiwŏnhoe, 1988, pp. 284‐1051.

고려시대의 불교의례

사회: 서영대

약정토론: F. Tedesco

☞ 사 회

이번 발표에 대해서는 세종대학교 영문과에 와 계시고, 미국인이신 테데스코 선생님께서 토론을 좀 해 주시겠습니다.

☞ F. Tedesco

I first want to thank President Cho of Inha University and Professor Kim Yong Ho and the Center for Korean Studies conference organizing committee for inviting me to participate in this interesting meeting.

The study of Buddhism has not been given the attention it deserves in Korean Studies. Dr. Sorensen's work is an important contribution in this regard. I feel that the importance of Buddhism in Korean history from its formal entry onto the peninsula in 372 AD through Silla, Koryo and Choson and its role in the formation of Korean national identity are critical to better understanding of present day Korean culture and national consciousness. I have lived in Korea for more than ten years and I find there is a surprising ignorance in knowledge of the history of Buddhism in Korea itself especially among college age youth whom I teach and certainly in Korean immigrant communities which I have encountered in different regions of the United States. I am confident that this conference on the theme of Korean Buddhism will make the subject more prominent in the accumulating literature of Korean Studies. What is needed is a more critical evaluation of previous scholarship on Buddhism in Korea and a more comprehensive approach to the vast tradition in toto, free of ideological prejudices, omissions and perhaps naive trust in such questionable documents like the Samguk Yusa.

Sound scholarship about Korean Buddhism which can merit critical attention and commentary is not very common in the English language. In the eight years I have been associated with the the Korea Journal of the Korean National Commission for UNESCO, identifying scholars who can address issues of Korean history and Korean Buddhism in English at an international standard has been a daunting task. I am quite happy to be exposed to the papers of Drs. Sorensen and Jorgensen as a consequence of this meeting. I hope the other participants who have written in Korean can translate their work into English so that a larger, global audience can read them and judge their merits.

Recent developments in Korean history in the last hundred years have overshadowed and obscured the importance of the Korean Buddhist heritage, not only its intrinsic philosophical and literary genius but also its living, religious ground in Korean soil. How people actually act, their deeply felt beliefs, their orientation toward life and death and suffering as part of the daily exigencies of their unsettling history. Buddhist thought has provided an answer for Koreans to the problems of living for many hundreds of years. This has been neglected in contemporary Korean studies for historically contingent priorities such as war and its aftermath and the rise to dominance of rival ideologies. I am heartened by Professor Sorensen's uncommon topic in Korean Buddhist studies. He brings to us a hitherto unexplored area of Buddhist studies in English with a Western analytical perspective. Sorensen asserts that "esoteric Buddhism played a highly important and significant role in the performance of rituals at the Korean court during the Koryo dynasty." These rituals were regular and frequent and the kings even officiated themselves. "Indeed, in some reign periods, esoteric rituals and other Buddhist events, including lectures on sutras

and vegetarian feasts, took place every month of the year inside the royal palace."
This practice exemplifies the importance of Korean Buddhists' persistent belief that
Buddhism is the "protector of the nation" (hoguk pulgyo). Rituals and the use of
esoteric scriptures and ritual manuals become more and more frequent as the nation
is beset with more and more difficulties such as threat of invasion, natural calamities
and other misfortunes.

If you were to ask what is Korean Buddhism, probably the majority of non−
specialist scholars and students of Korea would respond "Korean Zen" son pulgyo−
meditation and the debate between the gradual and sudden theories of enlightenment
as put forth by Chinul and Songchol. It you were to read the bulk of publications in
Korean Buddhist studies over the last few years and many of the doctoral
dissertations, you might be led to believe that the gradual and sudden issue was the
only important feature of this long tradition−a dispute among Zen masters, a spiritual
elite.

Dr. Sorensen's paper indicates that much more occurred in actual Korean Buddhist
practice which appealed to all strata of Korean society, not just specialists in spiritual
practice. The author states that we are pretty much in the dark about ritual practices
and behavior such as cremation and burial customs, ancestor worship and
empowerment of inanimate objects. I concur with him that there has been real dearth
in the study of the ritual aspects of Korean Buddhist practice in Korean studies. How
ritual practice changed during the course of history, say from Koryo through Choson,
will provide us a clearer view of the existential concerns of the people and the court.
We expect much insight from Professor Sorensen's future research in this area.

Analyses of Korean Buddhist practice hardly exist. More detailed descriptions and
analyses of what Korean Buddhists actually did in the past and do now are necessary
if we are to understand this religious phenomena deeply. The scriptures which
Sorensen catalogues provide a skeletal map of at least some ritual performances.
What really motivated(s) different kinds of Buddhists in Korea, what is the multi−
textured character of this tradition, what makes people invest their time, energy and

money in these activities? The most overt behavior of the majority of practitioners is expression in chant, prayer and ritual practices. Most Buddhist adherents do not spend time in reading difficult scriptures in classical Chinese which they do not understand well. The majority of Buddhists do not meditate even while they praise its virtues. Only small percentage of people (about 15,000 monks and nuns in the Chogye Order) are involved in monastic practice and strive to abide by the monastic disciplinary rules. The majority of Buddhist laypeople express themselves in formal and calendrically regulated public ritual performances and group practices. A huge lay population supports and participates in these rituals. People go to Buddhist temples to socialize and share their concerns for consolation and emotional support, to avert evil, and to hope and create good karma for a better life in the future, perhaps not in this life but perhaps in a future life. They even go to pray to improve the Korean economy! Rather than spiritual illumination in this life through kongan practice and meditation, many popular practices are dedicated to rebirth in the Pure Land. The female subjects of my recent research in Buddhist practice, for instance, pray and make offerings for the unborn fetuses they have aborted. (See Frank Tedesco, Chapter 7 "Abortion in Korea" in Buddhism and Abortion, edited by D. Keown, Macmillan, London, 1998). Professor Sorensen did not go into the philosophical background of the rituals he studied. His paper is more or less a catalogue or compendium of the ritual texts he found in historical books such as the Tripitaka Koreana at Haeinsa, the Koryosa and other sources.

Contemporary religious behavior in Korea needs to be scrutinized from an ethnographic perspective. It appears that what we have in contemporary Korean Buddhist practice is in some ways a 're-invention', not necessarily a continuation, but more of a 'rebirth', or a re-working or re-organization or perhaps revival of some of the practices in the Koryo period. What is the historical background of the Buddha's Birthday celebration, for instance? This national event seems to be a variant of the Yondeung-hoe, or 'Lamp Lighting' ritual. Here we have what seems to be a transformation of a royal court ceremony into a public or civil ceremony where thousands of lanterns are lit by people of all levels of society as investments for the future. A democratization of court rituals seems to have occurred in modern Korean society. Professor Sorensen mentioned the Paekkojwa ceremony of the Koryo. This ritual has been reborn in recent times, as can be seen in the Paekkojwa Pophoe which are performed at large temples in Seoul and other sacred centers in Korea. However, rather than having one hundred senior monks assemble all together in one place for one glorious but short lived event as occurred in the Koryo court, the modern variant is to set aside a one hundred day period at urban and rural temples in which one hundred eminent monks and abbots each offer a personal dharma teaching on consecutive days for one hundred days. Large temples in Seoul such as Chogyesa and Kuryongsa have sponsored these events focused on the Hwaomgyong (Avatamsaka Sutra), for instance. This is a very interesting development in Korean Buddhism and is a sign of the religion's vitality. I wonder what sources or annals the monks themselves read to inspire the rebirth of these rituals. I recommend Dr. Sorensen to follow up on this.

Another ceremony indicative of contemporary Buddhist fervor which happens to be closely associated with the cosmological or astrological dimension of the Korean Buddhist world view is the 'yesuje' ritual which occurs every four years to erase the accumulation of bad karma in previous lifetimes. Paper money is bought, displayed and burned as offerings to repay karmic debts according to the believer's personal astrological configuration. I observed this on lunar leap year at Chogyesa. It was a very popular event. I see variants of this ritual popping up at other temples, too, at other times – bad times such as now, the 'IMF era.'

As scholars within religious studies and students of the psychology of religion, we must ask what is it that makes Buddhism and its rituals a vital and continuing spiritual force in modern Korea. What is its continuing appeal to so many people in this materialistic, highly secularized and very Westernized society? Why is it that Christianity has grown so rapidly alongside Buddhism in Korea, compared to other Asian countries with Buddhist heritages?

I would also like to add a cautious note of concern to scholars who study Buddhism from a 'purist' and narrow textual angle or exclusively as a monastic institution. From earliest Buddhist times so called worldly beliefs such as magic, astrology, beliefs in gods, folk medicine and all kinds of rituals have been part of mainstream Buddhist practice. Buddhism was not a scientific cult of meditation in the 6th century BCE. It was very much a part of the Indian way of viewing the world within a mythologic universe. It incorporated myriads of heavens, hells, gods and goddesses, beings of the underground, ghosts, anthropomorphized animals, etc. There is most definitely shamanistic and folk elements in Buddhist practice and thought as can be readily identified in the Samguk Yusa and Samguk Sagi. It should not be seen as a 'purified' philosophical or meditative discipline alone nor as a religion for a literate upper class. The great majority of Buddhist believers have been common people who seek health and success in the world like the rest of us. "May all beings be well, may all beings be happy" was and is repeated over and over again endlessly in Buddhist society from the days of its origin as a statement of hope and encouragement for suffering beings in this world, in the 'here and now'. Scholars who ignore this fundamental orientation of Buddhism are missing the point of the tradition.

I have one question of a terminological nature for Dr. Sorensen. What exactly do you mean by about the use of the term 'esoteric?' Do you mean to contrast it to 'esoteric' teachings or rituals? In the Mahayana scriptures themselves such as the Saddhar- mapundarikasutra (Pophwagyong−Lotus of the Good Law) it is stated that the teachings are open and public to everyone−mantras and dharanis are included in the texts for everyone to read and recite. Certainly 'saving or protecting the state' with the use of these is hardly esoteric or confined to individual, private liberation. It is a public concern and everyone in involved in the practice, both the court and the general populace. Could you please elaborate on the nature of what you call 'esoteric rituals' in Korean Buddhism in contrast with those found in other traditions such as the Vajrayana and the tantras practiced in Tibet?

☞ **사 회**

김 선생님 조금 요약해 주시겠습니까. 질문내용을 저희 철학과에 계시는 김영호 선생님께서 조금 요약해 주시겠습니다.

☞ **김영호**

죄송합니다. 이 파트는 사실은 내일 아침에 하는 걸로, 내일로 원래 할당이 됐었는데 아까 말씀이 있으셨는지 모르겠습니다마는 이 전체 주제를 하나의 서론식으로 오강남 박사가 발표하는 것을 처음에 집어넣었는데 그걸 강평하신 윤 교수께서 오늘 못 오신다고 하는 사정이 생겨서 이렇게 바꾸는 바람에 조금 처음부터 아주 그냥 무거운 걸 여러분한테 드려서 죄송합니다. 소렌슨 선생이 보낸 이 논문이 사실은 진작 이 주일 전에 보냈는데 우편이 늦게 도착하는 바람에 그저께 도착했습니다. 어저껜가요? 그래 가지고 아까 말씀했지마는 테데스코 선생한테, 그때야 팩스로 보내고 해서 테데스코 선생한테도 조금 어려움을 드렸습니다. 그래서 저 자신도 이걸 보고 어떻게 할 틈이 없었고, 또 호주에서 오신, 이따가 발표하실 요르겐센 선생이 보낸 그 논문도 영어로 돼 있기 때문에 제가 그건 조금 요약하려고 하다가 반도 못 하고 그냥 이따가 나눠드리겠습니다만 한두 페이지에 번역, 약간 내용을 옮긴 걸 그걸 작업을 하느라고 이 작업에 대해서 제가 지금 신경을 못 썼습니다. 그래서 제가 아까 들은 대로 저는 지금 테데스코 선생이 한국에 10년 이상 계셨으니까 조금 한국말로 요약해 주실 것을 기대하고 부탁을 드렸었는데 아마 지금 입을 수술하셔서 말씀을 많이 못 하시겠다고 해서 영어로만 하시고 말았습니다. 그래서 제가 아마 대부분 다 뭐 다들 알아들으시고 이해하셨으리라고 생각이 됩니다마는 또 몇 분은 아마 좀 그러신 분도 계실 것 같아서 제가 들은 대로만 그냥 간단하게 요약을 해 보겠습니다.

제가 또 듣다가 놓친 부분도 있고 하지마는, 이 소렌슨 박사가 얘기한 그 내용을 제가 잠깐만 몇 가지만 말씀드리자면 이 연구는 그 보편성과 특수성이란 문제에서 조금 더 대조적인 그런 측면을 부각시켜 줬으면 하고 제가 부탁을 드렸는데 꼭 그런 것은 아니고, 이 밀교의 의례가, 자체가 중국, 일본과 어떤 공통적인 그런 형식을 갖추고 있는 것이라 대부분 아마 그런 쪽으로 기술을 했다고 하고, 그럼에도 또 한국적인 그런 것이 기술하다가 보면 드러난 것 같다, 이런 얘기를 처음에 했구요. 그다음에 이제 자료, 자기가 연구를 하는데 어디서 그 출처를 구했느냐 하는 문제를 언급하는데, 고려사를 중심으로 해서 연구를 할 수밖에 없었다. 다른 자료가 별로 있는 것 같지 않고. 그래서 고려사는 아시다시피 개성 중심으로 궁중의식을 중점으로 해서 정보를 포함하고 있는 것이니까 아마 제한점이 있을 거다. 그리고 한국에서 연구하는, 이런 것들을 연구하는 문제점이 일본사람들이 하는 그런 모델을 많이 따르고 있는 거, 그런 생각이 든다는 말씀을 했고, 그다음에 구체적으로 자료에서 또 하나 『삼국유사』를 거론했는데, 『삼국유사』가 신라와 삼국이라는 그런 말 가리키는바 삼국불교라든가 신라불교 중심으로 기술하기보다는 고려불교의 초점에서 고려불교의 현실을 반영하는 그런 내용이라고 자기는 본다고 얘기했습니다.

　특히 일연이라는 스님의 신분이 불교를 보급하는 그런 주안점을 갖고 있다는 그런 제한점. 그런 걸 또 얘기했구요. 그래서 우리가 『삼국유사』를 분석하는 데 상당히 신중해야 되겠다. 또 하나 자료는 9세기에 일본 승려 원인(圓仁)이 가서 당나라 견문록인 기행문에서 법화원의 얘기가 나오는데 법화원의 그 불교의례가 상당히 그 당시 한국에서 행해지고 있던 그런 의례를 반영한 것으로 볼 수 있다고 했습니다. 그래서 9페이지, 10페이지에는 논문에 여러 가지 『고려사』에 나오는 의례들 종류를 다 그 빈도수에 따라서 열거를 했습니다. 그래서 거기에 아마 제일 중요한 것이 연등회와 팔관회 그걸 지적하면서 상세히 분석을 하고 있습니다. 그 연구하는 방법과 『고려사』를 보는 그런 시각에 있어서 UCLA에 있는 김정명 교수라는 분이 제시한 그런 주장에 대해서 조금 비판적으로 여기저기서 지금 소렌슨 선생이 지적하고 있습니다. 김정명 선생은 『고려사』에 나오는 의식이 별로 크지, 중요하지 않는 것처럼 그런 관점을 제시했는데, 또 『고려사』가 일반 대중의 그런 의식보다는 왕의 행사, 궁중의식을 중점으로 해서 상당히 제한이 돼 있지 않느냐 하는데, 소렌슨은 그래도 그게 밀교의례 같은 것을 거기서 찾을 수 있고 어떤 대중적인 그런 요소도 반영돼 있다는 그런 주장을 하는 것 같습니다. 그래서 의례의, 특히 연등회와 팔관회의례의 어떤 형태는, 어떤 형식적인 공식적인 의례 같지마는 그걸 분석해 보면 80%가 불교의례, 80%쯤 불교의례고 거기다가 샤만, 무당 뭐 이런 것과 도교까지 포함된 것 아니냐, 그렇게 분석했구요, 그다음에 인왕도량과 제석도량을 한 섹션에 주제로 삼아서 그걸 조금 많이 분석을 한 것 같습니다. 여기서 또 김정명 교수가 보는 관점이 호국불교를 조금 부정하는 듯한 그런 것은 자기가 보기에는 맞지 않다. 그때 박정희체제에 대한 하나의 반항에서 그렇게 했을는지 모르겠지마는 고려불교는 의례에서 또 나타났지마는 호국불교하고 아주 밀접하게 관련이 돼 있다. 그런 주장을 하고. 그다음에 인왕경의 불교신앙과 국가 그 어떤 신앙, 국가보호 차원, 그런 것들이 밀접한 관계있는 건데 인왕도량을 연 걸 보면 호국불교를 무시할 수 없지 않느냐. 그리고 또 인왕도량과 더불어 백고좌회가 『고려사』에 많이 나오는데 그 두 가지 관계가 조금 선명하지 않다는 거고, 또 인왕도량은 조금 밀교적인 모습이 더 들어있는 거 같다는 얘기를 하는 것 같습니다.

그다음에 고려 불교의식이 전체적으로 여러 가지 도교신앙하고 또 중국에서 그때 송조인가요? 그 발견되는 그런 여러 가지 의례모습을 다 혼합한 그런 형태이지마는 고려불교 자체가 아주 혼합한 형태이기 때문에 더구나 우리가 말할 수 있는 것은 다른 여러 가지 이질적인 요소에도 개방을 하고 그걸 이렇게 같이 흡수하는 그런 모습이 들어있다고 하고, 그다음에 오성신앙과 칠성신앙의 중요성, 그것을 얘기하고 그런 것들이 다 기우제라든가 고려가 당한 내외의 그 재난, 요나라든가 몽고라든가 일본이라든가 또 다른 동북쪽에, 그 종족으로부터, 서북쪽의 종족으로부터 받은 그런 것을 완화시키고, 말하자면 조금 더 그걸 겪어가기 위해서 실천하는 여러 가지 신앙들, 그런 것을 얘기하고서, 좌우간 결론적으로 의례가 고려시대에 얼마나 국민들의 민중들의 삶과 또 궁중만이 아니고 전체적인 그런 신앙에 중요했는가 하는 걸 지적하면서 끝냈다고 합니다.

테데스코 선생은 자기가 지금 10년 이상 거주하면서 한국문화와 불교가 얼마나 밀접한가 하는 것을 굉장히 관심을 갖고 있어 왔는데, 그런 작업이 별로 자기가 보기에는 많이 이루어지지 않았다. 특히 영어로 된 국제적인, 언어로 한 작업은 더구나 적어서, 자기가 유네스코에 8년 근무하는 동안 그런 쪽으로 상당히 신경을 썼지마는 이런 작업, 이 소렌슨이 한 이런 작업에 대해서 아주 굉장히 높은 평가를 하고 싶다 했구요. 또 한국사회에서 불교에 대해서 얘기할 때 돈오냐, 돈오점수냐 뭐 돈오돈수냐 돈오점수냐 뭐 이런 것이 유일한 문제인 양 한국에서 얘기되고 있는데, 그보다도 더 여러 가지 짚고 넘어가야 될 문제, 연구해야 될 문제들이 많은데 자기가 보기에는 조금 너무 제한된 그런 연구가 지금까지 진행되어 왔다. 그리고 이제 불교가 한국사회에 미친 영향은 정말 지대한데, 그를 뒷받침할 만한 그런 여러 가지 작업이 이루어지지 않았다는 점에서 지금 논문을 상당히 높이 평가하고 싶다고 했습니다. 그래서 여러 가지 뭐 인류학적인 연구라든가 이런 입장도 여기 지금 나타나고 그러는데, 말하자면, 의례가 한국불교에서 신앙에서 차지하는 비중이 무슨 아주 고답적인 경전을 읽고 한자를 더구나, 일반사람들이 어떻게 이해하면서 또 선수행도 한다든가 하는 거, 또 염기론이라든가 철학적인, 아비달마적인 분석이라든가 이런 것을 일반사람들이 하지 않고, 이 의례 쪽에 사람들이 그 불교신앙의 어떤 실천을 다 보여주고 있는데, 오래 산다든가 재난을 방지한다든가 여러 가지 기복적인 그런 요소들이 신앙에서 차지하는 비중이 너무나 엄청나다, 철학적인 데 대한 관심보다. 그래서 거기에 대한 연구가 돼 있어야 되겠다. 어떻게 옛날에 고려시대에 그런 의례 같은 것이 지금 현대사회, 현대불교신앙 속에서 다시 리바이벌하고 있는가, 그런 문제도 지금 상당히 중요한 것이 아니냐. 가령 예를 들면 석가탄일의 연등제 같은 거, 그런 것들이 옛날에 궁중의식이 민중 쪽으로 내려온 그런 의식, 민주화되는 그런 모습을 나타내는 거 아니냐. 그리고 또 백고좌회 같은 거, 그런 것도 지금 아마 자기가 보기에는 리바이벌하고 있는 셈이다. 옛날에 백고좌는 백 명의 스님이 나와서 베푸는 모임이었는데, 지금은 그 대신에 백 일 동안 실시하고, 고승들이 한 사람 한 사람 나와서 어떤 경을 강의하는 것, 그게 조계사나 해인사나 구인사 같은 데서 지금 백고좌회를 하고 있는 것도 옛날 불교의 의례가 지금 다시 부흥되고 있는 그런 구체적인 사례가 아닌가 그런 지적을 했습니다. 그래서 또 하나는 예수재가 4년마다 열리는데 그것이 4년마다 악업축적이 돼 가지고 다시 그걸 축적된 업을 제거하는 그런 식으로 하는데 어떻게 4년이라는 그런 기간이 거기 적용되는가 아마 그런 질문 같습니다. 그다음에 무엇이 불교를 이렇게 아주 그냥 오늘날 우리가 지금 보고 있는 그런 바이탈하고 생생하고 호소력을 갖고 있는가, 지금 우리사회가 지금 세속화되고 자본주의의, 물질주의에 물들어 있고 또 기독교라는 종교가 한국사회를 상당히 크게 휩쓸고 있는데 어떻게 해서 불교가 그래도 다시 되살아나고 이렇게 힘 있는 호소력을 갖는 종교로 나타나고 있는가, 되어가고 있는가 하는 것에 대해서 질문조로 얘기를 한 거 같구요. 불교를 과학적인 어떤 명상의 어떤 신앙, 명상 그런 것을 인도적인, 철학적인 거, 그런 것보다는 불교를 우리가 사람을 치유하고 하는 그런 의례 중심의 어떻게 보면 샤만적인 그런 형태의 불교, 그런 것에 대해서 문제는 뭐냐 하며는 불교를 통째로 보지 않고 하나하나 쪼개서 보는 거, 그런 문제점이 있지 않느냐 하는 것이 또 하나의 질문 같구요. 그다음에 마지막으로 밀교라는 의미가 그와 반대되는 밀교 말고 현교라고, 나타날 현자, 그와 엑소테릭(exoteric)이라고 하는 그 두 가지가 엄밀하게 어떤 차이가 있느냐, 밀교 자체도 공중에게 이렇게 개방하고 모든 사람이 참여하고, 궁중만이 아니고 일반사람이 다 참여하는 그런 퍼블릭, 아주 대중적인 그런 관심사인데 그와 반대로 현교라고 하는 것은 물론 그 말 자체가 이렇게 누구나 공공연하게 믿는 그런 전통이라고 구분은 하지마는 밀교나 현교가 그런 점에선 큰 차이가 없지 않느냐 그런 식으로 질문을 하는 것 같습니다.

☞ 사 회

영어로 발표와 토론을 하시고 또 그것을 우리말로 약간 요약을 하다 보니까 시간이 자꾸 가면서 지루해지는 감도 없지 않아 있는 것 같습니다. 소렌슨 선생님, 죄송하지마는 좀 짧게 답변을 해 주시면 고맙겠습니다.

☞ Sorensen

(영어발표)

☞ **사 회**

간단하게 답변 좀 부탁합니다.

☞ **김영호**

예, 대답의 요지는 밀교가 자기는 밀교를 하나의 매직 그런 마술 뭐 그런 입장에서 본다는 거 같고, 이 밀교가 의미하는 바가 이해되도록 하는 것이 아니고, 말로다가 꼭 표현하자고 하는 것이 아니고, 그 자체로다가 감춰진 어떤 비밀스런 그런 뜻을 가지고 있는 것이다. 그래서 꼭 의미파악을 해서 이해하려고 하는 것이 목적이 아니니까 그게 현교하고 다른 점이 아니냐, 또 그리고 또 우리가 밀교로 말하면 여러 가지 또 불교발전에 있어서 바즈라야나(vajrayana)나 금강 밀교라든가, 탄트라, 인도에서부터 나온, 그런 전통이 있는데 그것과도 인제 한국에서 우리가 발견한 밀교는 좀 다른 것이 아니냐, 그것들은 그것들 나름대로 불교발전사에 있어서 어떤 전통과 실천에 있어서 불교 경전, 또 일정한 불교경전, 탄트라. 탄트라경전이 있고 그런 것이 아니냐, 근데 탄트라는 우리가 한국에서 몽고침입 때 약간 실천된 그런 시기는 있었다. 그래서 밀교를 넓은 의미로, 여기서 말한 밀교를 넓은 의미로, 넓은 여러 가지 그 만트라라든가 주문이라든가 무두라라든가 만달라, 그런 것을 다 이렇게 하나의 수단으로 포함하는 그런 실천으로 보는 것이 좋겠다는 요지 같습니다.

☞ **사 회**

감사합니다. 저희가 토론시간을 발표시간보다 많은 40분 배정을 할 때에는 약정 토론자 분의 말씀, 또 그리고 여기 나오신 다른 참가자 분들의 말씀을 많이 듣기 위해서였습니다마는 중간에 번역이 있고 하니까 이야기가 좀 더 길어진 것 같습니다. 그래서 예정된 시간이 거의 됐습니다마는 당초의 취지를 좀 살리는 의미에서 한두 분 정도 소렌슨 선생님의 발표에 대해서 더 추가로 질문하실 분이 혹시 계시면은 질문을 해 주시고, 그렇지 않으면 다음 종합토론 시간에, 내일 종합토론시간에도 더 말씀하실 기회가 있으니까 말씀해 주시면 좋겠습니다. 꼭 하실 말씀이 있으시면 한두 분 질문을 해 주셔도 괜찮겠습니다.(잠시 침묵)

더 하실 분 안 계시면 그럼 저희가 시작을 한 20분 늦게 시작을 해서 지금 발표가 딱 20분 늦게 끝난 것 같습니다. 지금부터 10분 정도 쉬시고 다시 두 번째 발표를 시작하겠습니다.

9. 佛教美術에 나타난 華嚴思想

姜友邦(경주박물관장)

序 言

우리는 대체로 佛教思想을 經·律·論 등 三藏 및 이들을 바탕으로 하여 近世부터 쓰인 논문들을 연구하여 밝혀 나가려고 노력하고 있다. 말하자면 佛教思想의 研究를 오로지 文字記錄에 의지한다.

그러나 필자는 佛教美術을 연구하면서 文字言語에 못지않게 造形言語로 표현된 造形美術에서도 시대와 민족에 따른 불교사상 및 불교신앙을 추출해 낼 수 있음을 알게 되었다. 그것은 오히려 문자언어보다 더 생생하고 거짓 없는 기록일지 모른다. 그러나 대체로 지금까지 불교학자는 불교미술의 이해에 어려움을 겪고 있는 것으로 알고 있다. 왜냐하면 미술품을 눈으로 파악하고 그 아름다움을 느끼기 위하여서는 어느 정도 예술적 감성을 타고나야 하며 또 끊임없는 노력이 있어야 하기 때문이다. 그러한 다음에야 아름다움(美)에 내재된 진리에 접할 수 있는 것이 아닌가 한다.

그러므로 필자는 문자언어로 된 문헌과 조형언어로 된 작품, 두 가지를 함께 연구하여 상호보완의 관계를 지니게 될 때 더욱 완벽한 불교사상사 및 불교신앙사를 복원할 수 있다고 확신한다. 또 필자는 佛教思想史와 佛教信仰史를 구별하고 있는데, 불교사상사는 學僧을 중심으로 체계화된 사상이요, 불교신앙사는 대중을 중심으로 형성된 신앙이라고 간단히 정의하고자 한다. 특히 불교미술에서 塔과 像은 예배의 대상이므로 불교미술을 통하여 문헌에서보다 더 생생한 신앙의 흐름을 엿볼 수 있지 않을까 한다.

그래서 실제로 불교학자나 미술사학자는 불교미술을 다룰 때 단순히 신앙의 측면에서만 다루는 경향이 있다. 즉 불교미술은 어떤 經典의 스토리를 표현한 것이라는 생각이다. 예를 들면 善財童子가 觀音菩薩을 찾아가서 진리를 묻는 『華嚴經』의 「入法界品」의 장면을 그리거나 조각한 水月觀音圖나 水月觀音像, 『法華經』의 「見寶塔品」의 장면을 그림으로 그리거나 조각하거나 건축적으로 나타낸 二佛並坐像이나 釋迦塔・多寶塔(佛國寺에서만 보이는 경우) 등이 그 예다.

그러나 필자는 어떤 스토리를 조형미술로 표현하는 것으로 미술의 역할이 끝나는 것이 아니고, 즉 미술도 신앙의 대상을 넘어서서 불교사상 그 자체를 표현할 수 있고, 실제로 과거의 미술에서 그러한 실현이 있었음을 터득하게 되었다.

필자는 이미 고대에서 근대에 이르는 우리나라의 「華嚴美術論」을 집필한 바 있다.[1] 그러나 여기서는 圖像的인 고찰이 아니라 圖像解釋學的 고찰을 통하여 불교의 심오한 사상인 華嚴의 진리를 조형언어로 나타낸 우리나라의 대표적 미술작품인, 聖德大王神鍾과 佛國寺의 건축 그리고 石佛寺의 건축과 조각을 중심으로 眞理의 形象化를 다루어 보고자 한다. 이들 세 가지는 모두 景德王代에서 惠恭王代에 이르는, 즉 8세기 중엽에 이루어졌다. 이러한 현상은 문화 전반이 고르게 발달하고 미술가의 技法이 극치에 이르렀을 때만 심오한 진리가 형상화될 수 있음을 웅변하고 있는 것이다.

1. 聖德大王神鍾

필자는 神鍾의 미술사적 위치를 다룸에 있어서, 이 신종이 불교미술의 종합인 만큼, 이 신종이 나타내 보이려 한 그 배후의 불교적 상징을 드러내 보려 한다. 즉 필자는 불교미술을 통하여 그 당시의 불교사상을 추출해 낼 수 있다는 나름의 방법론에 따라 신종의 종교적 상징을 밝혀 보겠다. 이미 언급한 것처럼 그것은 鍾銘의 서두에 강력히 표명되어 있다. 즉 신종 鑄造의 第一義的 목적은 一乘의 圓音을 만들어 내는 데 있다.[2] 말하자면 그 원음을 내기

---

1) 姜友邦, 「韓國의 華嚴美術論」, 『伽山學報』 4(伽山佛教文化研究院, 1995), 91~149쪽. 그러나 이 논문에 서는 聖德大王神鐘과 佛國寺에 반영되어 있는 華嚴思想을 미처 다루지 못하였다.
2) 銘文의 첫머리는 다음과 같이 시작되고 있다. "궁극적인 妙한 道理는 形象의 바깥에까지를 포함하므

위하여 모든 노력이 경주되었다. 그러면 원음이란 무엇인가.

一乘의 圓音이라 하였으니 일승은 곧 원음이다. 『法華經』第一 「方便品」에, "十方佛土 가운데 오직 一乘만이 있지만 方便으로써 分別하여 三乘으로 설법한다"라 했고, 『舊華嚴經』第五 「菩薩明難品」에, "일체의 모든 부처는 오직 一乘으로써 生死를 벗어난다"고 하였다. 또 『승만경』 一乘章에, "一乘을 얻는 것은 곧 阿耨多羅三藐三菩提[無上正等覺]를 얻는 것"이라 하였으니 一乘은 곧 正覺을 가리킨다. 말하자면 오직 一乘이 있을 뿐인데 중생의 根機에 응하여 三乘의 法을 설할 뿐이라 하였다.

圓音이란 말은 經典에 나오지 않는다. 원음이란 말은 馬鳴의 『大乘起信論』에 처음 나오고 元曉가 이 원음에 주목하여 상세한 주석을 그의 『大乘起信論疏』와 『大乘起信論 別記』에서 자세히 시도하고 있다. 즉 大乘佛敎의 시조인 馬鳴이 論하기를, "如來가 이 세상에 계실 때는 사람들의 마음씨가 착하고 총명하였으므로 圓音으로 설법하면 모든 중생이 한결같이 이해하였다. 그러나 如來가 돌아가신 후 사람들의 알아듣는 정도가 같지 않았다"고 하였다.

이에 대하여 元曉는 주석하기를 圓音이란 곧 一音이라고 서두를 열면서 세 論師의 說을 열거한다.

"중생이 根性에 따라 제각기 一音을 얻고 다른 소리는 듣지 아니하여 착란되지 아니하니 이처럼 音의 奇特함을 나타내기 때문에 一音이라 한 것이다. 音이 十方에 두루하여 根機가 성숙한 정도에 따라 들리지 않는 곳이 없기 때문에 圓音이라 한다." "差別性이 없기 때문에 一音이라 하고 미치지 않는 곳이 없는 까닭에 圓音이라 한다." "佛音은 장애가 없어서 一卽一切이며 一切卽一이다. 一切卽一인고로 一音이라 하며 一卽一切이어서 圓音이라 한다."

이어서 元曉는 『華嚴經』을 든다. "佛音은 불가사의하니 다만 一音의 말이 곧 一切音일 뿐 아니라, 여러 法에도 똑같이 두루하지 않음이 없다." 그리고 그는 이를 이렇게 설명한다. "이 제 곡조를 깨뜨리지 않고 산란하지 않고 두루 모든 곳에 미치고 그러면서도 리듬이 살아 있으니 圓音을 이루는 것이다. 이와 같은 圓音의 노래는 의식적으로 불러서 되는 것이 아니라 저절로 불러지는 것이다. 즉 法身의 自在한 뜻이다"라고 一音의 뜻을 설명하였다.

이로써 보면 元曉는 一音 혹은 圓音의 중요성을 인식하여 얼마나 강조하고 심사숙고하였는지 알 수 있다. 필자가 파악하기에는 두 가지가 같은 내용이지만 一音은 衆生 쪽에서 알아

로, 아무리 그 모습을 보려고 하여도 그 근원을 찾아볼 수 없으며, 大音은 하늘과 땅 사이의 모든 곳에 진동하고 있지만 이를 아무리 듣고자 하여도 도저히 그 소리를 들을 수 없습니다. 그러므로 부처 님께서 隨機說法인 方便假說을 열어 三眞의 깊은 이치를 관찰하시고, 衆生으로 하여금 一乘의 圓音을 깨닫게 하기 위하여 神鐘을 높이 다는 것입니다".

듣는 圓音이며 圓音은 如來 쪽에서 說法하는 一音이라는 입장의 차이가 있을 뿐이라는 생각
이 든다.

말하자면 神鍾銘의 원음은 크게 보아 일승 및 일음과 동의어이며 이 신종을 만드는 첫째 목
적은 아름다운 종소리를 音管이라는 장치를 창안하면서까지 내도록 함으로써 대담하게도 절대
의 진리인 원음을 표현하려 함에 있었다. 그리고 그 원음이란 개념은 馬鳴의 『大乘起信論』→
『華嚴經』→ 元曉의 『大乘起信論疏』 및 『別記』로 이어지면서 여러 가지 해석이 시도되어 왔음
을 알 수 있다. 결론적으로 원음이란 『華嚴經』에 근거한 진리의 내용임을 알 수 있다. 즉 여기
서 말하는 일승이란 法華經의 相對的 개념이 아니라 華嚴經의 핵심개념인 無盡緣起의 教義인
絕對的 一乘思想이다. 따라서 신종의 상징 해석은 『華嚴經』에 의하여 풀려질 수 있고 더 나아
가 元曉의 설명에 의하여 확실해진다. 이러한 教學의 전개를 배경으로 신종은 탄생된 것이다.

聖德大王神鍾은, 정치적으로 이상적 통치자인 轉輪聖王의 이미지를 聖德王에 부여하기 위
하여, 종교적 智慧, 힘차고 아름다운 造形, 音管의 창의적 考案, 최고도의 科學技術 등이 응
집되어 성스러움과 아름다움이 하나가 된, 기념비적 작품이라 하겠다.

2. 佛國寺 建築構造의 象徵解釋

佛國寺는 장대한 石造構造와 절묘한 結構와, 釋迦塔과 多寶塔의 극적인 대비로 세계적으로
유명하다. 그러나 아직까지 어떠한 宗教的 배경 아래 이렇게 아름답고 장엄한 造形美術이 설
계되었는지 밝혀진 바 없다.

필자는 佛國寺에서 釋迦淨土가 阿彌陀淨土보다 더 넓고, 더 높고 그리고 더 장엄하게 설계
된 사실에 주목하여 그 教理的 배경을 밝혀 보려 하였다. 건축구조의 면밀한 분석을 통하여,
佛國寺에서 法華思想과 阿彌陀信仰과 華嚴思想이 어떻게 상호관계를 맺고 있는지 도출하려
한다. 이하에 기술한 것은 그러한 논지를 펴 나가는 과정을 중간중간 요약한 것이다. 자세한
것은 필자의 논고를 참고하기 바란다.[3]

1) 印度의 世親으로부터 중국의 智儼·道綽·鎭西를 거쳐 한국의 義湘·元曉 등에 의하여
도도히 흐르는, 華嚴思想의 범주 안에서의 阿彌陀淨土信仰의 전개는 불교철학 내지 불교신앙
의 역사적 전개에서 매우 중요한 근간을 형성하고 있음을 확인하였다. 말하자면 불교철학의

---

3) 姜友邦, 「佛國寺建築의 宗教的 象徵構造」, 『佛國寺의 綜合的 研究』, 신라문화제 학술발표회논문집 제
18집, 1977.

본질과 불교신앙의 淨土往生과의 力學的 相互關係가 일관되게 전개되고 있는 것이다. 이러한 불교의 근본적인 내용을 바로 佛國寺의 건축구조가 명료히 보여주고 있기 때문에 佛國寺 예술은 가히 기념비적이라 할 수 있다. 즉 불교의 근본적인 문제를 建築的으로 명쾌히 造形化한 것이다.

이러한 결론은 佛國寺의 건축구조의 관찰과 분석을 출발점으로 하여 우리나라의 義湘과 元曉, 다시 중국의 智儼 그리고 인도의 世親으로 거슬러 올라가면서 확인된 것이다.

2) 佛國寺에서 釋迦淨土(娑婆世界)는 『法華經』에 의하여, 阿彌陀淨土는 『無量壽經』에 의하여 성립되었으나, 이 對比관계에 있는 두 淨土를 圓融케 하는 것이 화엄사상이므로 일찍이 佛國寺는 大華嚴佛國寺라고 불렸던 것이다. 그리고 실제로 두 淨土의 差別相은 화엄사상에 의해서만 그것에 내재된 문제가 풀려질 수 있다. 여기에 추가된 毘盧殿과 觀音殿도 화엄사상의 포용력에 의하여 함께 해석될 수 있다.

釋迦淨土는 일반적으로 쓰이지 않는 용어이지만 그 娑婆世界가 蓮華藏世界와 동일시되므로, 필자가 釋迦淨土라고 命名한 것이다.

穢土(娑婆世界)와 淨土 두 차별상을 相卽相入게 하는 것이 華嚴의 절대적 一乘思想이다. 화엄사상의 본질은 緣起이며 이를 다른 말로 바꾸면 空이며 一乘이다. 불교는 늘 三乘의 방편으로 그 차별상을 표현하되 다시 一乘思想으로 대종합·대통합하여 모두를 會通하여 圓融케 한다. 그래서 우리나라의 伽藍配置에서 여러 佛世界가 공존하며 그 효시가 佛國寺이다.

3) 『華嚴經』의 蓮華藏世界, 즉 法界는 추상적이고 관념적이어서 조형적으로 가시화될 수 없다. 또 穢土인 娑婆世界는 본질적으로 莊嚴한 세계로 꾸며질 수 없다. 이에 비하여 阿彌陀의 極樂淨土는 언제나 화려하게 장엄한 세계로 묘사되어 있다. 그런데 지금까지 다룬 것처럼 연화장세계와 사바세계는 相卽相入하고, 想像의 莊嚴世界인 연화장세계(常寂光土)는 곧 사바세계이므로, 연화장세계와 사바세계는 장엄한 극락정토를 모델로 삼아 정토건축으로 구체적으로 표현할 수 있으며 더 나아가 연화장세계는 최상위의 정토이므로 극락정토보다 더 높게, 더 넓게, 더 화려하게 장엄할 수 있다. 그런 까닭에 사바세계(釋迦淨土)는 바로 연화장세계이므로 연화장세계와 마찬가지로 아미타의 극락정토보다 더 높게, 더 넓게, 더 화려하게 장엄할 수 있다는 논리적 전개를 펴 나갈 수 있다.

一乘의 조형적 표현의 가능성은 三乘의 입장에 근거한 것이다. 최하위의 극락정토와 최상위의 연화장세계가 相卽相入한다는 절대적 일승의 입장을 조형적으로 가시화한다는 것은 불가능하다. 그러므로 극락정토와 연화장세계 두 세계의 관계를, 또 그 두 세계의 차별상을 구체적으로 가시화하기 위하여서는 부득불 三乘의 입장을 취할 수밖에 없다. 佛國寺의 건축의 상징구조는 三乘의 입장에서 가시화되었으나, 한편 '大華嚴佛國寺'라고 불리고 있는 것처럼 화엄의 절대적 일승을 지향하고 있는 것이다. 그래서 사바세계인 석가정토는 연화장세계와 하나가 되어 그토록 높게, 넓게, 화려하게 장엄되어 있는 것이다.

4) 蓮華藏世界와 釋迦淨土(娑婆世界)와 極樂淨土의 삼각관계를 他力信仰과 自力信仰의 관점에서 좀 더 쉽게 풀어 볼 수 있다. 타력신앙의 입장에서는 아미타정토가 최상위여서 無量한 정토들 가운데 가장 훌륭하고 장엄하다고 하였다. 그러나 자력신앙이라는 불교 본래의 입장에서 보면, 타력신앙의 대표적 예배대상인 아미타불과 그 佛國인 극락정토는 하위에 있으며 釋迦如來와 그 佛國인 석가정토(사바세계, 正覺하면 사바세계가 곧 정토)가 상위에 있게 된다. 그런 까닭에 佛國寺에서 석가정토가 극락정토보다 훨씬 높게 설계되어 있다.

그러면 통일신라시대에 아미타신앙이 왜 그리 성행하였는가. 그것은 불교의 대중화운동과 관계가 있다. 자력신앙은 이루기 힘들고 타력신앙은 접근하기 쉬우므로 자력신앙으로 인도하기 위한 방편으로써 아미타신앙과 극락정토를 내세운 것뿐이다. 元曉의 생애의 대전환도 본래의 입장을 그대로 지닌 채 대중화운동의 수단으로 아미타신앙을 내세운 것뿐이니 완전히 타력신앙으로 기운 것은 아니었다고 생각한다.

이와 같이 아미타신앙이 성행하던 8세기 중엽에 설계된 기념비적인 佛國寺의 造營意圖를 보면 분명히 아미타정토를 석가정토에 비교할 수 없을 정도로 낮게 놓고 규모도 작고 빈약하게 꾸미고 있다. 이러한 현상은 新羅가 대중에게 아미타정토를 내세우면서도 어디까지나 석가신앙을 절대적 위치에 둠으로써 불교의 근본입장을 유지하고 있음을 웅변하는 것이다. 그러나 그 교리적 배경을 보면 화엄철학과 신앙의 범주 안에서 아미타신앙이 전개되어 왔으며 결국 華嚴一乘의 관점에서 연화장세계와 아미타정토를 동일시하기에 이르렀으며, 또 한편 석가정토를 연화장세계(혹은 法界 혹은 常寂光土)와 동일시하였으나, 자력신앙을 강조한 나머지 석가정토를 아미타정토보다 훨씬 드높게, 훨씬 장엄하게, 훨씬 규모를 크게 계획하여 그 위상을 최고로 나타낸 것이라 볼 수 있다.

5) 그러므로 佛國寺와 石佛寺의 造形意志를 통하여 8세기의 한국불교는 '釋迦의 正覺'을 지향하고 있음을 분명히 알 수 있다. 그것은 석가가 열반에 들 때, "네 자신에 내재되어 있는 무한한 가능성과 내가 說한 眞理에 의지하라"는 遺言을 그대로 따른 것이다. 이 가르침을 조형화한 것이 佛國寺와 石佛寺이고 여기서 비롯된 佛國寺의 가람배치(여러 區域 혹은 여러 佛典의 共存)와 佛身의 형상화(降魔觸地印 釋迦如來像과 毘盧遮那如來)는 그 이후의 우리나

라 불교미술의 나아갈 방향을 결정하였다.

6) 이러한 해석에 힘입어 지금까지 보류해 왔던 毘盧殿과 觀音殿의 존재의미를 밝혀 볼 단계에 이른 것 같다. 이 두 殿閣은 바로 석가정토구역의 바로 뒤에 있다. 필자는 비로전은 두 중심구역이 완성된 후에 추가된 것이라고 보고 싶다. 비로자나불이란 圓刻像은 8세기 후반에 확립된 것이고 현재의 金銅毘盧遮那佛像은 佛國寺 창건 이후에 조성되었기 때문이다. 지금까지 보아온 것처럼 常寂光土는 바로 사바세계이니 비로자나와 석가불은 不二이다. 또 석가가 正覺을 이룬 후 慈悲心을 내어 중생을 구원코자 誓願을 내었으니 자비심은 바로 佛心이라 하겠다. 그러므로 석가여래와 그 불심인 자비심을 형상화한 觀音菩薩도 또한 不二의 관계에 있다. 그런 까닭에 석가정토 바로 뒤에 비로전과 관음전을 두어 커다랗게 한 카테고리를 형성했다고 생각한다.

7) 최종적으로 필자의 결론을 다시 정리하여 보겠다. 지금까지 필자는 阿彌陀淨土와 釋迦淨土란 용어를 대비시켜 설명하여 왔다. 그러나 이제 極樂과 俗世, 즉 '極樂淨土'와 '娑婆世界'로 용어를 바꾸어 올 때가 되었다. 원래 속세인 사바세계는 저 멀리 있는 이상세계인 정토처럼 장엄하지 않다. 그런데 佛國寺에서는 사바세계가 극락정토보다 더 높게, 더 넓게, 더 화려하게 장엄되어 있다. 그 교리적 배경은 華嚴의 입장에서 보면 蓮華藏世界가 극락정토보다 상위의 개념이며, 그런데 正覺을 통하여 이 속세인 사바세계가 연화장세계가 되는 점에 있다. 즉 우리가 正覺을 성취함으로써 번뇌의 속세가 곧 법계가 되기 때문에 사바세계가 극락정토보다 더 높게, 더 넓게, 더 화려하게 장엄된 것이다.

다시 말하면, 타력신앙에서는 정토가 최상위인 데 비하여 자력신앙에서는 연화장세계가 최상위인데, 사바세계를 연화장세계와 동일시함으로써 자연히 사바세계는 극락정토보다 優位를 점하게 된다. 그러므로 佛國寺 건축은 자력신앙, 즉 聖道自力을 더할 나위 없이 강조하고 있는 것이다. 즉 자신의 노력에 의한 正覺을 강조하고 있다. 결국 正覺하면 이 속세가 곧 법계가 된다는 불교 본래의 사상을 조형화한 것이다. 이러한 결론은 화엄사상에 입각하여 도출된 것이어서, 石佛寺(石窟庵)의 상징구조를 화엄사상에서 풀이한 필자의 결론과 軌를 같이한다.

석가모니가 열반에 들면서 한 말, "나에게 의지하지 말고 내가 說한 진리(사성제)와 네 자신(네 자신에 내재하여 있는 무한한 가능성인 佛性)에 의지하라"는 마지막 遺訓을 신라인들은 石佛寺와 佛國寺에서 佛身과 佛土로 조형화하였으며, 그것은 그 이후 전개된 한국의 불교사상과 불교미술의 원형이 되었다. 우리나라에 통시대적으로 降魔觸地印의 正覺像을 모신 大雄殿이 주류를 이룬 까닭은 여기에 있다.

316

3. 石窟庵에 있어서 '調和의 門'과 緣起思想

石窟庵 건축에서는 원·방형·정삼각형·정육각형 등 기본적인 幾何學的 도형이 그 건축의 정면·입면·평면 등에 응용되었으며, 가장 중요한 主室의 입면의 구성에는 中央本尊을 포함하여 √2 矩形이라는 '調和의 門'의 비례가 다각도로 적용되어 전개되었다.

그러면 고전양식에 내재하여 있는 완전한 비례는 어떠한 의미를 가지는 것일까. 비례는 원래 자연의 형태에 내재하여 있는 것으로, 그 자연에 내재하여 있는 아름다운 비례를 기하학적인 여러 도식으로 추출하여 다시금 예술작품, 즉 건축, 조각, 회화의 구성에 응용한 것이다. 그리하여 비례는 기하학적 作圖에 의하여 설명되어 기하학은 예술과 뗄 수 없는 관계를 맺는다. 특히 건축의 구성은 기하학적 비례에 의하여 결정된다.

기하학은 형태들의 크기와 상호관계를 통하여 공간의 질서를 연구하는 학문이어서 일찍이 천문학에서 발달한 학문이었다. 그것은 고대의 宇宙觀을 반영하게 되어 철학과 종교와도 관계를 맺었으며, 音의 振動數를 比로 나타낼 수 있게 됨에 따라 음악의 調和律은 기하학적으로 설명되고 詩의 韻律도 성립하기에 이르렀다. 결국 자연현상(佛家에서는 이를 行 또는 法이라 부른다)에서 추출된 기하학적 비례는 천문학·철학·종교·조형예술·음악 등 인간의 문화 전반에 걸쳐 중요시되었다. 이와 같이 기하학은 생성변화하는 역동적인 자연현상에 대한 관찰과 사고에서 얻어진 우주관·세계관의 산물이어서 인간의 의식구조와 깊이 관련되어 있다. 그러므로 기하학은 인간의 모든 문화활동이 만나는 場이 되고 있다.

그리하여 일찍이 플라톤은 기하학을 가장 축소할 수 있는 그리고 본질적인, 따라서 가장 철학적인 언어라고 정의하였다. 기하학적 圖形과 數는 철학적 명상을 위한 수단이 될 수 있으며 형이상학적 세계를 묘사하기 위한 가장 명료한 모델로서의 언어가 된다. 그러므로 일정한 기하학적 비례로 구성된 神殿으로 들어가는 것은 眞理의 居處로 들어가는 것이 된다. 이러한 생각은 東西洋의 보편적인 것이어서, 불교에서는 大乘佛教의 深化라고 할 수 있는 密教에서 심오한 불교사상을 전달하는 수단으로 여러 가지 기하학적 도형의 결합(曼陀羅)이 이루어졌으며 그 안에 佛과 菩薩들을 배치하였다. 뿐만 아니라 포앙카레는 詩人이 되지 않고는 완전한 기하학자가 될 수 없다고 하여 시인의 직관·상상력을 중시하였다. 이러한 기하학에 있어서의 비례의 문제는 고대의 조형예술 특히 건축과 조각에 있어서의 조화의 美라는 고전의 이상을 실현하는 가장 중요한 원리가 된다.

比例란 조화의 근본이 되는 균형을 의미한다. 그 균형은 어떤 量이 다른 양에 대하여 일정한 비율을 가질 때 생기며 그때 우리는 그 관계에서 美를 느낀다. 부분과 전체 사이 그리고 부분과 부분 사이는 일정한 비율을 유지함으로써 서로 연대적 관계를 지니게 된다. 이와 같이 조화란 부분이 전체에 미치는 합법적 관계를 말하는데 그 관계에는 반드시 공통된 單位가 존재한다. 그 공통된 단위가 존재하므로 양은 비록 다르다 하더라도 동질성을 지니는 數宜的 관계(Commensurable relationship)가 성립하게 된다. 비례에 있어서의 이러한 조화의 개념은 고대로부터 신성시되어 종교적 관념을 띠게 된 것이라고 생각된다.

그런데 자연과학과 예술은 다양성에서 통일을 발견하려는 탐구인데 종교 또한 그 예외가 아니다. 그렇기 때문에 종교적 건축에 이러한 神授比例法이 적용된 것 같다. 즉 종교적 원리와 비례의 원리가 일치하므로, 그러한 비례에 근거한 건축은 바로 종교적 관념을 예술형태로 전환시킨 것이라 할 수 있다. 그렇기 때문에 그러한 건축의 공간에 우리가 들어설 때 종교적 승고함과 예술적 미를 함께 느끼게 되는 것이라 생각된다. 비례의 법칙도 자연현상에서 추출된 것이며 불교사상도 자연현상의 탐구에서 성립된 것이기에 서로 공통된 원리에 도달한 것인지도 모른다. 그러면 불교사상의 원리를 살펴보면서 그것이 비례의 원리와 어떠한 합치점이 있는지 알아보기로 하자.

불교사상의 핵심은 緣起思想이다. 이것이 바로 釋迦가 보드가야의 마하보디 사원에서 正覺한 진리의 내용이다. 이것이 自內證의 法門이고, 이 연기사상을 이해하기 쉽게 타인을 위해 說한 化他의 法門이 四諦이다.

석가의 悟道의 내용이 緣起說이므로 그것은 바로 解脫과 涅槃의 내용이 되는 것이다. 成道 후의 그의 깊은 思惟는 일단 깨달은 연기의 이치를 중생을 위해 설할 방편에 대해 사유하였다는 의미일 것이다.

초기 경전(『中阿含經』 혹은 『相應部經』)에는 대체로, "이렇게 이것이 있는 故로 저것이 있고 이것이 生하는 故로 저것이 생하며 이것이 없는 故로 저것이 없고, 이것이 滅하는 故로 저것이 멸한다"는 내용으로 연기가 설명되어 있다. 연기라는 것은 因緣生起라는 의미로서 現像界의 모든 존재는 고립하여 존재하는 것이 없고 피차의 존립에 필수적 조건이 된다는 것이다. 즉 此有故彼有의 의미는, 현상계의 모든 존재는 空間的으로 相依相係하는 것을, 此起故彼起는 時間的으로 相依相關하는 것을 말하는 것이다. 그러므로 一切의 현상은 반드시 시간적, 공간적인 연기관계에 의하여 생멸변화를 한다는 것이다.

연기사상은 그 이론체계가 점차 발달하여 華嚴宗에서 극치를 이룬다. 이를 화엄종에서는 法界緣起라 하는데, 이는 화엄종의 근본교리로 '一卽一切 一切卽一'로 요약된다. 화엄종에서 누누이 다루는 六相說과 相卽相入說은 모두 법계연기를 설명하는 방편들이다. 특히『華嚴經』에 자주 나타나는, 하나의 극히 작은 먼지에서 一切法界를 본다든가, 一毛孔中에 一切刹이 들어가고 一切刹에 一毛가 들어간다는 등의 말은 相卽相入의 원리라 할 수 있다. 그러나 이 연기가 幻想的으로 표현된 것은 普光法堂會의 賢首菩薩品에 열거된 十種三昧中 因陀羅網三昧이다. 이에 의하면 인드라(帝釋天)의 궁전에 걸린 그물의 매듭마다 구슬이 있어 그 무수한 구슬들 서로가 빛을 발하여 重重無盡이 되어 있다는 것이다. 즉 인드라神이 거주하는 天界에 기발한 匠人이 만든 網이 있는데 모든 방향으로 무한히 뻗쳐나가는 것이었다. 그 매듭마다 빛나는 구슬을 달았는데 그 망은 무한히 크므로 구슬의 수도 무한히 많았다. 구슬들은 一等星의 별들처럼 찬란하였다. 그 구슬들 가운데 하나를 자세히 보면 수많은 구슬들이 그 하나에 反影되어 있음을 볼 수 있고 그뿐만 아니라 그것이 다른 모든 구슬에 반영되어 무한한 반영의 과정이 일어나고 있는 것이다.『華嚴經』은 우주의 삼라만상 사이에 무한히 반복되는 상호관계를 상징적으로 설명하기 위하여 이 이미지를 자주 언급하고 있다. 이와 같이 一切諸法(일체의 자연현상)은 相卽相入하여 一卽一切・一切卽一이 되어 있는 法界의 세계를 나타내는 것이 因陀羅網三昧이다. 다시 말하면 이것은 우주・인생의 현상의 움직임을 시간적・공간적・논리적인 관계로써 정확히 고찰한 것으로, 모든 것은 연기의 법칙에 따라 생멸변화한다는 것이다. 그 법칙이란 주위환경과의 상호관계가 相依相資의 연기관계이며 유기적인 연대관계에 있다는 것이다. 이것이 바로 화엄사상의 기본의 하나인 相卽相入의 원리이다.

이를 구체적으로 설명하기 위하여 華嚴에서는 흔히 法藏의 해석을 인용한다. 그는 화엄이 말하는 '全體'와 '部分'과의 관계를 건물에 비유하여 설명하였다. 유기적 전체로서의 하나의 건물은 서까래나 기둥 같은 부분들을 떠나서는 존재할 수 없다. 그러므로 서까래가 곧 건물이라는 화엄적 논리가 성립한다. 즉 우리가 부분으로 확인한 것은 전체로부터의 추출이라 말할 수 있다. 그렇다고 부분과 부분, 즉 서까래와 기둥이 같다고는 할 수 없다. 오히려 그들은 서로 형태나 기능이 달라서 그들이 제각각의 다른 기능을 훌륭히 발휘할 때, 전체로서의 건물이 완성되므로, 부분들이 다르기 때문에 동일하다는 화엄적 논리가 다시 성립한다. 그 관계는 비례의 원리인, 양은 비록 다르더라도 동질성을 지닌다는 數宜的 관계와 정확히 일치하는 것이다.

이처럼 石窟庵의 비례는 이러한 내재의 法界緣起를 조형적으로 표현한 것으로 생각된다. 石窟庵에 있어서의 기본 比인 1: $\sqrt{2}$의 比는 부분에서도, 좀 더 큰 부분에도 적용시켜 전체의 石窟庵을 짜 나가고 잇다. $\sqrt{2}$ 矩形을 절반을 나누면 다시 작은 $\sqrt{2}$ 矩形이 되고 그들의 반을 자르면 다시 더 작은 $\sqrt{2}$ 矩形이 되어 무한히 $1:\sqrt{2}$의 比가 전개된다. 큰 $\sqrt{2}$ 矩形은 수많은 작은 $\sqrt{2}$ 矩形을 내재하여 갖고 있으며 작은 $\sqrt{2}$ 矩形은 수많은 더 큰 무한한 $\sqrt{2}$ 矩形을 밖으로 갖고 있다. $1:\sqrt{3}$이란 比도 $1:\sqrt{2}$의 比를 합법적으로 변형시킨 것이어서 서로 내재하여 있다. 말하자면 石窟庵의 비례의 조합은 인드라網의 상징을 조형으로 나타낸 것이라 볼 수 있다. '黃金分割'이나 '調和의 門'의 비례에 있어서의 부분과 전체 사이의 연대적 관계와 무한한 반복은 緣起說에 있어서의 부분과 전체 사이의 유기적 연대관계와 무한한 투영과 완전히 동질성을 띠고 있다.[4]

結 語

필자는 이 논고를 쓰면서, 佛身을 나타낸 石佛寺, 佛國土를 구현한 佛國寺, 佛音(一乘의 圓音)을 내려 한 聖德大王神鍾을 통일신라 三寶라 일컫고 싶다. 이들은 모두 한결같이 화엄사상을 조형예술로 구현하기 위하여 獨創的 造形力이 유감없이 발휘된 위대한 예술품들이다. 또 이들은 모두 景德王代에서 惠恭王代에 걸쳐 中央集權的인 왕권 강화의 실현 과정에서 이룩되었다.

華嚴思想을 造形化한 것은 우리나라에서 彫刻·繪畫·建築 등 모든 장르에 걸쳐 通時代的으로 이루어지고 있으나, 이상의 8세기 중엽, 統一新羅시대에 만들어진 石佛寺, 佛國寺, 聖德大王神鍾은 가히 紀念碑的이라 할 만하다.

우리는 이처럼 문헌으로서가 아니라 불교미술의 해석을 통하여 그 당시의 불교철학 내지 불교신앙의 실상을 생생하게 파악해 볼 수 있다.

문헌이란 얼마든지 오류가 있을 수 있고 왜곡될 수 있어서 언제나 엄밀한 검토가 필요하다. 그러나 조형미술은 결코 우리를 속이지 않는다. 또 그 조형미술품은 비록 인멸된 것이 많다고 하나 아직도 많은 量을 남기고 있다. 그 조형미술은 반드시 그 시대 시대의 불교철학 내지 불교신앙을 반영하고 있으므로 불교사상을 연구하는 데에 문헌보다 더 중요한 사실을 보여줄 수 있다. 그러므로 필자가 늘 주장하여 온 것처럼 조형미술을 출발점으로 하여 문헌을 연구하여 상호보완해야만 올바른 불교문화의 연구가 이루어질 수 있다.

---

4) 이 石窟庵의 부분의 필자의 논고, 「石窟庵에 응용된 '調和의 門' —比例와 緣起思想—」, 『圓融과 調和』 (悅話堂, 1990)의 제5장(275~279쪽)에서 발췌한 것이다.

불교미술에 나타난 화엄사상

사회: 서영대

약정토론: 장충식

☞ **사 회**

약정토론은 동국대학교에 계시는 장충식 선생님께서 해 주시겠습니다. 선생님 부탁드리겠습니다.

☞ **장충식**

동국대학교의 장충식입니다. 저도 사과말씀을 드려야 할 것은 토론 요지를 다 만들지를 못했습니다. 일부 만든 것이 정리가 안 돼서 돌리질 못하고 말씀만 올리도록 하겠습니다. 강선생님, 지금 말씀을 쭉 듣고 보니까 그동안의 노고가 매우 돋보이고 아주 좋은 주의 주장이 많이 개진됐다고 생각합니다. 근데 지금 말씀 순서가 논문에서는 주로 성덕대왕신종하고 그리고 불국사와 석굴암으로 이렇게 개진됐습니다만 설명은 석굴암이 먼저였습니다. 제가 순서를 바꾸어서 논문에서 개진되고 있는 순서대로 조금 말씀을 드리면서 의심나는 점을 다시 질문하도록 하겠습니다.

실제 논문의 내용이 불교미술에 나타난 화엄사상인데 이 화엄사상을 이야기하시게 되면 결국 먼저 화엄의 교리체계가 어떤 것인지 여기에 대한 정립을 조금 해 주셨으면, 결국 강선생님이 화엄경을 이해하고 계시는 사상체계를 저희가 조금 인식하고서 거기에 준한다면 질문을 좁힐 수도 있겠다 싶은데, 그러한 것에 대해서는 이 논문요지상에는 언급이 없기 때문에 그런 아쉬움을 가지고 있습니다. 다만 『화엄경』의 교리 내용은 전통적인 용어로는 '통만법명일심(統萬法明一心)', 곧 만법을 다 통괄하여 일심을 밝힌다는 것인데, 사실 그렇게 본다면 이 화엄의 교리 내용 속에 해당 안 되는 부분이 없습니다. 따라서 이와 같은 성덕대왕 신종의 명문 내용을 가지고서 말씀하시는 것이나 또는 불국사와 석굴암에 대한 말씀 내용들이 화엄의 교학체계 속에 크게 벗어나지 않는다고밖에 볼 수 없을 겁니다. 그렇다면 결국 화엄의 교리내용은 일체를 다 통괄하는 그런 것이기 때문에 일단 그런 면은 모두 다 긍정을 해야 되겠지만 몇 가지 해명이 요청되는 것은 과연 조형예술품으로서의 신종을 공예에다 둔다면 공예품과, 또 석굴암과 불국사는 건축과 조각을 동시에 수반하고 있는 그런 조형예술품이 꼭 화엄의 교리체계에만 국집(局執)해서 그렇게 풀어나가야 할 것이냐 하는 점입니다. 왜냐하면 조형작품의 구성은 당시의 환경과 지형조건, 그 시대 사람들의 염원과, 또 경제적인 조건, 여러 가지가 작용해 가지고 하나의 조형예술품이 탄생된다고 볼 때 과연 화엄을 어떻게 우리가 풀어가야 할 것이냐, 이런 대전제로서의 의심을 제가 먼저 갖게 됐습니다. 먼저 성덕대왕 신종에 대한 것을, 신종의 명문에 나오고 있는 것을 상당히 주목을 하신 걸로 생각됩니다. 그 명문을 저희도 예상해서 복사를 해왔는데 물론 여기에 화엄의 교리 내용에서 서두에서부터 전개되고 있는 건 사실입니다. 종을 이렇게 걸어서 이렇게 소리를 내는 것도 일승(一乘)의 원음(圓音)을 깨치기 위한 그런 목적을 여기다가 두고 있는 것도 사실입니다. 그런데 우리가 전통적인 방법으로는 이런 불가의 종 자체를 범종이라고 하는데, 범종(梵鐘)이라고 볼 때는 이것이 어느 종이나 다 그게 일상의 원음입니다. '범'(梵)이라고 하는 언어 개념, 원음은 강 선생님께서는 부처님은 원음인데 중생은 일음(一音)으로서 알아듣는다. 물론 종소리는 우리의 분별입니다. 아, 성덕대왕 신종이 화엄의 일성 원음을 전해 주는구나. 그러나 우리가 듣는 건 일음일 뿐이거든요. 하나의 분별론일 뿐입니다. 따라서 범종으로서의 그 종은 그것이 청동이건 동종이건 간에 불가의 종, 본 취지는 그것이 범종이기 때문에 범종은 결국 그 본지가 원음을 상징하는 것이기 때문에 그것을 구태여 그 성덕대왕 신종, 물론 세계 최고의 명종이긴 하지만. 아름다운 이 종만이 화엄의 교리체계 속에서 탄생되는 것이라 보는 것은 너무 그 화엄일색으로 지금의 논문에 대입시키기 위해서 계속해서 끌어가는 것이 아니냐. 이런 의심을 조금 제기하고 싶습니다. 따라서 이런 것과 부연해서 말씀을 좀 더 드린다면 결국 이것이 회삼귀일(會三歸一), 곧 삼승(三乘)을 모아 일승(一乘)으로 돌아가는 법화경의 그러한 교리내용도 배제될 수는 없다고 봅니다. 결국 삼승을 제외한 일승이 없는 것이며, 일승이 최상승(最上乘)인 불승(佛乘)인데, 삼승이 없을 것 같으면, 불승이 별존(別存)할 수도 없는, 곧 중생이 있음으로써 불생이 있는 것과 마찬가지가 아니냐, 이러한 생각도 나름대로 해보게 됩니다. 아무튼 그 범종이 갖는 언어적인 개념, 이것을 혹 화엄에만 그렇게 국한

시킬 수만 있겠느냐, 그런 의심이 하나 있습니다.

　그다음 두 번째로 불국사의 건축 구조의 상징적 해석을 이렇게 쭉 설명했습니다만 발표 요지의 내용 가운데 불국사가 결국 우리나라 가람배치에 있어서 하나의 효시가 되는 것으로 문장 속에는 그렇게 쭉 풀고 계신데, 그 효시가 불국사라 그랬습니다. 그러나 사실 삼국시대에 이미 황룡사라든지 분황사, 이런 국찰에 준하는 사찰들이 이미 있습니다. 결국 그런 가람배치의 전각의 명칭이 전개되는 것은 『고금창기』에 나오는 기록을 볼 것 같으면 상당히 많은 전각이 전개되고 있습니다. 거기에는. 수십 개의 불전이 또는 당우가 있기 때문에 그걸 저희는 다 믿을 수가 없습니다. 또 그만한 건축구조가 들어설 수 있는 공간이 없고 그리고 그것은 조선시대의 아마 후기의 기록이니까, 따라서 여기서 의심을 갖는 것은 아까 그 그림에서도 제일 꼭대기에 있는 관음전에 대한 것이 나왔는데 비로전, 비로자나와 석가모니가 일신이니 물론 삼신설(三身說)에서는 둘일 수가 없겠습니다.

　그리고 관음전, 또 그것도 석가의 자비를 상징하는 하나의 상징이기 때문에 둘일 수 없는 것이다. 따라서 그것이 하나의 불국사의 특색이다. 그런데 관음전이 창건연대를 어디에 둬야 할 것이냐 하는 것은 사실 저희는 구조적인 측면에서 불국사에 대해서 의심을 갖습니다. 아주 옹색한, 그냥 꼭대기, 물론 관음의 주체가 보타락가의 경치 좋은, 전망이 좋은 이런 델 수도 있겠는데, 실제 불국사의 발굴에 있어서는 관음전에 대한 존재는 여러 문제를 제기하고 있다고 저는 그렇게 생각됩니다. 따라서 창건 당시의 관음전이 거기 그 장소에 그렇게 있었겠느냐. 여기에 대한 답변도 동시에 좀 해 주시기를 부탁드리고. 그리고 석가정토를 말씀하셨는데, 뭐 '상적광토'(常寂光土)라든지 이런 걸 가지고서 석가정토란 말을 강 선생님께서 이제 처음 하나의 신조처럼 내놓으신 걸로 이해되는데, 사실 이런 경우는 과연 석가모니의 국토를 우리가 사바세계라고 이렇게 한다면 이건 예토(穢土)이고 정토의 상반되는 개념입니다. 따라서 예토라고 하는 것은 시비가 있고 희비가 있고 장단이 있고 부처와 중생이 또 공존하고, 이런 아주 매우 상대적인 그런 세곈데. 물론 깨침의 세계로서 돌아가서 본다면 석가모니도 상적광토에 계시는 하나의 정토의 부처인 것만은 사실인데, 제일 중요한 것은 아까 지엄의 그런 말을 들어 가지고서 정토의 개념을 상하개념으로서 그렇게 나누어 가지고서 이것을 꼭 풀어줘야 될 것이냐. 아미타정토, 물론 자력과 타력 신앙을 가려 주고서 분별하는 입장에서는 또 그런 말도 전개될 수도 있겠습니다. 자력이 높다, 타력이 낮다. 결국 그걸 우리의 불국사에다가 대입시킬 때 불국사의 구조라고 하는 것은 남향사찰인데 동쪽의 구릉에서 서쪽으로 전개되는 그런 구릉에 형성되는 사찰입니다. 그래서 동쪽이 높습니다. 지형적으로. 지형적으로 높은 그쪽이 건축구조로서는 상층에 형성될 수밖에 없지요.

☞ **강우방**

그렇다면 그건 거꾸로 돼야죠. 동쪽이 높다면 동쪽이 단층으로 돼야 되고 옆이 중층으로 돼야 되죠, 그런 논리라면.

☞ **장충식**

제가 말씀드리는 것은 그것이 지형적인 조건, 그러니까 장소와 시대, 인물 이런 것을 조형 작품의 탄생에는 결국 우리가 필연적으로 생각을 해야 되겠는데, 동에서 서쪽으로 낮아지는 구릉의 남향사찰로서 불국사가 이렇게 전개를 하였는데, 사바정토가 상적광토고 또 석가모니 인고로 비로자나고, 비로자나인고로, 석가모니와 관음이 같은 것이고. 계속 이렇게 주장하시 다가 보니까 결국 사바정토가 상위개념으로서 부각되었고, 극락정토가 하위개념으로서 서쪽 에 낮은 데 위치하게 됐다. 그런 주장을 하시는 것으로 그렇게 들렸습니다. 그것은 저희는 단순히 하나의 지형적인 조건이……

☞ **강우방**

그럼 극락정토는 그렇게 낮다 치더라도 왜 그렇게 작습니까?

☞ **장충식**

그건 저희가 지금 더 드리고 싶은 질문입니다. 사실은 서방정토가 작았다는 것을, 제가 그 럼 답을 제 나름대로 해볼까요.

☞ **사 회**

죄송합니다. 간단하게 좀 해 주십시오.

☞ **장충식**

그래서 그거 틀리겠지만 이야길 해야 되겠군요(일동 웃음). 다만 지형조건이 그렇지 않겠 습니까. 그게.

☞ **강우방**

그건 안 그렇죠. 불국사를 그렇게 해석하시면 그거는 안 되죠.

☞ **장충식**

그럼 틀렸습니다, 이거죠. (일동 웃음)

☞ **강우방**

틀린 거 아시면서 왜 자꾸 그렇게 말씀하시면…… (일동 웃음)

☞ **장충식**

그걸 저 지형조건이 그렇다는 걸 일단은 긍정 안 하시니까, 예? 긍정 안 하시는 거 아닙니까?

☞ **강우방**

글쎄……(웃음)

☞ **사 회**

질문이 대개 끝나셨습니까?

☞ **장충식**

네 이건 조금 더 보완해서, 그저 여기서 해결 날 문제가 아니니까 그냥 넘어가는 게 좋겠습니다. 다만 조금 전에 말씀드린 불국사의 가람배치가 우리의 한국불교의 가람으로서 하나의 효시다. 결국 그런 주장이 나오시게 되는 근본 원인이 어디 있느냐 하는 것에 의심이 있었습니다.

☞ **강우방**

아까 질문하셨죠? 예. 제가 답변해 드릴게요.

☞ **장충식**

그래서 뭐냐 하면, 황룡사라든지 분황사가 일탑삼금당 식으로 발굴 결과 확인이 됐는데 그 전각명칭을 우리는 모릅니다. 그러나 불국사 고금창기에는 불국사의 명칭을 각기 나열했는데 이걸 우리가 추정해가서 그대로 인정하기는 매우 수긍이 안 가는 대목이 많다고 아까 말씀을 드렸습니다. 따라서 불국사가 8세기 중엽에 된 또 그 가람배치가 어떻게 효시가 되겠느냐, 삼국시대부터 더구나 일탑삼금당(一塔三金堂) 식의 가람이, 황룡사나 분황사에도 그렇게 이미 존재해 있었고, 또 삼국유사에는 특히 분황사의 경우에는 한기리에 사는 희맹의 눈먼 애기에게 눈을 뜨게 하는 향가가 하나 탄생되는 것에서도 좌전북벽(左殿北壁)의 관음보살에게 가서 기도를 올리거든요. 좌전이라고 그랬습니다. 좌전. 그 전각 명칭을 우리가 모릅니다. 그러나 그런 전각이 기록상으로 빠져 있을 뿐이지 명칭이 이미 있고 가람배치상에 전각의 이름이 있는 겁니다. 좌전 그 관음전일 수도 있고 꼭 관음전이라고 우리가 인정한다면 우전(右殿)은 대세지전(大勢至殿)일 수도 있지 않겠느냐, 그런 짐작을 할 수도 있습니다. 일탑삼금당 식의 좌우대칭으로 이렇게 있는 것이니까. 따라서 지금 동쪽에 석가 다보탑을 지니고 있는 그 전각이 대웅전으로 이렇게 되고 있는데 이 대웅전은 강 선생님 글에는 우리나라의 통시적으로 항마촉지인(降魔觸地印)의 전각 상을 모신 대웅전이 주루를 이루는 까닭이 결국 이것까지도 불국사의 가람에서 지금 도출하고 있는 그런 걸로 생각됩니다.

결국 대웅전이라 하는 것은 제가 알기에는 법화경의 '대웅세존'(大雄世尊)이라고 하는 그런 용어에서 대웅전의 명칭이 나왔지. 또 이런 것이 성립되는 것은 연대가 어디까지 올려야 할지 매우 단정적으로 말하기는 어렵습니다. 그러나 경주 무장사의 비문에 보면 미타전이라는 것이 나오고 있습니다. 따라서 정토관계의 미타전은 존재해 있었는데 대웅전이라고 하는 용어가 나오는 상황이 어디까지 올릴 수 있느냐. 지금의 불국사에 있는 가람배치의 전각명칭을 가지고 이야기하지 말자 말입니다. 임란 이후의 건물들이니까. 신라 시대의 그 미타전이 무장사의 비문에 이미 나오는 그런 것을 염두에 둘 때, 과연 이 대웅전이라고 하는 용어 자체가 조선시대의 법화경 신앙이 가장 성행하는데 후대로 내려야 할 것이 아니냐, 이런 생각을 해보게 됩니다. 따라서 화엄 일색으로 쭉 설명이 되고 있는 불국사의 경우에 다보·석가 양 탑은 그건 법화사상임은 틀림없지 않습니까. 법화경 견보탑품(見寶塔品)의 내용을 형상화시키는 것이라고 볼 때, 그러면 화엄과 법화와의 연관관계가 어떻게 돼 가지고서 전개된 것인데 불국사를 화엄 일색으로 그렇게 풀어줘도 괜찮을 것이냐 하는 이런 의심이 또 하나 있습니다.

마지막으로 석굴암에 관하여 그렇게 수리적인 것과 곁들어 가지고서 말씀을 하셨는데 사실 저는 석굴암을 신라의 과학이라고 그렇게 말하고 싶습니다. 물론 그런 수리적인 엄격한, 절제된 어떤 소위 대칭(symmetry)이 거기에 형성이 돼서 철저한 대칭적인 조화의 미가 거기에 있다고 그렇게 할 수 있을 겁니다. 그런데 석굴암의 본존불이 바라보고 있는 방향이 동쪽이니까. 또 동쪽이고 또 인도의 붓다가야의 마하보디 템플의 정각사 이런 것이 또 동쪽이다. 사실 이런 것이 물론 상당히 시사하는 바가 크긴 큽니다. 근데 저희는 석굴암이 점정하는 자리가 그 장소에 그와 같은 건축과 조각상이 조영되는 데는 필연적으로 어떤 이유가 있을 거라고 봅니다. 사실 석굴암은 저희는 그렇게 봅니다. 물 위에 앉아 있는 절입니다.

☞ **강우방**

석굴암이요? 물 위에 앉아 있어요?

☞ **장충식**

예. 이해가 안 되시죠?

☞ **강우방**

모르겠는데요.

☞ **장충식**

건축이 어떻게 물 위에 앉아 있느냐? 이렇게 안 되겠습니까?

☞ **강우방**

아, 예.

☞ **장충식**

석탈해의 설화를 우리가 다 알고 있는 바인데 경주 읍지의 요내정(遙內井)의 위치를 석굴암 우물로 그렇게 지적해서 설명하고 있는 자료를 저희가 찾았습니다.

☞ **강우방**

요내정이……

☞ **장충식**

네. 입에 붙은 표주박 설화 있지 않습니까.

☞ **강우방**

석탈해요?

☞ **장충식**

예.

☞ **강우방**

아……

☞ **장충식**

요내정이 위치를 어디냐 하고 계속 저희는 그걸 좀 추구했는데, 그게 석굴암 그 자리입니다.

☞ **강우방**

어떻게 알아요?

☞ **장충식**

기록에 나오니까 그렇죠.

☞ **강우방**

기록에 석굴암 밑에 있다고 있습니까?

☞ **장충식**

예.

☞ **강우방**

그래요?

☞ **장충식**

굴속에서 차고 시원한 물이 나오는데, 이것은 장유유서의 교훈을 가지고 있는 우물이라고 했습니다.

☞ **김두진**

요내정 기록도 있습니까?

☞ **장충식**

요내정을 설명하면서 요내정이 석굴암 굴속에서 나오는 우물이라 그러고 있죠.

☞ **김두진**

아니 그러니까 물이 나온다는 기록입니까, 아니면 그게 요내정이라는 기록입니까?

☞ **장충식**

요내정을 설명하는데, 굴속에서 나오는 감로수를 지칭하고 있는 거죠.

☞ **강우방**

그냥 굴이라 그랬죠? 그냥. 굴이라 그랬지 석굴암이라고는 안 그랬죠?

☞ **장충식**

석굴암에서 나오는 것이죠. 석굴암이라 그랬죠.

☞ **강우방**

아, 그 어느 기록에 있어요?

☞ **장충식**

오늘 이거 논문쓰기 전에 공개하게 되는데 (일동 웃음), 읍지입니다. 아주 가까운 데서 찾았어요. 요내정을 사실은 어딘지를 몰라서 늘 헤맸는데, 따라서 그렇게 본다면 어떤 종교학적인 깊은 의미를 결국 그 십일면관음보살 발 아래서 두 발 아래서 나오는 거 아닙니까, 물이 나오는 데가. 그럼 관음을 우리가 해수관음이라고도 하고 물하고 연관되고, 수월관음이라고 하고, 상징적인 여러 가지 의미가 있는데, 구태여 거기서 그 자리에서 바라본다면 동향일 수밖에 없습니다. 석굴암의 위치는 물 위에 석굴암이 앉았다고 하는 것은 종교현상학적으로 아주 중요한 의미를 가지고 있다고 저는 그렇게 봅니다. 따라서 저희는 지금 석굴암을 신라 사람들이 그 장소에 그렇게 점정할 때는 반드시 의미가 있다고 보고 지금처럼 관광객을 위해서 했다면 서악 선도산에다 하면 올라가기도 쉽고 아주 가까울 겁니다. 토함산 준령을 넘어가지고 동해를 바라보는 그곳에 석실이 열려 있습니다. 그렇다면 거기에 어떤, 신라사람들이 가지고 있었던 깊은 사연이 있는 것이 아니겠느냐. 그 먼 장소에 태산을 넘어서 석굴암을 만들었을 때는 그 장소와 인물과 시대라고 하는 거 이런 것을 좀 생각해 봤으면 하고 이렇습니다. 그래서 제가 강 선생님이 석굴암을 말씀하고 계시는 장육상 이런 것, 수치에 대해서도 이론을 전개하고 싶지는 않은데, 방향에 대해서는 석굴암은 다른 의미를 좀 더 추가해서 해야 할 것이 아니냐, 그런 생각을 갖고 있습니다. 눈치가 보여서 더 이야기를 못 하겠습니다. (일동 웃음)

☞ **사 회**

죄송합니다. 저희가 처음에 말씀드릴 때 발표 30분, 토론 40분 해서 4시 20분까지 끝내기로 했는데 벌써 지금 4시 반입니다. 그래서 대단히 죄송하지만 좌우간 지금 강우방 선생님 답변을 듣고 종합토론이 또 있으니까 다른 분은 그때 가서 또 말씀을 해 주시는 걸로 하는 것이 어떨까 싶습니다.

☞ **강우방**

석굴암 본존은 뭐, 지금 장육상은 아닙니다. 석굴암 본존은 장육상은 아니기 때문에 제가 크기가 뭔가에 의거해서 결정됐다는 것을 이제 장육상이 아니기 때문에 그렇게 한 거죠. 근데 사실 저는 불교를 모릅니다. 불교를 모르는데, 하다 보니까 이런 불교 미술을 단지 이런 미술품으로서가 아니라 불교사상을 반영하고 있는 어떤 사상과 종교가 이렇게 예술, 이런 것이 한 축이 돼 있는 것이라고 생각이 돼서 한번 제 나름대로 여러 가지 시도를 해 봤습니다. 그래서 제가 이 불교, 아까 그 화엄체계를 얘기하라 그러는데 사실 저는 그걸 얘기할 만한 능력이 없습니다. 그리고 이제 장충식 교수가 이렇게 나오신 것은 교학에 대해서 밝기 때문에 그렇게 보신 걸로 알고 있습니다. 불교의 궁극적인 목표는 저는 사실, 제 개인, 모르겠어요. 제가 하도 체계적으로 배운 것이 아닌 게 돼서. 제가 생각한 바로는, 몇 가지 책을 보면서 생각하면, 바로 사바세계가 중요하구나. 아까 불국사에 보면 사바세계, 석가모니 계신 사바세계가 극락정토보다 낮습니다. 그런데 사바세계라는 것은 예토(穢土), 더러운 땅인데 바로 불교의 목적은 정각을 이루어서 사바세계를 정토로 만드는 것이 목적이기 때문에 저는 석가모니의 사바세계를 불국사에서처럼 강조했다고 생각을 하고 있습니다. 그리고 가람배치가 불국사가 최초라는 것은 무슨 얘기냐 하면, 다른 황룡사나 분황사하고는 성격이 다릅니다. 불국사는 아까 보신 것처럼 석가정토와 극락정토가 완전히 회랑으로 구획이 돼 있습니다. 그러한 구조는 삼국시대의 가람배치하고는 다르죠. 그래서 조선시대의 절에 가보면 대웅전, 극락전이 따로 있는, 바로 옆에 있는 데도 있고, 어떤 거는 뒤에 있는 경우에도 있고, 또 어떤 경우에는 대웅전이 있고, 그 뒤에 비로전이 있고, 그런 가람배치가 많이 있는데, 그러한 관점에서 봤을 때에 새로운 가람배치의 형성이 불국사에서 되지 않았나, 그렇게 생각을 하고 있습니다.

그다음에 많이 있는데, 이거 설명하려면 끝이 없으니까요, 끝내고요. 하나는 제가 『가산학보』 4집인가에 '화엄미술론' 해 가지고, 그 화엄과 관계되는 미술품을 전부 망라해서 한 번 쓴 적이 있습니다. 그때는 제가 성덕대왕 신종하고 불국사를 확실히 몰랐기 때문에 거기에 빠져 있습니다. 그러나 거기에는 화엄과 관련된 것을 총망라해서 처음으로 '화엄미술론'이란 것을 썼는데, 사실은 화엄사상을 완벽하게 모르기 때문에 불안한 상태지만은 하여튼 제가 할 수 있는 한 노력을 기울여서 그러한 것을 쓴 적이 있습니다. 그리고 하여튼 제가 마지막으로 다시 한번 말씀드리고 싶은 것은, 체험 말씀을 아까 한 교수님이 하셨는데 저는 체험이 참 중요하다고 생각해요. 아까 발표자는 체험은 스님들이 하고 그다음에 그건 이제 학자들이 하면 된다고 그러는데. 사실 사상이라든지 예술이라는 것은 그건 체험을 하지 않으면 그건 이해가 안 됩니다. 그런 관점에서 하여튼 최근 이러한 심정이라든지 불국사 석굴암 이런 걸 보면서 다시 한번 제가 확인하고 싶은 것은 위대한 예술품은 이런 불교미술뿐만이 아니고 다른 기독교세계나 마찬가지로 훌륭한 미술품에는 훌륭한 사상이 거기엔 반드시 깃들어 있다는 것이 제 최근의 생각이고, 저는 그러한 면에서 물론 다른 법화사상도 있지만 화엄사상이 좀 더 포괄적이고 종합적이기 때문에, 그런 방향으로 한번 시도를 해본 건데, 나중에 잘못된 것 있으면 많이 고치겠습니다.

☞ 사회

예, 감사합니다. 예, 김영미 선생님.

☞ 김영미

선생님 발표를 들으면서 느낀 건데요. 선생님 말씀대로 불국사가 정토세계를 구현을 한 것이라고 얘길 한다면, 극락이 작다는 것이 자력이나 타력이냐의 우열의 문제가 아니라, 중국이나 우리나라에서 정토를 이야기할 때 극락정토를 권유하는 좋은 이유 중의 하나는 사바세계와 가장 가까운 곳, 그리고 상적광토보다는, 우리가 도달하기 힘든 상적광토보다는 우리가 접근하기 쉬운 곳이라는 의미로서 극락세계를 많이 얘기를 하거든요. 그래서 선생님 말씀대로 상적광토라고 할 수 있는 그 세계가 이층누각이고 극락세계가 일층누각이라면 백운교, 청운교를 올라가기 전에는 사바세계고, 그래서 사바세계와 극락세계는 맞닿아 있기 때문에 범부들도 갈 수 있는 곳이라고 얘기가 된다는 거죠?

☞ 강우방

있죠, 예. 있어요.

☞ 김영미

그래서 저는 볼 때 그것을 자력신앙과 타력신앙의 우열의 논쟁으로 논의로 설명하는 것보다는 당시 신라인들이 정토를 바라볼 때 사바세계 위에 극락세계 그리고 극락세계 위의 상적광토로서의 어떤 정토관을 표현한 것이 아닌가라고 해석할 수도 있지 않을까 하고 생각을 해 봤습니다.

☞ **강우방**

할 수도 있죠. 그건 뭐. 다른 여러 가지로 해석할 수도 있는 겁니다. 그러니까 제가 한 것이 완전히 옳다는 것이 아니고 그렇게 제가 해석을 해 본 것인데, 보통 일반적으로 청운교, 백운교로 올라가기 전에 밑에 부분을 사바세계로 보고 위를 정토세계로 보는 것이 종래 관점이었습니다. 근데 저는 그것이 아니라는 거죠. 사바세계는 석가모니가 있는 곳이 사바세계입니다. 사바세계인데, 거기 중요한 것은 석가모니에서 중요한 것은 정각이거든요. 그래서 정각을 하게 되면 이 사바세계가 정토로 만들어진다고 하는 속에 불교의 궁극적인 목적이 있는 것이지 어느 저 서쪽에 극락정토가 있다는 것은, 저는 없다고 생각하거든요, 사실은. (웃음) 제 개인적으로.

☞ **김영미**

그럼 일반인들이 극락정토가 없다고 받아들였을 때는 다시 생각해 봐야 되지 않을까요?

☞ **강우방**

아니, 그러니까 하여튼 사바세계는 그런 밑에 있는 부분이 사바세계가 아니고 사바세계에서 위의 정토로 올라가는 그런 관점이 아니고, 같은 수평, 같은 선상에 놓고 사바세계를 석가정토로 이해를 해 가지고 그런 석가정토와 극락정토와의 관계를 해석을 해본 거죠.

☞ **사 회**

감사합니다. 일을 주관하는 저희들 입장에서는 토론과 발표를 더 활발하게 해 주십사 부탁드려도 시원찮은 판에 자꾸 시간 때문에 잘라서 죄송합니다. 더 하실 말씀이 아마 많이 계실 것 같은데 일단 여기서 커피 한잔 하시는 걸로 하고 종합토론에 들어가도록 하겠습니다. 죄송합니다.

10. 한국불교사상 記述의 問題

吳剛男(캐나다 University of Regina)

Ⅰ. 서 론

한국불교사상에 관심을 가지고 연구하고 있는 이라면, 도대체 한국불교사상이 중국불교사상이나 일본불교사상과 비교할 때 어느 면에서 공통성을 가지고 있고 또 어느 면에서 그들과 다른가 하는 문제를 붙들고 심각하게 생각해 보지 않은 사람은 드물 것입니다. 다시 말해서 '한국불교사상의 普遍性과 特殊性'이라는 문제는 그동안 한국사상뿐만 아니라 동양사상을 연구하는 모든 이들의 관심사였습니다. 그러나 이런 문제에 대한 본격적인 연구가 별무했던 사실은 그것이 어느 한 사람의 노력으로 해결되기에는 너무나 큰 문제였기 때문이라 생각합니다. 그런 의미에서 이번 仁荷大學校 韓國學研究所에서 바로 이 문제를 가지고 여러 학자들이 모여 본격적으로 논의해 보도록 이렇게 자리를 마련한 일은 크게 경하해 마지않을 수 없는 쾌거라 생각합니다. 이 일을 위해 준비하는 데 노고를 아끼지 않으신 주최 측, 특히 韓榮國 소장님과 金榮鎬 교수님에게 먼저 심심한 사의를 표하고자 합니다.

저에게 주어진, "한국불교사상 記述의 問題"란 제목을 놓고 어떤 식으로 글을 전개해야 할까 막연하기 그지없었습니다. 생각 끝에 이 문제에 대해 이렇다 저렇다 규범적인 진술을 나열하는 대신, 평소 제 스스로 이 문제와 관련하여 궁금히 여기던 것들을 질문하는 형식을 취해 보기로 했습니다. 처음 저는 저의 전공이 中國의 華嚴思想史이기에 이렇게 한국불교사상에 관한 글을 쓸 자격이 없다고 생각했습니다. 그러나 어느 면에서는 이렇게 한국불교사상에 약간 문외한이라야 그 무식에 힘입어 좀 더 대담하게 기본적이면서 근본적인 질문들을 던질 수 있는 것이 아닐까 하는 생각에서 일단 글을 써 보기로 작정했습니다. 어느 면에서 이 글은 제 스스로가 이번 학술회의에서 좀 더 구체적인 해답들을 얻기 위한 노력의 일환으로 토의 첫머리에 한번 제기해 보는 일종의 토의 '안건들(agendas)'인 셈입니다.

II. 한국불교사상의 記述 어떻게 할 것인가?

1. 무엇이 한국불교사상인가?

한국불교사상 기술의 문제에서 우선적으로 짚고 넘어가야 할 것이 있다면 '과연 무엇이 한국불교사상인가' 하는 문제라고 생각합니다. 우선 한국불교사상이라는 것의 정체를 알아야 그것의 보편성과 특수성을 밝히고 말고 하는 일이 가능해질 수 있을 것이기 때문입니다.

'한국불교사상'이라고 한다면 우선 한국불교사상가들의 저술 속에 나타난 사상이라 간단히 정의 내릴 수 있을 것입니다. 그러나 우리가 제기해 볼 수 있는 문제는 신라나 고구려나 백제 등 한국에서 태어났거나 한때 한국 국적을 가졌던 일이 있는 불교사상가들이 쓴 것이면 무조건 한국불교사상을 반영하고 한국불교사상의 일부를 형성하는 것으로 간주할 수 있겠는가 하는 것입니다.

예를 들어 그의 생애 거의 전부를 당나라에서 보낸 圓測(613~696)이 본래 신라 스님이라는 이유 하나만으로 그의 『深解密經疏』를 신라불교사상의 반영이라든가 불교사상의 신라적 표현의 결정이라 할 수 있을까 하는 것 등입니다. 원측이 신라인이었다는 사실이 원측의 불교사상 형성에 얼마큼 영향을 미쳤을까, 원측의 저술 속에 특별히 신라적인 무슨 요소가 발견되는 것인가, 또 원측이 당나라 窺基(K'uei-chi, 632~682)나 그의 제자들에 의해 배척을 받았다는 것이 窺基가 護法(Dharmap la, c. 530~361)만을 올바른 주석가로 받아들인 반면 원측은 眞諦(Param rtha, 499~569) 및 여타 주석가들의 이론에 영향을 받았다는 사실 이외에 원측 자신이 신라인이었다는 것과 어느 정도 관계있는 일일까, 원측의 저술이 티베트어로 번역되어 티베트 승려들 사이에 널리 읽혔다고 해서 '한국불교사상'이 티베트불교사상에 영향을 미쳤다고 할 수 있을까 하는 등의 문제는 그리 간단히 취급될 성질의 것일 수 없다고 봅니다.

우리는 이와 비슷한 질문을, 5세기 말에서 6세기 초에 걸쳐 중국에서 三論思想의 학맥을 형성하는 데 크게 공헌한 고구려 승려 僧郎에 대해서도, 『天台四敎儀』를 지어 천태종의 기본 가르침을 널리 펼친 10세기 고려 법사 諦觀에 대해서도 똑같이 제기할 수 있을 것입니다. 요는 한국불교사상이 '한국' 불교인이 발표한 것이면 모두 한국불교사상이 되느냐, 한국불교사상에는 그 사고방식이나 표현방법에 있어서 異論의 여지가 없이 '한국적'이라 할 수 있는 무슨 특색이 가미되어 있기에 한국불교사상이 되느냐 하는 문제입니다. 만약 그 한국적 특색이 있을 때만 한국불교사상이라 한다면, 그 특색은 과연 무엇이어야 하겠습니까?

2. 한국불교사상의 특수성은 어디에서 연유하는 것인가?

한국불교사상이 정말로 중국불교사상이나 일본불교사상과 다른 독특성을 지니고 있는가? 물론 한국이 이웃나라들과 비교하여 사회 여건이나 역사적 정황, 문화 풍속이 다른 만큼 불교사상도 그만큼 다르게 수용되고 다르게 이해되고 다르게 표출되었을 것입니다. 예를 들어 한국에 들어온 불교는 한국 토속 종교인 무속과의 상호접촉, 상호연관 속에서 수용되고 발전되었으리라고 추측하는 것은 그리 어려운 일이 아닙니다. 七星 신앙 등 한국불교에 무속적 요소가 가미되었다는 것은 누구나 쉽게 알아볼 수 있기 때문입니다.

그러나 더욱 근본적인 문제는 한국불교사상 전반에 흐르는 한국적 모티프(motif) 혹은 역사적으로 일관되게 한국불교사상을 꼴 지어주는 무슨 '틀(framework)' 같은 것이 있지 않을까, 있다면 그것이 과연 무엇일까 하는 것입니다. 지금까지 이런 근본적인 물음에 대한 대답 몇 가지를 예로 들면, 더러는 그것이 한국불교사상에 나타난 '通佛敎'적 경향이라고 하고, 더러는 그것이 한국불교사상뿐 아니라 한국종교사상 전반에서 발견되는 '원융과 조화'적 성향 혹은 종교적 절충주의(syncreticism)적 특성이라고도 하고, 또 더러는 그것이 한국인의 사고방식과 의식세계를 꼴 지어온 '흔'과 같은 통전적(holistic), 비이분법적(non-dualistic) 세계관이라 하기도 합니다.

그러나 이런 것들이 중국이나 일본에는 전혀 없었던 것들입니까? 있었겠지만 정도의 차이, 강조점의 차이라 볼 수 있을까요. 아무튼 한국불교사상이 한국불교사상이 되게끔 하는 촉매제나 여과기 역할을 한 가장 원초적인 무엇이 있다면 그 문화적 키워드(key-word)나 코드(code)가 무엇일까 하는 질문은 부질없는 일일까요.

물론 하나의 키워드나 코드로 어느 종교전통이나 문화를 일괄적으로 풀어 나간다는 것은 '환원주의'로 빠져들 위험이 있음을 간과해서는 안 될 것입니다. 그러나 한국불교사상의 특징이나 특수성을 논하면서, "義湘의 화엄사상에서 처음으로 10이라는 추상적 숫자가 동전 열 닢이라는 구체적인 것으로 바뀌었다"고 하는 식으로 지엽적인 것만을 지적하는 것으로 만족할 수 있겠습니까? 추상적인 10을 구체적인 동전 열 닢으로 바꿔 놓은 그 변화의 가장 깊은 근거에는 어떤 '한국적' 안목이나 사고가 작용한 것일까 하는 것까지 물어 보지 않을 수가 없을 것입니다. 이런 근본적인 문제의 해결을 위해서는 불교사상사 전반에 대한 폭넓은 관찰과 깊은 통찰, 정확한 분석과 종합의 과정이 필요할 것입니다.

3. 보편성과 특수성의 균형

여기서 한 가지 짚고 넘어가고 싶은 것은 한국불교사상을 연구하고 기술하는데, 지금 우리는 '특수성'을 찾으려는 쪽으로 너무 기울어져 있는 것이 아닌가 하는 문제입니다. 현재 한국불교사상의 특수성을 지나치게 강조하려는 쪽으로 정도되는 것이 지금껏 그것을 엄격한 방법론에 입각하여 구체적이고도 면밀하게 기술하는 데 부족하지 않았나 하는 자책감에서 나온 반사작용이라 이해할 수도 있겠지만, 한국불교사상사의 기술에서 오로지 한국적 '독창성'이나 '창조성'만을 드러내려는 것은 너무한 것이 아닌가 하는 인상을 받게 됩니다. 이번 학술대회의 제목도 "한국불교사상의 普遍性과 特殊性"이기는 하지만, 사실 거의 모든 논의가 한국불교사상의 '특수성'에 초점을 맞출 것이라 해도 과언이 아닐 것입니다. 몇 년 전 한국정신문화연구원 주최 '한국 유교의 보편성과 특수성'이라고 하는 국제학술대회에서도 거의 모든 발표 논문들이 한국유교의 특수성 찾기에 전념하고 있었다는 사례에 비추어 보아도 이번 저의 이런 추측이 과히 빗나가지 않으리라 생각합니다. 물론 한국불교사상의 특수성 찾기가 중요한 문제라는 것에 異論을 제기할 수 있는 사람은 아무도 없습니다. 이번 학술대회의 근본 의도도 이런 중대한 문제를 다루는 데 있다고 볼 수 있을 것입니다.

따라서 제가 여기서 문제 삼고 싶은 것은, 한국불교사상의 특수성을 찾아보자는 노력이 헛되다고 하는 것이 결코 아닙니다. 오히려 앞에서 지적한 것과 마찬가지로, 한국불교사상은 한국이라고 하는 특수한 지리적, 문화적, 정치적 토양에서 그것대로 특유의 성장과정과 결실 단계가 있었고, 또 앞으로도 그러하리라고 생각합니다. 그것은 당연한 일로서, 이런 한국불교 특유의 것들을 찾아내고 그 구조를 분석하는 일은 극히 중요한 일입니다.

그럼에도 불구하고, 제가 말씀드리고 싶은 것은, 한국불교사상이 불교사상인 만큼, 불교사상 자체가 가진 근본구조에 대한 관심을 등한히 하는 일이 있어서는 안 되지 않겠는가 하는 것입니다. 우선 보편적인 불교사상 전반에 대한 이해가 투철하고 그것이 나름대로 정리가 된 다음, 그러고 나서 그 보편적인 것이 어떤 환경을 통해 어떤 식으로 특수하게 발현되었는가 하는 것을 문제 삼는 균형 잡힌 접근방법이 필요하지 않겠는가 하는 것입니다. 말하자면, 한국불교사상을 연구하고 기술할 때 한국불교사상의 보편성과 특수성이라는 양면을 균형 있게 같이 붙들고 살펴나가는 일을 잊지 않도록 해야겠다는 것입니다.

4. 비교학적 고찰

한국불교사상의 연구나 기술은 물론 한국불교사상을 그 대상으로 하는 것이지만, 그것이 한국불교사상만의 연구나 기술로서는 성립될 수 없다는 사실을 명심할 필요가 있지 않을까 하는 문제입니다. 한국불교사상의 연구나 기술은 중국이나 일본 불교사상에 대한 깊은 이해 와 지식이 없어서는 불가능하다고 생각합니다. 말할 것도 없이, 한국불교사상의 연구는 중국 이나 일본의 불교사상, 나아가 인도불교, 티베트불교 및 동남아불교 등 세계 불교사상사 전 반에 대한 깊은 통찰에 근거해야 할 것입니다.

사실 엄격히 말하면, 그리고 욕심을 더 부리자면, 한국불교사상에 대한 연구도 세계 종교 사의 맥락에서 이루어질 수밖에 없다고 보아야 할 것입니다. 비교종교학의 창시자 막스 뮐러 (Max Muller)가 말한 대로, 하나의 종교만을 아는 사람은 아무 종교도 알 수 없다고 한 것 이 사실이라면, 한국불교사상의 연구도 타 종교와의 비교 고찰에서 더욱 깊이 이해되고 그 보편성과 특수성이 더욱 뚜렷이 드러날 수 있을 것입니다.

이렇게 비교학적으로 고찰해야 한다는 것이 물론 한 개인이 이 모든 분야에 직접 몰두하 여 종사해야 한다는 것을 뜻하는 것은 아닙니다. 그것은 물리적으로 불가능한 일이기 때문입 니다. 비교학적 고찰은 중국불교사상이나 일본불교사상, 중국 전통종교사상이나 세계의 기타 종교사상 등의 분야에 종사하는 이들의 연구성과를 부단히 그리고 면밀하게 검토할 필요가 있음을 의미하는 것입니다. 그리고 필요하면 이들과 공동으로 연구하고 토론하는 일이기도 합니다. 이렇게 될 때 한국불교사상 연구가 佛教史 전체, 혹은 나아가 세계 宗教史 일반이라 고 하는 더욱 큰 맥락에서 이해되므로 그 사상사적 좌표가 더욱 분명해지게 될 것입니다.

5. 민족주의적 성향의 극복

지금은 많이 개선되었지만, 아직도 우리는 한국학에 종사하는 한국계 학자 중에 종종 한국

문화나 한국사상을 연구하고 거기에 대해 발표하는 주된 목적이 마치 한국인의 우수성과 창조성을 만방에 고하기 위한 것쯤으로 생각하는 이들이 상당수 있지 않나 하는 인상을 받게 됩니다. 사실 한국학 일반뿐만 아니라 종래까지 한국불교사상을 기술한 상당수의 불교학자들의 글들을 대할 때도 이와 마찬가지로 그 글들이 다분히 민족주의적 성향에 따라 감정적으로 쓰인 것들이 아닌가 하는 느낌을 받게 된다면 지나친 말일까 하는 문제입니다. 물론 여기서 민족주의란 모두 버려야 한다는 것을 논의하려는 것은 아닙니다. 한국불교사상을 연구하는 한국계 학자가 한국불교사상에 관심과 애착을 느낀다고 하는 것은 당연한 일이고, 한국계 학자들이야말로 이를 연구하기에 매우 유리한 입장에 서 있다는 것도 부정할 수 없는 사실입니다. 그러나 맹목적인 민족지상주의라든가 민족우월주의적 색채를 띤 편협한 형태의 민족주의적 경향은 한국불교사상사 연구를 포함하여 모든 학문의 영역에서 경계해야 하지 않을까 하는 데 이의를 제기할 사람은 별로 없을 것입니다.

예를 들어 元曉(617~686)나 義湘(625~702) 혹은 知訥(1158~1210)이 얼마나 훌륭한 한국불교사상가들인가 하는 이야기는 수없이 들었습니다. 그러나 그들이 구체적으로 왜 위대한 '한국불교사상가'들이고 그들의 불교사상이 어찌하여 특별히 '한국적'인가 하는 것을 명쾌하면서도 설득력 있게 지적한 글은 별로 본 기억이 없음을 솔직히 고백하지 않을 수 없습니다. 원효의 '會通・和諍'사상이 어느 면에서 중국에서 찾아볼 수 없는 독창성과 독특성을 지녔는지, 의상의 『華嚴一乘法界圖』가 그 외형적 형식 이외에 중국 화엄사상 전통 일반과 어떻게 다르고 어떻게 특별히 한국적인가, 지눌의 회통사상이나 돈오점수 사상이 중국의 李通玄(Li T'ung-hsuan)이나 宗密(Tzung-mi)의 가르침과 얼마나 다른가 하는 등의 문제는 단순히 '한국불교사상이기 때문에 위대하다'는 식의 논의가 아니라 엄격한 사상사적 잣대와 과학적 분석을 통해 철저히 다루어져야 할 문제라 생각합니다. 다행히 이런 구체적 문제들이 이번 학회에서 계속 논의될 것으로 알고, 이번 기회에 한국불교사상 기술에 객관성이나 과학성이 좀 결여되었던 것이 아닌가 여겨졌던 저의 편견이 불식될 수 있으리라 기대하고 있습니다. 아무튼 건전한 민족주의는 한국불교사상 연구를 비롯한 한국학을 위해 봉사할 수 있겠지만, 한국불교사상 연구나 기술이 민족주의를 위한 시녀로 전락하도록 하는 일이 있어서는 안 되리라 생각합니다.

6. 세계 학계에의 기여

한국불교사상사를 연구하고 기술하는 일이 일차적으로 한국인의 우수성을 만방에 고하기 위한 것도 아니고, 한국인의 독창성이나 특수성을 돋보이게 하기 위함도 아니라고 하는 것은, 적극적인 말로 표현하면, 결국 그것이 세계의 불교학계 내지는 세계 종교학계에 기여하기 위함이라는 뜻이기도 합니다. 특히 한국계 학자들이 자기들 자신의 역사적 배경에서 형성된 한국불교사상, 그러면서도 동시에 동양 내지 세계 불교사상사 전체의 일부분이기도 한 한국불교사상을, 누구보다도 더욱 애정 있는 관심을 가지고 더욱 깊이 연구하고 정확히 기술한다는 것은 그것이 바로 세계불교학계에 공헌하는 것이고, 나아가 세계 정신사 및 정신적 유산의 발굴과 보존 작업에 동참하는 일이 된다고 하는 사실을 명심해야 할 필요가 있지 않을까 생각합니다. 예를 들어, 티베트인들이 티베트불교를 연구하고 전수하는 일은 궁극적으로 티베트의 정치적 입지를 공고히 하거나 자기 민족의 문화적 위상을 선양하기 위한 일이 아니라, 그들이 지켜온 티베트불교가 그대로 세계 시민들이 다 같이 향유할 수 있는 인류 공동의 문화유산이 되게 하는 데 이바지한 것과 같은 일입니다.

이 문제와 관련하여 한 가지 부언하고 싶은 것은 이렇게 한국불교사상의 연구나 기술이 세계 불교학계나, 나아가 인류공동체를 위해 더욱 효과적으로 공헌하기 위해서는 그것이 세계인들이 더 많이 읽을 수 있는 언어들로 표현될 필요가 있다고 하는 점입니다. 한국불교사상을 연구하고 기술하는 사람들이 직접 영어를 비롯한 서구어나 중국어, 일본어를 자유롭게 사용할 수 있으면 더 바랄 것이 없겠지만, 그것이 불가능할 경우, 될 수 있는 대로 전문 번역인들을 양성하여 그들의 노력에 힘입을 수밖에 없다고 생각합니다. 이렇든 저렇든 한국불교사상에 관한 저작이 국제 학술지나 단행본 시리즈에 더욱 자주 등장할 수 있게 되길 기대해 봅니다.

7. 타 종교들과의 대화를 염두에

한국불교사상의 연구나 기술이 타 종교와의 대화와 협력을 증진하는 방향으로 이루어지기를 바라는 것은 지나친 욕심이겠습니까? 현대는 다원주의가, 특히 종교적 다원주의가, 보편적인 현상으로 대두된 시대입니다. 이런 시대에 한국불교사상사를 연구하는 사람들을 포함하여 어느 종교 혹은 종교의 어느 분야를 연구하는 사람이든 상관할 것 없이 모두 종교 간의 대화와 화해와 협력의 문제를 염두에 두어야 한다는 것은 어느 면에서 당연한 일인지도 모르겠습니다.

신학자 한스 큉(Hans Kung)이 말한 것처럼, "종교 간의 평화 없이는 세계 평화가 있을 수 없고, 종교 간의 대화 없이는 종교 간의 평화가 있을 수 없다"는 것은 어쩔 수 없이 사실일 수밖에 없습니다. 종교 간 대화의 필요성을 강조하면서, 필라델피아 템플대학교 종교학

340

교수 스위들러(Leonard Swidler)가, "미래에는 두 가지 선택만이 있을 뿐이다. 죽음이냐 대화냐 하는 것이 그것이다"고 한 말도 완전한 과장만은 아닐 것입니다. 특히 한국에서 현재 벌어지고 있는 불교와 기독교 간의 긴장과 갈등 관계를 생각해 보면 종교 간의 대화문제를 다루는 것이 하나의 학문적 사치나 안일한 소일거리만일 수 없다는 것을 인정하지 않을 수 없을 것 같습니다. 그런 의미에서 한국불교사상을 연구하고 기술하는 사람들도 이런 절박한 시대적 요구에 초연할 수만은 없다고 보아야 할 것입니다.

이런 사실을 감안한다면, 불교사상을 연구하고 기술하는 사람들은 한국불교사상사에서 혹은 한국불교사상 그 자체에서, 종교 간의 대화에 기여할 수 있는 개념이나 생각들을 발굴하고 연구하여 널리 알릴 필요가 있지 않을까 생각합니다. 예를 들어 원효의 和諍論, 불교사상에서 강조되는 方便論, 불교에서 가르치는 행동원리로서의 慈悲의 마음 혹은 자각이라든가 '깨침' 등 불교에서 보편적으로 발견되는 체험중시 경향 등등은 종교 간의 대화를 위한 접촉점이나 토론의 이슈(issue)들로서 훌륭한 역할을 할 수 있으리라 여겨집니다. 한국불교사상의 연구가들은 이런 문제들에 함께 마음을 씀으로 그들의 학문이 현실문제나 실생활에 더욱 긴밀히 연관된 작업이 되도록 하는 셈이기도 합니다.

Ⅲ. 결 론

이제 한국불교사상의 연구와 기술은 성숙의 단계로 도약할 때가 되었다고 봅니다. 번거로운 이야기일지 모르지만, 한국불교사상의 연구는 이제 어느 한 집단에 속하는 학문도 아니고, 어느 편협한 목적에 부응하기 위한 학문도 아니라는 사실을 재확인할 필요가 있을 것입니다. 한국불교사상의 연구나 기술은 한국불교사상의 보편성과 특수성을 동시에 관찰하면서 이에 대한 정확하고 깊은 지식을 한국 학계뿐 아니라 세계 학회에 제공함으로써 인류의 정신적 문화유산으로서의 불교사상사 전반에 대한 이해가 깊어지도록 하는 데 공헌한다는 거시적 안목을 가질 필요가 있을 것입니다. 한국불교사상의 연구 및 기술이 이런 의연하고 성숙된 자세를 가진 사람들, 그러면서 동시에 다양한 문화적·학문적 경험을 배경으로 한 사람들에 의해, 비교 방법론적 접근방식에 따라, 그리고 이왕이면 종교 간의 대화라고 하는 시대적 요청도 염두에 두면서, 진행된다면 이 일이야말로 한국불교학계는 물론 세계 불교학계를 위해 학문적으로나 실제적으로 크게 이바지하게 되리라 믿습니다. 감사합니다.

한국불교사상 기술의 문제

사회: 김영호
약정토론: 윤이흠

☞ 사 회

아주 알찬 내용을 잘 요약해서 잘 발표해 주셨습니다. 오강남 박사님은 아시는 분은 잘 아
시겠지만 다년간 캐나다, 미국 쪽에서 가르치면서 또 여러 학회에 관여하시면서 또 한국에서
책도 노자 도덕경이라든가 아까 제가 한 권 받은 것, 최근에 『살아계신 붓다 살아계신 그리스
도』라는 틱낫한이라는 월남 승려의 책을 번역해서 인기를 얻고 있는 책이라고 합니다. 그만큼
우리 한국 종교를, 종교라든가 한국의 여러 가지 종교적인 문제를 다루는 그런 학문적인 노력
과, 작업을 많이 해오셨습니다. 오늘은 아마 일찍 여기서 한 2, 3시에 미국으로 다시 떠나셔야
되는데 그것은 미국 연례종교학회, 아주 방대한 규모의 종교학회가(American Academy of
Religion) 회의가 샌프란시스코에 있습니다. 거기서 한국 파트를 책임 맡고 있기 때문에 가시
도록 돼 있습니다. 그래서 종합토론에는 참석을 못 하시니까 그쪽에서 질문하실 부분까지 이
따가 질문해 주시면 고맙겠습니다. 내용은 우리가 한국학자로서 여러 가지 유의해야 될 아주
폭넓은, 그러면서 아주 정곡을 찌르는 몇 가지 문제점을 지적하셨는데요, 우리가 이걸 참고로
해서 앞으로 논문을 완성하시는 데 좀 유의하시면서 쓰시면 더 좋지 않을까 하는 생각이 들었
습니다. 그러면 이제 서울대 종교학과의 윤이흠 교수께서 이에 대한 강평을 해 주시겠습니다.
우리가 지금 시간을 절약해 가고 있는 과정이니까 아마 윤이흠 선생님도 간략하면서 충실한
그런 말씀을 해 주시리라고 믿습니다. 이 토의가 끝나고 잠깐 휴식을 취하겠습니다.

☞ **윤이흠**

발표하신 오강남 선생님께서도 사과로 시작됐는데 사과는 사실은 제가 해야 될 사람인 것 같습니다. 왜냐하면 첫째로, 유인물을 준비를 못 했다는 것도 사과를 해야 되겠고, 그리고 순서를 바꿔야 되는 것도 저 때문이었습니다. 그러니 두 번 세 번 거듭 사과를 드립니다. 시간이 없어서 사과를 너무 많이 하면 또 시간을 자꾸 잡아먹으니까 제가 하고 싶은 말씀을 드리겠습니다.

우선 이 발표 논문을 읽으면서 평소에 늘 잘 알던 우리 오강남 선생님답게 아주 명쾌하고 아주 요점을 잘 지적한 그런 글이었습니다. 발표를 들으면서 더 그런 느낌을 한 번 더 받았고요. 일곱 개에 관한 항목으로 돼 있죠. 그중에서 예를 들어서 일곱 개 전체를 보니까 두 파트로 나누어져 있습니다. 첫 파트는 한국불교란 뭔가 하는 질문을 제기하는 것이었습니다. 이 질문 셋은 예를 들어서 한국불교사상이란 뭔가, 한국불교란 건 뭔가 하는 문제이고 그다음에 보편성과 특수성을 도대체 어떻게 해야 될 건가 하는 문제, 보편성과 특수성은 대체로 균형은 잡혀야 되겠지 않는가, 이런 이슈로 제기하다가 그다음에 네 번째부터는 그러니까 이런 문제를, 이런 세 개의 앞에 제기한 세 개의 문제를 수용하기 위해선 최소한도 학문적 비교적인 고찰도 필요하겠고, 그다음에 민족주의적인 성향은 적어도 접어둘 수 있을 정도가 되어야 되겠고, 그다음에 세계학계에 기여를 해야 되겠고, 그리고 나서 최소한도 이런 문제를 다루는 사람이라면 타 종교 간에 대화에 대해서도 관심을 가졌을 때만 가능하지 않느냐, 그러니까 이렇게 하는 게 바람직하다. 이렇게 제언을 하셨는데 사실상, 오픈핸드, 개방적인 논술을 하셨습니다. 전체적인 문제의식과 그리고 그 문제에 대한 해답을 찾아가는 방향에 있어서는 저는 아무런 이견이 없습니다. 단지 그 하나하나 과정 속에서 조금 더 제 나름대로 보완을 했으면 더 좋지 않을까 하는 그런 생각에서 지금부터 언급을 좀 해보기로 하겠습니다.

예를 들어서 한국불교사상이란 무엇인가 하는 파트에 있어서 한국불교사상의 정체성은 무엇인가, 이것은 적어도 한국 자료를, 한국에 있는 불교자료를 봤을 때 과연 그 자체가 한국적인가 하는 것은 절대로 될 수 없다, 사실은 조금 더 강하게 밀면 그런 얘깁니다. 왜 그러냐 하면 한국불교인이 얘기했기 때문에 전부 다 한국적인 것인가 이런 얘기죠. 제가 아주 오래전 기억, 제 기억에 의하면 예컨대, 원효의 무슨 소(疏)를 읽을 때 이게 원효의 소를 설명하면서 원효의 소에 나오는 것들이 전부 다 원효사상이라면 원전과는 어떤 관계가 있는가 어떤 차이가 있느냐 하는 것에 대한 언급은 하나도 없이 이것은 원효사상이다, 이렇게 얘기를 하죠. 이게 원효사상이냐 아니냐, 원효사상입니다. 그러나 적어도 원효사상이라고 하는 얘기를 할 때와 원효의 특성을 얘기를 할 때는 전혀 다른 작업이 이루어져야 되는데, 두 개 별개의 작업이 이루어져야 되는데 그것이 이루어지지 않고 있다는 얘기를 하고 있습니다.

이것은 우리 지금까지 제가 아는 한, 한국학 일반이 가지고 있는 아주 심각한 문제를 잘 지적해 줬습니다. 그러나 또 한 가지 특수성만 발견을 해야 한국적인 건가 이런 겁니다. 저는 이런 문제를 얘기할 때 항상 이렇게 얘기를 합니다. 어제 저녁에 노래들을 많이 부른 사람들이 있는데 저도 노래를 불렀습니다마는 제가, 제 노래가 있습니다. 그런데 저는 작곡을 한 번도 해본 적이 없습니다. 그러면 내가 부르는 노래는? 나는 내 노래가 없는가, 내가 나의 애환을 실어서 부르는 노래가 제 노랩니다. 이렇게 되면 내 노래의 특성은 뭔가 이런 문제가 됩니다. 이렇게 되면요, 이것은 사실은 불교학의 문제가 아니라 인문학의 문제가 됩니다. 따라서 우리는 불교학을 하면서도, 한국불교학을 하면서도 사실은 인문학 일반에 대한 작업이 동시에 이루어졌을 때만 적어도 한국불교가 뭔가 하는 얘기가 가능해질 것이라는 문제가 제기된 것으로 알고 있습니다.

이것은 다시 이 두 번째로 넘어가서 불교사상의 특수성은 그 어디서 연유한 것인가 하는 문제를 얘기하면서 잠깐 모티프(motif), '틀'(framework) 그리고 종교절충주의(syncretism), '전체론적'(holistic), 이런 종교학과 인문학 주변에서 일어나고 있는 이론들을 말씀을 하셨습니다. 제가 빨리 시간을 끝내야 되기 때문에 네 번째로 넘어가면서, 세 번째까지는 전혀 이의가 없습니다마는, 네 번째부터 전 이런 생각을 하게 됩니다. 이 논의 자체는 굉장히 좋고 하나도, 저는 반대하고 싶은 생각은 전혀 없는데요, 단지 이렇게 불교학을 하는 분들한테 비교적 고찰을 강요할 수 있는가 하는 문제는 현실적으로 남습니다. 그리고 비교적인 관점이라든가 또는 세계학계에 대한 기여를 먼저 생각하는 법이 있는가, 그렇지는 않습니다. 불교를 할 땐 언제든지 불교를 보면서 불교를 연구하다 보니까 이차적으로 순서가 좀 바뀐 것뿐입니다. 불교를 연구하다 보니까 사실은 세계 종교에 대한 기여도 가능하고 일곱 번째 대화에 대한 기여도 가능할 것이고 비교고찰도 가능할 겁니다. 단지 저는 오 선생님이 이렇게 말씀하셨으면 더 좋았지 않을까 생각합니다. 적어도 비교학적인 고찰이라든가 세계적인 기여라든가 또는 민족주의적인 성격을 극복해야 된다는 점들을, 맨 처음에 그것 때문에 불교를 연구하는 건 아니지만 불교를 연구를 하는 과정에서 이런 것들은 반드시 자기 반성점으로 항상 지니고 연구를 진행해야, 뭐랄까요, 바람직하다, 여기 약간 순서만 바꿔줬으면 좋겠습니다.

그다음에 이거와 관계시켜서 민족주의적인 성향에 관해서는 제가 한 말씀만 더 드리고 싶습니다. 우리가 민족주의라고 하는 말은 대단히 불행한 역사를 가지고 있습니다. 지금 말이죠, 세계사회에서 민족주의하면 굉장히 유치하고 지난 세기 것이고 극복돼야 될 것이라고 생각하는데 사실 그런 건가 하는 겁니다. 우리는 여기서 민족주의와 국수주의를 반드시 구분해야 된다고 봅니다. 우리가 적어도 민족주의라고 하는 말은 내셔널리즘(nationalism)의 번역어인데요, 이 내셔널리즘의 번역어라고 하는 생각을 하고 민족주의라고 하는 말을 우리가 쓰는 법이 없습니다. 우리가 역사적으로 19세기서부터 민족주의라는 말을 쓰는데 이때 민족주의는 사실은 제국주의가 동양의 민족들을 억압하는 과정 속에서 그 과정, 역사적인 피해의식으로서 말이죠. 일종의 서바이벌 모티브(survival motive)로, 말하자면 방어적인 동기로다가 우리도 세계사회에서 살아남을 수 있는, 또는 살아남아야 되는 그런 권리가 있다. 그런 생존권의 하나의 단위를 민족이라고 생각했고 그래서 민족이라고 하는 말을 쓰고 있습니다. 지금 신강성에 있는 위구르족이 중국 정부에 의해서 탄압을 받고 있을 때 그 사람들이 뭐를 생각했습니까. 그것은 쇼비니즘도 뭣도 아무것도 아닙니다. 마찬가지로 우리가 19세기에 우리 민족, 한국 사람들이 민족주의라고 할 때 바로 그런 의미로 썼습니다. 그러기 때문에 우리가 동양 사람이 민족이라고 이야기할 때 절대로 그 독일의 나치즘이나 파시스트들이 얘기했던 것과 같이 쇼비니즘하곤 전혀 관계없는 그런 의식으로 써 왔었습니다. 그래서 선생님이 말한 국수주의는 정말 이거는 넘어가야 될 거고, 그래서 선생님이 말씀하신 모든 논의는 국수주의의 맥락 안에서 이루어졌다고 생각합니다.

그러면 이제 마지막으로 굉장히 오픈핸드, 개방적인 제안을 하셨는데요, 역시 이왕 제안을 아주 잘 체계적으로 하셨다면 좀 더 구체적으로 대안을 제시해 주실 수 있었으면 얼마나 좋을까 하는 기대를 갖습니다. 그걸 위해서 전 이렇게 생각을 했습니다. 지금 선생님께서 시간 때문에 제가 요약한 것만 말씀을 드리겠습니다. 그리고 이 회의에서 일어나는 모든 논의는 한국불교의 보편성과 특수성을 어떻게 이해하느냐 하는 차원에서 논의가 되고 또 그것을 잘 오 선생님께서 다행스럽게도 중간에 제기를 했다고 봅니다. 그런데 중간이라는 거는 처음에 하면 다 잊어버리고 지금쯤 하는 게 더 효과적이라고 하는 의미에서. 그런데 보편성과 특수성을 이해한다, 그래서 우리가 한국의 종교에, 한국불교사상에 보편성과 특수성을 합치게 되면 과연 한국의 불교를 정말 명확하게 이해할 수 있을까, 그때도 문제가 하나 생길 것 같습니다. 왜 그러냐 하면요, 우리가 이미 불교의 보편성 그러면 두 가지를 얘기를 할 수 있습니다. 불교사 안에서 보편성 그러면 그건 두말할 것 없이 불교 교리입니다. 그러면 불교 교리가 과연 불교 교리로서만 독자적으로 나왔느냐. 이거는 모든 종교나 또는 인간의 사상전통이 문화전통이 형성되는 과정과 역사학 쪽에서 보면 역사적인 변천 과정이라든가 또는 인문학 쪽에서 보면 사상이나 문화의 구조적인 특성을 형성시켜 주는 내용, 이것과 같이 가게 됩니다.

그래서 보편성은 그래도 두 가지의 보편성을 우리는 꼭 생각해야 될 것 같습니다. 하나는 불교 교리 안에서, 불교 교리 안에서의 보편성, 특수성은 또 이렇습니다. 지금 오 선생이 지적하는 바와 같이 한국불교를 얘기할 때 한 선생님이 강조하신 원융이라든가 조화라든가 이것이 아주 보편적으로 나오고 있습니다. 자, 조화라고 하는 것도 그렇습니다. 한국사상에 분명히 조화와 관용주의가 아주 보편적인 건 사실입니다. 그러나 그것을 강조하지 않은 세계사상이 어디 있었나요, 모든 세계적인 클래식, 고전 사상은 다 조화를 강조했단 말이죠. 그렇게 되니까 그것마저도 우리 것인가 하는 질문을 받게 되면 우리가 답변을 할 수 없게 된단 말이죠. 그다음에는 조화가 모든 국민이나 사상이 다 가지고 있는 보편적인 것이다 그런다면 그 조화를, 생각하게 되는, 조화를 설명하게 되는 그런 그 설명 틀은 각각 다를 것 같습니다. 예컨대요, 기독교인도 조화라고 합니다. 불교도 조화라고 생각합니다. 불교인이 불교사상에서 조화라고 얘기할 때와 기독교사상에서 조화라고 얘기할 땐 전혀 다른 컨텍스트, 사유맥락 속에서 얘기가 될 겁니다. 또 다른 면에서 비교적 안목을 오 선생님께서 말씀을 하셨는데, 비교적인 안목에서 본다면 천당과 극락을 과연, 말이 비슷하다 해서 사전적인 의미가 비슷하다 해서 이것을 비교하기 시작하면 어떻게 되냐 하면 정말로 난삽하기 이를 데 없게 된다 말이죠. 그러면 천당은, 천당이라고 하는 아이디어는 기독교라는 세계관 안에서 의미가 있는 것입니다. 불교개념도 마찬가지죠. 그러니까 하나의 종교적인 아이디어는 그 종교적인 아이디어를 배태한 사상적인 맥락 속에서만 의미가 있고 그 사상적인 맥락과 관계됐을 때만 의미가 있는 거죠.

그렇게 된다면 한국인이 조화나 원융이나 그런 걸 얘기할 때 한국인의 사유의 맥락을, 맥락 안에서 불교 교리를 어떻게 특화시켰을 것인가. 따라서 조화가 잘못된 것이 아니고 융화가 잘못된 것이 아닌데 그러면 그렇게 설명할 수 있었던 한국인의 사유맥락은 뭔가 하는데 대한 설명이 좀 필요할 것 같습니다. 연구가 필요할 것 같습니다. 이 두 개가 있을 때 비로소 한국적인 사상의 특수성을 얘기할 수 있지 않을까. 만약 이렇게 된다면 이것은 기술적이고 객관적이고 그리고 논리적인 추구이기 때문에 거기에 민족주의, 아니 국수주의적인 감정은 적어도 개입될 필요도 초반전서부터 필요가 없지 않을까 이런 생각이 듭니다. 이렇게 해서 제가 해야 될 몫을 다 마쳐 볼까 합니다. 감사합니다.

☞ **사 회**

자 그럼 다음 오 박사가 응답하시겠습니다.

☞ **오강남**

좀 과격하게 질책을 해 주셨는데 대단히 감사합니다. 저도 논평하신 것에 수긍하고 더 이상 말씀드리고 싶지 않지만, 몇 가지 제가 말씀을 듣다가 생각나는 걸 말하고 싶은 게, 불교학 하는 분들에게 비교학적 관찰을 강요할 수 있을까. 물론 강요할 수도 없고, 모든 분들이 비교학적 관찰을 해야 된다고 하는 것도 아닙니다, 사실. 이 학회가 불교의 보편성과 특수성이라고 하기 때문에 이 문제가 제기됐지 모든 분들이 다 또 불교의 보편성과 특수성만 눈을 뜨고 보라고 하는 것도 절대 아닙니다. 그렇게 해 가지고는 제목이란 게 불교학 그러면 보편성, 특수성 그것만 따지다가 볼일 다 볼 테니까 그런 게 아니라 이런 학회에서 이런 문제들도 제기돼야 하지 않는가 하는 그런 것을 얘기했기 때문에 좀 오해가 계신 분이 계시면 오해를 풀어주시고요. 한 가지 그러나 지금 신학계에서, 예를 들어서 폴 미첼이라고 하는 가톨릭 신학자가 있는데, 그분이 한 말을 저는 언제나 기억하는데, 그분은 뭐라고 그랬냐 하면 신학 하는 사람은 이제는 신학만 해 가지고 안 된다 이거예요. 신학 하는 사람이 신학만 해 가지고 뭐 종교를 얘기하고, 신을 얘기하고 이렇게 하는 것은 마치 지질학자가 자기 뒷마당만 파 보고 그래 가지고는 뭐 지구가 어떻고 바위의 성질이 어떻고 하는 거와 다를 바 없다 이거예요. 그러니까 종교에 관심을 갖는 분들은 적어도 자기 뒷마당만 파는 일이 있어서는 안 되고 여기 뒷마당 파고 옆집 마당 파고 남의 나라 땅의 마당도 파 가지고 아 세상은 이런 거구나 하는 것을 알아야 된다고 해서 그 사람의 제안은 아주 과격한데 모든 신학교의 교과과목을 결국은 비교종교학적 입장에서 하라, 이렇게 말하는데 제가 뭐 불교학계에 대해 그렇게 이야기한 건 아니지만 불교학자들도 불교가 진정으로 뭔가 하는 관심이 있으면 그게 아니라 그냥 서지학적인 논평이나 이런 거라면 할 필요도 없지만, 거시적으로 불교가 뭔가 불교가 세계 종교사회에서 어떤 위치를 차지하는가, 불교의 기본구조가 어떤 건가에 대한 기본적인 관심이 있으면 이런 비교학적 관심도 가져보는 게 좋지 않나 하는 그런 뜻입니다.

또 민족주의라는데 저도 민족주의를 아주 아름다운 것으로 생각해요. 여기서 제가 국수주의란 말은 안 썼는데 국수주의란 말 자체를 아주 배격하는 사람들이 많이 있어요. 그래서 어떤 사람은 국수주의라 하니까 우리가 왜 국수주의냐, 우리는 냉면주의다 짜장면주의다 (웃음) 이런 말까지 하면서, 그런데 제가 여기서 맹목적인 민족주의, 지나친 오도된 민족주의, 이런 말로 해서 아까 말씀하신 거와 똑같은 얘긴데 여기서도 마찬가지 민족주의가 좋아요. 저도 한국을 사랑하고 한국이 우리나라 모국이다 하는 거에 대해서 언제나 애착을 갖지마는 애착 갖는 자체는 하등 나쁠 게 없어요. 그러나 마치 내가 우리 어머니를 가장 좋아한다 해 가지고 남의 어머니를 싫어하는 것. 남의 어머닌 우리 어머니보다 못 하다고만 얘기가 되는 그런 의미의 민족지상주의, 민족이라면 무조건 좋다는 그런 것을 제가 배격하고, 우리 어머니의 장점을 얘기하는 건 다 좋은데, 그러기 때문에 우리 어머니는 너희 어머니보다 훌륭하다는 것을 뒤에 붙일 필요는 없다는 거예요. 우리 어머니의 장점을 다 얘기하고 정말 딴 어머니들이 없는 점이 있으면 그걸 그 어머니들도 배우도록 도와주는 건 좋지만 못 하다, 못 하니 나쁘다는 그런 카테고리는 이제는 거의 필요가 없지 않나 이런 생각이 들어서 그런 말씀을 드렸습니다. 다른 것들은 그냥 얘기하면서 혹시 질문 있으면 얘기하는 걸로 하고요. 예, 감사합니다.

☞ 허우성

사실은 오 교수님께서 오늘 오후에 계실 것 같으면 그때 질문을 드려야 마땅한 것 같은데 가신다니까 이 질문을 던지고 싶습니다. 사실 이 질문은 어제 발표하시고 오늘 발표할 다른 교수님들에게도 해당될 수 있습니다. 특히 우리 주제가 한국불교사상의 보편성과 특수성 이렇게 물을 때에 우리 보편적인 것, 특히 오 교수님께서는 보편적인 것이라는 말씀을 쓰셨는데 이 보편적인 것이 불교보편적인 것일 거구요. 또 뭐 이야기에 따라서는 윤 교수님처럼 일반으로 나아갈 수 있을 것으로 보이는데 말이죠. 즉 이렇게 불교 보편사상이라 물을 때에 우리가 인도 석존의 사상까지 올라갈 필요가 있겠는가 하는 것이에요. 그래서 저는 이제 그 보편, 특수라고 했을 경우에 제일 먼저 염두에 두는 것이 무슨 조형(archetype)으로서 석존의 사상이 있고, 그다음에 무슨 유식이든지, 천태이든지, 원효이든지 간에 그래서 이제 그 뭐 보편을 깔고 있지만은, 그 한국적인 여러 가지 역사적인 상황 때문에 그것이 특수로 됐다. 그러나 그때 특수라고 할 때에도 너무 많이 거리가 떨어지면 비불교적이라는 말씀이 될 거구요. 그래서 제가 질문 드리는 거는 우리가 보편적인 것, 오 교수님께서 그런 용어를 사용하실 때에 인도의 석존의 불교사상까지 돌아가야 하는가. 그걸 염두에 두고 계신가, 전 이런 질문을 드리고 싶습니다.

☞ 오강남

예, 아주 훌륭한 말씀입니다. 제가 이걸 쓰면서도 그건 염두에 뒀어요 사실은. 뭐가 보편적인 건가, 제 개인적으로는 보편적이라는 게 따로 있지 않다고 생각해요. 보편적이라는 것은 구체적인 것에 착상(着床)되었다(imbed), 그걸 떠나서는 보편적인 것이 따로 뚱 떨어져 있는 게 아니고 그런 그 구체성 속에서 면면히 흐르는 어떤 일관성 같은 거 혹은 기본 구조(structure) 같은 거 이런 거를 얘기하면, 어제 박성배 선생님이 고(苦)에서 이쪽 고를 극복하는 쪽으로 넘어간다는 그런 기본구조(basic structure)는, 그러면 이제 그런 것이 있어야 된다는 게 아니라 모든 종교를 이렇게 훑어보면, 그런 기본 구조가 발견되니까 그런 기본구조는 고거만 있는 게 아니라 그건 어디 따로 있을 수 없어요 그죠? 그런 것들이 이런 특수한 것 속에 면밀히 흐르기 때문에 그거를 끄집어내서 우리가 구태여 이름을 붙인다면 보편성이라 하든지 이러지, 불교의 보편성이라 해서 석가의 가르침 자체를 보편적인 걸로 해 가지고 그것이 무슨 씨가 돼 가지고 여기 가고 저기 가서 저는 그렇게는 아닙니다. 어떻게 생각하세요.

☞ 허우성

그래서 저는 이제 사실은 불교적 보편이라고 주장하기 위해서는 더욱이 한국불교사상 이렇게 하면 말이죠, 어떤 방식으로든지 석존의 사상, 만약에 불교가 석존의 출발이 됐다고 보면 말이죠, 석존의 사상과의 관계가 굉장히 중요할 거 아닌가 말이죠. 그래서 유식을 논할 때도 단순히 중국 유식하고 한국 유식 사이에 컨티뉴이티(continuity) 혹은 연속 불연속을 가지고 만약에 이어지면, 그것이 보편적이고, 만약에 단절이 있으면, 이게 특수적인 것이다 그렇게 하면 문제가 될 거 같은 거예요, 만약에 불교라고 부르는 한, 초기에 불교사상이 어떤 방식으로든지 작동해야 될 게 아닌가, 그런 생각을 가지고 있습니다. 그래서 이제 그 유식을 하시든 천태를 하시든, 적어도 불교사상 내에서 보편성이라는 문제를 거론하기 위해서는 천태가 아무리 중국적인 현상이라고 하지마는, 이것이 얼마나 초기에 석존의 사유구조하고 뭐가 닮아 있는 것인지 아니면 뭐가 다른 것인지, 거기까지 일단 질문은 제기해야 될 게 아닌가, 그런 생각 가지고 있습니다.

☞ 사 회

예, 박 교수님.

☞ 박성배

우선 제가 오 교수님의 제목, 한국불교사상의 기술의 문제. 그렇게 타이틀이 해서 굉장히 중요한 문제를 다룬다고 생각하고 그랬는데 사실상 오 교수님은 기술이란 말을 연구란 말하고 함께 쓰셨거든요. 그래서 저는 연구하고 구별한 기술을 생각하고 있어요. 그래서 오 교수님의 논문 가운데 연구하고 구별한 의미의 기술은 영어문제 세계 다른 사람하고의 통하는 언어의 문제, 번역 문제 이것이었어요. 그런데 거기에 관련시켜서 저는 지금 현재 한국불교에서 기술의 문제가 사실 보편성이다, 특수성도 기술의 문제거든요 이게, 어떻게 보면 다시 말하자면 제가 어제 도식으로서 파사(破邪)와 현정(顯正)이라고 했는데 파사는 몸짓에 일어나는 거고 현정은 몸에서 일어난다고 볼 때에 지금 현재 이 보편성과 특수성을 몸짓의 세계에서, 용(用)의 세계에서만 풀려고 그런다고요. 그러나 원효 같은 우리의 선배들은 그것을 용에서만 풀지 않았거든요, 체(體)에서 풀었거든요.

그러기 때문에 우리는 보편성이라는 말을 둘로 사용해야 될 거 같아요. 첫째는 체에서 보는, 체에서 본단 말은, 즉 일즉일체적인 깨침의 경지, 해탈의 경지, 부처님의 경지에서의 보편성이거든요. 그래서 보편성이 제일차적인 의미고, 그것이 용으로 내려와서 일반사람들하고 대화를 할 때에 보편성은 불교적 보편성이 제이차적인 정의라고요. 그래서 이것을 구별은 해봐야 빌딩이 제대로 드러날 것 같아요. 그런데 제일 큰 문제는 지금 기술에 있어서 제일 큰 문제는 언어의 문젠데, 이 언어가 우리 깨침이라는 경험을 놓고 볼 때 그 경험이 언어하고 부딪칠 때에 두 가지 유형이 나타나는 것 같아요. 하나는 자기 경험은 아주 특수한 건데, 유니크(unique)한 건데, 고유한 건데, 언어가 보편적인 성격을 가지고 있거든요. 그러니까 자기 특수성이 안 드러나 버려요, 언어로 표현할 때, 그것이 하나의 유형이고 그런 문제를 착착 밀고 나가는 사람들이 실존주의자들이 그런 문제를 밀고 나갔다고요. 또 하나의 유형은 뭐냐 하면 경험은 기가 막히게 보편적인데, 시공을 초월한 보편적인 건데, 언어는 커뮤니티의 산물이거든. 그러기 때문에 지방성이 있다고요. 그러기 때문에 언어로 표현할 때 그 보편성이 죽어버린다고요. 그 문제를 다루는 것이 불립문자(不立文字)를 내세운 선의 착안점이라고요. 그러니까 이러한 문제, 즉 경험하고 언어의 관계에 있어서 보편성과 특수성 문제, 이것을 어떻게 풀어야 될지 그런 문제를 좀 선생님 논문에서 집어넣어서 또 혹은 선생님 분명히 타이틀을 열개 하셨을 때는 지금 여행 중이시니까 요것밖에 안 하셨지만 기술의 문제에서 할 때는 그 문제를 분명히 씨름하셨으리라고 느껴져서 제가 여쭤보는 겁니다.

☞ **윤이흠**

박 교수님 지금 말씀하시는 거는요, 분명히 보편성과 특수성을 말씀하셨는데요, 그러나 박 교수님께서 말씀하신 지금 지적하신 보편성과 특수성은 사실은 불교역사 속에서 나타난 보편적인 문제를 말씀하셨거든요. 사실은 한국인 한국불교의 보편성, 한국불교가 뭔가라고 하는 사실은 한국불교의 비교적인 특성을 강조하기, 찾아내기 위해서 얘기할 때는요, 선생님이 말씀하신 거는 기조에 깔려야 되는 것은 사실이지만, 다른 것은 표면에 강조될 수밖에 없는 것 같아요, 그건 뭐냐 하면, 그러면 불교사 전체적인 공통점은 있겠지만, 그러니까 불교죠. 그중에서 한국적인 건 뭐냐 오히려 이런 조금 더 용의 몸짓의 세계에 문제가 요구되는 과제가 아닌가, 그렇게 생각이 됩니다.

☞ 오강남

예, 좋은 지적이신데, 그런데 그거는 종교와 언어와의 문제인데 언어와 종교가 어떻게 관련이 돼 있는가, 제가 보기에는 그건 무지하게 중요하지만은 또 무지하게 엄청난 질문이기 때문에, 문제기 때문에, 그걸 여기서는 다루지 않았는데, 그건 달리 전 뭐 불립문자라든가 무슨 뭐 언어도단이라든가, 이건 만날 하는 얘기니까 여기서는 아까 말한 대로 말씀하셨던 몸짓 중에서의 이차적인 보편성, 그 정도에서 머물렀다고 할까요. 하여튼 지적해 주셔서 고맙습니다.

☞ 박성배

일차적인 보편성을 따지지 않고 이차적인 보편성을 획득할 수 있습니까?

☞ 오강남

그거는 큰 문젠데, 제가 가르친 것 중에 미스티시즘(mysticism, 신비주의)이 나오는데 미스티시즘이 하나냐 혹은 다르냐, 그거는 스펙터클로 봐서 여러 개 갈라져요. 라다크리슈난(Radhakrishnan) 같은 사람은 하나다, 동서고금을 말하고 그것은 보편적이다. 박성배 교수님이 하는 말씀과 같은 그건 하나다 하고, 그리고 스티브 커트 같은 사람은 만 사람의 미스티시즘은 다 다르다. 그래 가지고 또 어떤 사람은 적어도 세 가지는 있을 거다 이렇게 하니까 이런 것은 소위 연구적인 질문이에요, 그래서 그런 질문은 인제 딴 발표부문에서 아마 하면 되지 않을까요.

☞ 강우방

제가 좀 몸살이 나 가지고 어제 못 나와서 죄송합니다. 저는 미술사가이기 때문에 사실 제가 여기 서게 된 것을 참 영광으로 생각하는데, 우리 미술사가들이 논문을 쓸 때 보면 여러 가지 문제점을 제기하고 그다음에 그 문제점은 앞으로 연구해야 될 과제다, 하고 끝을 맺습니다. 저는 사실은 그런 문제점들은 논문을 쓰기 위한 전제조건이지 그것은 저는 논문이 아니라고 전 보거든요. 그래서 여러 가지 문제점들은 앞으로 연구돼야 할 과제이다, 그러고 끝나는데, 사실은 논문이라는 것은 그때부터 시작하는 겁니다. 그래 저는 오늘 오 선생님께서 쓰신 것을 제가 보면서 느낀 것은 저도 여러 가지 면에서 이러한 문제점들을 제가 느끼고 있습니다. 그래서 좀 제가 하고 싶은 얘기를 좀 잘 하는 편인데 이러한 단계를 좀 넘어서 가지고 좀 더 구체적으로 어떤 문제점을 잡아 가지고 구체적으로 논의를 해야 될 단계가 이제 우리나라 학계에도 오지 않았는가 하는 생각을 저는 가지고 있습니다.

☞ **오강남**

아주 그건 정말 좋은 지적인데요, 그러니까 이 기술의 문제 서설, 이 정도로 아마 제목이 돼야 되지 않을까, 하는 식으로 전 이걸 첫 번째 해 가지고, 나머지 구체적인 것은 여러분 하나하나 해 주시기를 바라는 그런 의미에서 쓴 겁니다. 그건 이제 강 교수님 같은 분이 앞으로 구체적으로 (일동 웃음), 그러니까 그런 의미에서,

☞ **사 회**

질문을 한두 가지 더 받을 수 있을 것 같습니다마는 제가 이 서면으로 존 요르겐센 선생이 질문한 내용을 말씀드리겠습니다. 오 박사님의 발표에 대해서 대체적으로 동의한다고 하면서 시대 특수성, 지역 특수성 문제에 대해서 네 가지로 질문이랄까 어떤 점을 지적하셨는데 첫째는 한국인의 아이덴티티 문제, 중국에 가서 봉사, 공헌한 한국 승려들. 예를 들면 승랑(僧朗) 같은 사람은 인종적으로 한국 사람이 아니었을 것이다. 요동지방에서 갔다니까 그런 추측이 가능하겠죠, 그다음에 많은 선종 승려들이, 신라의 많은 선종 승려들이 중국인 귀화인이었다. 중국인인데 신라에 귀화한 사람들이었단 말이죠? 거꾸로 경우죠. 그다음에 원측의 경우는 신라에서 승직을 거부당했다. 이것은 삼국유사에 나오는 얘깁니다. 그것도 이제 인종적인 그런 것이 아니라는 말씀을 하려고 하는 거죠? 그리고 두 번째, 역사적인 변화와 역사적인 연속성의 문제인데 신라불교와 조선불교는 아주 다르다. 그 한 가지 이유는 불교의 여러 형태가 상실되어 버리거나 다른 것으로 대치돼 버리거나 했다는 거죠. 예를 들면 중국에서도 많은 화엄과 천태 교리들이 당시대 후기에 전쟁과 법난, 탄압 속에서 상실돼 버렸다는 것이고, 신라 사회부터 조선, 조선 중기까지의 사회는 아주 달랐다. 예를 들면 불교에 대한 지배층의 태도, 민중들의 불교에 대한 태도가 달랐다는 거죠.

세 번째로, 역사적인 변화와 또 다른 종교 간의 그런 문제, 다른 교리 간의 문제. 신라불교, 초기 신라불교는 유교에 대한 깊은 지식 없이도 이해할 수 있지만 조선 불교는 주자학을 무시하고는 이해될 수 없다는 점. 그걸 지적했고요. 네 번째로, 지역적인 특성이 있느냐 하는 문제. 불교는 국가 경계선에 의해서 반드시 제한되는 것은 아니라는 말입니다. 그리고 불교의 형태는 자주 물론 지역적으로 지리적으로 연결돼 있었다. 이것은 일본사람 고지마 다이잔하고 스즈끼 쇼유, 두 사람의 저술이 있다는데요. 그 점에서. 그래서 종남사 화엄이라든가 오대산 화엄의 그

런 흐름들이, 다른 흐름들이 있는 것이고 운남 불교와 강북 북중국의 불교가 아주 다르고 역사적인 발전이 별개였다. 그리고 한국에서는 아마도 지역적인 그런 차이들이 있었을 것이다. 예를 들면, 백제와 고구려의 영향 같은 것. 지금 사찰들의 위치들을 이렇게 본다면 어떤 지역적인 차이들을 볼 수가 있는데, 어떤 점에서냐 하면 불교에 대한 태도에 있어서, 아마 이것들은 경제 및 정치적인 그런 상황과 연결돼 있을지도 모르겠다. 그러나 그 차이들이 어떤 지역적인 다른 특성들, 아마 문화적인 특성들 같은데요, 그런 것을 띠게 된 한국불교 안에서 띠게 된 그런 차이들을 반영하는 것인가 하는 그런 질문을 했습니다.

☞ 오강남

그러니까 한국 특수성만 얘기해서 되겠느냐, 신라 때의 특수성 고려시대의 특수성 혹은 이조시대의 특수성 혹은 한국 내에서도 남쪽의 특수성, 동쪽의 특수성 이런 것들이 같이 논의돼야 하지 않겠느냐 이런 얘긴데, 이런 말을 하니까 생각이 나는 게 있는데, 생각이 나는데, 제가 옛날 일이었기 때문에 지금 제 기억이 맞는지 안 맞는지 모르겠어요. 근데 한국의 불교는 중국불교하고 특수성이 별로 없다고 나까무라 하지메가 한 말인데, 일본불교는 중국불교하고 비교해서, 맞는지 모르겠어요. 심 교수 좀 도와주세요. 특수성이 많은데 왜 그러냐 하면 이 특수성은 일본불교의 특수성은 차이점은 일본불교가 중국불교를 이해하지 못했기 때문에 오해하는데서 생긴 거다, 그러니까 일종의, 그러기 때문에 마음대로 막 했다. 이런 건데 그 말이 맞아요?

☞ 심재룡

키타가와가 말했지요.

☞ 오강남

키타가와가 그런 말 했어요?

☞ 사 회

자, 또 질문 한두 가지 있으시면 해 주십시오. 소렌슨 선생.

☞ Sorensen

(영어 질문)

☞ 오강남

예, 질문내용은 특수성이라고 해 가지고 너무 그렇게 좁은 이런 것을 특수성화하는 것은 무리가 있을 것 같다. 한국불교라는 것도 결국은 동아시아라고 하는 넓은 컨텍스트 속에서 이해하는 거고 심지어 인도하고의 관계 속에서 이해하는 거지 한국불교라 해서 이렇게 지역적으로 하면 의미 없고 또 한국적이라는 것이 처음부터 끝까지 계속 있을 것인가 하는 것은 그건 거의 불가능하고 고려시대라든가 신라시대라든가 그렇게 특별하게 띠어서 거기에서 지역적인 특성 같은 게 나타나지 않을까. 특수성 보편성 하는 문제는 아주 델리키트(delicate)한 문젠데, 예를 들어서 자기가 하는 의례 같은 문제도 똑같은 것이 여기서도 하고 저기서도 하는데, 그러면서도 한국적인 문화나 한국적인 풍속 때문에 한국에서 한 것이 조금 달라지는 그런 정도에 지나지 않냐, 특수성이라고 하는 것이 이렇게 강조된 것은 자기가 보기에는 박정희 시대 때부터 일본하고 분리시키려고 또 딴 나라하고 분리시켜서 한국의 우수성을 말하려고 하는 데서 그렇긴 한데, 그건 뭐 제가 제기한 문제하고 같은 건데. 특수성에 너무 매달리는 것이 곤란하지 않냐 하는 것을 자기가 코멘트로 한다고 했습니다. Thank you for your comments.

☞ 사 회

하나쯤만 더 받고 그만둘까요. 예, 한기두 선생님이 마지막으로 하시겠답니다.

☞ 한기두

이 내용이 제가 보기에는 종합발표를 할 때 써야 할 내용을 지금 여기서 말씀하시는 것 같아요. 어떻게 보면 다음 말씀하시는 분에게 조금 행운일 것 같아요. 이런 아주 종합적인 문제를 얘기하고서는 어떤 부분적인 얘기를 하게 되니까 아무래도 좀 힘들 것 같긴 합니다만 그러나 이때 이걸 얘기하고서 다시 다음 종합토론 때 할 것을 한다 하더라도 반드시 짚고 넘어가야 할 몇 가지가 있지 않느냐, 제가 생각할 때 오 교수님의 말씀이 정말 지당한 말씀만 쏙쏙 골라서 말씀해 가지고 할 것이 다시없다고 생각이 됩니다만, 그러나 한 가지 문제는 그렇게 만약 가져질 적에는 불교학자가 하는 불교지, 진정한 체험을 갖는 불교가 과연 가능하냐 하는 문제가 일차적으로 얘기해야 할 과제가 하나가 있을 것 같아요. 첫째에 보편성이라고 하면 아까 말씀하시기는 불교의 석가모니는 맞습니다. 하지만 엄밀히 말하면 불교인들의 생각에서는 석가모니를 뛰어넘는 인간 성품자리가 하나의 보편성이다, 이렇게 나오는 것이 불교인들의 생각입니다. 그런다고 볼 적에 어디까지를 만나야 하느냐, 이것은 물론 철학, 뭐 할 적에는 일반적인 얘기 속에서는 모두가 다 수용되는 서로의 공통언어를 발견했다고 생각됩니다마는, 특수성을 찾는 불교인들이 사실은 한국불교인데 엄밀히 말하면. 그 사람들에게 대화의 장에 언어를 가지고서 이끌게 할 수 있는 것이 과연 이 말에서 가능하냐 하는 데는 역시 또 문제가 몇 가지 있는 것 같아요. 쉽게 말하면 가문에서나, 아주 철저히 한국불교에 집념을 하고 연구하는 사람들에게 네가 여기 한국불교 하는 사람이냐, 이렇게 얘기한다고 할 때 분명히 하는 사람입니다마는, 그러나 그 사람들을 대변할 만한 그것이 과연 이 말씀 속에 되느냐 이것은 어디까지나 체험의 문제는, 여기서는 한국불교인들이 하는 체험의 문제, 가령 아까 말씀 잘했는데, 물론 일본불교에는 불교 아닌 불교를 하는 사람들이 많이 있었습니다. 그런데 그런 사람들을 과연 보편성은 아니지만은 일본불교 아니라고 볼 수 있느냐, 일본불교라고 해 가지고서 끄집어내야 한다. 그럴 적에 그 사람들을 대화의 장에 나올 수 있는 그런 지혜가 그 나름으로 일본 특유의 것이 나와야 되는데 쉽게 말하면 기독교나 딴 데에서 대화할 수 없는 것을 대화할 수 있는, 그런 것이 나와야 되는데 과연 한국불교에 그런 데까지 갈 수 있는 그런 준비가, 그것이 엄밀히 말하면 체험자의 연구를 통하지 않고서 가능할 것이냐, 이런 문제에 대한 한마디 질문입니다.

☞ 오강남

예, 체험자의 체험이 중요하다는 건 뭐 말할 여지가 없죠. 체험자의 체험 자체가 학문이 되는 건 아녜요. 여기서 불교학이라고 하는 것을 하기 때문에 체험한 사람이 써놓은 거라든가 체험한 사람이 하는 말을 가지고 분석하고 그 체험한 사람의 말이라든가 체험한 사람의 표현이 어떻게 한국적인가 이런 것을 지금 가지고 얘기하는 거니까, 불교 한다는 말은 무슨 말인지 모르지만은 불교 한다는 게 아니라 우리가 여기서 논의한 것은 불교학 하는 사람들이 불교를, 한국불교를 어떻게 보느냐 하는 것이 문제입니다. 그래서 불교 한다는 것하고 불교학을 한다고 하는 것은 같은 거, 같을 수도 물론 있어요. 불교인이 불교학을 할 수도 있지만, 그러나 불교인이 아닌 사람이라도 불교학을 할 때는 체험이 꼭 그 사람이 있어야만 불교학을 한다는 것은 그것은 그럴 필요는 없다고 이렇게 되지요.

☞ 사 회

예, 혹시 종범 스님이 무슨 질문을 속으로 준비하고 계신 것은 아니죠? (웃음) 그러시다면 이상으로 이번 발표와 토론을 마치고 잠시 휴식을 하신 다음에 이 자리에 다시 오시면 그다음 부분으로 진행이 되겠습니다.

종합토론

사회: 허우성

☞ **사 회**

아까 눈으로 확실히 보이는 석굴암이나 신종 이런 것만 가지고도 두 분의 견해가 날카롭게 대립하고 있고, 그래서 그 문제 하나만 갖고도 밤새워 말씀하시더라도 해결될 것 같지가 않았는데 지난 어제와 오늘 여러 가지 논문, 수 편의 논문을 둘러싸고 제기된 여러 가지 문제 다를 말할 수 없을 겁니다. 제가 여기 와서 느낀 것 중의 하나가 인하대 교수님들의 마음이 굉장히 관대하시다는 걸 느꼈습니다. 그래서 시간이 한참 지나가더라도 별로 상관하시지 않고 그러셨는데. 아마 저를 이렇게 마지막으로 종합토론을 맡긴 이유 중의 하나는 오늘 마지막 날이니까 제발 그렇게 하지 말라는 뜻으로 이해하겠습니다. 그래서 아까 김영호 선생님 말씀도 늦어도 여섯 시까지는 끝내라는 부탁말씀이 있으셨습니다. 그래서 여섯 시까지 종합토론을 진행하도록 하겠습니다. 우선 말이죠, 종합토론 진행하는 방식을 어제와 오늘 제기됐던 여러 가지 문제들 가운데 여기 참석하신 분 가운데 특별하게 이걸 다시 한번 미진했으니까 문제를 제기하고 답변을 듣고 싶다는 것이 있으시면 순서와 관계없이 이 질문은 어떤 선생님한테 드립니다, 하고 밝히시고 문제를 제기해 주시면 고맙겠습니다.

☞ **서종범**

문제 하나 큰 것 있어요. 의상의 법계도 저자의 문제인데요, 이 문제는 상당히 불교학계에서도 중요한 문제이기 때문에 기회를 주셨으면 좋겠습니다.

☞ **사 회**

곧 제기하십시오. 바로 하셔도 되겠습니다.

☞ **서종범**

예. 의상 법계도기의 저자 문제는 제가 볼 때는 고려 초 균여의 『화엄원통기』 제1권에서 이미 해결이 났다고 봅니다. 그 『원통기』 제1권에 보면 원장의 기록에 운운해 가지고 이거는 지엄의 저술이라는 설이 있다, 이래 놓고 그러나 이것은 의상의 저술이다, 이렇게 기록을 하고 있거든요. 그런 면에서 볼 때, 균여의 『원통기』 이후에 아무도 의상의 저술이 아니라고 하는 이의를 제기함이 없이 계속 오늘날까지 신앙적으로나 의례적으로 시행이 됐기 때문에, 한국 쪽으로 볼 때는 의상의 법계도와 법계도 해석에 대한 신의 저자 문제는 고려시대, 고려 초 균여의 『원통기』 저술로서 이미 끝이 난 것이다, 이렇게 보는데요. 근래에 이것이 학계에서 다시 제공이 됐으니까 그렇다고 한다면 몇 가지 문제가 해결이 돼야 된다고 봅니다. 첫째로는, 지엄이 의상이 법계도와 법계도 시를 짓는데 지엄으로부터 굉장한 도움을 얻었기 때문에 지엄의 영향이 그 저술에 직접 미쳐진 게 아니냐, 그래서 두 사람의 합작으로 봐야 된다, 이런 의견도 있는 것 같은데, 그건 절대 아니라고 봅니다. 왜냐하면 지엄이 의상에게 힘을 준 것은 그 스승으로서 교육적 측면에서 영향을 준 것이지 저술적 측면에서 준 것은 아니다. 가령 오늘날 학계에서 예를 든다면 지도교수가 아무리 논문을 써 줬다 하더라도 그분은 어디까지나 지도교수지 저자는 아니라는 얘기죠. 그래서 그런 측면이 하나 있고 또 두 번째 측면은 현수 법장이 『탐현기』라든지 기타 저술을 하면서 지엄에 대한 이야기는 아주 세밀하게 소개를 하고 있는데 현재 현수 법장의 기록에 법계도 시가 지엄이 지었다는 말은 일체 없다. 그래서 그것이 두 번째로 지엄 저술이 아니라는 그런 이야기고요. 세 번째는 신라에서 법계도와 유사하게 거기에 모델을 해 가지고 명효라는 분이 『금강삼매경론』을 지었는데 그것은 법계도에 준해서 법계도가 하나의 원형이 돼 가지고 법계도가 칠언삼십구라고 한다면 이것은 칠언이십팔구 이렇게 돼서 거의 체제가 같게 됐다는 얘기죠. 그래서 이런 걸로 봐서 의상의 저술이 틀림없다고 볼 수가 있는 것이고, 또 그다음에 네 번째는 중국 사람들이 신라 사람들의 이름을 종종 잘못 쓰는 경우가 있다. 그 대표적인 예가 『송고승전』 넷째 번에서 의상을 기록하면서 성을 박씨라고 했다는 얘기죠. 그런데 그 후에 일연선사는 김씨라고 했다. 그래서 지금 박씨를 따라야 되느냐, 김씨를 따라야 되느냐 하는 문제로 볼 때 아무래도 일연선사가 더 자세히 많은 문헌을 참고를 했을 거고, 또 중대 왕족이 김씨였기 때문에 의상도 틀림없이 김씨였을 것이다. 중국 사람들이 신라왕족이라 그러면 옛날 상대 왕족인 박씨를 생각하고 그냥 박씨로 적은 것이 아닌가. 이런 예가 상당히 많이 있을 건데, 그 하필 방산석경만 저자가 지엄이라고 돼 있다는 그거 하나만 보고 저자가 지엄이라고 한다는 것은 여러 가지 정황으로 봐서 맞지 않다는 의견을 제기합니다. 네 가지 문제를 드립니다.

☞ 김영호

제가 어제 종범 스님, 김상현 선생님이 응답하실 때 계셨습니까?

☞ 서종범

다 있었습니다.

☞ 김영호

아, 그때 문제점에 대해서 김상현 선생님이 지적하신 것도 명효라든지 그 내용이 아니었습니까? 좀 달랐습니까?

☞ 서종범

그런데요. 김상현 선생님 마지막 내용도 약간 한 걸음 빼 가지고 한 발짝 물러나서 어중간하게, 저술에 지엄도 영향을 입힌 것은 확실하다. 그래서 무슨 합작품 비슷하게 저술에 지엄을 끌어들이는 것처럼. 근데 그거는 한국불교에서는 안 통하죠. 그것은 스승으로서 교육적으로 참여한 것이지, 저자로서 공저를 한 것은 아니라는 얘기예요.

☞ 김영호

(요르겐센에게 영어로 설명)

☞ Jorgensen

첫째 질문, 스승에 관한 얘기는 잘 모르겠지만, 아마도 그런 교육도 받은 것 같습니다. 두 번째, 법장에 관한 것은 법장하고 의상은 라이벌, 질투도 있어서 법장이 의상에 관한 것도 잘 안 썼습니다. 그래서 의상이 지엄법사가 돌아갔을 때 조금 있다가 신라에 귀국했었어요. 그리고 바로 법장이 무측천하고 관계를 만들었습니다. 그리고 그때에 스님이 됐어요. 그 전에는 법장이 아직도 노비스(novice)(수련생), 그래서 그런 문제는 법장하고 의상의 라이벌 문제 때문에 아마도 그러한 일승법계도에 관한 것도 다 안 썼습니다. 세 번째는 일승법계도는 중국책 안에서 한 번도 못 봤습니다. 언급도 없고 인용도 없고. 그렇지만 약소, 설명해석 부분은 연수가 인용했습니다. 그 하나밖에 없습니다. 아마도 그래서 지엄이 일승법계도에 썼고, 의상이 한국에 가지고 갔습니다. 그리고 법장은 몰랐습니다. 네 번째 질문, 즉 성에 관한 얘기는 아마도 옛날에 김철준 교수님 논문에 있었습니다. 사람들이 부모, 부계와 모계에서 성을 두 가지 다 가질 수 있습니다. 그 후에 유교의 영향 때문에 아버지 것만 성을 받았습니다. 그래서 원측이 여러 가지 성을 가지고 있었는데 기록이 안 된 것입니다. 그래서 이것은 중국 사람의 전통이나 고대사회 가족제도와 관련이 있습니다.

☞ 허우성

선생님, 방금 답변에 대해서…….

☞ 서종범

전혀 만족하지 않습니다. (일동 웃음)

☞ 사　회

예, 짤막하게 말씀해 주십시오.

☞ 김두진

사료적인 분위기만 제가 말씀을 드리겠습니다. 그 문제를 제가 봤으니까. 『균여전』에 그렇게 돼 있지만 『삼국유사』도 도인과 약소는 의상이 지은 것으로 돼 있습니다. 『균여전』에 그 의의가 있는데 『균여전』에는 최치원 이야기를 들어 가지고 지엄이 지은 칠삼인이 있다. 인자가 붙어있죠. 그런데 이것은 별상인이다. 그런데 의상이 그거를 갖다가 7언30구의 총상인으로 만들었다. 이렇게 돼 있기 때문에 사료상으로는 인이 두 개 있는 것입니다. 거기 분위기로는 그렇게 돼 있습니다. 그다음에 설화니까 믿을 수 있는 이야기는 아닙니다마는 지엄이 지은 73인에 대해서 주석을 의상이 붙인 것이어요. 40지로 주석을 붙인 것이 타고 없었다. 그다음에 60지로 붙였었는데 타고 없었다. 80지로 붙여 갖고는 210자를 만들었다. 그런 것은 이제 믿을 수 있는 이야기는 아닙니다마는 화엄의 40권 화엄, 60권 화엄, 80권 화엄, 이런 문제들이거든. 물론 40권 화엄은 훨씬 뒤의 이야기입니다마는 그러니까 그게 80권 화엄이라, 뭐 그런데 포인트가 두어지는 것이기 때문에 지엄 당시와 법장 이후에 80권이 만들어진 분위기는 다른 거거든요. 그래서 전 사료상으론 두 인이 있지 않았느냐, 하는 그런 느낌을 받고 있습니다. 사료의 분위기는 그렇습니다.

☞ 사 회

아마 이 문제는 이 정도로 해 두시기로 하십시다. 아마 다른 문제가 더 많이 있을 것 같습니다. 그래서 말이죠, 예, 하십시오. 이제 원효이야기를 하시겠답니다. 될 수 있으면 한 문제 10분 이상 사용하지 말아 주십시오.

☞ 박성배

김영호 교수님 발표에 대한 이의라고 할까요. 김영호 교수님이 논문의 마지막에 결론에 가셔서 원효의 진리관에 대해서 언급을 하셨어요. 소위 장님 코끼리 만지는 것을 비유로 해 가지고 원효는 자기의 진리관을 얘기했다. 그래서 이제 뭐 바람벽이라 그러나, 기둥벽이라 그러나, 뱀이라 그러나, 그런 것으로도 진리를 알 수 있다고 하는 그런 가능성을 해 가지고 그 비유가 이제 『열반경종요』에 여섯 명의 학자들이 불성론에 대해서 얘기한 것을 비유해 가지고 그렇게 말하는 건데, 그래 가지고 여섯 명의 학자가 불성을 얘기한 것이 전부다, 체(體)에서 나와서 말이 된다. 그런 가능성을 얘기하셨어요. 그런데 원효는 분명히 여섯 명의 학자하고 또 장님에 대해서 크레딧(credit)을 어느 정도 그럴 수 있지 않느냐 하고 크레딧을 줬지만은, 그것이 진리라고 하는 말을 한 적이 없거든요. 항상 단서가 붙어요. 비록 딱 들어맞진 않지만은 밖의 것을 얘기하지 않았지 않느냐. 이 정도로 얘기했거든요. 그런데 그런 것을 가지고 원효의 진리관이 거기에 나타나 있고 그런 방법으로도 원효는 진리를 알 수 있다고 생각한 건가 아닌가 하고 결론을 내리는 것은 조금 문제가 있지 않는가, 이렇게 생각이 됩니다.

☞ 김영호

제가 토론할 때 그 부분을 아마 종범 스님이 질문하시는 과정에서 제가 바로 이 질문에 대한 대답 비슷한 것을 제가 하려고 했는데 금방 건망증이 생겼어요. 기억이 없어 가지고 나중에 자다가 생각하니까 그 대답을 안 했구나 (웃음) 그런 생각이 들었는데, 잘 질문하셨습니다. 제가 화쟁에 대해서 그 목적이 뭐냐, 화쟁만 해서, 그래 서로 우리 좋다. 이렇게 우리 어울려 살자, 그것만이 목적인가 하는 것을 저는 상당히 의문을 가지고 있었습니다. 그래서 그게 진리관이라든가 인식론, 마지막 깨달음을 향해서 가는 그런 차원하고 연결되지 않으면 이 차원에서 우리 상대적인 얘기하다가 너도 옳고 나도 옳다, 그것만으로 끝나면 그게 뭡니까. 그래서 추구하다가 보니까 궁극적인 목적이 깨달음이라든지, 열반이라든지, 박성배 교수님이 강조하는 체의 차원에서 동의하시겠지만, 그래서 코끼리를 놓고서 인도사람들은 그거 장님들이 다 본 것이 진리가 아니다, 그렇게만 얘기를 하는데, 원효는 불성의 여러 가지 설이 중국에서부터 발전됐는데 불성이 있다, 없다. 불성이 있어도 어떤 형식으로 있느냐, 언제 불성을 갖게 될 거냐, 그런 논의가 여섯 가지로 원효가 축약을 하면서, 뭐 열 가지 설도 있고 하겠지만, 그걸 어떻게 묘하게 장님 코끼리 얘기는 인도에서 여섯 사람으로 아마 패턴이 거의 고정되다시피 돼 있는 것 같은데, 우연히 일치가 됩니다. 그래서 제가 코끼리, 장님들이 전부 합친 것이 코끼리냐, 그것도 원효는 아니라고 할 건 틀림은 없습니다. 그런데 장님이 본 코끼리의 모습이 아닌 것도 아니다. 저는 또 그런 입장에서 해석해야 되지 않느냐. 그것이 전부라고는 아니지만 그것을 향해서 가는, 적어도 접근하는 길이 아닌 것도 아니다. 그런 해석을 제가 적어도 해야 되지 않는가 해서 화쟁과 진리관의 관계를 우리가 더 추구해 봐야 되겠지만, 화쟁 중에 그냥 평화를 추구하는 그런 것만으로서 둘 수는 없지 않는가 하는 의미에서 제가 연결시켜 보려고 한 것입니다.

☞ **사　회**

만족하십니까?

☞ **박성배**

뭐 여기서 끝마치시려고…… (일동 웃음)

☞ **사　회**

선생님, 사실 코끼리 비유, 이거는 뭐 인도 다 아시겠지만 온 데 다 나타나는데, 이걸 가장 애용하는 사상 중의 하나가 자이나교가 있습니다. 자이나교 같은 경우에는 코끼리를 그려놓고 그다음에 나머지 불교나 베단타, 순세파(유물론)를 관점주의로, 너는 너희 생각은 너 관점에서는 옳다. 그러나 이제 그 전체를 볼 수 있는 것은 자이나교밖에 없죠. 그래 코끼리라고 말할 수 있는 그 자격이 자이나교한테 먼저 주어지고요, 그러니까 그 높은 관점에서 보니 너희들 개개 입장은 부족, 부분밖에 이루지 못한다, 거기에는 자이나교는 그렇게 돼 있는 것 같습니다. 또 다른 질문 없으십니까?

☞ **정영근**

원효 얘기가 나왔으니까 박성배 선생님께 여쭈겠습니다. 어제 발표하신 중에 짤막하게 언급하셨는데요, 『기신론 별기』에는 중관과 유식을 어떤 편파적이라고 명확하게 표현하고 있는데, 『소』에는 굉장히 어떤 중요한 불교 전체를 이해하는 입장을 표현한 그 부분이 빠져 있거든요. 바로 그 이유 때문에 원효의 사상을 전기와 후기로 나눠서 봐야 한다, 그런 주장을 하시는데, 만약 그렇다고 한다면, 원효의 후기의 입장은 전기에 본인이 가졌던 중관과 유식을 편파적이라고 보는 그런 견해를 폐기한 것이냐, 아니면 그런 입장을 기본적인 틀을 유지하면서 약간 수정한 좀 더 포괄적인 견해를 갖게 된 것이냐, 이 부분에 대해서 좀 부탁드립니다.

☞ **박성배**

예. 답변부터 먼저 하자면 폐기했다고 봅니다. 전에 별기 때의 생각을 폐기하고 수정했다고 봅니다. 그런데 이제 제 그런 답변을 정당화시키려면 주변 얘기가 좀 더 동원이 돼야 돼요. 그런데 원효가 어려운 것이 뭐냐 하면 난 좀 속된 표현이기는 하지만, 그러나 그게 잘 통해서 쓰는 표현인데, 뭐냐 하면 원효는 쌍두마차를 타고 다닌다, 그래서 하나는 세속적인 마차고 하나는 출세관적인 마차다, 그래서 마치 진여문, 생멸문처럼 혹은 진제문, 속제문처럼, 그런데 그러면서도 또한 진제가 곧 속제요, 속제가 진제다 또 이런 말도 하고 있거든요. 그러니까 원효를 이것이라고 딱 잡아놓고 보면 또 미꾸라지처럼 빠져나가 버려요. 그래서 또 저쪽에가 보여요. 그래서 그리 쫓아가 가지고 그걸 잡아보면 또 저쪽에서 보여요. 이게 원효의 특징이에요. 그런데 그것 때문에 제 자신도 1988년 일본 오사카에서 이런 말이 또 그때도 나왔어요. 이런 것 발표해 가지고. 그런데 그때는 제가 어떤 입장을 취했냐 하면, 상당히 진제적인 입장을 취했습니다. 그래서 소위 코끼리를 만지는 장님들의 말이 다 옳다고 하는 것이 성립이 되려면 여기에 눈 뜬 사람이 있어야 된다는 것이죠. 눈 뜬 사람이 없이 그게 다 맞다는 말은 안 나온다는 거죠. 그런데 그것을 사람들이 놓치고 있다, 이렇게 말했더니 어떤 대전 어딘가 충청도에 있는 정치학자가 있다가 눈 뜬 사람이 있어야 된다고 한다면 학문은 거기서 끝난다, '너희들 눈 못 떴으니까 말 못 한다', 이렇게 나와 버릴 테니까. 학문이 되려면 소위 사회과학자들하고 얘기를 하려면, 그런 소리는 말고 결국 이 현실에서 바람벽이라 그래도 맞고 구렁이라고 그래도 맞다, 우선 이렇게 나와야 우리하고 대화가 되지 않느냐, 그러더라고요. 그것이 굉장히 저한테 좋게 들렸어요. 그래서 그 뒤로 한참 그 소리를 했습니다.

그러다가 또 근래에 와서는 이제 양쪽을 다 말하는 진제문도 말하고 속제문도 말하고 그런 입장이고, 또 동시에 뭐냐 하면, 어느 작가가, 제가 지금 근무하고 있는 스토니 브룩의 뉴욕 주립대학에 와 가지고 강의를 하면서 강연의 첫머리에 이런 질문을 해요. 학생들한테. 생화하고 조화하고의 차이가 무엇인지 아느냐. 그러니까 각자 얘기를 해요. 그런데 그 작가가 소설 간데, 답변하기를, 조화는 흠집이 없고 썩은 데가 없다. 그러나 생화는 흠집이 있고 썩은 부분이 있다. 그게 아주 좋더라구요. 원효가 산 사람이래야 돼요. 원효에게 흠집이 있다고 보는 것이 나는 좋다고 생각해요. 그래서 원효의 어딘지 석연치 못한 데가 있어요. 그래 그 어디가 그게 있는지 지금 잡으려고 애를 써요. 그런데 여기에서 지금 김영호 교수께서 원효의 코끼리, 장님이 코끼리 만지는 것을 가지고 원효의 진리관이 이거다고 하는데, 나는 바로 그것이 원효의 흠집이 아닌가 그런 생각이 있어요. 그런데 저도 지금 아직 고민하는 단계입니다.

☞ 김영호

그런데 코끼리를 보는 장님들이 전부 다 합쳐서 본 것도 코끼리는 아닐 겁니다. 원효도 그렇게 생각할 거고. 또 설사 눈 뜬 장님들이 다 눈을 떠서 본 코끼리도 원효는 또 아니라고 할 겁니다. 왜 그러냐 하면 그건 의타기성, 삼성에서 의타기성에 속하는 것이기 때문에. 다른 차원까지 또 올라가려고 끌고 갈 것입니다.

☞ 사 회

원효 이야기는 이만큼 이제 해 두시기로 합시다. 다른 면에서의 질문 제기해 주십시오. 예.

☞ 신동하

어제부터 토론에 참여할 기회가 없어서요. 여러 가지 의문들은 있었지만 그것을 다 할 수는 없을 것이고요. 저의 그 대회에 참여하면서의 처음부터 지금까지의 의문과 또 여러분들이 발표해 주신 것을 통해서 잘 해결이 안 되고, 또 어떤 경우 좀 혼란스러워진 이런 점들에 대해서 좀 말씀을 드리겠습니다. 우리가 어제 오늘 우리 한국불교사상의 보편성과 특수성이라는 큰 주제를 가지고서 이야기를 해 왔습니다. 그런데 이제 그러한 논의를 하는 이유는 여러 가지로 우리가 생각해볼 수가 있겠지만 과연 무엇을 보편성이라 하고 무엇을 특수성이라고 하느냐 하는 점에 대해서는 각자 생각하신 것을 가지고서 이제 말씀을 해 오신 것으로 생각합니다. 그런데 이제 저의 관심은 결국에 우리가 그러한 논의를 하는 것은 불교사상이 우리의 삶에 역사적으로 또는 현실적으로 어떠한 의미를 주는 것인가, 또 그것은 다른 나라라든지 다른 시대와 어떠한 조화된 균형 있는 것으로서의 의미가 있는가, 아마 이런 것일 거라고 생각합니다. 그런데 그렇게 볼 적에 가령 심재룡 선생님께서 발표하신 고려시대부터 어떤 한국불교의 정형이 형성되었다, 이렇게 설정하신 시대구분 같은 경우는 가령 이런 전제가 있는 것 같습니다. 초기에 한국불교는 중국불교를 그대로 대입한 것이고 이식한 것이고 샤머니즘과의 융합의 단계를 벗어나지 못하는 것이다.

그런데 저에게 저는 역사를 하는 입장이어서 그런지 모르지만 그런 의미에서 불교의 미발달됐다 할까요, 아직 미흡한 단계 것을 지적하는 것도 의미는 있지만 문제는 그러한 방식으로 불교를 받아들이는 시대적인 의미는 과연 무엇일까 이런 것입니다. 그래서 어제 오강남 선생님께서는 보편성과 특수성의 어떤 방법론의 문제를 얘기했지만, 그런 과정에서 특히 또 '비교론적 연구' 이런 말씀들을 하셨습니다. 그리고 우선 상당히 중요한 문제라고 생각하는데, 옆에 윤이흠 선생님 계시지만, 소위 우리가 종교의 비교론이라고 하는 걸 얘기할 적에, 가령 한국불교사상을 얘기할 적에 그것의 연원을 이야기하는 것, 이것이 비교론적인 연구라고 할 수 있는 것인가. 가령 한국불교사상을 얘기할 적에, 당연히 그것은 뭐 중국불교라든지 인도 불교를 이해해야만 이해되는 것으로 알고 있습니다. 그럴 적에 그것은 어떤 의미에서는 진정한 의미의 비교론은 아니라고 생각하는 것입니다. 단지 우리 불교사상의 정체를 확인하기 위해서 그 연원을 소급해서 이해하는 것이라는 것이죠. 그래서 진정한 의미의 사상의 비교론이라고 하는 것이 이 특수성과 보편성 문제와 관련해서 어떻게 그 방법이 정립되어야 되느냐하는 이런 문제입니다. 흔히 역사학에서는 역사를 보다 이론적으로 이해하기 위해서 시대구분론이라든지 이런 것을 많이 문제 삼고 있습니다. 가령 우리가 사상 종교의 문제를 얘기할 적에 그것이 사상 종교라고 해서 보편성은 석가 당시에 사상과 일치하는 것은 보편성이고 그것으로부터 멀리 떨어져 있으면 특수성이냐, 이런 문제가 이제 종교사상의 문제이기 때문에 그렇게 이해되어야 하는 것인가, 이제 이런 의문을 가집니다. 저는 역시 그것도 하나의 역사현상이고 그렇기 때문에 가령 저희가 양복을 입고 있듯이 그러면 양복 입고 있으면 이건 우리 것이 아니다. 인제 그 지눌에 관해서 여러 가지 말씀하신 심 선생님께서도 이런 요소는 이미 다 있었다. 그러기 때문에 그건 특수성이라고 할 수 없다, 이런 식으로 하다 보면 특히 사상사에 있어서의 그런 문제를 우리가 어떻게 해석을 해야 하느냐 또 그런 논의의 진전이 과연 사상사 이해에 어떤 의미가 있겠는가, 이런 의문을 자꾸 가지게 되는 것입니다. 그래서 여러 선생님께 막 걸쳐지는 이런 문제지만, 오늘 아마 토론을 그런 문제로서 좀 진행됐으면 하는 바람도 있고 해서 좀 질문을 드립니다.

☞ 사 회

예, 말씀 감사합니다. 사실은 이 문제가 전체 주제가 그것이니만큼 가장 중요한 문제로 생각됩니다마는 그 말씀 잠시 거두어두고요, 저는 사실은 지금 다섯 시 반이 조금 넘어갔습니다. 그래 제가 제일 마지막 순서로 남개대학에서 오신 교수님하고 그다음에 또 후꾸시 교수님 아무래도 이것이 보편, 이런 문제 하면 그쪽 말씀 들어보는 것이 퍽 유익하리라고 생각이 되어서 그렇게 마음먹고 있었는데, 그래서 맨 마지막에 사실은 남개대학 진 교수님께 말씀을 좀 해 주십시오 하고 부탁을 좀 드리려고 했는데, 지금 제가 메시지 받은 것이 그 통역해 주신 이재광 교수님께서 다섯 시 오십 분에 나가셔야 된다고 그러셔서 천생 그 말씀부터 들어야 되겠습니다. 그런데 좀 염두에 두실 것은 통역 합해서 10분을 넘지 않았으면 좋겠습니다.

☞ 陳振江(통역: 이재광)

신사숙녀 존경하는 학자 여러분, 오늘 한국학 세미나에 참석하게 되어 본인으로서는 매우 영광스럽게 생각하는 바입니다. 여러 전문가님들의 논문과 평론은 매우 다채롭고 깊어서 저에게 많은 지식을 가르쳐 주었습니다. 그러므로 저는 충심으로 여러 선생님의 논문과 의견에 감사를 드리고, 특히 인하대학교가 저희한테 베풀어주신 배려, 도움에 감사드립니다.

한중 불교사상의 보편성과 특수성에 대한 비교에 대해 말씀드리고자 합니다. 불교사상의 보편성과 특수성, 이 명제의 제기와 심층적 토론은 의의가 매우 깊다 하겠습니다. 또한 이는 심층적으로 한국불교사상의 광범성과 영향 및 그 학술적인 가치에 크게 기여한다고 하겠습니다. 저는 불교사상의 보편성이란 실질적으로 바로 대중성, 인민성, 인민성은 바로 국민성을 말씀드리는 겁니다, 그리고 광범성이라고 봅니다. 역사가 증명하듯이 하나의 종교 혹은 한 사상 학설의 유입과 전파, 그 발전이 만약 광범한 민중의 옹호와 받아들임이 없었다면, 또 만약 다른 본토사상, 예를 들 것 같으면, 즉 지역적인 민중사상과의 결합이 없었다면 보급되기가 어려웠을 겁니다. 그리고 보편성을 지니지도 못했을 겁니다. 한국과 중국의 공동 특징은 바로 두 나라가 모두 광범한 민중성을 지니고 있다는 점입니다. 그리고 불교사상이 사람들의 행위와 사회생활의 여러 방면에 영향을 주었다는 것입니다. 이는 불교 교의, 종지와 이론이 광대한 민중의 이익과 바람에 부합되었기 때문입니다.

예를 들 것 같으면, 불교의, 중생구제의 종지는 불교가 모든 사람들의 고난을 해결하고 행복을 추구하기 때문입니다. 이는 물론 광범한 환영을 받고 있습니다. 불교 사상과 이론의 내용은 다채롭고 각 계층 사람들의 수요에 부합되고 있습니다. 특히 불교의 인과론, 인과응보론, 윤회설 등 넓고 깊은 철리는 많은 민중과 상류층 인사들에게 설득력을 줬습니다. 이는 또한 많은 민중의 행동과 사유에 영향을 주었고, 불교의 많은 계율과 규정은 많은 민중의 행위 규범이 되었습니다. 불교 사상의 특수성은 실질적으로 불교 사상의 본토화와 민족성의 표현입니다. 또한 불교가 다른 국가, 다른 지역과 다른 민족 사이에서 영원히 승승장구하고 쇠락하지 않는 주요 원인이기도 합니다. 불교가 중국에 전입된 길, 그 노선과 시간이 각기 달라서 북전불교가 있고 남전불교가 있고, 티베트의 장전불교 등 삼대 유파로 나누어집니다.

각기의 특징이 있는데, 예를 들 것 같으면, 북전불교는, 북쪽으로 전해 내려온 불교는 정치에 참여하지 않고, 남전불교는 정치참여에 적극적인 태도를 가지고 있습니다. 그리고 장전불교, 즉 티베트불교는 정교합일, 이렇게 돼 있습니다. 한국불교도 역사적으로는 국교로 불릴 때가 있었습니다. 중국은 이러한 정치현상이 없었습니다.

또 예를 들 것 같으면, 한국, 중국 각지에는 대량의 불경이 들어왔고 번역되었지만 각기 다른 주석을 이루고 있습니다. 한국에는 고려대장경, 중국에는 중화대장경이 있어 각각 특징을 지니고 있습니다. 이 또한 불교사상의 특수성을 설명한 것이고, 각종 불경에 대한 다른 해석은 더욱더 명확히 본토화와 민족성의 색채를 띠고 있습니다.

☞ **사 회**

잠깐만, 한 2, 3분 내로 해주십시오.

☞ **陳振江(통역: 이재광)**

시간의 제한으로 말미암아서 저는 더 상세하게 말씀드릴 수가 없습니다. 만약 제가 말한 바가 분명치 않거나 틀렸다면 많은 비평과 지적을 바랍니다. 이어서 소식 한 가지를 전해드리겠는데, 인하대학교의 도움에 힘입어서 남개대학에 한국학연구소를 설립하게 되었다는 것을 알려드립니다. 여기서 점진적으로 한국학에 대한 연구를 발전시키고, 그 가운데 특히 한국불교사상은 장차 연구의 중요 과제가 될 것이므로 많은 전문가들께서 많이 도와주시기 바랍니다. 또한 여러분들이 남개대학에 오셔서 강의해 주실 것을 환영하는 바입니다. 감사합니다.

☞ **사 회**

예, 진 교수님 감사하고요, 그다음에 통역해 주신 이 교수님 감사합니다. 그러면 지금 바깥에 비가 와서 말이죠, 여섯 시에 끝마치더라도 나갈 수가 없답니다. (일동 웃음) 그래 지금 우산을 사러 갔답니다. 그러니까 잘 하면 여섯 시 조금 너머까지 해도 괜찮을 것 같습니다. 그럼 말이죠, 아까 신동하 교수님 보편에 대한 말씀을 하셨는데, 꼭 뭐 질문 같지는 않으시고요. 그 말씀을 받아서 보편 특수에 대해서 말씀해 주실 선생님 계시면 말씀해 주시기 바랍니다. 예, 최병헌 교수님, 아까 남겨드렸던 질문, 포함해서 한번 발언 좀 해 주시죠.

☞ **최병헌**

예, 아까 제 발표시간에 질문을 주셨는데 그때 답변을 하나 안 드리고 종합토론시간으로 미룬 문제가 하나 있는데 간단하게 말씀, 한 3분 이내 끝내도록 하겠습니다.

우리 공통주제가 한국불교의 보편성과 특수성, 이런 문제에 어떻게 접근하느냐. 이제 접근하는 방법을 역사학적인 견지에서 한마디로 말씀드린다면 저는 이렇게 생각합니다. 뭐냐 하면 인도불교는 인도불교의 흐름이 있고 중국불교는 중국사의 흐름이 있고, 또 한국이나 일본의 불교의 흐름이 있는데, 각기의 어떤 실체적인 어떤 고정적인 실체라고 할까 하는 어떤 보편성은 이런 요소고, 또는 한국의 특수성이면 특수성은 이런 요소고 하는, 그러한 고정적인 실체로서는 파악할 수가 없는 것이고, 문제는 시대의 변화에 따라서 그 불교의 내용 자체가 변하니까, 한국불교래도 한국불교도 특수성이 있는데 언제 한번 성립되면 그것이 대를 물려도 계속되는 게 아니고 뒤에 바뀌기도 하고 끊어지기도 하니까, 그러한 변화 속에서 어떤 보편성이나 특수성의 문제에 대한 접근을 한다. 그런 얘깁니다. 그래서 한 가지 방법이라면 중국불교는 중국불교사가 여러 단계를 거쳤다고 보고, 한국불교는 한국도 여러 단계를 거쳤다고 보는데, 같은 시기끼리 서로 비교할 수가 있는 것이지요. 비교해서 만약에 당나라 7세기 불교하고 신라 7세기 불교하고 비교한다면, 예를 들어서, 거기에는 어떤 공통적인 문제도 있을 수 있고 당나라와 신라의 각기 다른 문제도 있을 수 있는 것이죠. 그래서 그러한 것을 드러내 가지고 그것이 왜 그렇게 되었는가, 이제 그거에 대한 이유라든가 또는 그것이 같은 역사적인 틀이라든가, 이런 것을 추적해 나가는 것인데, 그러다 보니까 계속해서 달라질 수밖에 없는 것이죠. 고려시기에 와서는 고려시기의 문제로서 달라지는 것이고, 조선시대에 오면 조선시대는 달라지는 것이고, 달라진다는 것입니다. 그런데 크게 봐서 동아시아 불교, 특히 인도까지 포함하는 대신, 우선 동아시아 불교권만 생각한다면 저는 이렇게 생각합니다. 중국불교에다 전체적인 흐름을 놓고 한국불교 흐름을 대비해보면 전체적인 방향은 같은 방향을 가고 있다. 그리고 같은 방향을 가면서도 때로는 동 시기에 같은 문제를 논의하는데, 또 시기에 따라서는 중국보다는 우리는 훨씬 후에 가서 제기되는 그런 경우도 있고, 그런 경우가 있습니다. 그런 차이는 있지만 크게 봐서 흐름은 같은 방향으로 간다는 생각이고, 그래서 중국불교와 비교하면 바로 체계적인 설명이 가능하리라고 생각합니다. 저는 그렇게 지금 설명을 해왔고, 그런데 일본불교는 같은 동아시아권과는 좀 차이가 있는 것 같기 때문에 제가 한국불교, 중국불교 비교하는 방법과 한국불교와 일본불교를 비교하는 방법을 같은 방법으로 적용해보니까 그건 적용이 안 됩니다. 그래서 일본불교는 좀 특수하게 따로 이렇게 비교방법을 달리해야겠다는 생각이 들어서, 그래서 적어도 동아시아 불교를 놓고서 큰 흐름을 보면 한국불교가 중국불교와 거의 흐름을 같이하는, 좀 뭐랄까, 당시 국제성이랄까, 가진 반면에 일본은 거기서 한 발짝쯤 떨어진 느낌을 받아서, 문제는 그러한 것들을 구체적인 사실로써 밝히는 것이지요. 그래서 그런 가설을 갖는 것이 하나 필요하지만, 또 하나는 가설은 어디까지나 가설이니까, 구체적인 사례를 검토한 걸 가지고 다시 전체적인 흐름을 검증하는, 그런 작업이 반복될 수밖에 없는, 적어도 역사학에서는 그러한 면에서의 보편성과 특수성이라는 접근 방법을 생각할 수 있다는 생각입니다.

☞ 사   회

예, 말씀 감사합니다. 방금 뭐 한국, 중국, 그다음에 일본까지 거론하셔서 말이죠, 이 대목에서 후꾸시 교수님, 이 말씀을 좀 받아서 보편, 특수 논의를 한 5분 정도 이내로 말씀을 해 주시면 고맙겠습니다. 나까무라 하지메 선생님이 동경대학 나가시고 난 다음에 동방 무슨, 연구소, 거기서 이제 선생님을 모시고 아마 6년, 7년 공부를 했다 그러셨습니다. 지금은 이제 대전에 있는 배제대학에서 일본어를 한편으론 가르치시고 그러나 기본적으로는 한국학, 신라 불교를 공부하고 계시다고 합니다.

☞ 福士慈念

어제와 오늘은 제가 재미있는 발표만 있어서 재미있게 들었습니다만, 일본에서 나까무라 선생과 가마다 시게오 선생과 공부할 때 한국불교 한국문화 정체성은 뭔가, 지금도 같이 생각하고 있습니다만, 그런데 지금 일본에서 이런 이야기는 있습니다. 한국불교는 화엄불교, 일본불교는 법화불교, 다음에 한국불교는 소승불교, 소승적 대승불교, 일본불교는 대승불교, 또 하나 있습니다. 한국불교는 미륵불교, 일본불교는 아미타불교. 현재는 한국불교학계는 신앙적 불교학, 그런 이야기 10년 전에 있었습니다만 지금은 없습니다. 일본학계는 철학적 불교학, 한국불교는 현세이익불교, 다음에 일본불교는 장례식불교, 그런 것이 말하고 있는 선생님 많이 있습니다만, 그런데 한국불교, 일본불교, 물론 시대마다 다르고 사람마다 다르다고 생각합니다. 일본불교는 가마꾸라 시대부터 시작했습니다. 그건 선생님 고려시대부터 시작했다. 그런 이야기 들었습니다만, 저도 그렇게 생각하고 있습니다만 저 그렇게 생각해도 괜찮은가 아직 조금 의문 있어서 더 설명 듣고 싶습니다. 다음에 저는 신라불교를 공부할 때『삼국유사』를 사용하고 있습니다만 그러나『삼국유사』는 고려시대 때 책인데, 그 책이 전반적으로 보고 논문을 써도 괜찮습니까. 지금 생각하고 있습니다. 그렇게 생각을 하면 저는 강동균 선생님께 조금 질문이 있었습니다만, 어떤 선생님도 괜찮습니다만, 한국에서 신라시대 여러 승려들이『아미타경』에 대한 주석서를 쓴 게 있습니다만, 그 주석서는 누굴 위해서 썼습니까. 왕, 귀족을 위해서 쓴 것이고, 스님들을 위해서 쓴 것.

☞ **사 회**

마지막 질문 다시 해 주실래요? 아미타경이, 누굴 위해서?

☞ **福士慈念**

예, 왕공귀족 위해서 쓴 것, 승려들을 위해서 쓴 것이지 글을 읽을 수 없는 일반 대중을 위해서 쓴 것이 아니라고 생각하고 있습니다만, 그렇게 생각을 하면 고려시대 정토사상, 고려시대까지, 고려시대부터 시작을 했는지 안 했는지, 가르쳐 주십시오.

☞ **사 회**

아미타경 주석서가 쓰였는데 그건 누구를 위해서 지은 것인가 그게 질문이시죠? 그럼 누가 말씀해주시겠습니까?

☞ **福士慈念**

아, 물론 『삼국유사』 안에 그런 일반대중, 정토신앙 쓴 거 있는 장도 있습니다만, 그건 고려시대 때 쓴 책인데 어디까지 위주로 쓰이고 있는지.

☞ **사 회**

고려시대 때? 그리고 지금 또 하나 질문, 아까 『삼국유사』에 대한 사료적 가치에 대해서 질문하신 것이죠? 그건 소렌센 선생님이 여러 번 말씀을 하신 것 같은데. 그럼 첫 번째 질문, 김영미 교수님이 한번 해보시겠습니까?

☞ **김영미**

글쎄, 정확한 대답이 될지는 모르겠습니다. 우리가 논문을 쓸 때, 논문을 쓰는 작업으로 끝나는 것인지, 아니면 우리의 머릿속을 정리해서, 생각을 정리해서, 이런 자리가 아니더라도 대중을 상대로 한 강연회가 있다고 했을 때 우리의 생각을 정리해서 발표하는 기회로 삼을 수는 있는 것이라는 생각을 합니다. 그래서 논소 자체는 분명히 소수의 몇 사람만이 읽었을 것이고 그들에게 직접적으로 호소할 수 있는 것이었지만 그런 방법을 통해서, 저술활동을 통해서 정리된 자신의 생각을 분명히 법회라는 절차를 거쳐서 일반인들에게 전할 수 있었을 거라는 생각을 합니다. 그래서 굳이 『삼국유사』가 쓰인 고려시대의 시점에서 정토신앙을 이해해야 하는 것은 아니고, 실제로 신라 승려들이 그렇게 많은 경전에 관한 아미타신앙과 관련된 경전에 관한 저술을 남겼다면 그 저술을 한 승려들의 경우에는 일반민들에게 분명히 모인 법회에 참석한 사람들에게 아미타신앙의 손쉬움, 얼마나 쉽게 극락에 갈 수 있는가를 분명하게 설명했을 것이라는 생각이 듭니다. 대답이 정확하게 되었는지 모르겠습니다.

☞ **김영호**

김영미 선생님, 저도 동의하는데요. 원효의 『아미타경소』 같은데 분명히 쉬운 길이다, 이건 타력이다, 자력이 아니고. 그러니까 누구나 참여와 신앙으로 갈 수 있다. 그런 점에서 아미타경을 더 중시한 것 같습니다. 『삼국유사』관계는 소렌센 박사의 생각이 독특하니까 물어 보지요. (소렌센에게 영어로 설명)

☞ **Sorensen**

(영어 발표)

☞ **김영호**

예, 요지는 자기도 『구산선문』을 연구할 때, 자기 논문이 구산선문에 대한 연구, 박사학위입니다. 한 예가 신라 통일 시에 어떤 정본데, 사찰의 어떤 유물하고 일치하는가 하는 경우는, 일치하는 것을 보았지만 대부분의 『삼국유사』 얘기들은 동화 같은 얘기다. 그리고 일연도 밝혔지만 민속적인 그런, 민요라든가, 속설이라든가, 그런 여러 가지 것들이 잡동사니처럼 얽혀 가지고 있으므로 그걸 주의해서 학문적인 자료로 이용해야 된다. 상세히 분석하고 그걸 역사적인 맥락에서 하나하나 이렇게 밝혀내야 된다는 그런 얘기입니다.

☞ **사 회**

예, 최 교수님.

☞ **최병헌**

『삼국유사』는 한마디로 얘기하면 한국 고대문화의 총체적인 모습을 전한다. 그러니까 그것은 불교가 중요한 것이지만, 불교만이 아니고 정치, 경제, 사회, 문화, 또 유교라든가 다른 분야까지도 다 포괄하는 총체적인, 그런 점에서는 삼국사기보다 사료적인 가치가 훨씬 높다는 점을 말씀드리고 싶습니다.

☞ **사 회**

윤 교수님, 한 2, 3분 말씀해주십시오.

☞ **윤이흠**

예, 그것보다 훨씬 더 짧아질 수도 있을지 모르죠. 제가 인상을 한번 말씀드리겠습니다. 거기서부터 시작돼야 될 거 같아요. 어제하고 오늘 여러 발표를 하고 그다음에 거기에 논쟁을 하고 그런 과정에서 일어나는 것을 우리 한번 반성을 해봅시다, 아니 반성이 아니라, 되새겨보면요, 아마 90% 이상이 불교의 보편성, 특수성이라고 하는 문제가 어떻게 다루어져야 되느냐 하는 문제에 관해서 말씀하신 분은 역사학자인 최병헌 선생님이셨고, 그 외에는 사실은 얘기하다가 다 빠졌습니다. 저 주제를 받으면서 누구든지 저건 굉장히 중요한 주제다, 이렇게 생각하고 왔으리라고 생각합니다. 그럼에도 불구하고 논의는 자꾸 타성에 빠졌단 말이죠. 이게 왜 그러냐 하면 우리가 훈련이 안 돼서 그런 것 같아요. 그리고 관심을 가지고 있으면서도 자꾸 정말로 한국의 불교의 특수성이 뭐냐, 하는 문제에 있어 심각하게 생각을 안 해봤기 때문에 나는 그렇다고 느꼈습니다. 자, 그러면 그것을 어떻게 해야 되느냐 하면요, 우리가 가지고 있던 훈습에서부터 좀 벗어날 필요가 있습니다. 예컨대 여기에 분명히 오늘 얘기한 것들은 전부 한국불교에 관한 문제들입니다. 그리고 불교에 관한 문제들입니다. 그런데 여기에 가끔 오강남 선생이 기독교 문제를 얘기를 했습니다. 무슨 말을 제가 하고 싶으냐 하면요, 기독교 문제를 얘기를 하면은 분명히 저거는 불교가 아니라는 것을 알고 있습니다. 그와 같이 불교는 불교의 옷이, 색깔이 있습니다. 그걸 우리가 알고 있습니다. 그런데 그것이 뭔가 하는 것에 대한 각성을 안 한 것뿐입니다. 그것은 또 한 가지 우리가 일본에 가면 이것은 분명히 일본, 우리하고는 다른 문화라는 것을 알고 있습니다. 자꾸 중국하고 한국을 넘나들고 있는데 제가 중국에 다니면서 느끼는 것은, 정말로 중국은 우리와 다르고 우리는 중국을 너무 잘 몰랐다는 각성을 자꾸 하고 있는 거예요. 어디서부터 그 각성이 오느냐 하면, 나는 한국에 대해서 정말 심각하게 생각했기 때문에, 아, 한국하고는 좀 다르구나, 정서도 다르고, 생각하는 그 방법도 다르고 문제를 수용하는 우리의 퍼셉션, 정서가 다릅니다. 왜 한국불교는 한국인이 받아들인 불교가 한국불교라면 분명히 한국인의 전통적인, 또는 바꿀 수 없는 정서가 거기 들어 있을 거예요. 그게 뭔가 하는 것을 찾아야 될 필요가 있는데, 물론 한국불교의 통사를 얘기한다면 그럴 필요가 없겠죠. 그러나 적어도 가끔은, 그래도 가끔은 우리가 한국불교의 아이덴티티가 뭔가 하는 문제에 대해서 좀, 거기에 포커스를 맞춰 가지고 생각을 해 볼 필요가 있지 않은가. 이것은 어떤 법칙이 문제가 아니라요, 이런 사유의, 학문의 자세가 중요하다고 생각합니다. 분명히 한국 사람 한국적인 정서가 있고, 중국 사람은 중국의 정서가 있습니다. 사유방식도 있고. 그렇다면 한국인의 그 불교사 속에서 그 다양한 저술 속에서 그것을 찾을 수 없다. 정말 그럴까요? 우리는 여기서부터 시작해야 된다고 생각합니다. 고맙습니다.

☞ **사 회**

 윤 교수님한테 글을 하나 더 추가로 부탁하셔 갖고 보편적인 것이 무엇인가 한번 정리해 주면 좋겠습니다. 아닌 게 아니라 방금 말씀하신 윤 교수님 말씀대로 13편의 글이 발표됐는데 그 마지막, 다음 1월까지가 되겠습니다만 그때까지 다시 한번 논의됐던 이런 것들이 생각이 돼서 마지막 정리 작업될 것 아닌가 그렇게 생각이 듭니다. 또 미진한 문제가 있으면 질문해 주시기 바랍니다. 최유진 선생님?

☞ **최유진**

 아니, 티코노프 선생님.

☞ **박노자**

 죄송합니다만, 제가 그 아까 『삼국유사』 문제가 거론돼서 아까 최병헌 교수님께서도 말씀하셨습니다만, 제가 아까 소렌센 교수님께서 하신 말씀에 대해서 뭐 좀 말씀 몇 마디를 드리고자 합니다. 아까 소렌센 교수님께서 『삼국유사』의 사료적인 가치를 평가하실 적에 거기에는 물론 금석문하고 부합되는 부분이 있으면 일단 금석문하고 부합되는 한 이게 사료적 가치가 부여되고 그런데 거기에는 그러니까 여러 가지 전설이라든가 신화가 많아서 이는 절대적으로 사료가치가 없다는 의미가 아닌가 싶은데, 그래서 그것에 대해서 제가 좀 말씀드리고자 합니다. 물론 『삼국유사』에는 한국 고대문화의 전체적인 모습을 반영하는 한, 거기에는 전설적인 요소들이 있을 수밖에 없는 것이고, 그것은 바로 한국 고대문화성격을 너무나도 잘 보여주는 것이라 바로 그래서 귀중한 것이 아닌가 싶은데, 여러 전설들을 보면 거기도 나름대로 사료적 가치를 찾을 수 있지 않을까 그런 생각입니다. 물론 그 전설들을 그대로 믿을 수는 없고, 뭐 단군신화를 그대로 믿으라는 얘기는 아니지만, 그 전설을 보면 거기에는 정치사, 사회사에 관한 여러 부분들을 좀 끌어낼 수 있지 않을까 그런 생각입니다. 예를 들면, 다들 잘 아시겠습니다마는 비형랑 같은 얘기 있지 않습니까. 진지왕이 죽고 나서 그다음에 비형랑이 어떻게 태어났다. 뭐 그거야 물론 겉으로 보면 아주 황당무계한 얘기고, 어떻게 합리주의적인 사고방식에 의하면 그대로 물론 사료적 가치를 부여할 수도 없습니다만 그거 어떻게 받아들이면 진지왕을 전제로 일단 삼았던 진지왕계의 정치적인 움직임하고도 관련시켜 어떻게 좀 사료적으로 또 이용할 수 있지 않을까. 그러니까 진평왕대 들어와서 진지왕계의 그런 움직임들, 그러니까 영수계의 정치적 활동하고도 연관시켜 보면 또 나름대로 가치가 있지 않을까, 그런 생각에도, 여러 다른 전설을 봐도 다 그런 것 같습니다. 그 전설, 거기에 담겨져 있는 역사적인 의미도 분명히 있는 것 같아서 페어리 테일(동화)이라고 해서 아예 그렇게 치부해 버리는 것이 좀 안타깝지 않을까 생각합니다.

☞ 사 회

예, 말씀 고맙습니다. 아까 짤막하게 말씀하셨지만 최병헌 교수님께서도 『삼국유사』 가치가 반드시 우리 소렌센 교수님 말씀, 그보다는 더 가치가 있다, 조금 다른 말씀하신 것 같습니다. 그 문제는 그렇게 두고요, 아, 예.

☞ 福士慈念

죄송합니다. 제가 한국말 못해서. 제 이야기는 『삼국유사』 가치가 없다는 이야기가 아니고, 어떤 사료도 어디까지 사료는 사료인데, 사료를 사랑하지 않고, 한국말 모릅니다만, …… (일본어로 질문) 예, 그렇게 사용하지 않으면 안 된다 그런 이야긴데, 예 죄송합니다.

☞ 정영근

조금 전에 후꾸시 선생이 한국불교하고 일본불교를 크게 특징지으면서 한 얘기 가운데 저의 귀에 좀 솔깃하게 들어온 얘기 가운데 하나가 한국의 불교학이 신앙적 불교학이고 일본의 불교학은 철학적 불교다, 이런 얘기했었는데요. 제가 지금 적어도 유식, 신라불교 유식학을 중국불교하고 비교하면서 제가 나름대로 잠정적으로, 어떤 결론으로 내 본 것이, 신라유식은 종교적 지향이 강하면서도 또 학문태도의 어떤 엄밀성이 있다, 이런 주장을 펴면서 내면적으로는 반대로 중국불교는 학문적 성격이 강하고, 또 그 앞에는 또 인도불교는 오히려 종교적 지향이 굉장히 강하다, 그런 측면에서 한국불교는 인도불교의 본래적 측면, 그러니까 어떻게 보면 불교 자체의 어떤 본질을 추구하려고 하는 그런 의식이 훨씬 더 치열했다고 하는 것을 내면에 깔고서 지금 저는 얘기를 하고 있는 셈인데요.

더불어서 어제 발표하는 중에 제가 질문받은 내용, 종교적이라고 하는 말의 포함된 의미가 무엇이냐 하는 것을 제가 소략하게 얘기를 할까 합니다. 원래 말의 개념을 엄밀하게 정의하다 보면, 그 엄밀함에 걸려 가지고 오히려 말을 사용할 수 없게 되는 경우들이 굉장히 많이 생기는데, 그렇다 하더라도 제가 어떤 맥락에서 사용했는가 하는 것을 최소한의 의미에서 말씀을 드려 볼까 합니다. 우선 저는 종교적이라고 하는 것을 크게는 어떤 종교 본래가 지니고 있는 두 가지 측면 가운데서, 하나는 초월성과 또 현실성이라고 하는 그런 개념으로 종교를 저는 보통 보는데 그중에서도 어떤 종교성이라고 하는 것이 종교를 시대나 사회를 건너뛰어서 어떤 생명을 지니게 하는 그런 중요한 측면이라고 볼 때, 어떤 초월성의 측면을 더 크게 지향하고 있다, 이런 측면에서 종교성을 얘기했고요.

그다음에 구체적으로는 한국 신라유식이 근본적으로 중생 모두가, 그러니까 예외 없이 모든 사람이 깨달을 수 있는 가능성을 지니고 있다고 하는, 근본적인 믿음, 그러니까 어떻게 보면 그걸 전제로 하고서 출발한다는 점입니다. 그것까지가 어떤 증명돼야 할 그런 대상이라기보다는, 그건 믿음으로서 처음부터 안고서 출발한다는 그런 점에서 또 종교적이고. 그다음에 불교의 기본적인 목표라고 하는 것은 모든 중생을 깨치게 하는 목적에 투철해야 한다. 그러니까 목적의식이 시종 일관 한 번도 흐트러짐 없이 일관되게 유지된다는 목적의식하에서 모든 연구라든가 교학의 내용 이 구성되고 있다. 이런 두 가지 측면, 또 동시에 그와 더불어서 그런 측면에서 한국유식에서 구체적으로 제기되는 성과로서의 탐구내용들이 그런 의미에서 중생을 깨치게 하는 기능이라든가 효과라고 하는 것을 항상 염두에 두면서 어떤 그런 교학들이 전개되고 있다. 이런 측면에서 저는 그런 것들이 전부가 다 종교적이라고 하는 그런 개념 속에 집어넣고자 하는 것입니다.

☞ 사　회

고맙습니다. 한 6시 15분까지만 하기로 하구요, 한두 분 말씀을 듣기로 하겠습니다. 정광호 선생님 오늘 지켜보시고 짤막하게 한 말씀 해주시겠습니까?

☞ 정광호

아니, 나는 이번 전체 주제가 사상사, 교리사 이쪽으로 집중돼 있어서, 나는 아마 문외한이 라고 생각이 됩니다. 그러나 감상이라고 그럴까, 약간 소감을 얘기해보자면, 어떤 사상이나 교 리나 혹은 다른 종교적 현상이라는 것이 이게, 단독으로 존재할 수가 있겠느냐, 그런 생각을 좀 해봤습니다. 다시 말하면 반드시 그게 어떤 사회적 관련성 속에서 많은 여러 가지 요인들 이, 이렇게 복합적으로 작용해서 그 결과로 나타난 것이 사상이다 혹은 종교적 현상이다 이렇 게 생각되는 점이 있다는 겁니다. 예를 들 것 같으면, 1910년 전후해서 우리나라 이회광이라 고 하는 분이 우리나라 불교 전체를 갖다가 일본불교, 일본 조동종과 합종하려고 하는 음모라 그럴까, 개혁이라고 할까, 그런 것까지 한 일이 있었습니다. 그냥 하는 것이 아니고, 교리적으 로도 어느 정도 체계를 맞춰 가지고 하려고 했던 때가 있습니다. 이게 물론 한용운이나 박헌 영이나 이런 분들에 의해서 좌절은 됐습니다만, 이게 한국불교사상 대단히 큰 사건으로 기억 이 될 수 있는 사건입니다. 그런데 여기에는 사회적 관련성이라고 하는 측면에서 두 가지 배 경이 있다고 생각합니다. 하나는 그때 우리나라 불교가 몇백 년 동안 당해온 수모, 천대 혹은 압박이라고 그럴까, 그런 것 때문에 오랫동안 일종의 좌절감을 느끼고 있을 때, 바로 그런 상황에 일본사람들 침략세력 혹은 일본침략세력과 동시에 들어온 일본사람들이 우리나라에 와서 여러 가지로 고마운 일을 해줬습니다. 뭐 석유라든지, 성냥이라든지 램프라든지 그런 것을 신기한 물건을 준다든가 혹은 불교계의 유력한 사람들을 불러다가 일본 시찰시킨다든가 혹은 다른, 도성 출입 막아놨던 걸 그걸 풀어준다든가 여러 가지 고마운 일을 해줬기 때문에 이러한 두 가지 배경에 의해서 그때 사람들은 일본 세력에 대해서 대단히 큰 호감을 가지고 있었습니다. 그래서 일본이야말로 우리 구세주다, 나쁘게 말하면 그런 생각까지 하게 되는데, 그러한 배경 속에서 일본과, 일본종교와 일본불교와의 합작음모라 그럴까, 합작계획이 있었는데, 어쨌든 이러한 예에서 볼 수 있듯이 어떤 종교현상이나 사상이나 이런 것이 단독으로 존재하는 것이 아니고 반드시 어떤 사회적 조건과의 관련성 속에서 존재하게 되는 것이 아니냐. 그래서 결론적으로 말하면 어떤 사상이나 이런 것을 갖다가 얘기할 때는 단독적인 현상으로 볼 게 아니라 사회적인 관련성 속에서 생각해 보는 것이 어떻겠느냐. 지금 뭐 최병헌 선생님이 얘기한 것과 대동소이합니다. 예, 고맙습니다.

☞ 사 회

예, 말씀 고맙습니다. 꼭 한 분 하실 말씀 있으시면 해주십시오.

☞ 최병헌

긴급동의입니다. 젊은 학자이신 이종철 선생님 한번 얘기를 들어야겠어요.

☞ 사 회

3분 발언입니다.

☞ 이종철

아유, 뭐 갑자기 이렇게 얘기하면 뭘 얘기해야 될지 모르겠습니다만. 보편성과 특수성의 문제를 다루기 때문에 상당히, 보편과 특수라는 문제가 벌써 철학적으로, 중요한 문제가 되고요, 역사학에서도 아주 중요한 개념으로 등장하고 있는 줄 압니다. 제 자신은 원래 인도불교를 했었습니다만, 요새 이제 한국불교에 관심을 갖다 보니까, 인도불교, 그다음에 티베트불교, 그다음에 중국불교. 그 차이, 그다음에 한국불교는 어디서 차이가 있는가. 그 점에서 나름대로 관심은 있습니다. 가령 인도불교라든가, 남방불교, 거기에 비교해볼 때 중국불교라든가 한국불교, 일본불교는 상당히 정치적인 어떤 그 권력과의 어떤 연관관계가 아주 깊다는 것. 그것이 일단 크다고 봅니다. 이제 뭐 특수 가운데서도 또다시 보편, 특수 이렇게 갈라지고 뭐 계속 하겠지만요, 일단 크게 대별해볼 수 있는 것은 그런 느낌을 갖고 있습니다. 그런데 문제는 우리가 한국불교의 어떤 특수성을 가령 다룬다, 아니면 보편성을 다룬다 할 때 이것을 각자 속하는 분야에서 접근하는 방식은 상당히 다르겠지만요. 가령 제 경우는 사상사 쪽으로 접근하고 싶습니다. 그래서 사상사 쪽으로 접근할 때, 가령 문제 중심으로 한번 엮어보면 어떨까 하는 이런 문제의식을 갖고 있습니다. 가령 '진제'라든가 '속제'의 그런 구분이 있을 때, 진제를 가령 어떻게 해석하고 있는가. 설일체유부라든가, 유식사상은 벌써 이제에 대한 해석방식이 달라집니다. 그다음에 원효 같으면, 가령 그 진제, 속제의 문제를 어떻게 규정하고 있는가. 그런 구체적인 어떤 사례, 소위 철학적인 문제를 끄집어내서 그 문제를 중심으로 해서 인도에서부터 티베트, 중국, 한국, 일본을 엮어 나간다면, 그 문제를 통해서 보편성과 뭔가 특수성이 좀 드러나지 않겠는가. 그러면은 보편성에 관한 논의, 아니면 특수성에 관한 논의가 보다 좀 구체적으로 전개되지 않겠는가 하는 그런 좀 아쉬움을 좀 가졌습니다. 부분적으로 그런 좋은 논문들도 많이 오늘 듣고 해서 저로서는 배운 바가 많았고, 더할 나위 없지만, 앞으로의 이런 논의가 또다시 있다면 그런 구체적인 자료들을 통해서 얘기할 수가 있다면 듣는 사람으로서는 훨씬 더 계발되는 측면이 많지 않겠는가 이런 생각을 하면서, 귀한 자리 빌려 주셔서 감사합니다.

☞ 사 회

아주 중요한 말씀하신 것 같습니다. 그럼 이상으로 종합토론을 전부 마치겠습니다. 장시간 감사합니다.

☞ 김영호

고맙습니다. 주최 측을 대표해서 한번 다시 이렇게 성황을 이루어주시고 오늘 이렇게 시간을 오랫동안 참아내시면서 견뎌내신 것 아주 고맙게 생각합니다. 이를 위해서 정말 불철주야 노력하신 우리 한국학연구소장님 한영국 교수님에 대해서 우리가 큰 박수를 한번 보내드려야 될 것 같습니다. (일동 박수) 처음에 이제 철학을 좀 다루는 것이 좋지 않겠느냐 저한테 말씀하셨는데, 사실은 제가 이 주제를 설정하고 한국종교를 한번 일관해서 모든 학자들을 동원해서 한번 다루어보십시다 했더니 쾌히 응낙하시고 넓은 아량으로 이렇게 큰 모임을 갖게 해 주신 것은 순전히 한영국 선생님의 안목입니다. 새삼스런, 아주 그 은혜를 두고두고 잊지 않겠습니다. 역사학과의 서영대 선생님이 또 참모역할을 잘 해주셔서 한국학연구소의 총무이십니다. 그래서 두루 다 관할하시고, 또 역사학은 전부 서영대 선생님하고 한 선생님하고 의논해서 이렇게 훌륭한 학자들을 모셨습니다. 새삼스럽게 서영대 선생님께도 한번 감사드립니다. 그리고 이제 보편성과 특수성 문제는 두고두고 다루어야 할 문제입니다만 제가 한 가지만 지적하고 그걸 일단 마감하겠습니다. 회통불교나 원융불교라는 그런 말로 한국불교를 주장할 때 문제가 있지 않는가, 저는 그걸 느꼈습니다. 이번 회의에서. 또 원효를 이렇게 섭렵해보면서. 그건 두루뭉실한 그런 개념이기 때문에 회통이라는 말은 원래 원효와 그 이전에 법장이나 다른 중국주석가에서 쓰인 의미는 이 주장과 저 주장, 이 경전과 저 경전이 서로 통한다는 얘기입니다. 무엇과 무엇이 통한다, 같이 있을 때. 그거지, 그건 다양성을 인정하는 것이지 통합한다는 개념으로 쓴 것 같지는 않습니다. 우리가 지금 잘못 쓰고 있는 말, 미스노머(misnomer), 말하자면, 그게 회통이지 않는가 했습니다. 그건 마치 통일의 통합, 그거하고 연결해서, 이건 통한다는 통 자거든요. 그런 의미에서 우리가 앞으로 더 개념규정을 해 가야 되지 않겠는가, 그렇게 되면 뭐 신크래티즘(syncretism), 절충주의하고 비슷하게 돼 버리고, 그러면 아무 성격도 없이 한국불교가 규명돼 버리지 않느냐, 그런 염려가 저한테 생겨나는 것을 알았습니다. 감사합니다.

11. 한국문화의 거인, 원효

박성배(뉴욕주립대)

1. 머리말: 원효, 그는 누구인가

원효(617-686 A.D.)가 고승임을 의심할 사람은 없다. 그래서 원효를 다루는 사람은 누구나 여러 가지 『고승전』에 실린 원효의 전기를 문제 삼는다. 그러나 원효의 일생은 너무 복잡하고 여러 가지 대조적인 측면들이 함께 공존하여 자칫하면 그의 진면목을 놓치기 쉽다. 일연의 『삼국유사』나 찬녕의 『송고승전』에 나오는 원효전은 원효를 초인적인 인물로 묘사하기에 여념이 없다.[1][2] 나는 오늘 이 논문에서 원효가 한국문화의 시원을 여는 '문화영웅'이었다는 점을 부각해 보려 한다.

원효는 초년에 화랑이었다. 그리고 나중엔 출가하여 중이 되었다. 삼국통일의 전란 중에 그가 군인이 되어 싸웠다는 이야기는 확인할 증거가 없지만, 동족상잔의 전쟁으로 말미암은 충격이 원효의 사상 발전에 큰 영향을 미쳤을 것으로 짐작된다. 그는 중년에 요석공주와 사

---

1) 일연이 쓴 『삼국유사』 속의 「원효전」은 『대정신수대장경』 49권, 1006쪽 상단과 중단에 있으며 찬녕이 지은 『송고승전』의 「원효전」은 같은 책 50권, 730쪽 상단과 중단에 있다. 나는 1979년에 원효의 전기에 관한 몇 가지 궁금한 점들을 따져 본 적이 있다. 그 글은 『태암 김규영 박사 회갑기념논문집. 동서철학의 제 문제』(서울: 서강대학교 철학과 동문회. 1979), 60-90쪽에 실려 있는 「원효사상 전개의 문제점: 박종홍 박사의 경우」라는 제목의 글이다.

랑에 빠져 설총을 낳았고 마침내는 자기를 복성거사라 부르면서 전국의 방방곡곡 안 다닌 데가 없고 어느 누구하고도 안 어울린 사람이 없었으며, 이리하여 신라에는 불교를 믿지 않는 사람이 없게 됐다고 한다. 미치광이 같은 거침없는 행동으로 풍광(風狂)의 길을 연 원효와 200권이 넘는 방대한 양의 저술 활동을 한 원효가 두 사람이 아닌 한 인물이라는 사실을 우리는 어떻게 설명해야 옳을까? 그가 무애박을 두드리고 무애가를 부르면서 경주의 저자거리를 춤추고 돌아다닌 까닭은 무엇이며 200가지가 넘는 방대한 양의 저술 활동을 통해 그가 우리에게 전달해 주고 싶어 했던 메시지는 무엇일까 새삼 궁금해진다.

2. 원효의 사상

원효의 일생을 일관한 줄기찬 관심사는 화쟁이었다. 과연 화쟁이 원효사상의 핵심인가를 문제 삼는 사람도 없지 않지만 화쟁이란 말이 원래 일종의 싸움 말림임을 상기하면 그가 살았던 세상과 그가 했던 일들과 그의 저술 활동을 일관한 문제의식 등을 하나로 묶는 데 화쟁이란 말보다 더 좋은 말은 없을 것이다. 원효는 화쟁이란 작업을 통하여 하나의 회통불교(會通佛敎)를 건설하고 싶어 했다고 말해도 큰 허물은 없을 것이다. 요즈음 학자들 가운데는 통불교라는 말을 불교의 여러 종파를 통합하여 하나로 만든다는 식의 행정기구 통폐합 정도로 보려는 경향이 있다. 그러나 이러한 경향은 불교 이해를 눈에 보이는 범위 이내에 국한하고, 눈에 보이지는 않지만 지하수처럼 내면에 일관하는 메시지를 무시하는 오류라고 말하지 않을 수 없다. 화쟁, 회통, 무애 등 원효사상을 거론할 때마다 항상 동원되는 말들은 모두 하나의 공통점을 가지고 있다. 그것은 이러한 말들의 낙처(落處)가 모두 한결같이 생명이 꿈틀거리는 살아 있는 현실이라는 점이다. 불교의 여러 종파나 종단이라는 행정기구 같은 것들도 하나의 현실임에 틀림없다. 그러나 거기에 살아 움직이는 사람이 개입한 이상, 우리는 그것을 행정기구 이상의 생명 현상으로 다루지 않을 수 없다. 생명 현상을 보이는 것만을 가지고 왈가왈부할 수는 없다. 생명은 항상 우리의 감각 기관과 우리의 도구, 가령 언어나 이론 같은 것들에 완전히 잡히지 않는 끝없음, 가없음, 틈 없음, 사이 없음 등등의 것들과 함께 있는 것이기 때문이다. 불교 사상을 말할 때마다 항상 동원되는 말들이 물, 바람, 공기, 허공 등등의 비유임을 생각하고 또한 불교 이론의 저변에는 항상 공사상(空思想)과 연기설(緣起說)이 깔려 있다는 사실을 아울러 생각한다면, 지금 우리가 말하고자 하는 바가 무엇인지 짐작이 갈 줄 안다.

원효의 화쟁은 우선 학자들 간의 교리논쟁을 중재하는 성격을 띤다. 그러므로 원효가 개입한 논쟁을 하나하나 잘 분석하는 것도 분명히 의미 있는 일이며 그런 작업을 통해 원효의 화쟁사상이 가지고 있는 특징 같은 것을 밝히는 것도 응당 해야 할 학자들의 할 일임에 틀림없다. 그러나 동시에 우리는 그런 일을 아무리 잘 해 놓아도 그것만으로 이젠 원효사상이 무엇인지 완전히 밝혀졌다고 말할 수 없다는 것을 알아야 한다. 그럼 여기서 무엇이 빠졌단 말인가? 원효는 싸우는 사람이 아니라 싸움을 말리는 사람이다. 우리는 싸우는 사람과 싸움을 말리는 사람의 차이를 알아야 한다. 양자가 같은 차원일 수도 있지만 전혀 다른 차원일 때도 있다. 문제는 바로 여기에 있다. 종파적인 논쟁에 휘말려 싸우는 논쟁자의 차원과 화쟁을 시도하는 원효의 차원이 다르다는 점을 밝히지 않으면 우리는 원효의 화쟁사상을 완전히 밝혔다고 말할 수 없다. 가령 똑같은 사람의 경우도 화를 벌컥 내고 싸울 때의 자기와 실컷 싸우다가 자기의 잘못을 뉘우치고 고개를 숙이며 화해를 청하는 자기는 같은 사람임에도 불고하고 그 차원은 전혀 다르지 않는가. 그러므로 우리는 싸움질하는 사람들과 싸움을 말리는 원효의 차이가 다름 아닌 '차원의 차이'라는 것을 밝혀내야 한다.

주의 주장이 다르기 때문에 서로 갈라져 등을 돌리고 다시는 안 만나는 원수가 되는 것이 아니라 상대방을 이해하고 서로 다른 점을 존중하면서 그러면서 하나의 공동체를 형성하는 것이 원효가 겨냥했던 화쟁을 통한 통불교의 건설이 아니었나 생각해 본다. 요즈음에 통불교라는 말을 너무 외형적인 제도상의 통합으로 해석하여 그 말이 가지고 있는 종교적인 의미를 간과한 나머지, 원효의 사상이나 그 영향하에 발전하고 성장해 나온 정신사적인 측면이 희미해지는 것은 바람직하지 못하다고 생각한다. 이러한 연구 태도는 사태의 겉만을 종합하여 보도하는 요즈음의 언론기관들 같은 자세라고 말할 수밖에 없다. 우리는 겉을 속과 함께 보아야 한다고 주장하는 것이다. 요즈음 내가 즐겨 쓰는 말로 하면, "몸짓만을 보지 말고 몸을 보라"는 주장이다.3)

이러한 문제의식을 가지고 볼 때, 우리의 주의를 크게 끄는 논문은 60년대를 전후하여 오랫동안 서울대학교에서 철학을 가르쳤던 박종홍 교수의 「원효의 철학사상」이라는 글이다.

---

3) 여기서 '몸과 몸짓'이란 말은 예전에 '체(體)'와 '용(用)'이라는 말을 우리말로 바꾼 것이다. 1983년. 뉴욕 주립대학교 출판사에서 낸 나의 "Buddhist Faith and Sudden Enlightenment(불교의 믿음과 돈오사상)"이라는 책에서는 '체와 용'을 각각 'Essence and Function'이라고 영역하였다. 그러나 지금은 영어로 쓴 때에도 번역을 피하고 'Mom and Momchit'이라 음역하고, 그다음에 그 뜻을, "Body and the Uses of the Body"라고 풀이해 주고 있다. '몸과 몸짓의 논리'는 본 논문의 '4. 몸/몸짓 그리고 짓(거짓)'에서 다시 논의할 것이다. 체와 용에 대한 나의 초기의 이해는 Sung Bae Park, Buddhist Faith and Sudden Enlightenment(Albany, New York: SUNY Press, 1983), pp.35-42 참조.

1966년, 『한국사상』이란 학술지에 처음 발표된 이 논문은 원효의 화쟁사상을 철학적인 입장에서 논리적으로 정리하려 했다는 점에서 획기적인 논문이라고 말해야 옳을 것이다. 화쟁이란 한마디로 말해 가지가지 형태의 대립과 모순과 갈등을 해결한다는 말이다. 그러나 여기에 어려운 문제가 생긴다. 말하는 원효와 원효의 말을 듣는 오늘의 원효 독자 사이를 가로막는 '거리'(距離)의 차이에서 오는 의사 불통의 문제이다. 여기서 '거리'라 함은 양적인 거리가 아니고 질적인 거리이다. 다시 말하면 원효와 그의 독자는 서로 다른 차원에 있다. 경지가 다르고 수준이 다르다는 말이다. 이 차이는 의외에도 많은 문제를 야기한다. 말하는 사람은 달을 보고 달에 대해서 이야기하는데 듣는 사람은 열심히 손가락을 보고 있다는 선사들의 비유가 이를 두고 하는 말일 것이다.

몸짓에 집착해 있는 차원에서 대립과 모순과 갈등에 골머리를 앓고 있는 독자들은 원효의 화쟁이 이루어지면 대립과 모순과 갈등이 없어진다고 믿는다. 따라서 이 선의의 독자들은 화쟁을 대립 없음, 모순 없음, 갈등 없음이라 정의하고, 또한 화쟁을 그런 것으로 상상하고, 자신의 정의와 상상을 열심히 자기 밖에서 찾고 있는 것이다. 열심히 손가락을 보는 것과 똑같은 현상이다. 원효의 화쟁을 보려 하지 않고 자기가 생각하고 있는 화쟁을 찾고 있으니 원효와 독자 사이의 거리가 좁혀지지 않는다. 우리는 이 문제를 결코 소홀히 보아 넘겨서는 안 될 것이다. 우선 잊어버리기 전에 결론부터 잠깐 말해두자면 원효의 화쟁을 독자 자신의 무서운 자기부정 없이는 그림의 떡에 불과하다는 것이다. 여기서 자기부정이란, "대립은 대립이 아니고", "모순은 모순이 아니고", "갈등은 갈등이 아니고" 하는 식의 금강경이 말하는 즉비(卽非)의 작업을 말한다. 이러한 '즉비'의 자기부정 작업 없이 화쟁을 대립 없음을 운운하고 앉아 있으면 거기서는 어떤 생산적인 대화도 있을 수 없다.

진리는 하나냐 아니면 여럿이냐, 인생은 순간적인 것인가 아니면 영원한 것인가 등등 사람들에겐 모든 것을 이분법으로 정리하는 버릇이 있다. 깨끗함과 더러움, 성스러움과 속됨, 아름다움과 추함, 사랑과 미움, 선과 악, 참과 거짓, 잘함과 잘못함, 성공과 실패, 이익과 손해, 친구와 원수 등등 모두 열거하자면 끝이 없을 정도이다. 이제부터 우리들이 해야 할 것은 이런 대립, 이런 모순, 이러한 갈등들이 어떻게 화쟁이란 이름으로 해소될 수 있는지를 살피는 일이다. 박종홍 교수에 의하면 원효는 '종요(宗要)'라는 말과 '개합(開合)'이라는 말을 가지고 이런 화쟁 작업을 수행했다고 한다. 원효의 저술에는 종요라는 말이 붙어 있는 책이름이 많다. 이것은 원효의 많은 저술들이 사실은 화쟁서들이라는 말이 된다. 원효의 경우, '종'(宗)은 널리 펼쳐 놓는다는 말이며 요(要)는 널리 펼쳐 놓은 것을 다시 하나로 돌아가게 한다는 말이다. 박종홍 교수는 종요를 개합과 똑같은 뜻으로 보았다. 그리고 '개합'이란 말을 요즈음 우리들이 쓰는 말로 바꿔 '전개와 통합'으로 고쳐 부르기도 했다.

지금 UCLA에서 불교를 가르치는 Robert Buswell 교수는 '개'를 Analysis, '합'을 Synthesis로 영역하였다. 우리는 여기서 한국의 고전을 영어로 번역하고 해석할 때 발생하는 어렵고 중요한 문제에 부딪친다. 한마디로 말해, 원효의 '개합'이 요즈음 우리말의 '전개와 통합'이며, 영어의 'Analysis와 Synthesis'냐의 문제이다.4) 우리는 오늘 여기서 이 문제를 철저하게 따질 수 있는 충분한 시간이 없지만, 그 결론만을 말하자면 나는 거기에 반대한다는 것이다. 그 이유는 박종홍 교수의 '전개와 통합'이든 Buswell 교수의 'Analysis and Synthesis'이든 모두 원효의 진의를 흐리게 하고 있기 때문이다.

원효의 진의는 개합을 통해 화쟁이 이루어지고 결국 모두 회통이 되어 소망의 무애와 자재가 성취된다는 데에 있다. 그러나 두 분의 글은 아무리 자세히 읽어 보아도 제기된 문제 중에 가장 중요한 대목, 즉 어떻게 무애와 자재가 이루어지는지, 그 점이 밝혀져 있지 않다. 그것도 그럴 수밖에 없는 것이 원효의 '개'를 전개나 Analysis로 보면 그럴듯하게 보이는 면도 없지 않지만, 원효의 '합'을 통합이나 Synthesis로 보면 그 뜻은 영 달라지고 만다. 단순히 다를 뿐만 아니라, '개'를 전개나 Analysis로 본 것까지 망치고 만다. 왜 그런가? 원효의 개합에 만일 그 순서를 매긴다면, 학자의 입장에서는 응당 '개'가 먼저이고 '합'이 뒤따르지만 부처님의 입장에서 보면 '합'의 경지가 먼저 있고 그다음에 '개'가 뒤따른다고 말해야 할 것이다. 이것은 깨침의 사건이 먼저 있고 그다음에 이를 입을 열어 설법한다는 순서와 비슷하다. 그러므로 마명의 『기신론』 같은 논서들이 하고 있는 일은 본질적으로 '개'에 해당된다. 이 말은 마명의 『기신론』이 이미 부처님의 깨침을 '합'으로 전제하고 있다는 말이다. 원효가 보기에 마명의 『기신론』이 훌륭한 점은 '개'가 '개'에 그치지 않고 동시에 '합'을 포함하고 있다는 점이다. 물론 여기서 원효가 말한 '합'이란 부처님의 경지로 돌아간다는 말이다. 한마디로 말해서 '합'은 신앙과 수행과 증득이라는 종교적인 행위를 떠나서 따로 논의할 수 없다. 그러므로 원효는 이러한 '합'을 저술이라는 학문적인 틀 속에서 논의하면서 무척 애를 먹고 있다. '합'은 결국 아무런 자취도 남기지 않는 '한마음, 즉 일심(一心)'의 경지이기 때문이다.

그래서 나는 영어의 Synthesis는 원효의 '합'이 아니라는 주장이다. 영어의 Synthesis란 현

---

4) 이런 문제에 관심 있는 분들은 다음의 글들을 참조해 주시기 바란다.

　　박종홍, 「원효의 철학사상」,『한국의 사상』(서울: 서문당, 1972년), 85-127쪽; Robert Buswell, 「On Translating Wonhyo」,『국제 원효학회 창립기념 원효학 심포지엄 논문집』(서울: 동국대학교 국제 원효학회, 1997); 박성배, 「원효의 논리」, 위와 같은 책.

실 세계의 다양성, 즉 '개'를 하나로 뭉뚱그리려는 노력에 불과하다. 이런 것은 인간이 이상과 아집을 짊어지고 다니면서도 할 수 있는 일이다. 어떤 언어, 어떤 이론 또는 어떤 논리에 의지해서 진행하는 하나의 학문 행위이다. 그런 점에서는 Analysis든 Synthesis든 마찬가지다. 그 성격이나 수준이 똑같다는 말이다. 그러므로 그런 짓은 아무리 오랫동안 하고 앉아있어도 거기서는 자재도 무애도 안 나오고, 화쟁도 회통도 나오지 않는다. 원효는 이런 논의를 한참 전개하다가 결론처럼, "개합자재(開合自在) 입파무애(立破無碍)"라고 말한다. 이 말은 '개'와 '합'이 자유자재하고 주장과 논파가 서로 걸림이 없다는 말인데, 그 뜻은 그렇게 간단치 않다. '개'와 '합'의 관계나 주장과 논파의 관계가 보통 사람들의 경우 서로 자유자재하지 못하고 서로 원융무애하지 못하는데 마명의 경우는 그렇지 않다는 것이 원효의 본뜻이다. 이런 자유자재와 원융무애는 결국 '개'가 '합'이고 '합'이 '개'이며, '입'이 '파'이고 '파'가 '입'이라는 사실이다. 이런 경지는 요즈음의 학자들에겐 그림의 떡에 불과하다. 왜냐하면 이것은 자기부정 작업이 성공적으로 수행된 다음에 일어난 새로운 질서에서만이 가능한 일이기 때문이다. 다시 말하면 경지가 다르다는 말이다.

불행히도 요즈음의 학자들이 하는 일이란 떡을 먹고 안 먹고엔 큰 관심이 없다. 그런 것에 관심 있는 것을 오히려 병으로 안다. 만일 대학에서 떡 먹는 데에 관심을 표명하면 '번지수가 다르지 않느냐'고 핀잔을 준다. 수도원으로 갈 사람이 왜 여기에 있느냐고 말한다. 이것이 소위 요즈음의 학풍이란 것이다. 나의 이런 말들을 요즈음의 학문을 헐뜯는 말로 왜곡해서는 안 될 것이다. 나의 진의는 학문을 학문답게 하자는 데에 있다. 학자라면서 한국문화의 거인인 원효에게 맞지도 않는 옷을 억지로 입혀 놓고 스스로 우스갯거리가 되는 그런 짓은 할수 없지 않느냐는 것이 내가 하고 싶은 말이다. 원효는 분명히 단순한 고승도 아니었고 흔히 있는 학자도 아니었다. 내가 오늘 원효를 고승으로 보기보다는 문화영웅으로 보자는 이유가 여기에 있다.

3. 원효의 회통불교

나는 통불교라는 말을 회통불교라는 뜻으로 이해하고 있다. 회통에는 원효가 평생 그리던 무애와 자재라는 말이 그 밑바닥에 깔려 있기 때문이다. 그래서 나는 '통불교'라는 말을 영어로 'Buddhism of Total Interpenetration'으로 번역해 보았다. 'Total Interpenetration', 즉 '회통'이란 말은 항상 원융과 무애와 자재를 생명으로 삼는 화엄불교의 전문 용어이다. 원효를 한국의 화엄종과 관련시켜 보려는 사람이 많지만, 사실 그것은 그들의 희망 사항일 뿐이다. 원효의 일생을 자세히 보면 그는 아무 데도 속하지 않았으며, 아무것에도 얽매이지 않았던 사람이었다. 무애박을 두드리고 무애가를 부르면서 저자거리를 춤추며 돌아다닌 미치광이 같고 비렁뱅이 같은 원효를 담을 말은 아직도 우리의 사전엔 없다. 차라리 그를 불교문화의 중요한 흐름 가운데 하나인 풍광(風狂)으로 보는 것이 그래도 제일 가깝지 않느냐는 생각이 든다. 풍광이란 일종의 미치광이다. 그러나 풍광은 요즈음의 정신병원에 집어넣어야 할 광인을 의미하지 않는다. 풍광불교(風狂佛敎)에는 오히려 이 세상 모든 사람들을 정신병원에 집어넣어 버리는 무서운 대목이 있다. 정의를 가장하고, 진리를 내세우고, 그러면서 속으로는 항상 자기의 실속을 챙기는 위선자들이 만들어 놓은 모든 질서를 몽둥이로 때려 부수며 천하를 좁다고 휘젓고 다니는 풍광, 나는 거기서 원효를 본다.

원효의 몽둥이를 맞은 인위적 질서를 열거하자면 그것 또한 끝이 없을 것이다. 그러나 아무리 바빠도 한 가지 꼭 빼놓을 수 없는 것은 그가 언어의 질서를 때려 부수고 있다는 사실이다. 어떻게? 그 뒤에 나온 선종의 큰스님들과는 아주 다른 방법으로! 그것은 책을 불 지른다든지, 책이라고는 읽지도 않고 쓰지도 않는다는 따위의 소극적인 저항이 아니라, 누구보다도 책을 많이 읽고 누구보다도 책을 많이 쓰고 누구보다도 어휘가 풍부하고 누구보다도 논리가 명석하고, 그렇게 함으로써 오히려 책을 망신 주고 언어나 논리를 무색게 하는 적극적인 저항이었다. 한마디로 원효는 단수가 높은 사람이다. 왜 원효 뒤에 원효 같은 사람이 줄지어 나오지 않았는지 생각하면 안타깝다. 누가 원효를 죽였는가? 누가 원효의 맥을 끊었는가? 깊이 반성해 보아야 할 일이다. 오죽 답답했으면 오늘날 우리가 풍광이란 말밖에 그를 담을 다른 말을 발견 못 하는 그런 삶을 원효가 살다가 갔을까. 원효로 하여금 그렇게밖에는 살지 못하게 한 사람들이 원효를 죽였다. 그런 사람들이 원효의 맥을 끊었다. 이렇게 말하면 지나친 생각일까.

원효를 화엄학자로 보는 사람도 적지 않은데 오늘날 원효가 쓴 화엄경 관계 저술들이 거의 다 없어져 버렸다는 사실은 일종의 아이러니가 아닐 수 없다. 그의 저술 목록에는 원효의 『화엄경소』는 열 권이라고 적혀 있는데 불행 중 다행으로 그의 『화엄경소』 가운데 「제3여래광명가품」과 「서문」만이 남아 있다. 오늘은 그 「서문」을 길잡이로 원효의 무애 사상을 살펴보고자 한다.[5] 원효는 그의 『화엄경소』 「서문」에서 무애를 다음과 같이 설명하였다:

5) 원효의 무애사상이나 화쟁사상에 관련된 글귀들은 원효의 저술이면 어디서나 발견된다. 특히 그의 『기신론』관계의 저술이나 『금강삼매경론』, 『열반경종요』 등은 이런 연구를 하는 데 빼놓을 수 없는 매우

막힘없고 걸림 없는 법계에 대한 법문을 따져 보면 그것은 법(法)도 아니고 법 아님(불법)도 아니며, 문(門)도 아니고 문 아님(不門)도 아니다. 그러니 대(大)도 아니고 소(小)도 아니며, 순간(促)도 아니고 영원도 아니며, 움직임(動)도 아니고 고요함(靜)도 아니며, 하나(一)도 아니고 여럿(多)도 아니다. 대(大)가 아니기 때문에 극미(極微)보다 더 작으며, 소(小)가 아니기 때문에 큰 허공보다 더 크며, 순간이 아니기 때문에 삼세의 겁파를 모두 삼키고 영원이 아니기 때문에 한 찰나 속으로 송두리째 들어가 버리며, 움직임도 아니고 고요함도 아니기 때문에 생사가 곧 열반이고 열반이 곧 생사로 되며, 하나도 아니고 여럿도 아니기 때문에 일 법이 일체 법이고 일체 법이 일 법이다. 이렇듯 막힘없고 걸림 없는 법이 법계에 들어가는 법문의 길이며 모든 위대한 보살들이 이 길에 들어섰고 삼세의 모든 부처님들이 모두 여기서 나오신 것이다. 이승의 사과를 증득하신 성자들도 이 경지에서는 귀머거리나 장님이 되어 버리고 범부나 근기가 하열한 사람들은 이 소식을 듣고 웃어 버리거나 놀라 자빠진다. 만약 어떤 사람이 이러한 법에 들어서는 길을 얻으면 한 생각을 지나지 않고 무변한 삼세에 두루 나타나고 또한 시방의 세계가 미세한 티끌 속으로 들어가 버리니 이러한 이치를 어떻게 생각으로 짐작할 수 있을 것인가?[6]

원효가 생각한 무애, 즉 걸림 없음이란 무엇일까. 문제는 위 인용문의 첫 문장을 어떻게 이해하느냐에 있다. 우리는 이 문장을 대하자마자 '막힘없고 걸림 없는 법계'란 듣는 사람에게 초점을 맞춘 소위 대기(對機)법문이 아님을 곧 알 수 있다. 한발 더 나아가서 원효의 무애는 가르침이란 형식 속에 담기지 않은 것임을 이 글은 주장하고 있다고 말해야 할 것이다. 그리고 이런 작업을 수행하는 논리 형식은 이것도 아니고 저것도 아니라는 이중 부정의 논리를 차용하고 있다. 이러한 이중 부정의 논리 형식은 대와 소, 순간과 영원, 동과 정, 일(一)과 다(多) 등등에 두루 적용되고 있다. 그러나 이런 부정이 요즈음 한국 사람들이 흔히 쓰는 양비론이나 서양과 인도 등지에서 널리 사용되고 있는 이중 부정이 아니라는 점은 원효의 그다음 문장을 통해서 분명해진다. 원효의 그다음 문장이란 대가 아니기에 아주 작은 극미보다 더 작고, 소가 아니기에 큰 허공보다 더 크고, 하는 식의 논리를 전개하는 대목이다.

이것은 분명히 양 긍정처럼 보이는데 실은 요즈음의 양 긍정도 아니다. 왜냐하면 원효의 경우는 양 부정과 양 긍정이 동전의 양쪽 같은 공존의 관계처럼 보이지만 자세히 보면 원효의 공존은 겉이 곧 속이고 속이 곧 겉이라는 식이니, 우리는 요즈음의 양시나 공존이라는 말들이 원효를 드러내는 데는 부적절한 말들임을 알겠다. 그것은 똑같은 것을 이렇게도 말했다가 저렇게도 말했다가 하는 것처럼 들리기도 하지만 결국은 아라한 같은 소승불교의 성자들

중요한 자료들이다. 현존한 원효의 저술은 모두 『한국불교전서』(서울: 동국대학교 출판부, 1979) 제1책에 실려 있다.

6) 원효, 『진역화엄경소서』, 『한국불교전서』(서울: 동국대학교 출판부, 1979) 제1책, 495쪽 상단.

까지도 귀머거리가 되고 장님이 돼버린다고 하니 이런 것을 어떻게 설명하란 말인가. 이런 것은 원효 이후 선종의 큰스님들이 즐겨 썼던, "말길이 끊어지고 생각 길이 끊어졌다"는 표현이 더 적절할지도 모른다. 사실은 이런 말들도 선종이 들어오기 전에 이미 원효가 즐겨 사용했던 말들이다. 그래서 우리는 원효를 두고 선종이 들어오기 전에 이미 선을 알고 있었던 사람이라 말할 수 있는 것이다.

그렇다면 오늘날 우리는 원효 공부를 구태의연한 말투 속에 가두어 두고 지나가 버려야 하는가, 아니면 이제까지 동양의 불교인들은 듣도 보도 못했던 최신의 서양 이론을 갖다 대야 하는가? 우선 동양을 이야기하면서 동양을 모르고 하는 짓은 서양의 최신 이론이 아니라 그것의 할아버지라 할지라도 말짱 헛짓이 될 것이 뻔하다. 반대로 구태의연 운운하고 남을 비난하기는 쉽지만 사실 구태를 잘 모르고서 어찌 우리들이 구태를 벗어날 수 있겠는가? 열쇠는 바로 여기에 있다. 옛것을 과감히 버리는 일은 오직 옛것을 잘 아는 사람만이 할 수 있는 일이다. 이러한 사색의 몸부림 속에서 나에게 다가온 것이 다름 아닌 '몸과 몸짓의 논리'라는 말이다.

4. 몸/몸짓 그리고 짓(거짓 또는 헛짓)

내 보기에 원효는 분명히 내가 생각하고 있는 '몸과 몸짓의 논리'에 푹 젖은 사람이었던 것 같다. 그러면 다시 위에 인용한 원효의 『화엄경소』「서문」으로 돌아가 우리의 따짐을 계속해 보자. 문제는 무애, 즉 '걸림 없음'을 이중 부정으로 언표한 원효의 참뜻을 찾아내는 데 있다. 원효는 처음에, "하나도 아니고 여럿도 아니라"고 이중 부정을 해놓고서 나중엔, "그러므로 일 법이 일체 법이요, 일체 법이 일 법"이라고 말을 맺었다. 다시 말하면 하나가 여럿이 되고 여럿이 하나라는 말이다.

우리는 어떻게 이를 이해하고 해석해야 하는가. 문제는 양 부정이 어떻게 양 긍정이 될 수 있느냐를 밝히는 데 있다. 일단 부정된 둘이 어떻게 다시 살아날 수 있으며 다시 살아난 둘은 부정당하기 이전의 상대 대립적인 둘이 아니라 서로 융통자재하는 둘이니 이런 경우의 둘은 보통의 둘이 아닌 것이 분명하다. 이 점을 다시 하나와 여럿의 관계 속에서 생각해 보면 결국 먼저 밝혀져야 할 것은 여럿에 맞서 있는 하나가 무엇이냐를 밝히는 것이다. 하나를 모르면 여럿도 알 수 없다. 하나를 알려면 하나를 부정해야 한다. 마찬가지로 여럿을 알려면 여럿을 부정해야 한다. 하나도 여럿도 둘 다 부정되면 그땐 하나도 살고 여럿도 산다. 원효는 이런 식으로 생각하고 있는 것 같다.

원효의 이러한 말투는 원효의 저술 속 도처에서 발견되는 일종의 논리 형식이다. 문제는 원효의 말투는 원래 그렇다고 여기고 말거나, 아니면 원효의 말투를 하나의 주문처럼 외우고 앉아 있는 것으로 본분을 삼는 사람이 아니라면, 결국 어떤 형태로든 우리는 이를 알아들을 수 있도록 설명해야 할 것이다. 우리들이 밝혀야 할 것을 다시 요약하면 부정된 둘과 죽었다가 다시 살아난 둘의 차이를 밝혀내는 일이라고 말할 수 있을 것이다.

몸과 몸짓의 논리로 보면 부정된 둘이란 몸이 아니라 모두 몸짓의 세계에서 일어나는 일들이다. 모든 몸짓은 몸의 일함이기 때문에 좋은 것이다. 여기서 좋다는 말은 몸이 살아서 일을 하는 몸인 이상, 몸짓은 항상 있을 수밖에 없는 당연한 것이란 말이다. 눈은 보고, 귀는 듣고, 손은 손대로, 발은 발대로, 우리 몸의 모든 기관은 모두 한결같이 끊임없이 일한다. 이것이 사람의 삶이다. 심장도 일하고 두뇌도 일하고 혈액순환과 호흡작용과 신진대사 등이 모두 몸의 몸짓이니 몸짓은 자연스러운 것이요, 그런 의미에서 좋다는 것이다.

그런데 문제는 몸짓에 '가짜가 끼어든다'는 데에 있다. 그것은 몸짓처럼 보이지만 실은 몸짓이 아니요, 거짓이며 헛짓이다. 그러므로 모든 속임수는 몸짓의 세계에서 일어난다. 어둠과 속임수가 숨어 있는 거짓과 헛짓은 몸짓이 아니라는 의미에서 그저 '짓'이라고 부른다. 우리들이 자주 쓰는 사이비(似而非)라는 말은 지금 우리들이 여기서 다루고 있는 '짓'의 성격을 아주 잘 드러내 주는 말이다. 짓은 겉보기엔 몸짓과 아주 흡사하다. 그러나 속을 들여다보면 몸짓과는 아주 판이하다. 다시 말하면 짓은 사이비란 말이다. 진짜 몸짓과 가짜 몸짓인 '짓'을 구별하는 일은 매우 중요하다. 사람의 '짓'은 이를 되풀이하면 '질'이 된다. 질은 업이 되어 도둑질이나 서방질처럼 큰 변을 당하지 않고는 고쳐지지 않는 것이다. 사람들이 하는 '짓'은 항상 몸이 하는 '몸짓'의 형식을 빌려서 하는 것이기 때문에 남들도 속고 자기 자신까지도 속을 때가 많다.

그렇지만 그것은 겉만이 몸짓과 비슷할 뿐, 실제로는 몸을 죽이는 반역자요, 몸을 죽이는 역적의 앞잡이 같은 것이다. 첫째 '몸에서 나온 몸짓'은 자연스런 필요에서 나온 생명 현상 같은 것이므로 수요가 충족되면 즉시 그 자취조차 남기지 않고, 또한 무슨 일이든 하면서도 한다는 의식도 없는 몸의 불수의근 같은 것이다. 그러므로 진정한 몸짓은 무상과 무아 그 자체라고 말해야 옳다. 이에 반하여 거짓과 헛짓에서 나온 '짓'은 거기에 탐, 진, 치 삼독의 사심이 끼어 있기 때문에 결국 '짓'은 몸을 죽이고 만다. 거기엔 몸을 죽이지 않고는 그 짓을 그만두지 않는 무서운 집착이 있다. 모든 업이 사실은 짓의 결과이다. '몸짓이 사는 길'이라면 '짓은 죽는 길'이다. 짓은 죽음으로 가는 일종의 병이다. 죽지 않고는 낫지 않는 병이다.

원효의 부정 작업은 이러한 짓으로 하여금 짓 노릇을 더 이상 못 하게 하는 혁명적 응급 수술 같은 것이다. 그러므로 이 세상에 일어난 일치고, 보이는 것이든 안 보이는 것이든, 부정당하지 않는 것은 아무것도 없다. 금강경에 나오는 부정의 논리처럼 거기에 부정당하지 않는 것은 하나도 없다. 부처님이니 열반이니 반야니 등등 좋은 것일수록 오히려 더욱 꼭딱스럽게 부정당한다. 몸에서 나온 몸짓이 아닌 몸과 유리된 것이기 때문에, 그것이 나온 곳과 가는 곳이 삶의 길이 아니고 죽음의 길이기 때문이다. 여기서 우리들이 주의해야 할 것은 불교의 교리나 그 교리를 담고 다니는 언어 또는 논리 등이 깡그리 부정당하고 있다는 점이다. 그런 점에서 원효의 세계는 선(禪)의 세계라고 말해도 좋을 것이다.

그러므로 원효의 부정 정신에는 역적의 냄새만 풍겨도 구족을 몰살하는 식의 무자비를 방불케 하는 철저함이 있다. 생명을 좀먹는 것이면 무엇이나 부정한다. 어떤 하나든 하나가 부정될 때, 그것과 관련된 여럿은 덩달아 다 함께 부정당하고 마는 것이다. 역적과 관련되면 살아남을 길이 없는 것처럼, 만약 터럭 끝만큼이라도 부정당하지 않는 그 어떤 것이 아직도 남아 있다면 그 부정 작업은 성공했다고 말할 수 없기 때문이다. 성공했다면, 그땐 공이 드러나고, 연기가 연기 노릇을 제대로 하기 때문에 진정한 무아요, 무상이요, 무여 열반이라고 말할 수 있다. 그 경지에서는 부처님이 다시 살아나고 보살이 살아나고 너도 살아나고 나도 살아나고, 안 살아나는 것이 하나도 없게 된다. 이것이 원효가 생각하고 있는 양 부정과 양 긍정의 관계가 아닐까 생각해 본다.

원효의 회통을 행정기구 통합 같은 것으로 생각한다든지, 그의 개합을 전개와 통합 또는 Analysis and Synthesis로 보는 것은 원효를 아직도 몸짓의 세계에서만 보고 있기 때문이라고 말하면 너무 지나친 평일까. 원효의 회통불교는 무애와 자재를 떠나서 논의할 수 없다. 만일 무애와 자재가 이루어지지 않는 논의를 원효사상이란 이름으로 발표한다면 그것은 아무래도 잘못된 길로 가고 있는 것이 아닌가 생각한다.

5. 맺는 말: 한국문화의 새벽을 연 문화영웅으로서의 원효

원효는 단순한 학자도 아니고, 일반적인 고승도 아니고, 시대의 요청에 부응한다는 미명하에 자기도 모르는 소리를 함부로 하는 값싼 문화인도 아님은 분명하다. 그 이유는 그가 학자이기도 하지만 학자는 아니고, 고승임엔 틀림없지만 고승만은 아니고, 그 밖에 문화인, 성자,

388

보살 등등 여러 면이 그의 삶에서 엿보이지만 그 어느 것에도 원효는 사로잡히지 않는다. 그래서 우리는 그를 '무애의 원효'라고 말하기도 하고, '풍광의 원효'라고 말하기도 한다. 그는 어떤 종파에도 속하지 않았기 때문에 어떤 경전을 해석하는 데도 유용하게 쓰이는 보편성을 가지고 있다. 그런 점이 바로 그가 경주 문화의 산물이면서 동시에 세계 도처의 문화인으로부터 주목을 받는 대목이 아닌가 생각된다. 그는 오늘날 우리들이 줄기차게 모색하는 지구촌 문화의 새벽을 연 사람이었으며, 동시에 가장 구체적인 지방문화에 불과한 신라의 경주 문화를 세계 문화의 차원으로 끌어올린 것이다. 그런 의미에서 나는 그를 문화영웅(Culture Hero)이라고 부르는 데 주저하지 않는 것이다.

원효가 문화영웅으로까지 발돋움할 수 있었던 성공의 비결은 비교적 단순한 사실에서 확인할 수 있을 것 같다. 그것은 그가 인간생활에서 '안다'는 것을 매우 중요시했다는 사실이다. 원효가 책을 많이 썼다는 사실이 이를 입증한다. 그러나 원효가 저술을 많이 하고 앎을 중요시했다는 사실을 오늘날 대학에서 학자들이 책을 많이 읽고 책을 많이 써야 성공하는 것과 동일시해서는 안 될 것이며, 또한 원효 당시 중국에서 일부 선승들이, "앎에서 모든 묘함이 다 나온다"(知之一字 衆妙之門)를 외치는 새로운 사상운동의 연장으로 속단해서도 안 될 것이다. 왜냐하면 원효에게서는 중국의 경우 그로부터 몇백 년 후에야 나타나는, "부처를 만나면 부처를 죽이고, 조사를 만나면 조사를 죽인다"(殺佛殺組)는 살아 있는 진리의 물줄기가 이미 맥맥히 흐르고 있기 때문이다.

그러므로 원효의 경우, 어느 하나를 안다는 말은 그 하나를 부정했다는 말이며, 여럿을 안다는 말은 '여럿과 함께'라는 말이니 그렇게 되면 그 경지에서는 내가 곧 남이요, 남이 곧 나라는 구조로 된다. 이것은 원효의 '안다'는 말이 바로 몸과 유리된 거짓된 몸짓의 차원에서 참몸의 차원으로 인식이 바뀌는 것을 의미하며, 이러한 앎에서 나온 밝음은 지시의 차원에서 지혜의 차원으로 높여진 부처님의 커다란 밝음이라고 말할 수 있을 것이다. 이렇게 되면 사랑도 베풀고 내세우고 뽐내며 계산하고 기대하는 차원이 아니라 왼손이 위급할 때 오른손이 막아 주다가 대신 그 손목이 잘리는 참변을 당하고도 아무런 후회도 원망도 뽐냄도 없는 자기의 몸 사랑이 실천될 수 있는 것이다.[7]

---

7) 여기서 말하는 '몸 사랑'이란 '몸짓 사랑'과 대비해서 쓰는 말이다. '몸짓 사랑'이 대개 겉으로 나타난 것에 초점을 맞춘 주객 대립적이고 이분법적인 사랑의 행위인 데 비해, '몸 사랑'은 자기가 자기의 몸을 사랑하듯 항상 '둘 아님'의 원리에서 나온 아무 조건이 없는 자연스런 사랑을 말한다. 어머니의 사랑이나 부처님의 사랑 같은 위대한 사랑이 모두 몸 사랑이다. 마태복음 19장 19절의, "네 이웃을 네 몸같이 사랑하라"(You shall love your neighbor as yourself)라는 예수님의 말씀도 우리의 사랑이 이

몸 사랑을 실천하는 문화는 지금 세계가 갈망하는 문화가 아닌가 생각한다. 이러한 세계문화가 천 몇백 년 전에 이미 외국 유학을 한 번도 해 보지 않은 원효에 의해 신라의 경주 땅에서 시작됐다는 사실은 오늘날 우리에게 시사하는 바가 많다. 오늘날 세계는 이분법적인 사고방식의 횡포에 큰 몸살을 앓고 있다. 이 몸살은 마침내 인류 문화의 전통을 말살할지도 모르며 더 나아가 인류 생존의 바탕인 지구 자체를 멸망의 위기로 몰아넣을지도 모른다. 오늘날의 이러한 위기는 모두 동서를 막론하고 전 세계에 팽배한 이분법적 사고방식과 무관하지 않은 것이다. 이러한 판국에 무애와 자재에 바탕을 둔 원효의 '둘 아님(不二)' 논리는 앞으로 큰일을 할 수 있을 것으로 믿는다.

원효의 '둘 아님' 논리는 사람이면 누구나 경험하는 몸과 몸짓의 '둘 아님'에서 그 전형을 볼 수 있다. 그러므로 '둘 아님', 즉 '불이(不二)'란 사람이면 누구나 순간순간 어디서나 맛보고 있는 평상시의 가장 일상적인 경험이다. 이 점은 불교인이든 기독교인이든, 동양 사람이든 서양 사람이든, 옛날 사람이든 현대 사람이든 상관없이 다 동일이다. 이 말은 몸과 몸짓의 논리가 동양의 불교인들 사이에서 회자됐다 하여 서양의 기독교인들에게는 상관없는 그런 것이 아니란 말이다. 심지어 일부 불교권에서 흔히 말하듯, 지금은 미혹되어 있으니 깨친 다음에야 비로소 알 수 있게 되는 그런 것도 아니고, 업으로 태어나 업으로 사는 인생이니 금생을 마치고 죽은 다음에 극락에 가서야 비로소 아는 그런 것도 아니다. 다시 말하면 몸과 몸짓의 논리는 '지금 당장, 바로 이 자리'에서 누구에게나 너무나 분명하다는 점에서 '매우 구체적이면서 동시에 아주 보편적'이라는 말이다. 사람의 '몸'이라는 것이 바로 그런 것이다. 이것이 몸의 몸다운 독특한 대목이다. 몸짓이 있으면 몸이 있고 몸이 있으면 몸짓이 있으며, 몸이 바로 몸짓이고 몸짓이 바로 몸이라는 원효는 주장하고 있는 것 같고 또한 원효는 그렇게 살다가 간 것 같다.

그렇다면 왜 우리는 지금 몸짓만을 보고 몸을 보지 못하는가? 몸짓을 보듯 몸을 보려 하기 때문에 몸을 보지 못하는 것이다. 몸짓에 집착해 있는 자기가 이 집착에서 벗어나면 몸이 보이기 시작한다. 집착을 여의기 이전의 '나'는 '참나'가 아니다. 집착을 버릴 때 '참나'가 나

분법적인 몸짓 사랑의 차원에서 불이론적인 몸 사랑의 차원으로 승화되어야 한다는 가르침으로 볼 수 있을 것이다. 본문에서 이미 언급한 바와 같이, "왼손이 위급할 때, 오른손이 가서 도와주는 것과 같은 그런 사랑"이 둘 아님의 원리에서 나온 몸 사랑이다. 그러므로 나는 주장한다. 사람이면 누구나 시시각각 몸 사랑을 실천하고 있다고. 그것은 바로 생명의 원리이니까. 나는 이런 문제를 지난 8월 19~22일, 전남 장성 백양사에서 열린 '참 사랑' 주제의 국제 불교학 회의에서도 기독교와 불교 간의 대화라는 형식으로 거론하였다. 박성배, 「참사람 되는 길」(영문 제목: "To Be Truly Human"), 『한국선 국제학술대회 논문집』(장성: 고불총림 백양사 무차선회, 1998), 519-541쪽 참조.

타난다. 집착을 버린다는 말 '참나'로 돌아간다는 말이 모두 같은 경험을 가리키는 말이며 이를 한마디로 몸이라 부른다. 그러므로 몸은 공이나 연기의 다른 이름이라 말해도 좋을 것이다. 집착을 버림. 참나로 돌아감. 공, 연기 등등이 모두 달을 가리키는 손가락인데 이 손가락질을 통해 우리는 달을 보아야 할 것이다. 원효사상은 항상 이런 경험의 문제를 주축으로 삼고 있으며, 그런 경험은 또한 공부하는 사람 자신이 스스로 노력할 때만이 얻어진다는 것을 전제하고 있다. 원효사상의 이런 점들이 그 뒤 오늘날까지 사람들로 하여금 두고두고 '원효, 원효' 하면서 원효를 다시 찾게끔 만들었지 않았나 생각한다. 이제까지 그랬듯이 원효는 분명히 앞으로도 새 시대를 여는 데 빛이 될 수 있을 것이다.

(*이 글은 1998년 11월 5-7일 '98 경주 세계문화 엑스포(대한민국 경상북도 경주시)'에서 발표된 「Wonhyo as Culture Hero」의 한글 요약이다.)

12. Myth of the 'Nation-Protecting' Tradition of Korean Buddhism: A Critique

Pankaj N. Mohan(호주국립대)

Scholars have usually defined the uniqueness of Korean Buddhism in terms of its emphasis on 'nation-protecting' spirit (hoguk pulgyo). Indeed, the spread of influence and appeal of Buddhism in India and beyond owed greatly to the patronage of royalty. King Asoka's conversion to Buddhism and his dispatch of missionaries to Sri Lanka inaugurated a period of close symbiosis between Buddhism and state. In subsequent centuries Buddhism was transmitted to various Central Asian states on the Silk road, and further to China where it prospered under royal protection and support. Buddhism reached the Korean peninsula in the late fourth century and it continued to function as a guiding ideology of the state until the neo-Confucianist Choson dynasty was established in 1392.

No doubt, the early phase of Korean Buddhism developed under the patronage of royalty, and Buddhism and kingship forged a mutually empowering relationship. However, the values implicit in the term 'nation-protecting Buddhism'(hoguk Pulgyo) are incompatible with the significance of religious ideology and rituals as an autonomous force of history. The concept of Nation-protecting Buddhist tradition is generally interpreted to mean that Buddhism in Korea did not have its idealogical and institutional authority independent of the will of the ruler. Such a conceptual construct degrades moral authority of the faith which shaped the pattern of thought and provided norms of ethics to the Korean people through centuries. Scholars who have interpreted the history of Korean Buddhism within the framework of a 'nation-protecting' tradition have also ignored the asymmetry and tension that is invariably generated at the intersection of the two autonomous forces, kingship and Buddhism.

Indeed the idealised construct of Korea's 'nation-protecting' Buddhist tradition owes its initial impulse to the specific historical context of the Japanese colonial era. During the post-colonial era it became further energised and embedded in the national self-identity of Korean Buddhism. The Buddhist historiography of post-colonial Korea attacked imperialist histories, but the Orientalist and nationalist versions remained largely unquestioned until the eighties when '*minjung*'(people/masses) historiography took shape. This geneology of Buddhist historiography illustrates Michel Foucault's theory of the process of mutually generative function of knowledge and power. He explained this mechanism of power/knowledge interpenetration thus:

> We should admit rather that power produces knowledge (and not simply of encouraging it because it serves power or applying it because it is useful); that power and knowledge directly imply one another, that there is no power relation without the correlative constitution of a field of knowledge, nor any knowledge that does not presuppose and constitute at the same time power relations.[1]

The formation of the dominant paradigms which defined the history of early Korean Buddhism within the context of the 'nation-protecting spirit' is apparently governed by the contemporary power-relations. However, before we seek to demonstrate this point, we need to look at the major themes in the history of Korean Buddhism which have been cited as examples of the 'nation-protecting' spirit.

---

1) Alan Sheridan, *Michel Foucault: The Will to Truth*, London & New York: Tavistock Publications, *1980, p.138.*

Buddhism and State in Korean History

According to the extant sources, Buddhism in the early three kingdoms of Koguryo, Paekche and Silla also forged close linkage with the monarchical institutions. Buddhism was officially accepted in Koguryo in 372 when Fu Jian, ruler of a north Chinese state of Former Jin (Qianjin) sent a monk named Shundo to take gifts of a Buddha image and Buddhist texts to King Sosurim of Koguryo. Paekche was introduced to the doctrines of Buddha twelve years later when the Chinese emperor of the Chin Dynasty sent an Indian monk, Marananda (perhaps corruption of Kumarananda) to the court of King Chimnyu. King Asin (392—405) ordered that Buddhism should be worshipped and believed by people to get good fortune. Another Paekche ruler, King Pop (599—600) asked his people to live according to the principles of Buddhism, and to love all the living beings.

Buddhism was officially accepted in Silla duing the reign of King Pophung in 527. Both King Pophung and his successor King Chinhung became monks around the end of their lives, an act construed as "demonstrating the unity of sangha and state, the king assuming leadership in both areas" King Chinhung named his sons Tongnyun (Bronze Wheel)and Saryun (Iron Wheel), two of the four kinds of Cakravartin or universal ruler and thus invoked the Buddhist concept of supreme kingship to accomplish his ambition of peninsular conquest. It is to be remembered that King Chinhung attacked and wrested whole of the Han river basin from Koguryo and Paekche, annexed Pon Kaya and made incursion even in distant northern area of present—day Hamhung do. He sought to manipulate the significance of the Buddhist political concepts of cakravartin or universal ruler to legitimate his political ambition. These early rulers of the Korean kingdoms doubtless discerned possibilities of political manipulation of the ideas, institutions and the reservoir of symbolism—ruler as a Bodhisattva, cakravartin and Maitreya—that Buddhism possessed. In fact, we find a similar pattern in all the countries where Buddhism struck root.

Scholars have also cited lives and careers of two eminent Silla monks, Won'kwang and Chajang to illustrate the point of 'nation-protecting' tradition of Korean Buddhism. Wonkwang wrote a letter to the Sui Emperor at the behest of the Silla ruler, requesting the former (Chinese emperor) to dispatch forces to assist Silla against Koguryo in the peninsular war. He is also believed to have given Five Commandments to the order of Hwarang 1. Serve the King with Loyalty, 2. Serve your parents and be Filial, 3. Treat Friends with Sincereity, 4. Do not retreat from battlefields, 5. Be discriminate in taking life. A close look at these commandments makes it abundantly clear that the monk adapted Buddhist principles to suit the contemporary political imperatives. Monk Chajang proclaimed that the ruling queen Sondok belonged to Ksatriya caste, the warrior caste of India to which Buddha belonged, and furthermore, a nine-storied pagoda was constructed at his advice (to symbolise Silla's conquest over the neighbouring tribes). These acts are dountless undergirded with political meaning, but advocates of nation-protecting tradition fail to point out that the Monk Wonkwang succinctly noted that his letter to the Sui Emperor was in breach of monastic precepts, and Monk Chajang forcefully.argued that he would prefer living for a day in agreement with the precepts to hundred years in violation of them. These monks adjusted the teachings of Buddha to suit the contemporary circumstances; but they were clearly aware othat their acts represented an aberration rather than a rule. Construction of the Yellow Dragon Monastery as a palladium of the state on a site, originally intended for building a palace further demonstrates close connection between the royalty and Buddhism. Construction of the temple, however, does not fit the grand 'nation-protecting' ideology. This mythologised version of Buddhism was also articulated in the theory that the grand unifying vision of the *Huayan sutra was a motivating force for the peninsular unification in the seventh century.*

Many scholars, writing in the context of Koryo Buddhism, noted that such rituals as Inwang Hoe, Sojae hoe, Yondung hoe and p'algwan hoe were utilised by the Koryo monarchs to legitimate their exercise of power.[2] However, Jong Myug Kim in

---

2) Hong Chong-sik, 'koryo pulgyo sasangui hoguk chok chongae (Ⅰ)', Pulgyo hakpo 14 (1977), Ko

his Ph.D. dissertation and the recent work *Koryo sidae ui pulgyo uirye has emphasised the need to understand them as 'Buddhist expressions of indigenous Korean beliefs' and 'aimed at ancestor worshi and longevity of the royal family'.*[3] Sem Vermeersch in his Ph.D. dissertation on Koryo Buddhism hasanalysed the processes through which monarchical interests were articulated through Buddhist institutions. His work provides a convincing critique of the nationalist historiography which has placed an exaggerated emphasis on the concept of 'hoguk pulgyo' or nation – protecting character of Korean Buddhism in the context of Koryo dynasty.[4]

Scholars have also cited the role of sungbyong (monk – soldiers) during the Hideyoshi invasion of the late sixteenth century to suggest that Korea possessed a unique and beautiful tradition of Buddhism being in the service of the state. However, as the study of Samuel Dukhae Kim demonstrates, the monks' involvement in the state's war effort was motivated by the desire to improve their status and relax the repressive policy of the neo – Confucianist state towards Buddhistm.[5]

It is apparent that Korean Buddhism is not uniquely characterised by the 'nation – protecting' spirit, implying toatal subordination of the Buddhist ideas and institutions to the will of the ruler. Buddhism in Korea doubtless developed under the patronage of royalty and underpinned Silla's development into a centralised monarchical state; however, the early Silla rulers understood the significance of Buddhism primarily as a component of the Chinese culture. Chinese ideas and institutions were crucial to the process of the evolution of the centralised government on the Chinese model and the detribalisation of the consciousness of the people of Silla. An examination of the

---

Ikchin, Koryo pulgyo sasangui hoguk chok chongae (Ⅱ), Pulgyo hakpo 14 (1977)

3) Jongmyung Kim, Buddhist Rituals in Medieval Korea (918 – 1392): Their Ideological Background and Historical meaning', Ph.D. dissertation, University of California, Los Angeles, 1994

4) Sem Vermeersch, 'The Power of Buddha: The Ideological and Institutional Role of Buddhism in the Koryo Dynasty', Ph.D. dissertation, School of Oriental and African Studies, University of London, 2001.

5) Samuel Dukhae Kim, The Korean Monk – Soldiers in the Imjin Wars: An Analysis of Buddhist resistance.

process through which the Buddhist beliefs and practices were assimilated into the existing political matrix of the shaman — king and the Kolp'um (bone – rank) — based social structure also reveals that Buddhism underwent a similar pattern of domestication in Korea as in other lands. Moreover, the fact that the early Silla rulers drew on a diverse source of legitimatory symbolism demonstrates that it is erroneous to understand the early Silla rulers as devout Buddhists, and the entire trajectory of Korean Buddhism as an expression of the 'nation – protecting' spirit.

Japanese Understanding of Early Korean History and Buddhism

Indeed Japan's conceptual construct of Korean Buddhism is anapt illustration of Foucault's theoretical formulation of the involvement of forms of knowledge in power relations, to which I referred in the introductory part of the essa. The Foucauldian perspective and the related critique of Orientalism as a style of thought and praxis has been used in the study of the Japanese attempt to redefine its national self – identity in the post – Meiji era. Stefan Tanaka's excellent study 'Japan's Orient'[6] reflects his critical reading of Foucault and Said; his focus, however, is on the dichotomies involving construction of Japan's self – identity in opposition to China. Korea figures only occasionally and peripherally in Tanaka's vision of Japan's Orientalist reality. Some scholars have recently tried to decode linkages between the new Japanese Buddhism (Shin bukkyo of the post – Meiji era and the so – called 'politics and production of identity'.[7] Robert H. Sharf in his essay "The Zen of Japanese Nationalism"[8] discusses the nationalist context and content of the modern

---

6) Stefan Tanaka, *Japan's Orient: Rendering Pasts into History, Berkeley: University of California Press, 1993.*

7) Dipesh Chakrabarty has used this expression in his 'Minority histories, Subaltern Pasts', *Economic and Political Weekly, Bombay (February 28, 1998). His essay, a forceful defence of subalternism, a new historiographical intervention in modern Indian history, seeks to reveal areas of cooperation and commonality between what he calls 'subaltern pasts' and 'the practice of historicising'. Also see Selected Subaltern Studies, edited by Ranajit Guha and Gayatri Chakravorti Spivak, New York: Oxford University Press, 1988.*

8) Robert H. Sharf, "The Zen of Japanese Nationalism", in *Curators of the Buddha: The Study of*

Japanese scholarship on Zen, particularly that of D. Suzuki. Apparently, the Foucauldian−Saidian framework of analysis[9] is highly relevant to an understanding of how the forms of post−Meiji politics in Japan influenced, if not determined, the Japanese production of knowledge on Korean Buddhism, and yet regrettably the field remains almost unexplored.

Japan's Understanding of Korean History in the Meiji Era

The intellectual tradition of Meiji Japan was anchored in the 'Kokugaku' (National Learning School) and it emphasised the spirit of 'reverence of the emperor and love of country' as the overriding objective of history.[10] Motoori Norinaga, the high−priest of the Kokugaku school, invoked the authority of the *Kojikito* authenticate the popular Shintoistic belief that Japan was a divine land. His intellectual lineage was further reinforced in the Meiji era when the *Nihon shoki* and the *Kojiki*−based imperialist myths of Japan became firmly established as an articulation of Japan's historical consciousness.[11] Overwhelmed with a nostalgia fixated on the fictitious or at best semi−historical accounts of the Kojiki and the *Nihon shoki,* (i.e. Silla was conquered by Empress Jingu and the southern Korean kingdom of Kaya served as Japan's colonial outpost), the Japanese cried out for an action re−play, for a revival of their so−called lost imperialist glory beyond the border. Yoshida Shoin of the late

---

Buddhism under Colonialism edited by Donald S. Lopez, Jr, Chicago and London: The University of Chicago Press, 1995, pp.107−160. Also see Rude Awakenings: Zen, the Kyoto School and the Question of Nationalism, edited by James W. Heisig and John C. Maraldo. Honoluu: University of Hawaii Press, 1994.

9) Edward W. Said. Orientalism, London: Routledge & Kegan Paul, 1978 and Culture and imperialism, New York & London: Vintage Books, 1994.

10) H. Paul Varley, *Imperial Restoration in Medieval Japan, New York: Columbia University Press, 1971, p.169.*

11) Validation of Japan's early historical texts and restoration of the imperial system provided ideological and institutional rationale for the rise of 'Seikanron', Conquer Korea Debate which has been magisterially discussed by several authors, the most recent being Peter Duus in his *The Abacus and the Sword: the Japanese Penetration of Korea, 1895−1910, Berkeley: University of California Press, 1995, pp.31−43.*

Tokugawa period, who was hailed as an ideologue of the Meiji restoration, illustrates the spirit of Japan's expansive nationalism:

> Japan should upbraid Korea for her long negligence in the observation of her duties towards Japan, and have her send tribute – bearing envoys, and Japan should also instruct Korea to give hostages to Japan for her good behaviour, as she did during the glorious imperial period of ancient Japan.[12]

An echo of similar sentiments can be heard in a number of publications of the times. A novel entitled *Kajin no Kigu* (Strange Encounters of Elegant Females) which was written in the 1880s,[13] and such influential works of Okakura Tenshin (Kakuzo) as *The Ideals of the East and Awakening of Japan* which were published later at the turn of the century, articulated the same view.[14] It was in this charged atmosphere and amidst the slogan of *'seikanron'* ('Conquer Korea' Debate) that the Department of History at the Tokyo Imperial University was set up and modern historical scholarship in Japan took root. It is also interesting to note that Shigeno Yasutsugu, Kume Kunitake and Hoshino Hisashi, the threepioneer scholars assigned to the newly founded department, were previously employed in the government's Bureau of Historiography. Kume Kunitake and Hoino Hisashi specialised in the ancient history of Japan, and because of the question of ethnicity and identity that their field involved, they had to delve into some aspects of ancient Korean history as well. Kume's *Nihon no fukuin no enkaku* (A History of the Periphery of Japan) and Hoshino's *Honpo no jinshu ni tsuki hiko wo nobete yo no shinshin aikokusha ni tadasu* (Some Questions to True Patriots Regarding the Ethnology of the Japanese Race) deal with ancient Korean history[15] Some other Japanese scholars of the early

---

12) *Yoshida Shoin zenshu (Complete Works of Yoshida Shoin), vol.1, p.596. Quoted in Kuno Yoshi Saburo, Japanese Expansion on the Asiatic Continent: A Study in the History of Japan with Special Reference to Her International Relations with China, Korea and Russia (2 vols), Berkeley: University of California Press, 1937, pp.352–353.*

13) G.B. Sansom, *The Western World and Japan,* London: Cresset Press, 1950, p.414

14) Okakura Kakuzo, *The Ideals of the East,* London: John Murray, 1903, The Awakening of Japan, New York, Century Co., 1905 and Okakura Tenshin zenshu, Tokyo: Heibonsha, 1979–1981.

Meiji era wrote on Korea, and what is striking is their adoption of singularly political topics such as Imna (Japanese 'Mimana') or Kaya, the Kwanggaet'o stele, and the origin of Samhan, which were relevant to the contemporary political climate of the 'restoration' of Japan's hegemonic politics in Korea. The *Nihon shoki*−based history of the Kaya league and the famous '*sinyu year*' passage in the Kwanggaet'o stele were widely used as indubitable evidence of Korea having been a Japanese colonial outpost in ancient times. No attempt was made to write alternative histories, i.e., histories of Buddhism in early Korea which would have invested Korea with cultural and moral power. In other words, the subjects which did not help define Japan with 'contrasting image, idea, personality, experience'[16] (as Edward Said has noted in the context of Europe) did not really figure in the academic agendasof the new Japan. Even Shiratori Kurakichi, a brilliant professor of oriental history at the Imperial University who brought his expertise in comparative philology to a spectrum of topics in early Korea including ancient legends, royal titles, official ranks and *idu*, did not deal with the religious history of Korea.

 The early Japanese historians of Korea combined training in *Kosho−gaku* (Korean 'Kojung hak', "an empirical and inductive methodology of textual study")[17] with tools of Western historical research, and their research was indubitably significant as a methodological breakthrough. Nonetheless, Meiji Japan's historical practice was enmeshed with the contemporary political imperatives of Japan. It involved a binary opposition in which Japan as 'self' or 'privileged signifier' wielded power, and the role of Korea, the 'other', was mostly to authenticate Japanese superiority over Korean backwardness. This all limited its value as objective scholarship.[18]

---

15) For a short review of early Japanese scholarship on Korea see Mishina Shoei and Murakami Yoshio, "The Development of the Studies of Korean History and Culture in Japan", *Acta Asiatica* 9 (1965) pp.83−110..

16) Edward Said, *Orientalism*, London: Routledge And Kegan Paul, 1978, p.2.

17) Shuzo Uyenaka, "The Textbbok Controversy of 1911: National Needs and Historical Truth" in *History in the Service of the Japanse Nation*, edited by John S. Brownlee, Toronto: Joint Centre on Modern East Asia, University of Toronto−York University, 1983

18) Romila Thapar in "Ideology and Interpretation of Early Indian History" in her *Interpreting Early*

An important theory which governed the Japanese reconstruction of Korea's past was 'taritsusei' which Ch'oe Yong-ho translates as 'heteronomous determination',[19] implying that Korea lacked innate dynamism so that the course of its history was shaped by external factors and forces. Other influential theories in relation to Korea which the Meiji scholars of Korean history propounded were those of geographical determinism, historical changelessness (stagnation) and the common origin of Korea and Japan (*nissen dosoron*). The theory of geographical determinism asserted that due to the peninsular character (hantosei, Korean bandosong) of Korea its historical development was inevitably manipulated by external forces and factors.[20] Shiratori Kurakichi, for instance, wrote as follows:

India. Delhi: Oxford University Press, 1992 pp.1-22, and Snodgrass, op. cit. look at the same question in different contexts. Also see Nandi Bhatia, "Kipling's Burden: Representing Colonial Authority and Constructing the 'Other' through Kimball O'Hara and Babu Haree Chunder in Kim", Sagar1-1 (1994) ⟨http://asnic.utexas.edu/asnic/sagar/spring.1994/sagar.intro.toc.may1994.html⟩. And quite significantly, this colonial knowledge functioned as true not only in Japan, but also in some quarters of Korea and the West. There are innumerable English language publications of the colonial era which echo the Japanese propaganda about Korea as a nation deficient in innate drive, and about Japan as an agent of modernisation andreform in Korea. In this context the remarks of Bruce Cumings are worthy of note: Cumings wrote that with the rise of modern Japan in the Meiji era and relative backwardness of Korea which deterred it from constructing its own past, Korea was divested ofits significance as an actor in history in the Western imagination. Bruce Cumings, Korea's Place in the Sun: A Modern History, New York and London: W. W. Norton & Company, 1997, p.20.

19) Yong-ho Ch'oe, 'History', in *Studies on Korea: A Scholar's Guide*, edited by Han-Kyo Kim, Honolulu: University of Hawaii Press, 1980, pp.33-34, and "An Outline History of Korean Historiography", *Korean Studies* 4 (1980), pp.16-18

20) Although a large number of Korean Scholars have written on Japan's colonial historiography on Korea, some of them contain more heat than light. The following works, however, may be read with profit: Yi Ki-baek, "Singminjuui-jok hanguksagwan pip'an", in his *Simin-gwa yoksa (Ilchogak, 1971)* and "Pando-jok songgyoknon pip'an", *Han'guksa simin kangjwa 1 (1987) pp.1-19*; Kang Chin-ch'ol, "Chongch'esongnon pip'an", *Han'guksa simin kangjwa,1 (1987) pp.20-52*; Hatada Takashi, "Ilbon-e issoso Han'guksa yon'gu-ui chont'ong", in *Ilbon'in-ui choson'gwan (Tr. Yi Ki-dong), Seoul: Ilchogak, 1983*; Cho Tong-gol, "Singminsahak-ui songnipkwajong-gwa kundaesa sosul", *Yoksakyoyuk nonjib 13-14 (1990)*; Yi Man-yol, "Ilche sagwanjadul-ui hanguksa sosul", *Tokso saenghwal, Seoul. 1976*; and Han Yong-u, "Ch'ongnon", in *Hanguksa t'ukkang, Seoul: Seoudae hakkyo ch'ulp'an pu, 1990*, and "The Establishment and Development of Nationalist History: Seoul Journal of Korean Studies", 5 (1992).

If we contextualise the Korean peninsula against the major historical forces of East Asia we may find a recognisable trend. And what is this trend? It is represented by the influence which the three forces outside the peninsula have been exerting on the course of Korean history. The influence emanating from the continental lands of China proper and Manchuria constitute two of these forces, and Japan is the third such force.[21]

The political implications of these Orientalist myths were obvious — Korea could not shape its own destiny, and Japan as a 'superior' nation had to bring 'backward' Korea under its control and lead it forward on the path of enlightenment and modernisation.

The Rise of Japan's 'New Buddhism' and its Perception of Korean Buddhism.

In the late 19th century when these paradigmatic theories on Korean history were being formulated, Japanese Buddhism was engaged in a fierce struggle to redefine its identity in a changed Shinto–centred universe. Buddhism had to respond to a vicious campaign of 'haibutsu kishaku' (Reject Buddhism and Expel the Monks), whose strength was derived from the belief that Buddhism was incompatible with the Japanese national character because of its alien origin. The Meiji era witnessed the publication of long polemical treatises such as *Bukkyo katsuron joron (Prefatory Remarks on the Revitalisation of Buddhism, 1887) by Inoue Enryo (1858–1919) and Bukkyo ikkan ron(Essay on the Consistency of Buddhism) by Murakami Sensho (1851–1929) which emphasised the gokoku (nation–protecting) spirit of the Japanese Buddhist tradition and sought to appropriate and establish nationalism as an essential component in the history of Buddhism in Japan.[22] The*

---

21) Shiratori Kurakichi, *Manshen bunka shikan*, p.246. Quoted in Yi Ki–baek, *Pando–jok songgyoknon pip'an* (see end–note 23).

22) Kathleen M. Staggs in her 1979 Ph.D. dissertation *In Defence of Japanese Buddhism: Essays from the Meiji Period by Inoue Enryo and Murakami Sensho (Princeton University, UMI Microform)* has provided a detailed introduction and complete translation of these two texts. Also see her "'Defend the Nation and Love the Truth': Inoue Enryo and the Revival of Meiji Buddhism", *Monumenta Nipponica*, 38–3 (1983). Other important studies on Meiji Buddhism are: James Edward Ketelaar, *Of Heretics and Martyrs in Meiji Japan*. Princeton, New Jersey: Princeton University Press, 1990; Ienaga Saburo et al, *Nihon Bukkyo shi(V. 3)*, Kyoto: Hoshokan

new Buddhism of Japan which was conceived and cradled in such a jingoistic milieu could not but form a myopic Japan −centred view of the Buddhist world, as is evidenced by the perspective of Shimaji Mokurai, one of the most representative scholars of Buddhism in Meiji Japan, who wrote in his Bukkyo kakushu koyo (Lectures on Various Schools of Buddhism, d. 1896) that as "China and Korea are nothing more than a great wave sweeping up to the shore of the teachings of Eastern Buddhism, there is no need to discuss them at length."[23] Shimaji was in fact more generous in his treatment of Korea than other historians of medieval and modern Japan, who viewed Korean Buddhism as an extension of Chinese Buddhism and did not make any mention of Korea in their discussion of Buddhist history at all. Japan's 'trinational schema'[24] to comprehend the history of Mahayanic civilisation which included India, China and Japan but ignored Korea was further reinforced in the Meiji era. Its influence is evident even in *Bukkyo Ikkan ron of Murakami Shensho which completely overlooks the existence of Korean Buddhism, noting that Southern Buddhism was transmitted to countries like Thailand and Sri Lanka and Northern Buddhism is what was spread to Tibet, China and Japan[25]* Some of the recent Japanese wrtings on Korean Buddhism, notably those of Kamata Shigeo and Tamura Encho have recognised the fallacy of Japan's traditional interpretive framework of the history of Buddhism in East Asia.[26] *In his book Kodai Kangoku to nihon bukkyoTamura panned the intellectual lineage of trinational schema as illustrated by such publications as Sangoku buppo dentsu engi (Record of the Transmission of Buddhism through the Three Nations). In his prefatory remarks to the Korean translation of the book Tamura elaborated this point:*

(The first two chapters, "Meiji Ishinki no bukkyo" and "Meijiki no bukkyo" in the section on Modern Buddhism are particularly relevant.), pp.251−392.

23) Shimaji mokurai, 'Bukkyo kakushu koyo', quoted in John Jorgensen, 'Korean Buddhist Historiography', *Pulgyo Yongu 14 (1997), p.230.*

24) Ketelaar, op. cit. pp.28−30.

25) .Staggs, op. cit. p.479.

26) Kamata Shigeo, *Chosen bukkyoshi*, Tokyo: Tokyo daigaku shuppan kai, 1987, pp. I − III, 4−5; Tamura Encho, *Kodai Chosen Bukkyo to Nihon Bukkyo*, Yoshikawa Kobunkan, 1980.

Japanese scholarship recognises the relevance of Sui and Tang Buddhism in the formation of Japanese Buddhism; but generally speaking, it bypasses the existence and role of the three Korean kingdoms of Koguryo, Paekche and Silla which were geographically more contiguous and historically more intimate with us than China.[27]

It is worthy of note in this context that the Japanese understanding of both Korean history and Korean Buddhism during the Meiji period corresponded closely in that both were perceived to lack dynamism and innate drive.

Another important point that merits mention in this context is the close collaboration between Japanese Buddhist sects and the expansionist and imperialist forces of Meiji Japan. Soon after Japan imposed the Kanghwa treaty of 1876 on the Choson dynasty, the Otani sect became active in Korea as an ideological underpinning of Japan's imperialist penetration into Korea.[28] By the 1890s, when the Sino–Japanese war broke out, Buddhist sects armed themselves with militant ideological ammunition in order to overcome the increasingly aggressive attacks launched by Shintoists. Tanaka Chigaku, for instance, invoked the memory of the 13th century militant monk Nichiren and raised such slogans as "Let's carry out only actions of aggressive thought" and "Let's rather say that the Lotus Sutra is the sword."[29] Other Buddhist leaders raised equally spirited slogans relating to the revival of the time–honoured practice of *saisei itchi*(unity of rites and rule), unity of Buddha dharma and the Imperial law, and of the nation–protecting spirit of the Buddhist tradition. Such Buddhist sects as Pure Land and Soto Zen engaged in vigorous ideological campaigns in Korea in order to make the Buddhist population amenable to the imperialist designs of Japan. The activities of Takeda Hanshi of the Soto Zen sect eloquently illustrate this

---

27) Tamura Encho, *Kotae han'guk–kwa ilbon pulgyo (Tr. by No Song–hwan)*, Ulsan: Ulsan taehakkyo chu'lp'anbu 1997 p.1.

28) Ch'oe Pyong–hon, has discussed some aspects of the challenges posed by the agreement to assimilate the Korean Won sect within the Soto Zen sect and the opposition movement launched by Han Yong–un. See his "Ilche pulgyo–ui ch'imt'u–wa Han Yong–un–ui 'Choson pulgyo yusinnon'" in *Chinsan Han Ki–du paksa hwagap kinyom hanguk chonggyo sasang–ui chaechomyong (Ⅰ)*, edited by Chinsan Han Ki–du paksa hwagap kinyom nonch'ong kanhaeng wiwonhoe, Iri: Wonkwang (Won'gwang) taehakkyo ch'ulp'anpu, 1993, pp.452–453.

29) Kathleen M. Staggs, 1979, op. cit, p.343.

404

point. He was involved in the assassination of Queen Min, the promotion of the government policy of annexing Korea and a plan to absorb the Won sect of Korean Buddhism within the fold of Soto.[30] Takeda's legacy of using Buddhism to serve the imperialist needs of Japan was energetically carried forward by the Soto sect in colonial Korea. The establishment of *Bukkyo Gokokudan* (The Buddhist Corps for Protection of the Nation) in the early years of the colonial era to foster and promote Korean loyalty for the Japanese emperor and construction of a temple in the name of Ito Hirobumi in Korea in the early 1930's are its ideal illustrations.[31]

Japanese Buddhist scholarship on Korea during the colonial era can be broadly classified into two streams which seem to be influenced by the agenda of Japan's hegemonic politics on the Korean peninsula. Some authors were outrightly dissmissive of Korean Buddhism and described it as an imitation and extension of Chinese Buddhism, while in the era of Japanese militarism in the thirties, when Korean support was required, some Japanese writers used their own lens of the 'nation-protecting tradition' to understand Korean Buddhism.

Takahashi Toru, author of *Richo Bukkyo*(Yi Dynasty Buddhism), is an illustration of the first paradigm. While Takahashi's monumental work undoubtedly has great archival significance for the study of Buddhism during the Choson dynasty, his interpretation of the Buddhist tradition of Korea as characterized by "tenacious adherence to the original Chinese

---

30) Han Chol-hui, *Nihon no Chosen shihai to shukyo seisaku*, Miraisha: Tokyo 1988 pp.59-66; Kim Kwang-sik, *Hanguk kuntae pulgyosa yongu*, Seoul; Minjoksa 1996 pp.55-71; Ishikawa Kikizan, "The Social Response of Buddhists to the Modernization of Japan: Contrasting Lives of Two Soto Zen Monks", *Japanese Journal of Religious Studies* 25-1/2 (1998) pp.94-106.

31) Nam-lin Hur, "The Soto Sect and Japanese Military Imperialism in Korea", *Japanese Journal of Religious Studies* 26-1/2 (1999), pp.107-134.
   Otake Myogen, administrativehead of the Soto Zen sect, issued the following apology to the Korean people in 1993: "Especially in Korea and the Korean peninsula, Japan first committed the outrage of assassinating the Korean queen [in 1895], then forced the Korea of the Lee Dynasty into dependency status [in 1904-5], and finally through the annexation of Korea [in 1910], obliterated a people and a nation. Our sect acted as an advance guard in this, contriving to assimilate the Korean people into this country, and promoting the policy of turning Koreans into loyal imperial subjects." January 1993 issue of Soto Shuho, pp.28-31 quoted in Brian Victoria, *Zen at War*, New York: Weatherhill, 1997 p.156.

Buddhism" and "lack of originality and creative thought" is problematic.[32]Evidence of the influence of the first stream of thought can be found in the works of Japan's two foremost scholars of Buddhism in the twentieth century, Tsukamoto Zenryu and J. N. Takasaki. In an essay written during the years of the Pacific War, Tsukamoto Zenryu observed:

> The Flowering of Buddhism in China in the latter half of the fourth century carried the religion into Korea, and from then on the fortunes of Korean Buddhism, like those of Korean politics and ideology, were closely related to developments in China.[33]

In subsequent paragraphs Professor Tsukamoto tries to find Chinese antecedents for various developments in the history of Korean Buddhism. He notes that, "in the course of time Korean Buddhism, like the Chinese parent, became primarily Ch'an". About the Choson dynasty's adoption of neo—Confucianism as its state ideology and the attendant persecution of Buddhism, he makes the following observation: "This (the Choson dynasty's) policy of suppressing Buddhism was in line with an identical policy pursued in China — which from the fifteenth century on was officially Korea's suzerain — and the decline of the Buddhist community in Korea was similar to the destiny of Buddhism in China."[34]

While it is true that Korean Buddhism closely followed the flow of Chinese Buddhism and Korean monks imported, studied and wrote commentaries on all the major schools and doctrinal sects of Buddhism which flourished in China, it is erroneous to perceive Korean Buddhismas a Chinese flower in a Korean vase. Tsukamoto's sterling intellect and seminal

---

32) Takahashi Toru, *Richo Bukkyo.* Tokyo: *Tosho Kankokai, 1929, p.12, quoted in Shim Jae—ryong, "On the General Characteristics of Korean Buddhism: Is Korean Buddhism Syncretic?", Seoul Journal of Korean Studies 2 (1989) Robert E. Buswell, Jr has also quoted this extract in his discussion of the defining character/characteristics of Korean Buddhism and its modern interpretations. See his recent paper, "Imagining 'Korean Buddhism': The Invention of a National Religious Tradition", in Nationalism and the Construction of Korean Identity edited by Hyung Il Pai and Timothy R. Tangherlini, Berkeley: Institute of East Asia Studies, University of California 1998 pp.103.*

33) Zenryu Tsukamoto, "Buddhism in China and Korea" (Tr. by Leon Hurvitz), in *The Path of the Buddha: Buddhism interpreted by Buddhists, edited by Kenneth W. Morgan, New York: Ronald Press, 1956, p.234.*

34) Ibid p.235.

contribution to the field of Chinese Buddhism notwithstanding, his study of Korean Buddhism shows insensitivity to the material process and dialectical changes of Korean history, shaped as it apparently was by the contemporary historiographical trend in Japan of interpreting Korea as stagnant and dependent.

The view that Korean Buddhism lacked its own independent character was carried forward even in the post–colonial era, as attested in a remark made by an eminent Buddhologist, Profesor J. N. Takasaki of Tokyo University:

> The chief significance of Korean Buddhism lies in the role it played as an intermediary between China and Japan for, although Buddhism received royal patronage almost throughout its history in Korea, there was no notable development in its doctrine.[35]

There are many flaws in Takasaki's argument. In 1955 Korean Buddhism was about 1,500 years old, and the fact that almost one–third of its life covered the anti–Buddhist Choson dynasty belies his claim that Buddhism received royal patronage "almost throughout its history". Takasaki's premise that royal patronage is conducive to doctrinal development is also problematic. Indeed Japan's dismissal of the Buddhist tradition of Korea (which produced such seminal thinkers as Wonhyo and Wonch'uk of Silla, and uich'on and Chinul of Koryo, can be properly understood only if it is contextualised against the nature and objective of the epistemological domain of imperialist Japan. Every epoch, Foucault reminds us, has its own episteme or rules for the formation of knowledge and an underground grid around which modes of discourse are organised.

Japan's interpretation of the Buddhist tradition of Korea within the interpretive framework of 'nation–protecting Buddhism' appears to have commenced in the thirties when Japanese militarism had entered into a climactic phase of aggressiveness. Like their predecessors in the Meiji period, prominent Japanese Buddhists felt forced in the 1930sto respond to Shintoist attack and demonstrate that the destinies of Japan and Buddhism were inextricably intertwined as they had been since early times. They argued that the historical patterns of

---

35) J. N. Takasaki, "Korea and Japan", in *2500 years of Buddhism edited by P. V. Bapat, Delhi: Publications Division, 1956, p.61.*

symbiosis between the emperor's law and the Buddha's Law were evident in Shotoku Taishi's Injunctions, the construction of Todaiji and emphasis on such 'nation-protecting' texts as the *Benevolent King Sutra* and the *Sutra of Golden Light*. [36] They also established a close correspondence between Buddhist doctrines and the Japanese imperial ideology and interests.[37] Since ideological and material support from Korea was vital to Japan's imperialist machinations in Manchuria and China, some Japanese scholars used the Japanese Buddhist construct to describe Korean Buddhism as a crystallisation of 'nation-protecting' spirit which was evidently aimed at winning Korean people towards the imperialist cause. The scholarship of Eda Toshio and Yaotani Takayasu falls into this second category. Eda's 1935 article on the nation-protecting thought of Korean Buddhism is prefaced by an invocation of Buddhist scriptures to emphasise the inevitability of war in the exercise of power. He discusses the significance of Won'gwang's Five Secular Commandments; Chajang's role in the constructionof the Nine-storied Pagoda at the Hwangnyong temple; nation-protecting elements in Wonhyo's scriptural works; Uisang's return from Tang China to inform the Silla court of an impending Chinese attack; and Toson's use of geomantic theories in the service of the state.[38] Another essay of this genre, Yaotani Takayasu's *Shiragi shakai to jodokyo* issued a caveat that Korean Buddhism was considerably

---

36) Christopher Ives, "The Mobilisation of Doctrine: Buddhist Contributions to Imperial Ideology in Modern Japan", *Japanese Journal of Religious Studies26/1-2 (1999) pp.77-79. While it is not possible to discuss the Buddhist tradition of Japan in this chapter, it needs to be mentioned that unlike Korea, Japan produced many monks in the medieval times, including Eisai and Nichiren who sought to establish doctrinal identity between Buddhism and the state, See B. C. Naylor, "Seaweed From Stormwaves: The Life and Thought of Nichiren-Buddha's Messenger to Japan?" PhD dissertation, University of Sydney, 1984; and Albert welter, "Eisai's Promotion of Zen for the Protection of the Country" in Religions of Japan in Practiceedited by George G. Tanabe, Jr., Princeton: Princeton University Press, 1999 pp.63-70. It is also worth noting that in ancient Japan, the term 'Kokka (Kor. Kukka) referred to the sovereign, and in many instances it was read as 'Mikado (Imperial Ruler). See its detailed exposition in Sato Hiroo, Nichiren's View of Nation and Religion", in Japanese Journal of Religious Studies 26/3-4 (1999).*

37) Christopher Ives, "The Mobilisation of Doctrine: Buddhist Contributions to Imperial Ideology in Modern Japan", pp.82-97.

38) Eda Toshio, "Chosen Bukkyo to gokoku shisho: tokuni shiragi jidai no soreni tsuite", in his *Chosen Bukkyo shi no kenkyu, Tokyo: Kokusho, 1977* (Reprint). pp.155-170.

408

influenced by Chinese Buddhism,[39] but also discussed some 'shiragi−teki' or characteristically Sillan features such as the role of Buddhist monks as spiritual leaders of the state and the unity of secular and sacred.[40]

The Japanese colonial period, particularly the post−March First era, also witnessed an emergence of scholars who specialised in the cultural and intellectual traditions of Korea. Imanishi Ryu[41] and Suematsu Yasukazu[42] were such pioneer scholars of early Korean history who carried out important research on some aspects of Korea's Buddhist history. They were primarily historians trained in the empirical school of historiography, and their studies on Buddhism focused chiefly on interrogating the contextual bias of Korea's historical texts and clarifying problems raised by the available data. They seem to have reposed their confidence more in the Japanese sources than their Korean counterparts, as is evident in Suematsu's faith in Kwalluk's account in the *Nihon shoki*and his attendant inability to accept the clear evidence in Korean sources that Buddhism reached Paekche in the late 4th century. Though their research may not have been as tightly bound by the norms of hegemonic politics as that of their predecessors during the Meiji era, it needs to be noted that their historiographical approach did not take cognizance of Buddhism as a social and political force.

Korean Works on Early Korean Buddhism

Modern Korean historiography was a radically nationalist inversion of Japan's Orientalist historiography, a counter−discourse of the assumptions implicit in Japan's historical practice during the Meiji period. And like the call of Bankimchandra Chatterjeeto Indians in

---

39) Yaotani Takayasu, "Shiragi shakai to jodokyo", *Shicho 7−4 (1937) p.628.,*

40) Ibid pp.609−658.

41) The essays of Imanishi Ryu (1875−1932) on Ennin's relations with Silla monks, Buddhist career of Priest Won'gwang, and various temple and bell inscriptions dating to the Silla period are included in his book *Shiragi shi kenkyu, Tokyo: Kokusho Kankokai ,1970 (Reprint)*

42) Suematsu Yasukazu's controversial essay "Shiragi bukkyo tenrai tensetsu ko" is contained in his 1954 work *Shiragi shi no sho mondaiwhich has recently been published under a different title, Shiragi no seiji to shakai, Tokyo: Yoshikawa Kobunkan, 1995.*

the late 19th century to write their own history, Korean intellectuals in the early twentieth century engaged in an impassioned quest for an alternative historiography. Ranajit Guha argues that Bankimchandra's appeal was undergirded with nostalgia for the past in such a way as to "allow memory to usurp the estate of history", and that "the ideological function of this linkage has been to generate an *atidesa*[43] effect by which a knowledge of the Indian past is converted into a category of Indian nationalist thought". Guha further points out that nostalgia in itself does not constitute a sufficient condition for the production of historiography for a nation in the same way as it does not produce an autobiography for an individual, but what is common in the nostalgic urges in the life of a nation and an individual is that they are "informed by a notion of the Other".[44]

In fact it is the concept of the 'notion of the Other' in nationalist historiographical urges which is relevant to our discussion of the Korean historiographical agenda, particularly as represented by Sin Ch'ae-ho (1880-1937) and Ch'oe Nam-son. Sin was the most representative nationalist historian of the early twentieth century, whose historical writings can be described as explorations of the interpretive 'otherness' about the Korean past. They were particularistic histories charged with an intense realisation of Korea's unique racial identity and a sense of community. They were, furthermore, specifically addressed to the challenges of Japanese theories about Korean history, and were intended as a means to promote the national self-strengthening and enlightenment movement.[45] For instance, Sin's emphases on Manchuria as an integral part of Korea's geographical self-identity and on Tangun as the symbol of racial uniqueness were an articulation of a nationalist historical consciousness and represented a response to the challenges of the imperialist historiograph

---

43) According to Guha's glossary, *Atidesa means "a linguistic operation in Sanskrit grammar and poetics which allows for the metonymic extension of a phenomenon beyond its original scope".* See Ranajit Guha, *Dominance without hegemony: History and Power in Colonial India,* Cambridge and London: Harvard University press, 1997. It appears that Guha has taken the term from Astashyayi by Panini, the preeminent grammarian of ancient India.

44) Ibid p.154.

45) For a brief survey of the Nationalist Enlightenment Movement in the early twentieth century Korea see Shin Yong-ha, *Formation and Development of Modern Korean Nationalism (Tr. N. M. Pankaj),* Dae-Kwang Munhwasa, Seoul 1990

y.[46] Sin's historiographical framework magnified the significance of Tangun Choson, which he believed to be evidence of the indigenous origin of the Korean race, and whose territorial boundaries embracing Manchuria were emblematic of a vast theatre of early Korean history. It is hardly surprising that the nativist narrative of Sin found Buddhism, an integral component of Korea's imported continental civilization, to be irrelevant. Even Ch'oe Nam – son, a prominent cultural historian of the Japanese colonial era, seems to have been influenced by Sin's vision of history which defined pre–Buddhist Tangun civilisation as a representation of the true identity of Korean history.[47]

Though the accent of Ch'oe's academic endeavour was on Korea's indigenous culture and folklore, he later wrote a small treatise on Buddhism in which he used the rubric of *t'ong pulgyo*(Ecumenical Buddhism) to construct and define the uniqueness of Korea's Buddhist tradition. Apparently conscious of the Japanese attack on Korean Buddhism as unoriginal or sinocentric, he cited the examples of such great Korean monks of the past as Sungnang of Koguryo and Wonch'uk and uisang of Silla who, he contended, had left the indelible stamp of their originality on the landscape of Chinese Buddhism. Ch'oe devoted the major part of his essay to the Silla monk Wonhyo.[48]

---

46) For an excellent discussion of the significance of Manchuria in the historical vision of Sin Ch'ae – ho see Andre Schmid, "Rediscovering Manchuria: Sin Ch'aeho and the Poilitcs of Territorial History in Korea", *Journal of Asian Studies, 56 – 1 (1997), pp.26 – 42;* also see Charles K. Armstrong, "Centering the Periphery: Manchurian Exile(s) and the North Korean State", *Korean Studies, 19, 1995 pp.2 – 3;* and Pak Yong – sok, "Tanjae Sin Ch'ae – ho – ui Manjugwan", *Tanjae Sin ch'aeho – wa minjoksagwan, Seoul: Yongsol Ch'ulp'ansa, 1980.*

47) Takeuchi Chizuko, "Ch'oe Nam – Son: History and Nationalism in Modern Korea", Unpublished PhD dissertation, University of Hawaii, 1988 UMI, p.78.
A comparative understanding of the historiographical vision of Sin Ch'ae – ho and Ch'oe Nam – son is provided by Chi Myong – gwan in his short essay, "Sin Ch'ae – ho shigaku to Ch'oe Nam – son shigaku", *Tokyo joshi daigaku fuzoku hikaku bunka kenkyujo kiyo 48 (1987).*

48) Ch'oe's concept of ecumenical/syncretic Buddhism has been discussed by Shim Chae – ryong and Robert E. Buswell Jr. See Shim Chae – ryong, "On the General Characteristics of Korean Buddhism: is Korean Buddhism Syncretic?", *Seoul Journal of Korean Studies 2 (1989) pp.147 – 157;* Robert E Buswell, Jr., *"Imagining 'Korean Buddhism': The Invention of a National Religious Tradition" in Nationalism and the Construction of Korean Identity*edited by Hyung Il Pai and Timothy R. Tanggherlini, Berkeley: Institute of East Asia Studies, University of California 1998 pp 102; and Ch'oe Nam – son, "Choson Pulgyo: Tongbang munhwasa – sange innun ku chiwi",

Apparently Buddhism, which was a part of Korea's Chinese heritage (loan culture) and was in a state of decline during the colonial era (due primarily to an unrelenting wave of persecution it faced during the major part of the Choson dynasty, 1392−1910), was not reckoned to be a powerful instrument for national awakening. The few scholars who wrote on Buddhism during the colonial period were inspired by evangelical zeal. For instance, Yi Nung−hwa, a pioneer scholar whose voluminous work *Choson pulgyosa* (History of Korean Buddhism) represented the first systematic history of Korean Buddhism, confessed in his preface: "Though this work has been written in the form of a history, this is combined with the purpose of religious evangelism."[49] Indeed, the major task faced by Korean Buddhist intellectuals during the colonial era 0was to inject strength into Buddhism's moribund body and preserve it from the Japanese attempt at assimilation. Yi Nung−hwa echoes this objective in his work:

> Thus the dharma of wu−wei enunciated in the Western regions reached the destined land in the East. The Diamond Mountain became the abode of Bodhisattvas and the Tripitakas of Haein (temple) became the dharma−treasure of the World. There were numerous meditation masters and dharma monks who achieved enlightenment and innumerable kings and ministers who protected the dharma.[50]

One striking feature of the Korean writing on Korea's Buddhist tradition during the early phase of the colonial era is the almost complete lack of reference to the 'nation−protecting' tradition of Korean Buddhism. There are references to the protection of Buddhism by royalty (hopop wangsil), but the thesis of Buddhism as a protector of the state did not constitute the thrust of Korea's Buddhist scholarship. When Korean celebrities from various walks of life during the colonial era were invited by the journal Pulgyo to express their opinions on the problems and prospects

---

Pulgyo74 (1931) pp.223−83. Translations are from Robert Buswell's paper.

49) Yi Nung−hwa, *Choson pulgyo t'ongsa, preface, 1918 (reprint edition, Seoul: Kyongin ch'ulp'ansa, 1968), p.1. Also see Kim Yong−ho, "Yi Nung−hwa's Approaches to the History of Religions in Korea and to the Comparative study of Religions", in Henrik H. Sorensen, ed., Religions in Traditional Korea, The Seminar for Buddhist Studies: Copenhagen, 1994*

50) Yi Nung−hwa, op. cit.

of Korean Buddhism they did not make any allusion to the so−called 'nation−protecting' tradition of Korean Buddhism. Yi Kwang−su, Pak Ch'ang−hun, Yu Kwang−nyol, Yang Kon−sik, An Chae−hong and others who participated in the discussion emphasised the need to construct a socially responsible sangha which adhered to Buddhist precepts and was responsive to the aspirations of the masses. Yi Kwang−su, for instance, advocated the preservation of Korean Buddhism from such innovations as meat−eating and married monkhood, and advised the sangha to engage actively in the translation of Buddhist scriptures and propagation of the faith amongst the masses. Yu Kwang−nyol appealed to the sangha to come out onto the streets and take the salvation of the Korean people as the mandate of the times. An Chae−hong advised monks to leave the cocoon of monastic isolation and grapple with the burning problems of social injustice.[51]

The above discussion makes it abundantly clear that the indigenous Korean scholarship of the early colonial era did not imagine its Buddhist tradition in terms of a 'nation−protecting' paradigm, and for obvious reasons. The concept of a 'nation−protecting' past was formulated by Korea's colonial masters to dilute the strength of cultural nationalism[52] and to use it as a means to consolidate the theory of the common cultural roots of Korea and Japan. It also served as a useful expedient to win the allegiance of Korea's Buddhist population towards Japan's imperialist goals in Korea. And, strange though it may sound, Japan's conceptual construct of a 'nation−protecting' tradition of Korean Buddhism became further consolidated in the post−colonial era, which naturally leads to the question: what were the historical factors which led to the intersection of Korean and Japanse imaginings about Korean Buddhism? Benedict Anderson in his deservedly famous work demonstrated that any community or collective entity such as a nation has first to be imagined for it to become real,[53] and his argument can be extended to religious and cultural traditions as well.

51) Yi Kwang−su, Yu Kwang−nyol, An Chae−hong et al, "Choson pulgyo−e taehan huimang", *Pulgyo. 79 (1931)*.

52) Michael Robinson has discussed some aspects of cultural nationalism, including Yi Kwang−su's theory of national self−construction, the *Minjok kaejo ron in his Cultural Nationalism in Colonial Korea, 1920−1925, Seattle: University of Washington Press, 1988.*

Korean participation in the Japanese construction of Korea's Buddhist past can be traced to the aggressively militarist era of the late thirties when Japan abandoned the pretense of its so −called 'cultural policies' of the early twenties and embarked on a relentless campaign of annihilating the independent cultural consciousness of the Korean people. It was most powerfully evidenced by the enforced change of Korean names to four−character Japanese −style names and the proscription of the motifs and symbolism of Korea's unique identity. The recent two−volume work *Ch'inil pulgyohas documented the history of Korean support for Japan's imperialist agenda, and it is in the writings of such Buddhist scholars as Kwon Sang−no and Kim T'ae−hup that we can trace the origin of the Korean acceptance of the teleology of the Japanese interpretation of Korean Buddhism. Kwon Sang−no's appeal to the Korean sangha, which was carried by Pulgyo sibo on 1 January 1941, is a classic example of the success of the Japanese attempt to mould Korea's Buddhist past in its own image:*

There were more than sixty thousand volunteers who joined the imperial army and there were many monks amongst them. ······Some may erroneously assume that the participation of Buddhist monks in war violates the norms of Buddhism. Indeed it is in conformity with the basic tenets of Buddhism.

······The monk Toch'im of Paekche was indignant at the fall of his country and initiated a restoration campaign by mobilising the righteous army. The Dharma brothers of the monk Sosan and his disciple monk Samyong rose up in arms (in defence of their country) during the Choson dynasty, and when the Manchus invaded our country in 1636 the monk Pyog'om organised a resistance force. Additionally, it seems as it was only yesterday that there were camps on our land where soldier−monks were trained. Since we are faced today with a situation of crisis, brave and courageous young monks are rising up to march to the battlefield. Indeed they are the ones who are mindful of the true spirit of Buddhism and carry forward the unique tradition of Korean Buddhis m.[54]

---

53) Benedict R. O'G. Anderson, *Imagined Communities: Reflections on the Origin and Spread of Nationalism*, London: Verso, 1983, New York, 1983.

54) Im Hye−bong, Ch'inil pulgyo (Vol.2), Seoul: Minjoksa, 1993, pp.513−514.

Obviously the spirited Japanese propagation of the 'nation—protecting' spirit of Korean Buddhism during the war years and their acceptance by some influential Korean monks supported the colonial interpretation of Korean Buddhism. More importantly, it was uncritically inherited in the post—colonial era whose first four decades did not witness any marked change in political culture. Especially during the Pak Chong—hui (Park Chung—hee) regime, when the nation had overcome the trauma of division and war and was engaged in a campaign of national reconstruction, the theory of 'nation—protecting' Buddhism was employed by the establishment in a bid to blunt the edge of dissidence and to translate religious sensibility into an ideology of narcissistc nationalism. Park often emphasised the significance of national self—examination which, he argued, was crucial to the task of social reconstruction and the accomplishment of a human revolution.[55] And it needs to be noted in this context that Park's idea of national self—examination was predicated on the ideology of Meiji Japan, evident even in his adoption of the term *yusin*to designate his rule in the seventies. A speech delivered by Dr Yoo Ki Chun, Pak's minister of education, at the world conference of Buddhism organised by the Dongguk University in 1976 is one of the many pieces of evidence which suggest how the colonial interpretation of Buddhism was inherited by the Pak regime to serve its myopic goal and legitimise its authoritarian rule. Theminister of education maintained in his congratulatory address that The Five Secular Commandments of Hwarang, the carving of the Tripitaka Koreana, and the great services of Sosan and Sa'myong during the Hideyoshi invasion (1592—1598) formed the core of Korea's Buddhist tradition. He further noted:

> The true teachings of the great Buddha, intentionally or not, are to be believed in order to revive this land—the southern part of the Korean peninsula. This land will then be blessed as a new sancuary of Buddhism. ……Under such sufferings, the mission of the Buddhists should not be aloofness in a mountain monastery, but to fight against the immoral and inhumane enemy called communism which is decorated with something called historic materialism.[56]

55) Park Chung—hee (Pak Chong—hui), *Our nation's path: ideology of social reconstruction, Seoul, Hollym, 1970.*

56) Yoo Kee Chun, "Congratulatory Address" in Buddhism and the Modern World, collection of

Pak's regime adopted a number of measures to bend academic integrity to the interests of his regime, and as Kim Jong Myung (Kim Chong−myong) has noted in his doctoral dissertation, Pak's Yusin constitution prescribed National ethics and Korean history as compulsory subjects and Korean cultural history as an elective subject at the college level. And besides, numerous works of research on the nation−protecting tradition of Korean Buddhism published in the 1970s were financed by Korea's Ministry of Education.[57] *Studies on nation−protecting Buddhism carried out in Korea during the repressive Pak Chong−hui and Chon Du−hwan eras are too numerous and of too limited scholarly value to be reviewed.*[58]

Notwithstanding the proliferation of unimaginative works on the 'nation−protecting' tradition of Korean Buddhism in the post−colonial era, particularly in the seventies, it would be erroneous to assume that Korean research on early Buddhism in Korea did not make much progress. Kim Ch'ol−jun was one of the first few Korean scholars toutilise insights gained by research in allied fields such as archaeology, anthropology and Buddhism in his research on early Korea. His pioneering paper "Silla sidae−ui Dual Organisation" sheds light on the Buddhist embroideries on the political fabric of Silla and argues that in the sixth and seventh century C.E., which marked a period of transition in Silla, Silla kings used Buddhist symbolism to sacralise their lineage and overcome the challenges of the aristocracy. He also noted that Silla followed themodel of Northern Wei Buddhism where

---

papers presented at the World Conference on Buddhism, Commemorating the 70th anniversary of the founding of the Dongguk University, Dongguk University, Seoul, 1976.

57) Kim Jong Myung, "Buddhist Rituals in Medieval Korea (918−1392): Their Ideological Background and Historical Meaning", Unpublished Ph.D dissertation in East Asian Languages and Culture, The University of California, Los Angeles, 1994, p.271. Also see Nam Tong−sin's essay "Hanguk kodae pulgyo−ui kukkagwan,sahoegwan", *yoksa pip'yong 23 (1993)pp.204−216 which takes a critical look at the social and political role of Korean Buddhism in the post colnial period and provides a balanced perspective on the political role of Korean Buddhism through history.*

58) They were written in a repressive political climate, incompatible with the integrity of knowledge or with the ability to pursue an argument where it leads. It to be pointed out, however, that some scholars took a principled stand. So Kyong−su, for instance, refused to subscribe to the established interpretation and criticised the 'nation−protecting tradition' as anti−doctrinal. See his pulgyo chollae ch'ogi−ui kyodan hyongsongsa which is included in his posthumous work Pulgyo ch'orhak−ui hanguk−chok chon'gae, Seoul: Pulkwang ch'ulp'an pu, 1990 p.195.

rulers were equated with Tathagata.[59] Another pioneering scholar of early Korea, Yi Ki−baek (Ki−baik Lee) also wrote an important essay on Buddhism in early Silla. He argued that in the early sixth century, Silla had developed its political structure to the stage of a centralised aristocratic state, and accommodation and development of Buddhism was achieved on the foundation of harmony between royalty and aristocracy. He further noted that the Silla kings appropriated for themselves the symbolism of the cakravartin and the Buddha and the aristocracy (hwarang) was invested with the attributes of Maitreya.[60]

North Korean scholarship on early Korean Buddhism is limited to a couple of propagandist publications that set forth amechanically determinist and reductionist critique of the Buddhist philosophy. A North Korean work on the early history of Korean Buddhism argues that the 'nation−protecting' ideology of Buddhism bent the common masses to the will of their rulers and considerably compromised their struggle against the reactionary feudal ruling class.[61]

It is to be remembered that the North Korean diatribe against Buddhism is not derived so much from the Marxist dictum of its opiate effect on the masses as from the perception of threat that any organised system of belief might pose to the monolithic state cult in which the Workers' Party is sanctified as the temple, Kim Il−sung as the Maitreya, and a classless society as the *tusita* heaven.[62]

In the eighties a new historiographical trend named minjung emerged in Korea to challenge the assumptions and formulations of mainstream historical discourse, or what it called 'official' and 'elitist' history, concerned as it was with the elites rather than the suffering

---

59) Kim Ch'ol−jun, "Silla sidae−ui Dual Organisation", *Hanguk kodaesa yongu (Reprint) op. cit.*

60) Yi Ki−baek, "Samguk sidae pulgyo suyong−gwa ku sahoe−jok uiui", in *Silla sasangsa yongu,* Seoul: Ilchogk, 1981, pp.31−46.

61) Sahoe Kwahagwon yoksa yon'guso, *Choson chonsa(Vol. 4),* Pyongyang: Kwahak paekkwa sajon chulpansa, 1979−1982, pp.272−275.
   Ch'oe Pong−ik, Ponggonsigi urinara−esoui pulgyoch'orhak−ui chonp'a−wa ku haedoksong. P'yongyang, Sahoekwahakon ch'ulp'ansa, 1976 pp.39−42. I am thankful to Dr Kim Hun of Peking University for lending me Ch'oe's book.

62) Arundhati Roy in her Booker prize−winning novel *The God of Small Things (London: Flamingo,* 1997) says something similar about the predominance of both Chrisianity and Communism in the Indian state of Kerala:

masses. Unlike 'elitist history' which interprets relations of power from the perspective of the dominant class or state, minjung historical narratives give primacy to the class interests, worldview and consciousness of the minjung group formed by peasants and workers. Despite their different agendae of research, the two groups share a teleological approach towards history —an approach which looks at history in terms of what N. Bhattacharya, in his review of historiographical trends in India, defines as "unilinear progression rather than cycles, reversals and ruptures; a simple homogeneous logic rather than the complexities of ambivalences and contestory tendencies"(Seminar 338, October 1987 p.34). Both groups "see the past as the unfolding of the present and the present as an unfolding of the future".

Minjung historiography traces the lineage of its struggle to Tonghak, the March-First Movement and April Twenty-ninth Uprising and conditions its readers to a future vision of political liberty, social justice and unification. Ken Wells has discussed some fundamental problems of this teleological approach, or what he calls 'predictive bent' of the minjung historiographical project in his essay "The Cultural Construction of Korean History"[63] Nancy Ableman suggests that Korea's minjung historiography is similar to the subaltern school of Indian historiography.[64]

There are, in fact, more differences than similarities between minjung and subalternism which are derived largely from their different ideological ancestries and specific historical contexts. Minjung historians were forged in the crucible of harsh struggle against the political establishment which they waged in solidarity with peasants and workers. Minjung historiography is, therefore, a political confrontation against the ruling elite and mainstream historians whom it accuses of serving the ruling elite by turning the lens away

---

63) Ken Wells, "The Cultural Construction of Korean History" In South Korea's Minjung Movement: The Culture and Politics of Dissidence edited by Ken Wells. Honolulu: Hawaii University press, 1998.

64) See Nancy Abelmann, "Minjung Theory and Practice", in Cultural Nationalism in East Asia: Representation and Identity edited by Harumi Befu, Berkeley, Calif.: Institute for East Asian Studies, University of California Press, 1996, pp.144-147: Also see Carol Gluck, "The People in History: Recent Trend in Japanese Historiography", Journal of Asian Studies38 (1978); Takashi Fujitani, "Minshushi as Critique of Orientalist Knowledges", Positions 6-2 (1998) and Sumit Sarkar, "The Many Worlds of Indian History", in his Writing Social History, Delhi: Oxford University Press, 1997 for a critical perspective on the major historiographical trends in modern India.

from peasants and workers. In contrast, the subalternist stream of South Asia was primarily inspired by Antonio Gramsci, Michel Foucault and Edward Said, and its major architects conceived their historical agenda in the West. One may, perhaps, do a useful comparative study of the minjung historiographical interventionof Korea and the older Minshu tradition of Japan which progressive historians launched in the 1960s and 1970s.

Conclusion

The above discussion shows that Buddhism was given patronage by the rulers of early Korea, as in other countres where it spread, because of its universalistic ethics which provided the people with coherence and cohesion.. Chinese Buddhism had another value for the early Korean rstates, as its character as a component of the Chinese cultural package strengthened their ideological foundation. It is obvious that Buddhism was able to penetrate into the courts of early Korean states because of its perceived value as a powerful ideology for moulding the state on the Chinese pattern. It succeeded in expanding its appeal and influence in the subsequent period because it could more effectively perform many of the functions that shamans were hitherto called upon to fulfil. Besides, due to many aspects of commonality between the rulers of non−Han dynasties of North China and the Korean states in terms of their beliefs and customs, the Buddhism of the Northern Wei proved to be ideal model for them (chiefly Koguryo and Silla) to import. Invocation of Buddhist symbolismalso contributed towards reinforcing the sacred character of kingship. Monks certainly helped in domesticating Buddhism to the indigenous matrix of 'shaman−king' or dual (secular and sacred) function of kingship, but they were aware of the tension that such an endeavour created.

It was pointed out that the doctrine of 'nation−protecting Buddhism' (*hoguk pulgyo) was an idealised construct, and the scholar−officials during the Japanese colonail rule invested Korean Buddhism with the attributes of 'nation −protecting spirit' so as to Japanese Korean Buddhism in the mould of Meiji −ideology and use Korea's Buddhist community as a citadel of loyalty towards the state. The 'nation −protecting' framework of Buddhist historiography legitimised the significance of Korean Buddhism in the post–colonial era as a force of nationalism and the most formidable instrument of national unification. It enjoyed the official blessing, because it also legitimated the position of the rulers of South Korea, just as it reinforced the position of the emperor and the state in Japan in the Meiji period and afterwards. It was not until the 1980's when the monolithic structure of state ideology was challenged by the minjung movement that a more pluralist understanding of the history of Korean Buddhism started to take shape.*

개 회 사

우리 한국학 연구소에서는 2, 3년에 한 차례씩 국내외의 한국학 관계 학술회의를 개최하고 있습니다. 연구소가 설립된 지 10년밖에 되지 않아서 이제 세 번째를 맞고 있습니다. 지난 두 차례 학술회의는 한국학 전반에 걸쳐서 여러 분야로 나누어 진행했습니다만, 이번 3차 회의부터는 특정 주제를 중심으로 하여 워크숍 형태로 개최하기로 하였습니다. 보다 알찬 성과를 거두어 보려는 생각에서입니다.

우리 인류사회가 앞으로 어떻게 전개될지 예측하기는 어렵겠습니다만, 오늘의 과학기술의 발달, 특히 가히 혁명적이라 할 수 있는 컴퓨터와 교통, 통신의 발달로 미루어 머지않아 이 세계가 하나의 생활공동체로 묶이게 되리라는 점에는 이의가 없는 것으로 압니다. 그리고 그러한 가운데 우리 인류사회가 급속히 동질화되면서, 이같이 된 사회와 세계를 이끌고 지지할 새로운 사상, 질서가 요구되리라는 점에도 대체로 생각을 같이하는 것으로 보입니다.

동양의 사상, 종교들은 오늘날 이러한 생각과 관련해서 많은 학자들의 관심을 모으고 있는 것 같습니다. 지금까지 이 세계를 주도하여 온 물질 중심의 서양사상들에서보다는 마음 중심의 동양사상들에서 세계 공동체를 이끌고 유지할 수 있는 새로운 가치체계와 사회질서가 찾아질 수 있을 것으로 기대하기 때문이라 하겠습니다.

우리 연구소는 이러한 관심에 부응하는 뜻에서 지난날 한국사회를 이끌어 온 여러 사상과 종교들을 재조명해 보기로 하였습니다. 그리고 그 첫 대상으로 불교를 선정하였습니다. 한국 불교에 대해서는 그동안 교리, 종파, 인물 등 여러 분야에 걸쳐 역사적, 철학적으로 많은 연구가 집적되어 왔습니다. 그러나 한국불교의 역사적 기능이나 사상적 특성을 정립하는 데에는 아직도 많은 작업이 남아 있지 않은가 생각됩니다. 한국의 역사와 사상에서 불교가 차지하는 비중으로 볼 때, 이러한 작업은 지속적으로 이루어져야 할 것으로 봅니다. 이번 학술회의의 주제를 '한국불교사상의 보편성과 특수성'이라고 정한 것은 이 때문입니다.

모든 일이 그러하듯이, 첫술에 배부를 수는 없겠습니다. 그러나 다행스럽게도 이번 회의에 참여해 주신 여러분들은 불교학의 각 분야에서 세계적으로 손꼽히는 석학들이십니다. 이번 회의에서 크나큰 성과가 거두어지리라 믿어 마지않습니다. 이 회의 결과는 정리되는 대로 책으로 묶어서 따로 출간할 예정입니다.

바쁘신 중에도 먼 길을 마다하지 않고 참여해 주신 여러분께 다시 감사드립니다. 이 회의에 참석하시는 동안 혹 불만스러운 점이 계시더라도 널리 용서하시고, 보람찬 시간을 보내주시면 고맙겠습니다. 끝으로 이 회의를 위하여 물심양면으로 도와주신 한일은행, 한국학술진흥재단과 조성옥 인하대 총장님께 이 기회를 빌려 감사를 표합니다.

1997년 11월 20일
인하대학교 한국학연구소
소장 한영국

후 기

　이 책은 1997년 인하대 한국학연구소 주최 제3회 국제학술회의에서 발표된 논문들을 중심으로 편집된 것이다. 뒤늦은 출간은 본 편집자에게 가장 큰 책임이 있다. 논문 저자들과 당시 한국학연구소 한영국 소장님에게 깊은 사의를 표한다. 완성 논문의 수집에 다소 시간이 소요되었고, 그동안 편집자의 연구년, 출판사 선정 등 여러 가지 정황으로 예상보다 지연되었다. 여기에다 이 책이 한국에서 거의 최초로 시도하고 있는 토론 내용을 편집하는 과정에서 시간이 더 소요되었다. 많이 지연된 만큼 논문의 내용이 시의성을 잃지 않고 있느냐는 것이 중요하게 보이지만, 검토한 결과 긍정적으로 판단되었다. 이 세대를 일부 대표하는 그 분야의 여러 내외학자들이 참여하여 표명한 견해들이 나름대로 역사적 의의를 갖는다고 할 수 있다. 토론 내용을 추가하여 방대해졌지만 논문의 내용을 생생하게 전달하고 보완해 준다는 점에서 가치가 있을 것으로 보인다.

　발표 논문 이외에도 두 개의 논문이 뒷부분에 첨부되었다. 박성배 교수는 원래 발표와 토론에 참여하였으나, 당시 황급히 요청하여 발표한 것은 이미 다른 학술지에 발표되었던 것이므로 일단 여기에는 포함하지 않고 그 대신 다른 논문으로 대체하였다. 다른 글보다는 더 대중적으로 쓰인 형태로서. 한국불교를 대표하는 인물로 꼽히는 원효의 사유를 드러내는 내용이므로 주제에 적합한 글이다. 모한(Mohan) 교수의 글은 이 책의 주제를 알게 되어 기꺼이 투고한 것으로, 그가 바라는 대로 더 일찍 출판되지 못한 데 대해서 심심한 사과를 표하고 싶다.

論文들은 가능한 한 저자가 쓴 형식대로 놔두었다. 영어로 쓴 논문들은 그 전문을 번역하지 않았다. 그러나 그 내용은 서문에서 요약되고 토론 과정에서 언급되고 있으므로 본문의 접근이 쉽지 않은 독자들에게도 그 주장의 요지는 충분히 전달되리라고 생각된다.

필자의 한 분으로, 그의 완숙한 불교학을 더 펼치지 못하고 아깝게 얼마 전에 타계한 심재룡 교수의 생전에 이 책이 출간되지 못한 것이 유감스럽다. 삼가 그분의 명복을 빈다.

뒤늦게나마 이 책이 나오기까지는 많은 분의 관심과 도움이 있었다. 회의 참가자들과 한 영국 교수님의 기대와 인내에 감사한다. 회의가 끝난 후에 수정원고들을 수합하고 녹음된 토론내용을 푸는 데 임학성 님을 비롯한 연구소 소속 연구원들의 노력이 있었다. 유옥영 님(중앙대)은 적합한 출판사를 찾아내고 오자 수정 등 힘든 작업을 맡아주었다. 다른 경우에서처럼 아내(김은경)가 수정 부분의 타자 등 초기 작업과정에 참여하여 내 수고를 크게 덜어주었다. 이 책을 출판해준 한국학술정보사의 모든 분들께 큰 감사를 표하고 싶다. (김영호)

· 편자 ·

김영호 · 약 력 ·
서울대 영문학과
중앙신학대(강남대 전신)
미 펜실베이니아대(MA)
캐나다 맥마스터대(Ph.D)
하버드대 세계종교연구소 선임연구원
현재 인하대 인문학부 철학과 명예교수

한국불교의
보편성과 특수성

· 초판 인쇄 | 2008년 6월 20일
· 초판 발행 | 2008년 6월 20일

· 역 은 이 | 김영호
· 펴 낸 이 | 채종준
· 펴 낸 곳 | 한국학술정보㈜
경기도 파주시 교하읍 문발리 513-5
파주출판문화정보산업단지
전화 031) 908-3181(대표) · 팩스 031) 908-3189
홈페이지 http://www.kstudy.com
e-mail(출판사업부) publish@kstudy.com
· 등 록 | 제일산-115호(2000. 6. 19)
· 가 격 | 37,000원

ISBN 978-89-534-9313-1 93150 (Paper Book)
978-89-534-9314-8 98150 (e-Book)